国家社科基金后期资助项目

清至民国婺源县村落契约文书辑录

Contracts and Other Documents in Wuyuan County: Qing Dynasty and Beyond

拾柒

大鄣山乡(二)

江村(1)

黄志繁 邵 鸿 彭志军 编

创于1897
商務印書館
The Commercial Press

2014年·北京

大鄣山乡江村 1–218

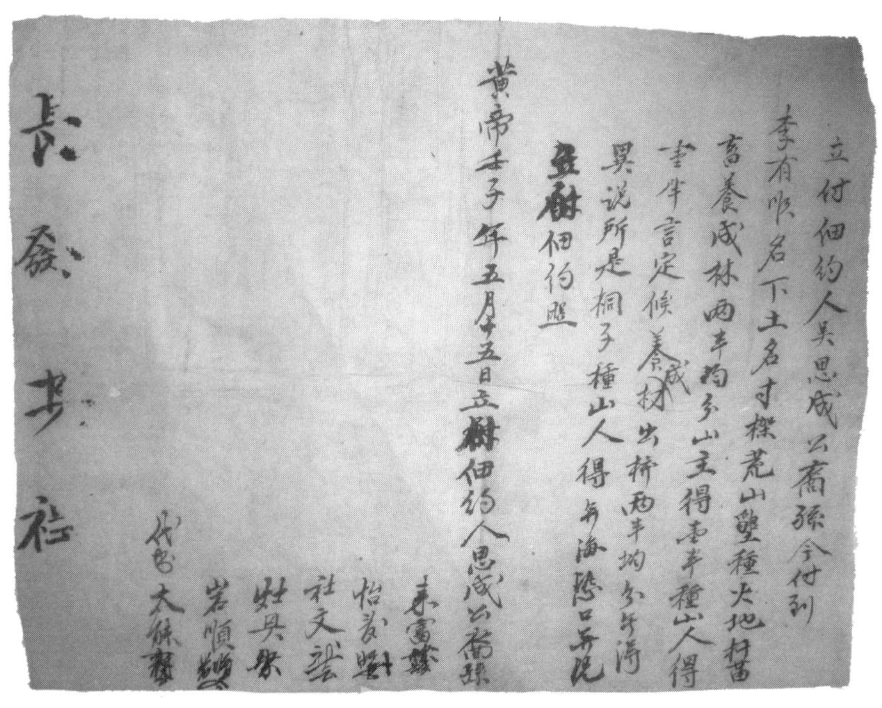

立付佃约人吴思成公裔孫今付到
李有順名下土名寸[illegible]荒山墾種火地杉苗
畜養成林兩半均分山主得壹半種山人得
壹半言定候養成材出拚兩半均分不得
異說所是桐子種山人得與海隱口無阻
立付佃约照
黄帝壬子年五月十五日立付佃约人思成公裔孫
吴富[illegible]
怡發[illegible]
社文[illegible]
姓吴[illegible]
岩順[illegible]
代筆 太[illegible]
長發其祥

大鄣山乡江村 94 · 黄帝壬子年 · 付佃约 · 吴思成公裔孙付到李有顺

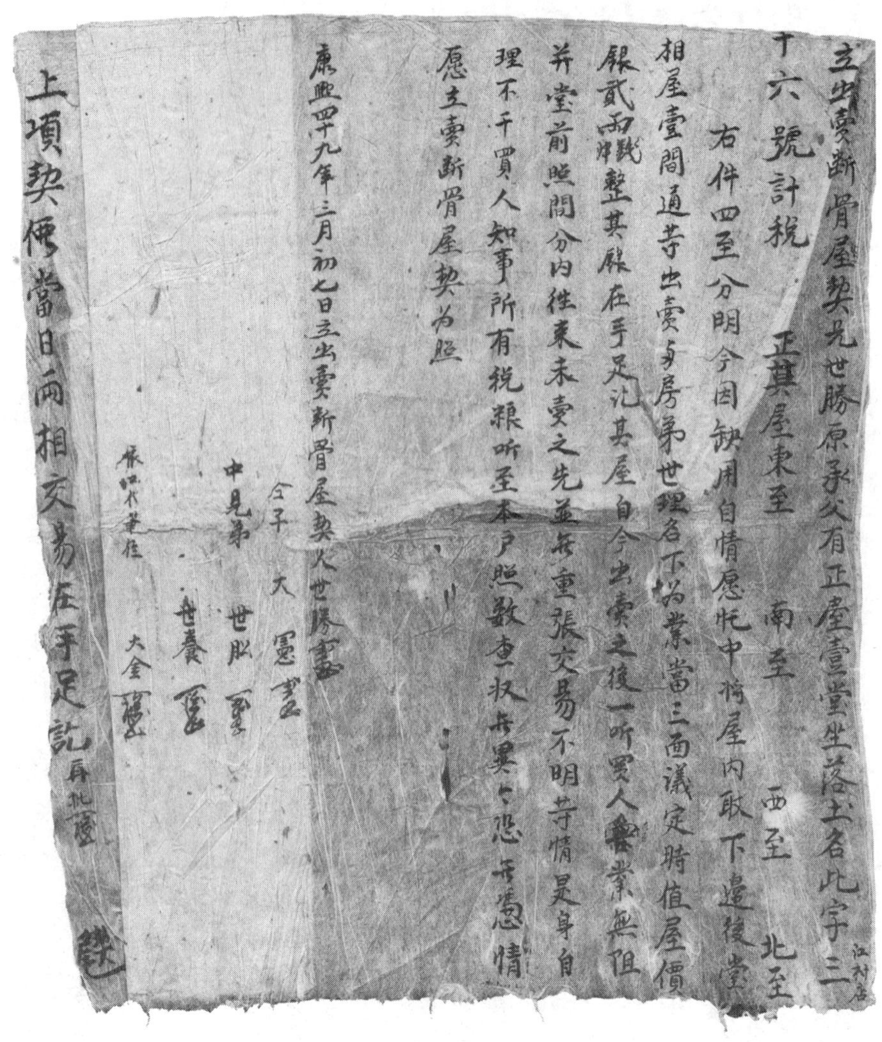

大鄣山乡江村 127 · 康熙四十九年 · 断骨卖屋契 · 世胜卖与房弟世理

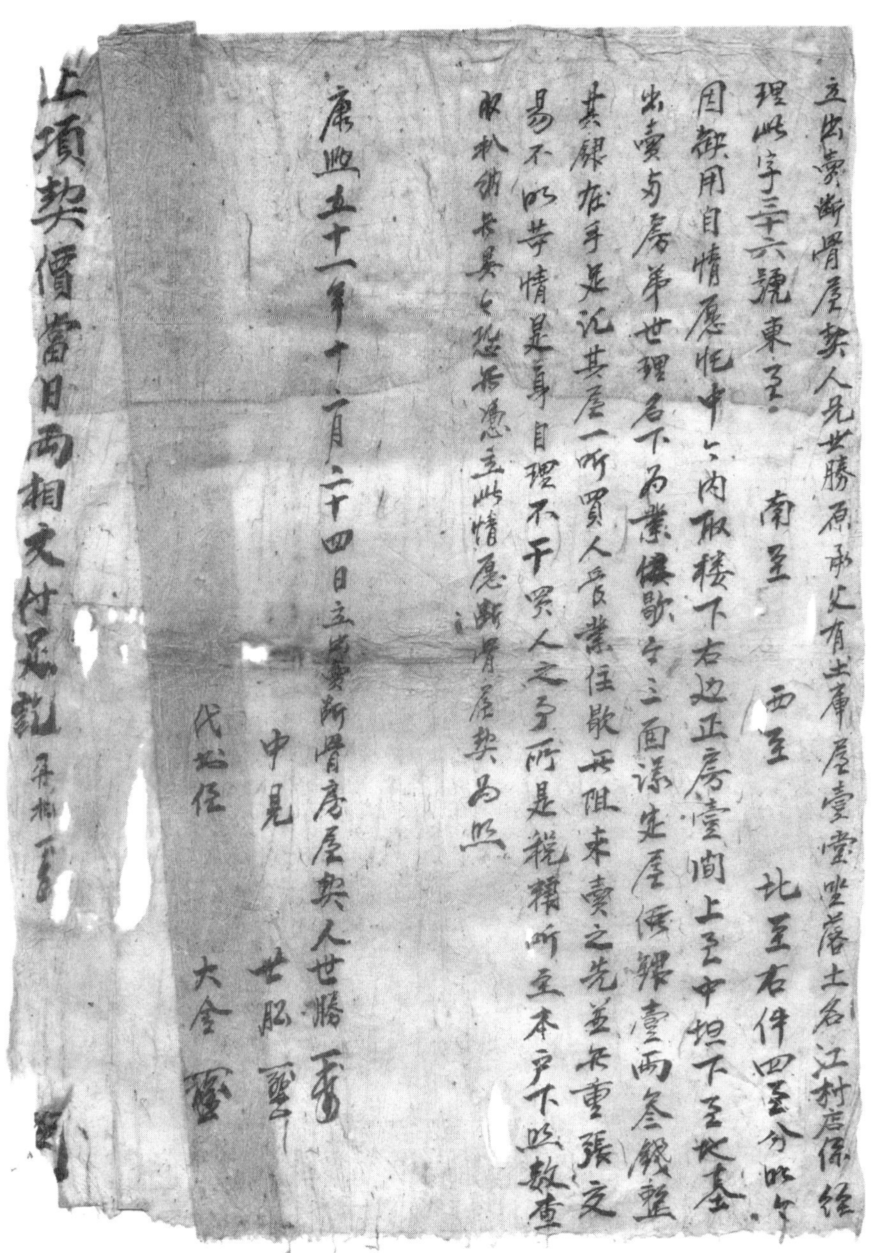

大鄣山乡江村 178 · 康熙五十一年 · 断骨出卖房屋契 · 世胜卖与房弟世理

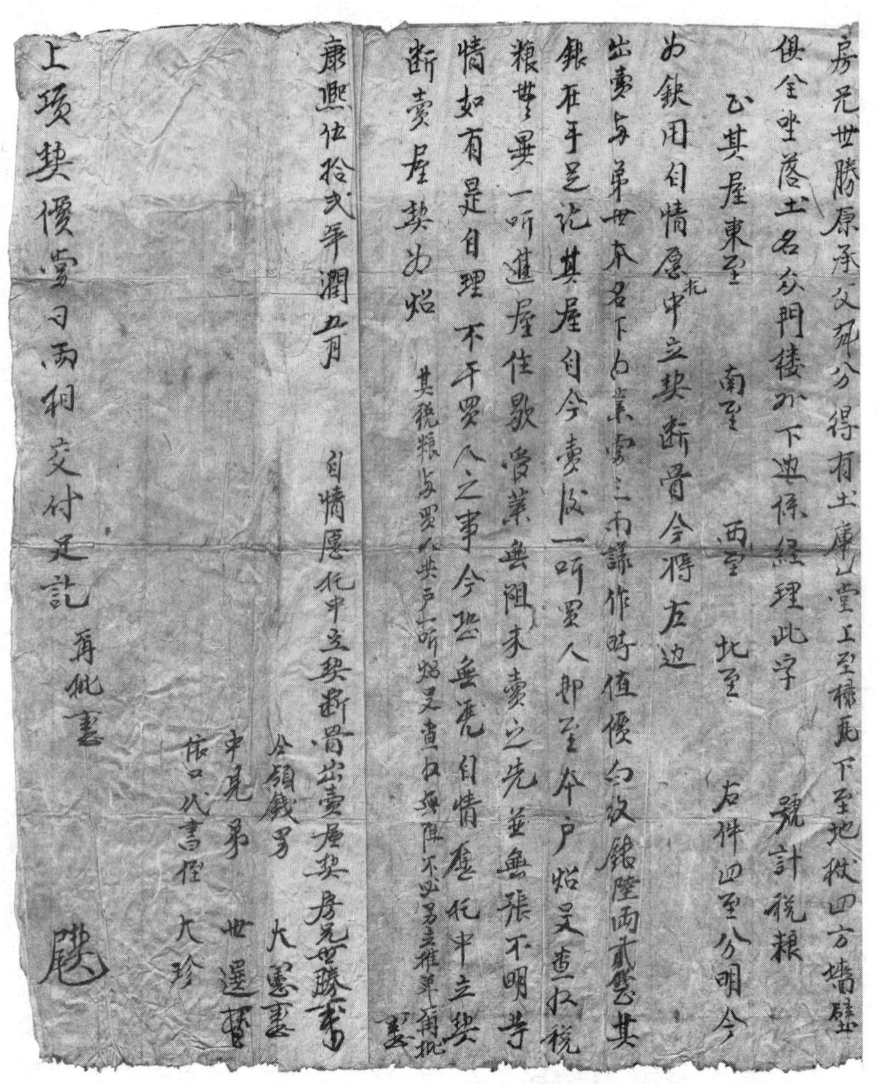

大鄣山乡江村 126 · 康熙五十二年 · 断骨出卖屋契 ·
世胜将左边断骨出卖与弟世本

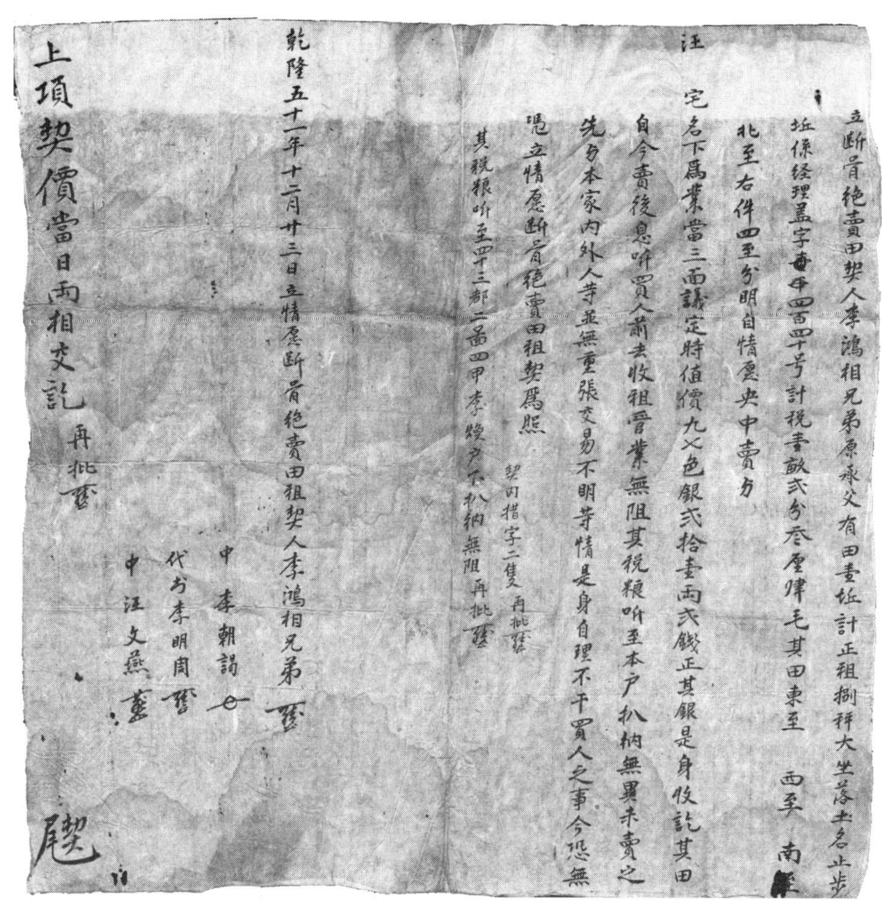

大鄣山乡江村 140 · 乾隆五十一年 · 断骨绝卖田租契 ·
李鸿相兄弟卖与汪▨宅

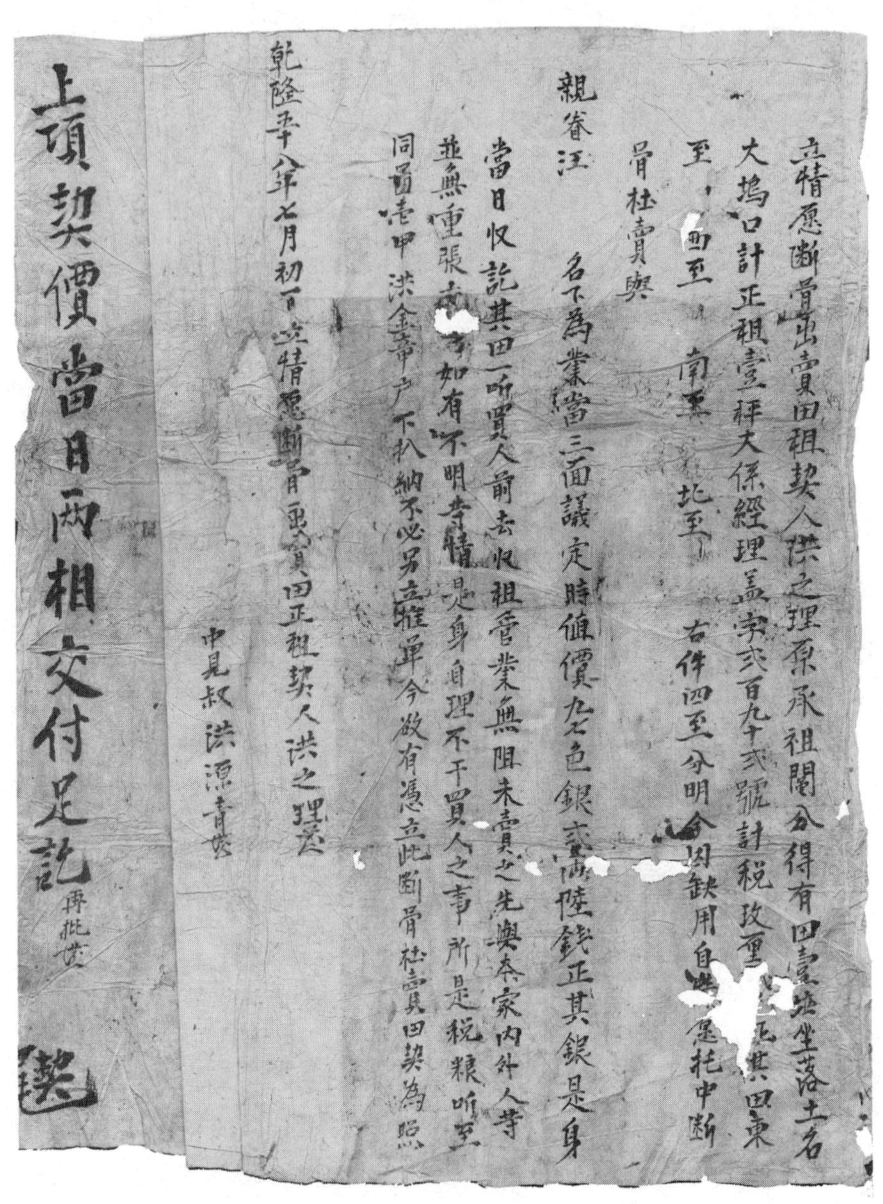

大鄣山乡江村 131 · 乾隆五十八年 · 断骨卖田租契 · 洪之理卖与亲眷汪☐

大鄣山乡江村 30-1・嘉庆八年至二十五年・流水账・汪养佳

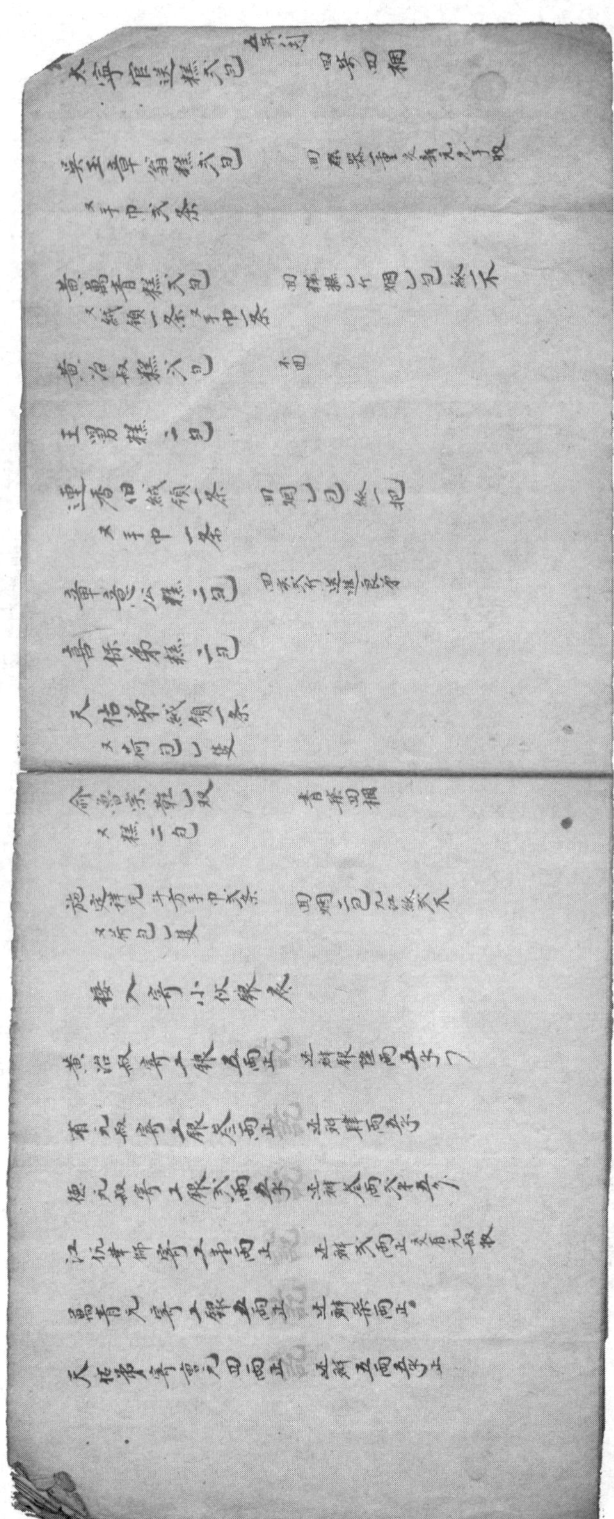

大鄣山乡江村 30-2 · 嘉庆八年至二十五年 · 流水账 · 汪养佳

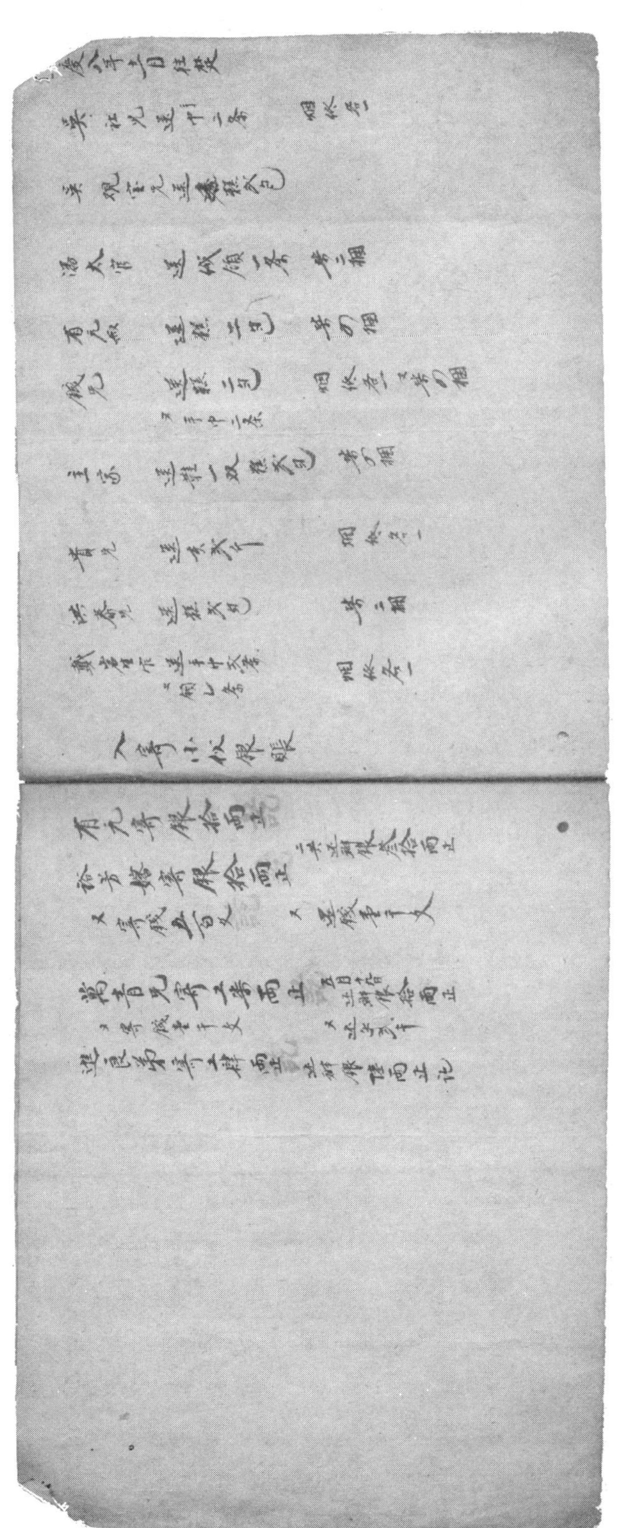

大鄣山乡江村 30-3 · 嘉庆八年至二十五年 · 流水账 · 汪养佳

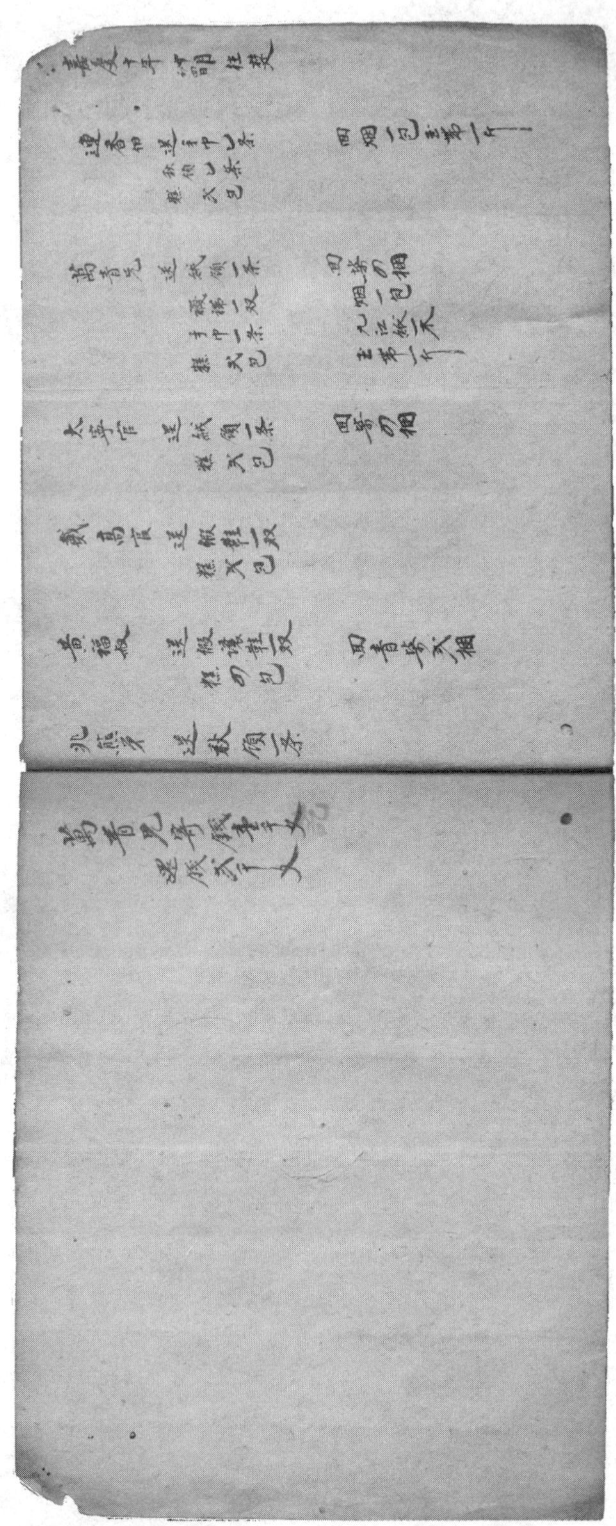

大鄣山乡江村 30-4・嘉庆八年至二十五年・流水账・汪养佳

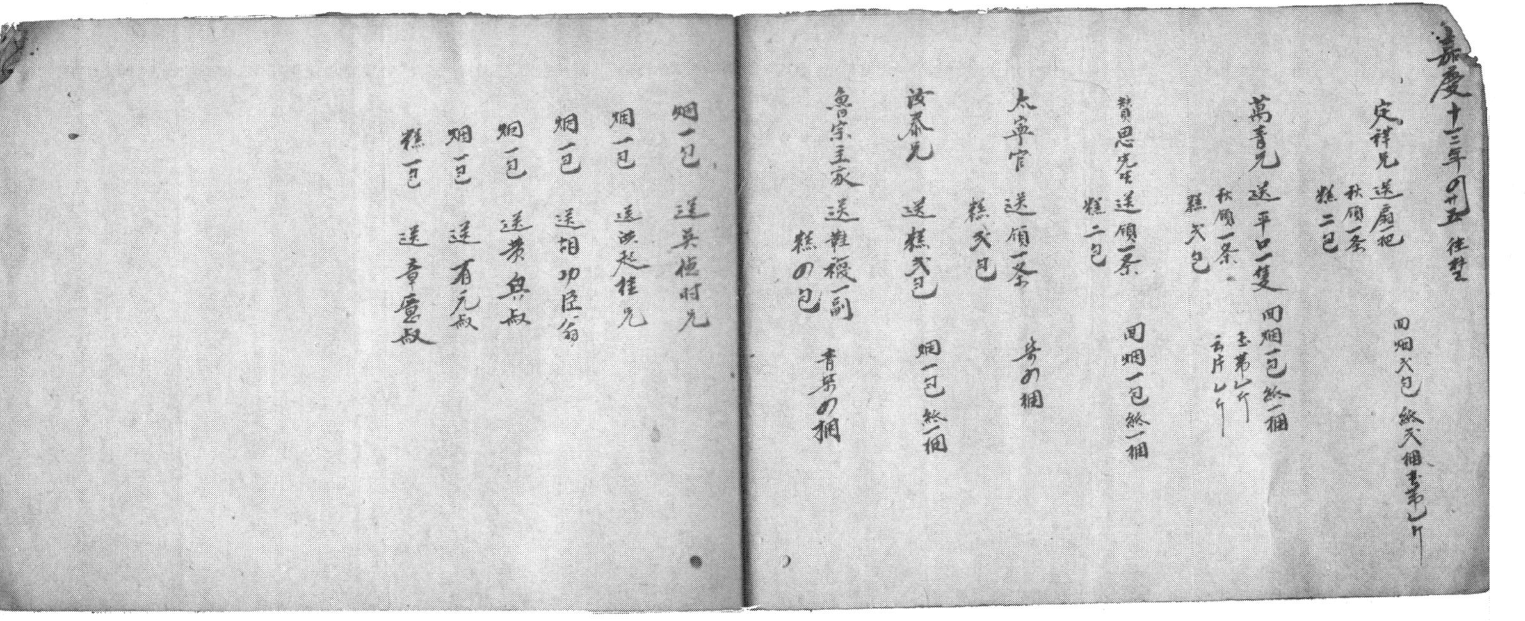

大鄣山乡江村 30-5 · 嘉庆八年至二十五年 · 流水账 · 汪养佳

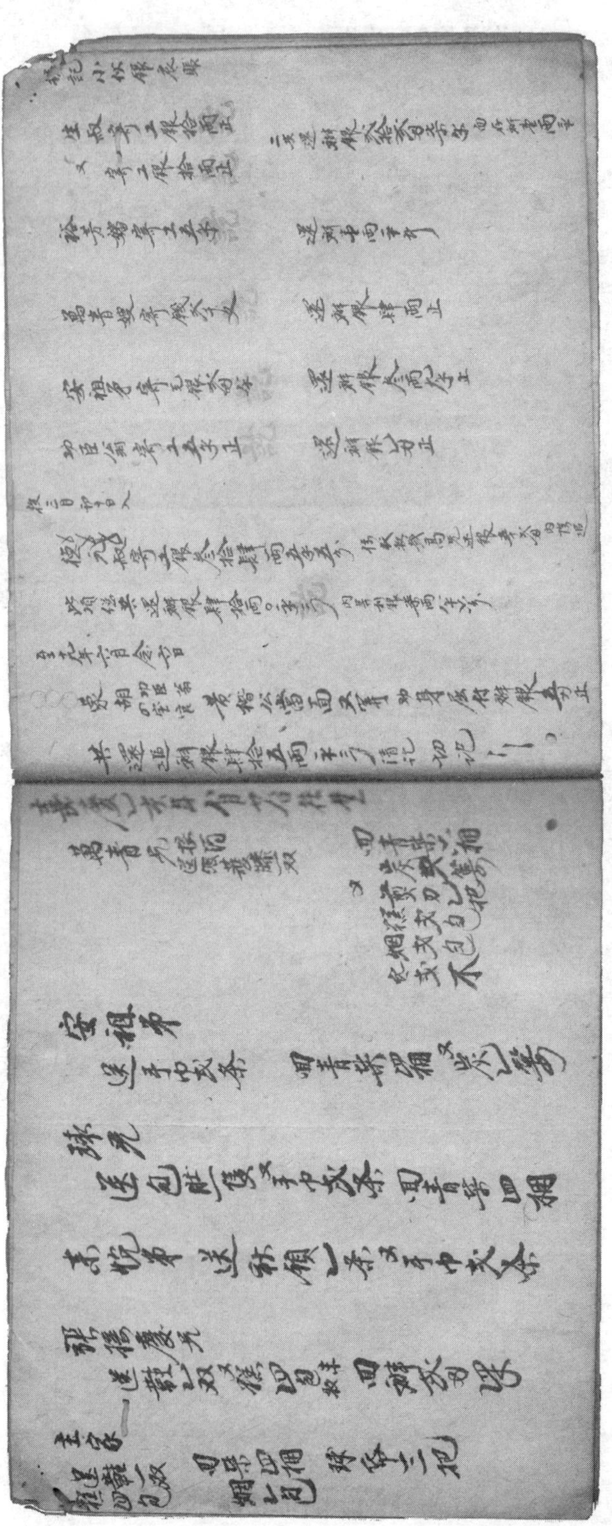

大鄣山乡江村 30-6・嘉庆八年至二十五年・流水账・汪养佳

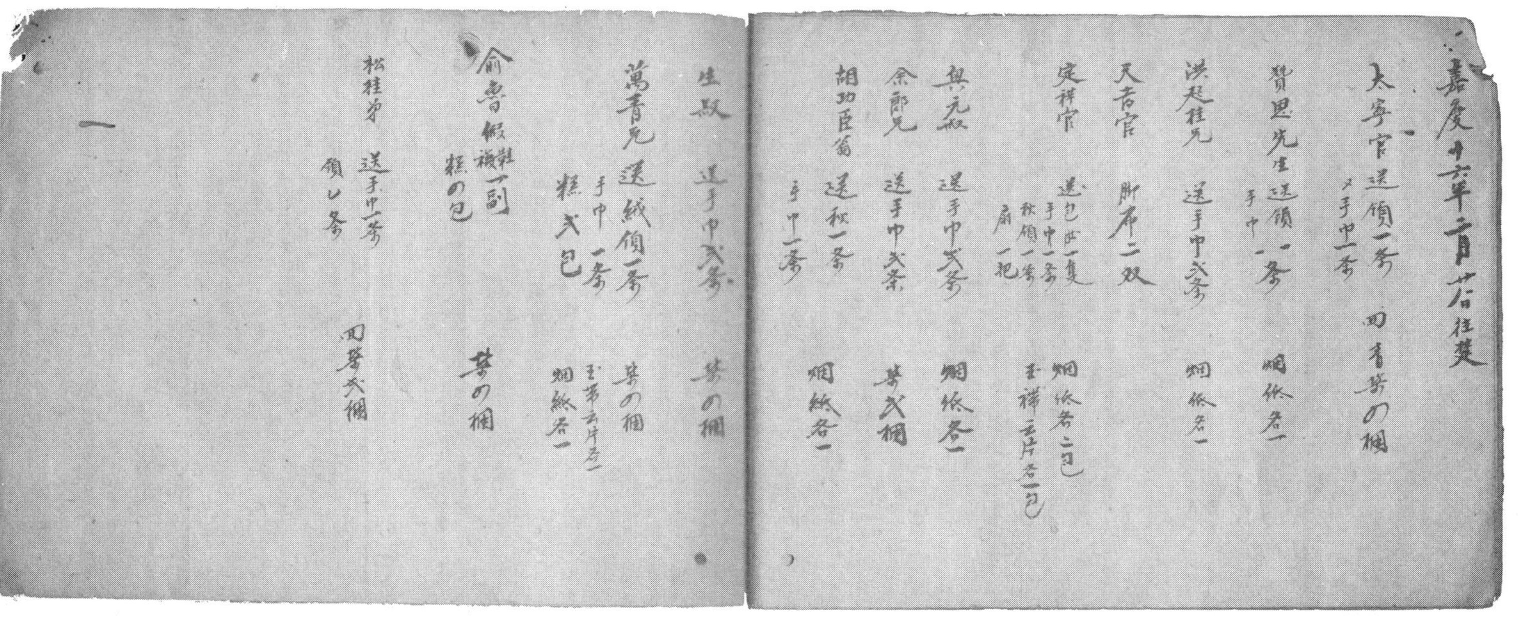

大鄣山乡江村 30-7 · 嘉庆八年至二十五年 · 流水账 · 汪养佳

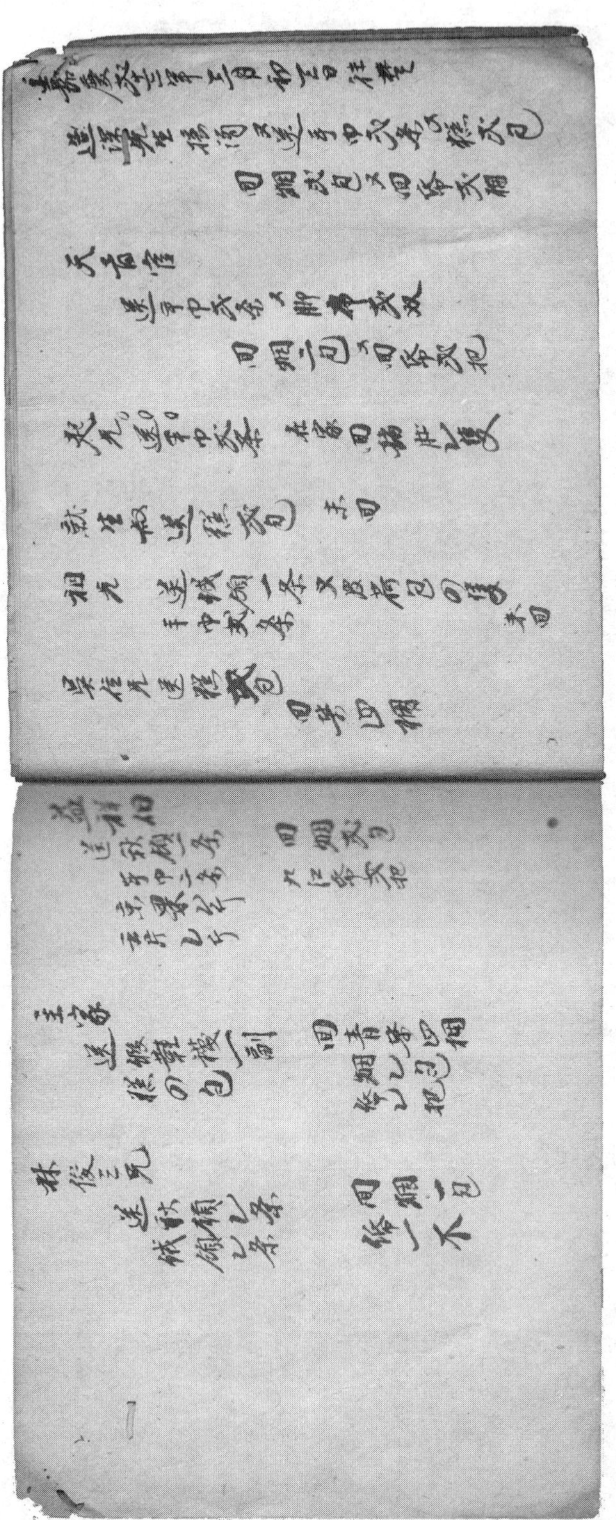

大鄣山乡江村 30-8 · 嘉庆八年至二十五年 · 流水账 · 汪养佳

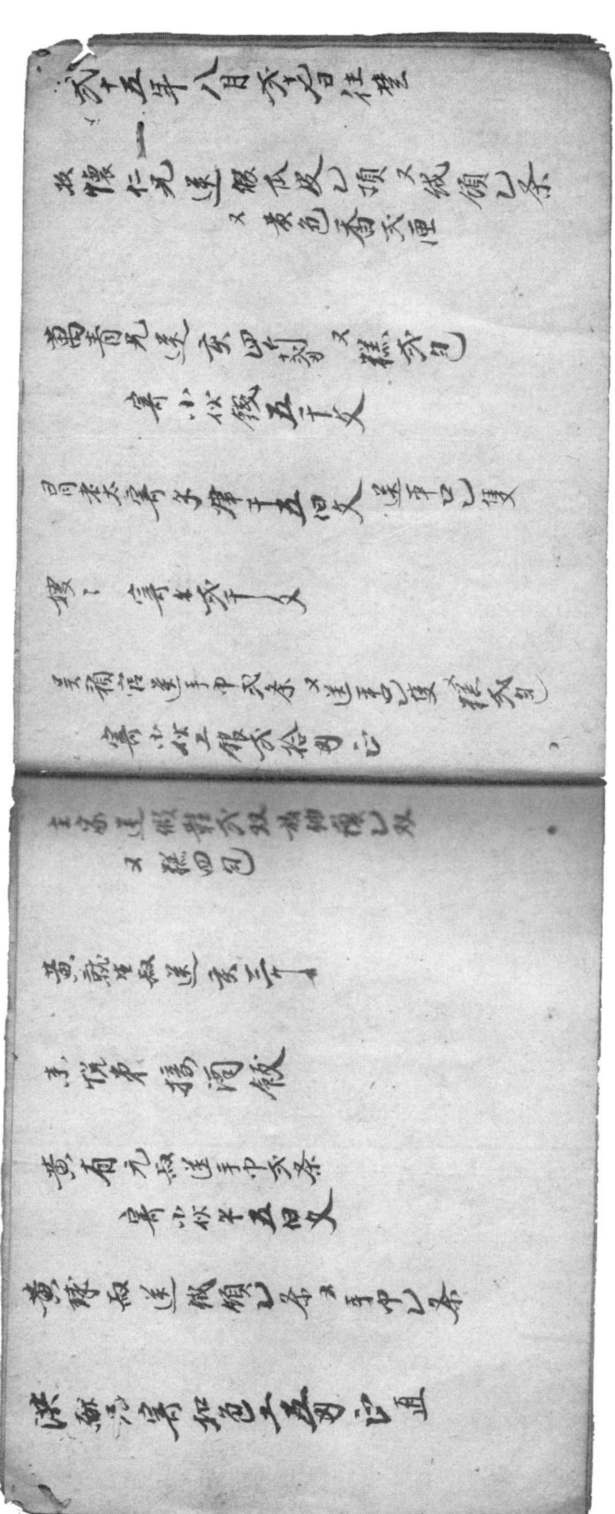

大鄣山乡江村 30-9 · 嘉庆八年至二十五年 · 流水账 · 汪养佳

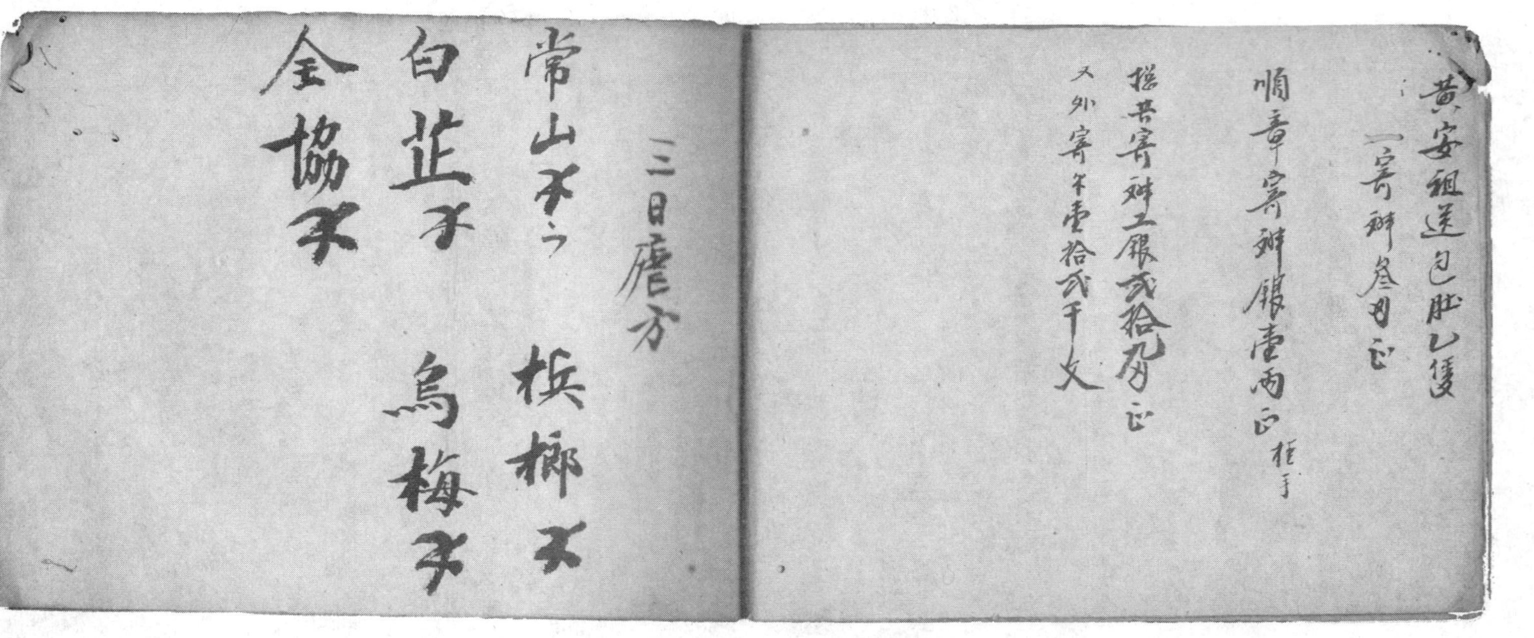

大鄣山乡江村 30-10・嘉庆八年至二十五年・流水账・汪养佳

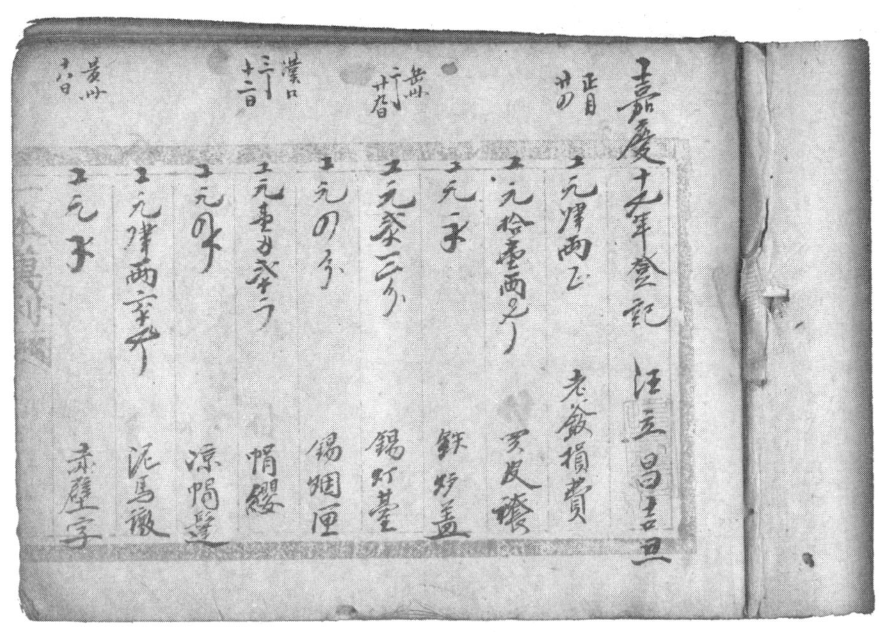

大鄣山乡江村 32-1 · 嘉庆十七年至道光二十三年 · 流水账 · 汪立昌

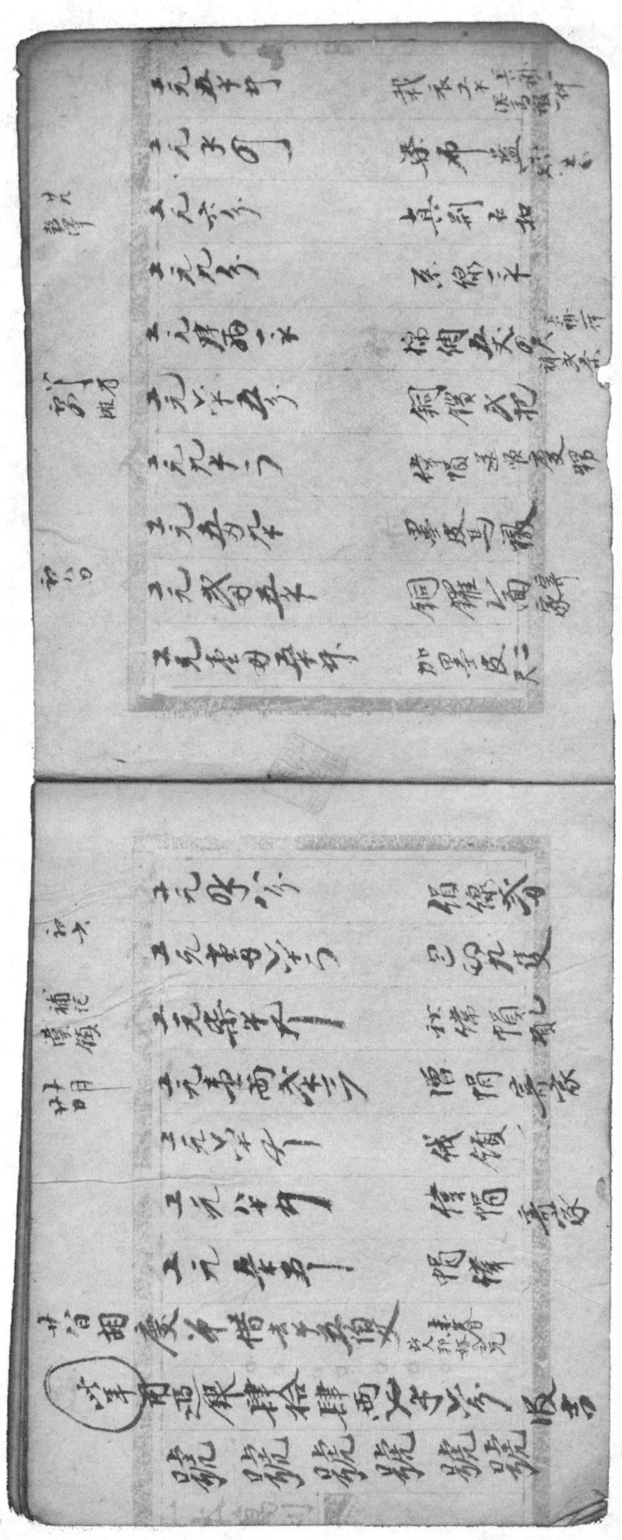

大鄣山乡江村 32-2 · 嘉庆十七年至道光二十三年 · 流水账 · 汪立昌

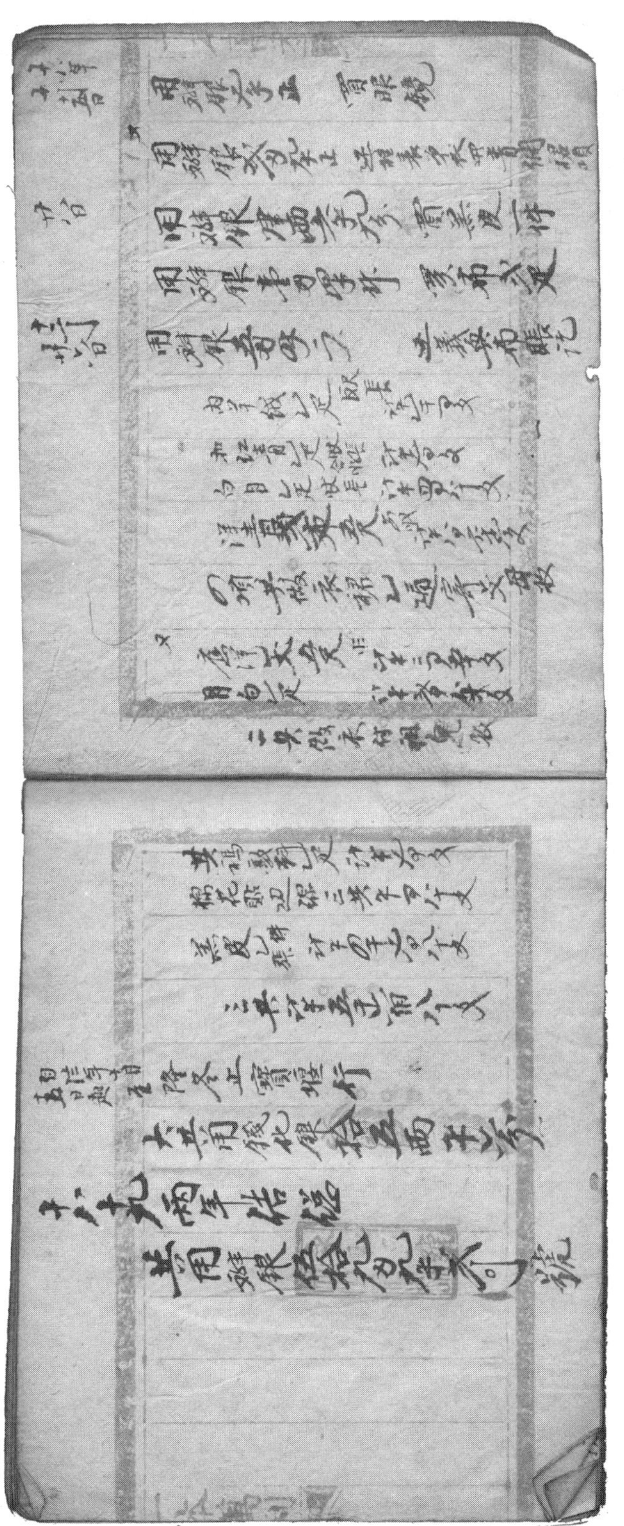

大鄣山乡江村 32-3 · 嘉庆十七年至道光二十三年 · 流水账 · 汪立昌

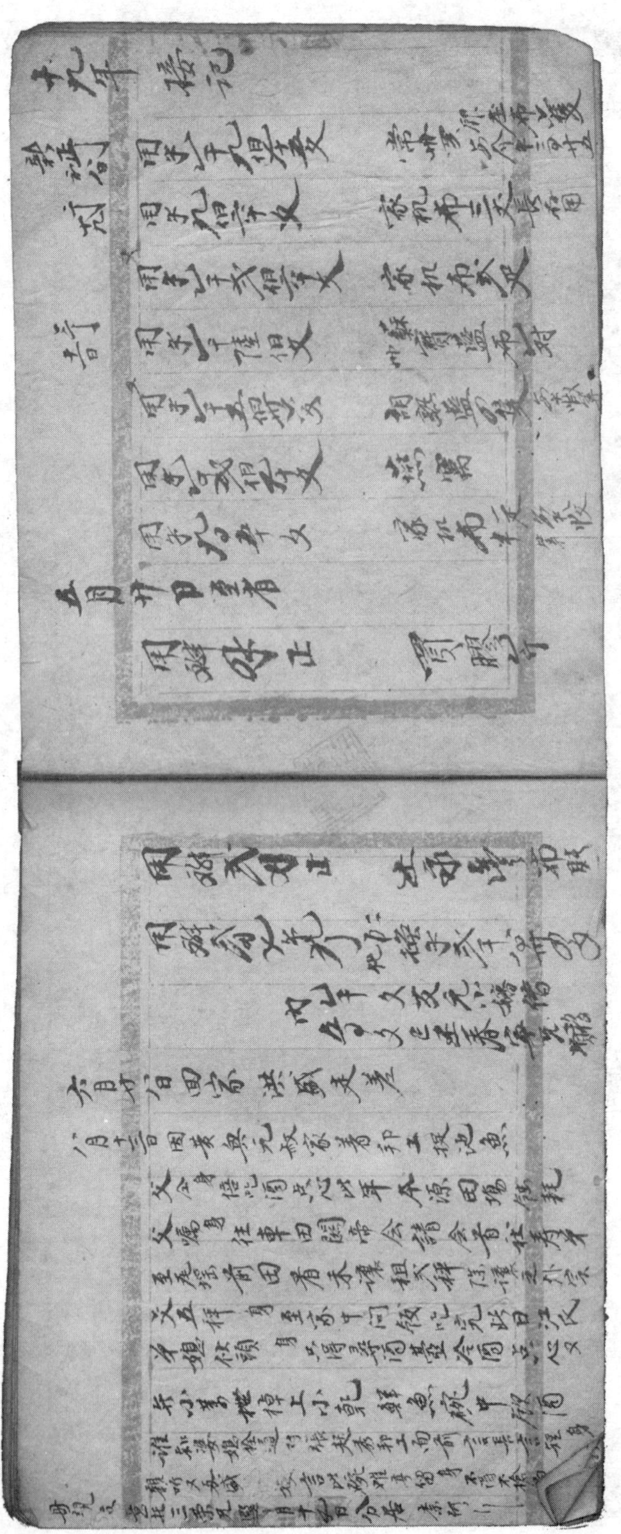

大鄣山乡江村 32-4 · 嘉庆十七年至道光二十三年 · 流水账 · 汪立昌

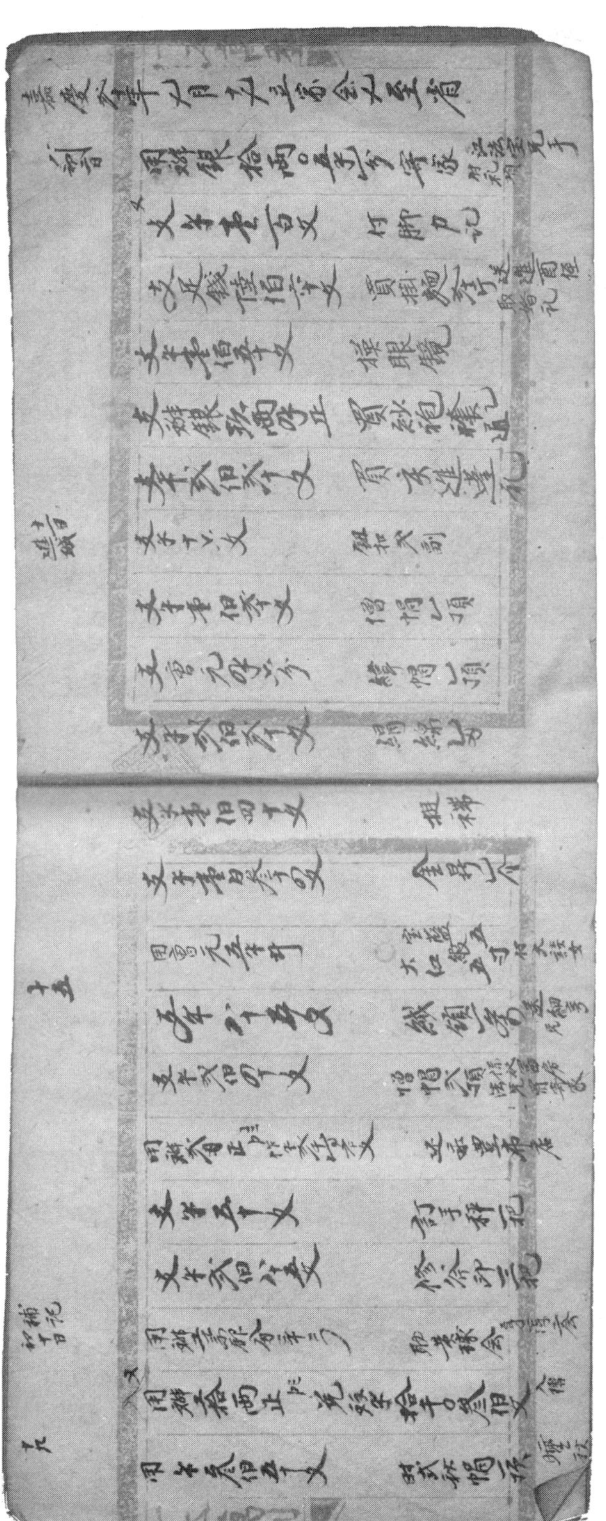

大鄣山乡江村 32-5 · 嘉庆十七年至道光二十三年 · 流水账 · 汪立昌

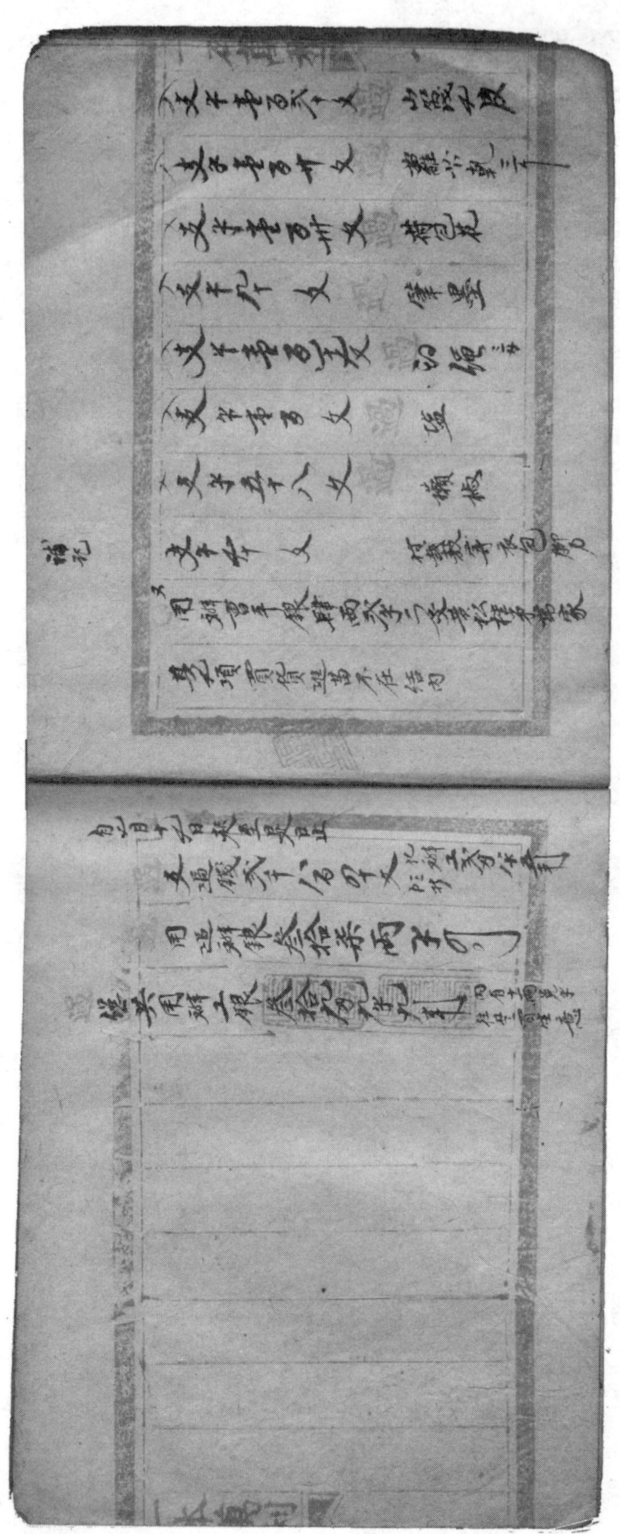

大鄣山乡江村 32-6 · 嘉庆十七年至道光二十三年 · 流水账 · 汪立昌

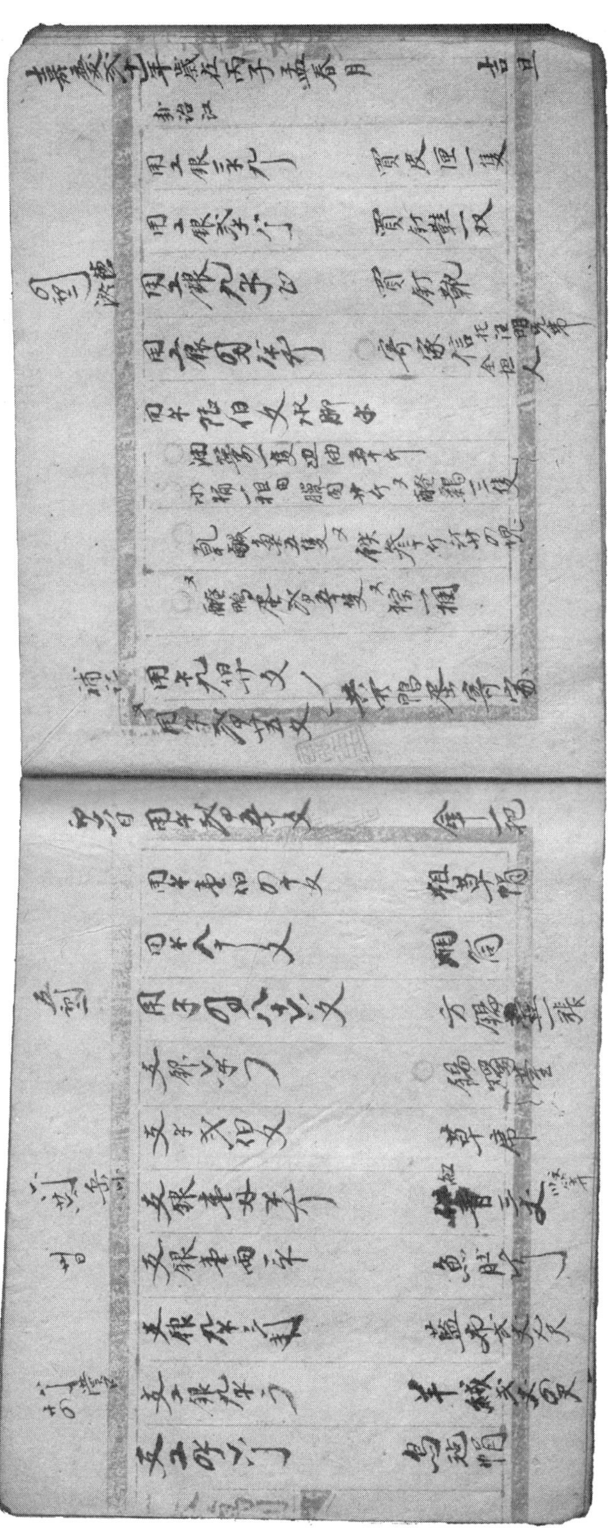

大鄣山乡江村 32-7 · 嘉庆十七年至道光二十三年 · 流水账 · 汪立昌

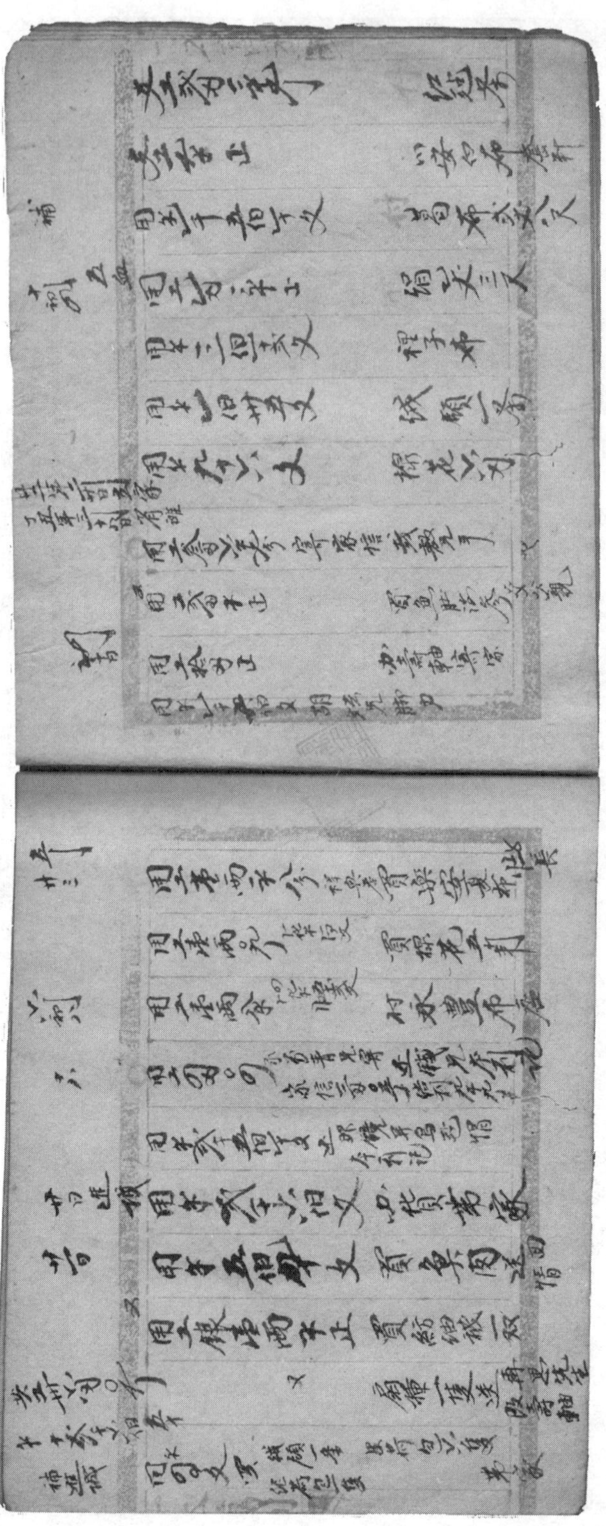

大鄣山乡江村 32-8 · 嘉庆十七年至道光二十三年 · 流水账 · 汪立昌

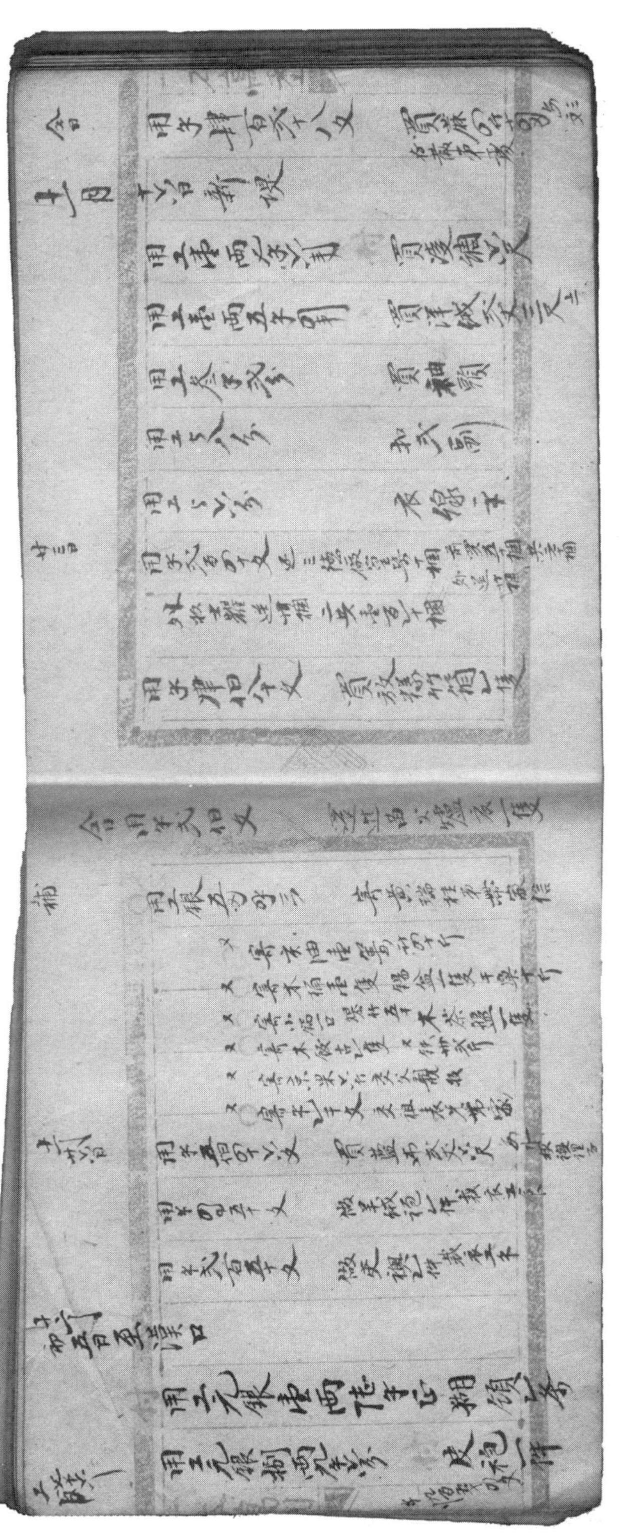

大鄣山乡江村 32-9 · 嘉庆十七年至道光二十三年 · 流水账 · 汪立昌

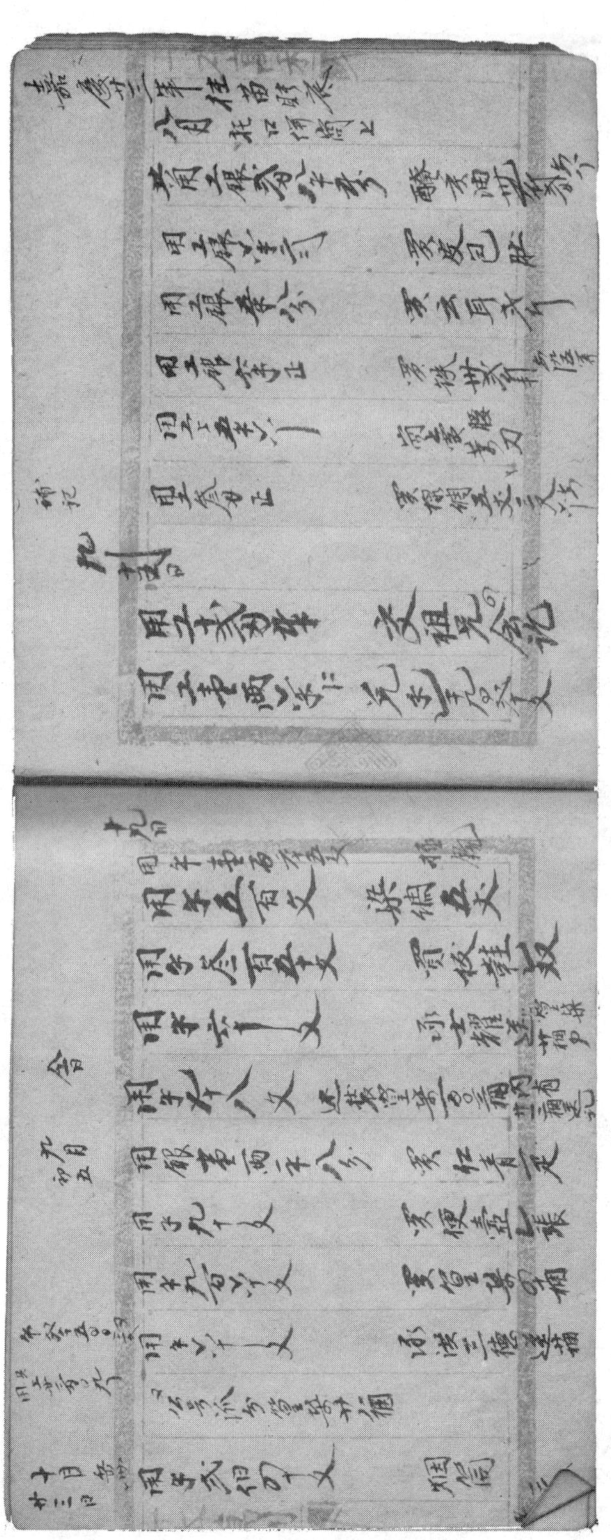

大鄣山乡江村 32-10 · 嘉庆十七年至道光二十三年 · 流水账 · 汪立昌

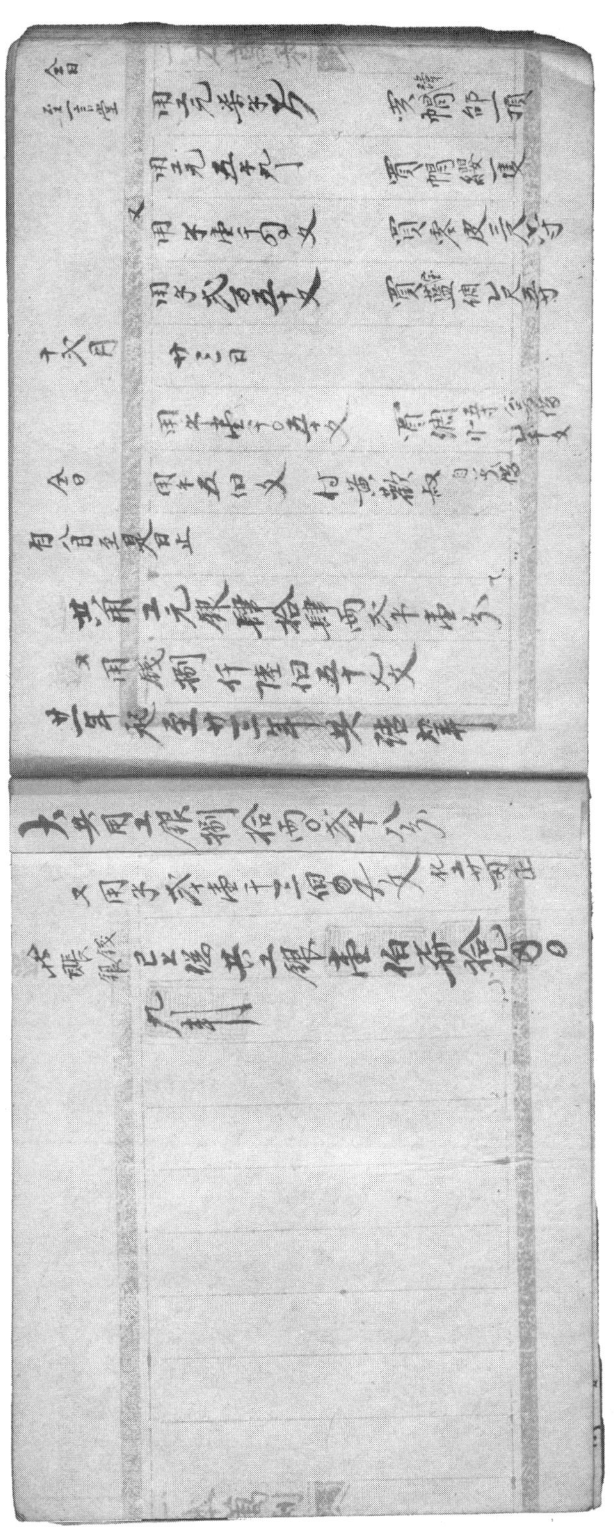

大鄣山乡江村 32-11 · 嘉庆十七年至道光二十三年 · 流水账 · 汪立昌

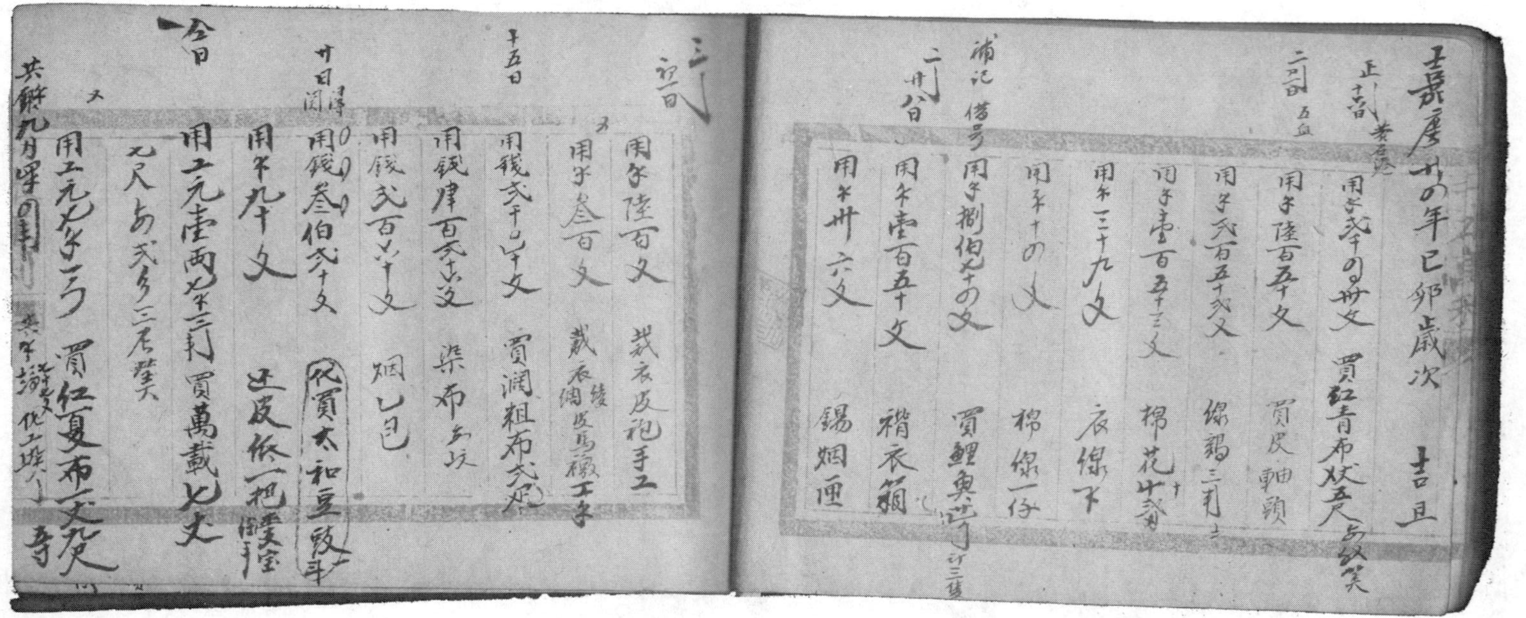

大鄣山乡江村 32-12 · 嘉庆十七年至道光二十三年 · 流水账 · 汪立昌

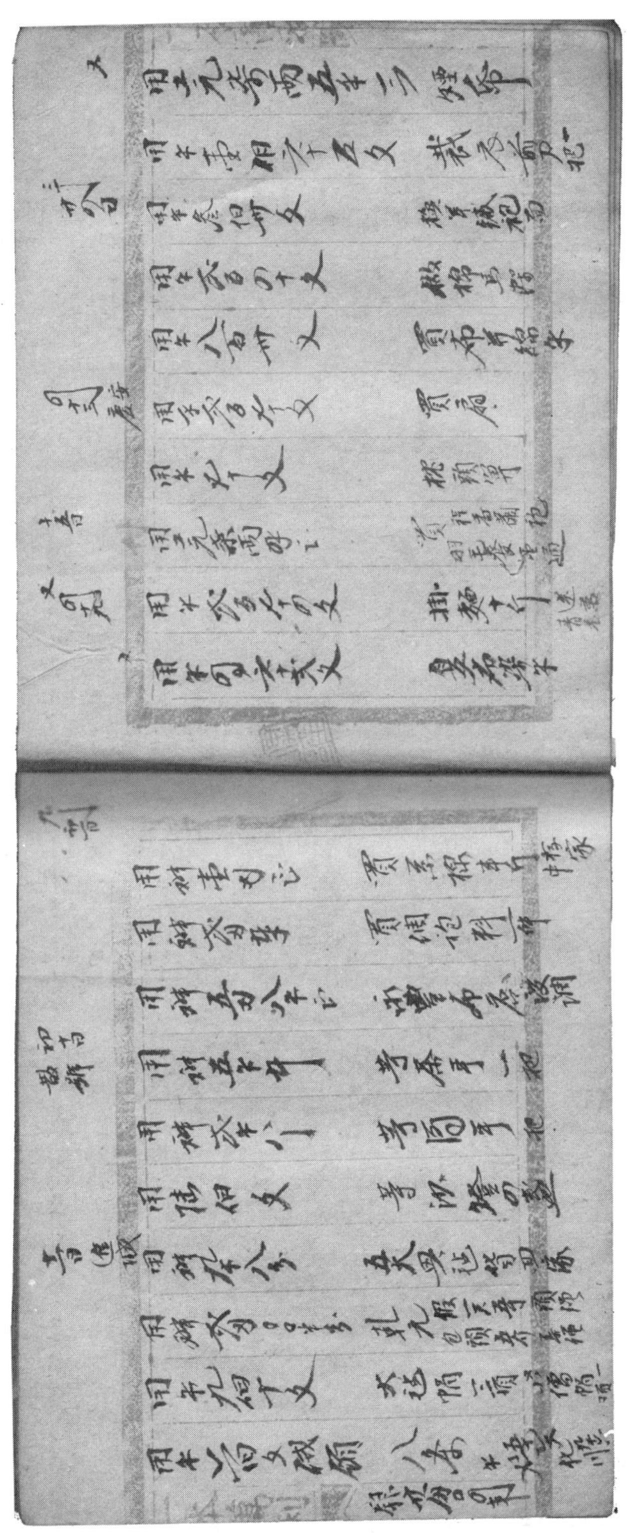

大鄣山乡江村 32-13 · 嘉庆十七年至道光二十三年 · 流水账 · 汪立昌

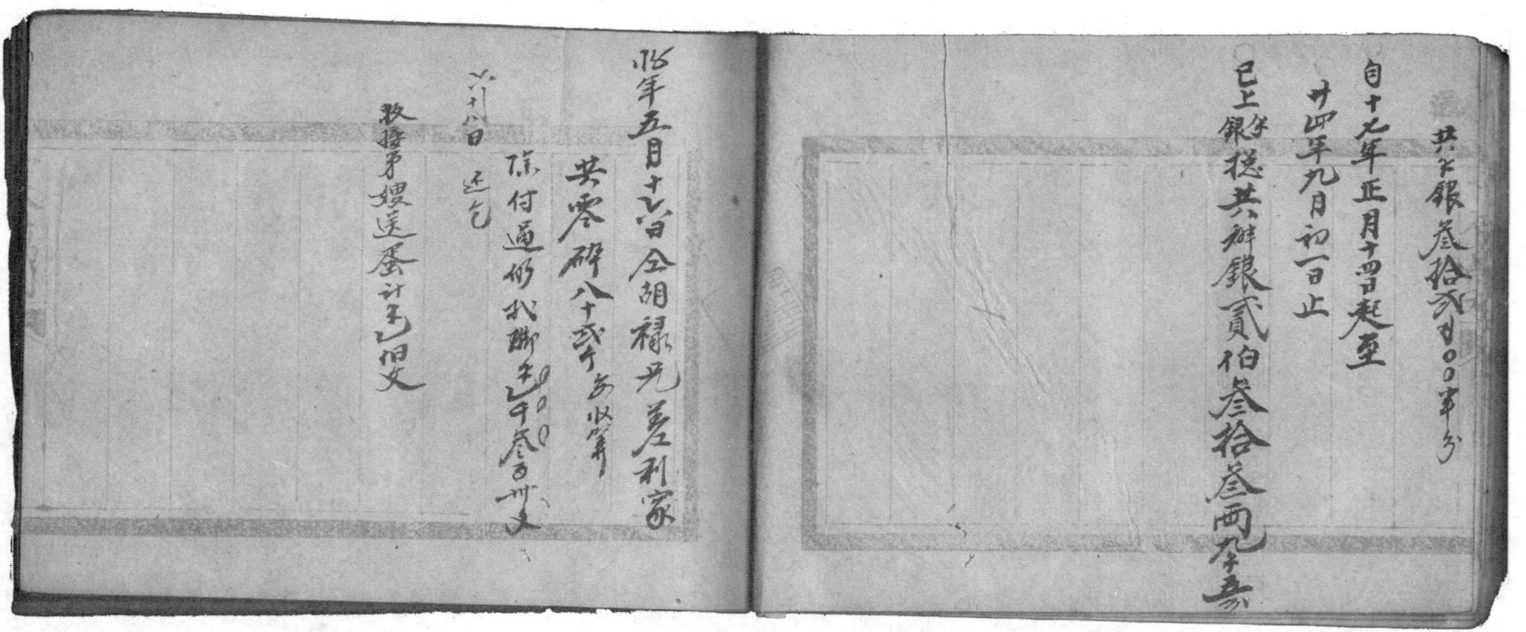

大鄣山乡江村 32-14 · 嘉庆十七年至道光二十三年 · 流水账 · 汪立昌

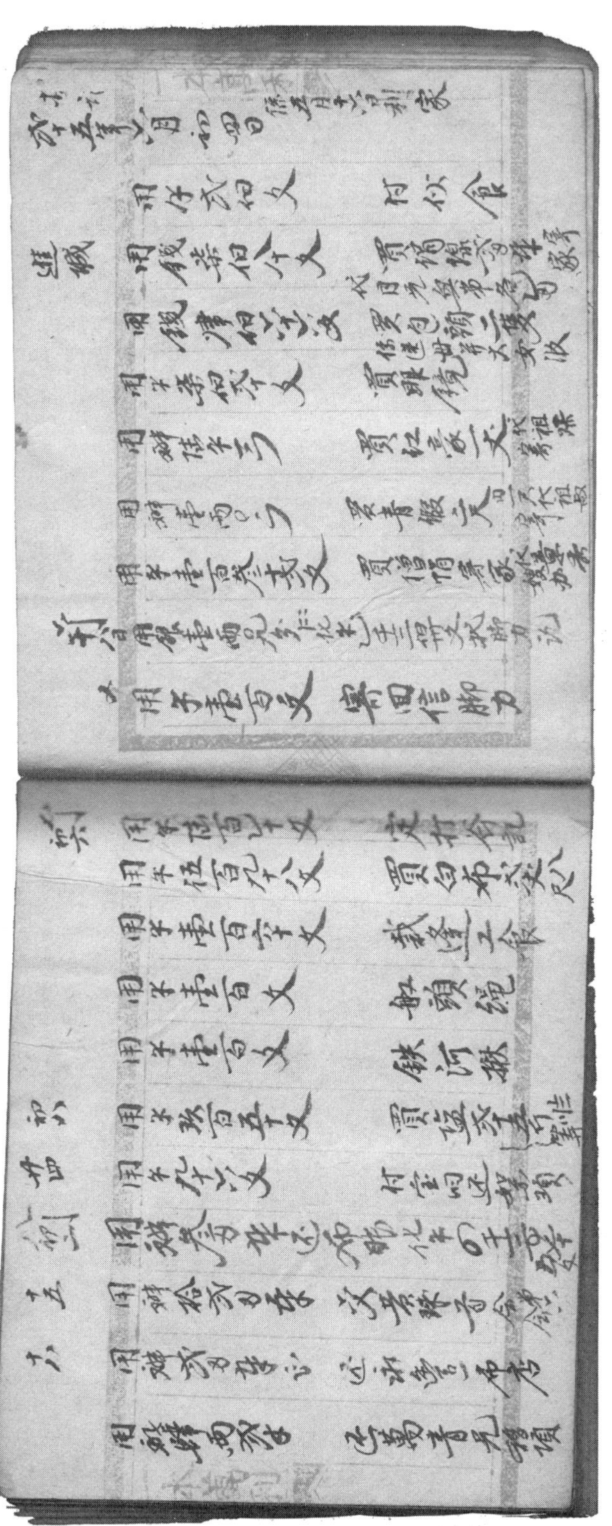

大鄣山乡江村 32-15 · 嘉庆十七年至道光二十三年 · 流水账 · 汪立昌

大鄣山乡江村 32-16 · 嘉庆十七年至道光二十三年 · 流水账 · 汪立昌

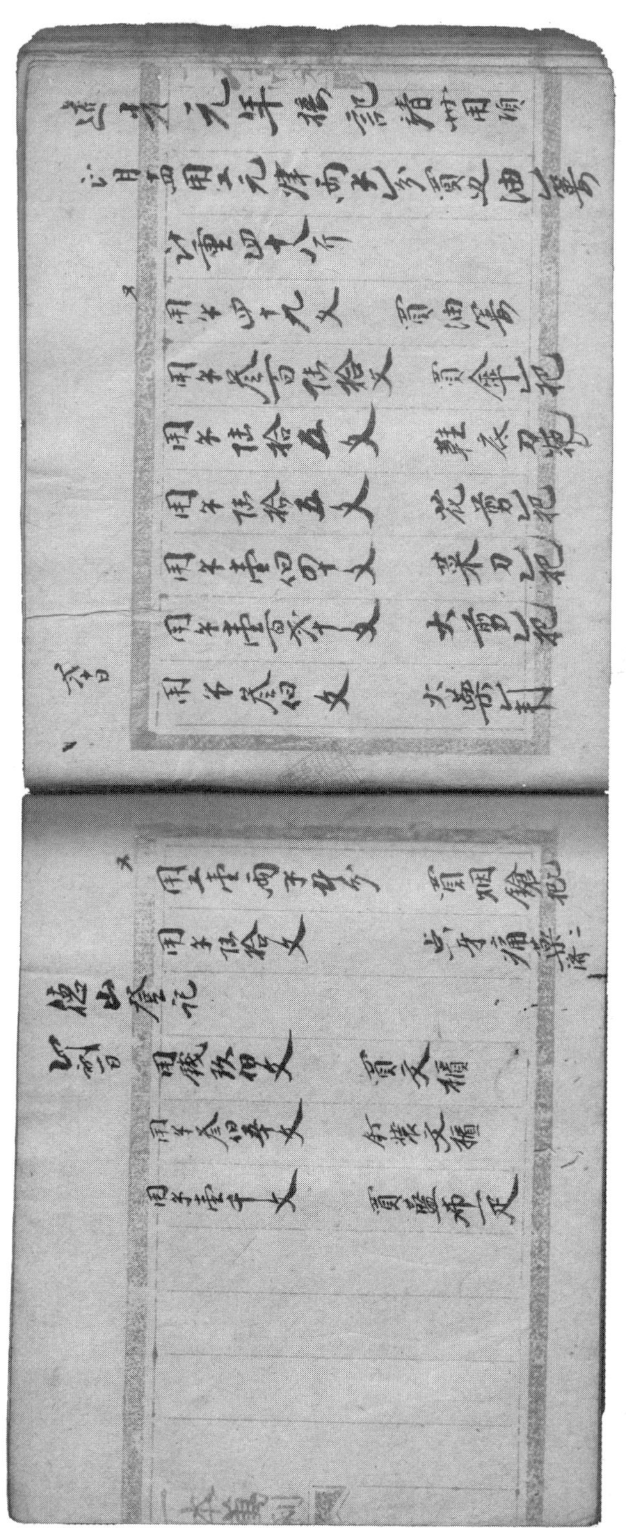

大鄣山乡江村 32-17・嘉庆十七年至道光二十三年・流水账・汪立昌

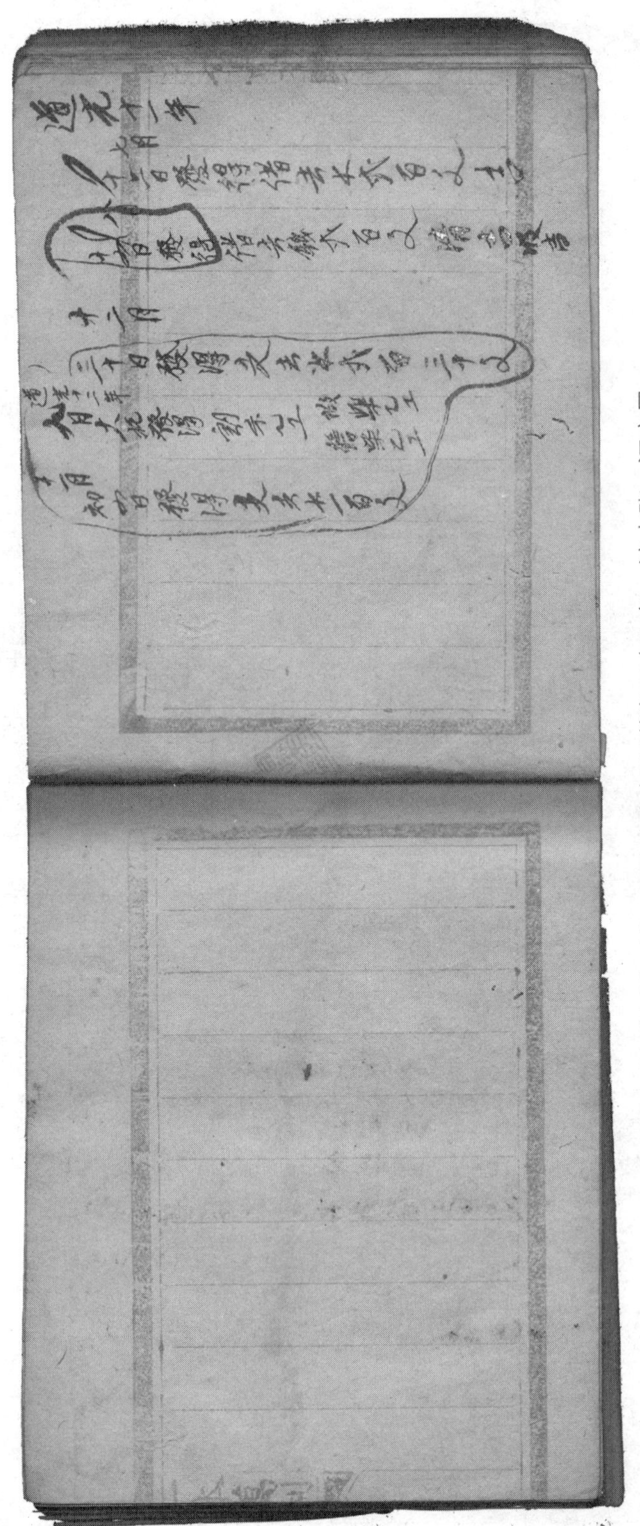

大鄣山乡江村 32-18 · 嘉庆十七年至道光二十三年 · 流水账 · 汪立昌

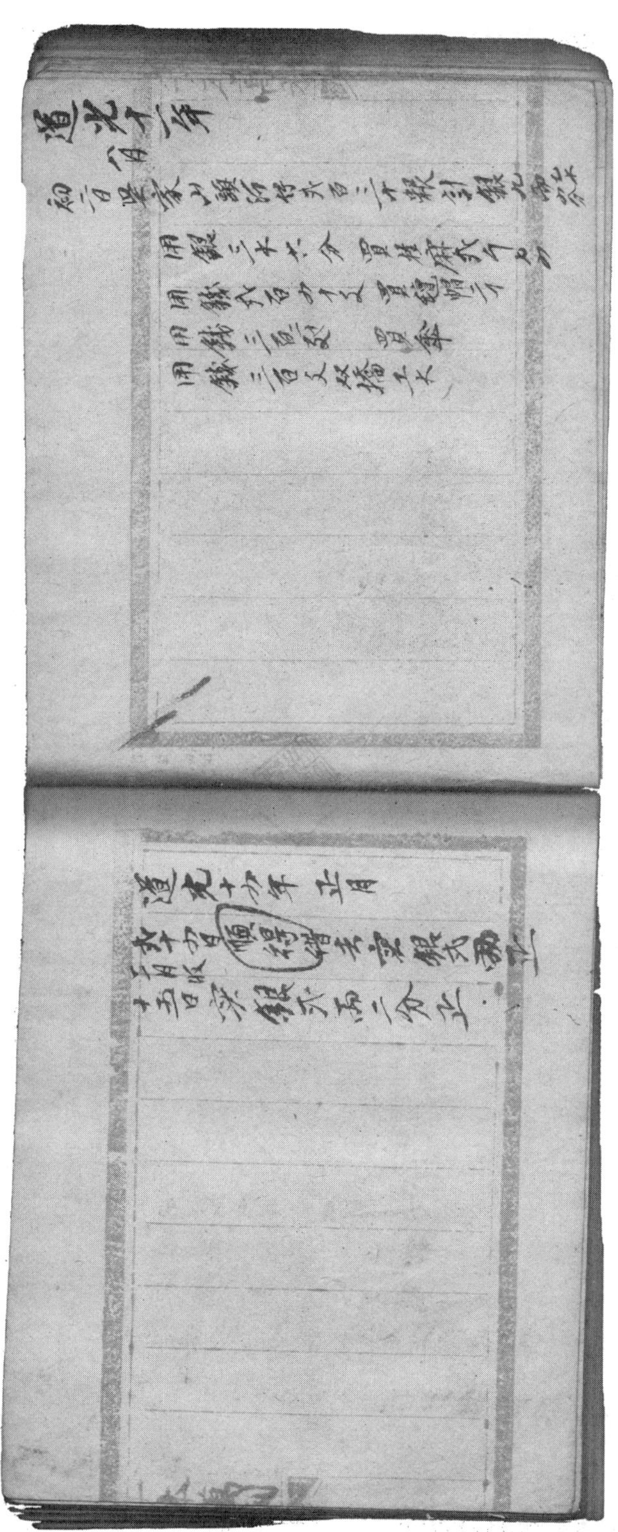

大鄣山乡江村 32-19 · 嘉庆十七年至道光二十三年 · 流水账 · 汪立昌

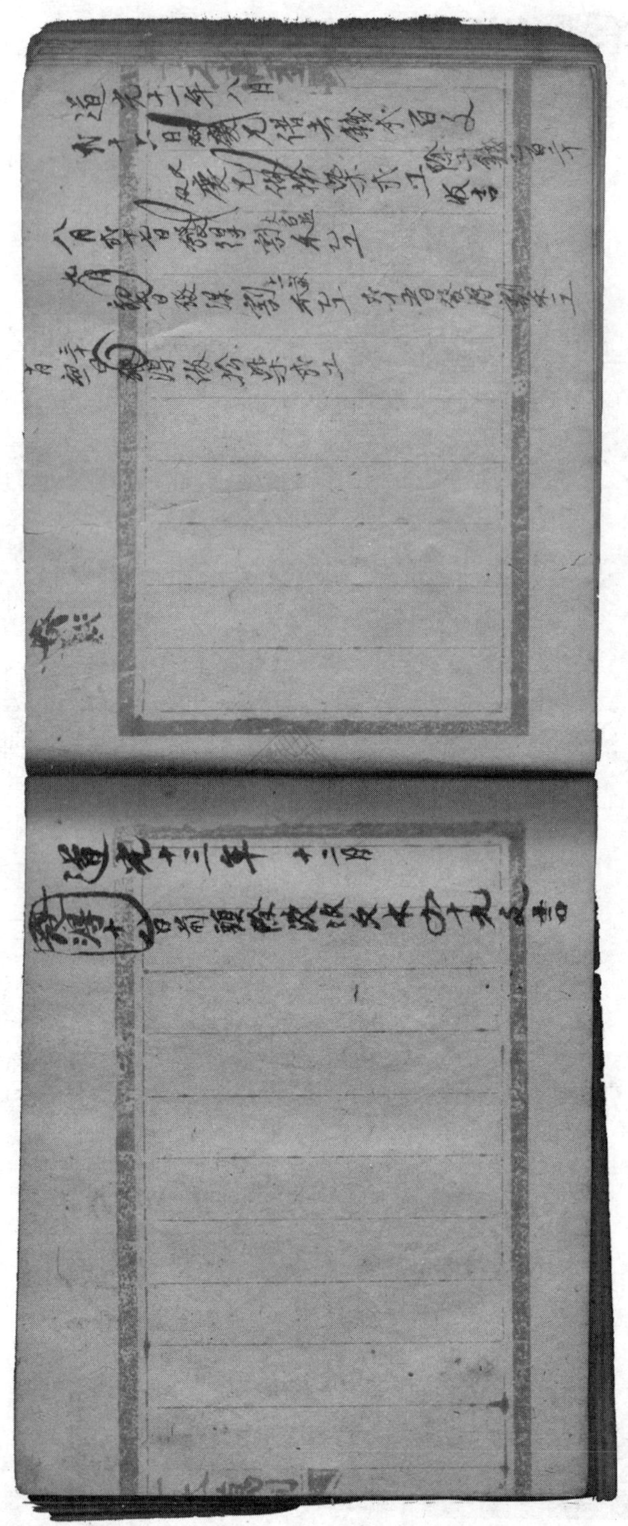

大鄣山乡江村 32-20・嘉庆十七年至道光二十三年・流水账・汪立昌

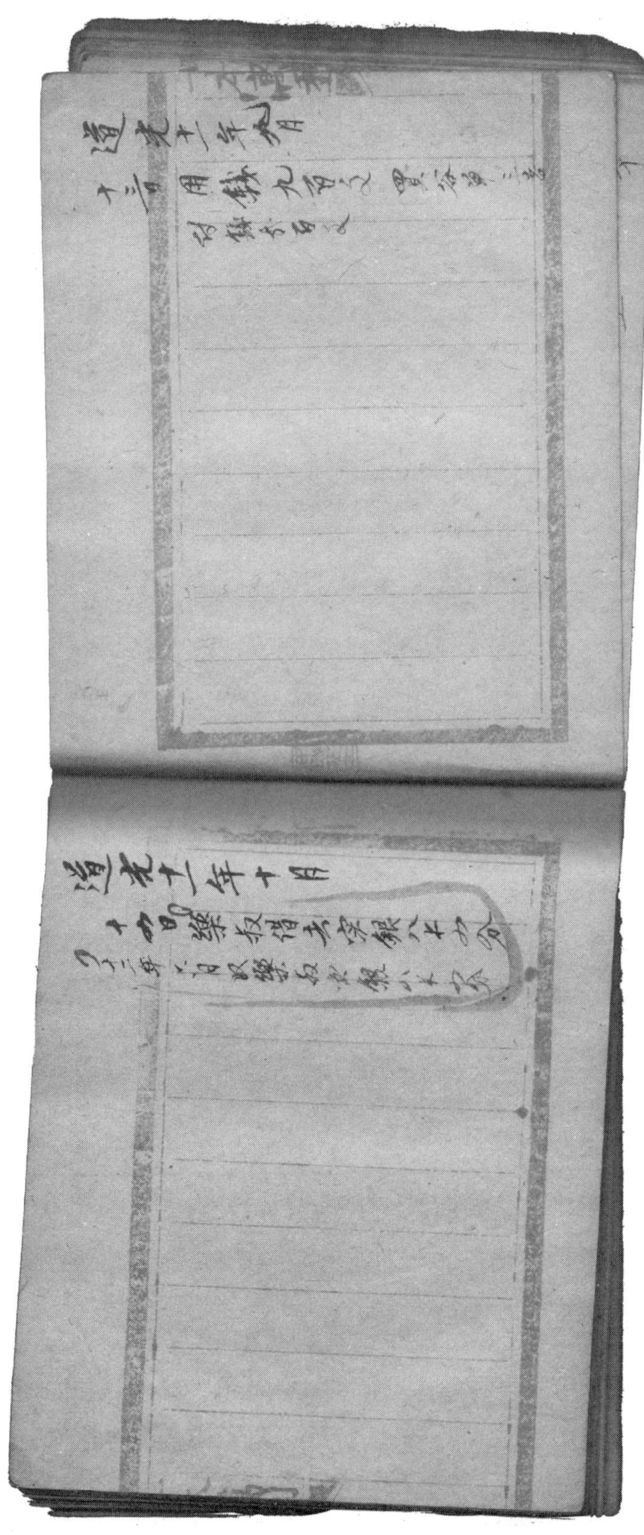

大鄣山乡江村 32-21 · 嘉庆十七年至道光二十三年 · 流水账 · 汪立昌

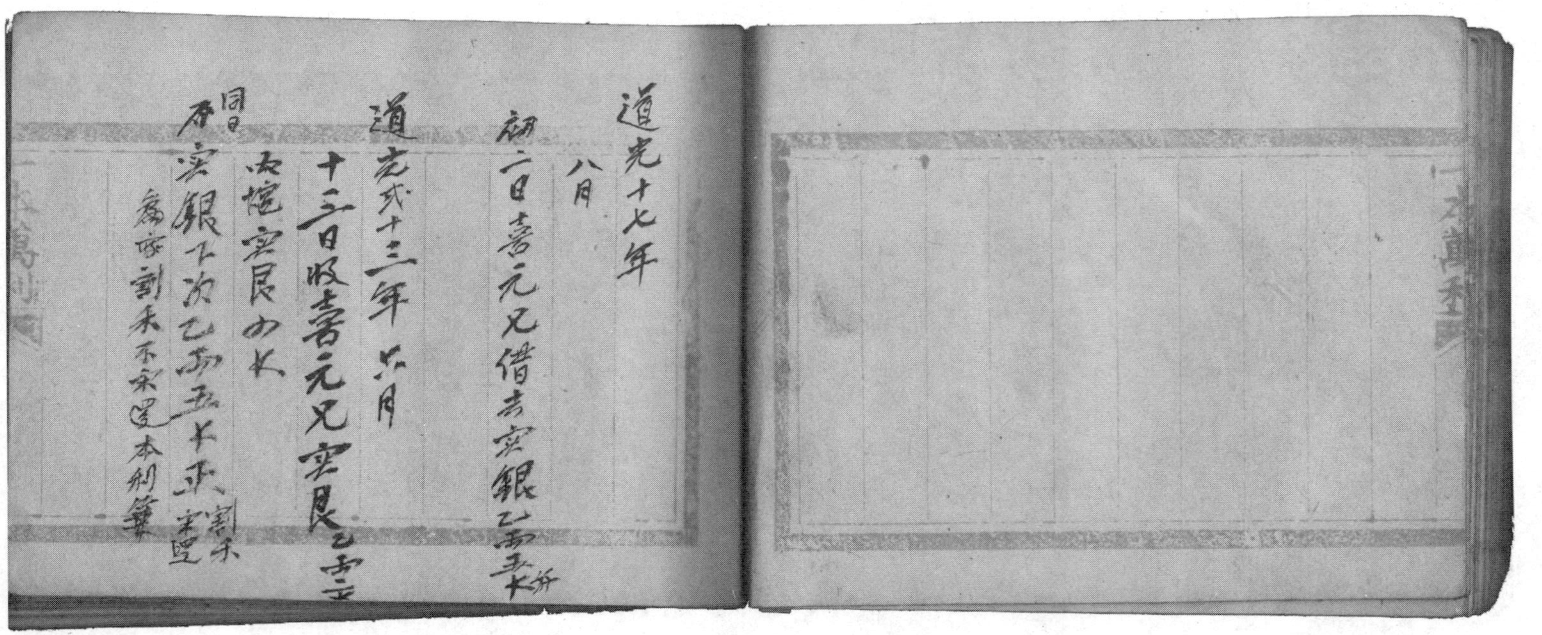

道光十七年

八月

初二日喜元兄借去実银乙[illegible]

道光式十三年 六月

十三日收喜元兄実艮乙[illegible]

内[illegible]実艮[illegible]

同日

存実银下次乙[illegible]

[illegible]

大鄣山乡江村 32-22 · 嘉庆十七年至道光二十三年 · 流水账 · 汪立昌

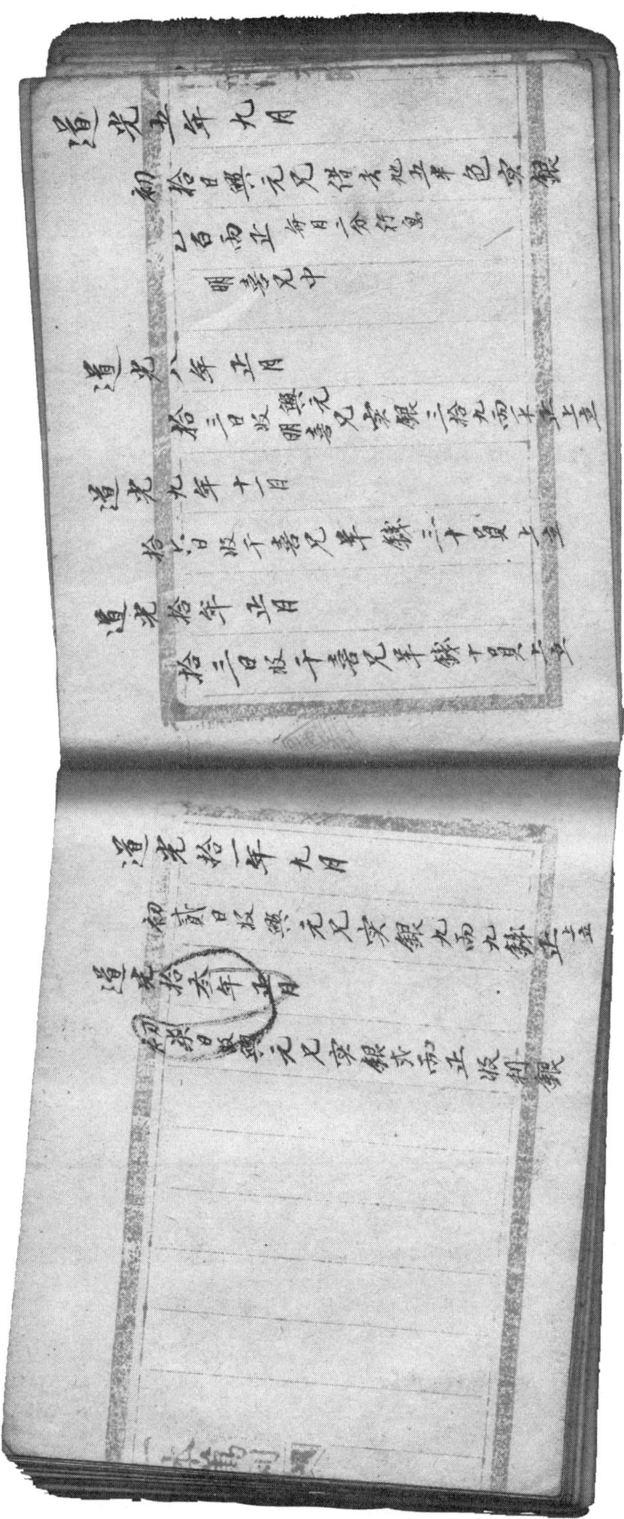

大鄣山乡江村 32-23・嘉庆十七年至道光二十三年・流水账・汪立昌

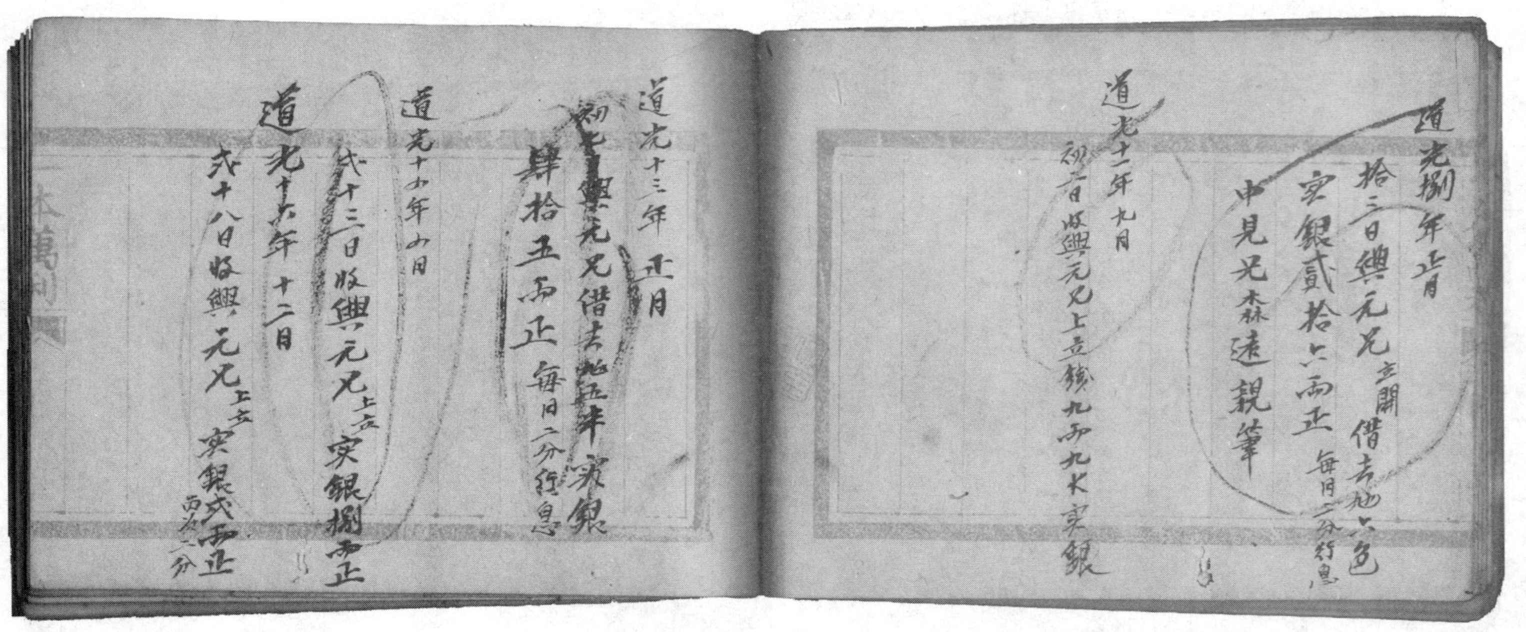

大鄣山乡江村 32-24 · 嘉庆十七年至道光二十三年 · 流水账 · 汪立昌

大鄣山乡江村 32-25 · 嘉庆十七年至道光二十三年 · 流水账 · 汪立昌

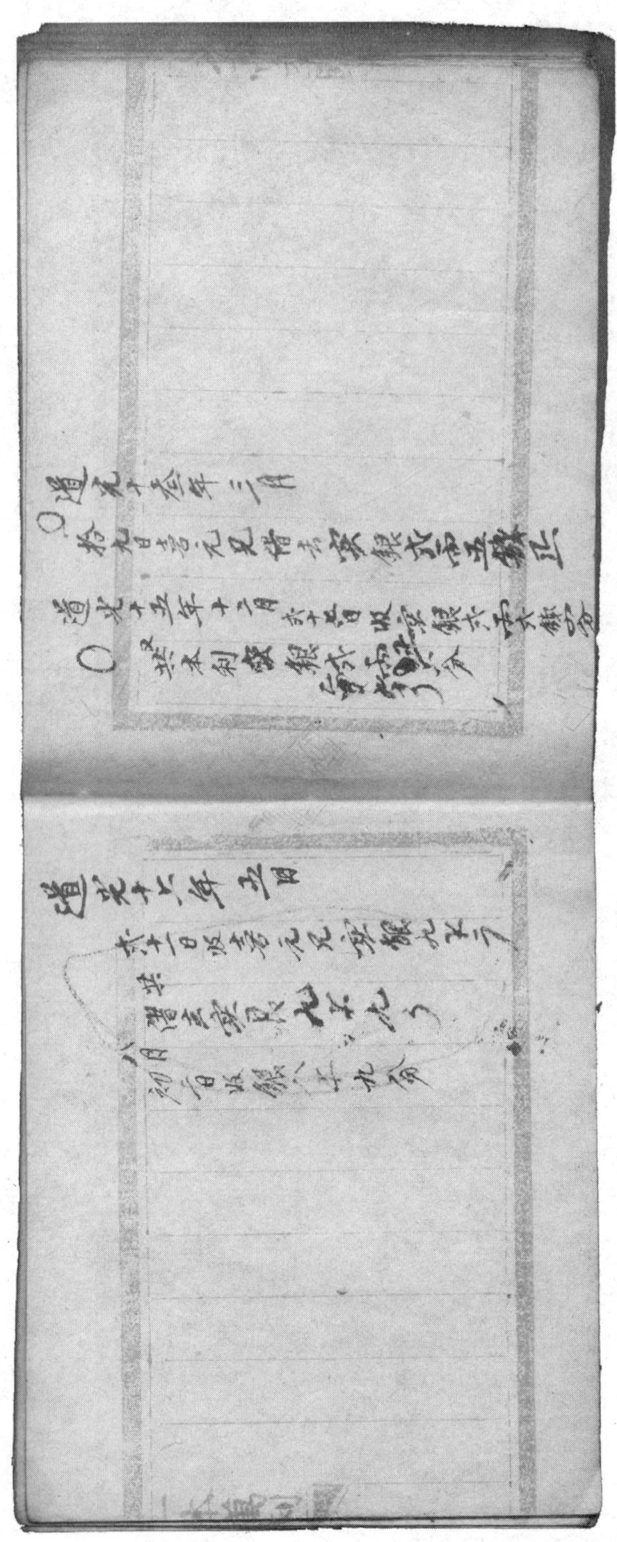

大鄣山乡江村 32-26 · 嘉庆十七年至道光二十三年 · 流水账 · 汪立昌

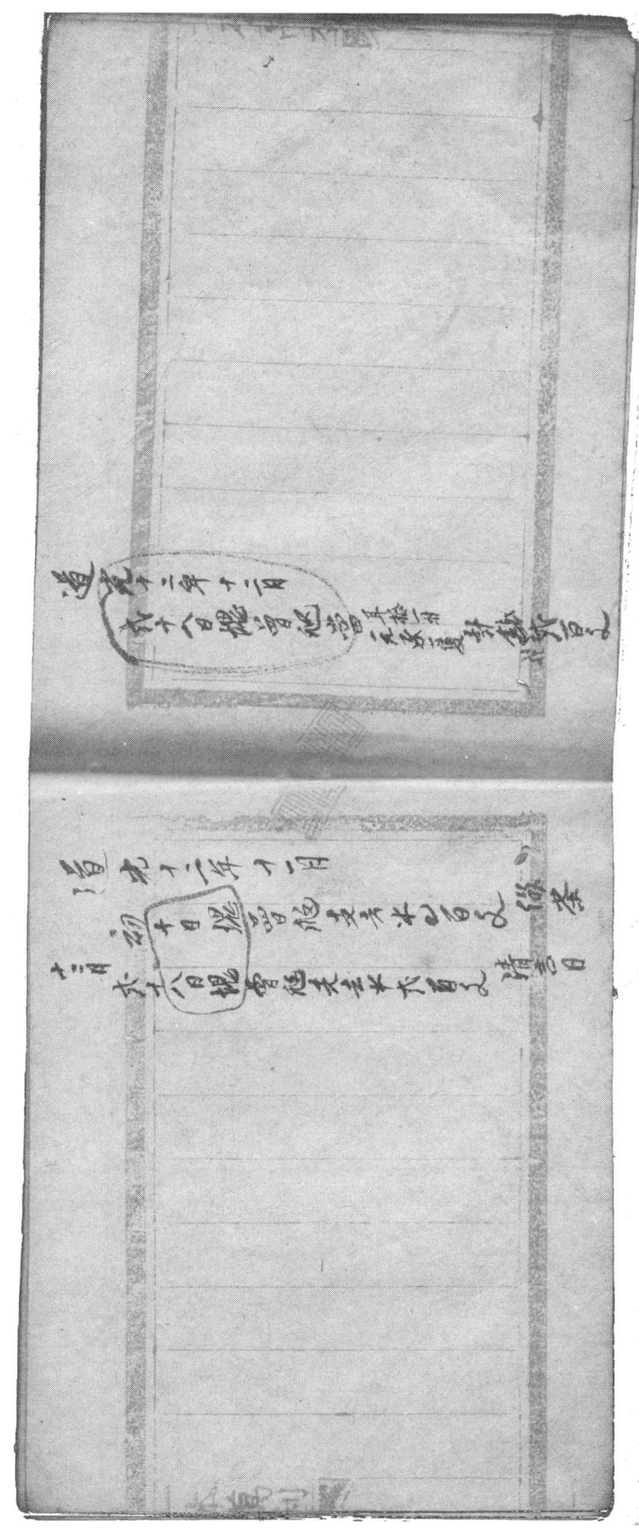

大鄣山乡江村 32-27 · 嘉庆十七年至道光二十三年 · 流水账 · 汪立昌

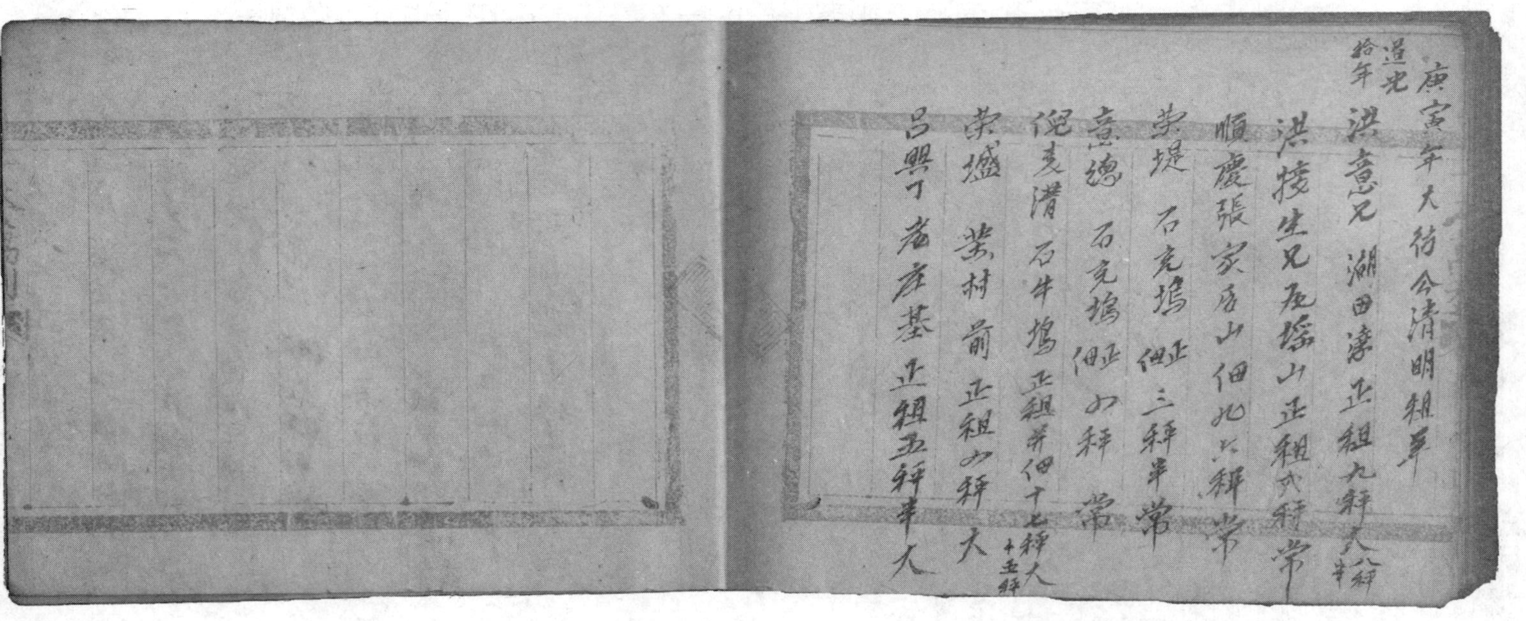

庚寅年大彷今清明租单
道光拾年
洪意兄　湖田潒　正租九秤大　八秤
洪枝生兄　在塢山　正租式秤　常
順慶張家　后山　佃九六秤　常
榮堤　石充塢　正佃　三秤半　常
意德　石充塢　正佃　四秤　常
俔支潽　石牛塢　正租并佃十七秤大　十五秤
榮熾　棠村前　正租四秤　大
呂興丁　庙瘗基　正租五秤半　大

大鄣山乡江村 32-28・嘉庆十七年至道光二十三年・流水账・汪立昌

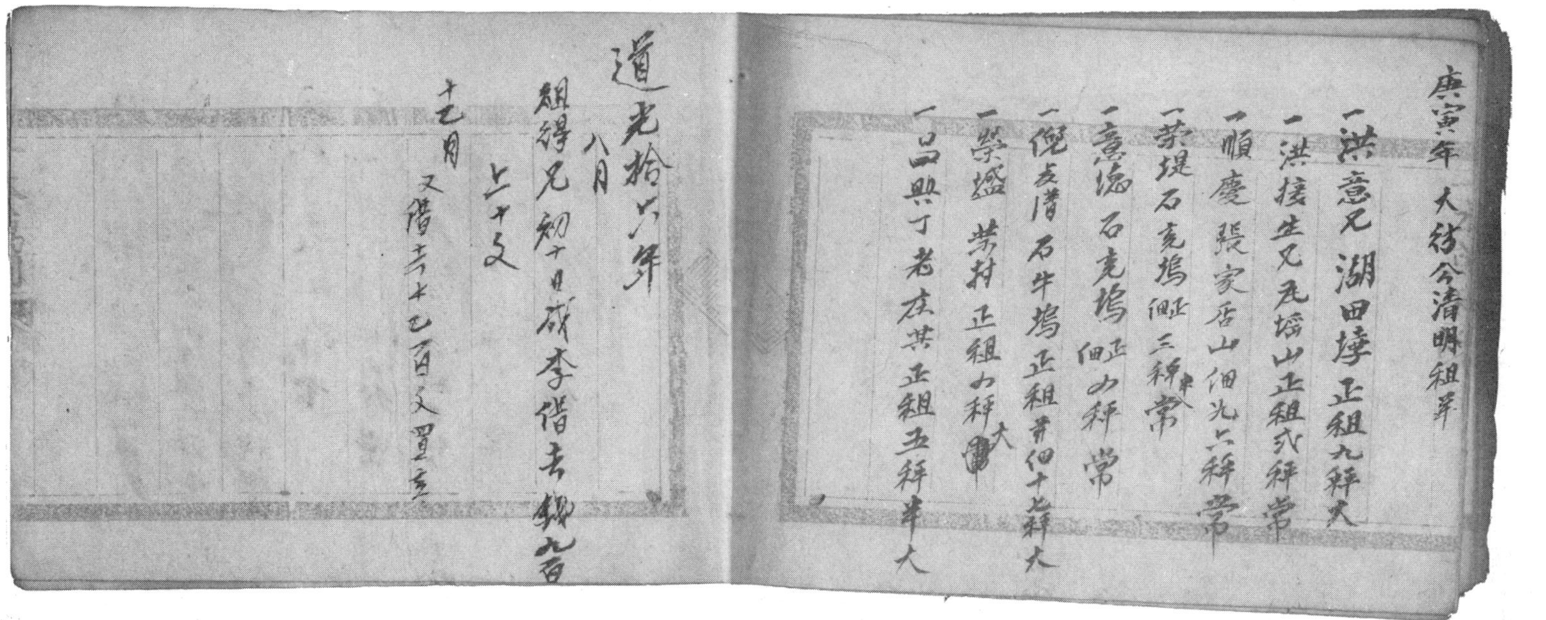

大鄣山乡江村 32-29 · 嘉庆十七年至道光二十三年 · 流水账 · 汪立昌

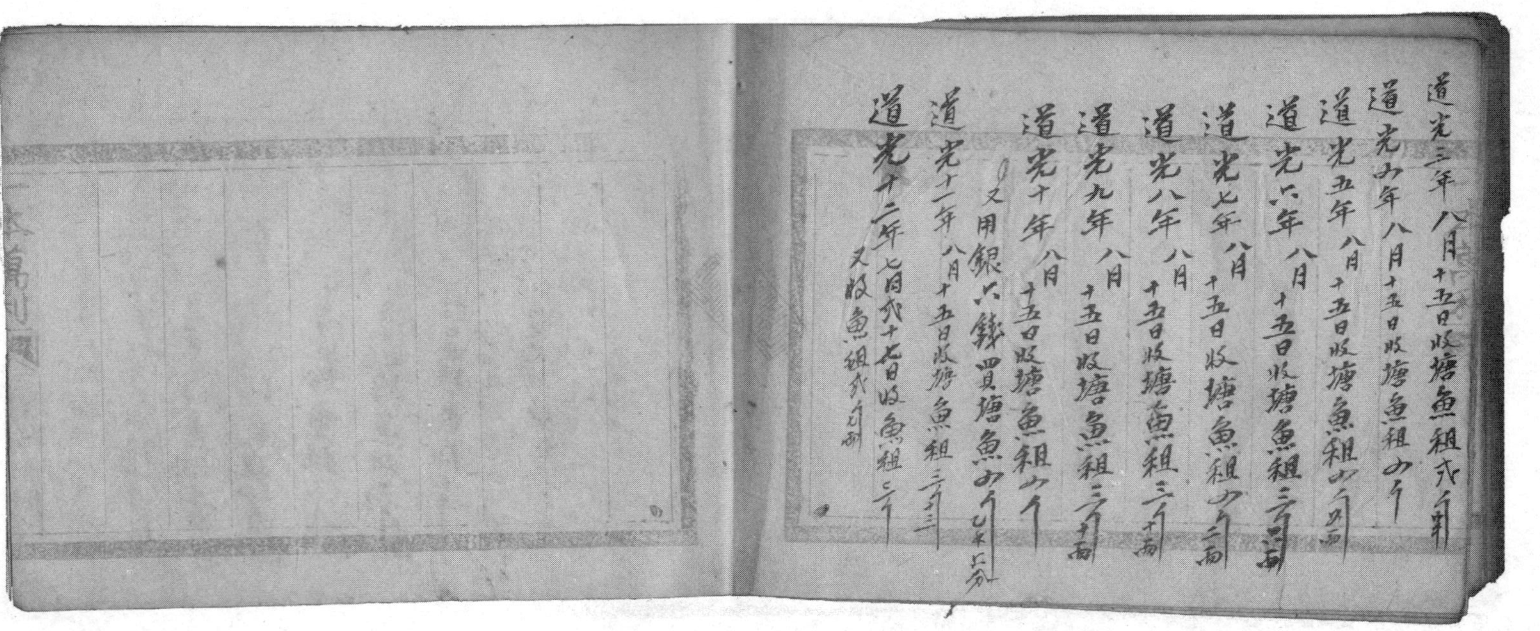
道光三年八月十五日收塘魚租弍斤
道光四年八月十五日收塘魚租四斤
道光五年八月十五日收塘魚租四斤四两
道光六年八月十五日收塘魚租三斤
道光七年八月十五日收塘魚租四斤
道光八年八月十五日收塘魚租三斤
道光九年八月十五日收塘魚租三斤
道光十年八月十五日收塘魚租四斤
又用銀六錢買塘魚四斤
道光十一年八月十五日收塘魚租三斤
道光十二年七月廿七日收魚租三斤
又收魚租弍斤

大鄣山乡江村 32-30 · 嘉庆十七年至道光二十三年 · 流水账 · 汪立昌

大鄣山乡江村 32-31 · 嘉庆十七年至道光二十三年 · 流水账 · 汪立昌

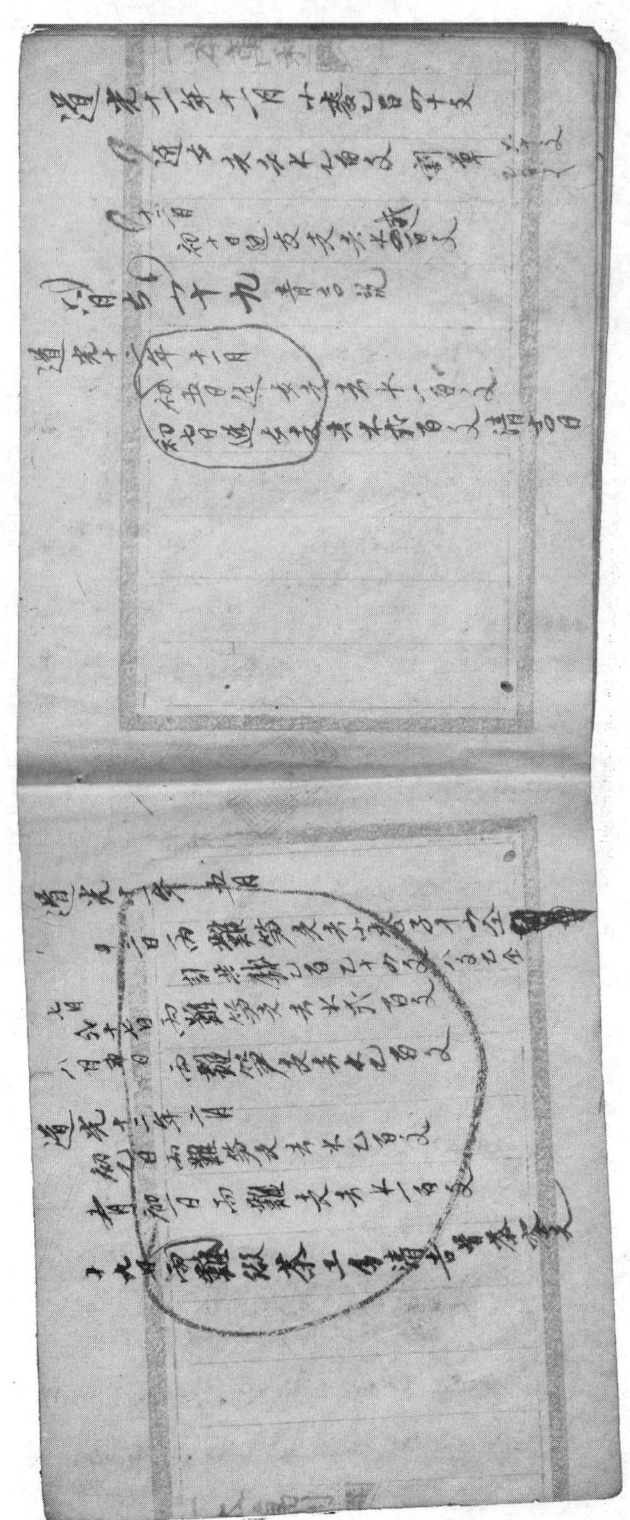

大鄣山乡江村 32-32 · 嘉庆十七年至道光二十三年 · 流水账 · 汪立昌

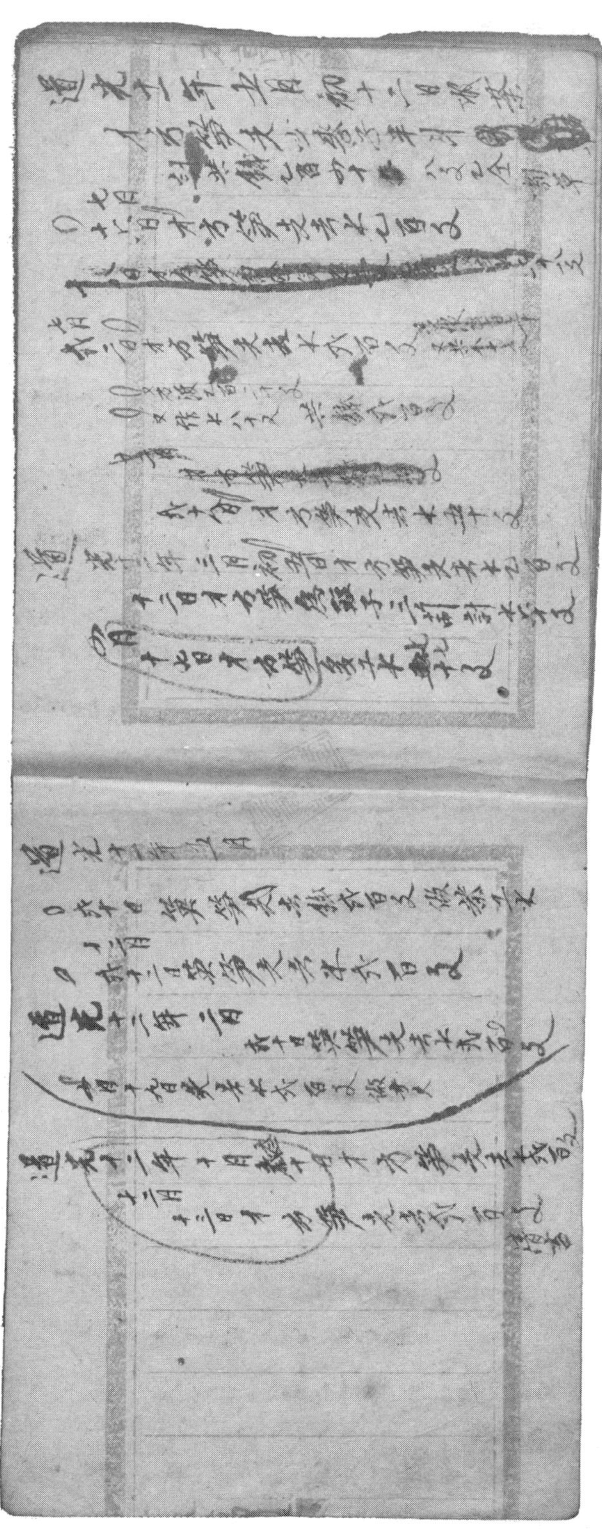

大鄣山乡江村 32-33 · 嘉庆十七年至道光二十三年 · 流水账 · 汪立昌

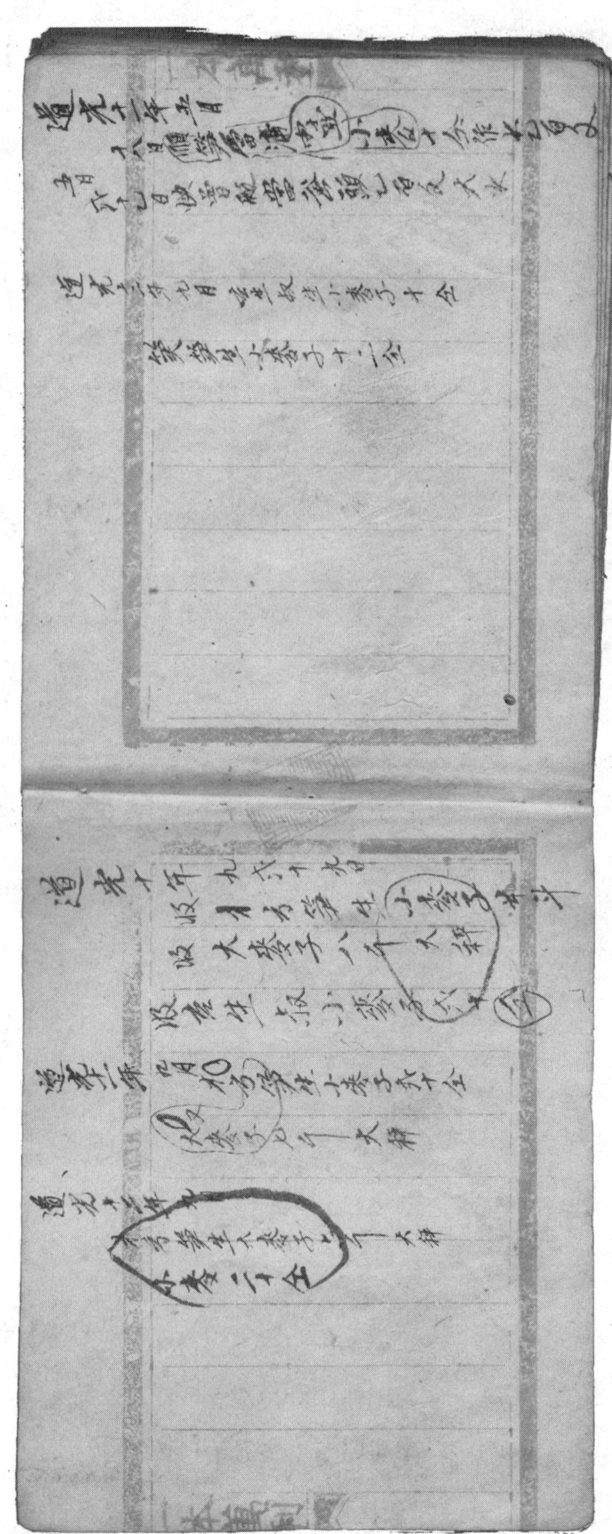

大鄣山乡江村 32-34 · 嘉庆十七年至道光二十三年 · 流水账 · 汪立昌

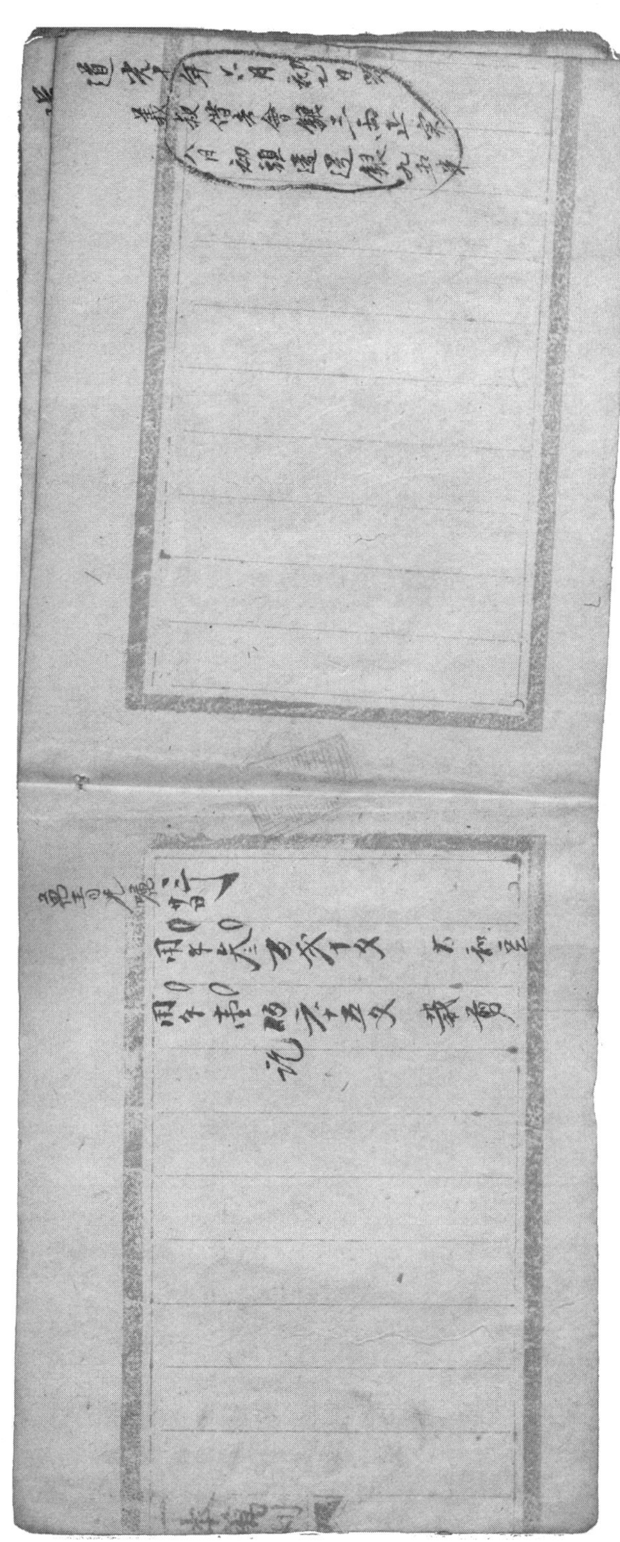

大鄣山乡江村 32-35 · 嘉庆十七年至道光二十三年 · 流水账 · 汪立昌

大鄣山乡江村 32-36 · 嘉庆十七年至道光二十三年 · 流水账 · 汪立昌

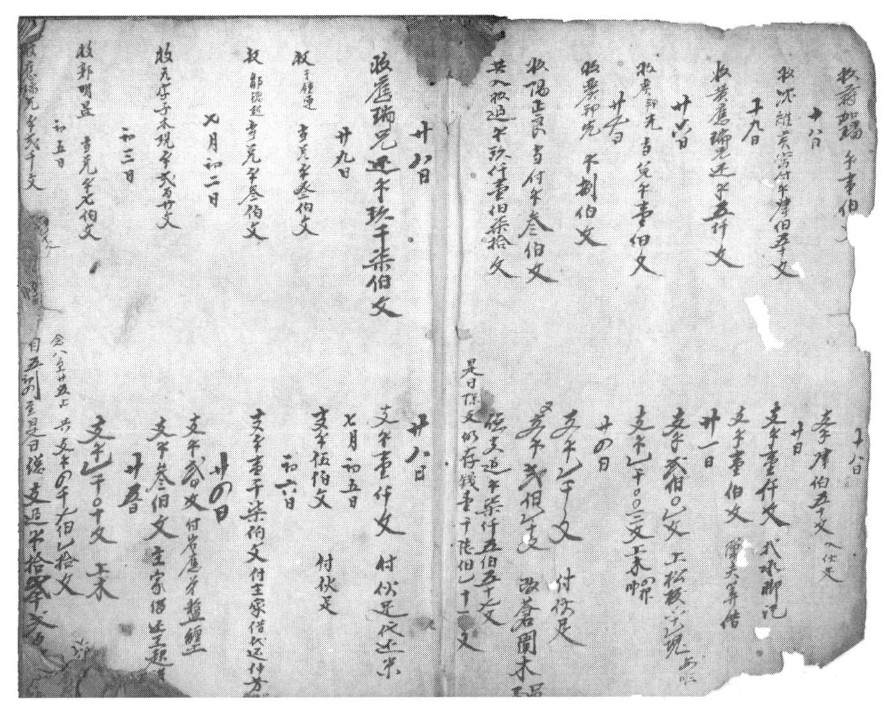

大鄣山乡江村 28-1 · 嘉庆十九年前后 · 流水账

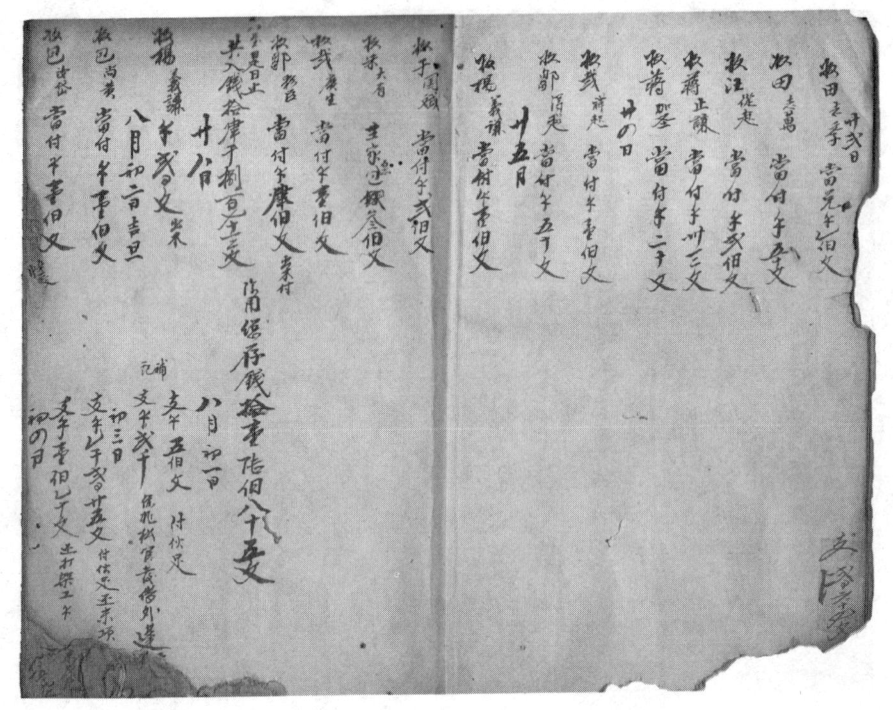

大鄣山乡江村 28-2 · 嘉庆十九年前后 · 流水账

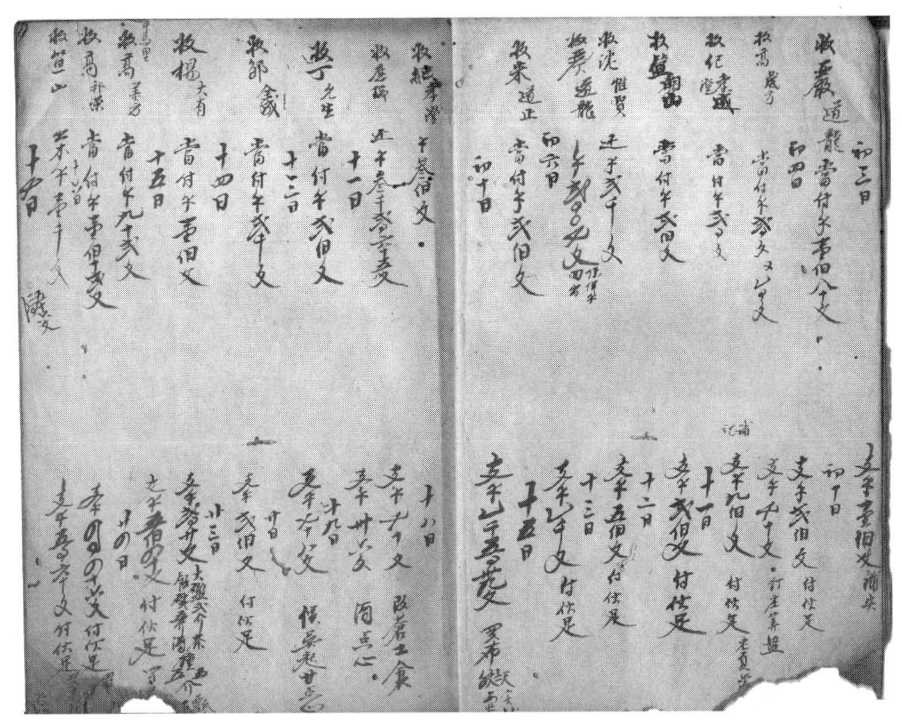

大郭山乡江村 28-3 · 嘉庆十九年前后 · 流水账

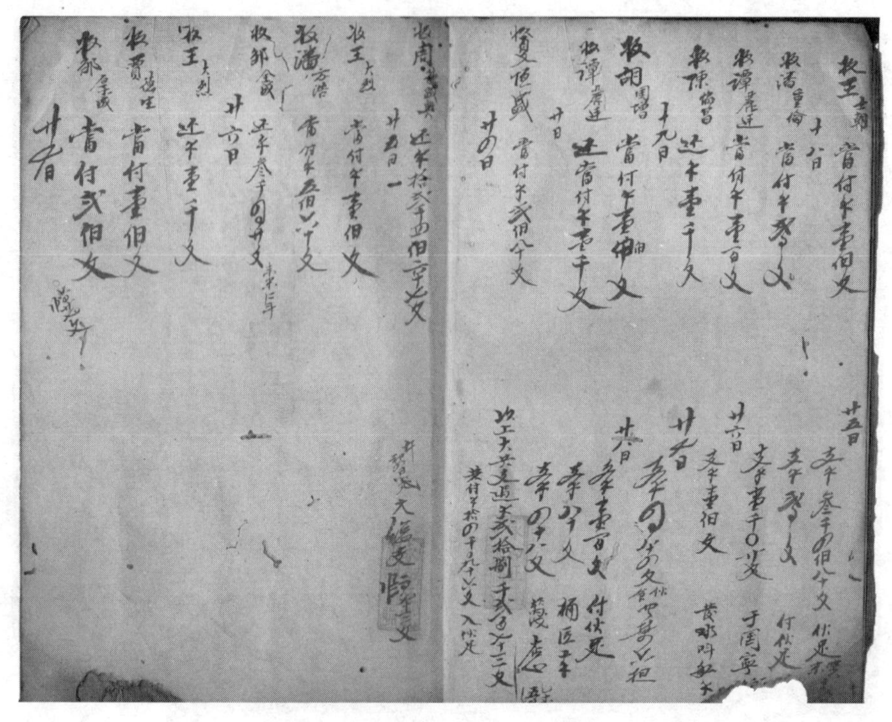

大鄣山乡江村 28-4 · 嘉庆十九年前后 · 流水账

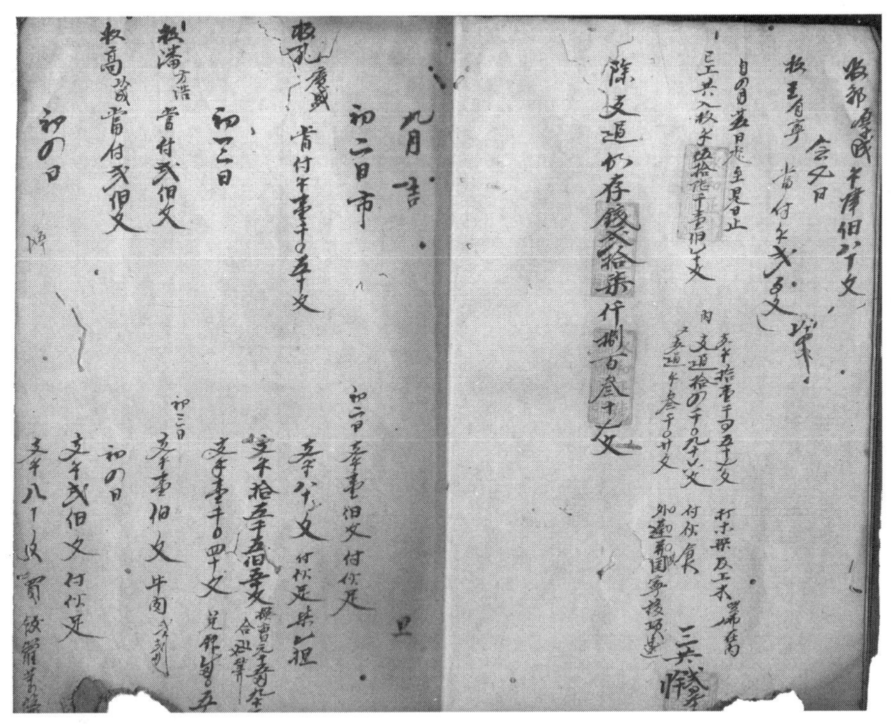

大鄣山乡江村 28-5 · 嘉庆十九年前后 · 流水账

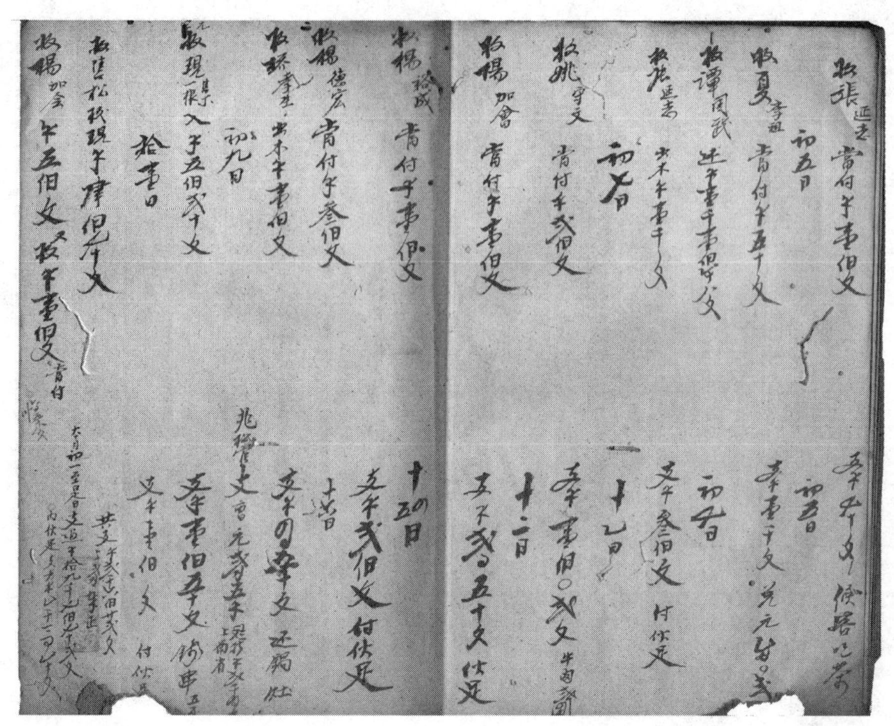

大郭山乡江村 28-6 · 嘉庆十九年前后 · 流水账

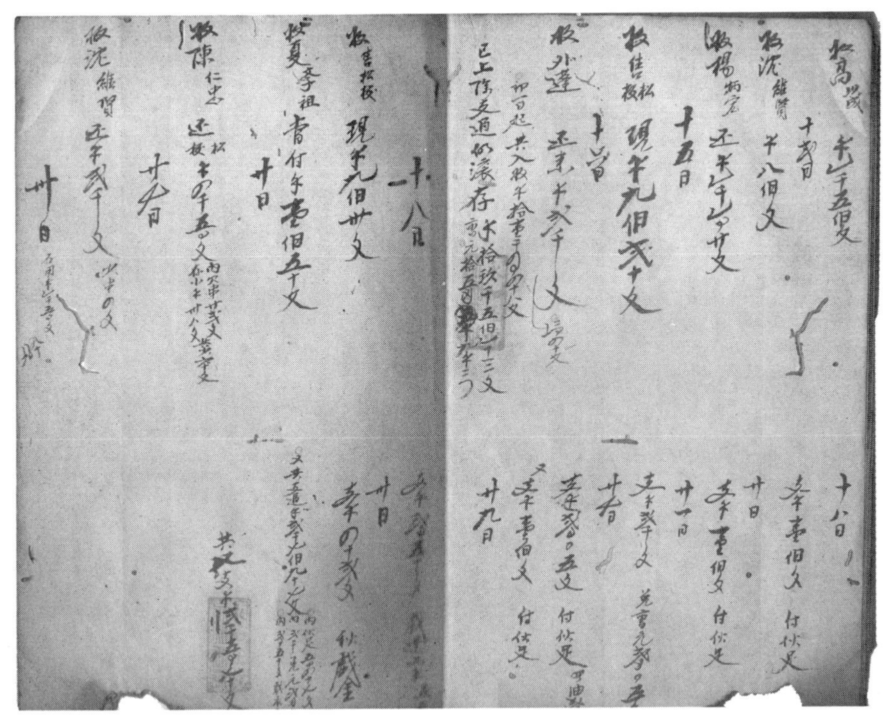

大鄣山乡江村 28-7 · 嘉庆十九年前后 · 流水账

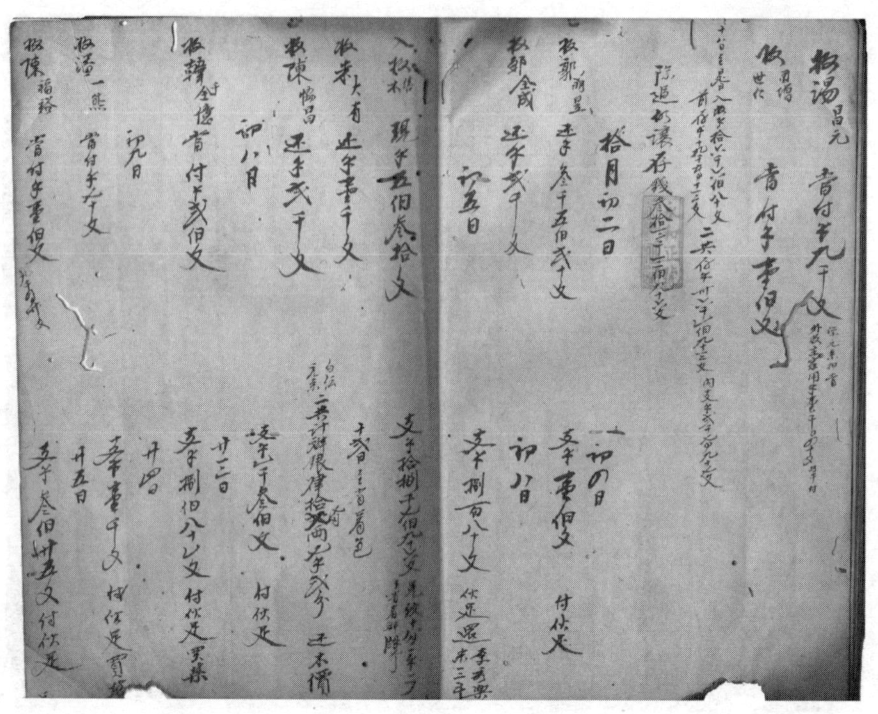

大鄣山乡江村 28-8 · 嘉庆十九年前后 · 流水账

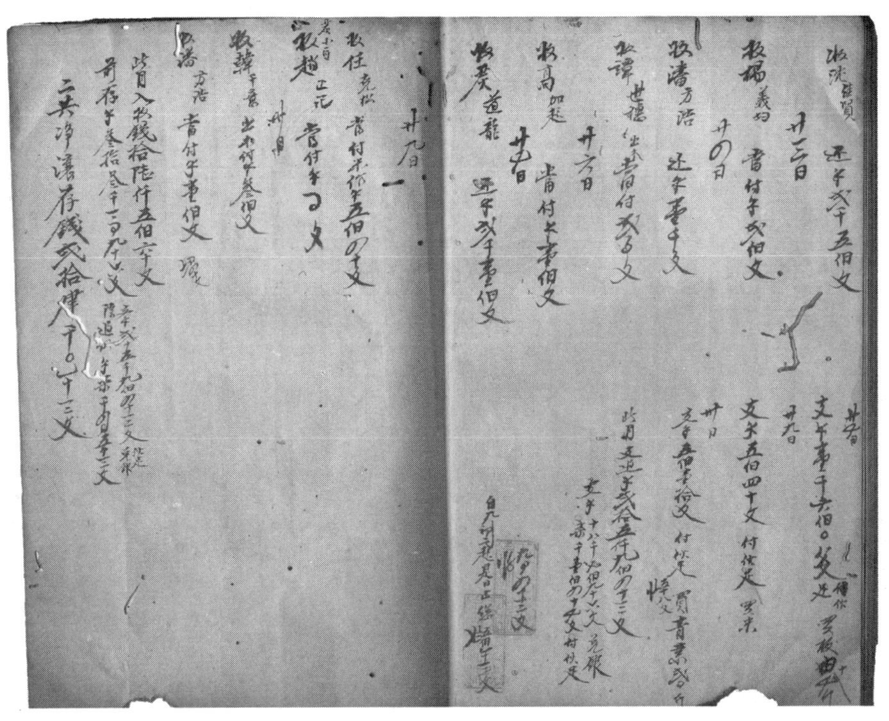

大鄣山乡江村 28-9 · 嘉庆十九年前后 · 流水账

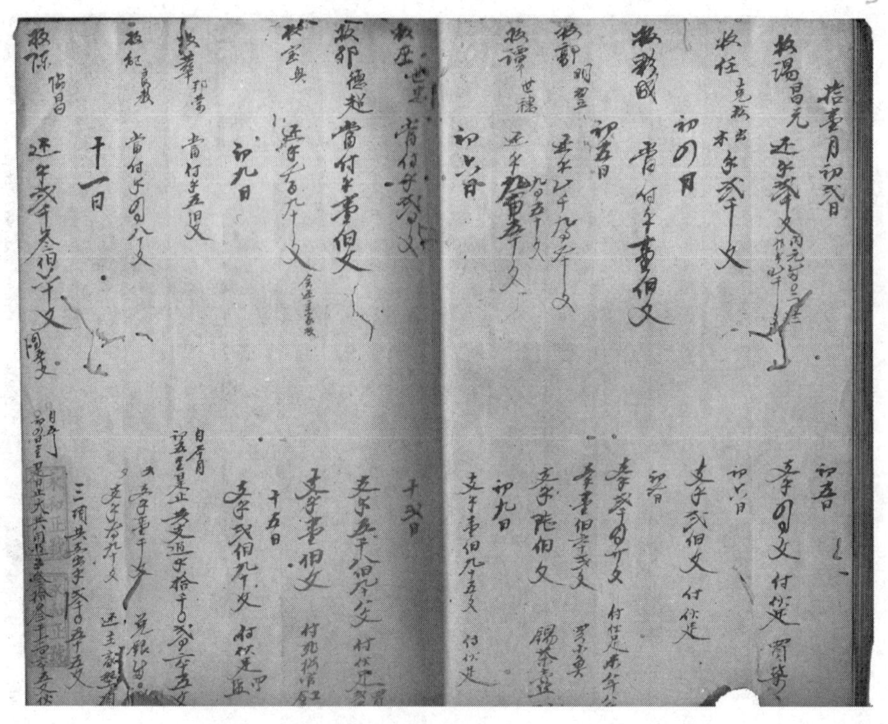

大鄣山乡江村 28-10 · 嘉庆十九年前后 · 流水账

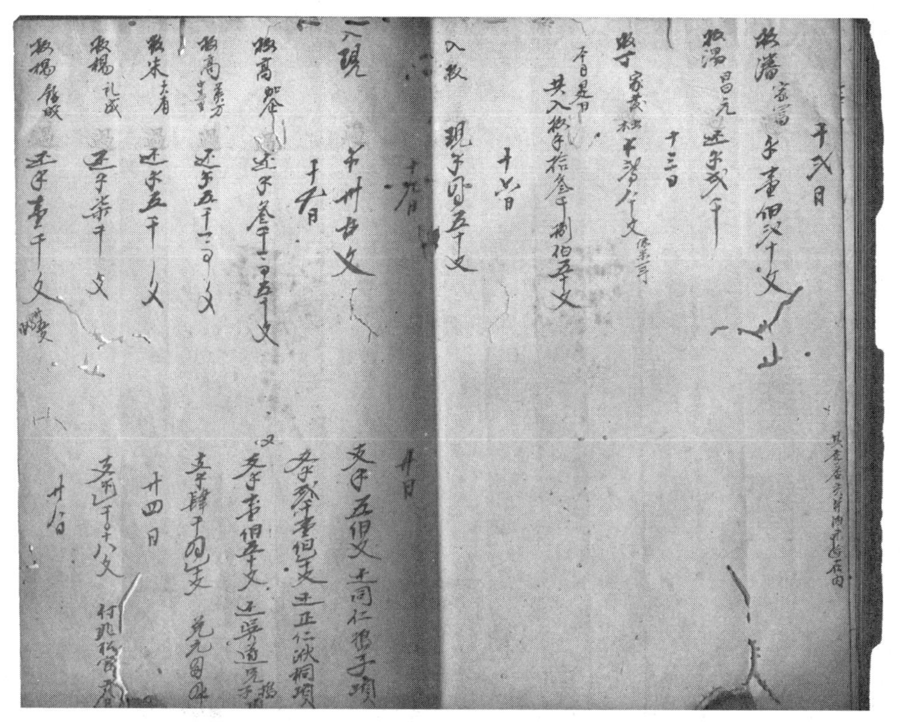

大郭山乡江村 28-11 · 嘉庆十九年前后 · 流水账

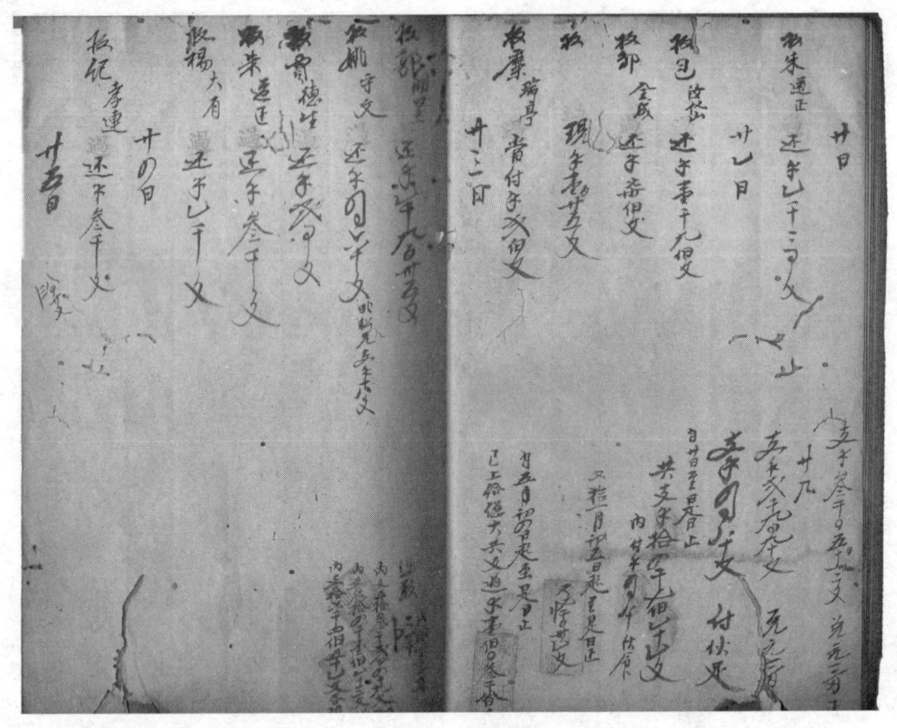

大鄣山乡江村 28-12 · 嘉庆十九年前后 · 流水账

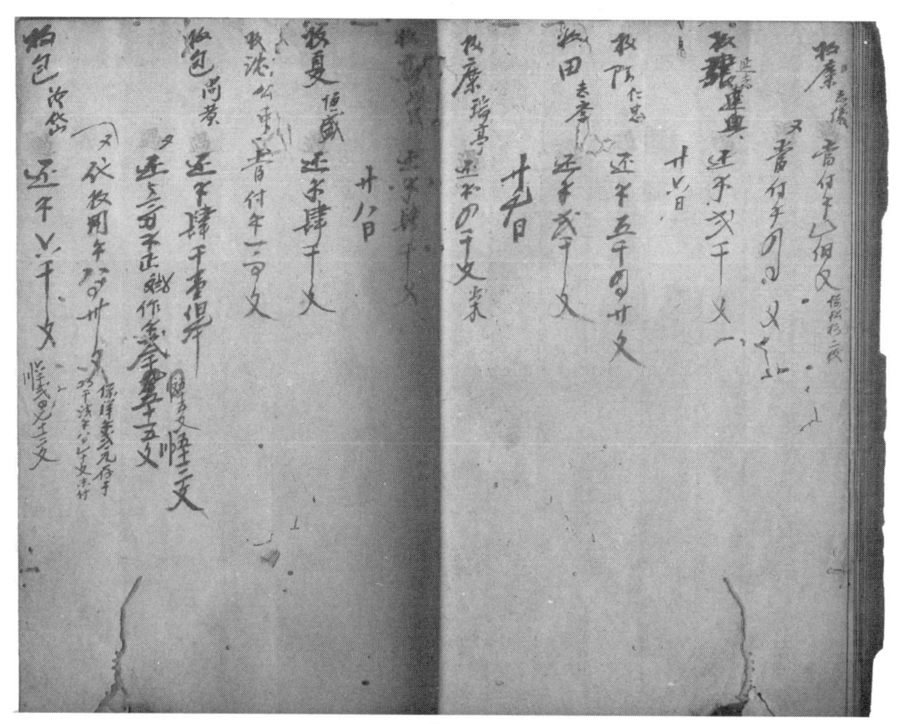

大郭山乡江村 28-13 · 嘉庆十九年前后 · 流水账

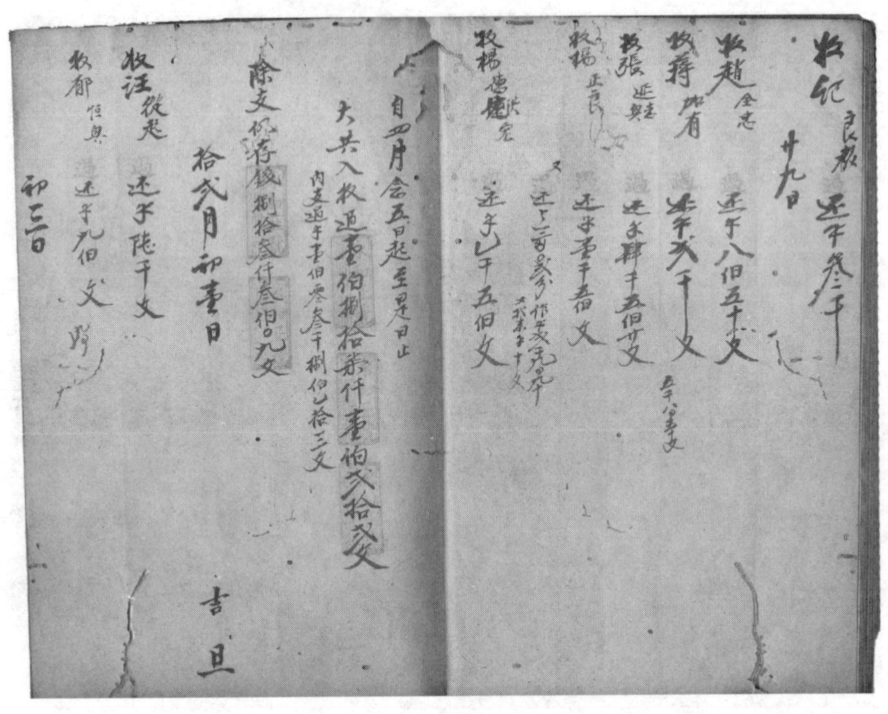

大鄣山乡江村 28-14 · 嘉庆十九年前后 · 流水账

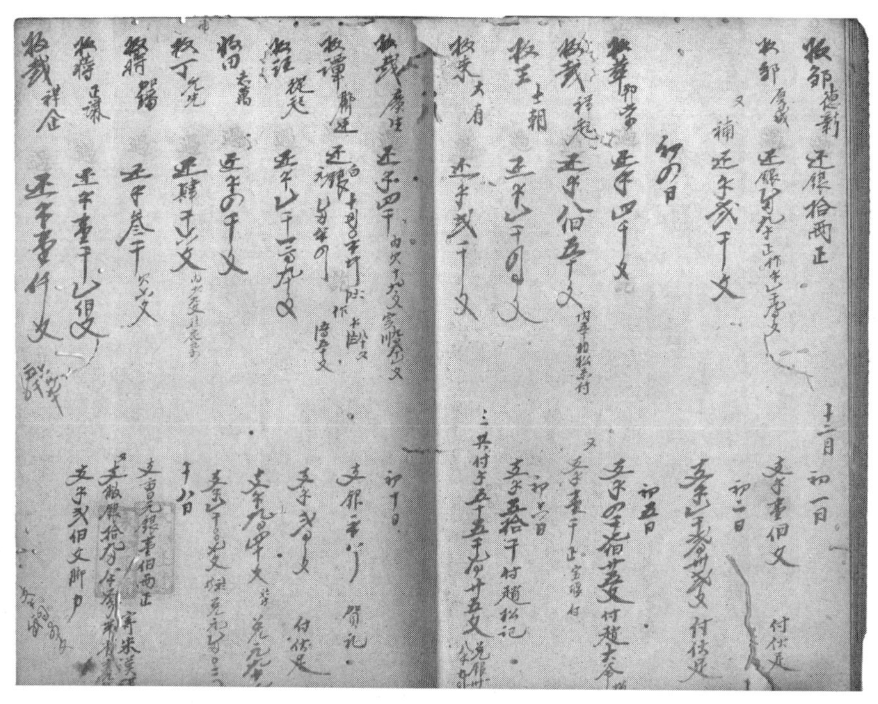

大鄣山乡江村 28-15 · 嘉庆十九年前后 · 流水账

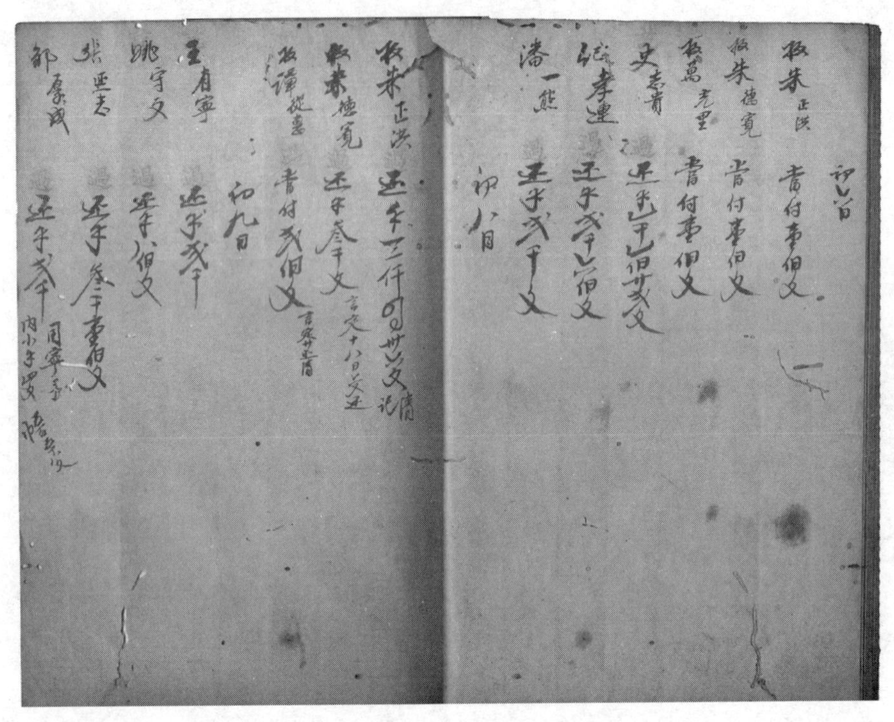

大鄣山乡江村 28-16 · 嘉庆十九年前后 · 流水账

初十日
胡国傅 还手戎干文
包尚贵 还手叁伯平文
十壹日
夏□成 还干以干文 □十公
包
票祁光 还手肆干文
沈合早 还手壹瓦伯平文 □□□□
贾德圣 还手壹干
塔方诺 还手肆干
桑瑞亭 还银壹案三作木 □干
十贰日
蒋加有 还手肆干八伯平文
汇李连 还子叁仟匕
汇李咸 还银叁两三手小 □□□□ □□□

大鄣山乡江村 28-18 · 嘉庆十九年前后 · 流水账

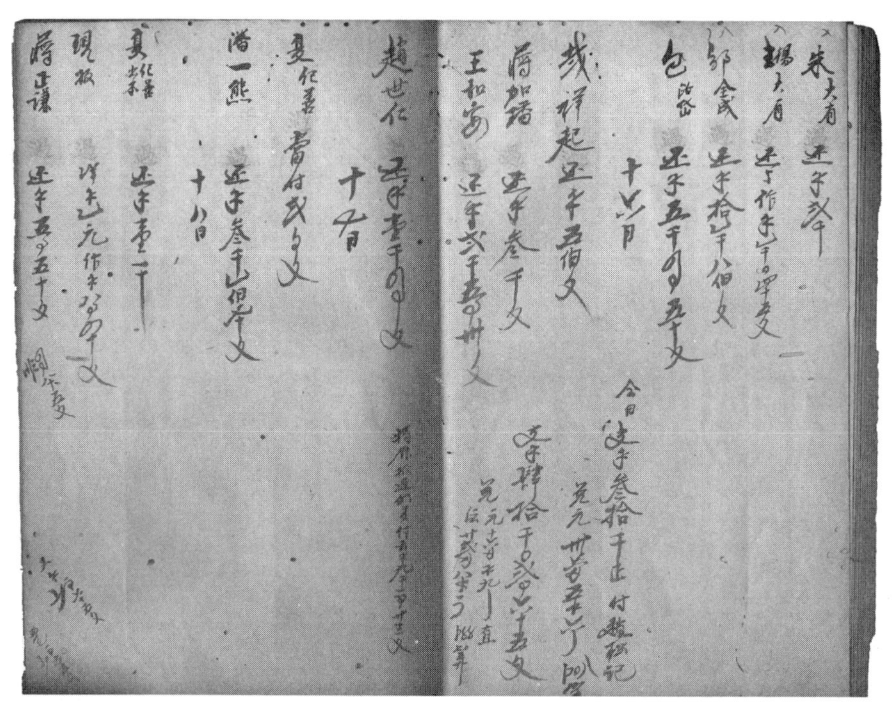

大鄣山乡江村 28-19 · 嘉庆十九年前后 · 流水账

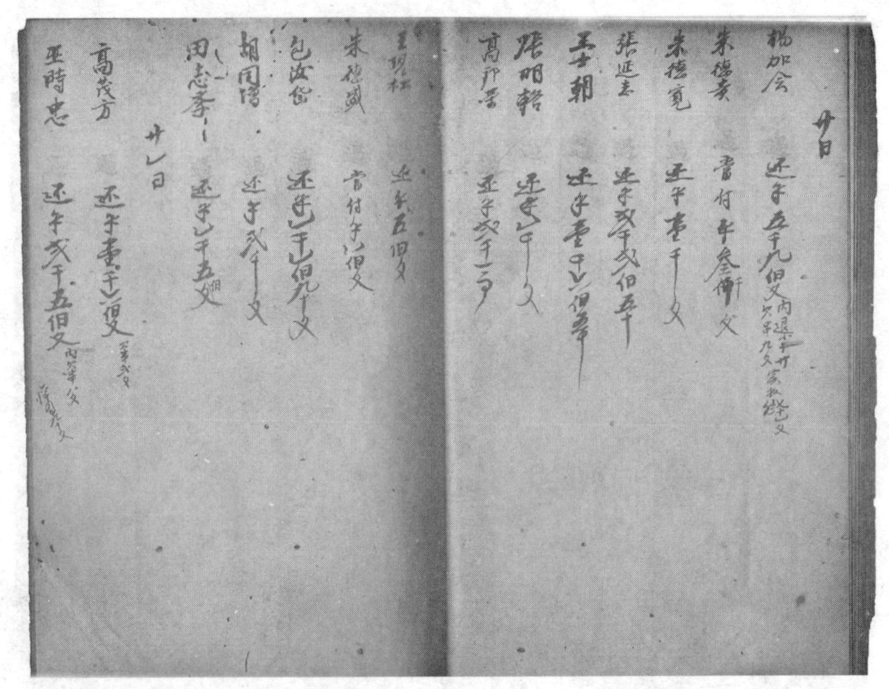

大鄣山乡江村 28-20 · 嘉庆十九年前后 · 流水账

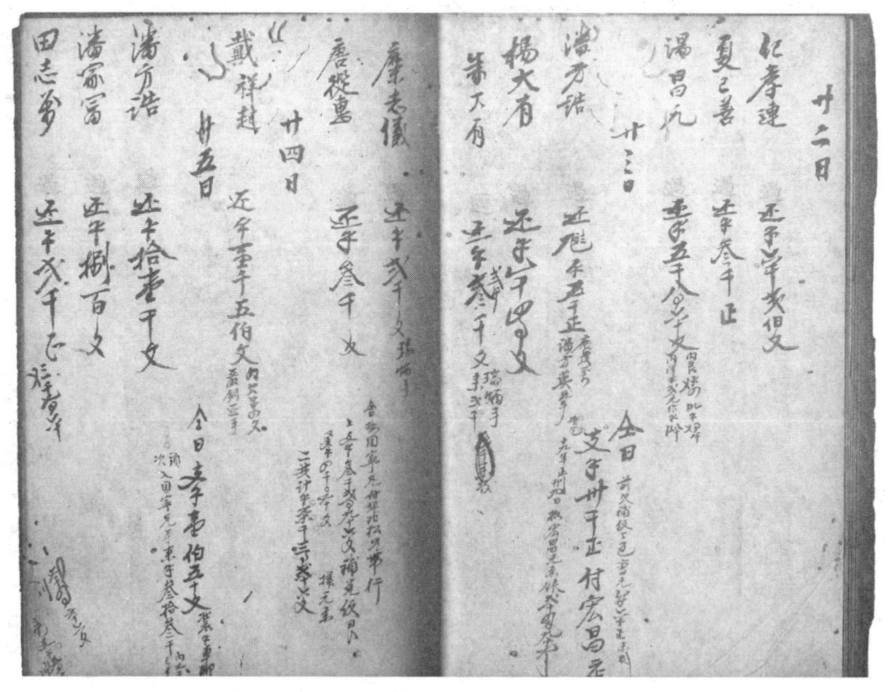

大鄣山乡江村 28-21 · 嘉庆十九年前后 · 流水账

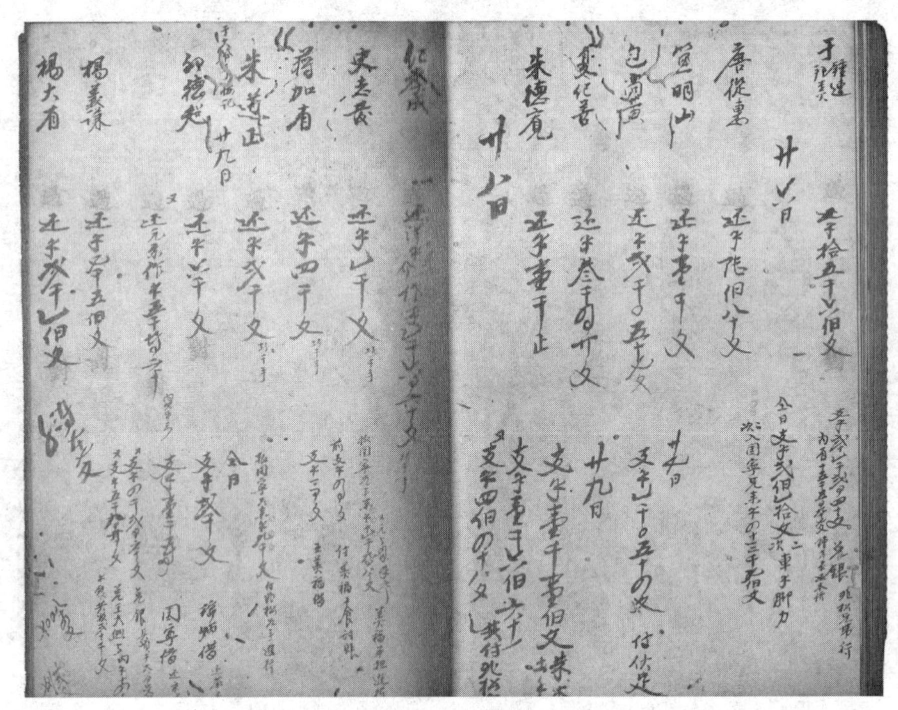

大郭山乡江村 28-22 · 嘉庆十九年前后 · 流水账

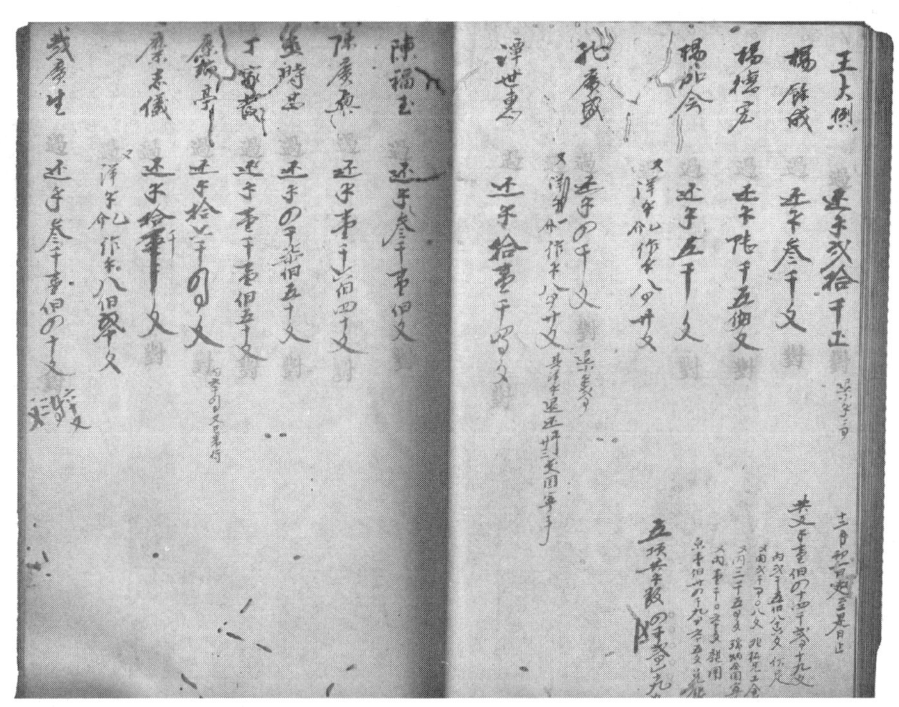

大鄣山乡江村 28-23 · 嘉庆十九年前后 · 流水账

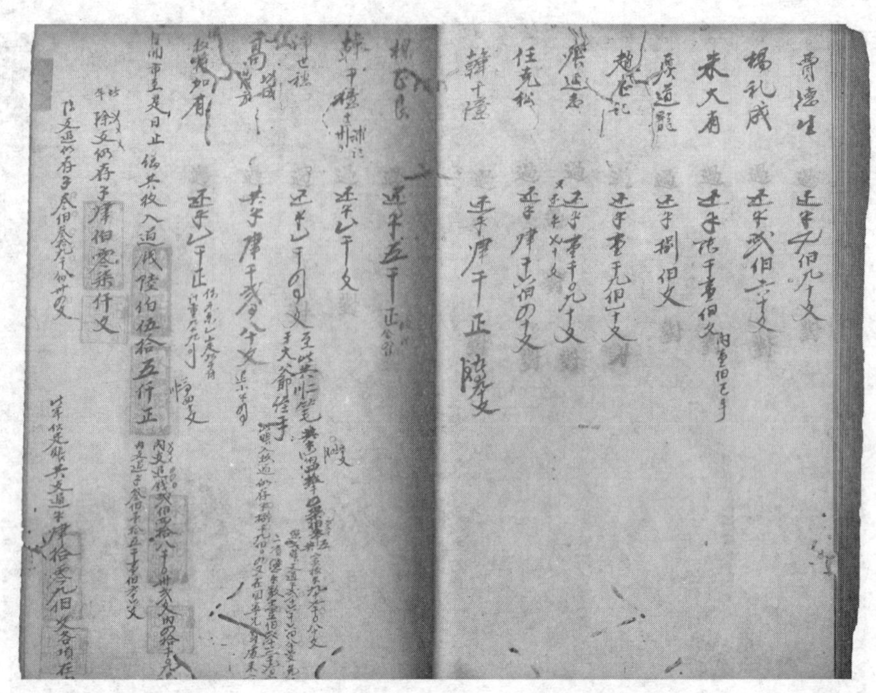

大郭山乡江村 28-24 · 嘉庆十九年前后 · 流水账

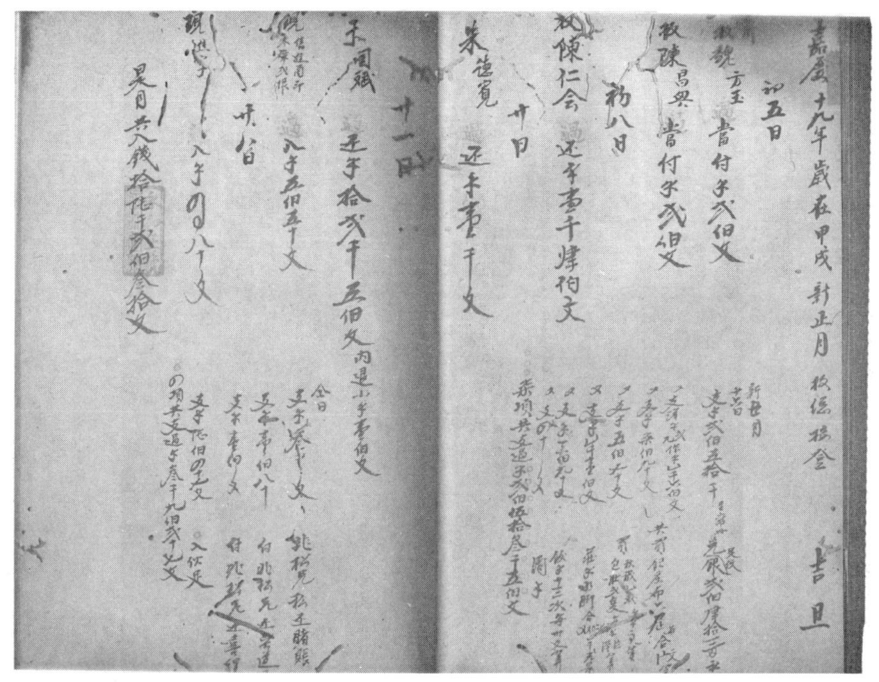

大鄣山乡江村 28-25 · 嘉庆十九年前后 · 流水账

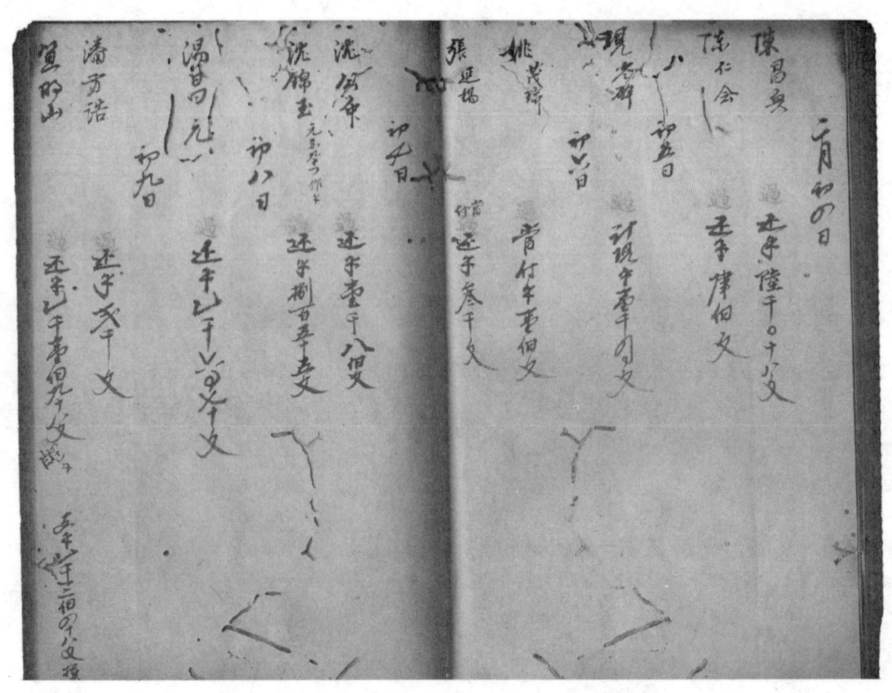

大鄣山乡江村 28-26 · 嘉庆十九年前后 · 流水账

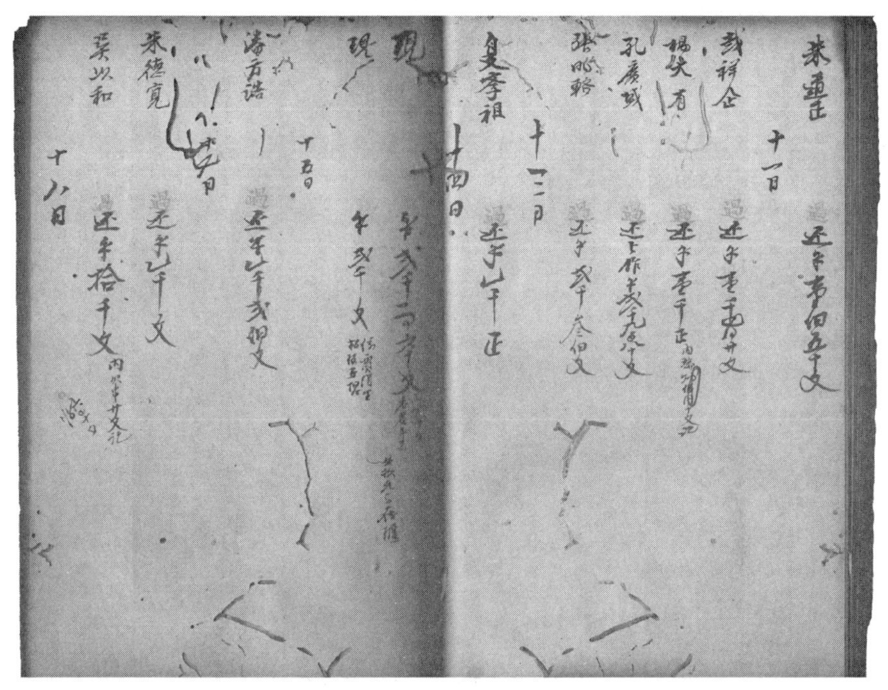

大鄣山乡江村 28-27 · 嘉庆十九年前后 · 流水账

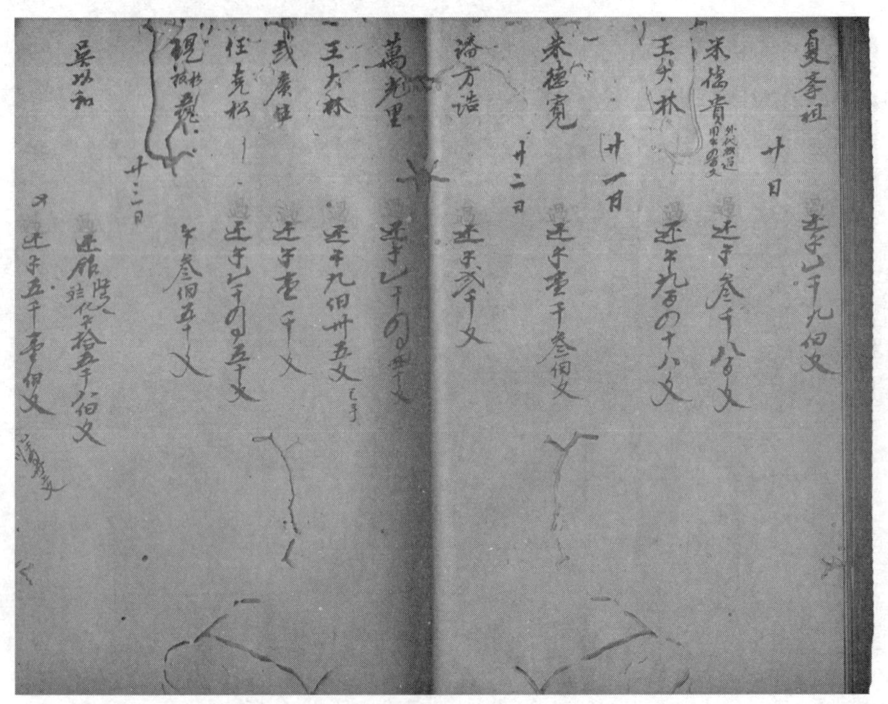

大鄣山乡江村 28-28 · 嘉庆十九年前后 · 流水账

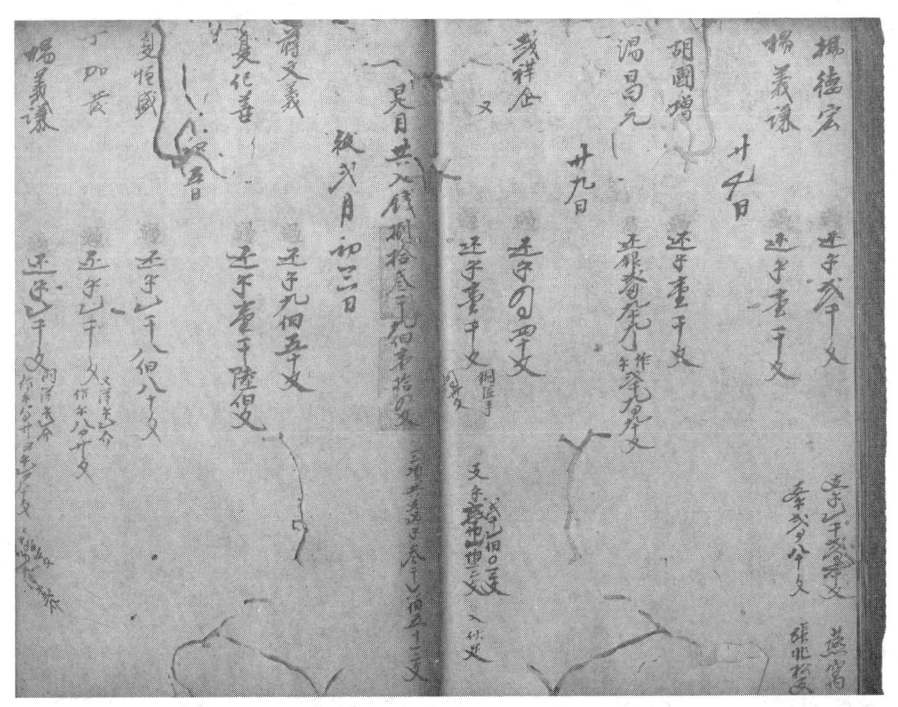

大鄣山乡江村 28-29 · 嘉庆十九年前后 · 流水账

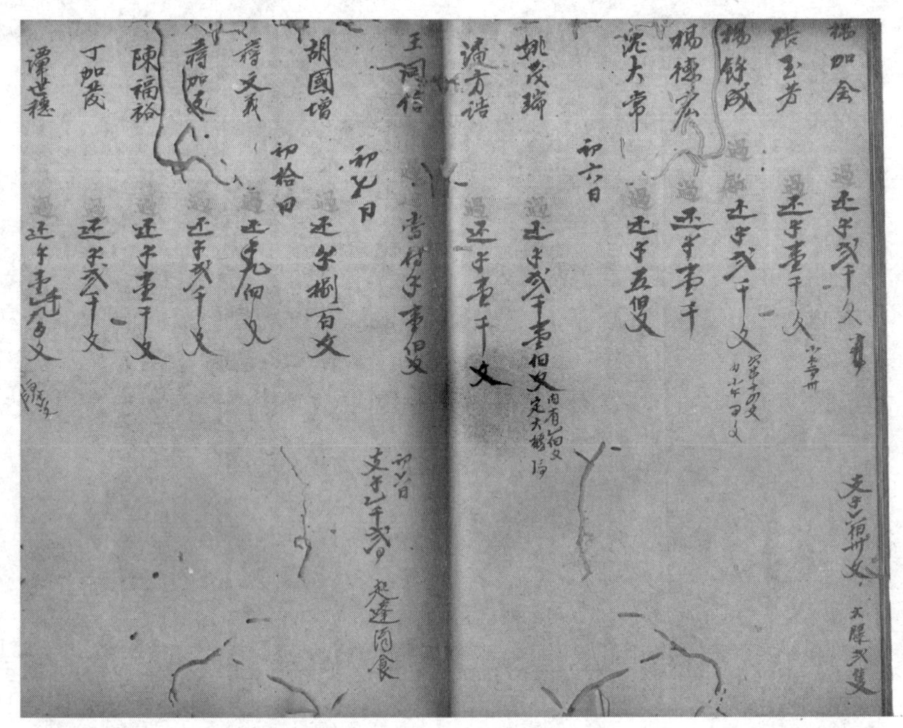

大鄣山乡江村 28-30 · 嘉庆十九年前后 · 流水账

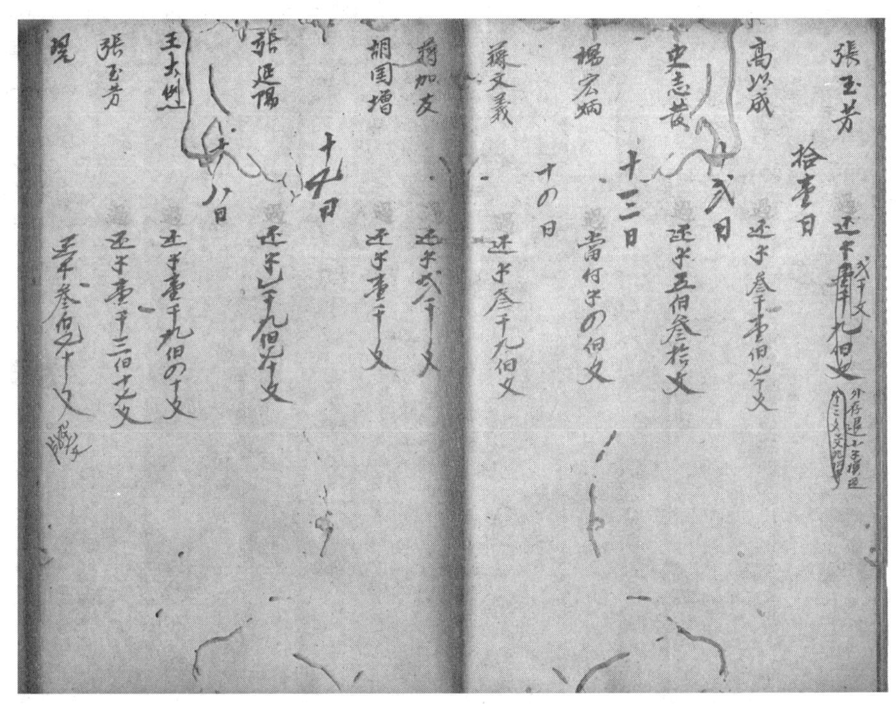

大郭山乡江村 28-31 · 嘉庆十九年前后 · 流水账

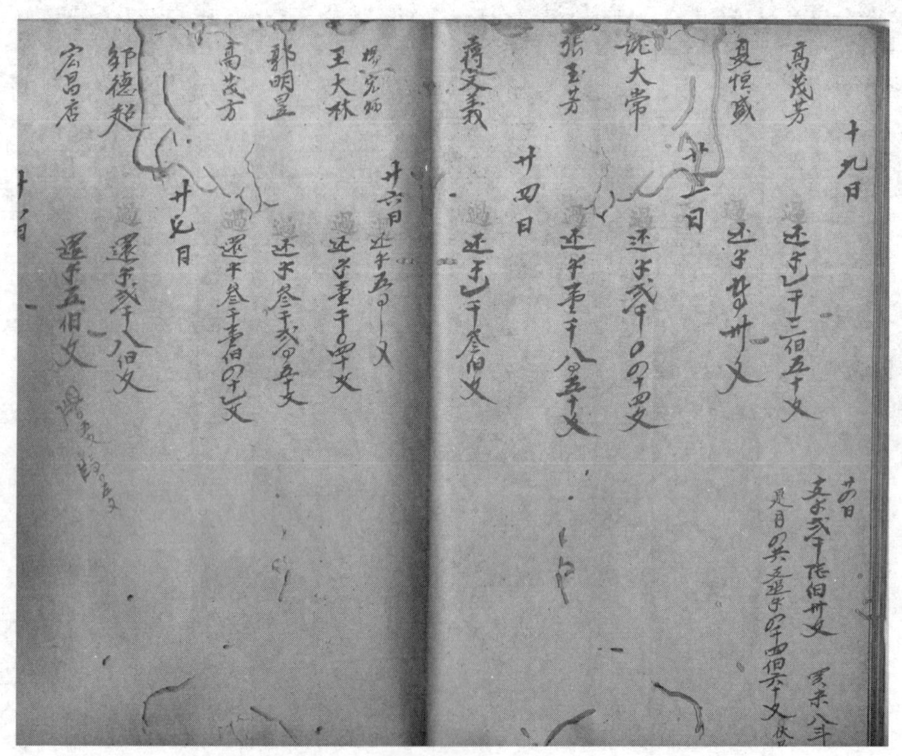

大鄣山乡江村 28-32 · 嘉庆十九年前后 · 流水账

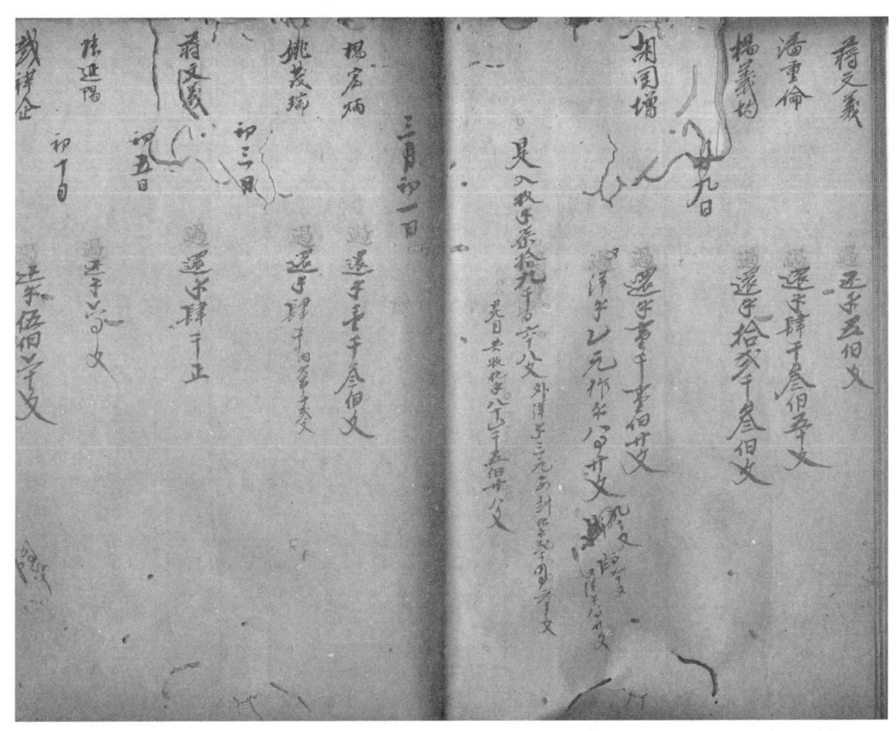

大鄣山乡江村 28-33 · 嘉庆十九年前后 · 流水账

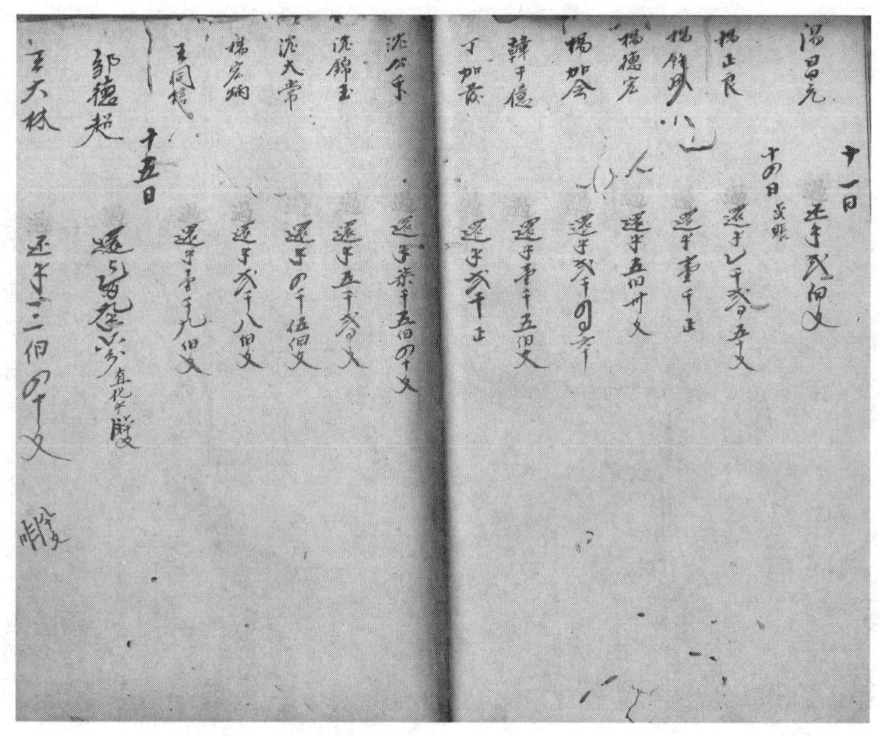

大鄣山乡江村 28-34 · 嘉庆十九年前后 · 流水账

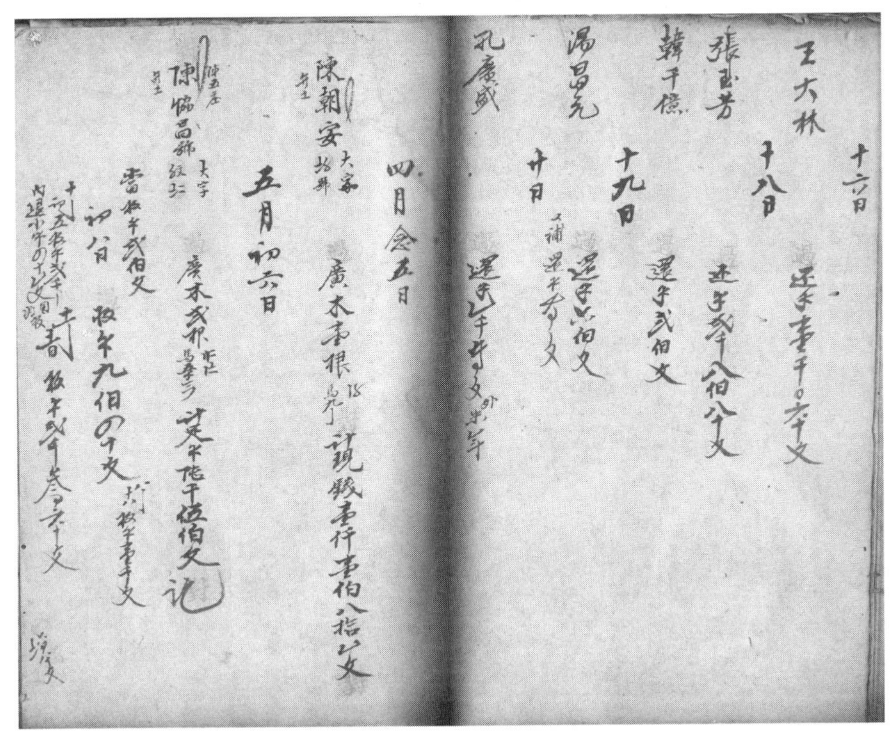

大鄣山乡江村 28-35 · 嘉庆十九年前后 · 流水账

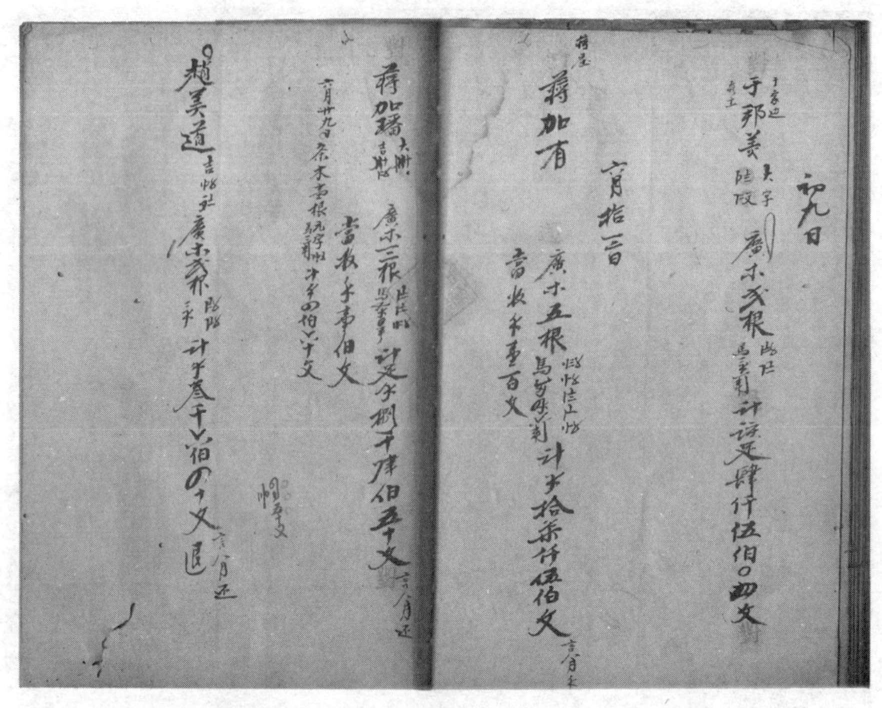

大鄣山乡江村 28-36 · 嘉庆十九年前后 · 流水账

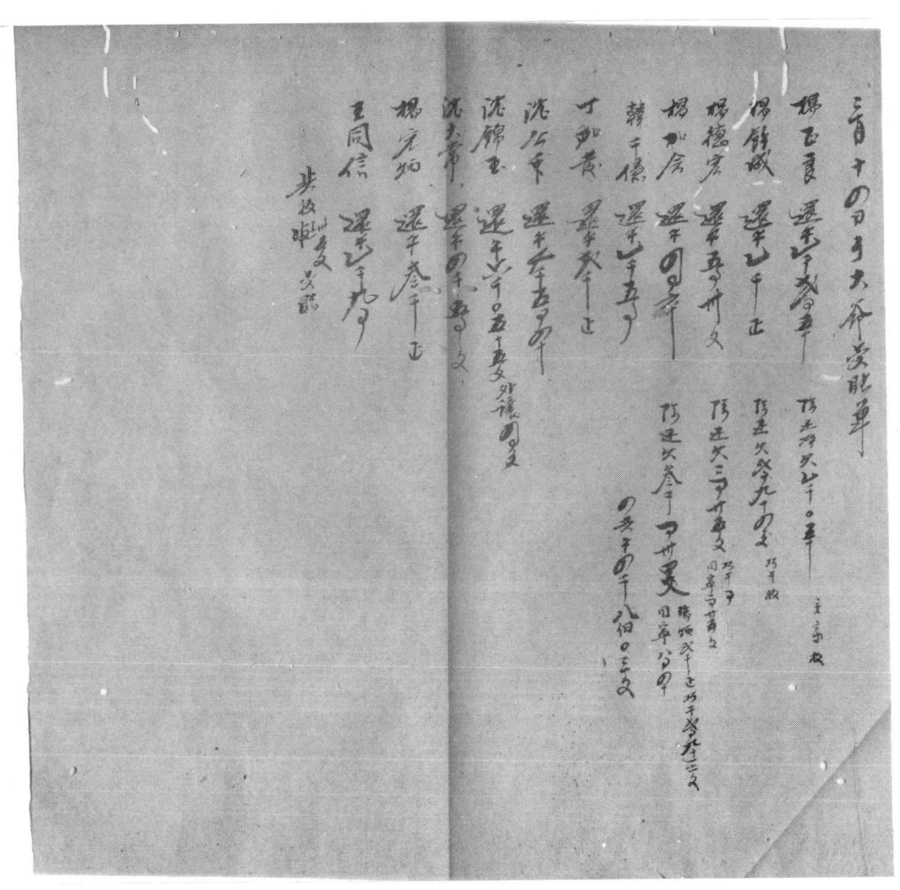

大鄣山乡江村 28-37 · 嘉庆十九年前后 · 流水账

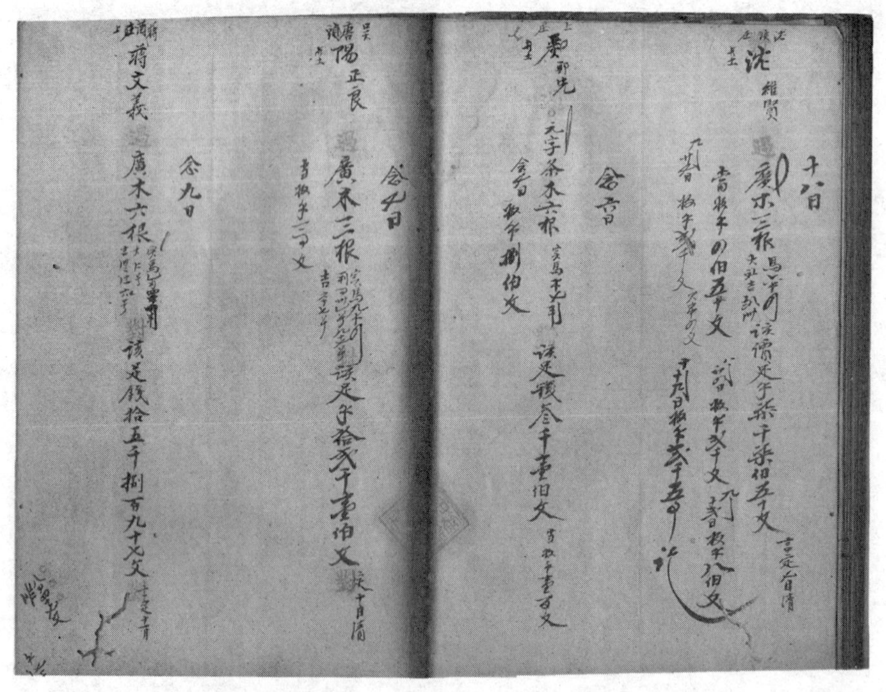

大鄣山乡江村 28-38 · 嘉庆十九年前后 · 流水账

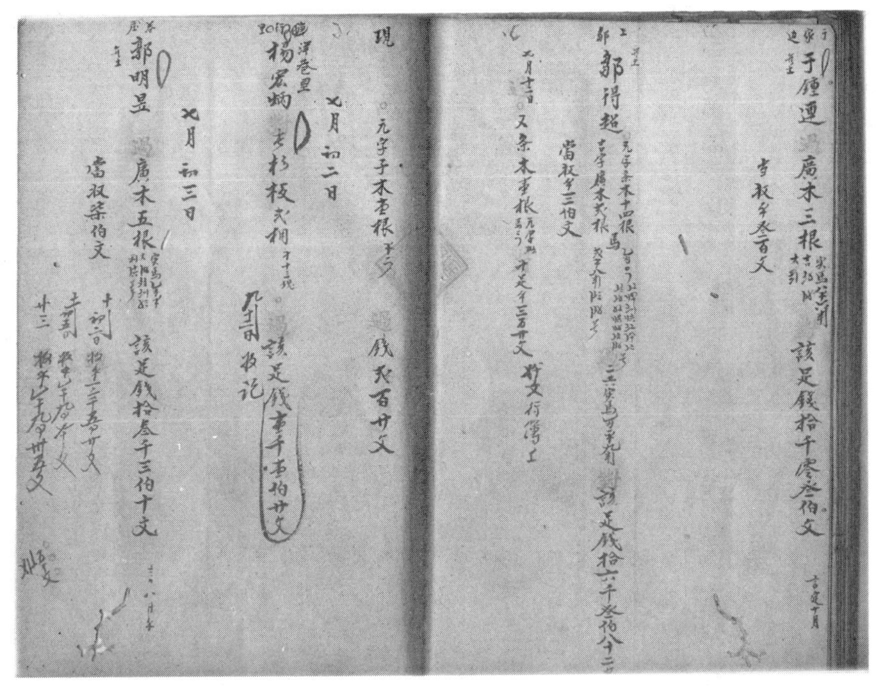

大郭山乡江村 28-39 · 嘉庆十九年前后 · 流水账

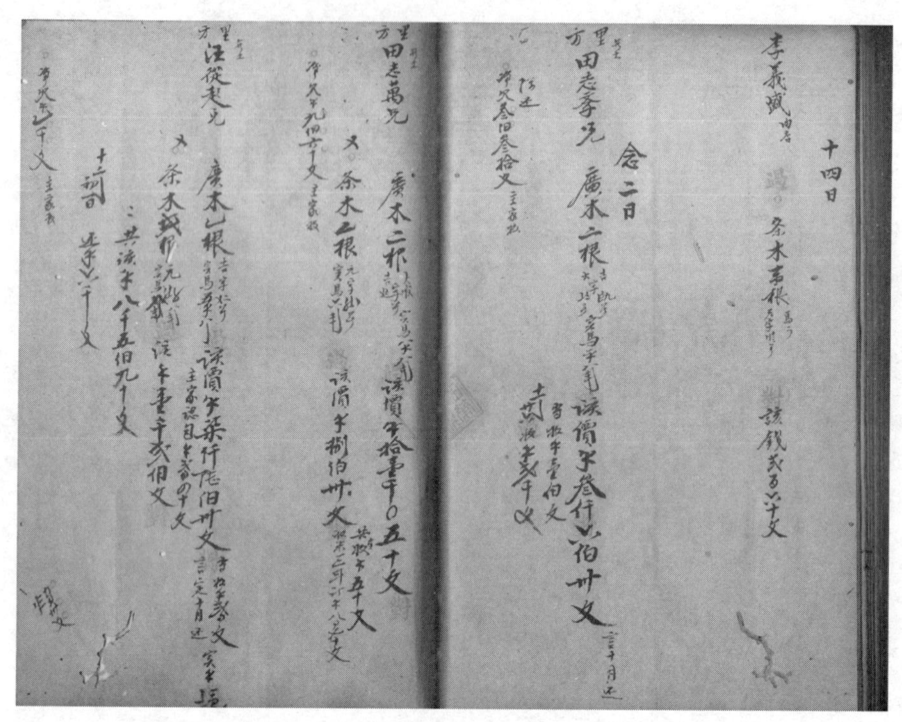

大鄣山乡江村 28-40 · 嘉庆十九年前后 · 流水账

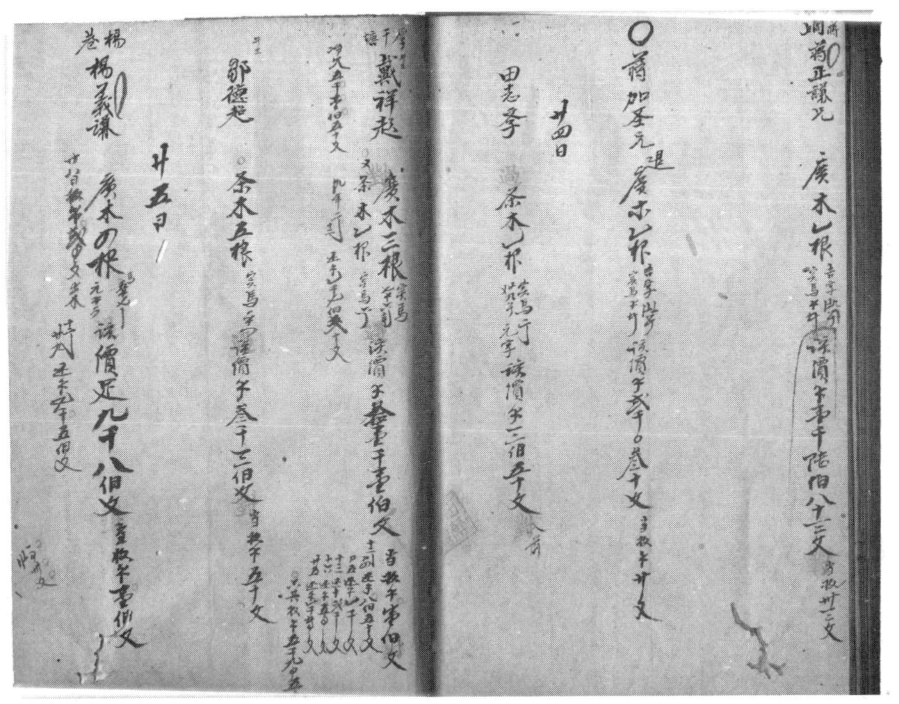

大郭山乡江村 28-41 · 嘉庆十九年前后 · 流水账

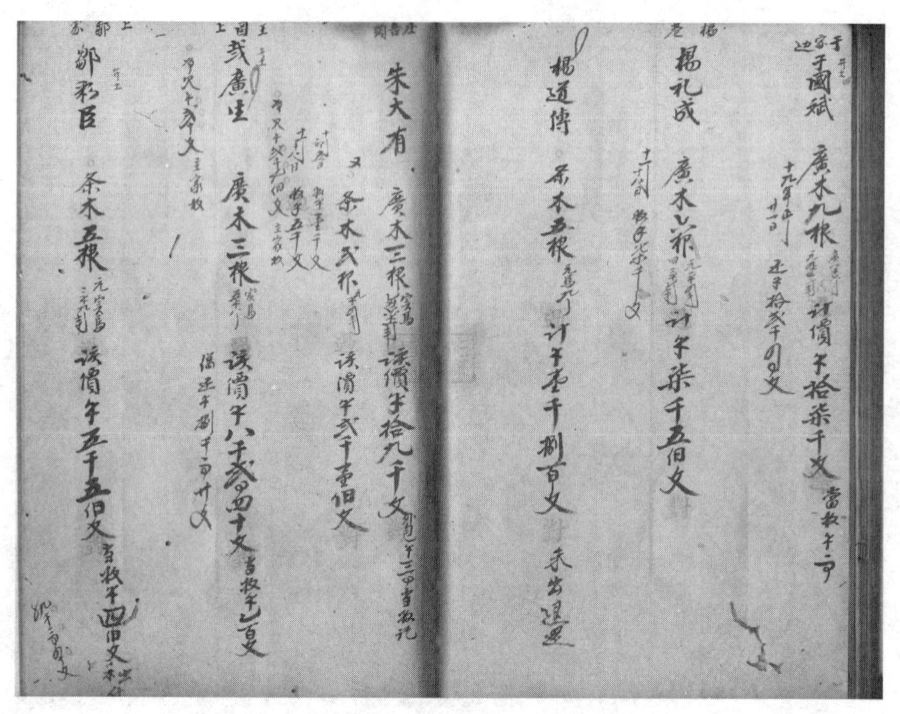

大鄣山乡江村 28-42 · 嘉庆十九年前后 · 流水账

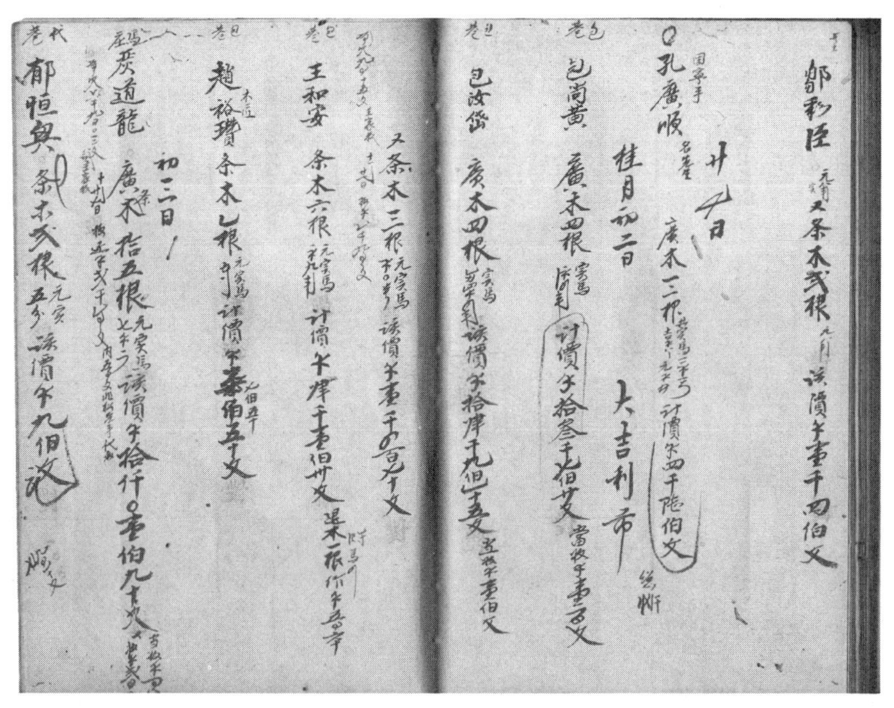

大郭山乡江村 28-43 · 嘉庆十九年前后 · 流水账

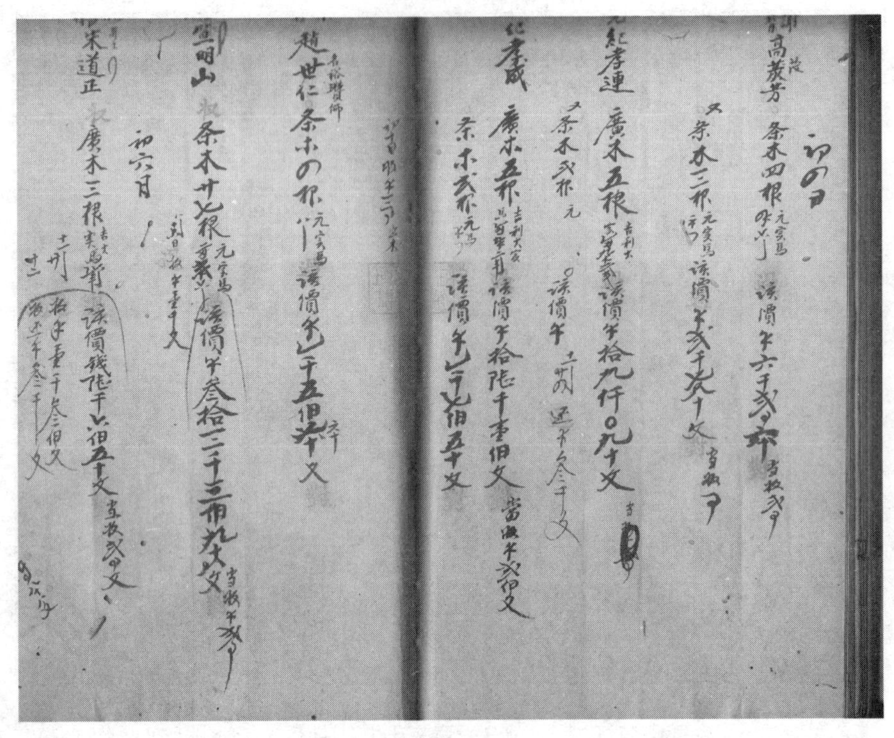

大鄣山乡江村 28-44 · 嘉庆十九年前后 · 流水账

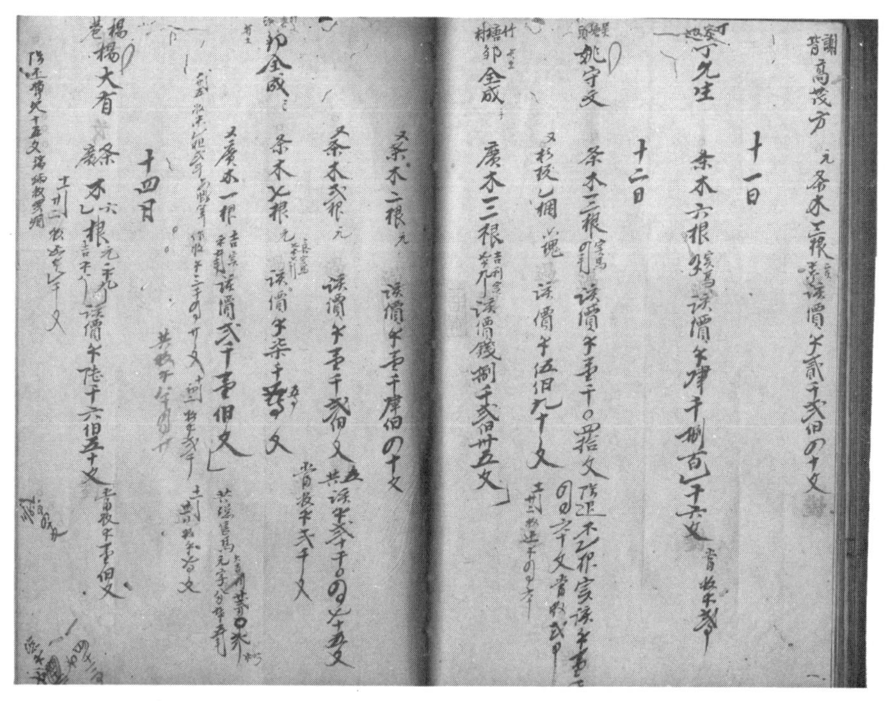

大郭山乡江村 28-45 · 嘉庆十九年前后 · 流水账

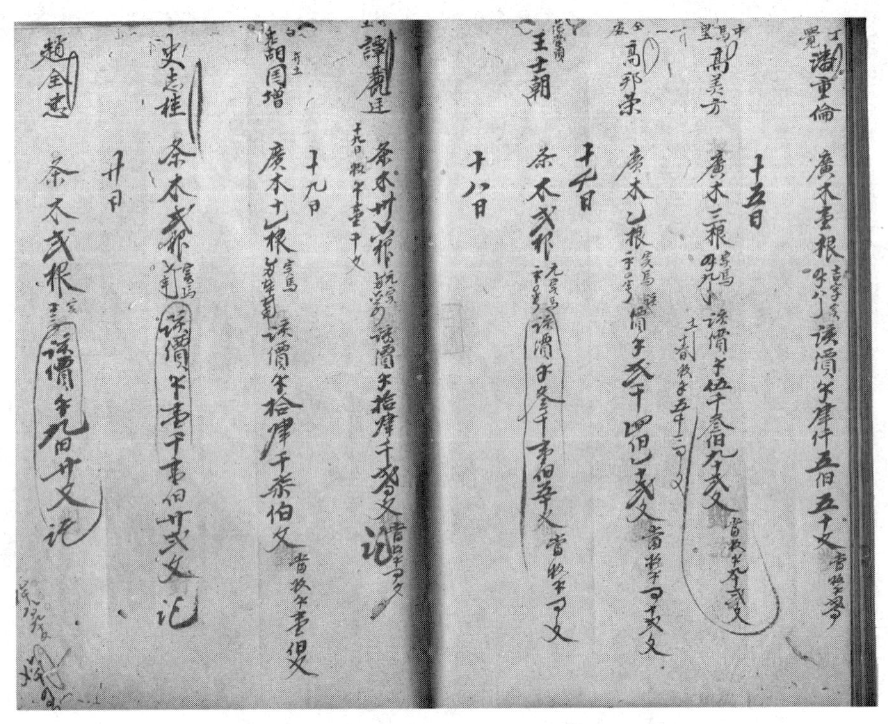

大鄣山乡江村 28-46 · 嘉庆十九年前后 · 流水账

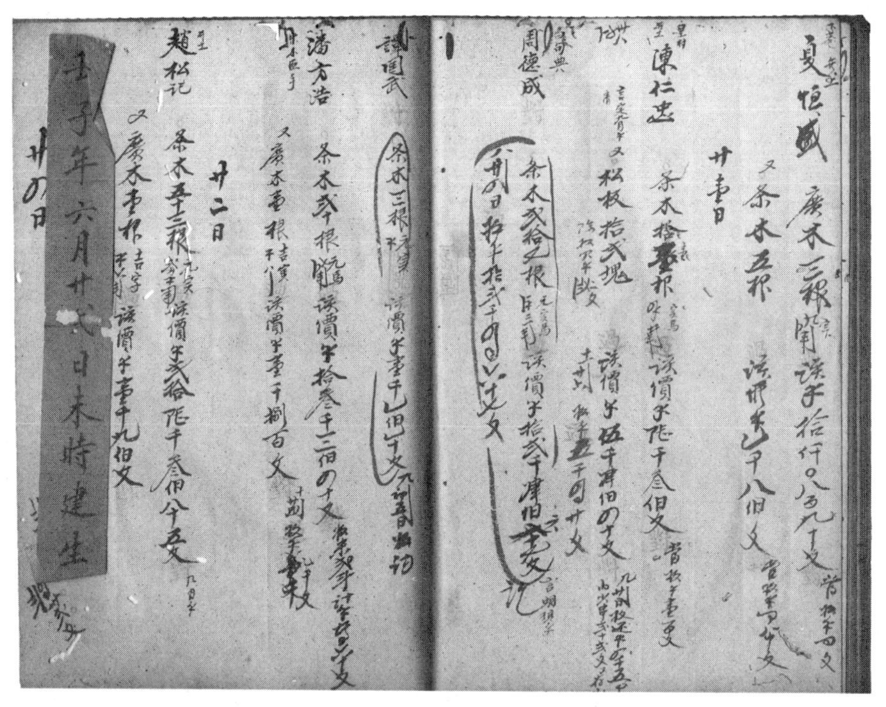

大鄣山乡江村 28-47 · 嘉庆十九年前后 · 流水账

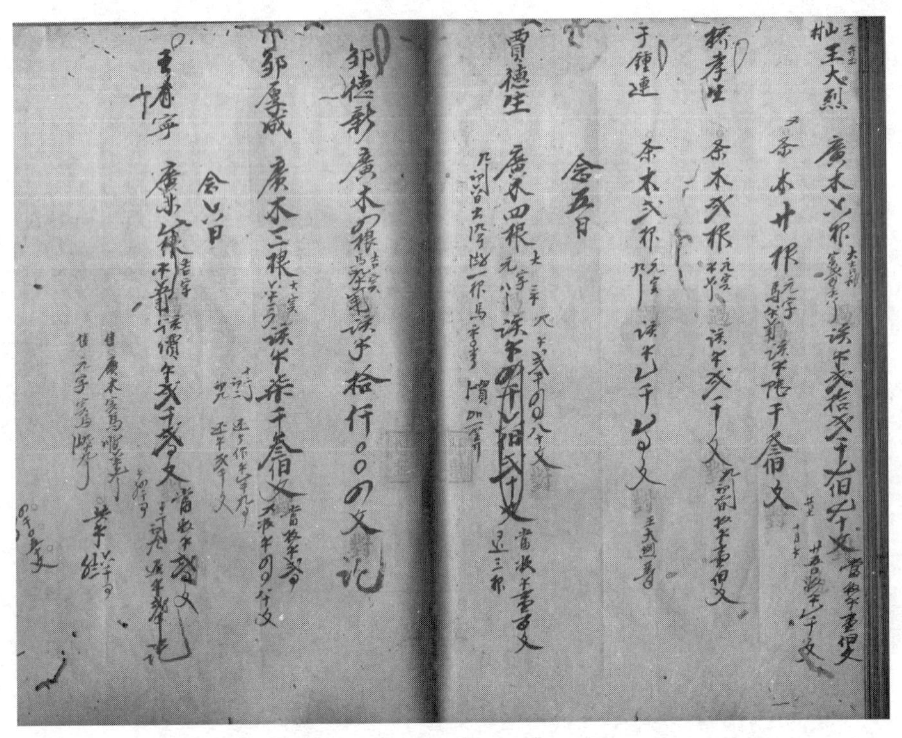

大郭山乡江村 28-48 · 嘉庆十九年前后 · 流水账

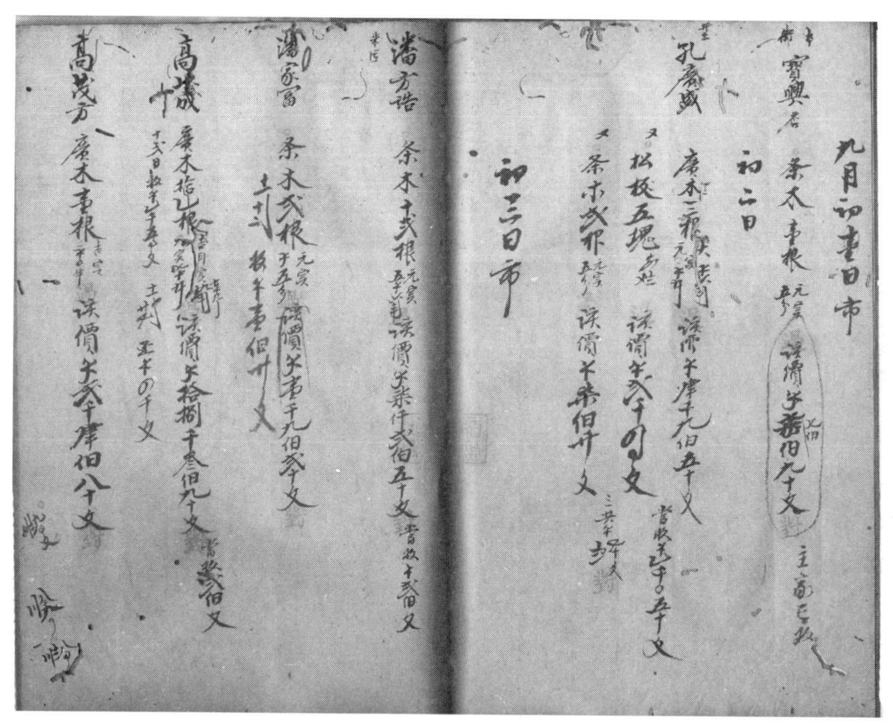

大鄣山乡江村 28-49 · 嘉庆十九年前后 · 流水账

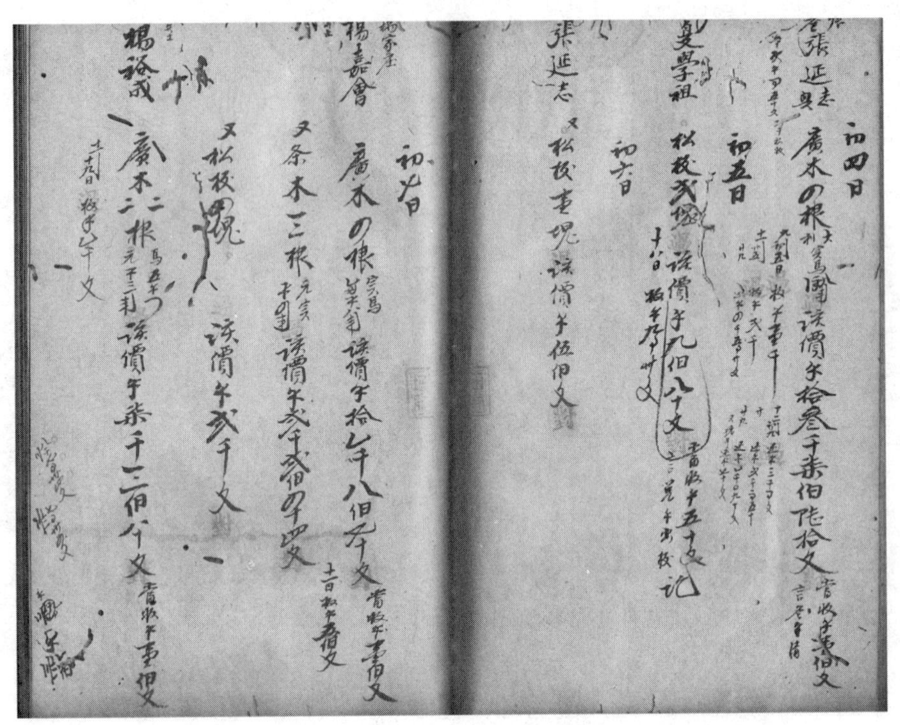

大鄣山乡江村 28-50 · 嘉庆十九年前后 · 流水账

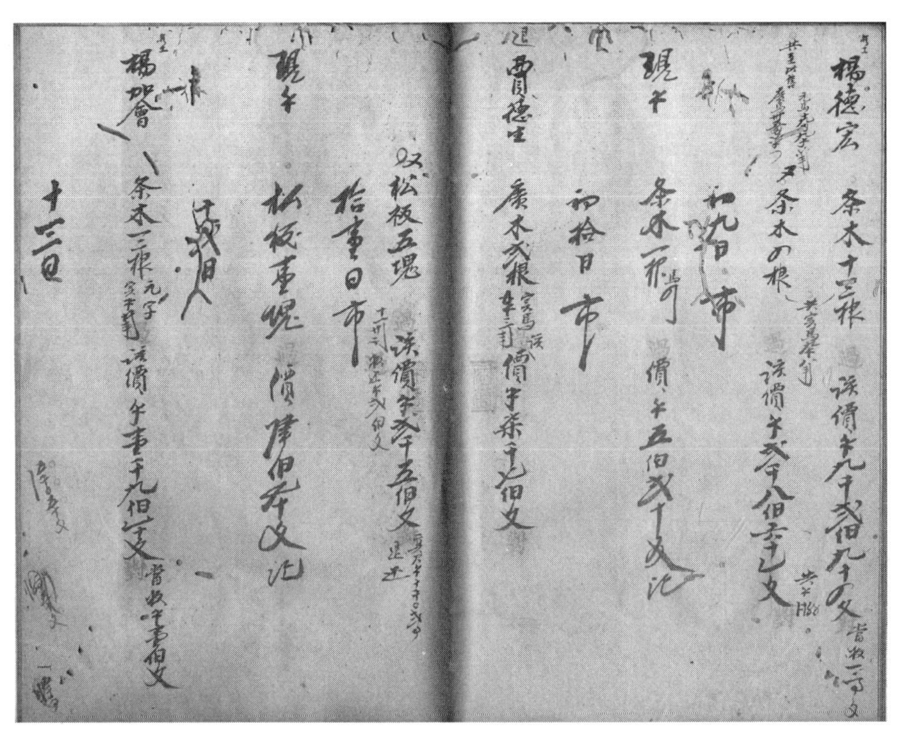

大鄣山乡江村 28-51 · 嘉庆十九年前后 · 流水账

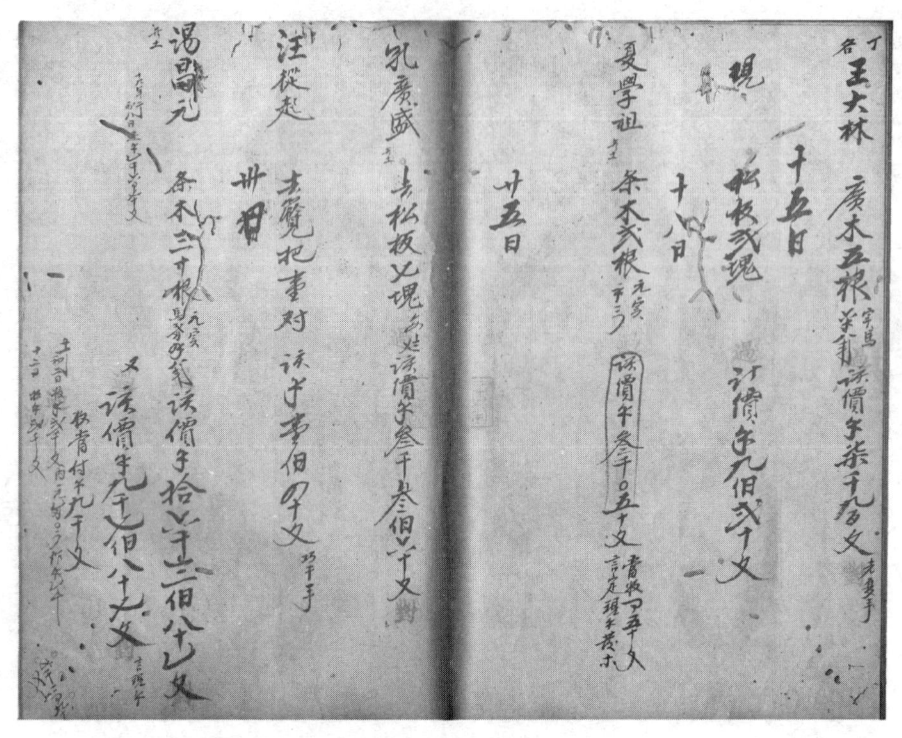

大鄣山乡江村 28-52 · 嘉庆十九年前后 · 流水账

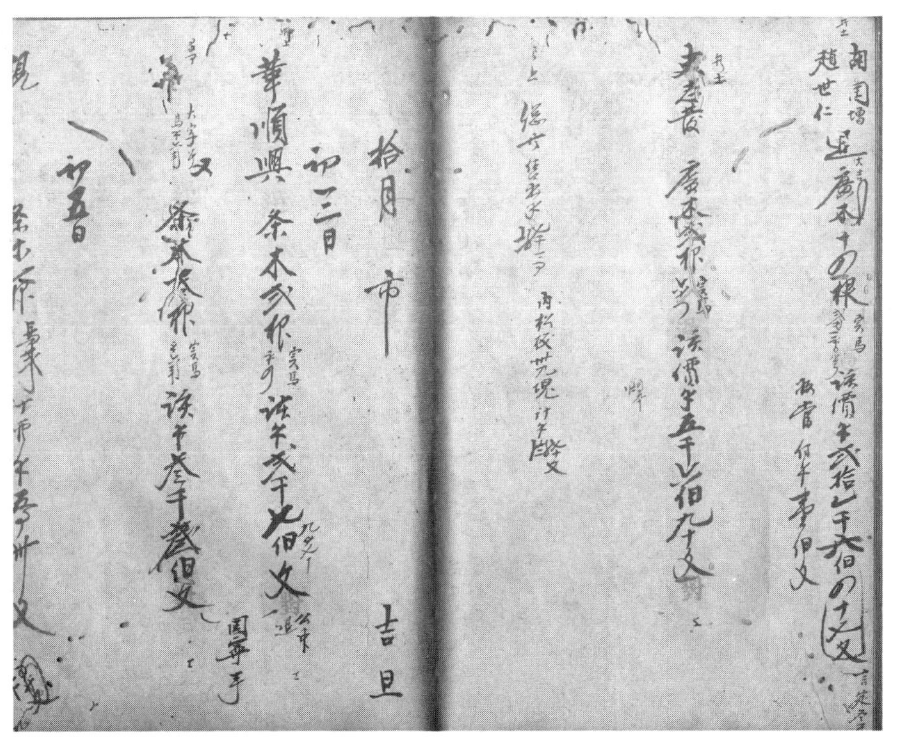

大鄣山乡江村 28-53 · 嘉庆十九年前后 · 流水账

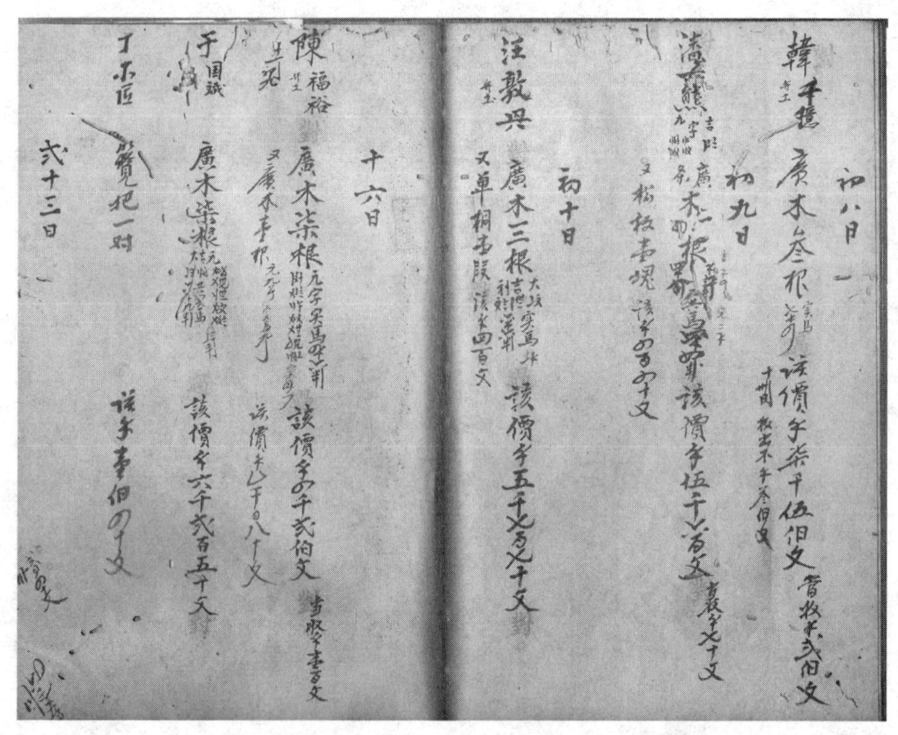

大鄣山乡江村 28-54 · 嘉庆十九年前后 · 流水账

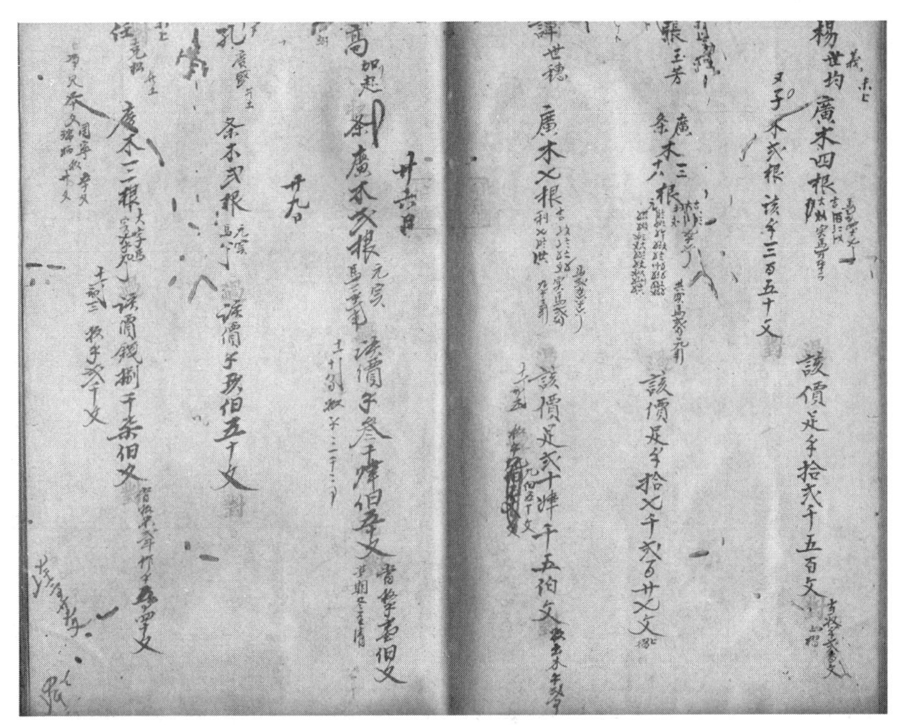

大鄣山乡江村 28-55 · 嘉庆十九年前后 · 流水账

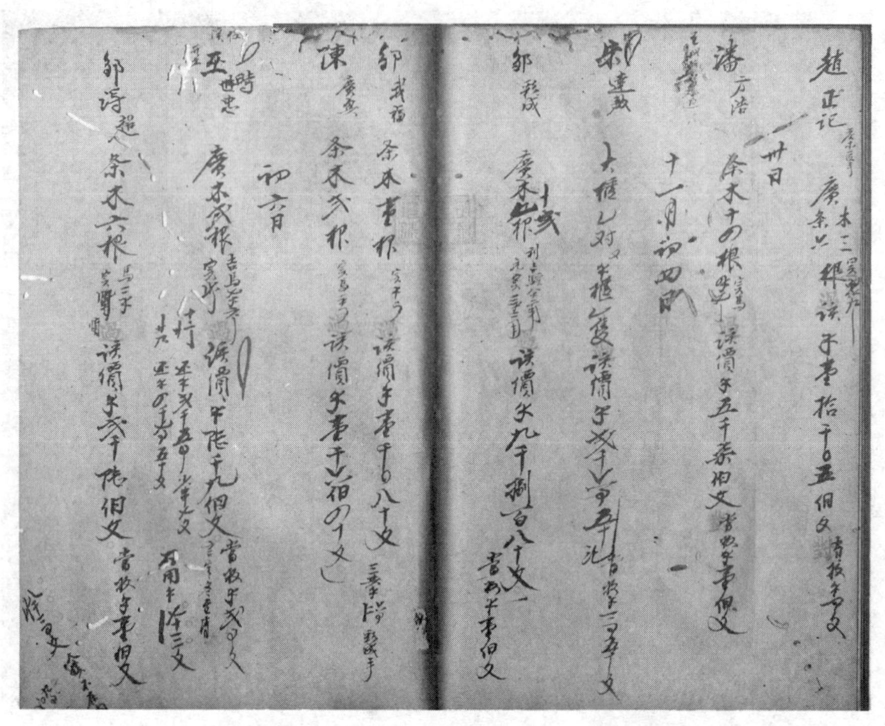

大鄣山乡江村 28-56 · 嘉庆十九年前后 · 流水账

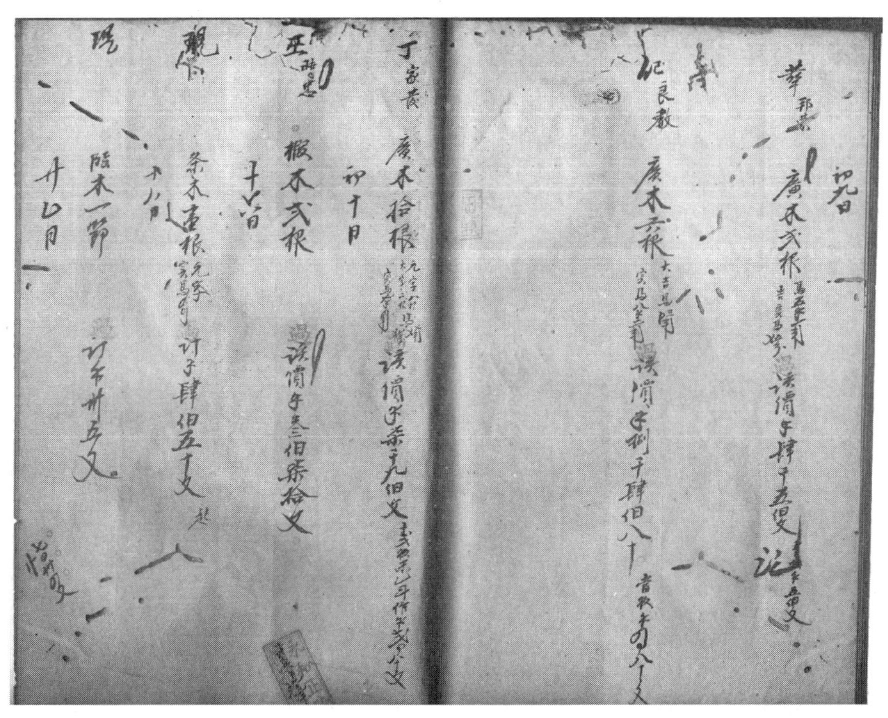

大郭山乡江村 28-57 · 嘉庆十九年前后 · 流水账

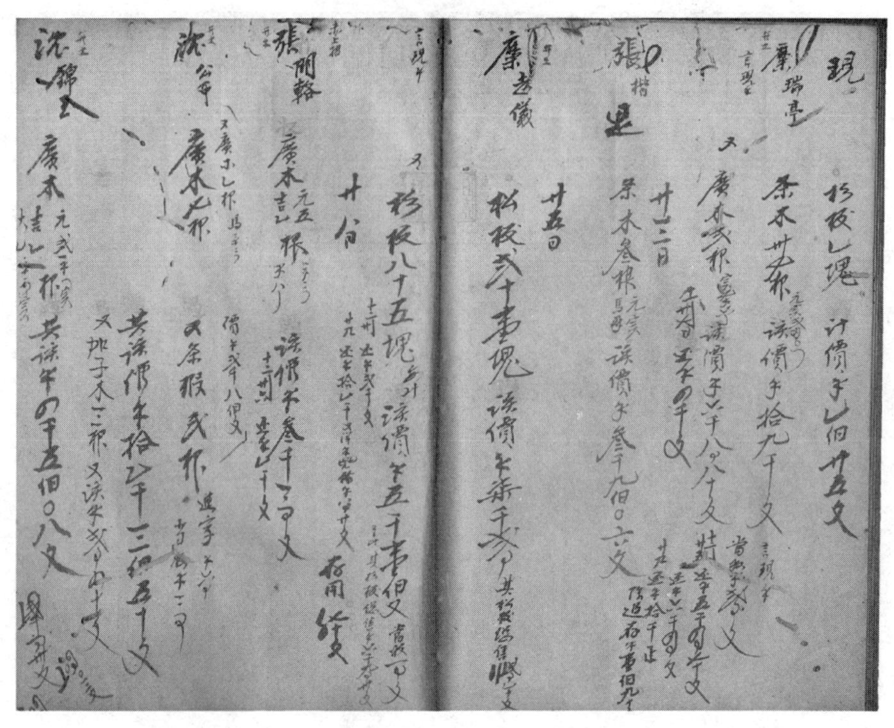

大鄣山乡江村 28-58 · 嘉庆十九年前后 · 流水账

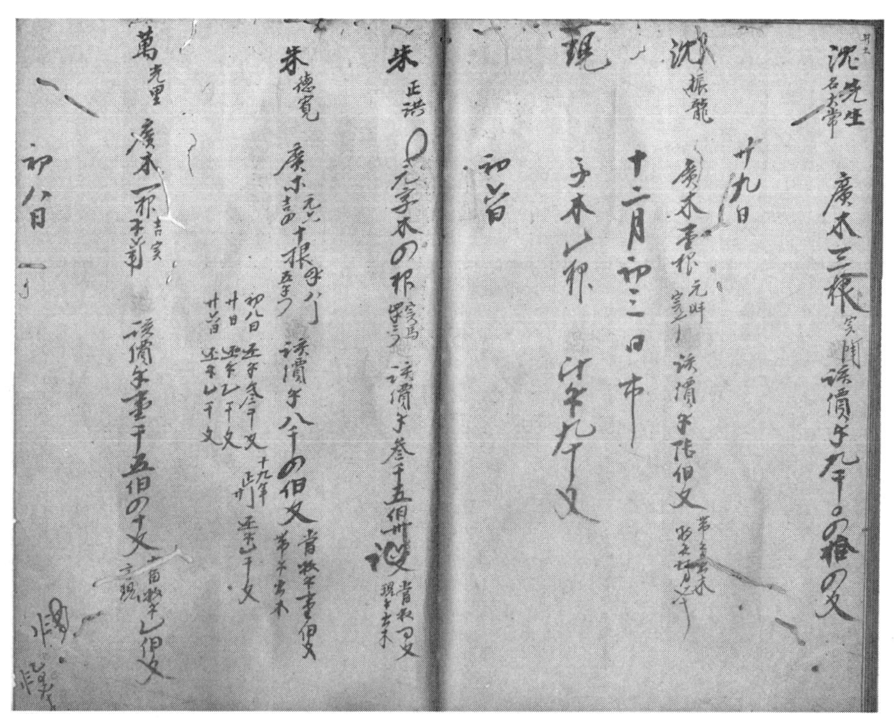

大郭山乡江村 28-59 · 嘉庆十九年前后 · 流水账

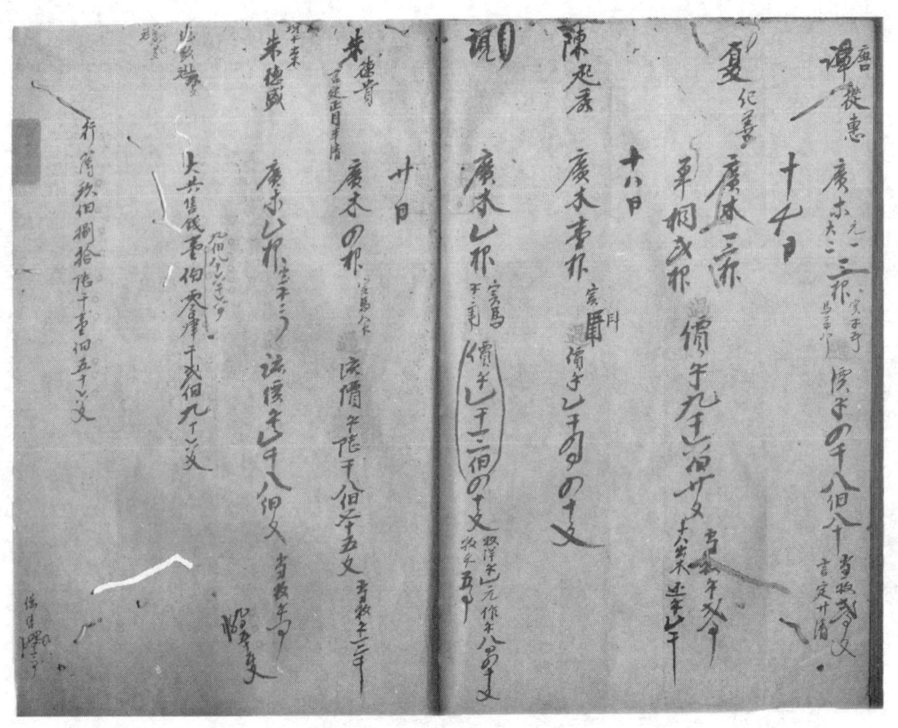

大鄣山乡江村 28-60 · 嘉庆十九年前后 · 流水账

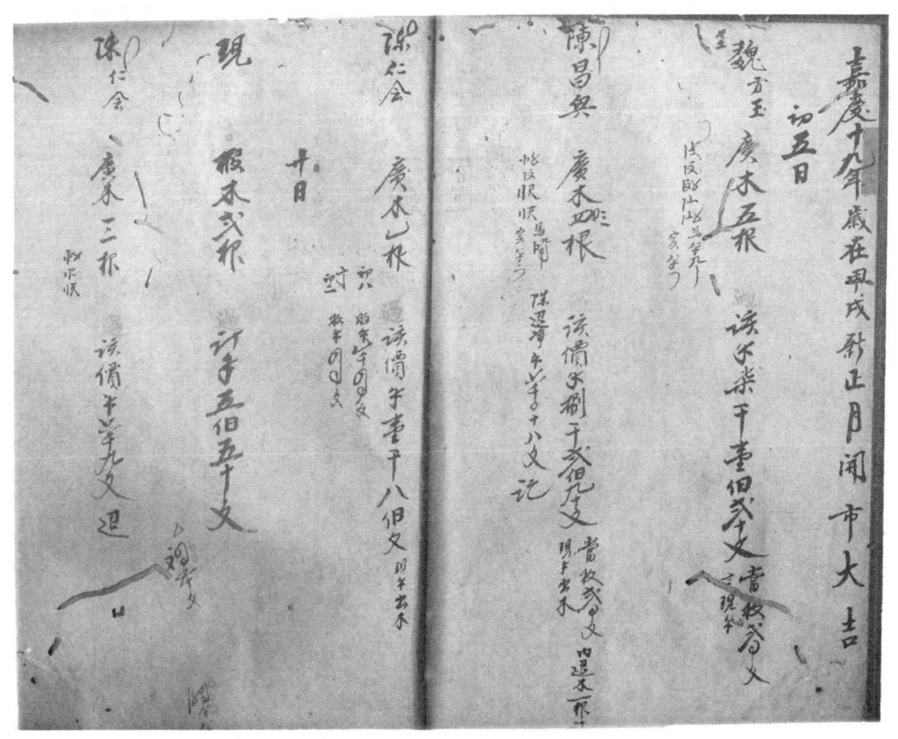

大鄣山乡江村 28-61 · 嘉庆十九年前后 · 流水账

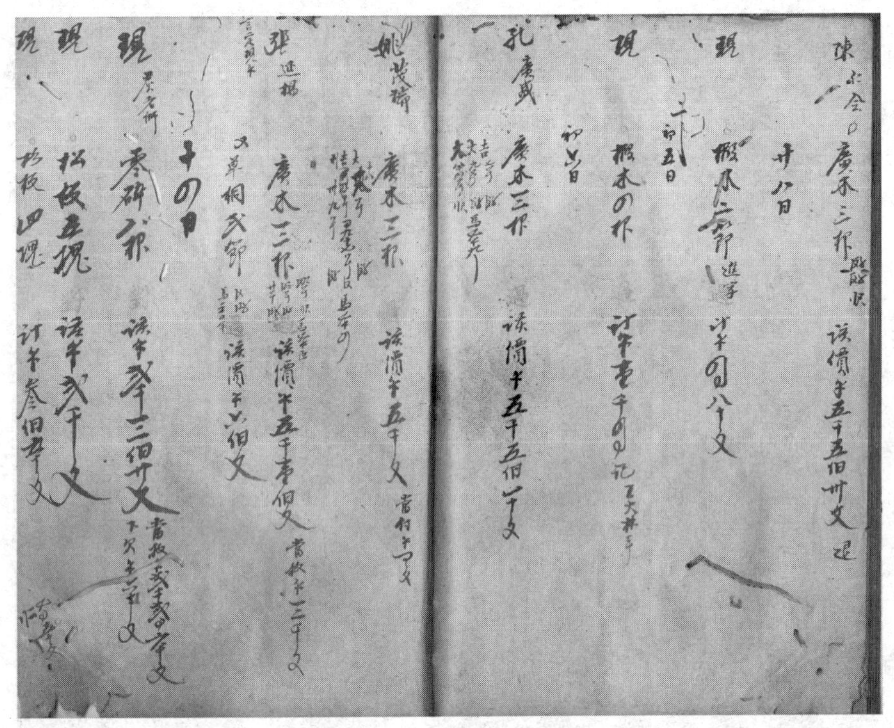

大鄣山乡江村 28-62 · 嘉庆十九年前后 · 流水账

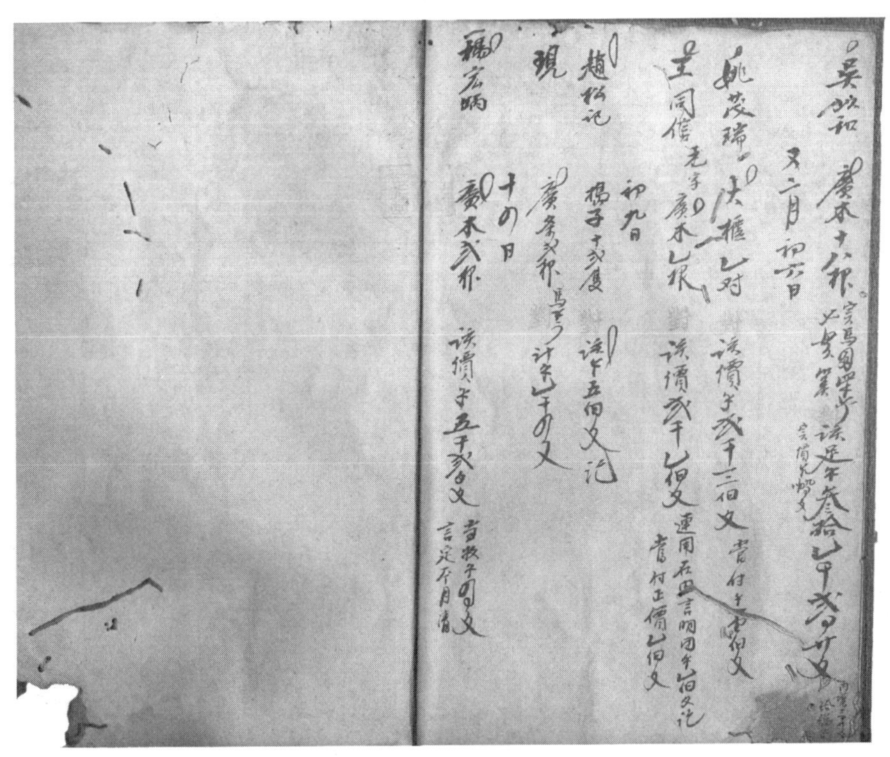

大鄣山乡江村 28-63 · 嘉庆十九年前后 · 流水账

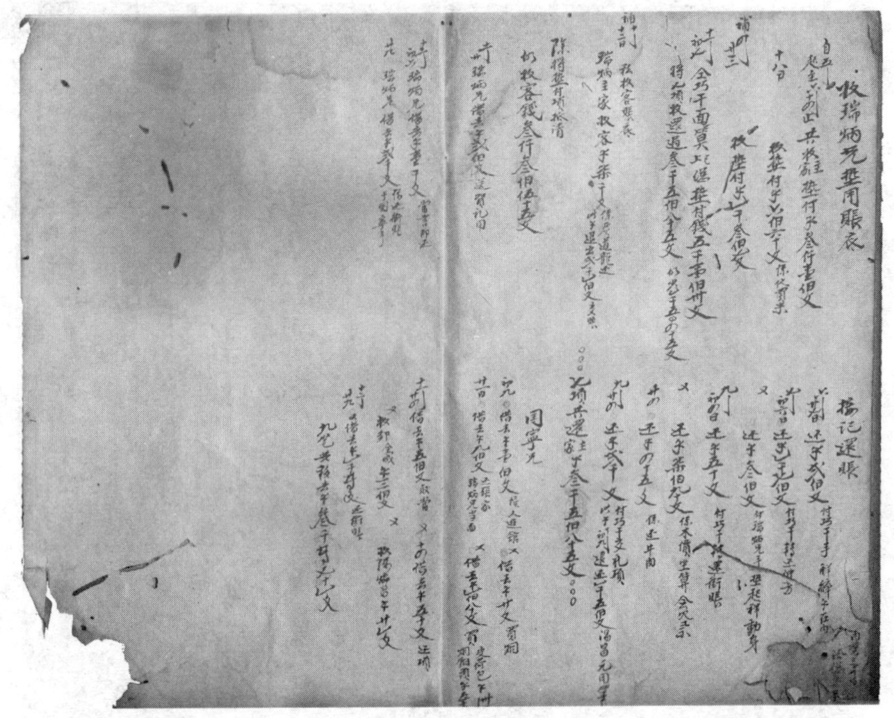

大鄣山乡江村 28-64 · 嘉庆十九年前后 · 流水账

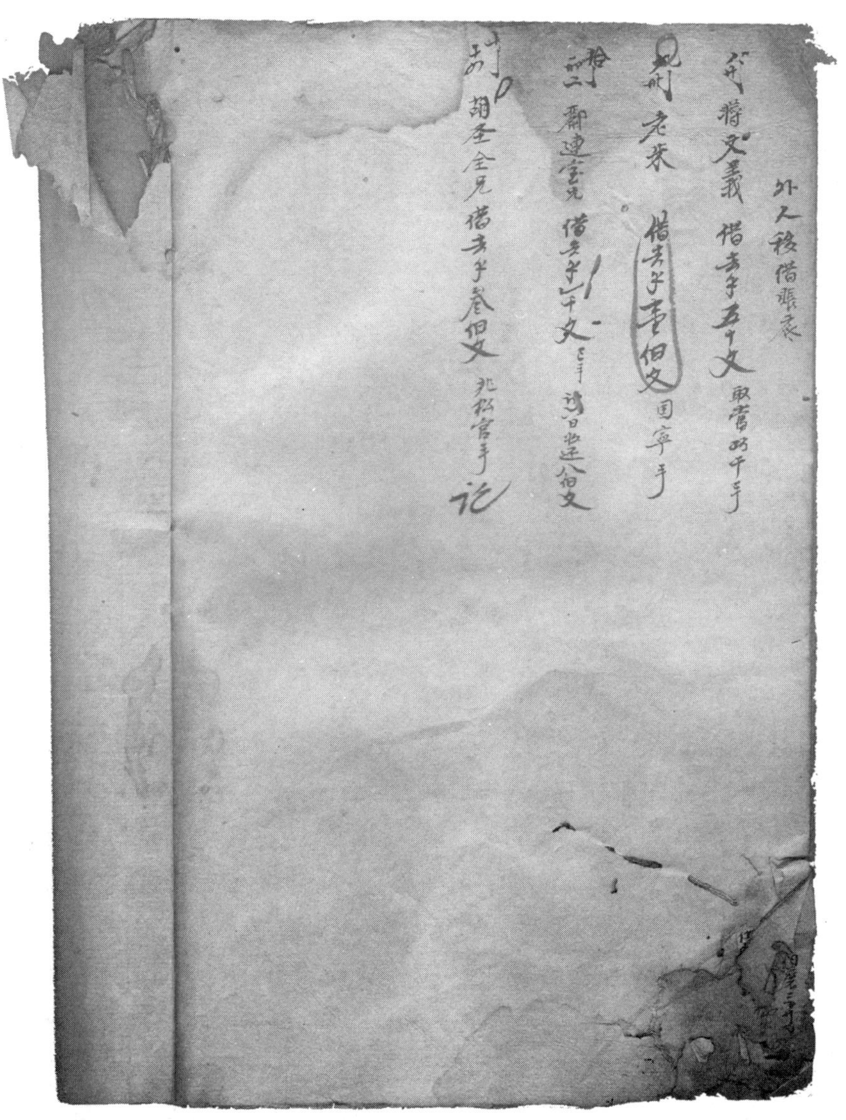

大鄣山乡江村 28-65 · 嘉庆十九年前后 · 流水账

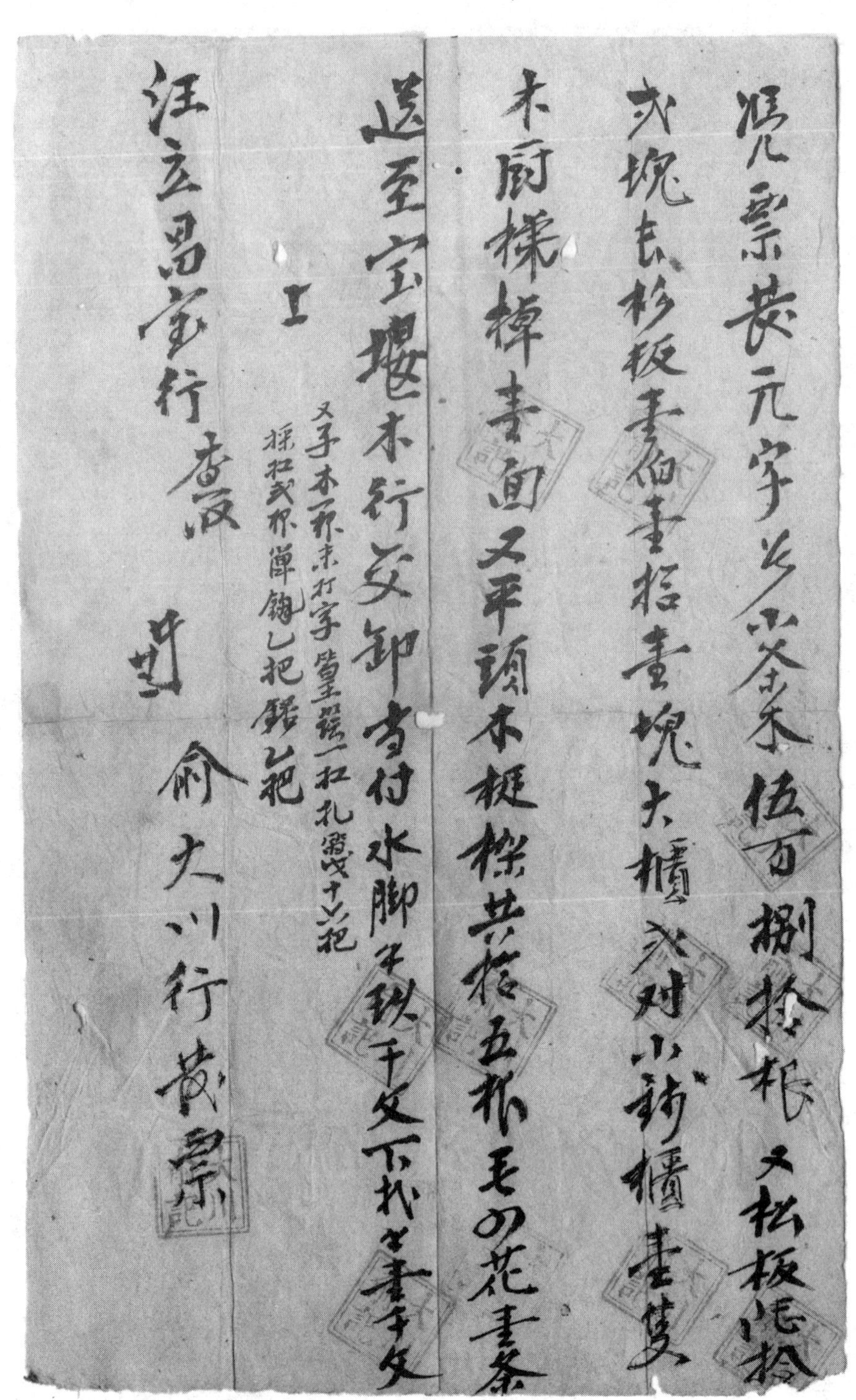

凭票发元字号小杂木伍百捌拾根又松板尾拾

弍块长杉板壹佰壹拾壹块大櫃弍对小衬櫃壹隻

木厨棵棹壹面又平头木凳棵共拾五根毛四花壹条

送至宝堰木行交卸当付水脚半钱千文下找半壹千文

工

又手木一根未打字号壹盘一扛扎窑弍十六把

杂扛弍根谭锄六把锯六把

汪立昌宝行查收

具 俞大川行 发票

大鄣山乡江村 28-66 · 嘉庆十九年前后 · 流水账

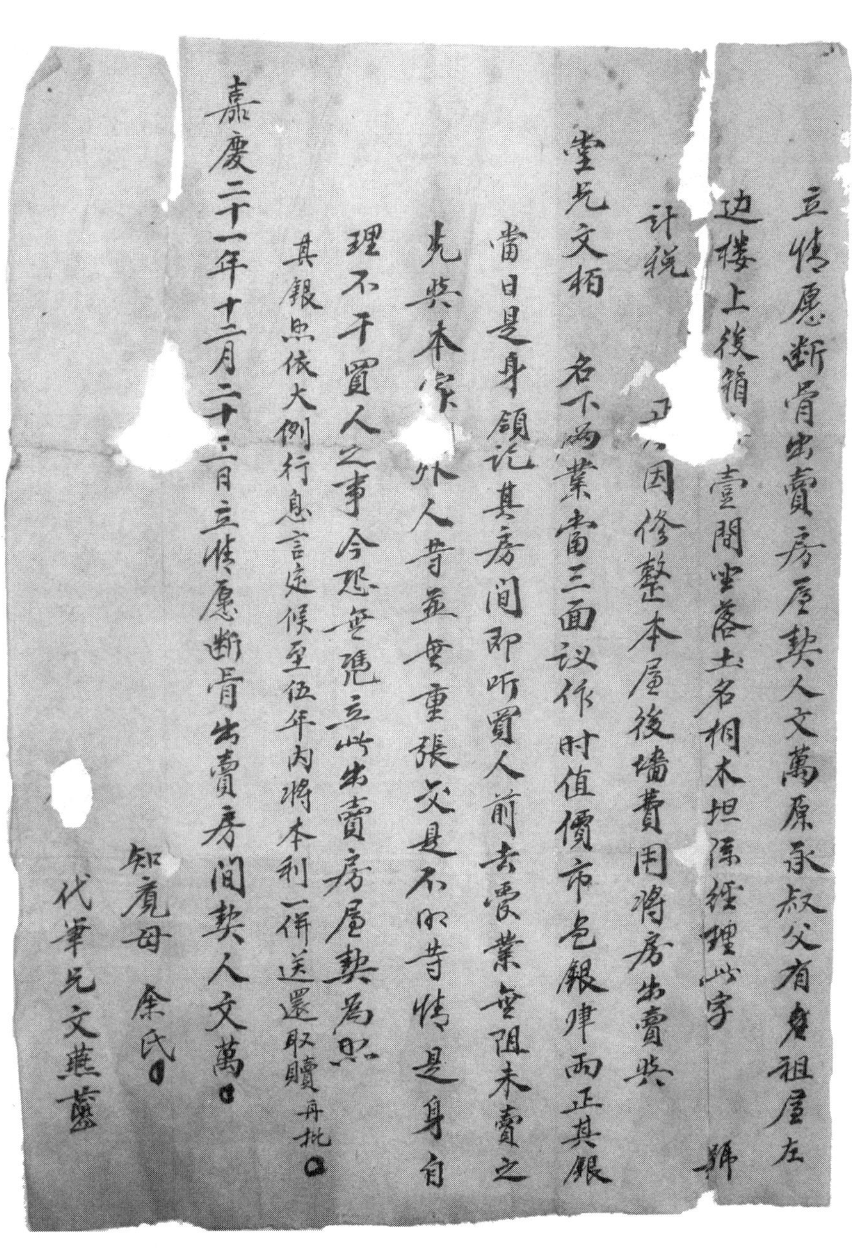
立情愿断骨出卖房屋契人文萬原承叔父有屋祖屋左
边楼上後箱□壹間坐落土名桐木坦係經理此字
计税　　　　正因修整本屋後墻費用將房出賣與
堂兄文栢名下為業當三面议作时值價市色銀肆両正其銀
當日是身領讫其房間即听買人前去管業無阻未賣之
先與本宗□外人并無重張交易不明并情是身自
理不干買人之事今恐無憑立此出賣房屋契為照
其銀照依大例行息言定候至伍年内將本利一併送還取贖再批
嘉慶二十一年十二月二十三月立情愿断骨出賣房間契人文萬
知見母　余氏
代筆兄文燕

大郭山乡江村 77 · 嘉庆二十一年 · 断骨出卖房屋契 · 文万卖与堂兄文栢

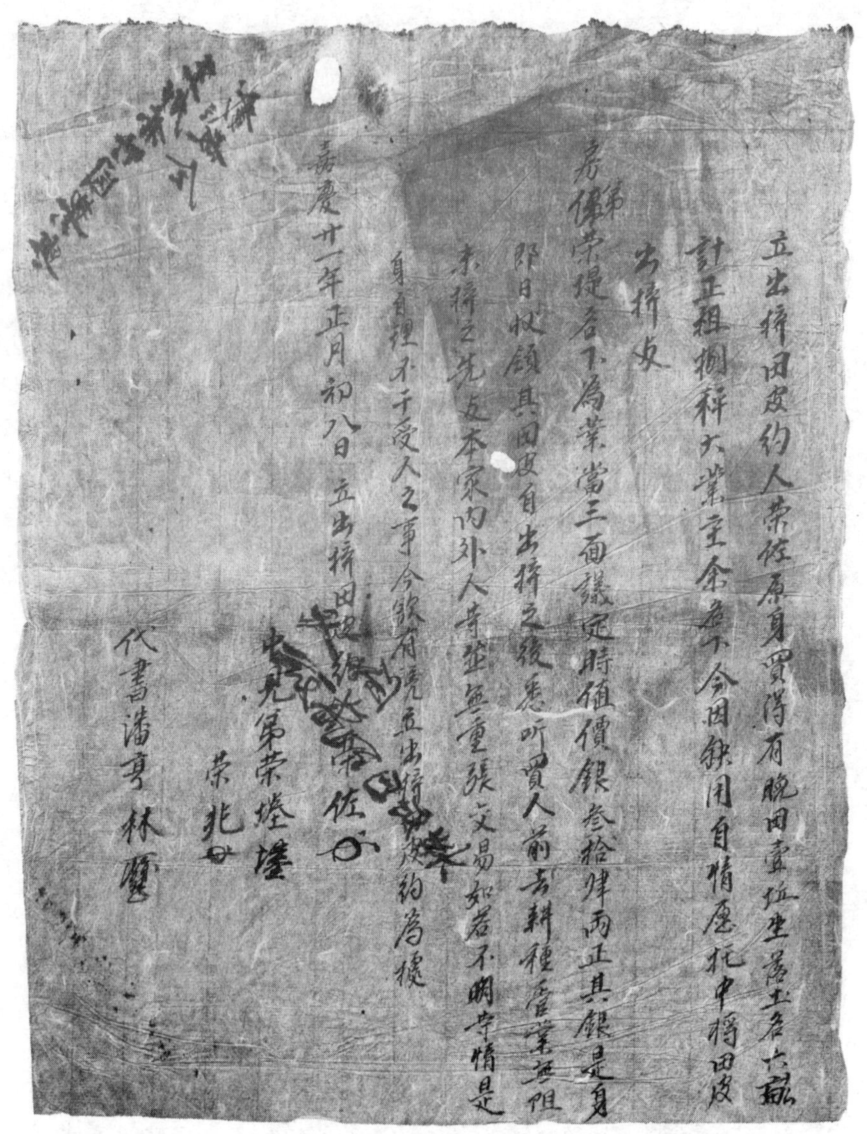
立出拚田皮约人荣佐原身買得有晚田壹坵坐落土名六畝
計正租捌秤大業主余姓今因缺用自情愿托中將田皮
出拚與
房弟荣提名下爲業當三面議定時值價銀叁拾肆兩正其銀是身
即日收領其田皮自出拚之後悉听買人前去耕種管業無阻
未拚之先與本家內外人等並無重張交易如若不明等情是
身自理不干受人之事今欲有憑立出拚田皮约爲據
嘉慶廿一年正月初八日　立出拚田皮约人　荣佐
中見弟　荣塏
荣兆
代書潘尊林

大郭山乡江村 168 · 嘉庆二十一年 · 出卖田皮契 · 荣佐卖与房弟荣堤

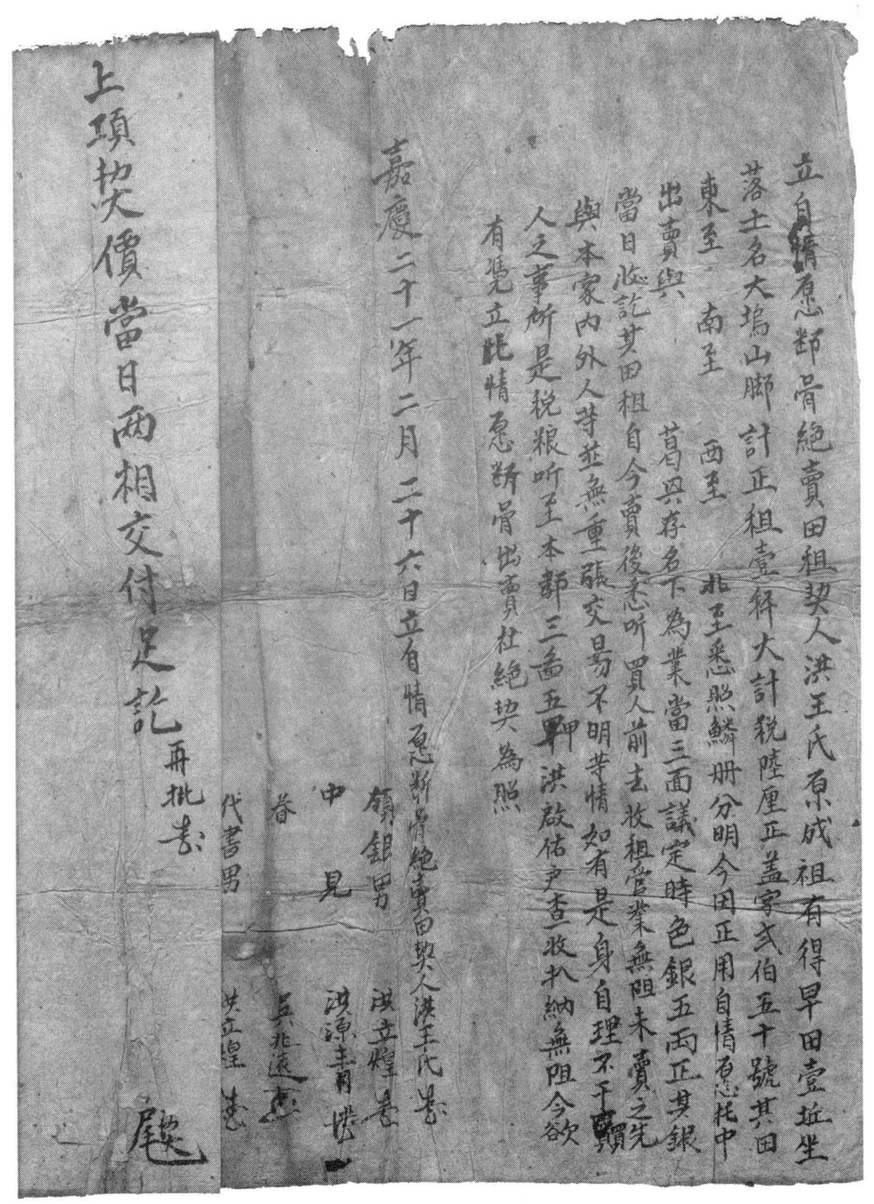

立自情愿斷骨絕賣田租契人洪王氏原成祖有得旱田壹坵坐

落土名大塢山脚 計正租壹秤大 計税陸厘正 蓋字弍伯五十號 其田

東至　南至　西至　北至悉照鱗册分明 今因正用 自情愿托中

出賣與　葛興存名下為業 當三面議定時色銀五兩正 其銀

當日收訖 其田租自今賣後 悉听買人前去收租管業無阻 未賣之先

與本家内外人等並無重張交易 不明等情 如有 是身自理 不干買

人之事 所是税粮 听至本都三啚五甲洪啟佑户查收扒納無阻 今欲

有凴立此情愿斷骨出賣杜絕契為照

嘉慶二十一年二月二十六日立自情愿斷骨絕賣田契人洪王氏 押

領銀男　洪立煌 押

中　見　洪源壽 押

眷　吳兆遠 押

代書男　洪立煌 押

上項契價當日兩相交付足訖　再批 押

尾

大鄣山乡江村 202 · 嘉庆二十一年 · 断骨绝卖田租契 · 洪王氏卖与葛兴存

嘉慶二十三年十二月吉
往苗雜用

大郭山乡江村 29-1 · 嘉庆二十三年 · 流水账（往苗杂用）

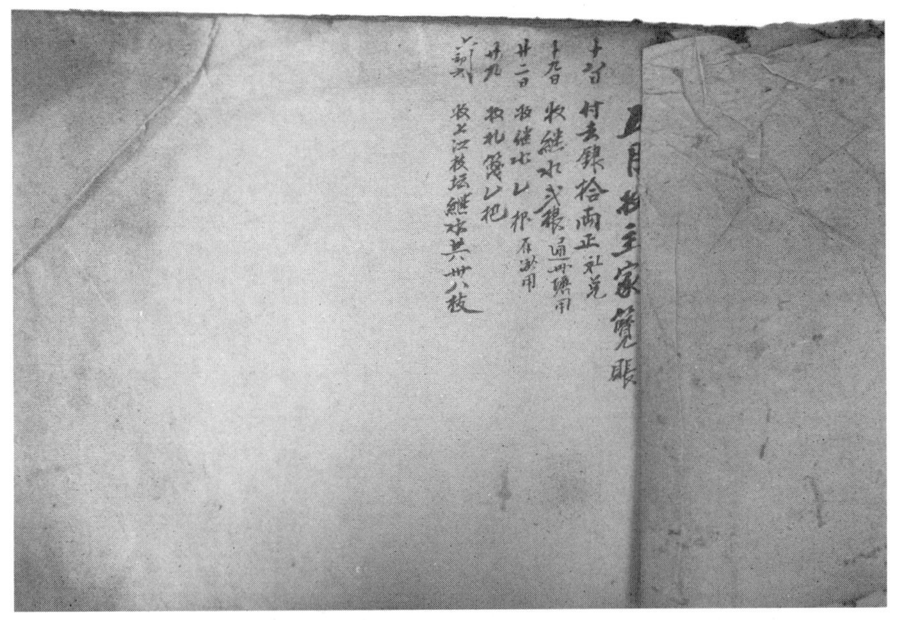

大郭山乡江村 29-2 · 嘉庆二十三年 · 流水账（往苗杂用）

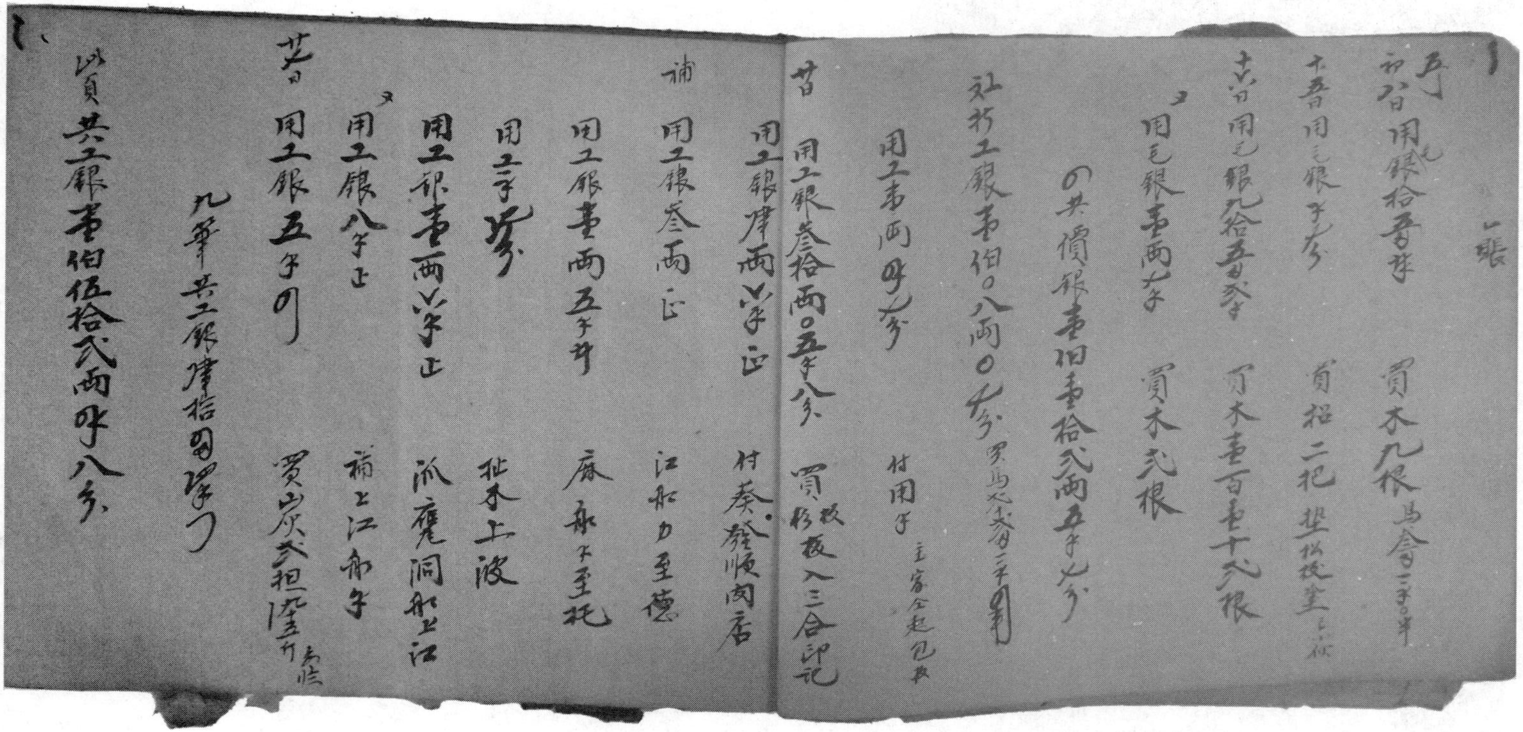

五月
初二日 用银拾两叁钱 买木九根 马含一千五百斤
十五日 用毛银一两七分 买招二把 埋松枝 上下
十六日 用毛银九拾五两叁钱 买木一百一十九根
又 用毛银一两七钱 买木弍根
四共价银一佰一拾弍两五钱七分
廿一日 社打工银一佰〇八两〇七分 买马大小叁百二十斤
用工一两四钱七分 付用子 主客全起包包
廿二日 用工银叁拾两〇五钱八分 买杉板入三合印记
用工银肆两四钱正 付癸发顺肉店
补 用工银叁两正 江船力至德
用工银一两五钱半 麻糸下至托
用工二钱 挑木上坡
用工银一两四钱正 派麂洞船上江
又 用工银八钱正 补上江船钱
廿四日 用工银五钱 买山炭叁担 共计
九年 共工银肆拾四两四钱
以页 共工银一佰伍拾弍两四钱八分

大鄣山乡江村 29-3 · 嘉庆二十三年 · 流水账（往苗杂用）

大鄣山乡江村 29-4 · 嘉庆二十三年 · 流水账（往苗杂用）

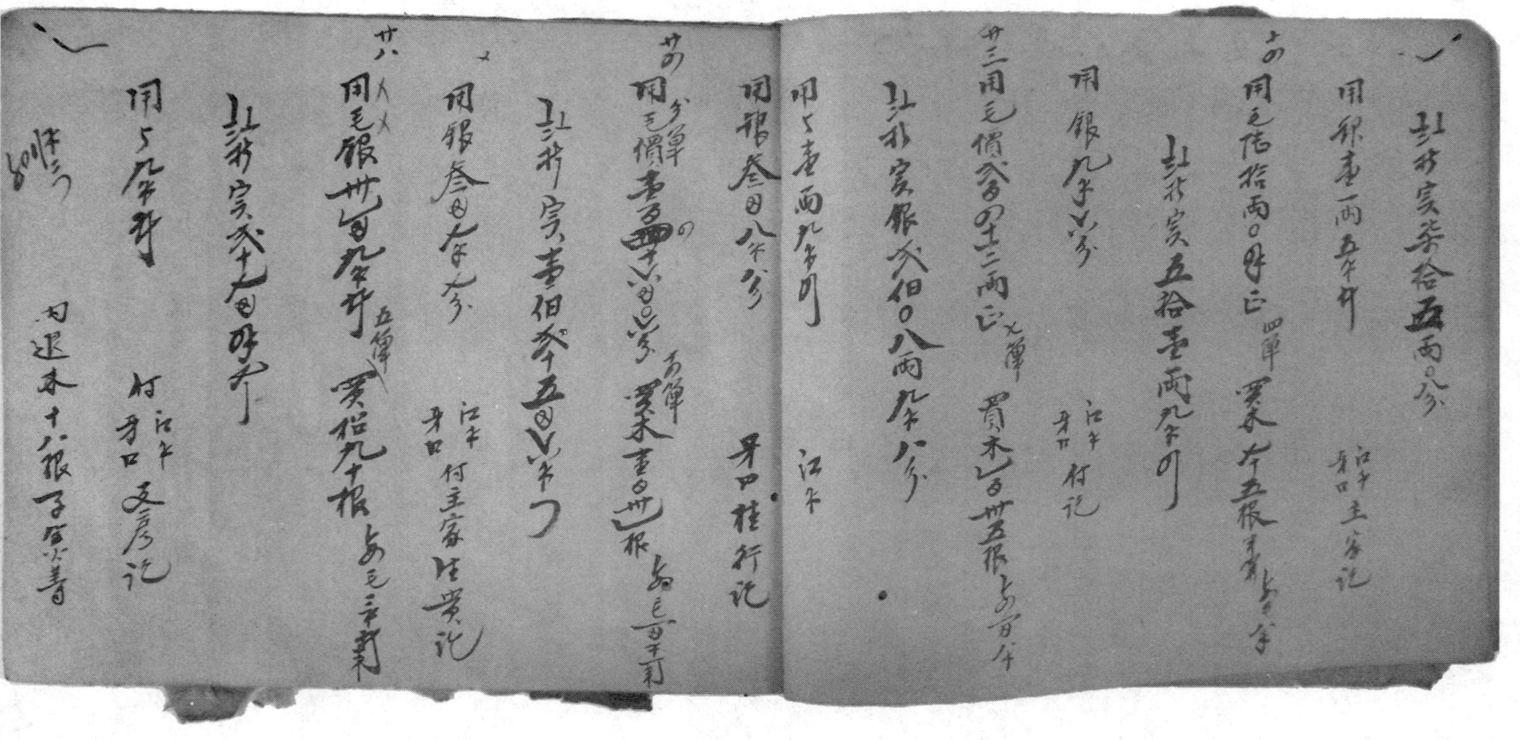

大鄣山乡江村 29-5・嘉庆二十三年・流水账（往苗杂用）

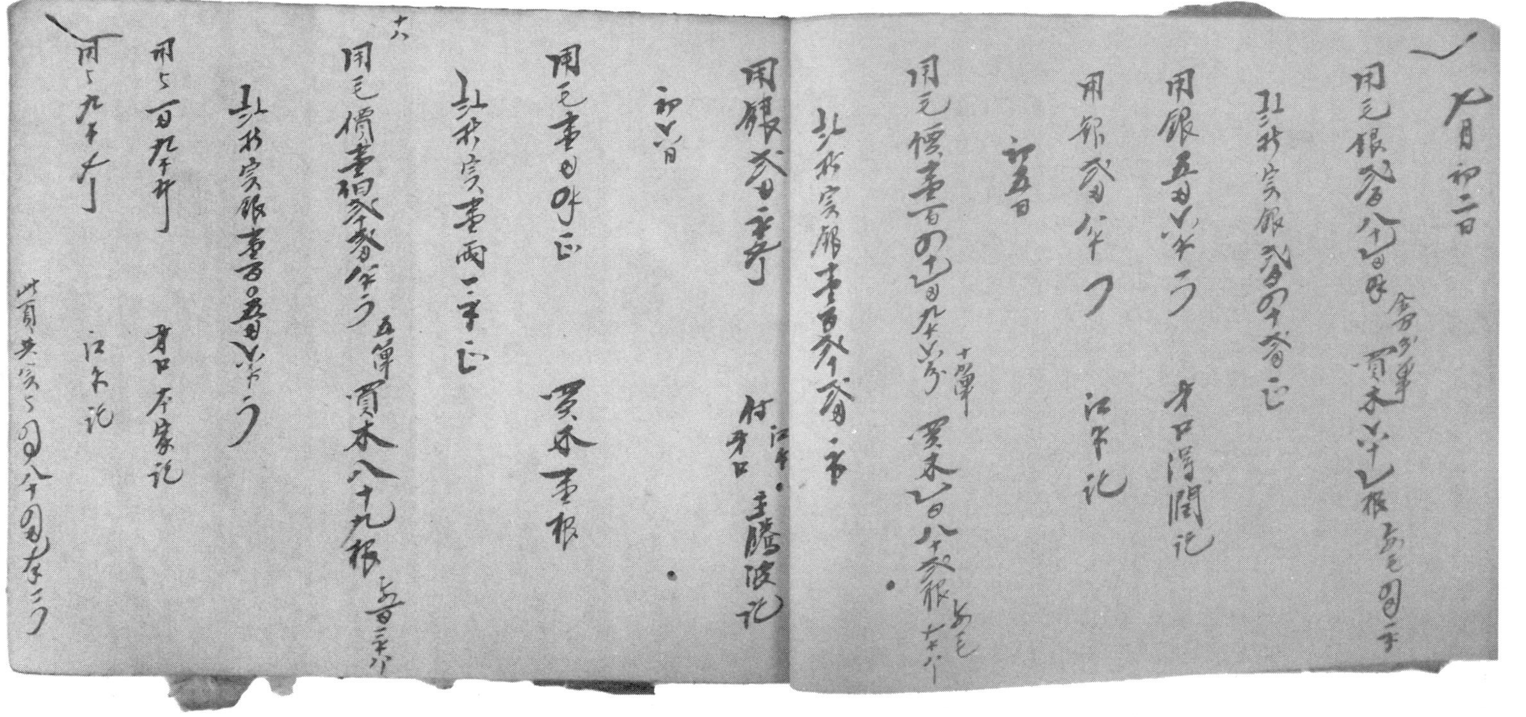

大鄣山乡江村 29-6 · 嘉庆二十三年 · 流水账（往苗杂用）

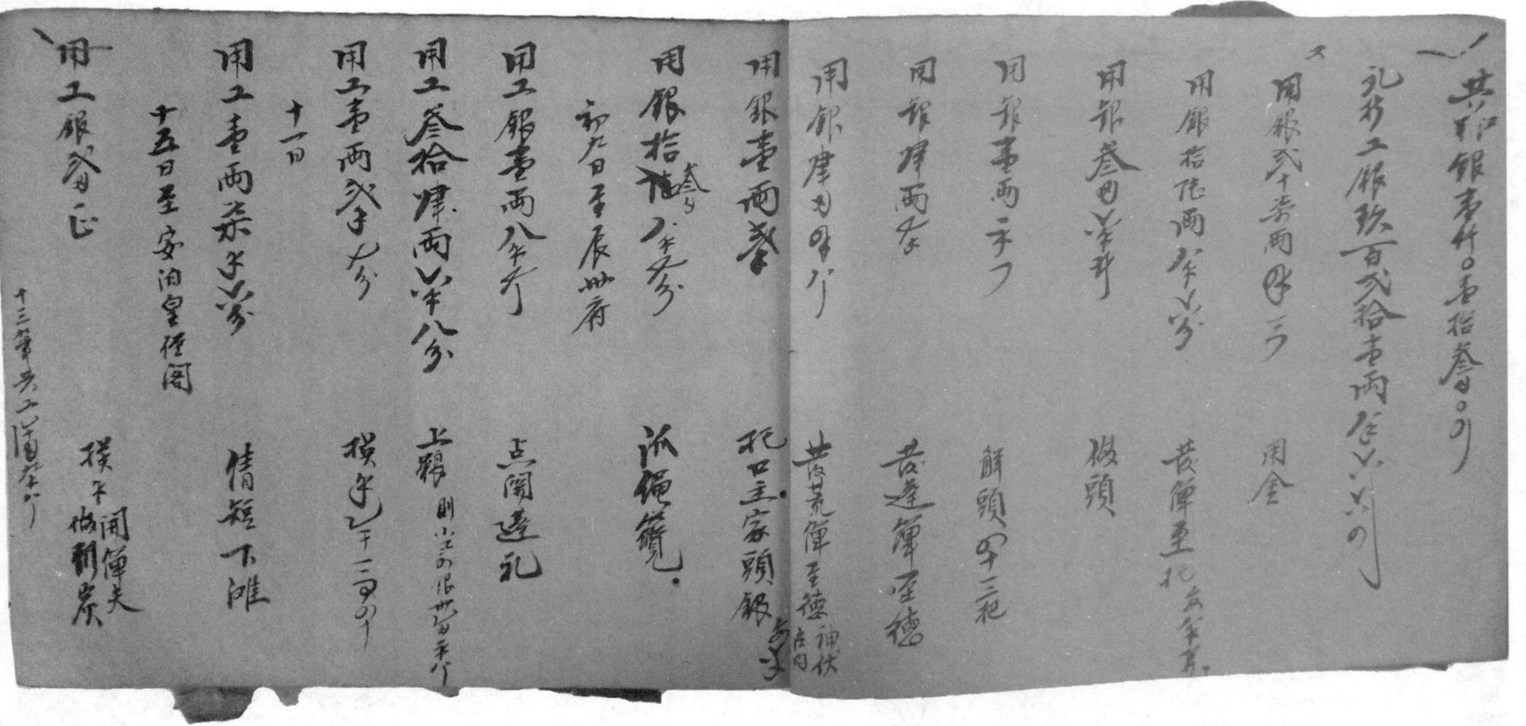

大鄣山乡江村 29-7 · 嘉庆二十三年 · 流水账（往苗杂用）

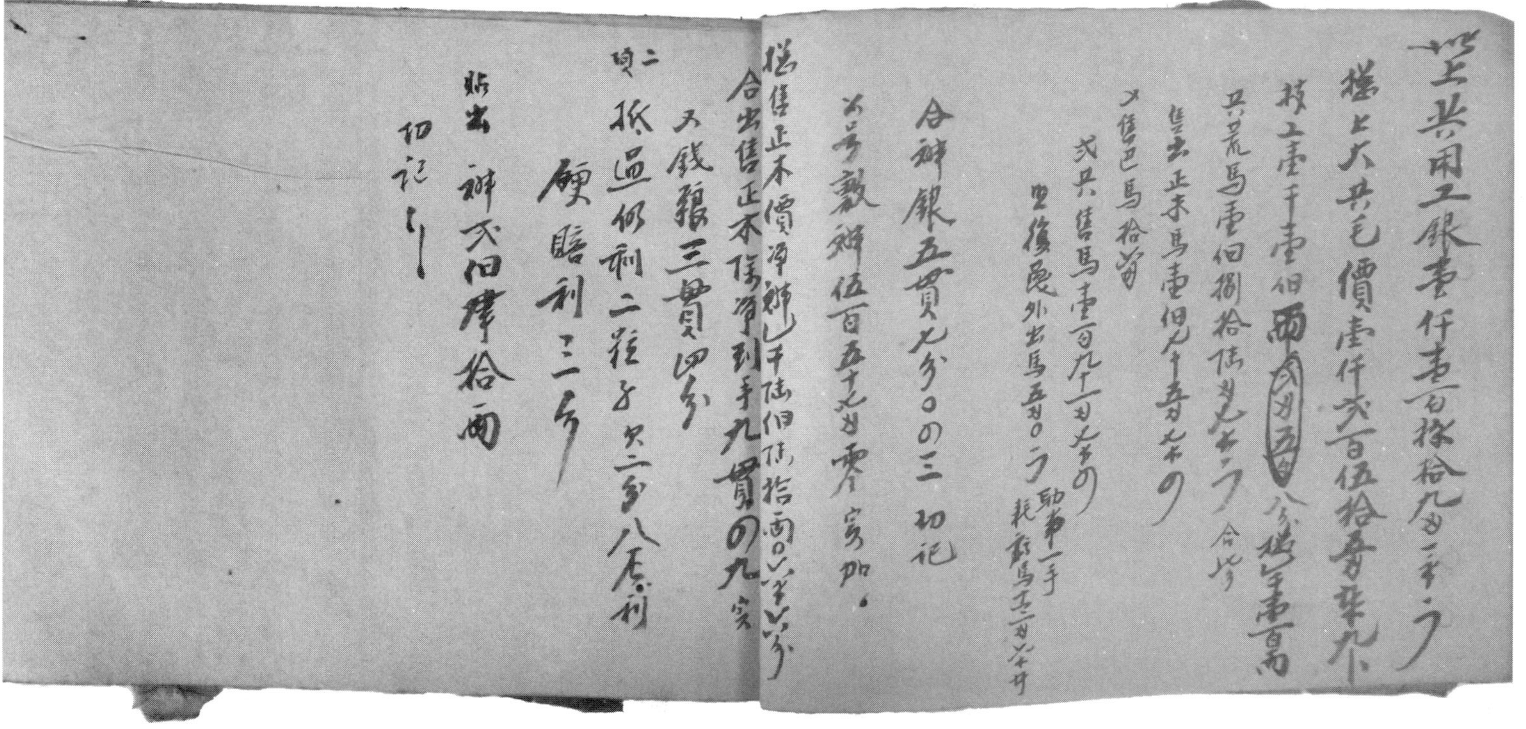

大鄣山乡江村 29-8 · 嘉庆二十三年 · 流水账（往苗杂用）

用賬

大鄣山乡江村 29-9 · 嘉庆二十三年 · 流水账（往苗杂用）

大鄣山乡江村 29-10 · 嘉庆二十三年 · 流水账（往苗杂用）

大鄣山乡江村 29-11 · 嘉庆二十三年 · 流水账（往苗杂用）

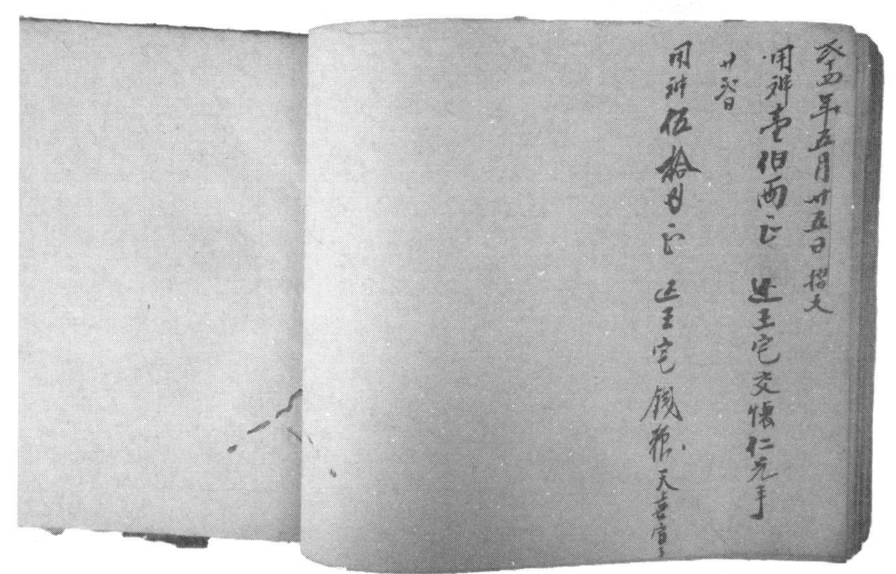

大郭山乡江村 29-12 · 嘉庆二十三年 · 流水账（往苗杂用）

大鄣山乡江村 29-13 · 嘉庆二十三年 · 流水账（往苗杂用）

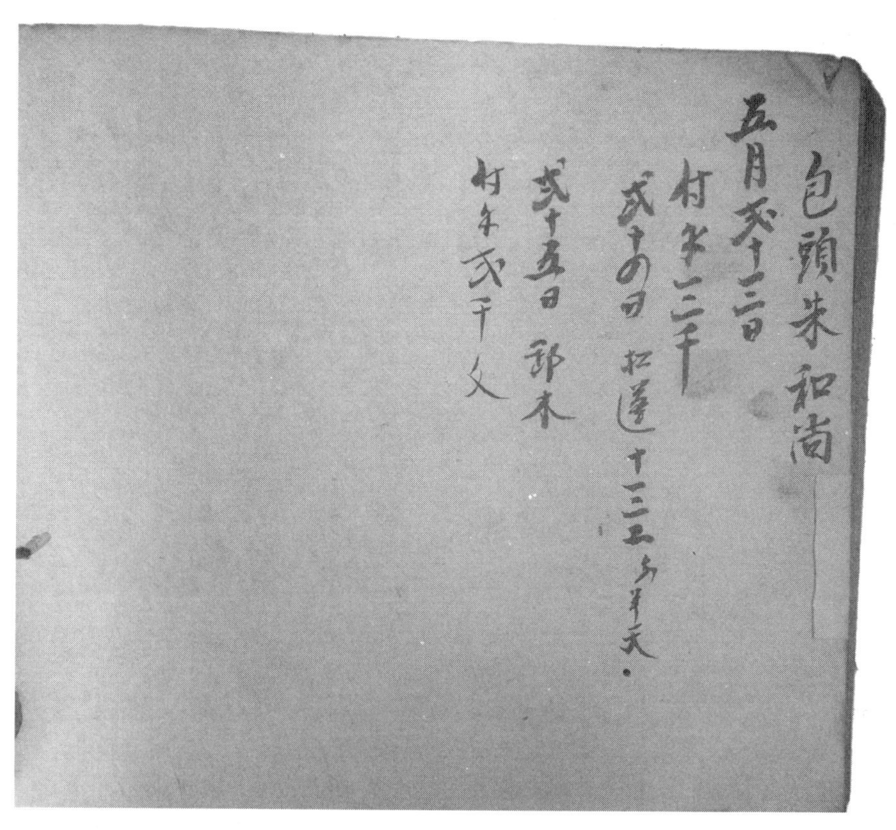

大郭山乡江村 29-14 · 嘉庆二十三年 · 流水账（往苗杂用）

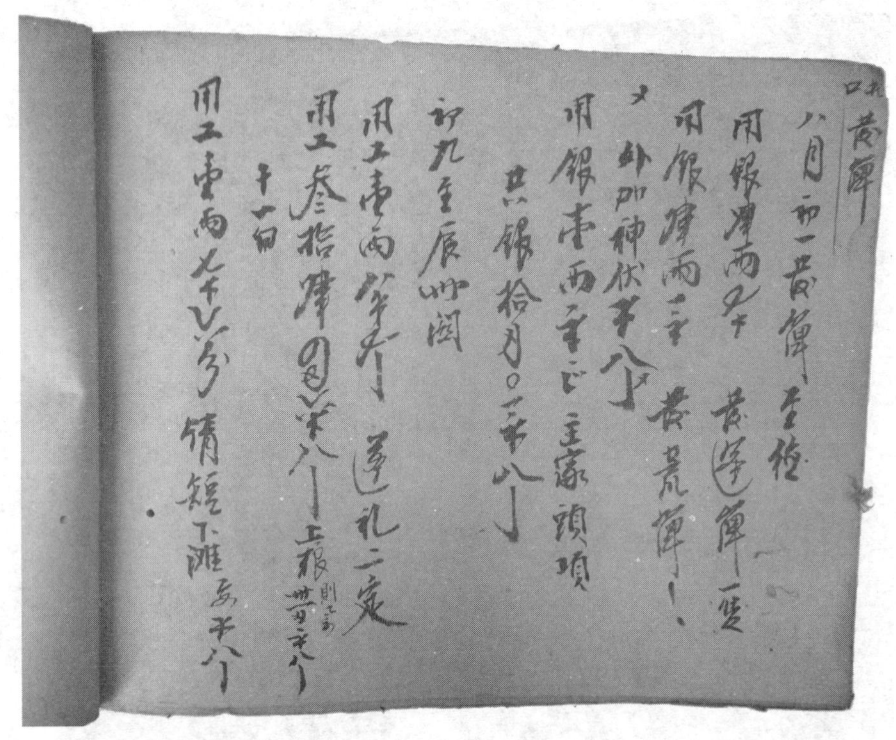

大鄣山乡江村 29-15 · 嘉庆二十三年 · 流水账（往苗杂用）

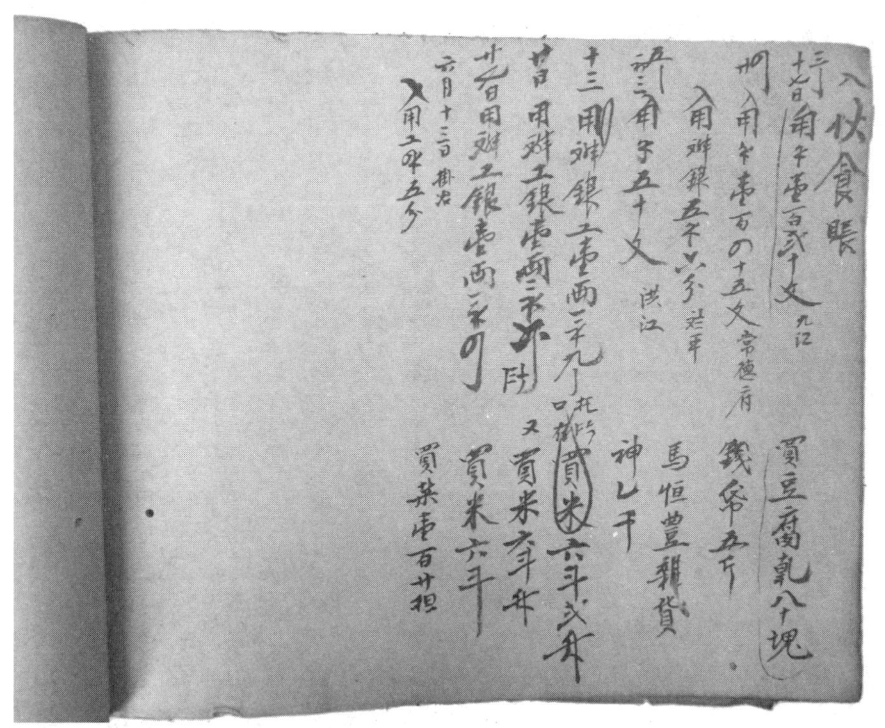

大郭山乡江村 29-16 · 嘉庆二十三年 · 流水账（往苗杂用）

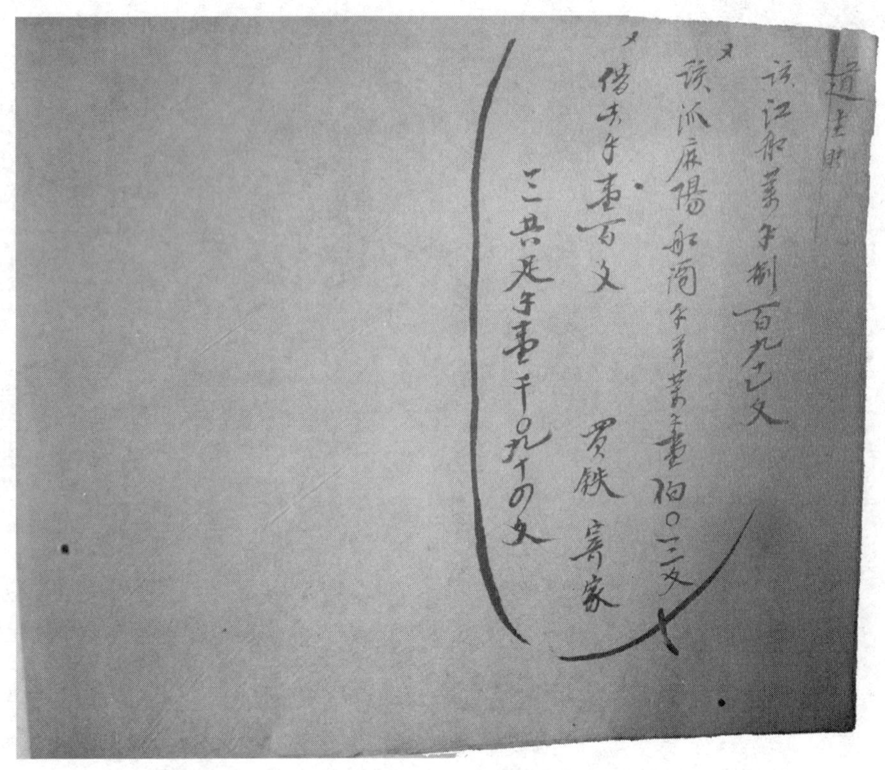
道

該江和菜子捌百九十七文

又該派麻陽船酒子并菜子壹佰〇二文

又借去子壹百文

買鐵 寄家

三共足子壹千〇九十四文

大鄣山乡江村 29-17 · 嘉庆二十三年 · 流水账（往苗杂用）

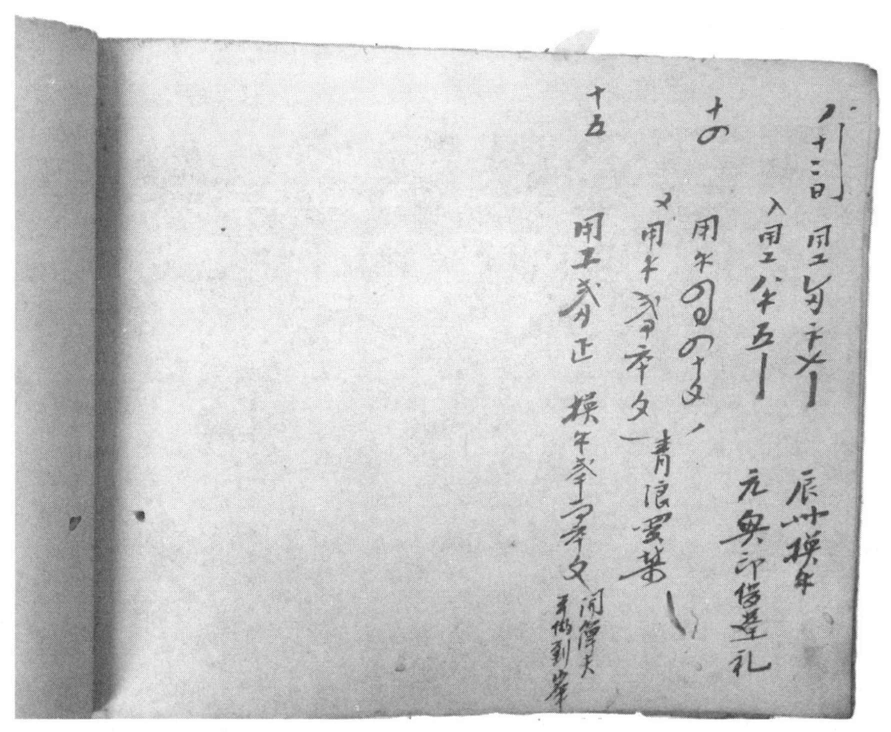

大鄣山乡江村 29-18 · 嘉庆二十三年 · 流水账（往苗杂用）

大鄣山乡江村 29-19 · 嘉庆二十三年 · 流水账（往苗杂用）

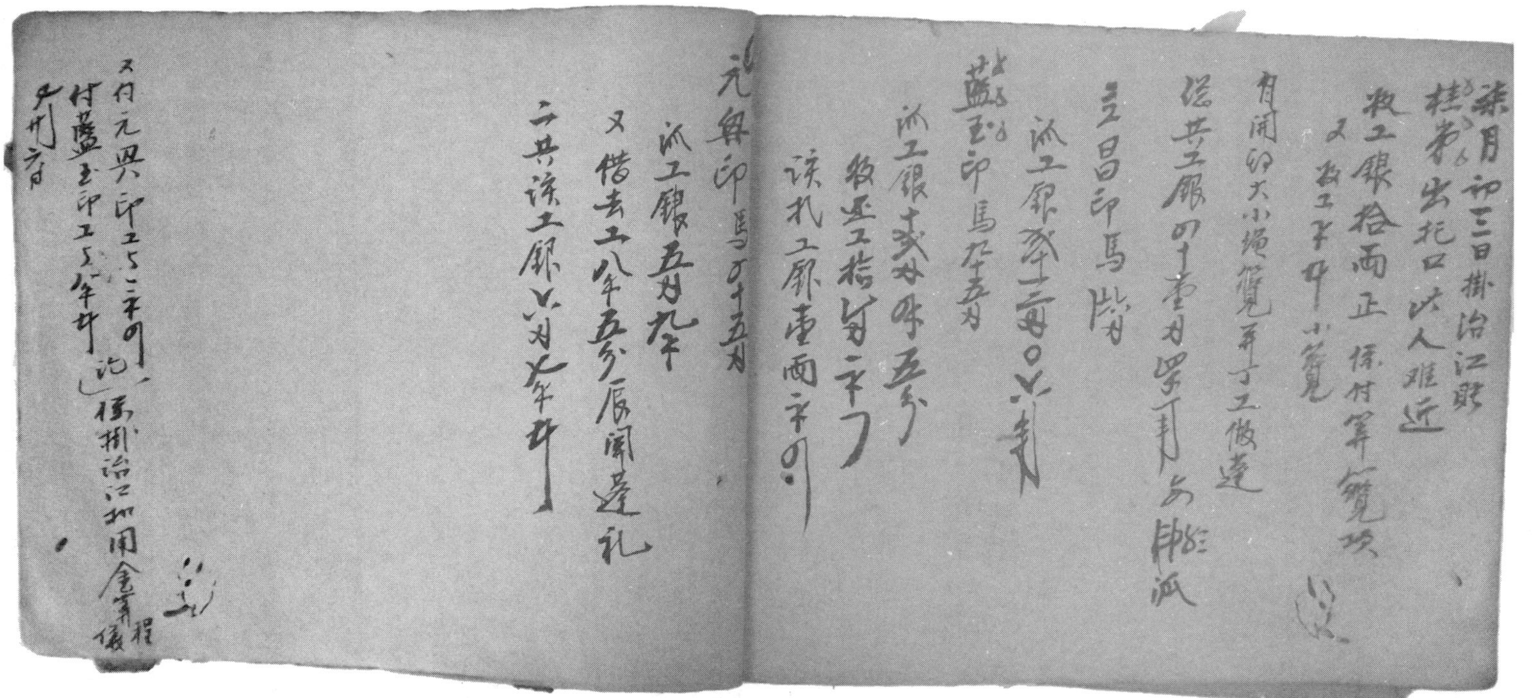

大鄣山乡江村 29-20 · 嘉庆二十三年 · 流水账（往苗杂用）

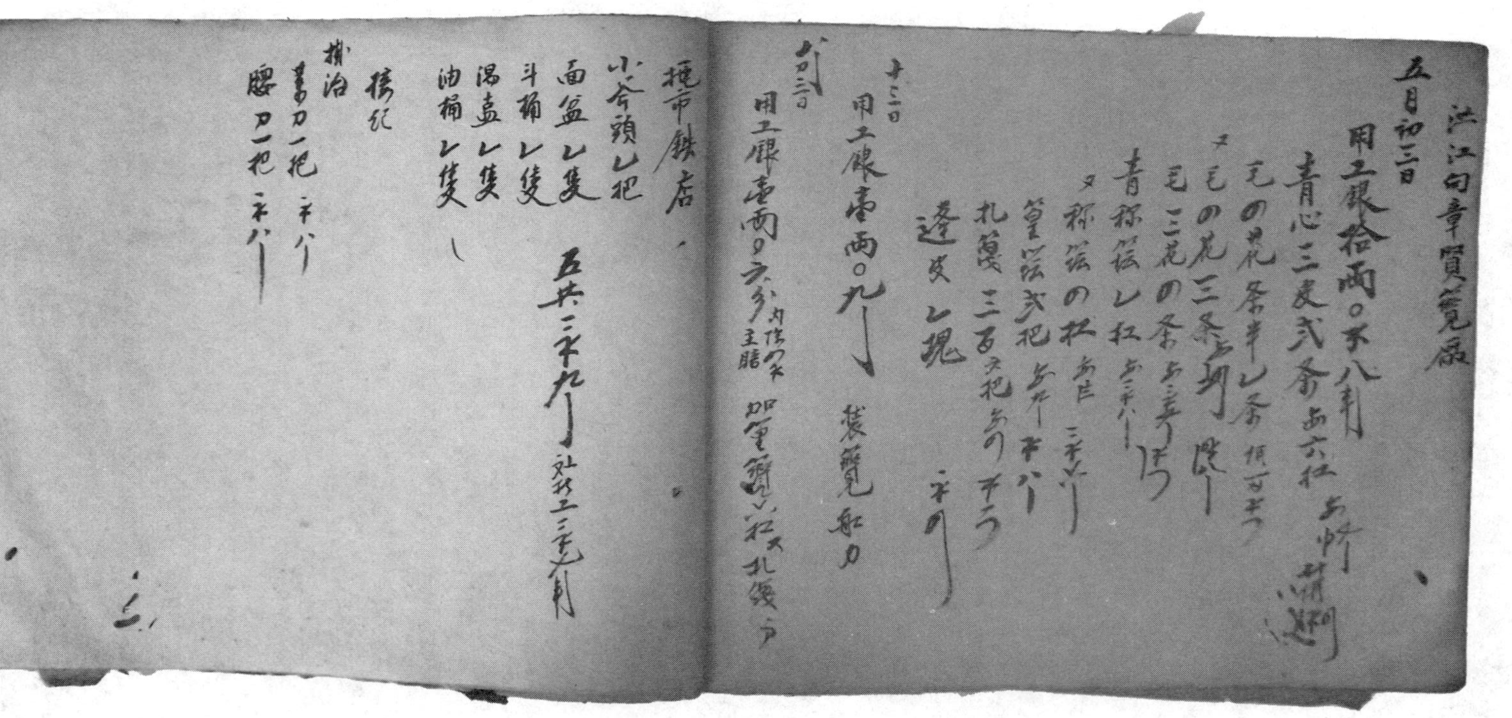

大鄣山乡江村 29-21 · 嘉庆二十三年 · 流水账（往苗杂用）

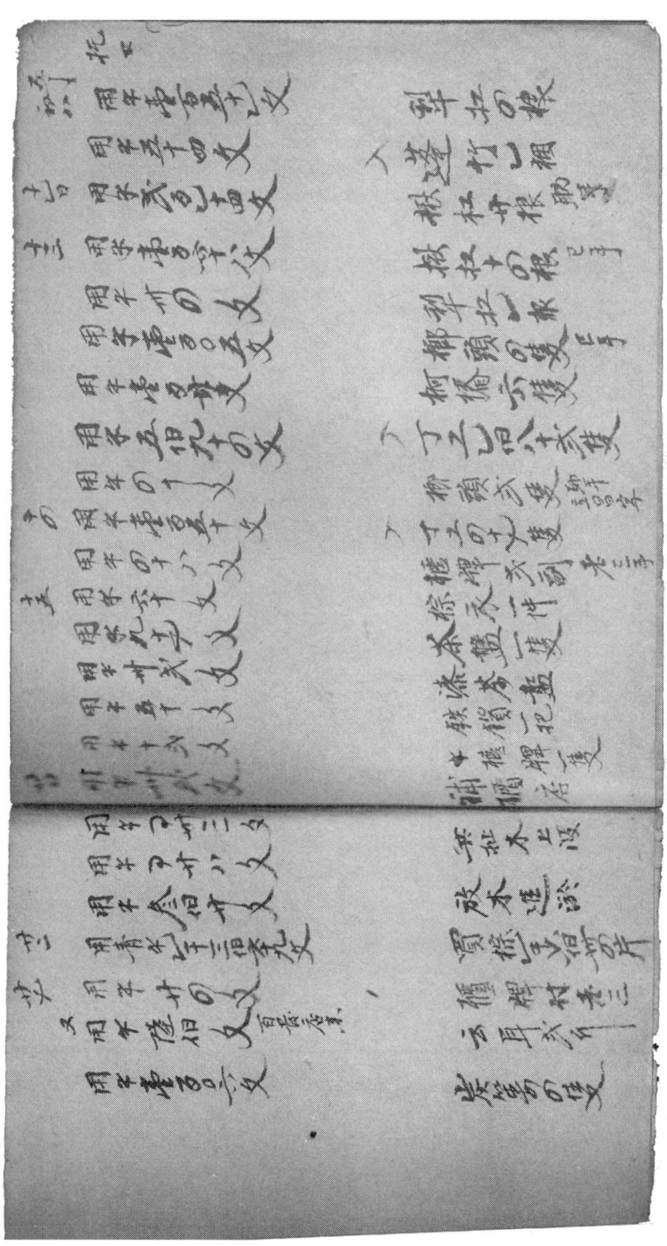

大鄣山乡江村 29-22 · 嘉庆二十三年 · 流水账（往苗杂用）

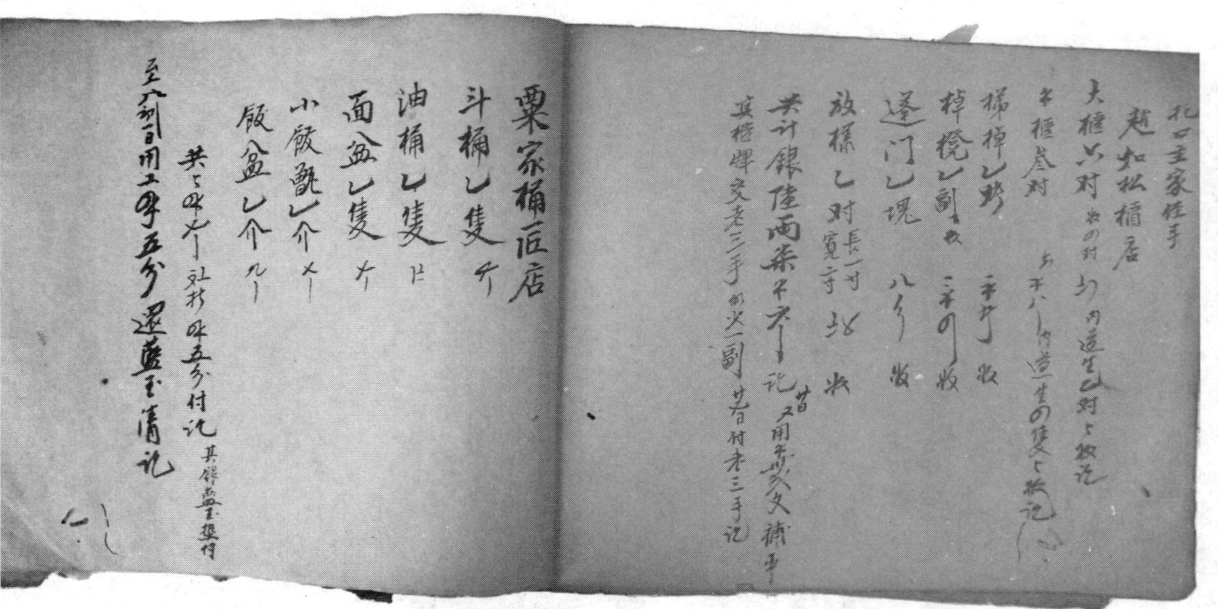

大郭山乡江村 29-23 · 嘉庆二十三年 · 流水账（往苗杂用）

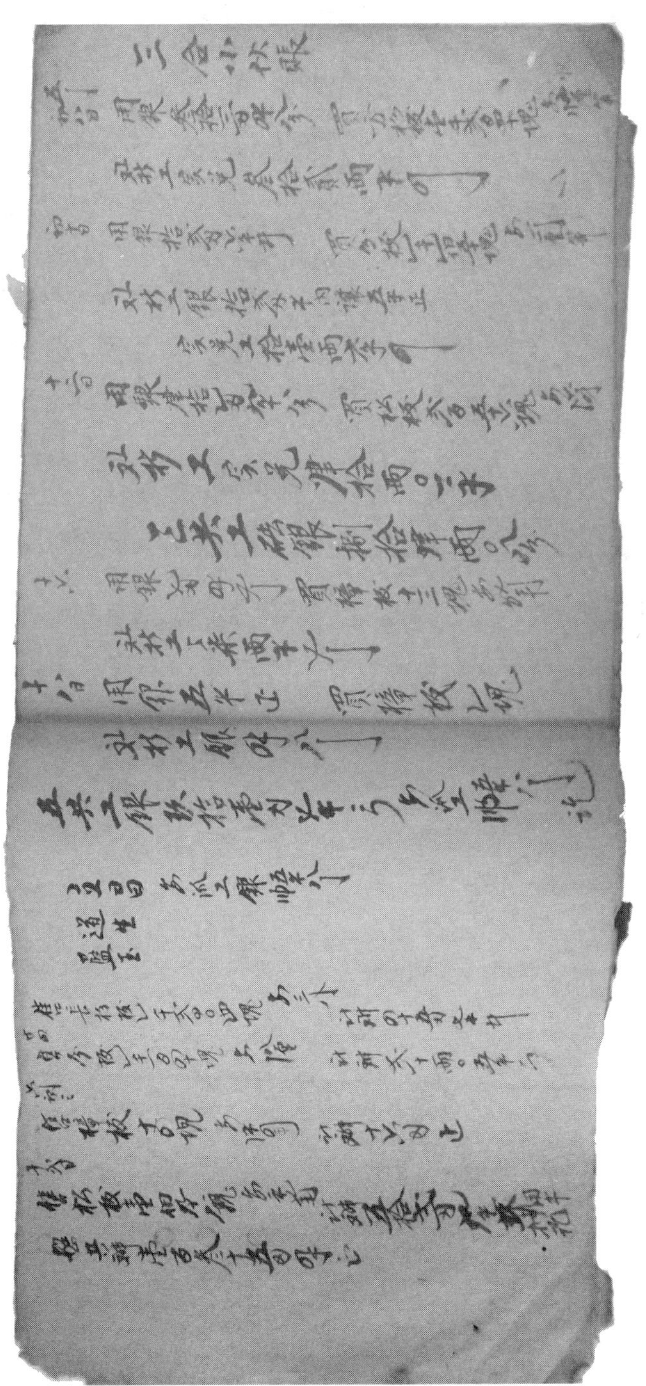

大鄣山乡江村 29-24・嘉庆二十三年・流水账（往苗杂用）

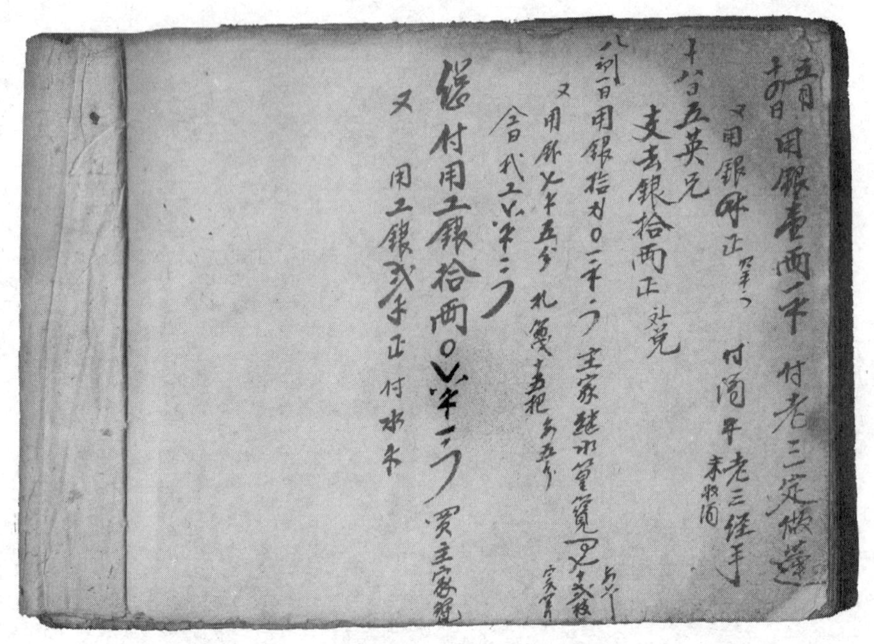

大鄣山乡江村 29-25 · 嘉庆二十三年 · 流水账（往苗杂用）

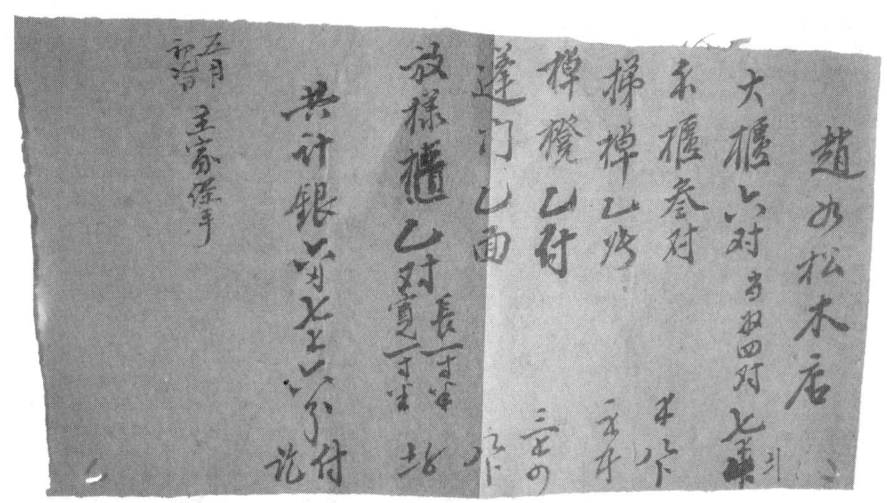

趙如松木店
大櫃六对 均扣四对
衣櫃叁对
櫈桌乙张
桌櫈乙付
遮门乙面
放樣櫃乙对 長一寸半 宽一寸半
共计银六两七钱六分付讫
五月初四日 王富保手

大鄣山乡江村 29 附 · 嘉庆二十三年 · 流水账（往苗杂用）

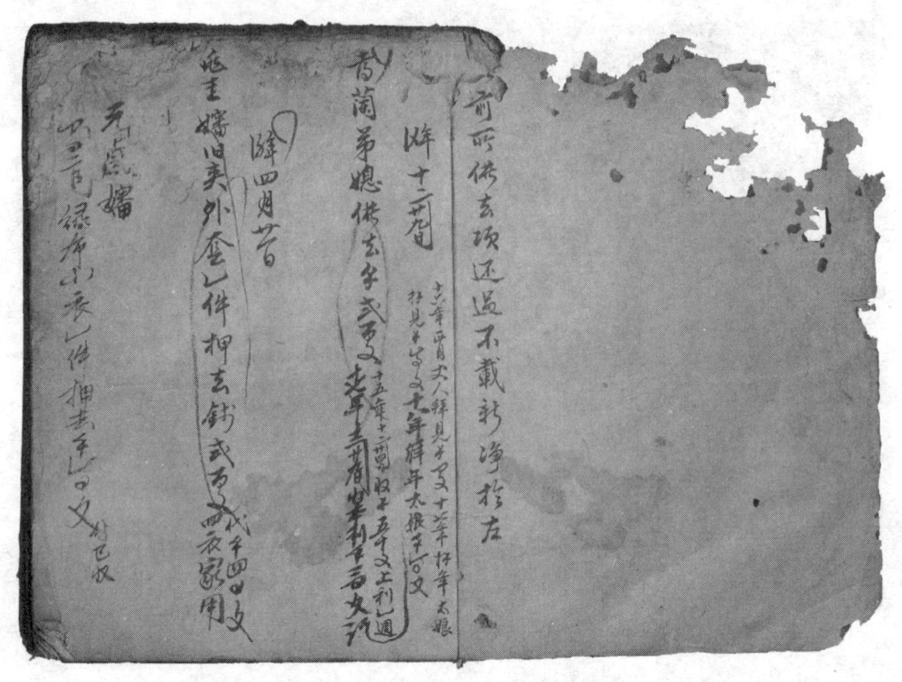

大鄣山乡江村 34-1 · 道光元年至二十三年 · 流水账

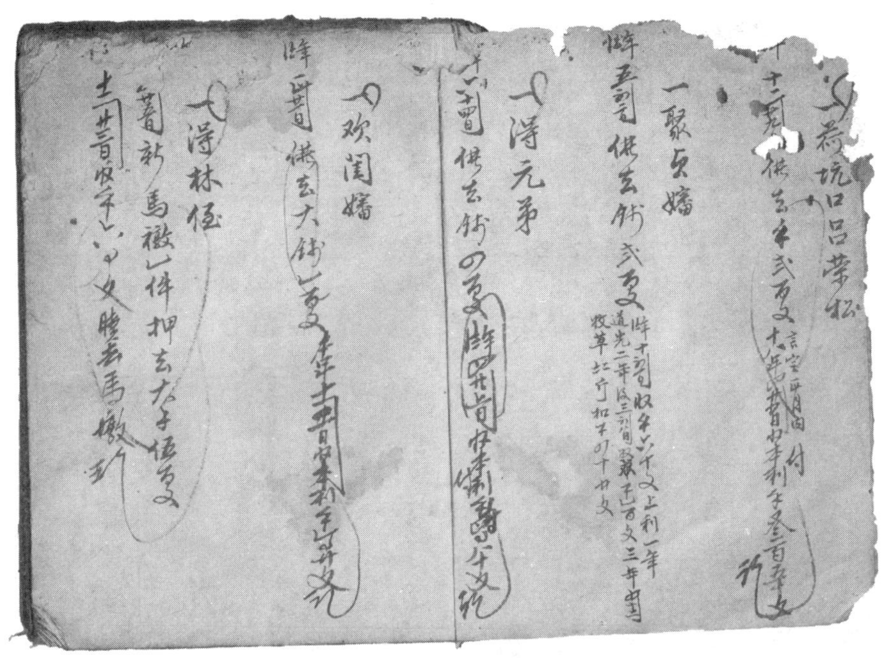

大鄣山乡江村 34-2 · 道光元年至二十三年 · 流水账

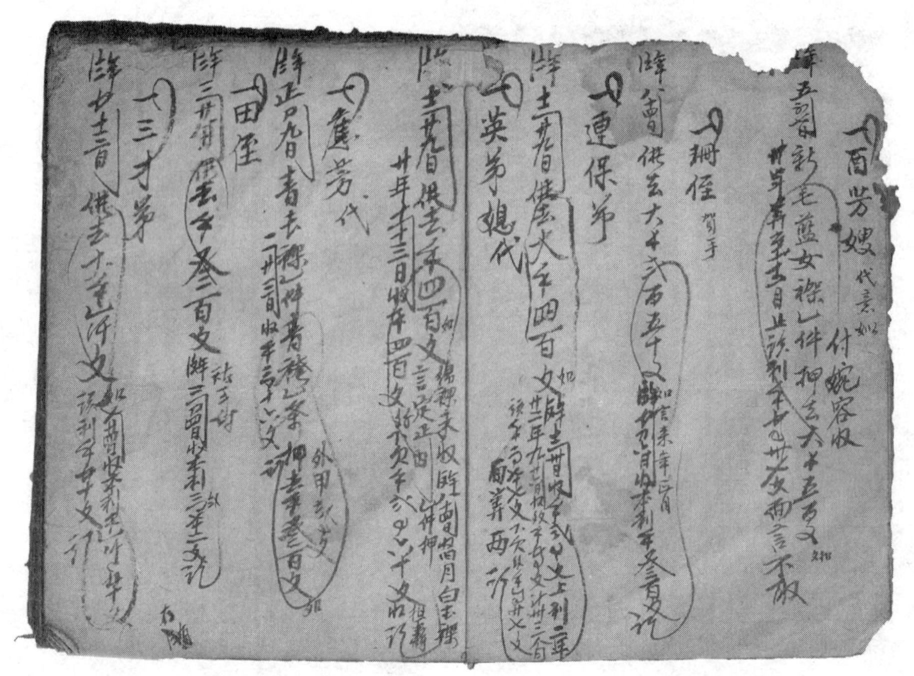

大鄣山乡江村 34-3 · 道光元年至二十三年 · 流水账

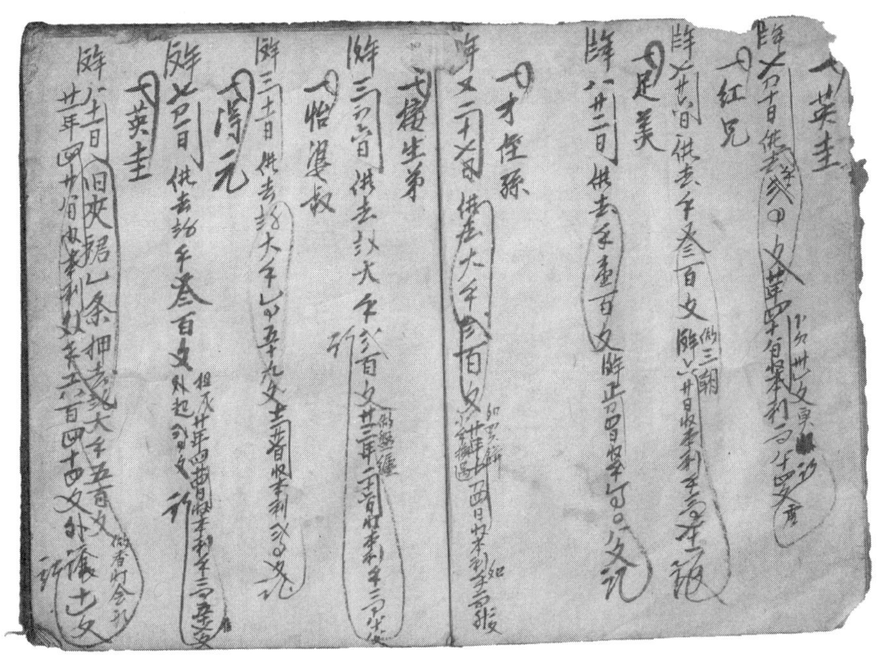

大郭山乡江村 34-4 · 道光元年至二十三年 · 流水账

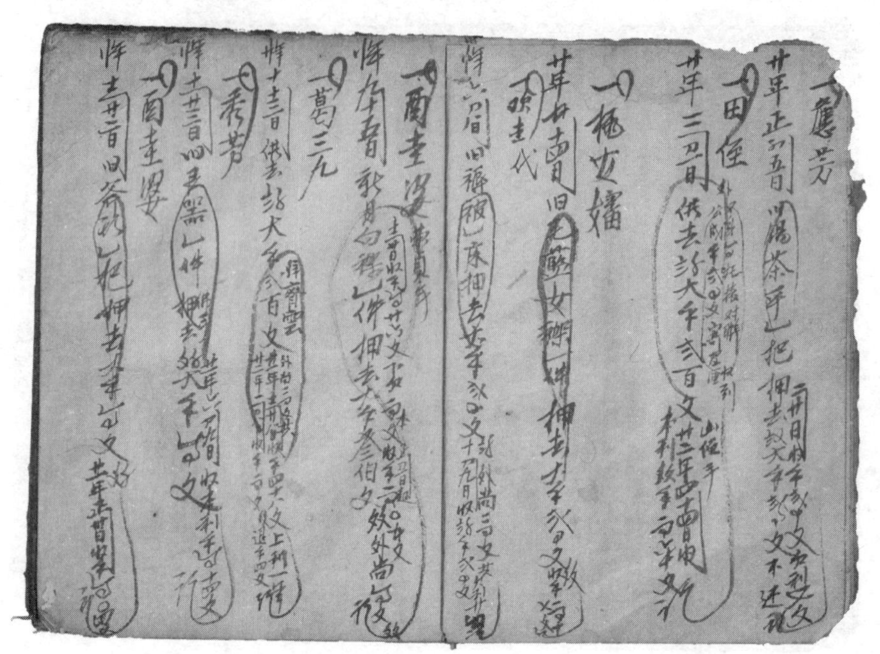

大鄣山乡江村 34-5 · 道光元年至二十三年 · 流水账

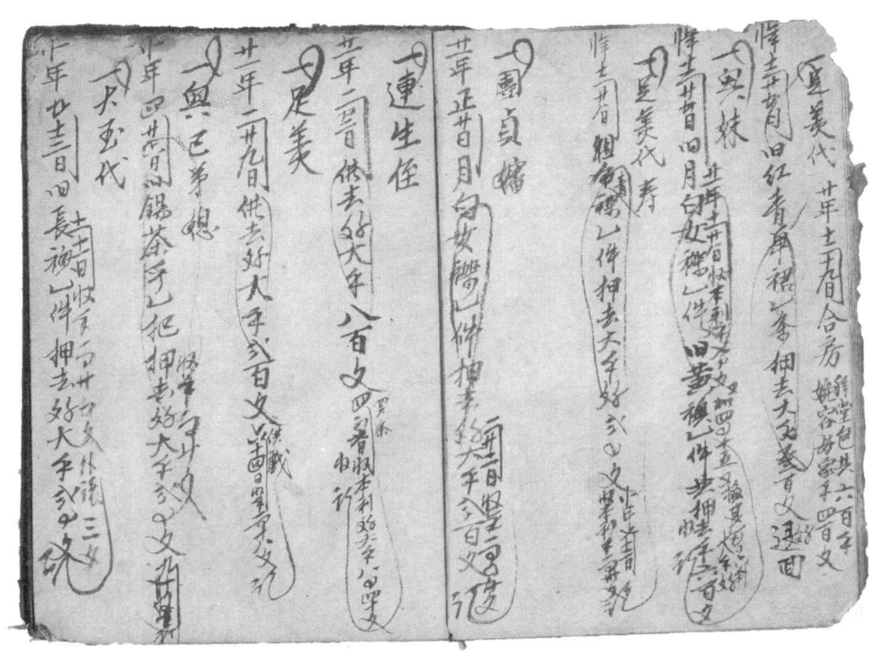

大鄣山乡江村 34-6 · 道光元年至二十三年 · 流水账

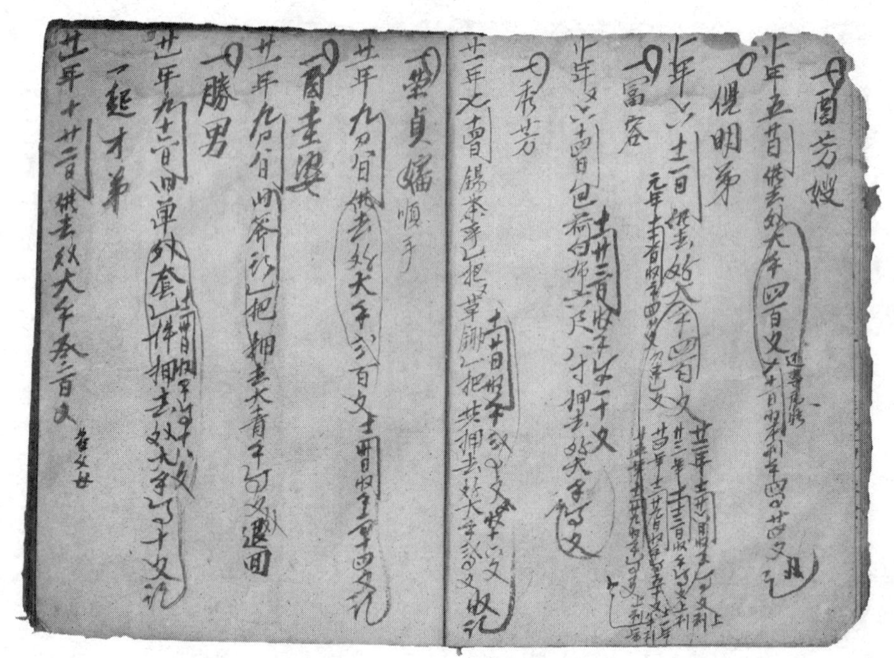

大郭山乡江村 34-7 · 道光元年至二十三年 · 流水账

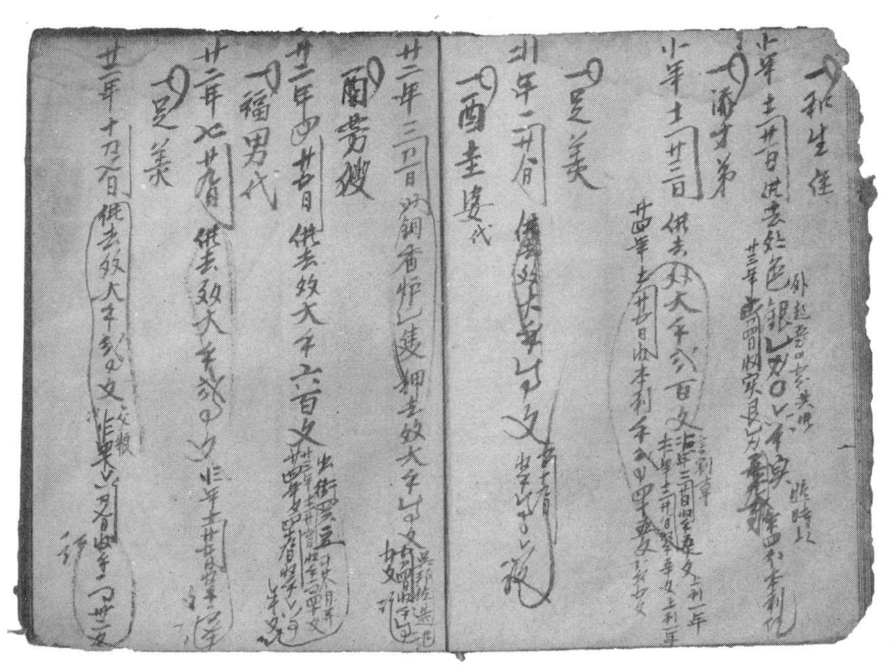

大鄣山乡江村 34-8 · 道光元年至二十三年 · 流水账

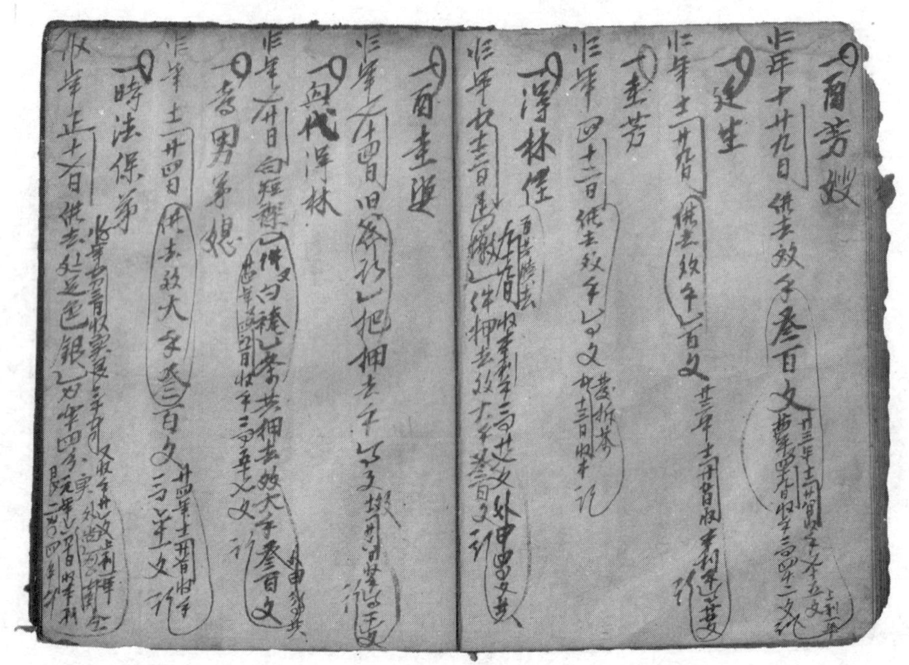

大鄣山乡江村 34-9 · 道光元年至二十三年 · 流水账

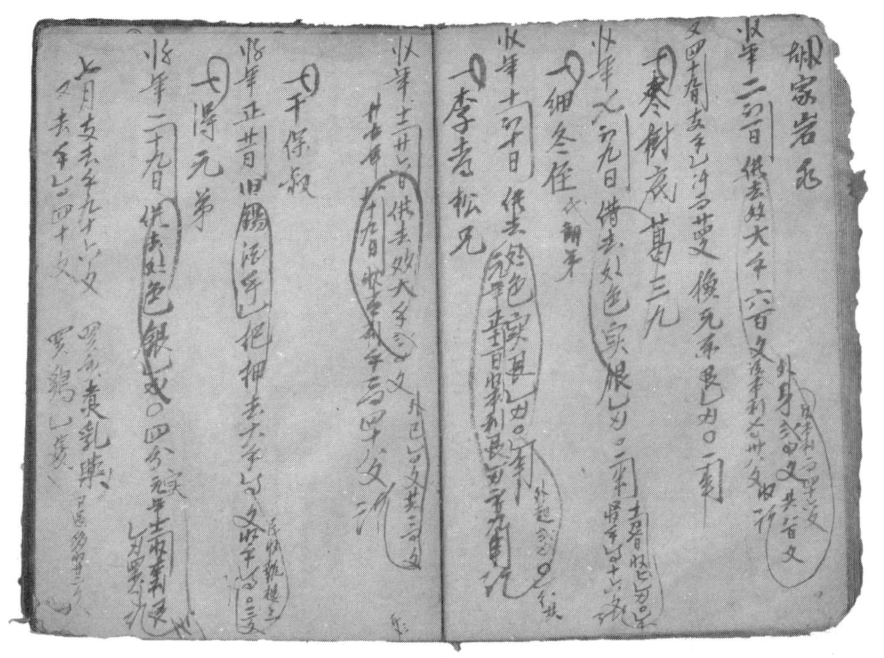

大郭山乡江村 34-10 · 道光元年至二十三年 · 流水账

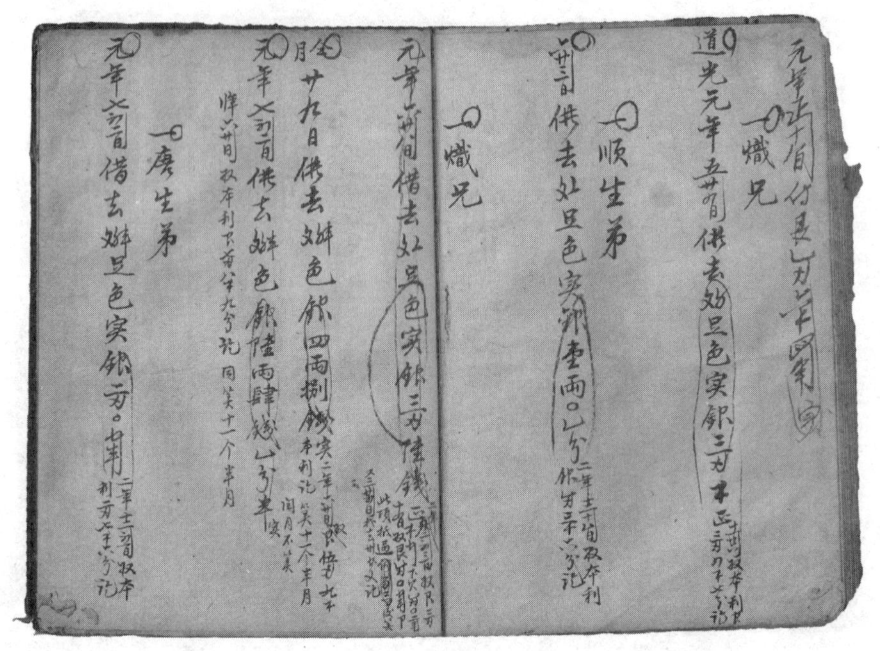

大郭山乡江村 34-11 · 道光元年至二十三年 · 流水账

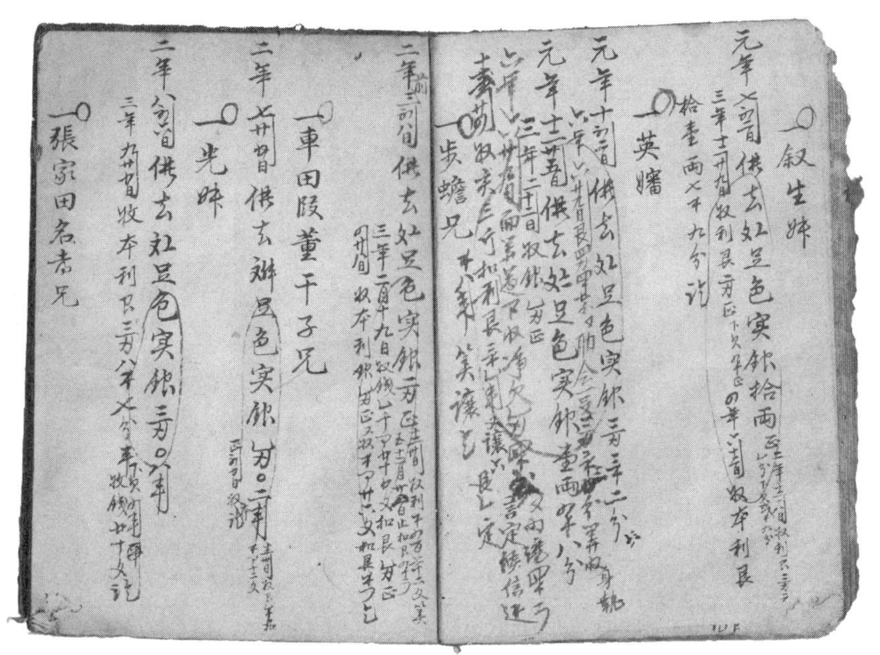

大鄣山乡江村 34-12 · 道光元年至二十三年 · 流水账

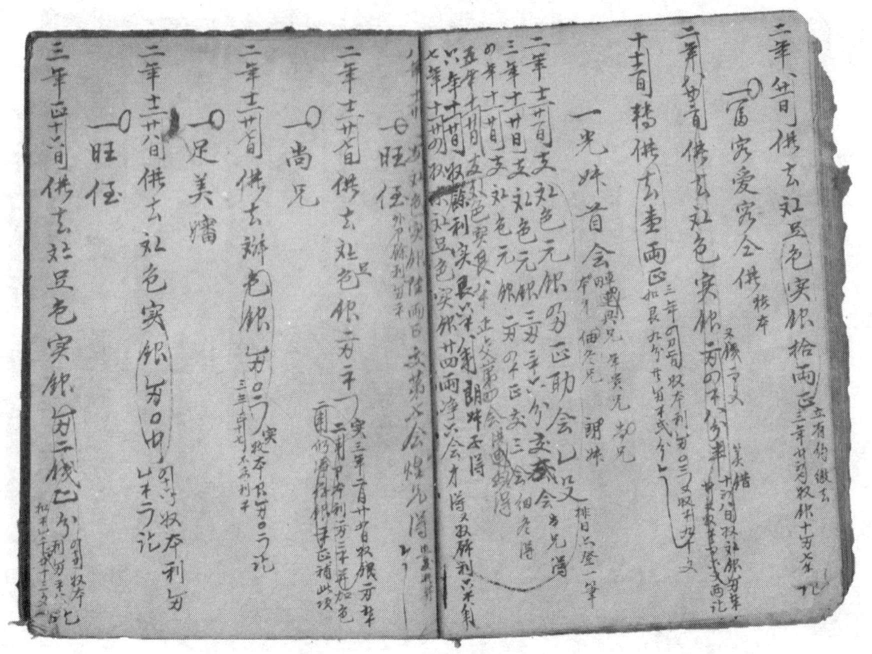

大鄣山乡江村 34-13 · 道光元年至二十三年 · 流水账

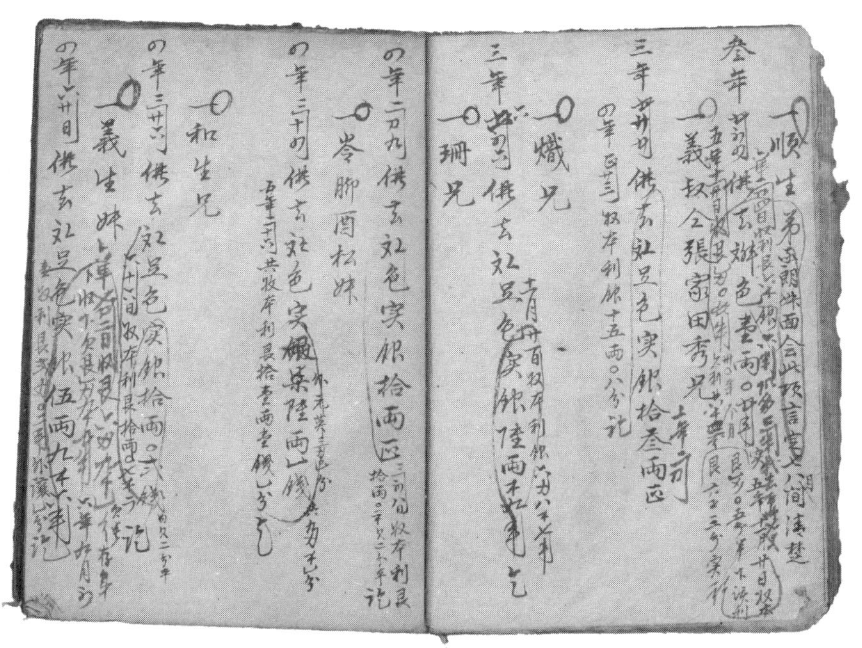

大鄣山乡江村 34-14 · 道光元年至二十三年 · 流水账

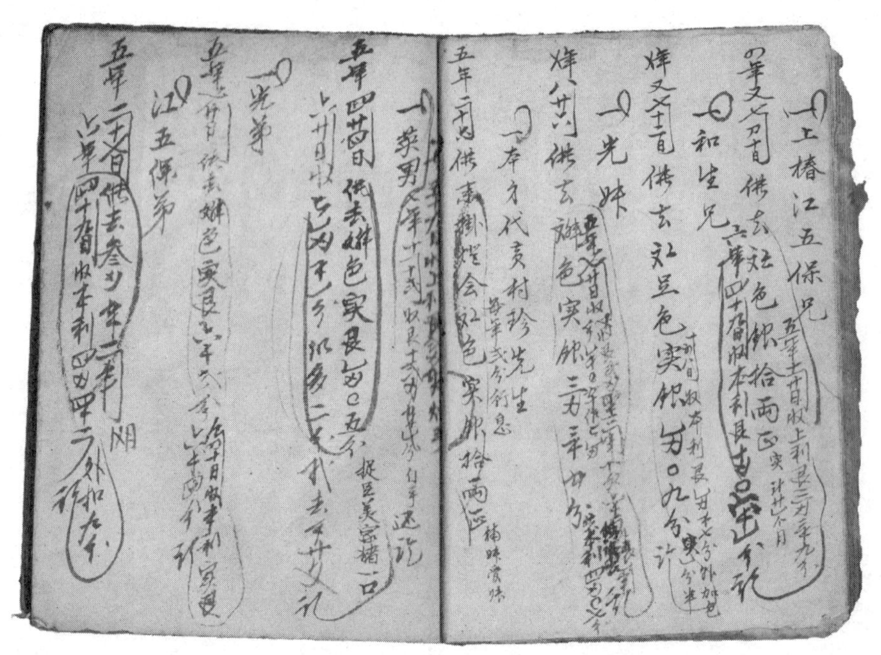

大郭山乡江村 34-15 · 道光元年至二十三年 · 流水账

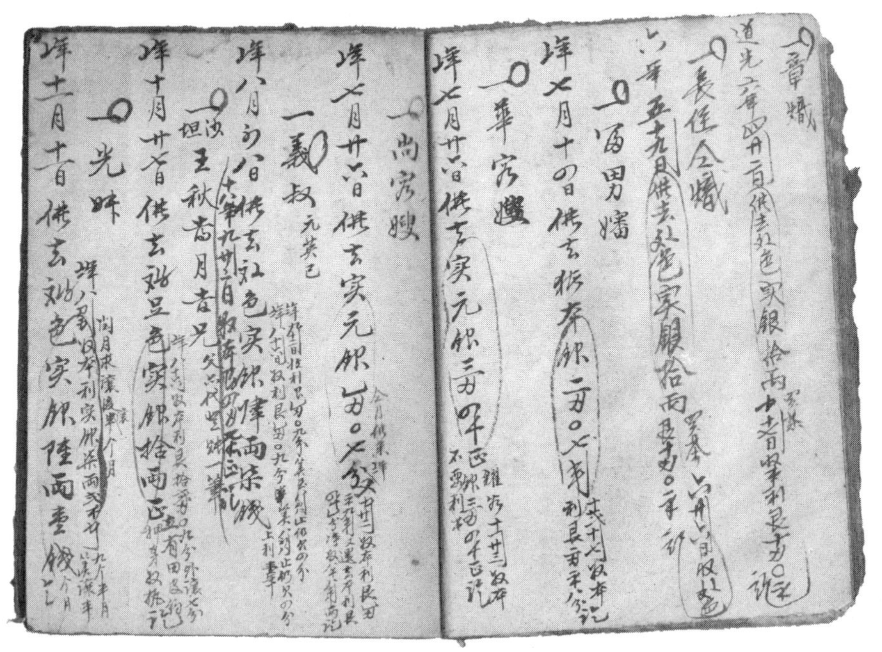

大鄣山乡江村 34-16 · 道光元年至二十三年 · 流水账

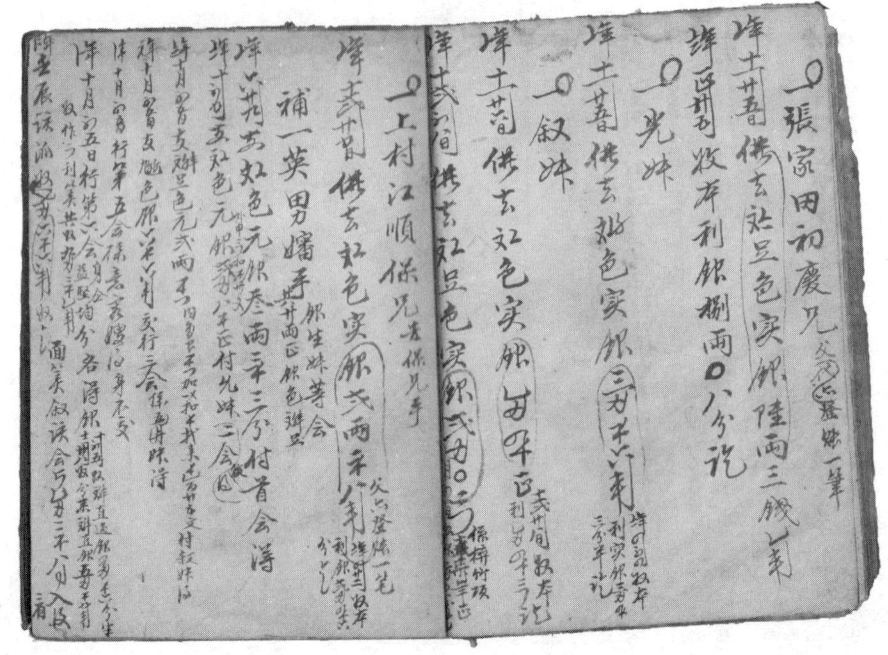

大郭山乡江村 34-17 · 道光元年至二十三年 · 流水账

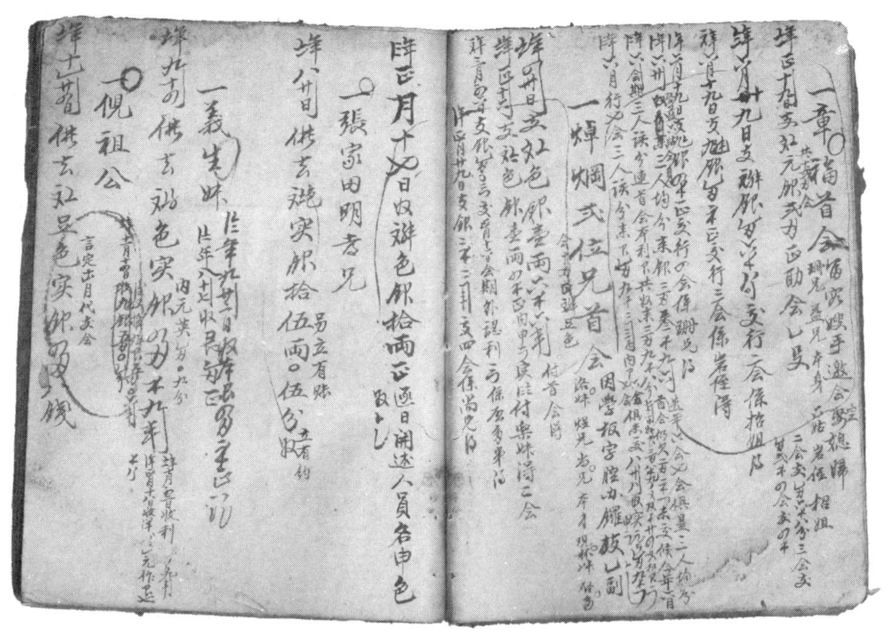

大郭山乡江村 34-18 · 道光元年至二十三年 · 流水账

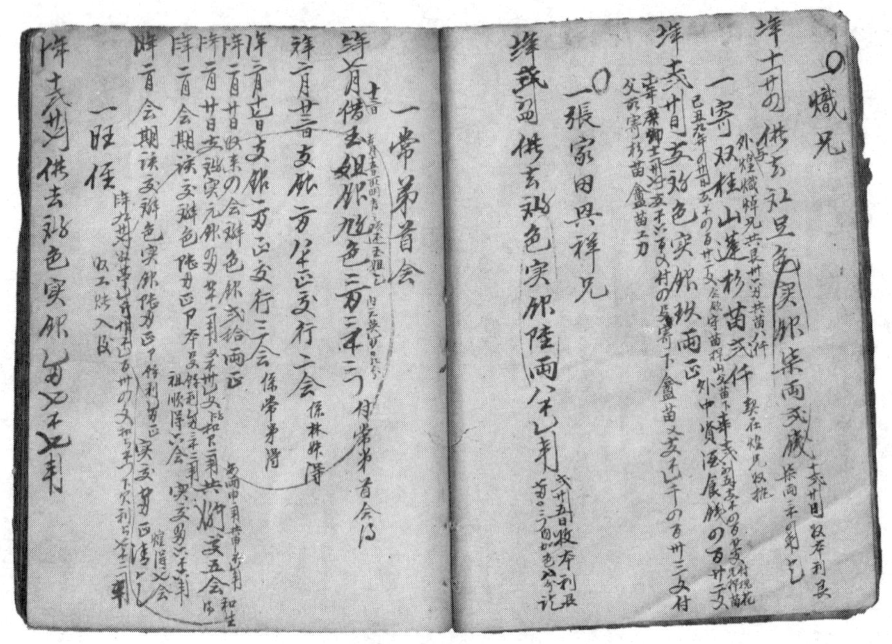

大鄣山乡江村 34-19 · 道光元年至二十三年 · 流水账

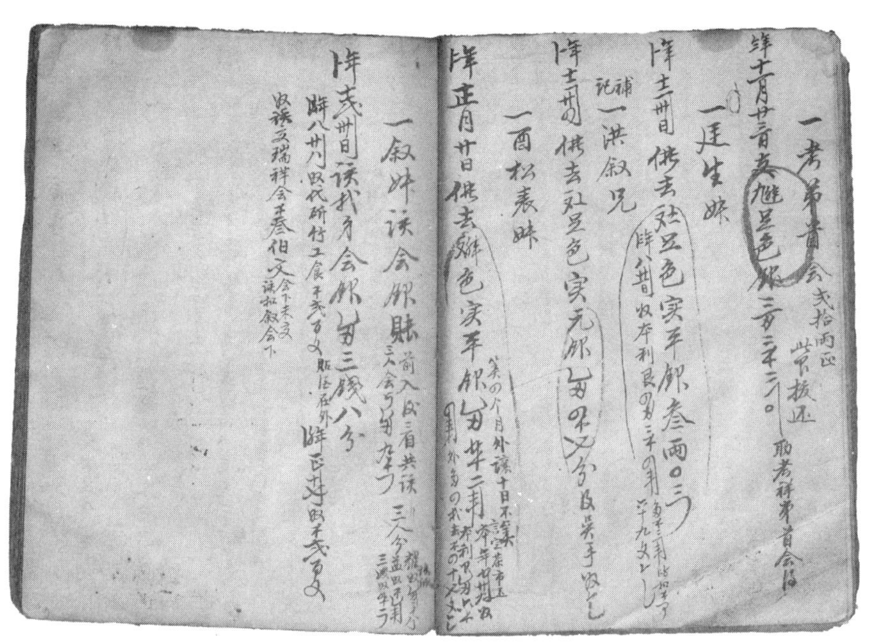

大鄣山乡江村 34-20 · 道光元年至二十三年 · 流水账

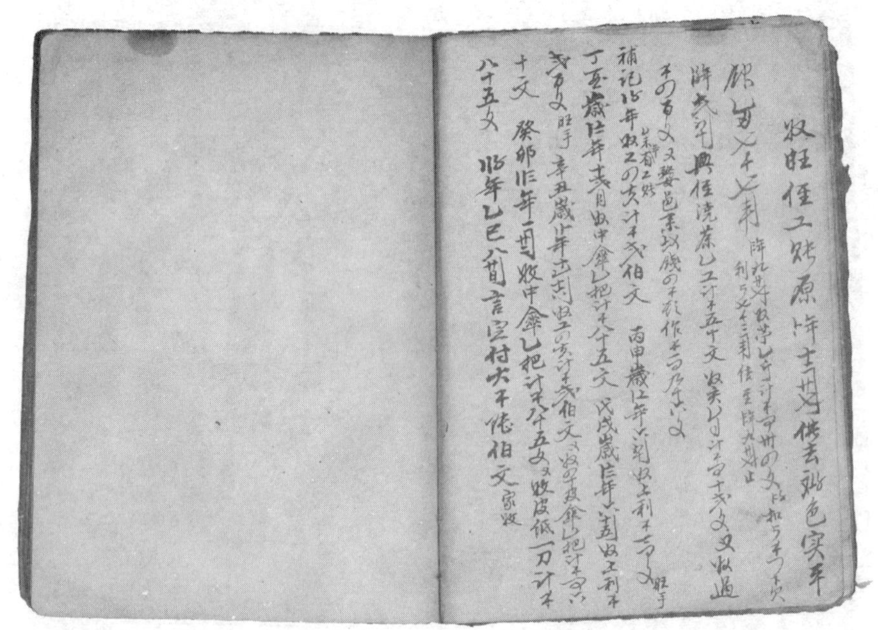

大鄣山乡江村 34-21 · 道光元年至二十三年 · 流水账

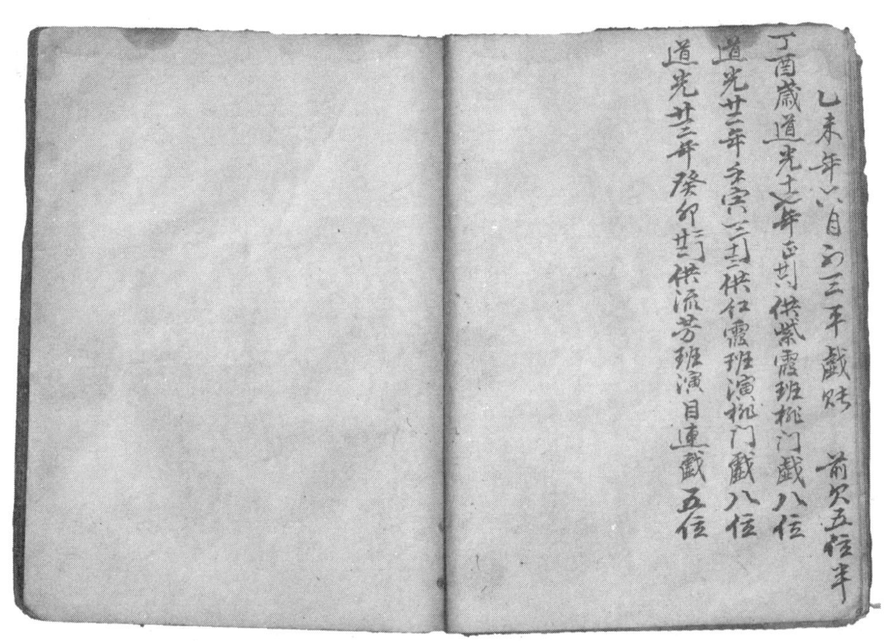
乙未年六月初三平戲炜 前欠五位半
丁酉歲道光十七年正月供紫霞班桃门戲八位
道光廿二年壬寅三月供红霞班演桃门戲八位
道光廿三年癸卯二月供流芳班演目連戲五位

大鄣山乡江村 34-22 · 道光元年至二十三年 · 流水账

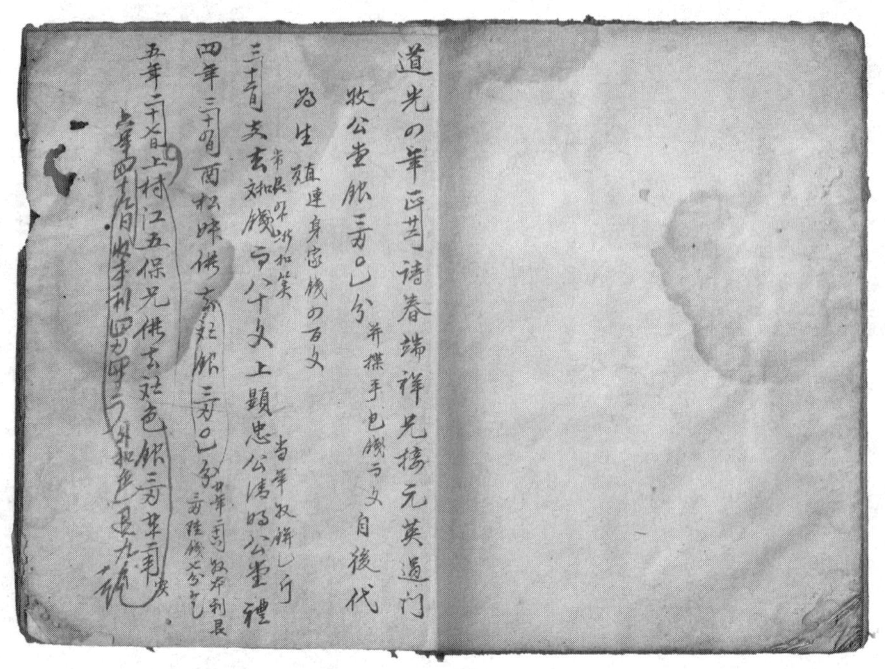

大鄣山乡江村 34-23 · 道光元年至二十三年 · 流水账

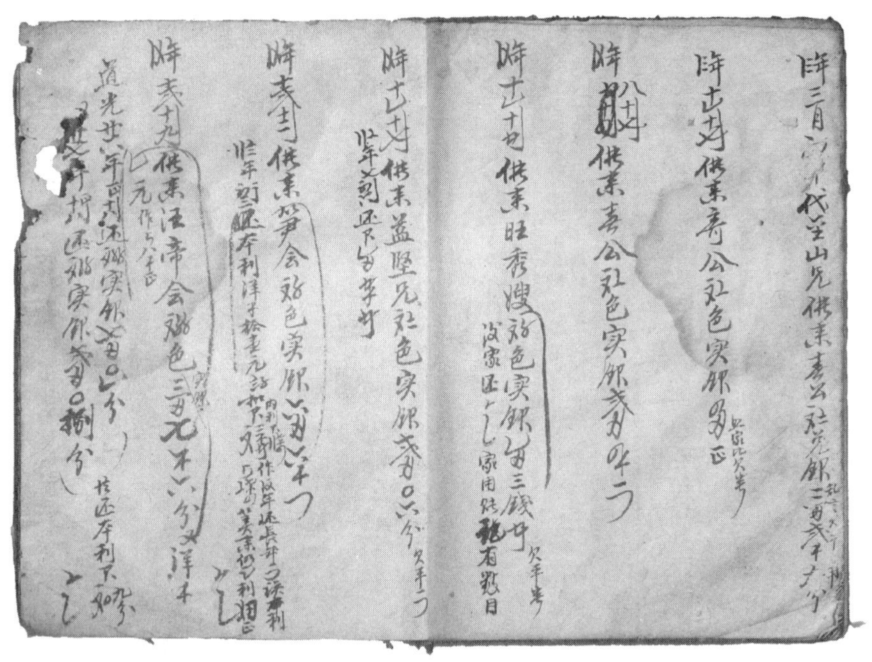

大鄣山乡江村 34-24 · 道光元年至二十三年 · 流水账

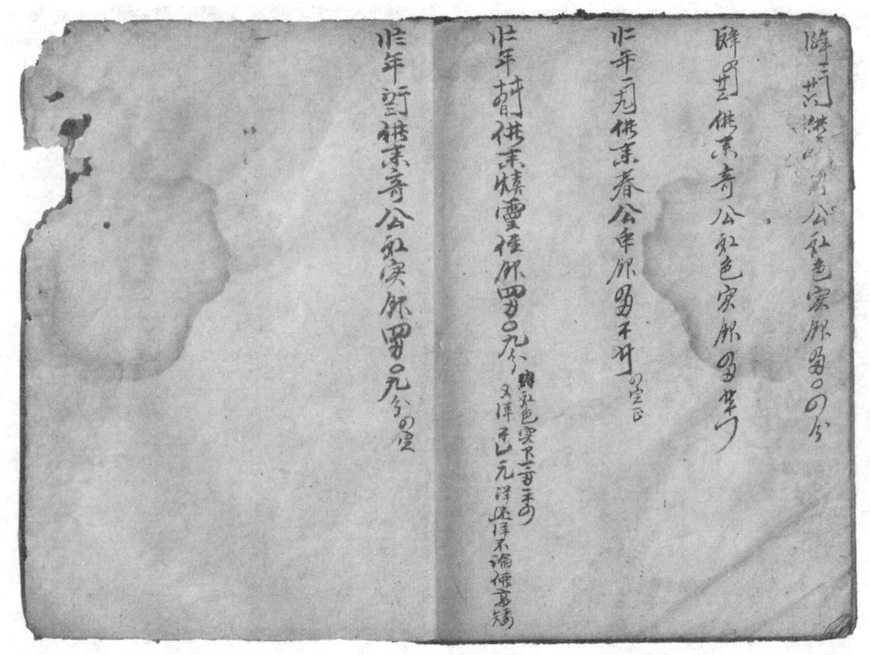

大鄣山乡江村 34-25 · 道光元年至二十三年 · 流水账

大鄣山乡江村 34-26 · 道光元年至二十三年 · 流水账

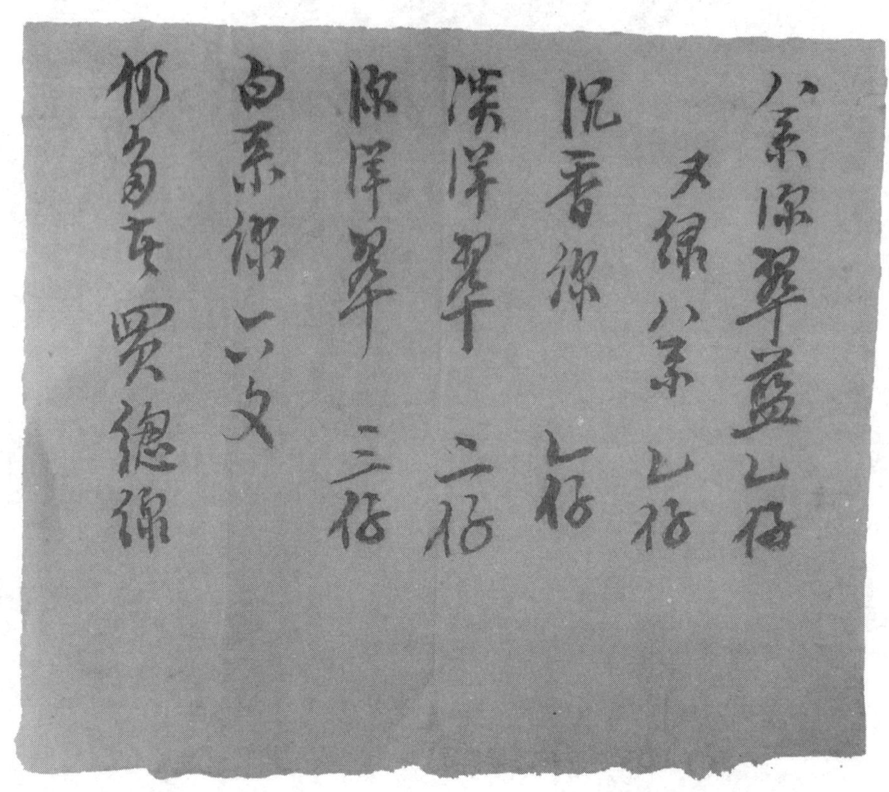

八系深翠蓝一什
大绿八系一什
沉香绿一什
淡洋翠二什
深洋翠三什
白系绿六文
柳翁长买德绿

大鄣山乡江村 34 附 · 道光元年至二十三年 · 流水账

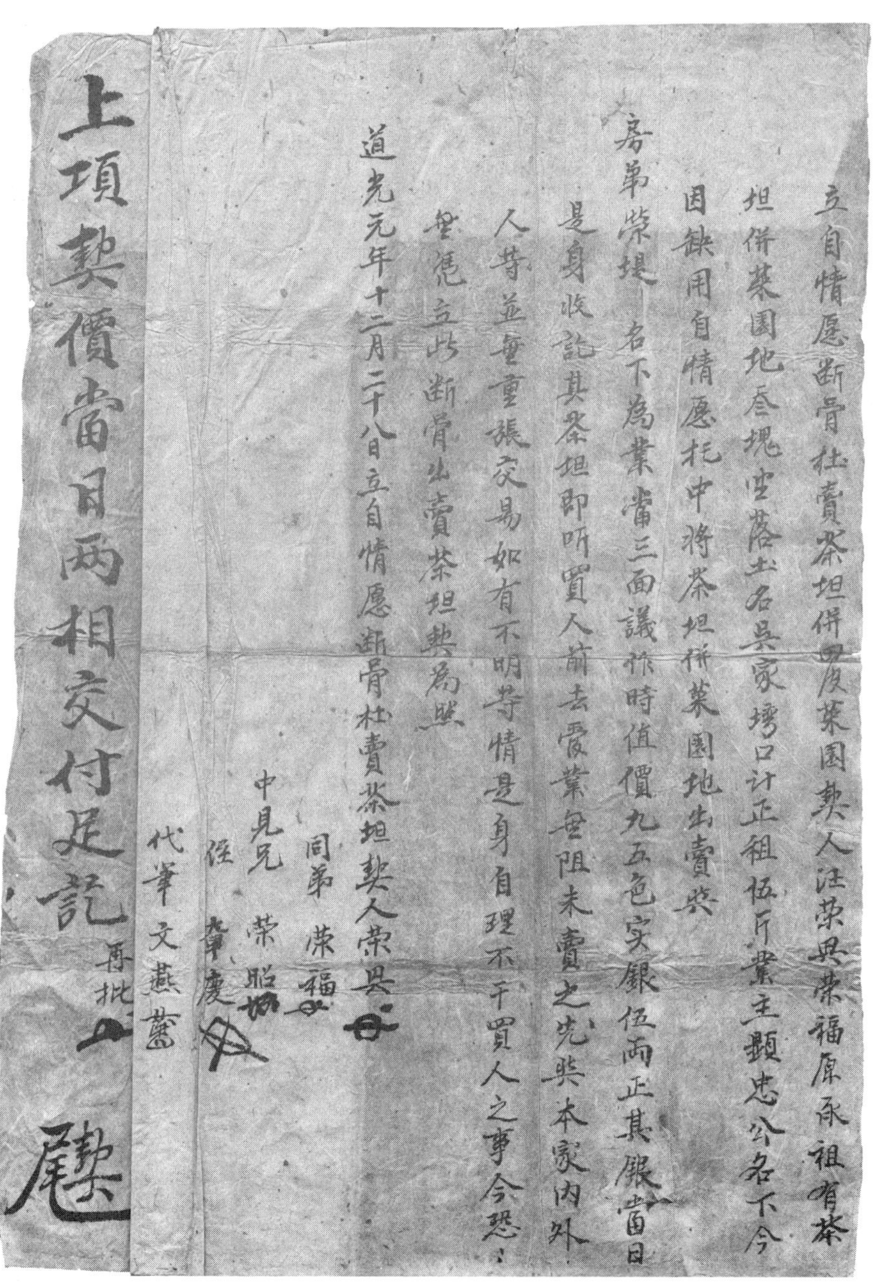
立自情愿断骨杜卖茶坦并田皮菜园契人汪荣兴、荣福原承祖有茶坦并菜园地叁塊，坐落土名吴家塝口，计正租伍斤，业主显忠公名下。今因缺用，自情愿托中将茶坦并菜园地出卖与房弟荣堤名下为业，当三面议作时值价九五色实银伍两正，其银当日是身收讫，其茶坦即听买人前去管业，无阻。未卖之先，与本家内外人等并无重张交易，如有不明等情，是身自理，不干买人之事。今恐无凭，立此断骨出卖茶坦契为照。

道光元年十二月二十八日立自情愿断骨杜卖茶坦契人荣兴

同弟　荣福

中见兄　荣聪

侄　肇庆

代笔　文懿

上项契价当日两相交付足讫。再批。

[契]

大鄣山乡江村 135 · 道光元年 · 断骨杜卖茶坦并田皮菜园契 ·
汪荣兴、汪荣福卖与房弟荣堤

立自情愿出賣茶坦併菜園地契人汪荣林原承祖有茶坦
并菜園地貳塊坐落土名吳家塢口計正租拾斤業主献忠公
名下又土名茶叢坦香炉石上下貳塊今因缺用自情愿托中將
二處茶叢坦并菜園地出賣支
房弟荣堤名下爲業當三面議定時價好色銀伍兩柒錢正其
銀身是收訖其茶叢坦自今賣後悉听買人前去管業無阻
未賣之先並本家内外人等並無重張交易如有不明等
情是身自理不干受人之事今欲有憑立此出賣茶坦并
菜園地契爲據

道光元年十一月廿三日　立自情愿出賣茶叢坦并菜園地契人汪荣林（押）

中見兄汪荣興（押）
　　　　荣福（押）
侄汪章慶（押）
　　韻祥（押）
代筆叔亨林（押）

大郭山乡江村 136 · 道光元年 · 出卖茶坦并菜园地契 · 汪荣林卖与荣堤

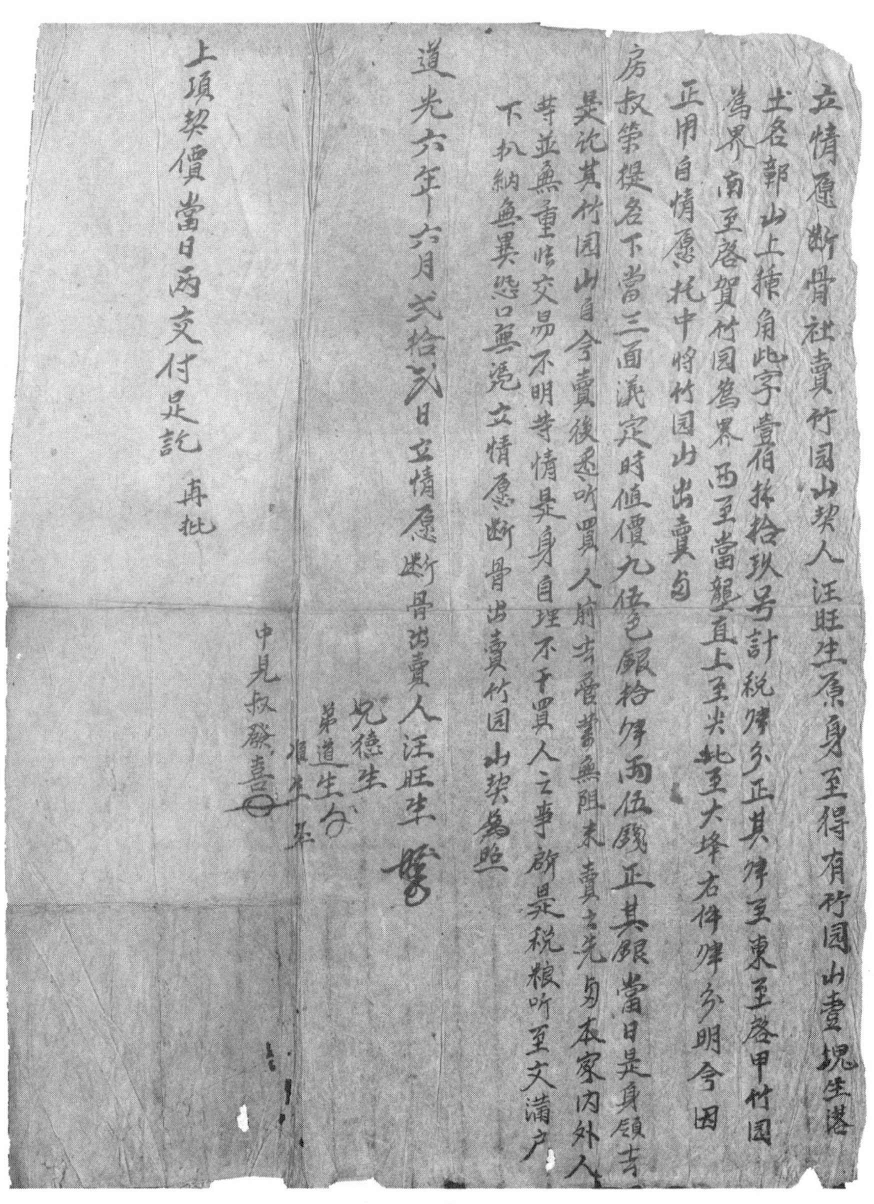
立情愿断骨出卖竹园山契人汪旺生，原身至得有竹园山壹块，坐落
土名郭山上捧角，此字壹佰拾玖号，计税肆分正。其肆至：东至塝甲竹园
为界，南至塝贺竹园为界，西至当垅直上至尖，北至大塝。右件肆分明。今因
正用，自情愿托中将竹园山出卖与
房叔荣提名下，当三面议定时值价九倍色银拾肆两伍钱正。其银当日是身领去，
是论其竹园山自今卖后，悉听买人前去管业，无阻。未卖之先，身本家内外人
等并无重张交易、不明等情，是身自理，不干买人之事。所是税粮，听至文满户
下扒纳，无异。恐口无凭，立情愿断骨出卖竹园山契为照。
道光六年六月式拾弍日立情愿断骨出卖人汪旺生（押）
兄德生
弟道生（押）
根生（押）
中见叔发喜（押）
上项契价当日两交付足讫。再批

大郭山乡江村 129 · 道光六年 · 断骨卖竹园山契 · 汪旺生卖与房叔荣堤

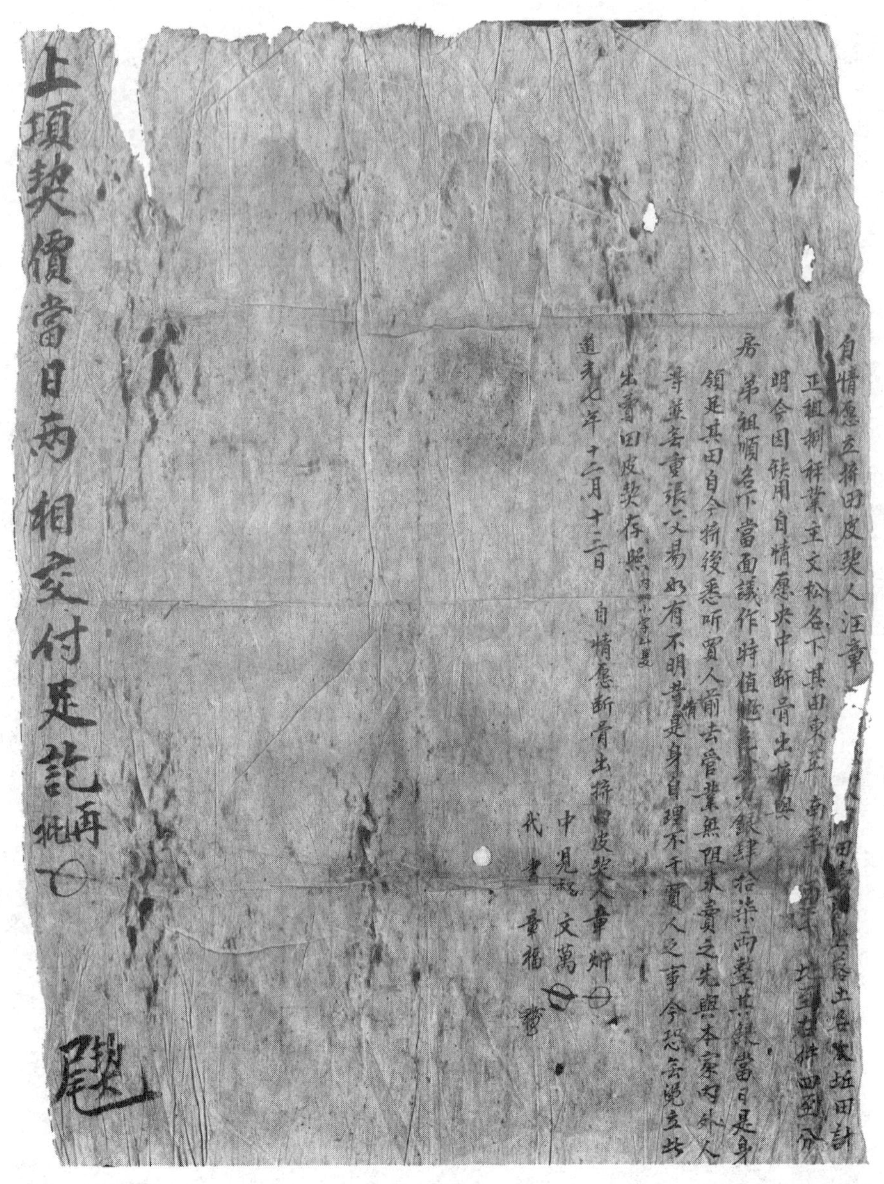

大鄣山乡江村 130 · 道光七年 · 断骨卖田皮契 · 汪章炘卖与房弟祖顺

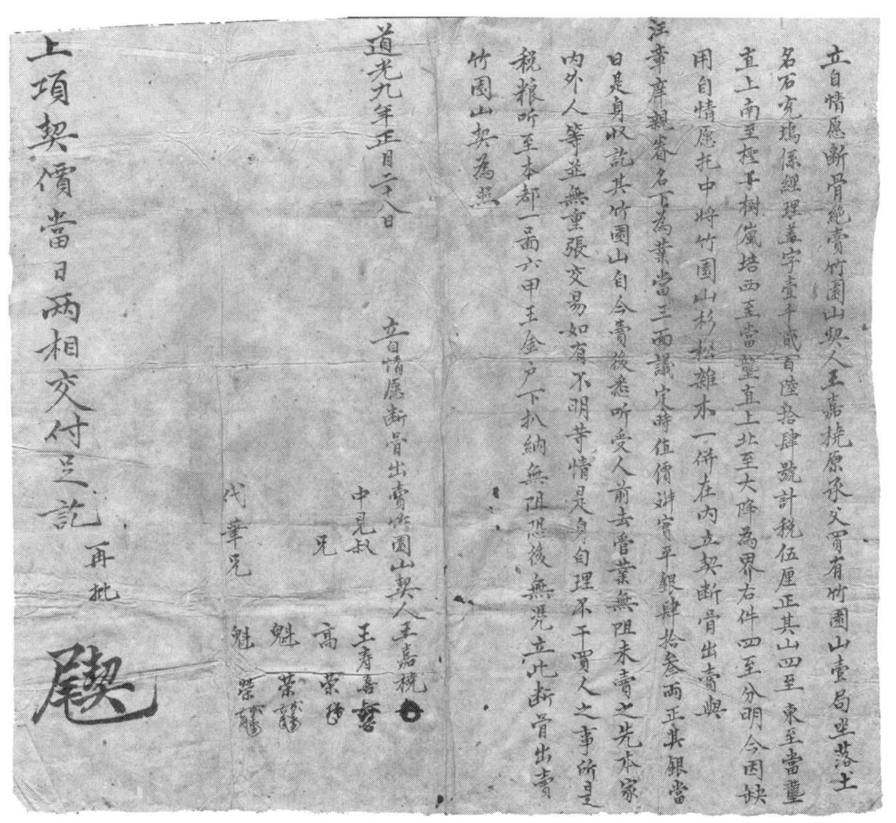

大郭山乡江村 115 · 道光九年 · 断骨绝卖竹园山契 · 王嘉桡卖与汪章庠

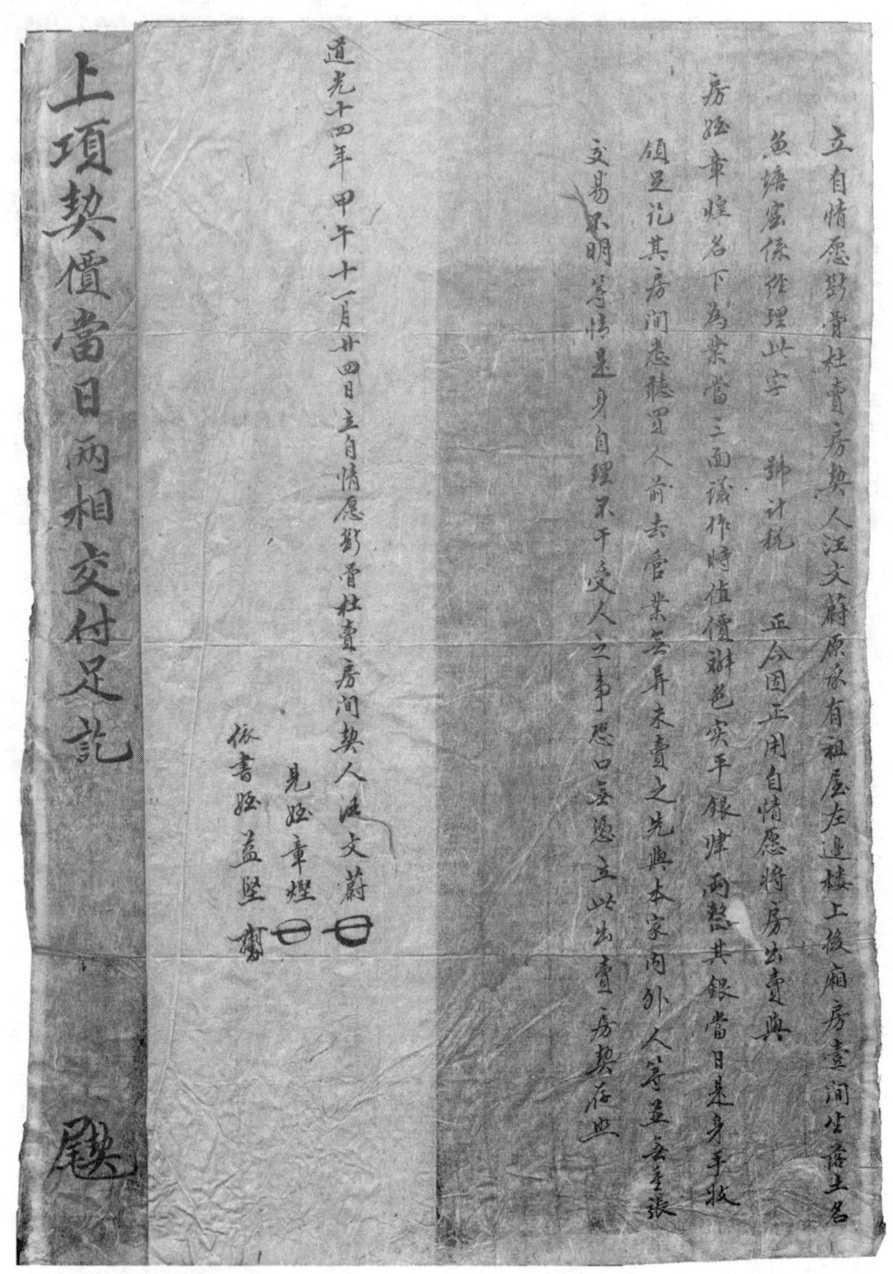

立自情愿断骨杜賣房契人汪文蔚原承有祖屋左邊樓上後廂房壹間坐落土名
魚塘塢係經理此字　號計稅　正今因正用自情愿將房出賣與
房姪章煌名下為業當三面議作時值價銀肆兩整其銀當日是身手收
領足訖其房間悉聽買人前去管業無異未賣之先與本家內外人等並無重張
交易不明等情是身自理不干受人之事恐口無憑立此出賣房契存照
道光十四年甲午十一月廿四日立自情愿断骨杜賣房間契人汪文蔚（押）
見姪章煌（押）
依書姪益堅（押）

上項契價當日兩相交付足訖

騐

大鄣山乡江村 181 · 道光十四年 · 断骨出卖房屋契 · 汪文蔚卖与房侄章煌

章錦鬮書

大鄣山乡江村 8-1 · 道光十五年 · 分关文书（章锦阄书）·
章锦、章铭、章铉、章镠

嘗聞父子以恩勝兄弟以天合昔有同居共被之風此古
人之芳躅俾後人之所當慕效也然樹大枝分流長派
別從來物無一致之理氣有闔闢之殊有一世之生成
必有一世之分異堤承先君遺命勤儉治家娶室江氏
生子四人俱皆成立邇年以來生意不遂家計中落閣
分遺業已抵還人追思往日實屬寒心今非昔比自

大鄣山乡江村 8-2 · 道光十五年 · 分关文书（章锦阄书）·
章锦、章铭、章铉、章镠

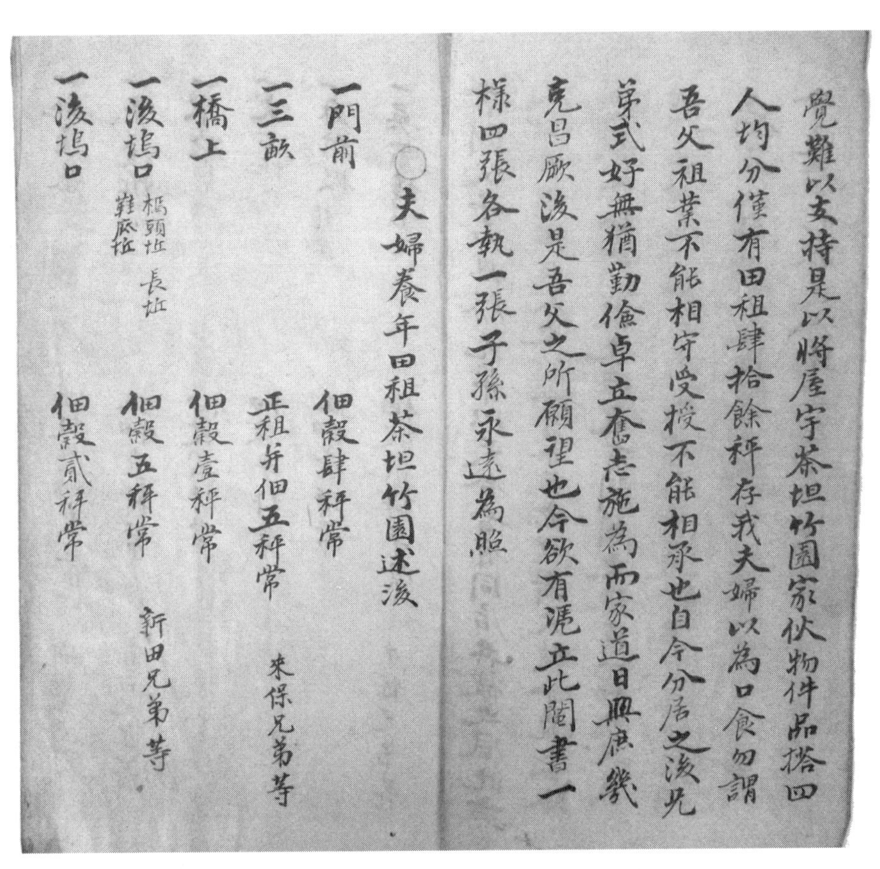

覺難以支持是以將屋宇茶坦竹園家伙物件品搭四
人均分僅有田租肆拾餘秤存我夫婦以為口食㘴謂
吾父祖業不能相守受授不能相承也自今分居之後兄
弟式好無猶勤儉卓立奮志施為而家道日興庶幾
克昌厥後是吾父之所顧望也今欲有憑立此鬮書一
樣四張各執一張子孫永遠為照

〇夫婦養年田租茶坦竹園述後

一門前　　佃穀肆秤常

一三畝　　正租并佃五秤常　　來保兄弟等

一橋上　　佃穀壹秤常

一後塢口　梘頭坵　長坵　鞋䃶坵　　佃穀五秤常　　新田兄弟等

一後塢口　　佃穀貳秤常

大鄣山乡江村 8-3 · 道光十五年 · 分关文书（章锦阄书）·
章锦、章铭、章铉、章镠

一姚屋基　佃穀壹秤半常　新田兄弟等
一枣核坵　正佃壹秤常　新田兄弟等
一水碓　佃穀贰秤常
一大古坵　佃穀半秤常
一麻榨段 埂底　正佃壹秤常
一吴家塆口　佃穀贰秤半常　来保兄弟等
一吴家塆 坂上段　正佃陆秤常
一下葉村　佃穀肆五秤大
一泗洲　正租并佃拾叁秤大
一小溪水壩　茶坦一塊
一同處高基　茶坦一塊
一張山上節　竹園一局

大鄣山乡江村 8-4 · 道光十五年 · 分关文书（章锦阄书）·
章锦、章铭、章铉、章镠

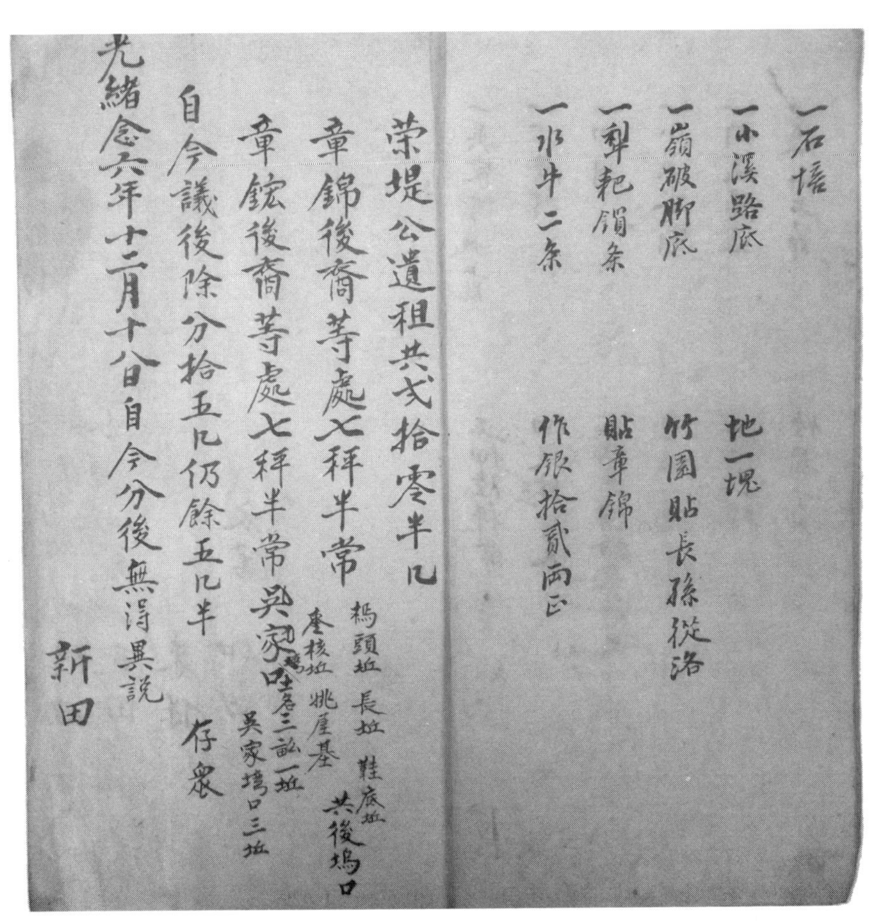

大鄣山乡江村 8-5 · 道光十五年 · 分关文书（章锦阄书）·
章锦、章铭、章铉、章镠

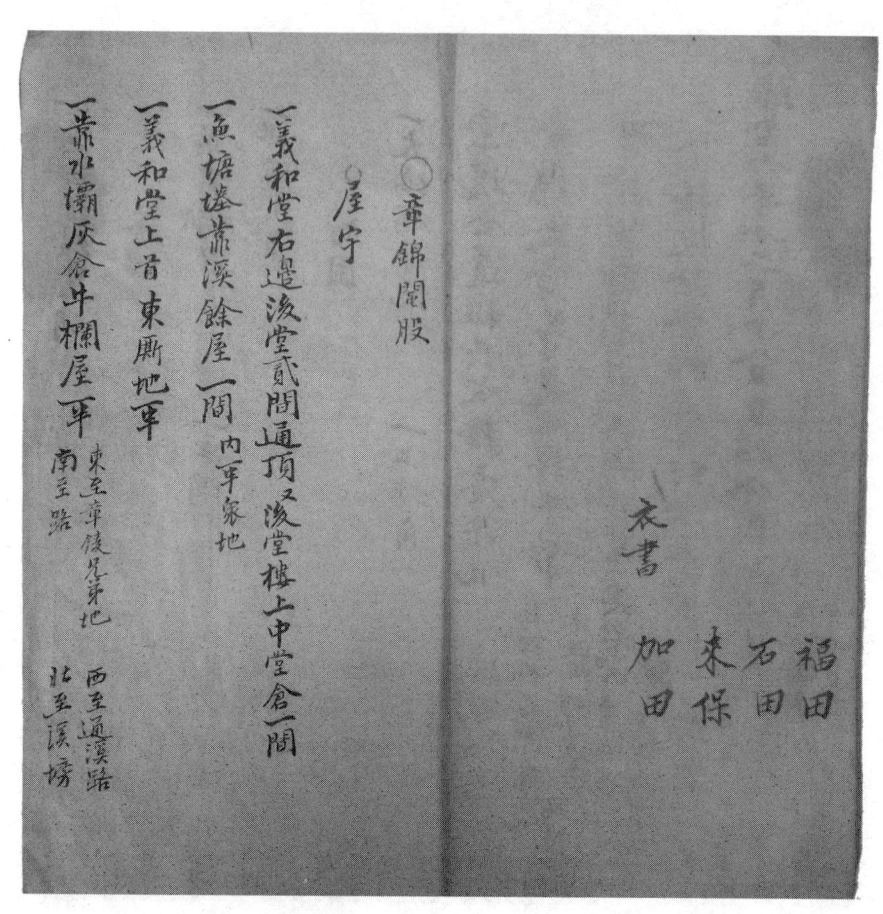
章錦閹股

屋宇

一義和堂右邊後堂貳間通頂又後堂樓上中堂倉一間

一魚塘塝崙溪餘屋一間 内畢家地

一義和堂上首東廝地畢

一崙水壩灰倉牛欄屋畢 東至章錢兄弟地 南至路 西至通溪路 北至溪塝

衣書

福田 石田 来保 加田

大鄣山乡江村 8-6 · 道光十五年 · 分关文书（章锦阄书）·
章锦、章铭、章铉、章镠

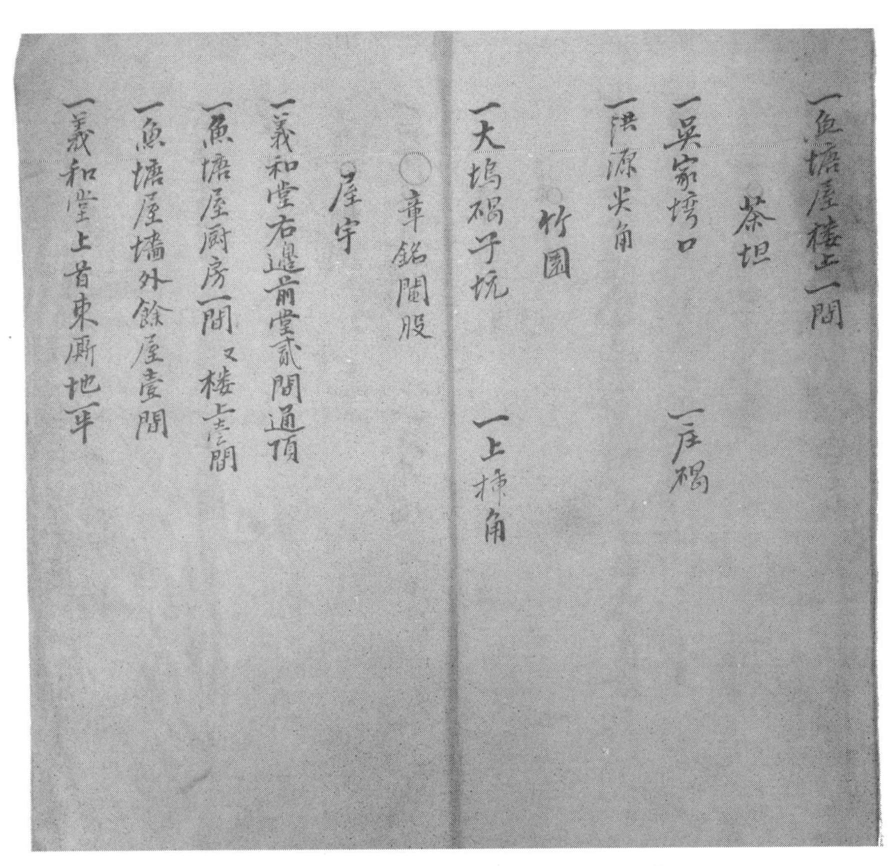
一魚塘屋樓上一間
茶坦
一吴家塆口
一厈碣
一洪源尖角
竹園
一大塢碣子坑
一上柿角
章銘鬮股
屋宇
一義和堂右邊前堂貳間通頂
一魚塘屋廚房一間 又樓上壹間
一魚塘屋墻外餘屋壹間
一義和堂上首東廝地一半

大鄣山乡江村 8-7 · 道光十五年 · 分关文书（章锦阄书）·
章锦、章铭、章铉、章镠

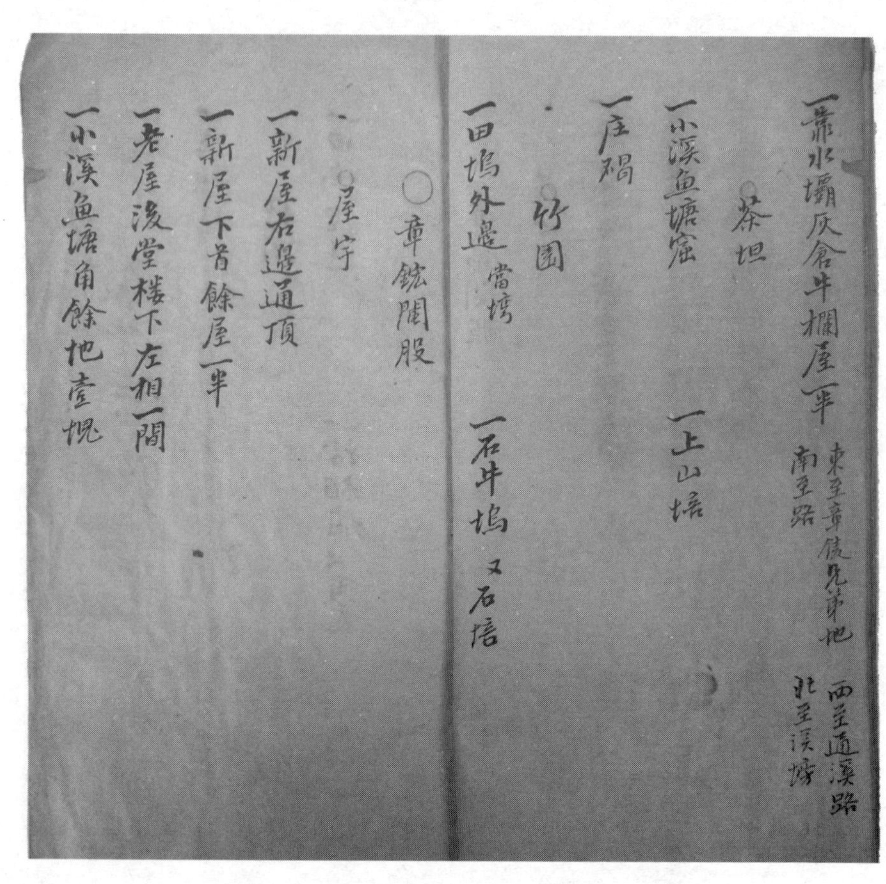

大鄣山乡江村 8-8 · 道光十五年 · 分关文书（章锦阄书）·
章锦、章铭、章铉、章镠

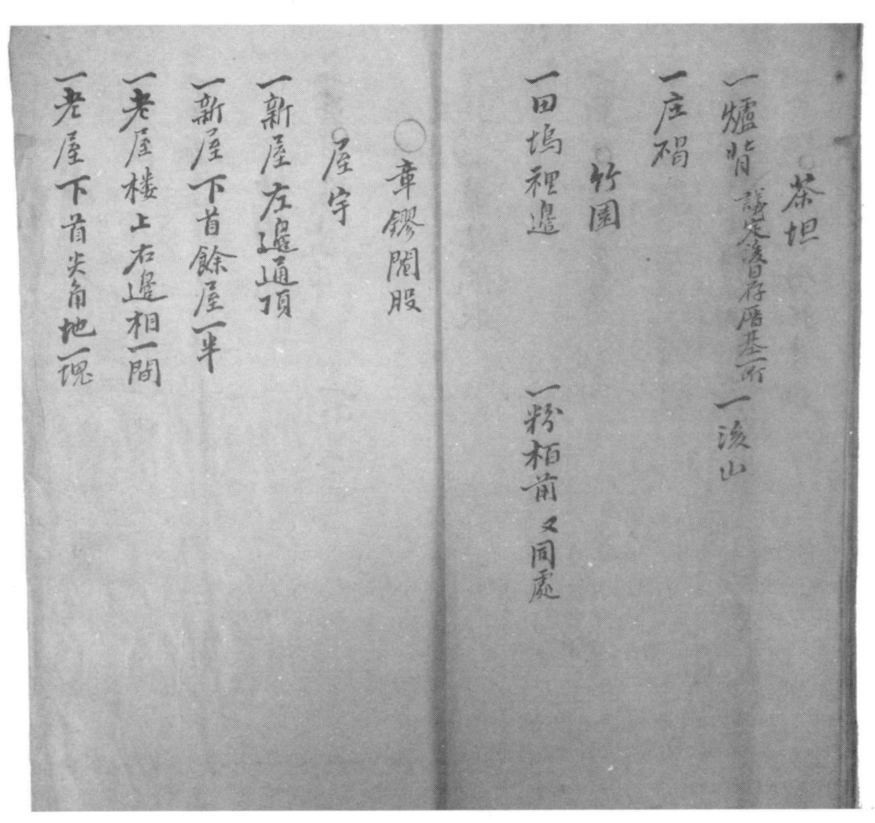

大鄣山乡江村 8-9 · 道光十五年 · 分关文书（章锦阄书）·
章锦、章铭、章铉、章镠

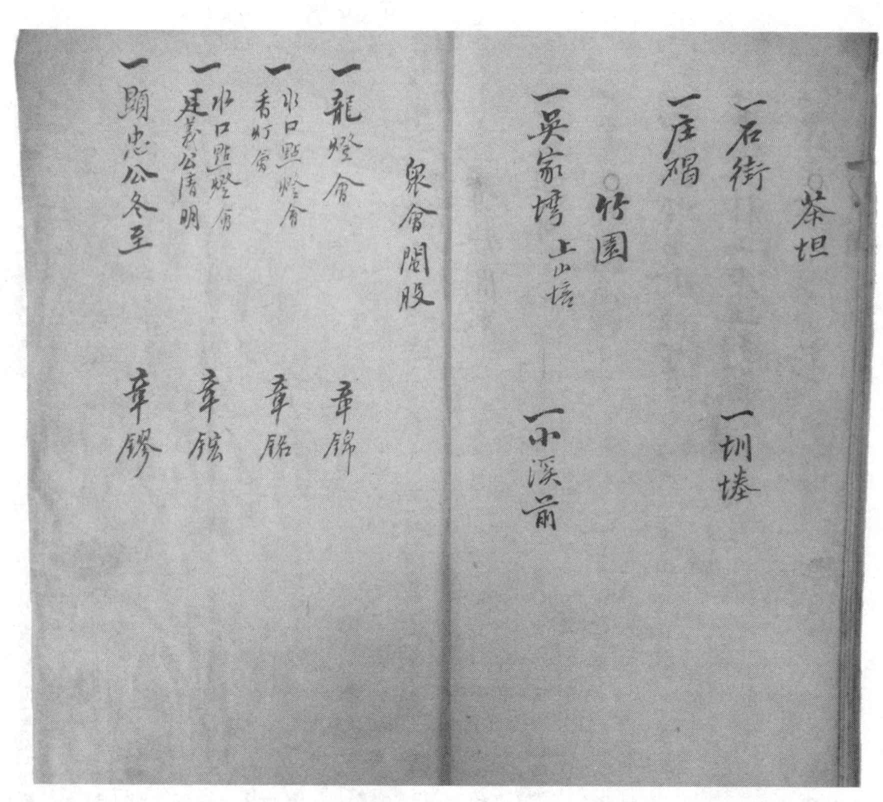

大鄣山乡江村 8-10 · 道光十五年 · 分关文书（章锦阄书）·
章锦、章铭、章铉、章镠

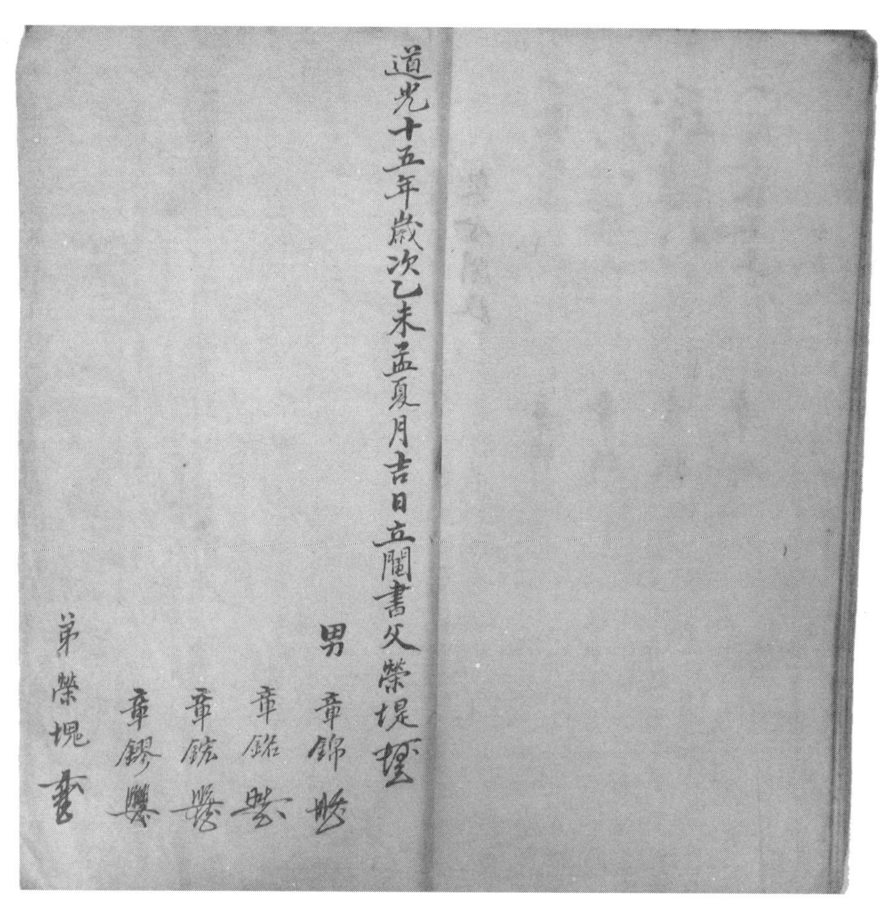

大郭山乡江村 8-11 · 道光十五年 · 分关文书（章锦阄书）·
章锦、章铭、章铉、章镠

書弟 榮境

大鄣山乡江村 8-12 · 道光十五年 · 分关文书（章锦阄书）·
章锦、章铭、章铉、章镠

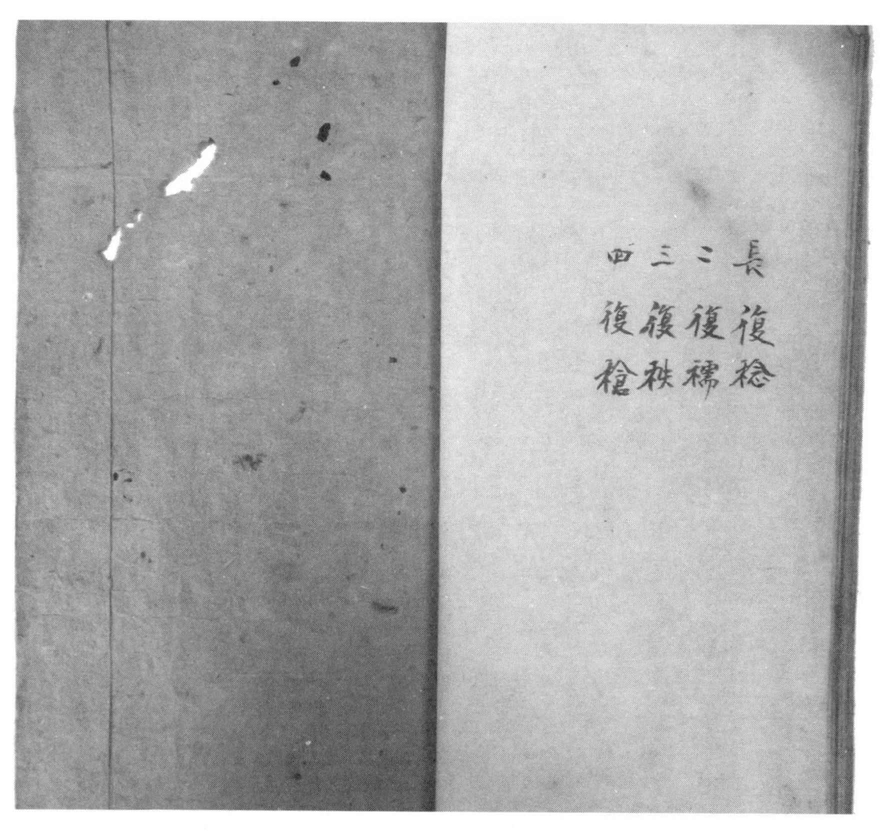
長復稔
二復穤
三復秩
四復

大郭山乡江村 8-13 · 道光十五年 · 分关文书（章锦阄书）·
章锦、章铭、章铉、章镠

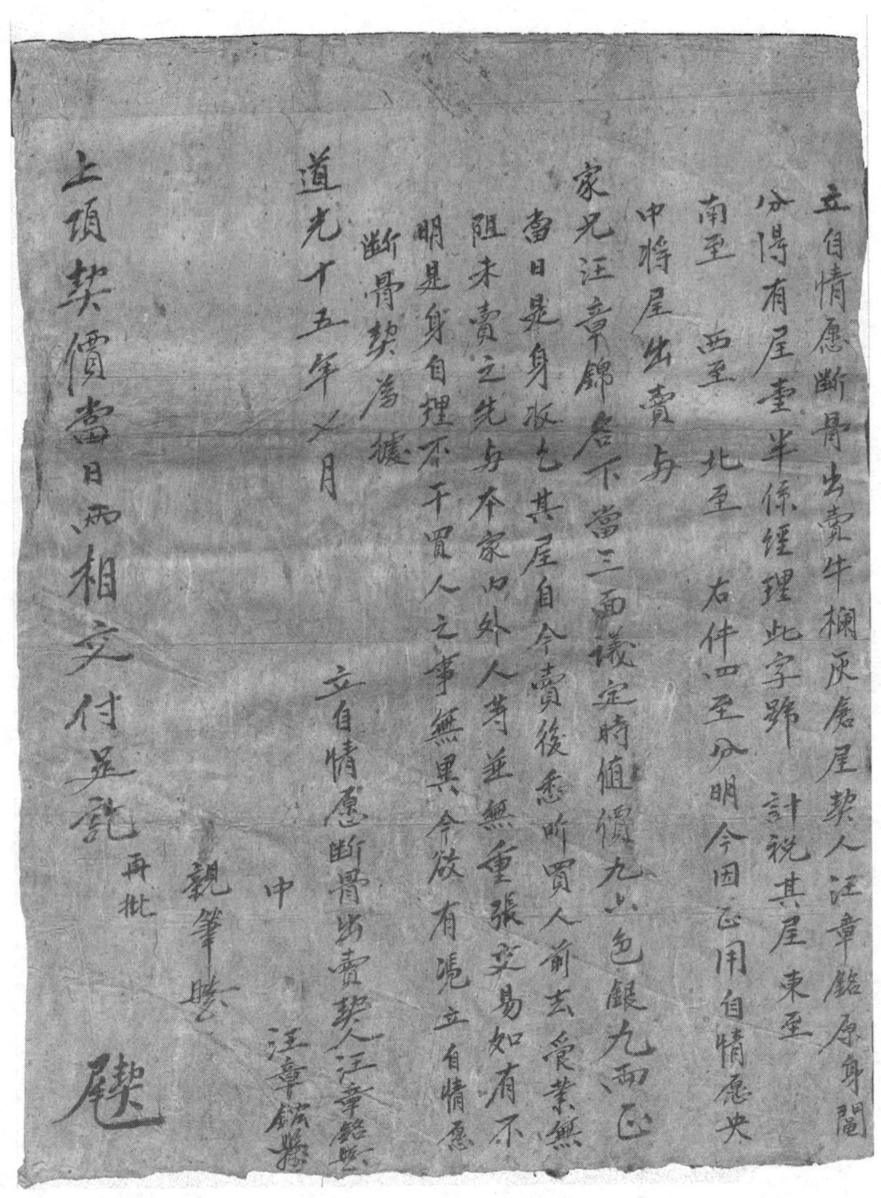

立自情愿断骨出賣牛欄灰倉屋契人汪章銘，原身阄
分得有屋壹半，係經理此字號　計稅，其屋東至
南至　西至　北至　右件四至分明，今因正用，自情愿央
中將屋出賣与
家兄汪章錦名下，當三面議定時值價九六色銀九兩正
當日是身收乞，其屋自今賣後，悉听買人前去受業，無
阻，未賣之先，身本家内外人等並無重張交易，如有不
明，是身自理，不干買人之事，無異，今欲有凴，立自情愿
断骨契為據

道光十五年　月

立自情愿断骨出賣契人汪章銘押
中　汪章鋐押
親筆押

上項契價當日兩相交付足訖　再批

契

大鄣山乡江村 159 · 道光十五年 · 断骨出卖牛栏灰仓屋契 ·
汪章铭卖与家兄汪章锦

立昌户

大鄣山乡江村 5-1 · 道光十六年 · 税粮实征册 · 立昌户

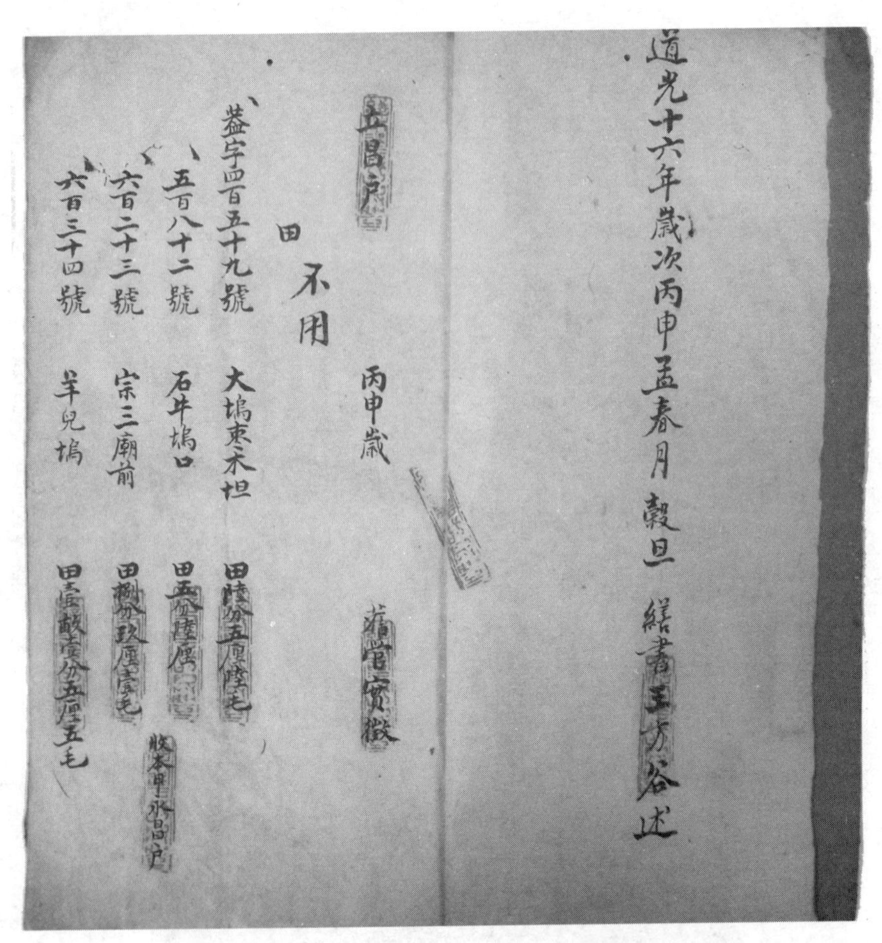

大鄣山乡江村 5-2 · 道光十六年 · 税粮实征册 · 立昌户

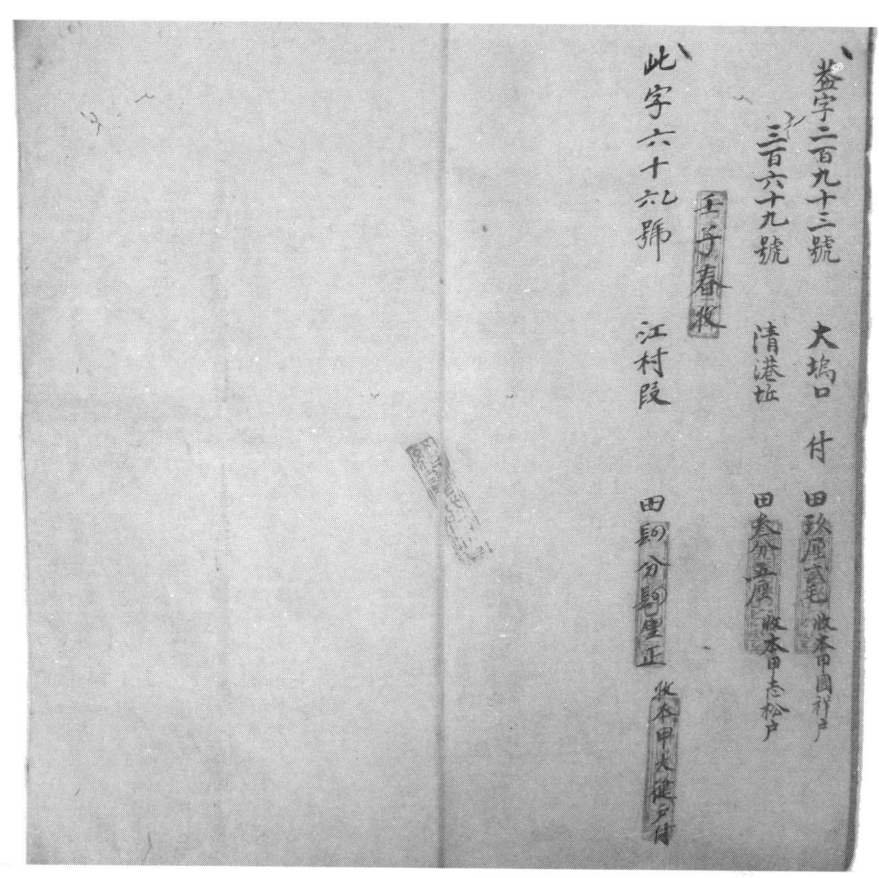
盎字二百九十三號　大塢口　付　田玖厘弍毛　收本甲國祥户
三百六十九號　清港坵　田叁分五厘　收本甲志松户
壬子春收
此字六十九號　江村段　田肆分肆厘正　收本甲大健户付

大郭山乡江村 5-3 · 道光十六年 · 税粮实征册 · 立昌户

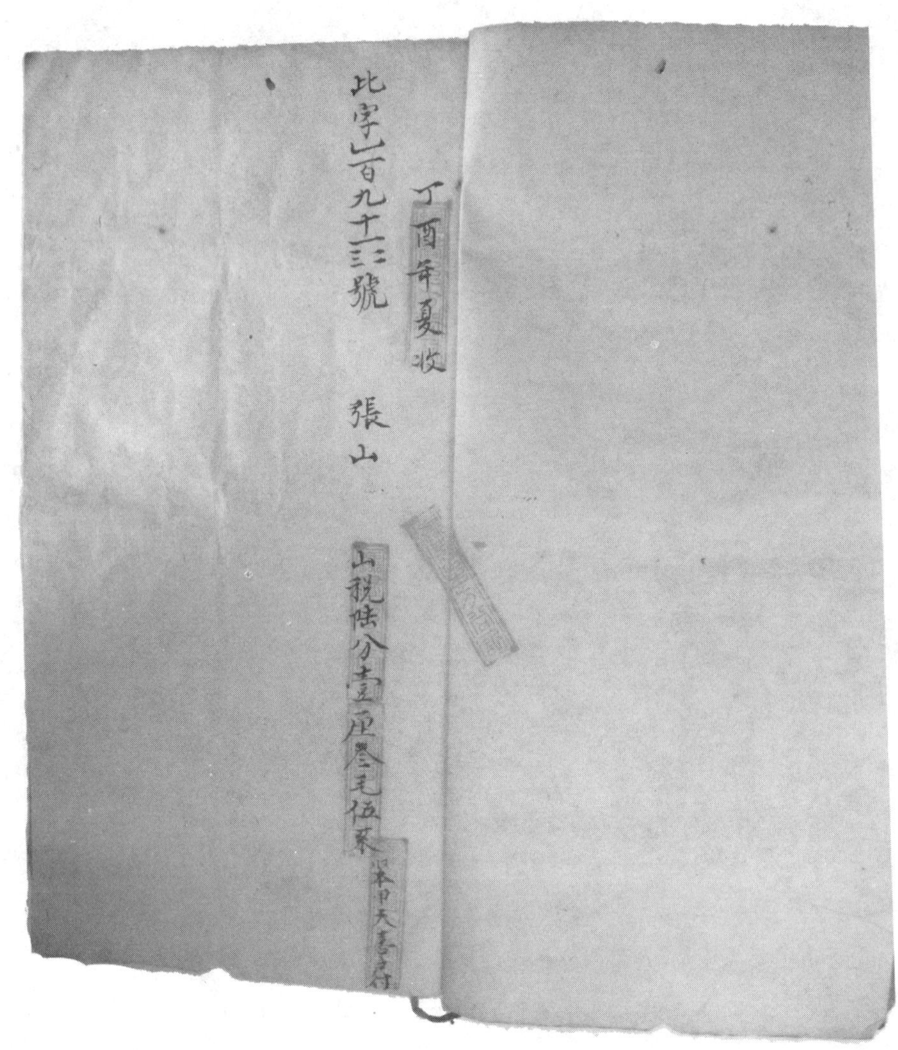
丁酉年夏收
比字山百九十三號
張山
山税陆分壹厘叁毛伍系

大鄣山乡江村 5-4 · 道光十六年 · 税粮实征册 · 立昌户

立自情愿断骨出卖契人汪章武缘承父有苗山壹局坐落土名

吴家坞经理盖字山千三百五号计税贰厘五毛正其四至分名东至当

垄值上南至扒家塍降西至当直上垅北至[illegible]横岗培逆瑞为界右件

四至分名今因正用央中将山立契出卖与

房兄章镠名下承业三面议定时值价银柒两叁钱正其银是

身收讫其山自卖之后一听买人前去管业无阻未卖之先如

本家兄弟内外人等并无重张交易如有不明等情是身自

理不干买人之事其税粮听本宅扒纳交登进户查收推磨过

户无阻税随契割不必另立推单今欲有凭立此断骨出卖

山契为据

道光廿一年十二月廿九日立此契人 汪章武（押）

中见 章庸（押）

书 胞兄章文（押）

胞弟章全（押）

中见兄 癹得（押）

上项契价当日两相交付足讫再批（押）

大鄣山乡江村 137 · 道光二十一年 · 断骨绝卖苗山契 · 汪章武卖与房兄章镠

立自情愿断骨出卖契人章武全兄弟二人同业缘承父业有竹
园山壹局坐落土名吴家坞经理盖字全号壹千三百廿一号计税
贰厘五毛五系其四至分名东至横岚培南至当垄直上西至
私字胎北至当和庆为界右件四至分名今因正用央中将山出卖
与
房兄章镠名下如业当三面议定时值价纹色实银章武洋两三钱正 全陆两正
兄弟二人同收讫其山自今卖后一听买人前去管业无阻未卖之
先与本家兄弟内外人等并无重张交易如有不明等情是身
自理不管买人之事其税粮听本家扒纳交登进户查收推割过
户无阻税随契割不必另立推单今欲有凭立此断骨出卖山契
为据
道光廿二年六月廿九日立此契人章武 全
中见章庸
代笔章文
父荣通
上项契价当日两相足讫再批
照

大鄣山乡江村 138 · 道光二十二年 · 断骨出卖竹园山契 ·
章武、章全卖与房兄章镠

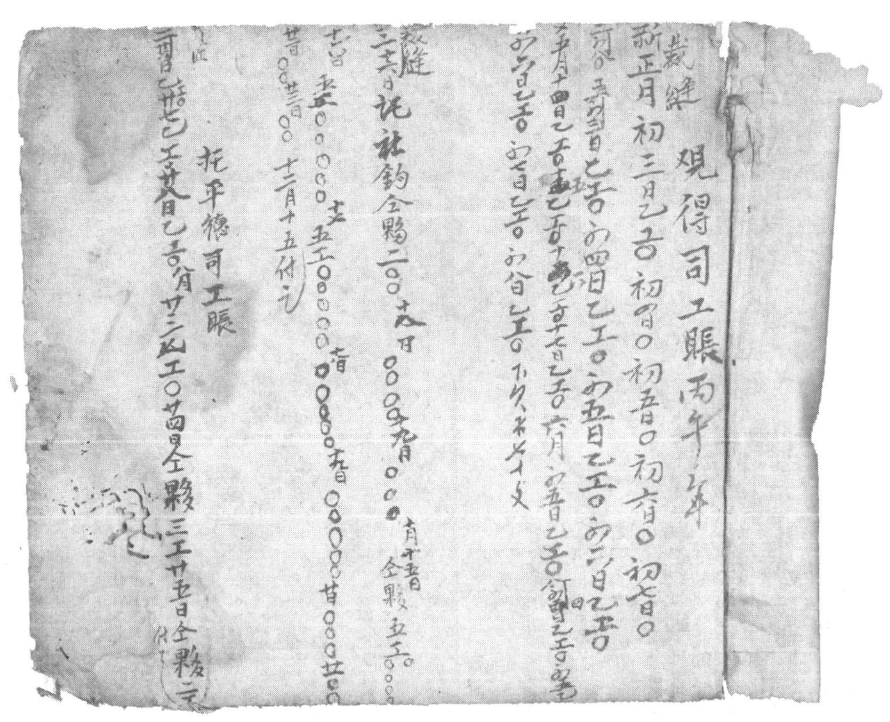

大鄣山乡江村 31-1 · 咸丰二年至光绪三十年 ·
流水账（工帐）· 观得司等

大鄣山乡江村 31-2 · 咸丰二年至光绪三十年 ·
流水账（工帐）· 观得司等

大鄣山乡江村 31-3 · 咸丰二年至光绪三十年 ·
流水账（工帐）· 观得司等

大鄣山乡江村 31-4 · 咸丰二年至光绪三十年 ·
流水账（工帐）· 观得司等

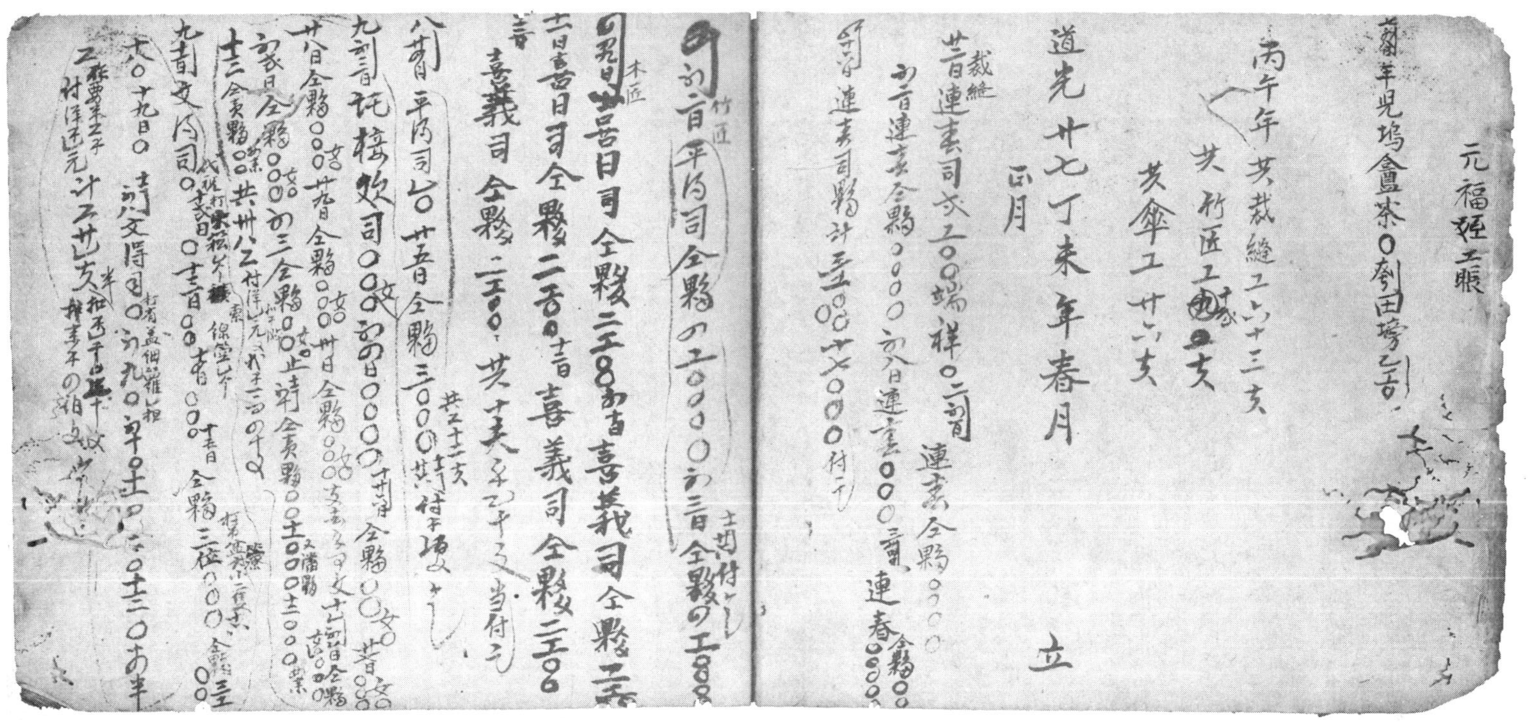

大鄣山乡江村 31-5 · 咸丰二年至光绪三十年 ·
流水账（工帐）· 观得司等

大鄣山乡江村 31-6 · 咸丰二年至光绪三十年 ·
流水账（工帐）· 观得司等

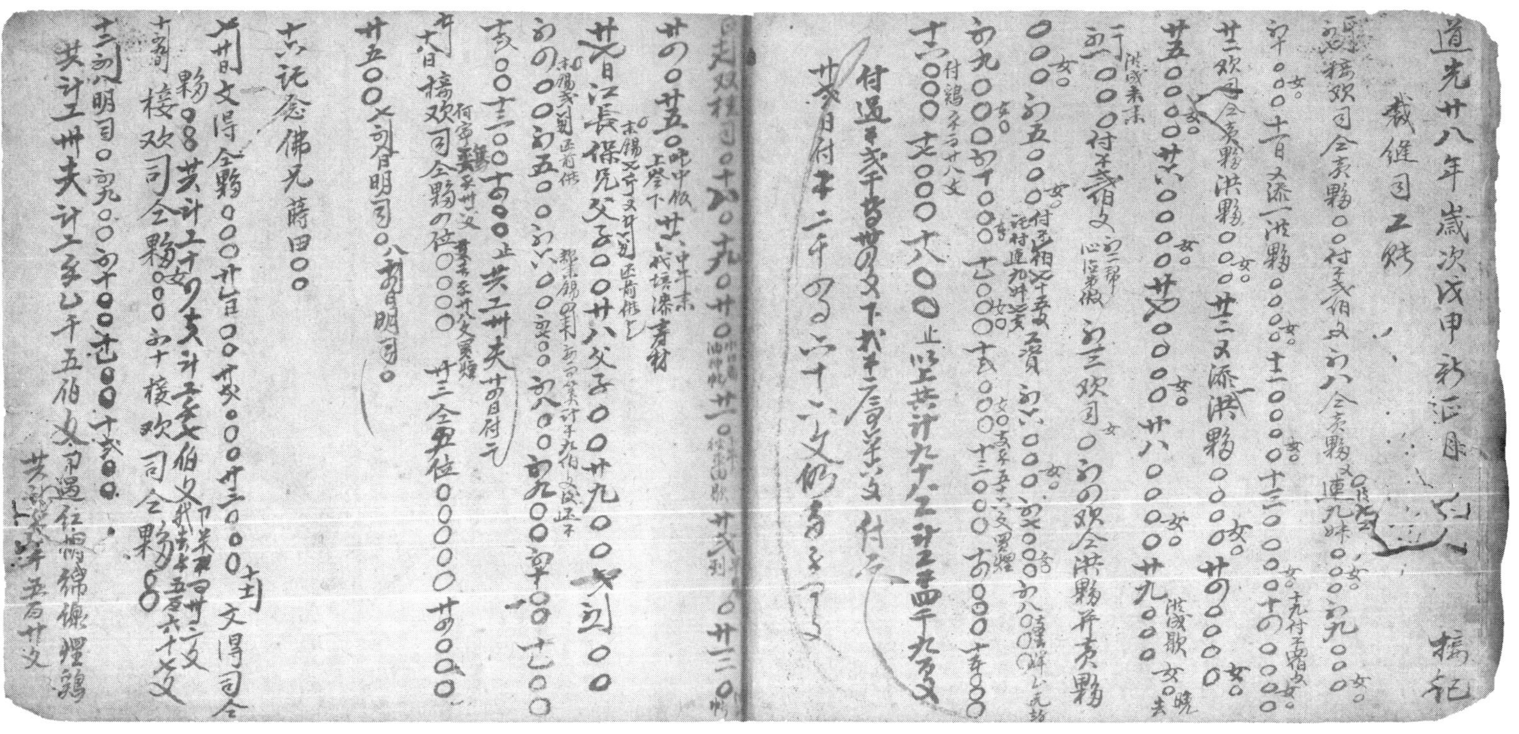

大鄣山乡江村 31-7 · 咸丰二年至光绪三十年 ·
流水账（工帐）· 观得司等

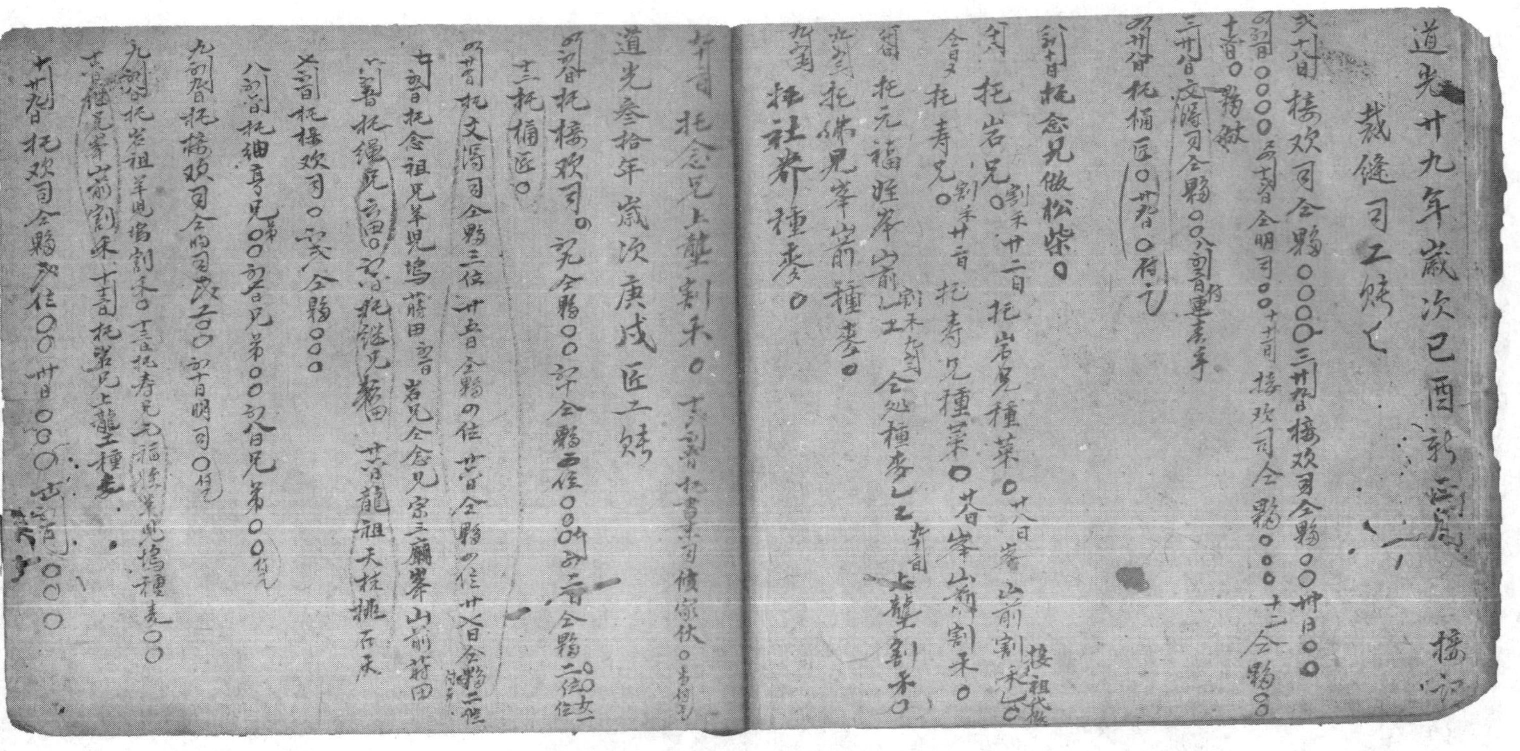

大鄣山乡江村 31-8 · 咸丰二年至光绪三十年 ·
流水账（工帐）· 观得司等

大鄣山乡江村 31-9 · 咸丰二年至光绪三十年 ·
流水账（工帐）· 观得司等

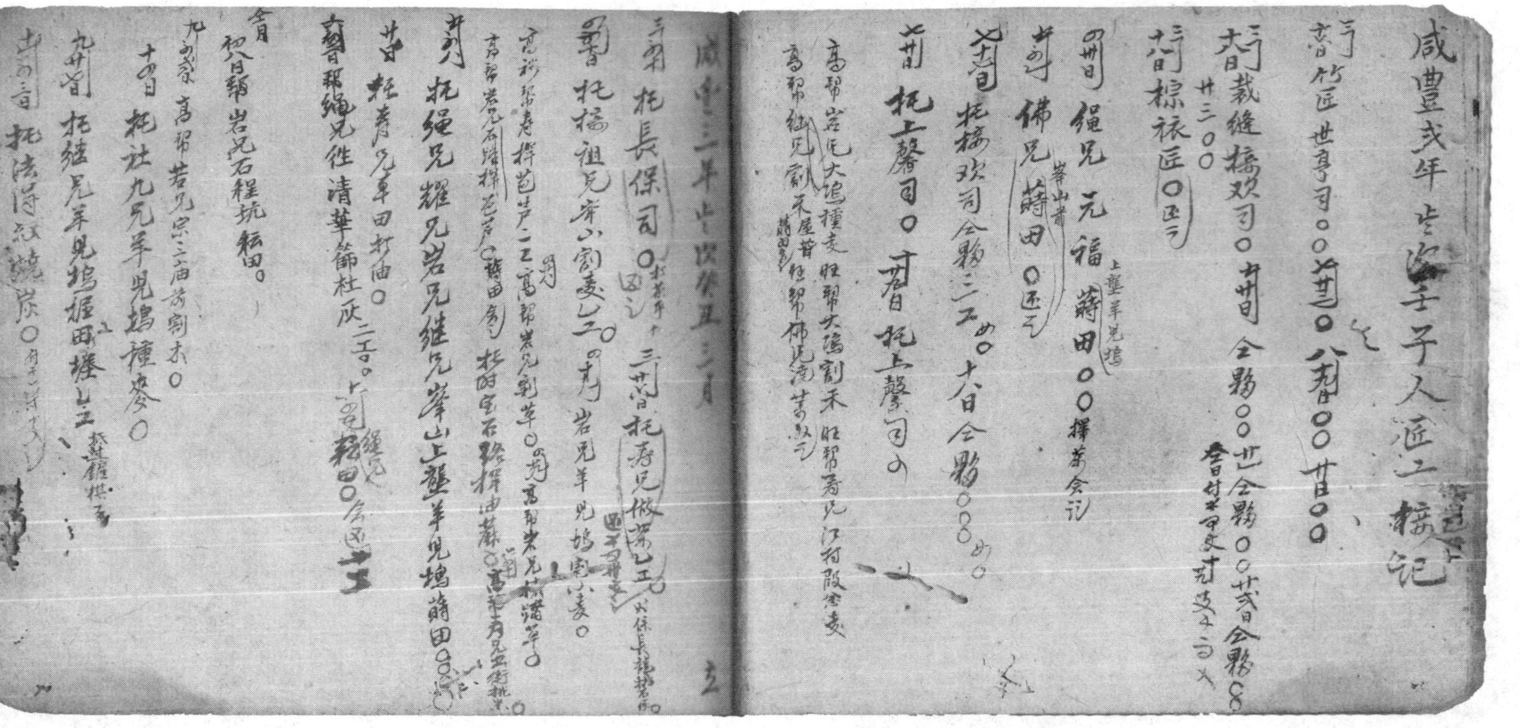

大鄣山乡江村 31-10 · 咸丰二年至光绪三十年 ·
流水账（工帐）· 观得司等

大鄣山乡江村 31-11 · 咸丰二年至光绪三十年 ·
流水账（工帐）· 观得司等

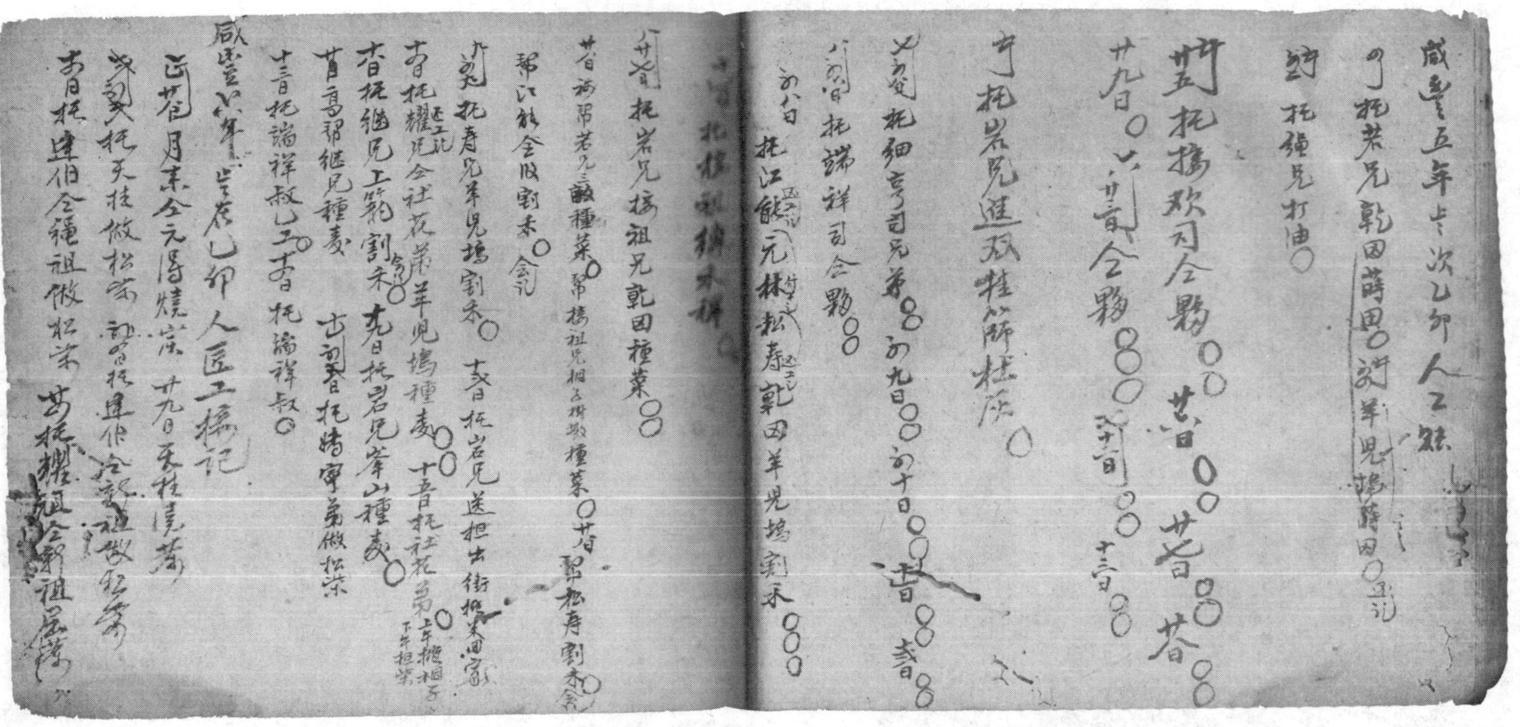

大鄣山乡江村 31-12 · 咸丰二年至光绪三十年 ·
流水账（工帐）· 观得司等

大鄣山乡江村 31-13 · 咸丰二年至光绪三十年 · 流水账（工帐）· 观得司等

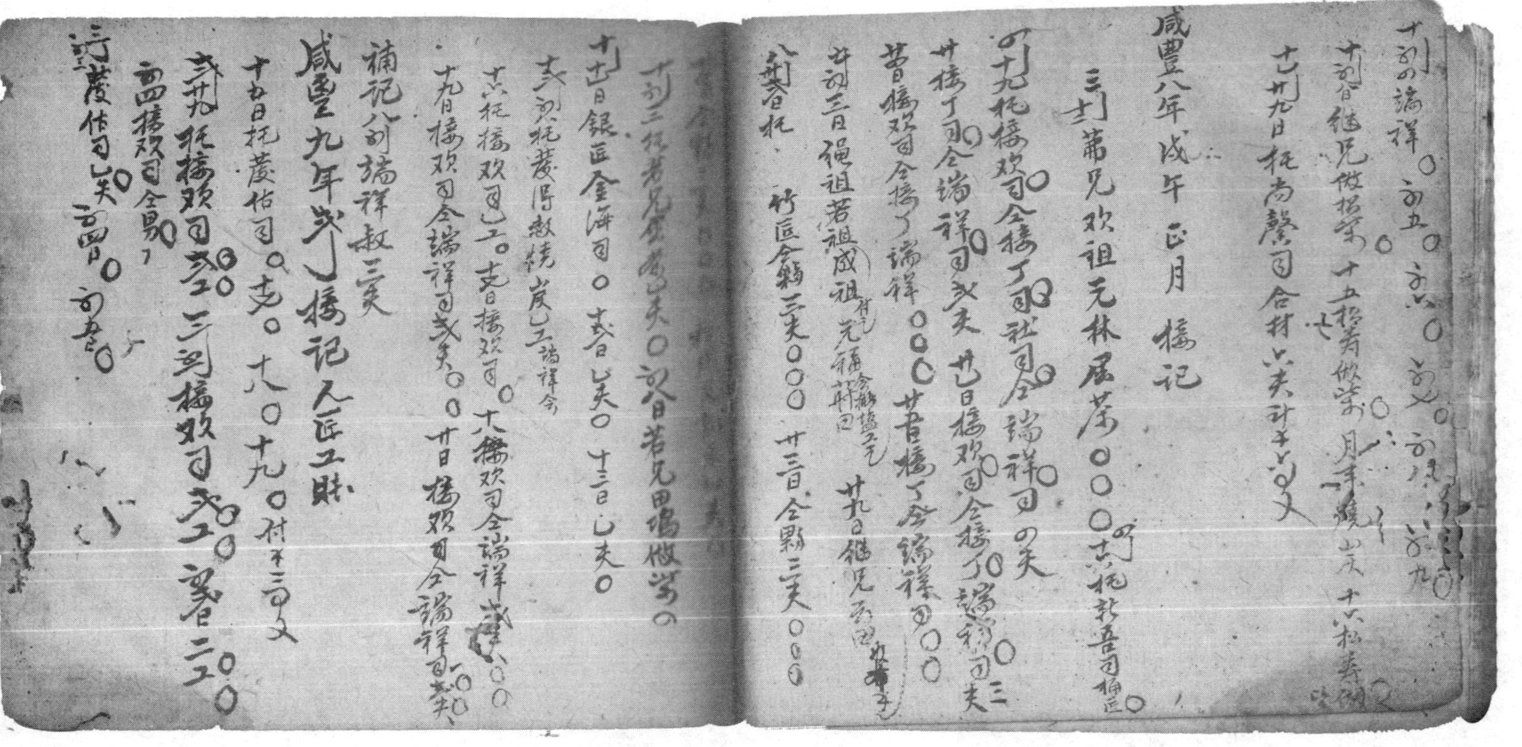

大鄣山乡江村 31-14 · 咸丰二年至光绪三十年 ·
流水账（工帐）· 观得司等

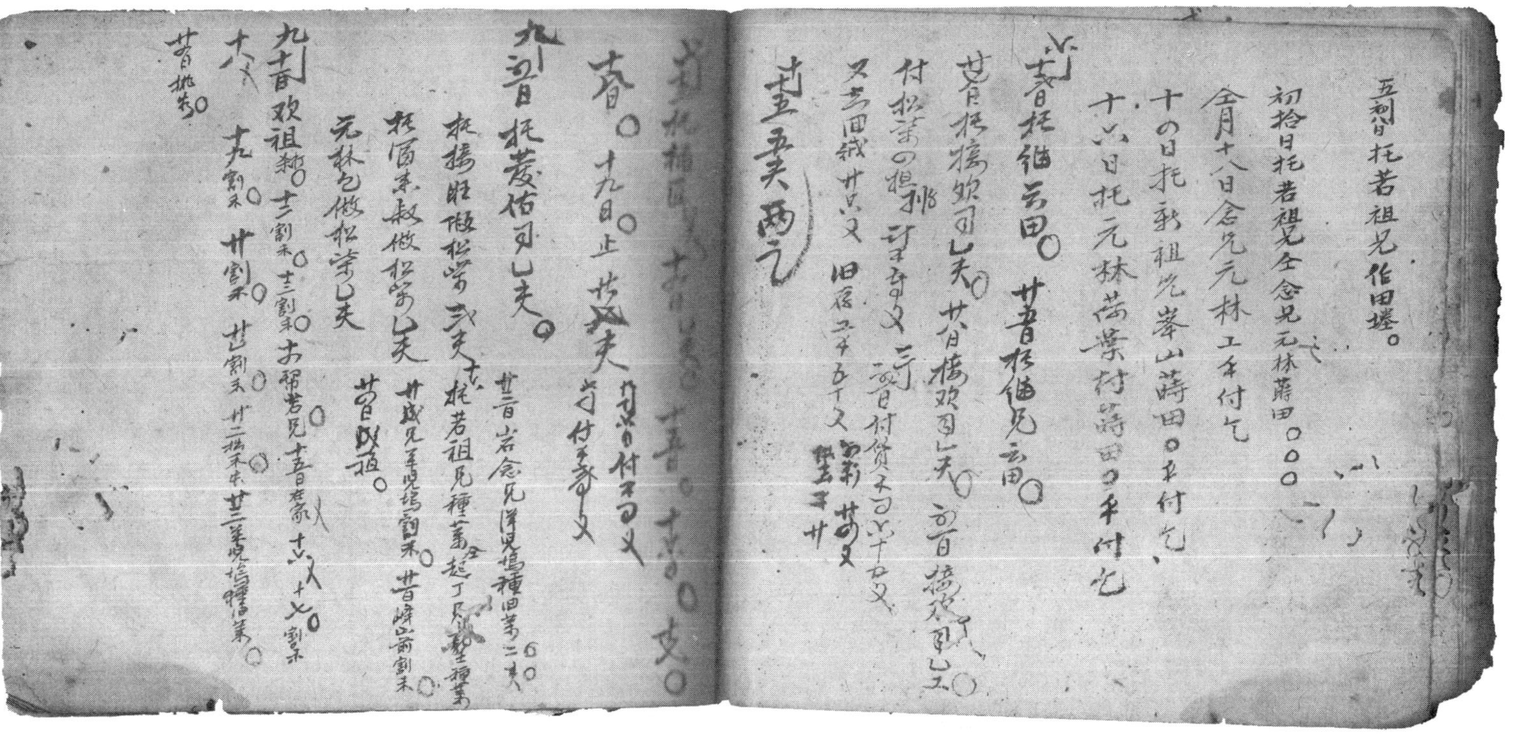

大鄣山乡江村 31-15 · 咸丰二年至光绪三十年 ·
流水账（工帐）· 观得司等

大鄣山乡江村 31-16 · 咸丰二年至光绪三十年 ·
流水账（工帐）· 观得司等

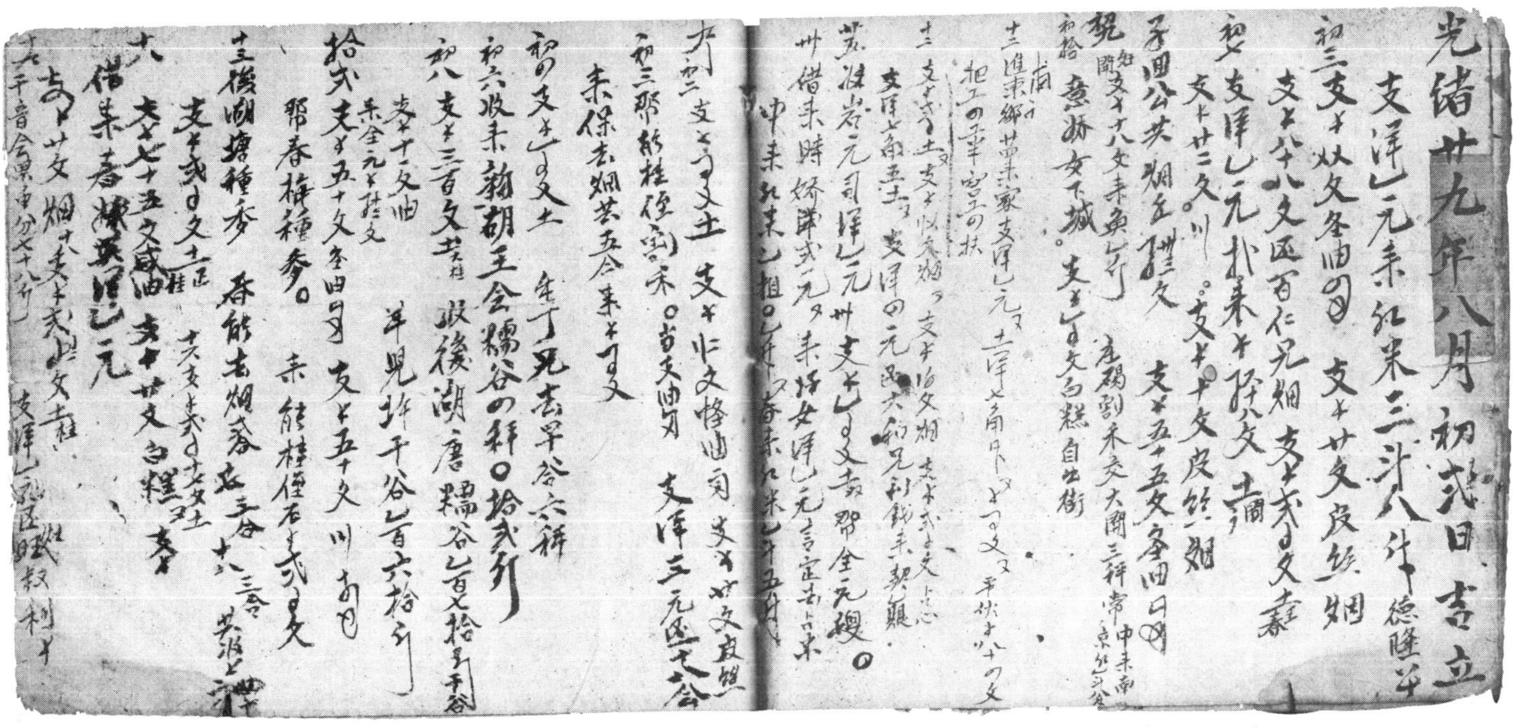

大鄣山乡江村 31-17 · 咸丰二年至光绪三十年 ·
流水账（工帐）· 观得司等

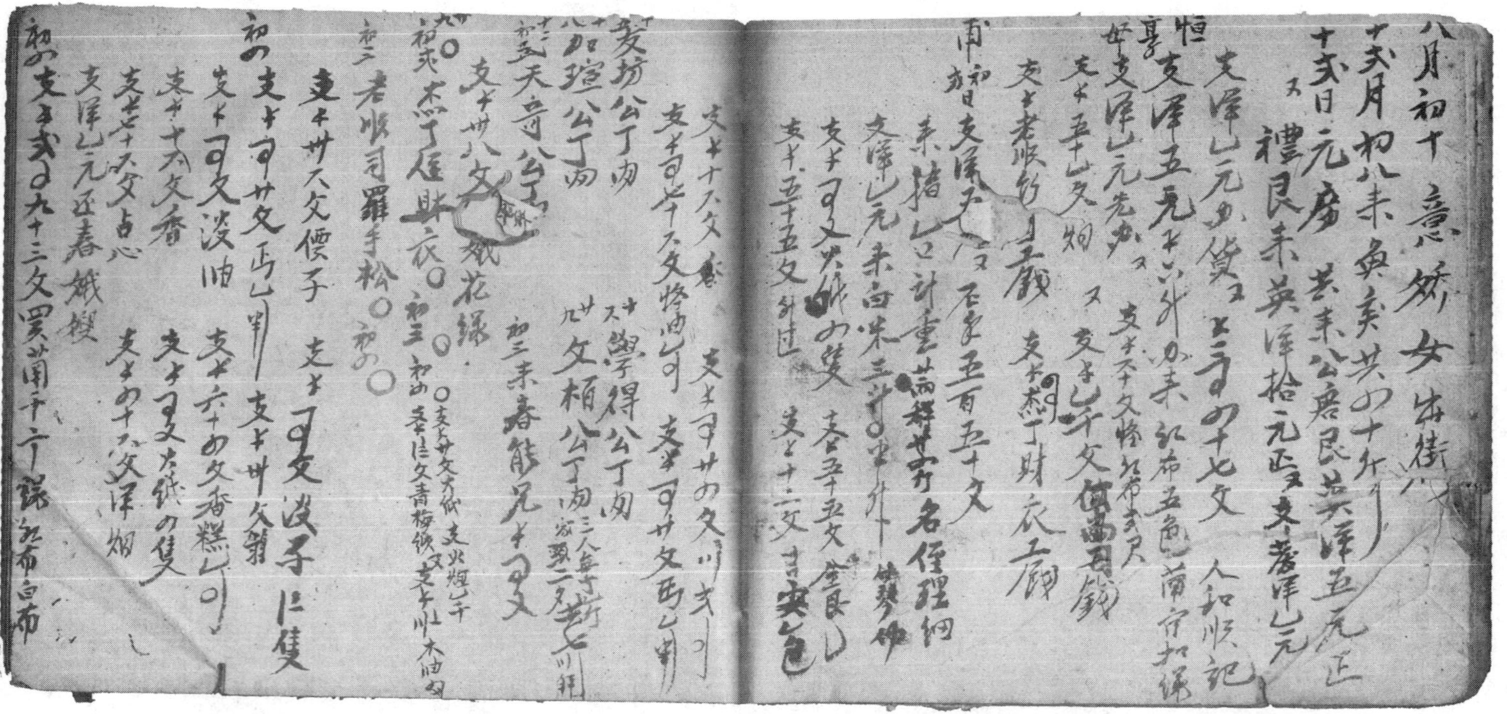

大郭山乡江村 31-18 · 咸丰二年至光绪三十年 ·
流水账（工帐）· 观得司等

大鄣山乡江村 31-19 · 咸丰二年至光绪三十年 · 流水账（工帐）· 观得司等

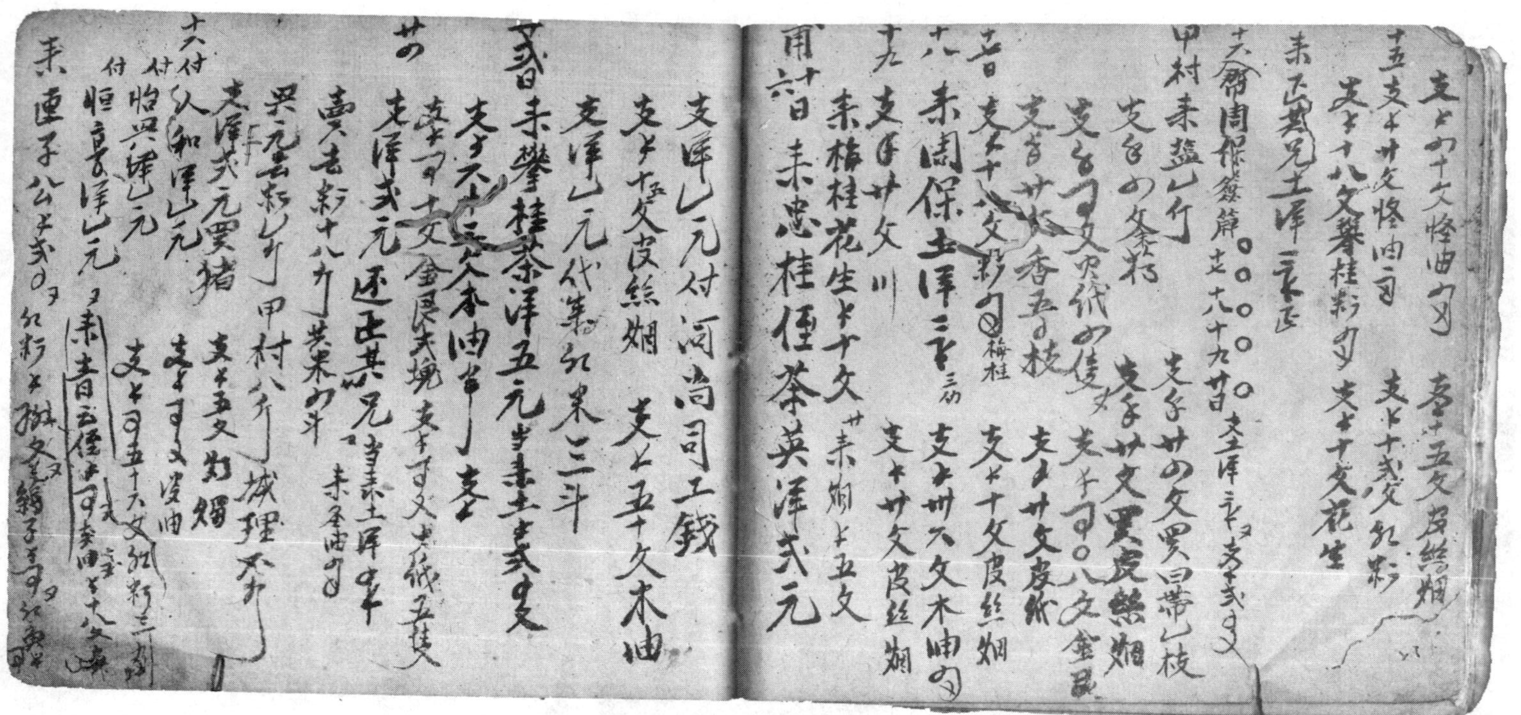

大鄣山乡江村 31-20 · 咸丰二年至光绪三十年 ·
流水账（工帐）· 观得司等

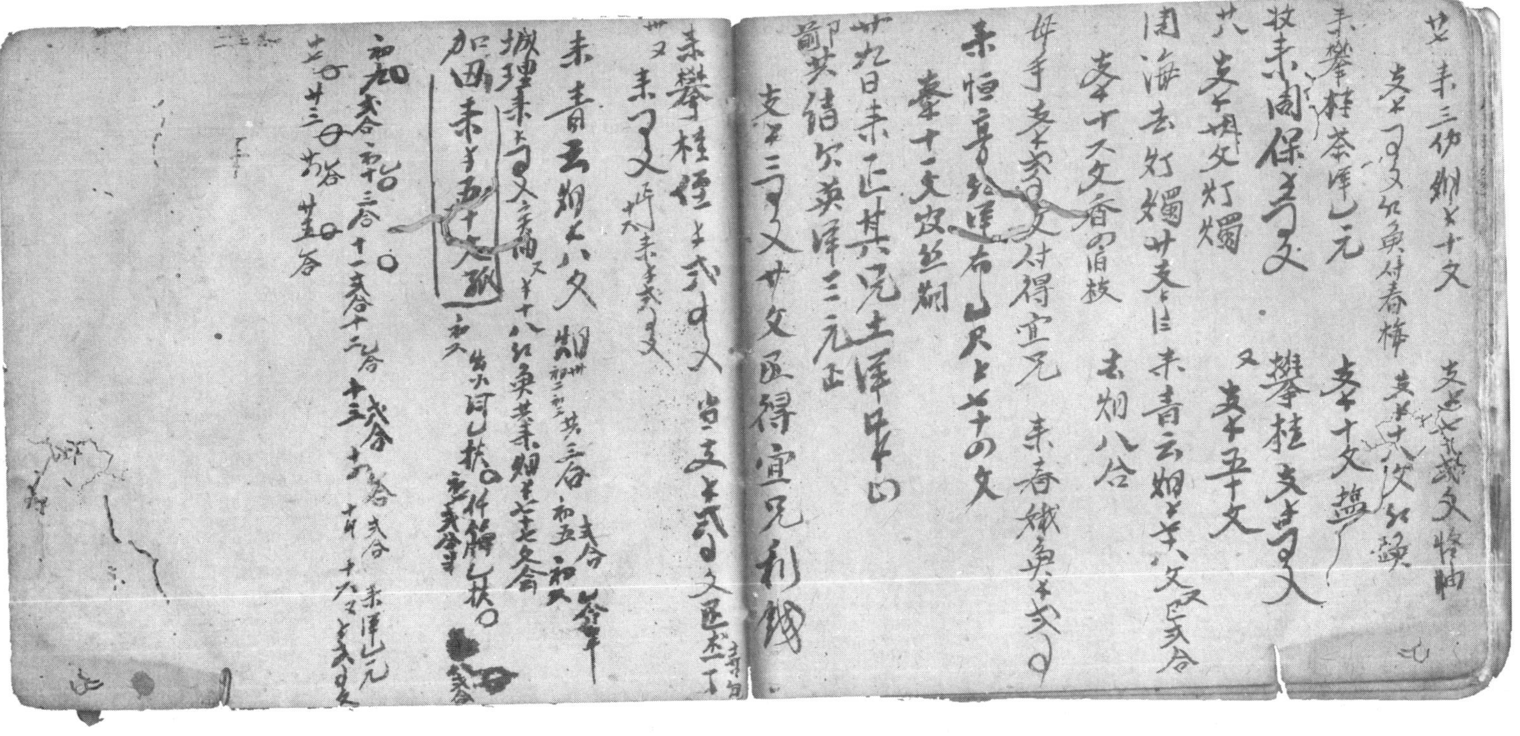

大郭山乡江村 31-21 · 咸丰二年至光绪三十年 ·
流水账（工帐）· 观得司等

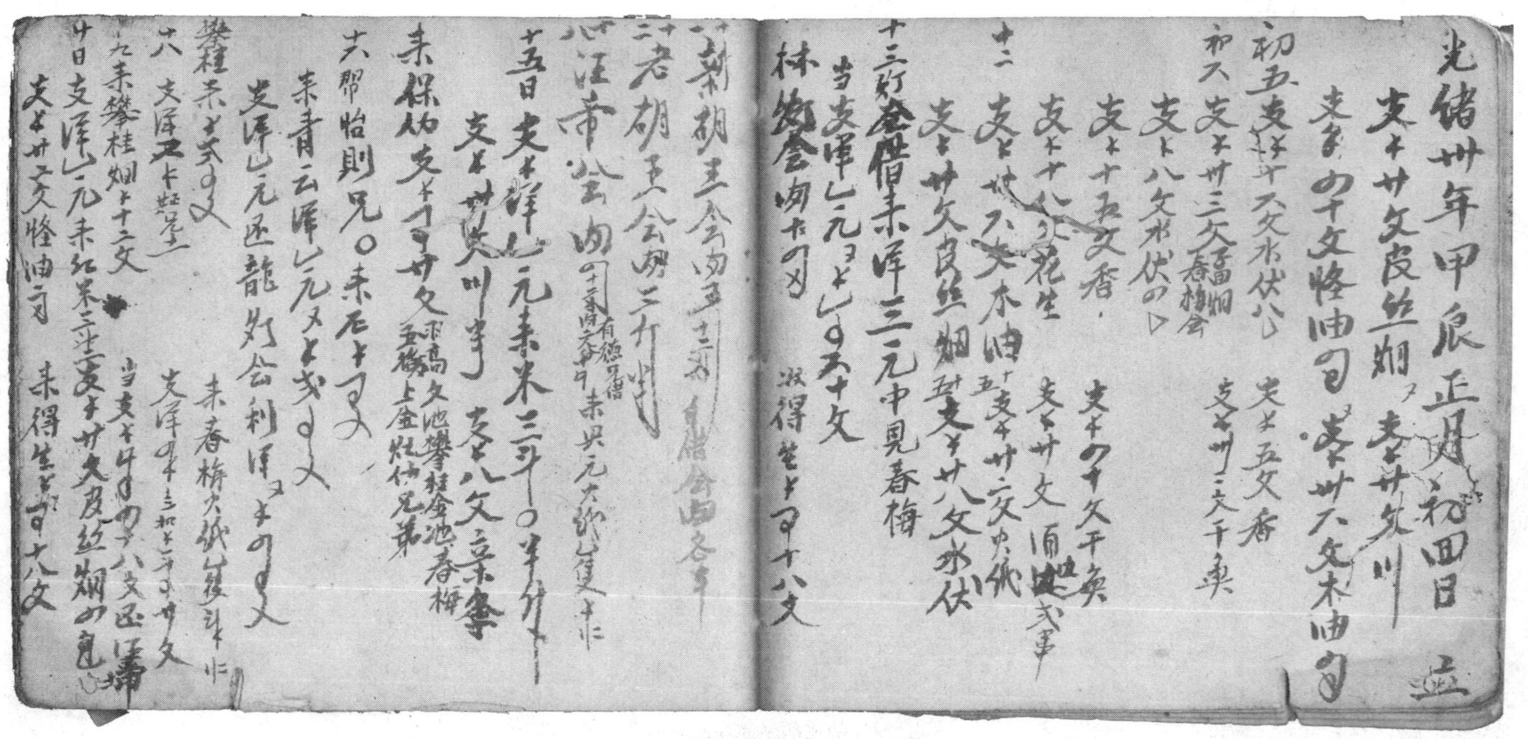

大鄣山乡江村 31-22・咸丰二年至光绪三十年・
流水账（工帐）・观得司等

大鄣山乡江村 31-23 · 咸丰二年至光绪三十年 ·
流水账（工帐）· 观得司等

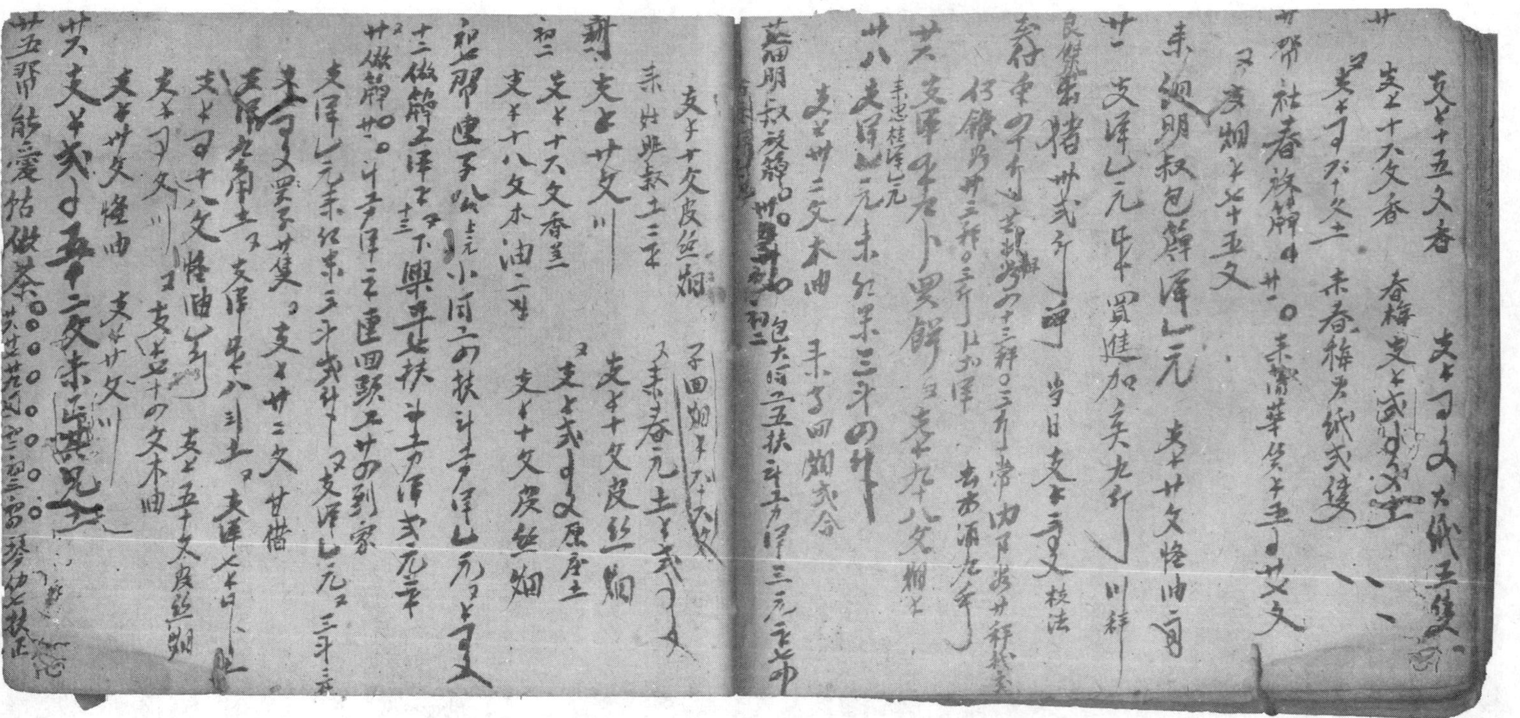

大鄣山乡江村 31-24 · 咸丰二年至光绪三十年 ·
流水账（工帐）· 观得司等

大鄣山乡江村 31-25 · 咸丰二年至光绪三十年 ·
流水账（工帐）· 观得司等

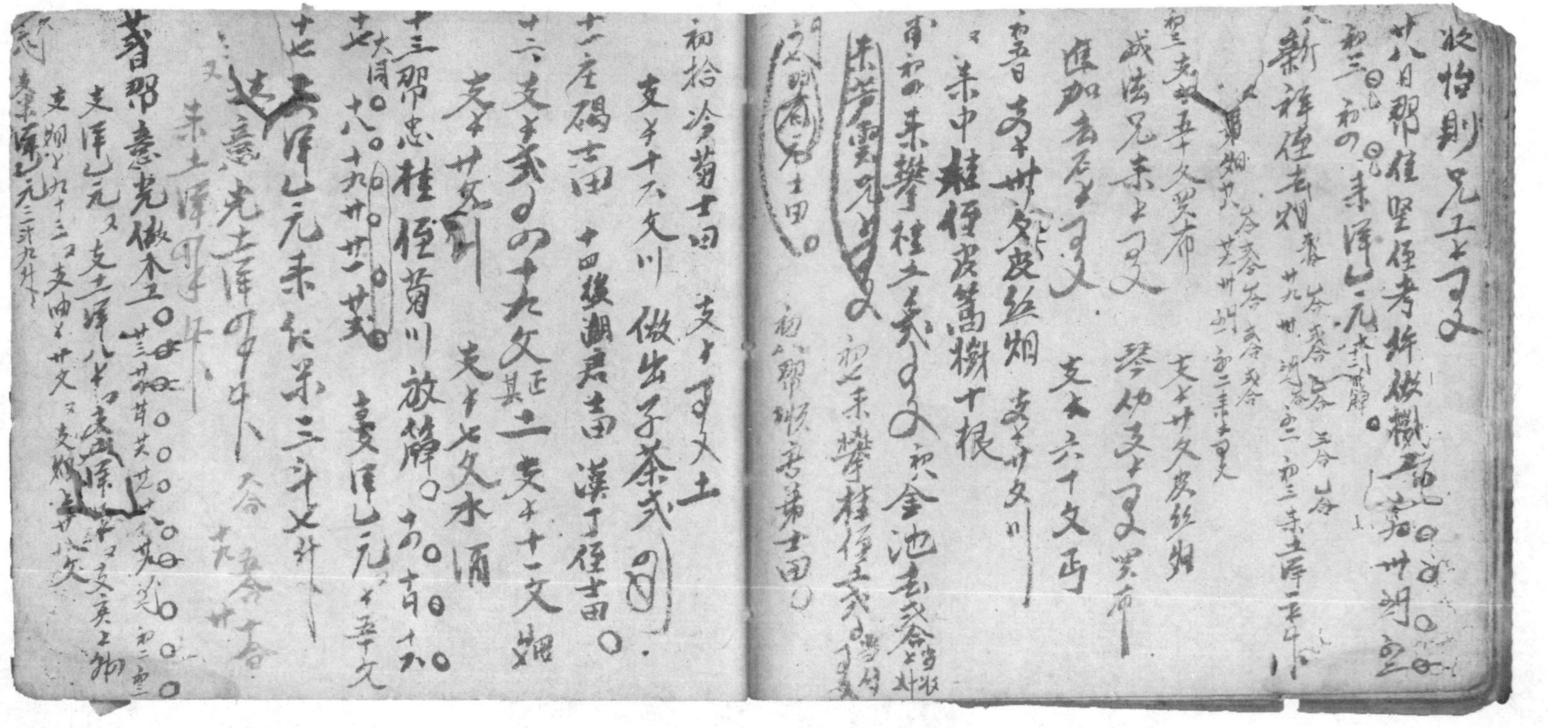

大鄣山乡江村 31-26 · 咸丰二年至光绪三十年 ·
流水账（工帐）· 观得司等

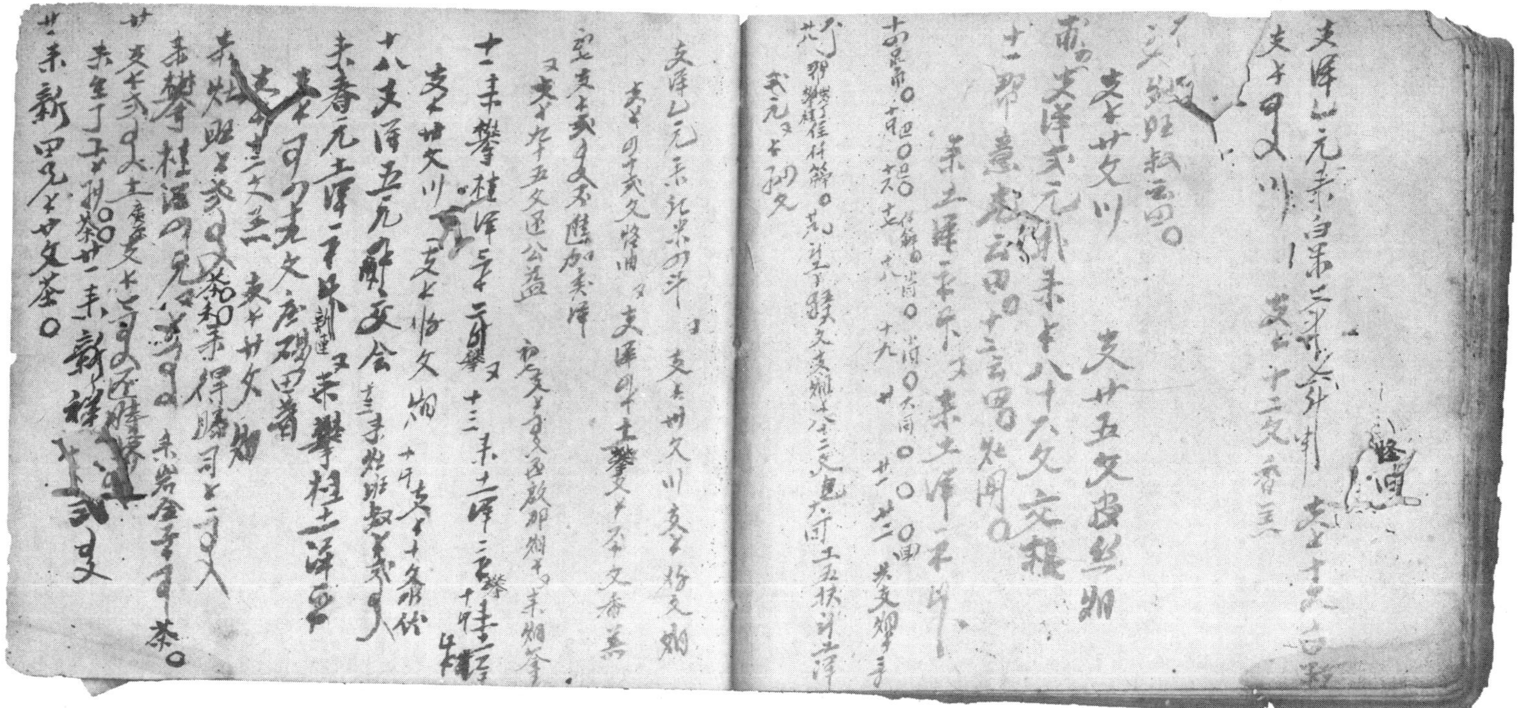

大鄣山乡江村 31-27 · 咸丰二年至光绪三十年 ·
流水账（工帐）· 观得司等

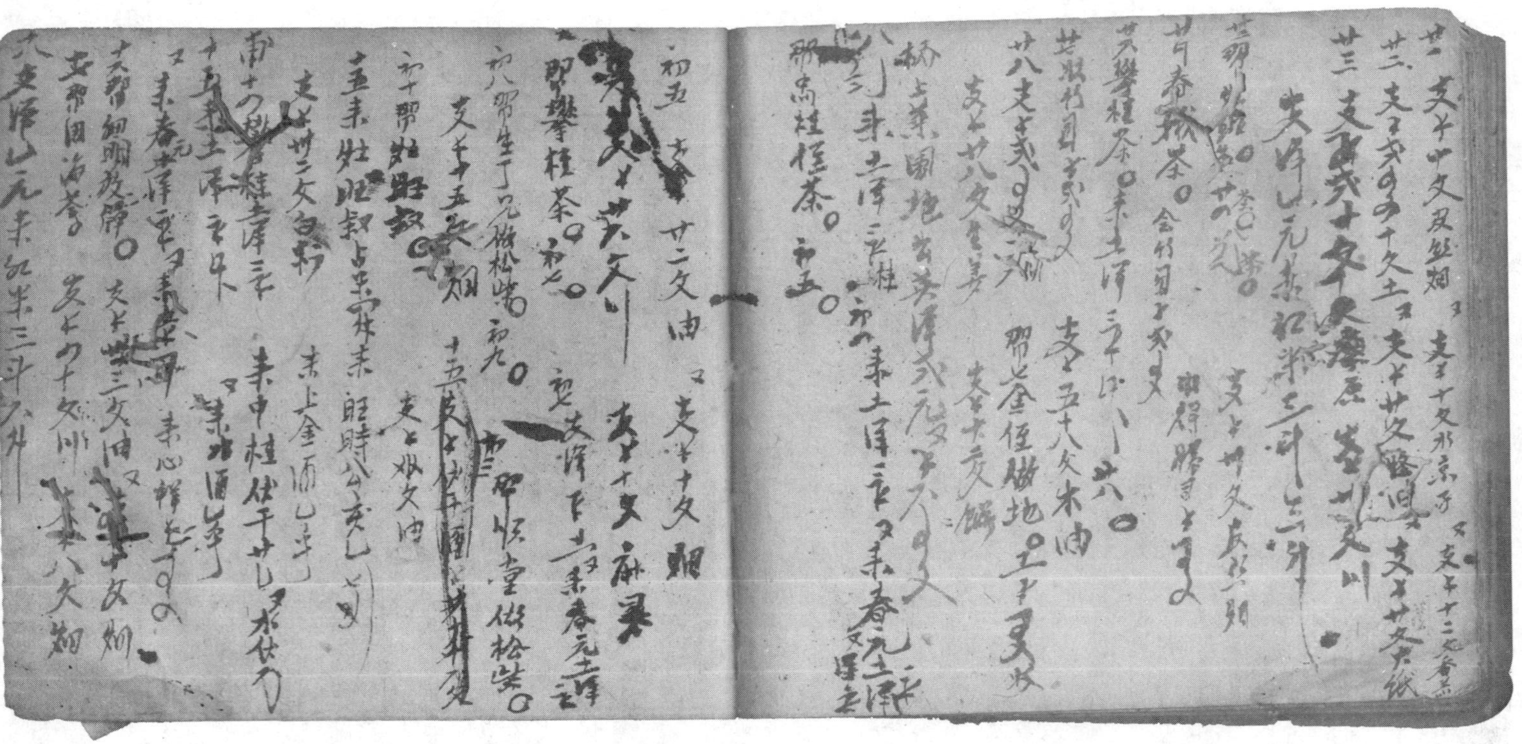

大鄣山乡江村 31-28 · 咸丰二年至光绪三十年 ·
流水账（工帐）· 观得司等

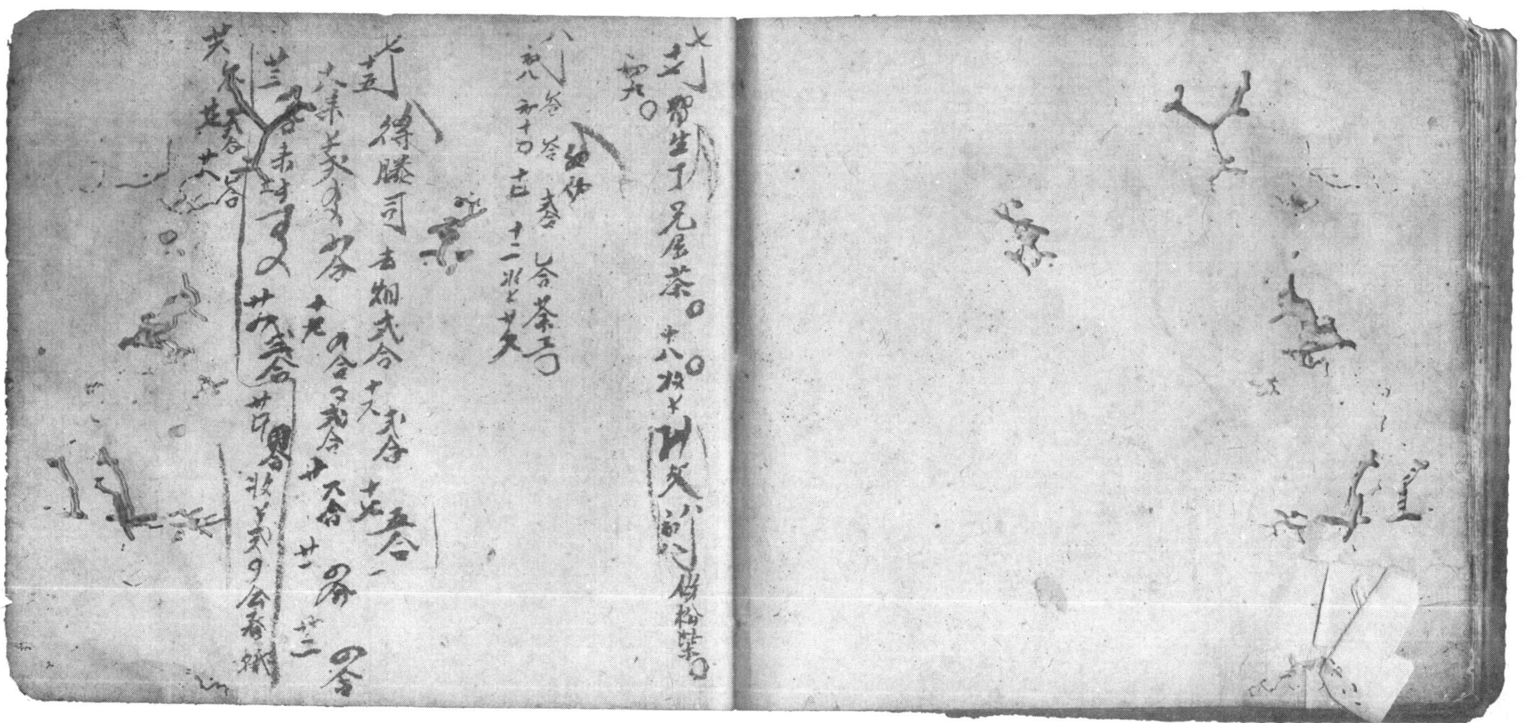

大鄣山乡江村 31-29 · 咸丰二年至光绪三十年 ·
流水账（工帐）· 观得司等

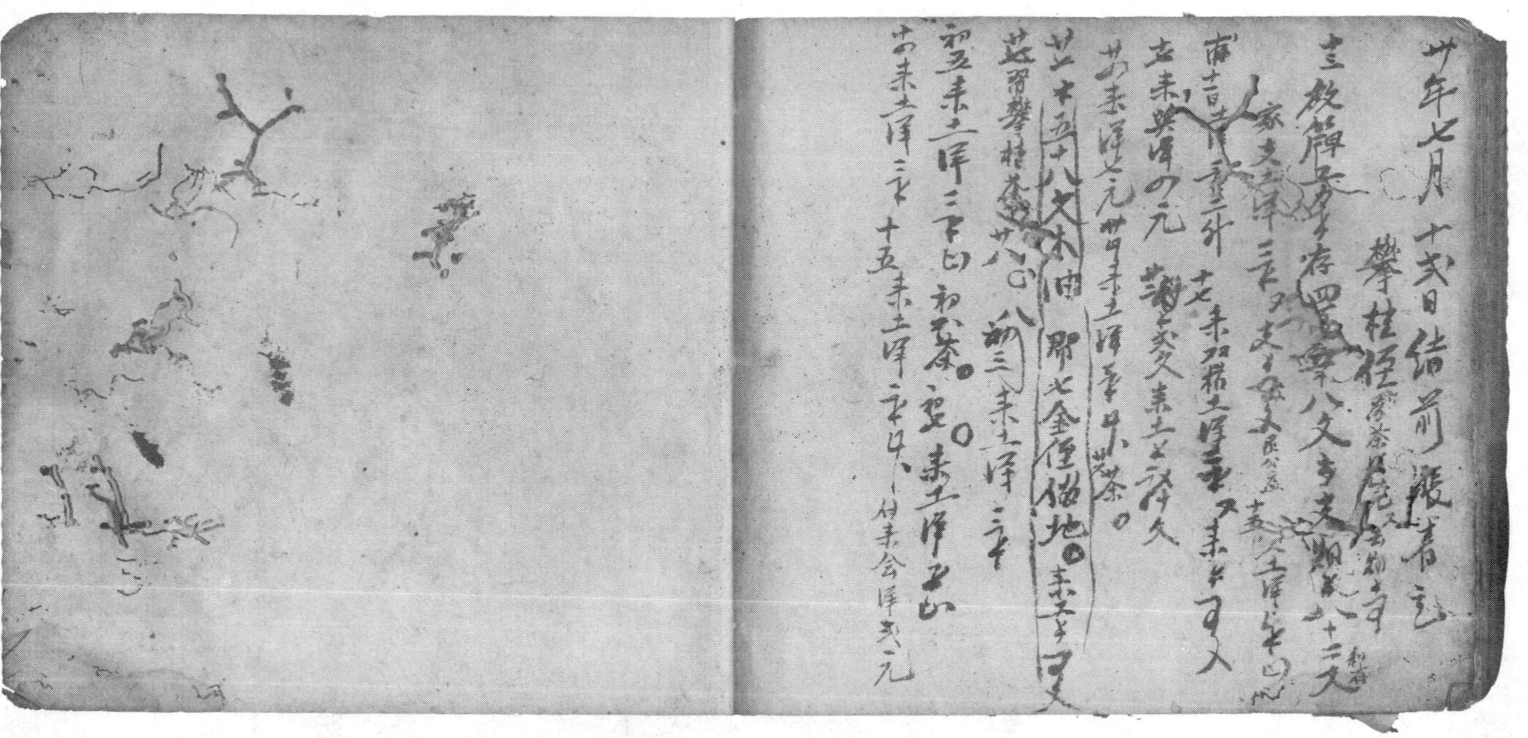

大鄣山乡江村 31-30 · 咸丰二年至光绪三十年 ·
流水账（工帐）· 观得司等

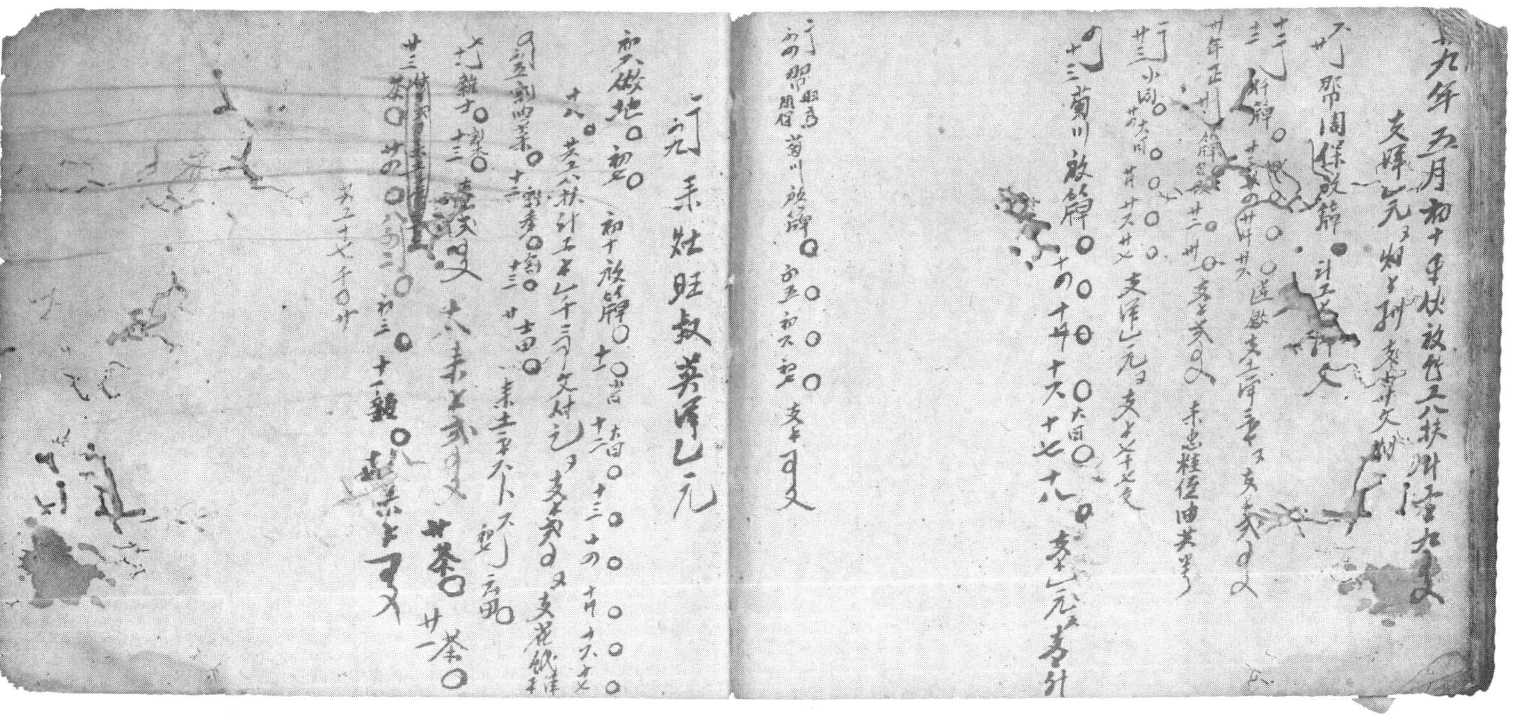

大郭山乡江村 31-31 · 咸丰二年至光绪三十年 · 流水账（工帐）· 观得司等

大鄣山乡江村 31-32 · 咸丰二年至光绪三十年 · 流水账（工帐）· 观得司等

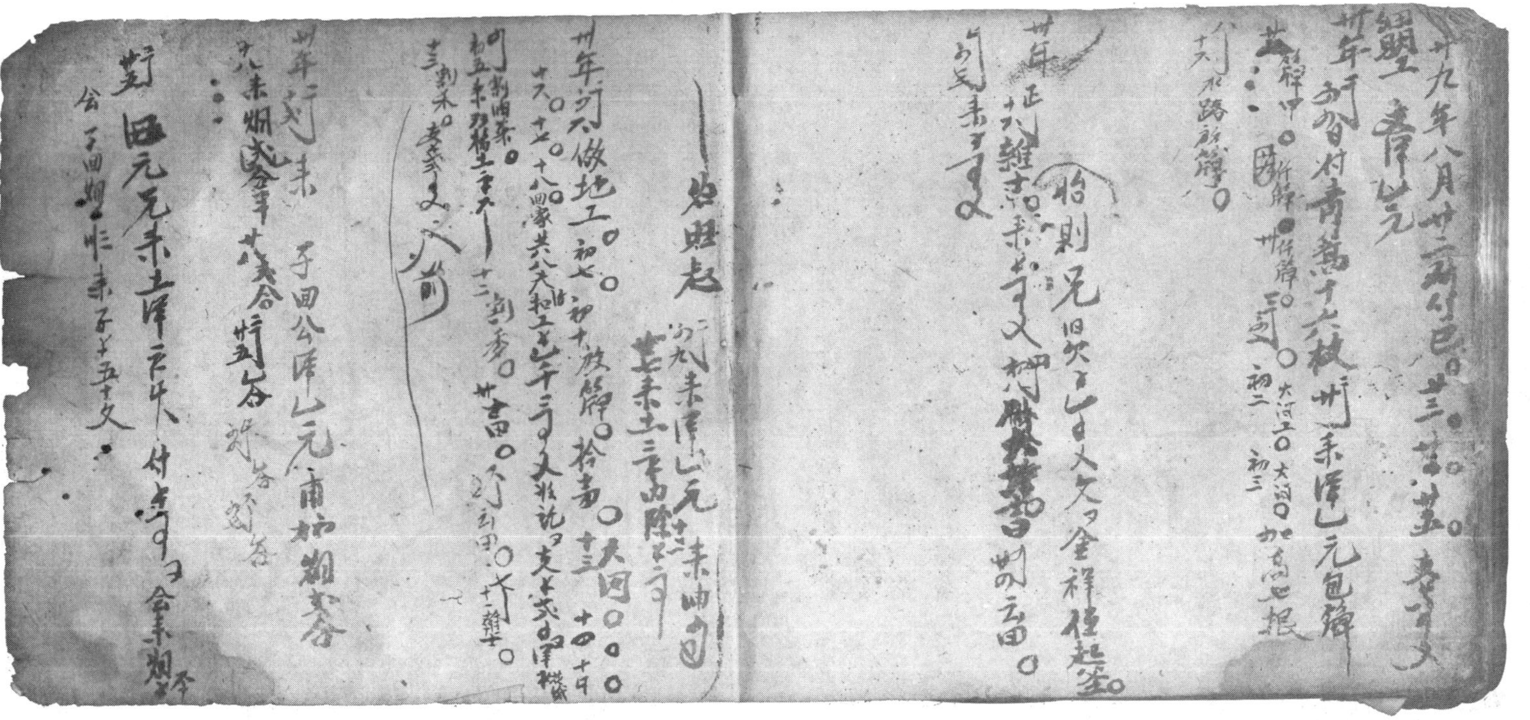

大鄣山乡江村 31-33 · 咸丰二年至光绪三十年 ·
流水账（工帐）· 观得司等

大鄣山乡江村 31-34 · 咸丰二年至光绪三十年 ·
流水账（工帐）· 观得司等

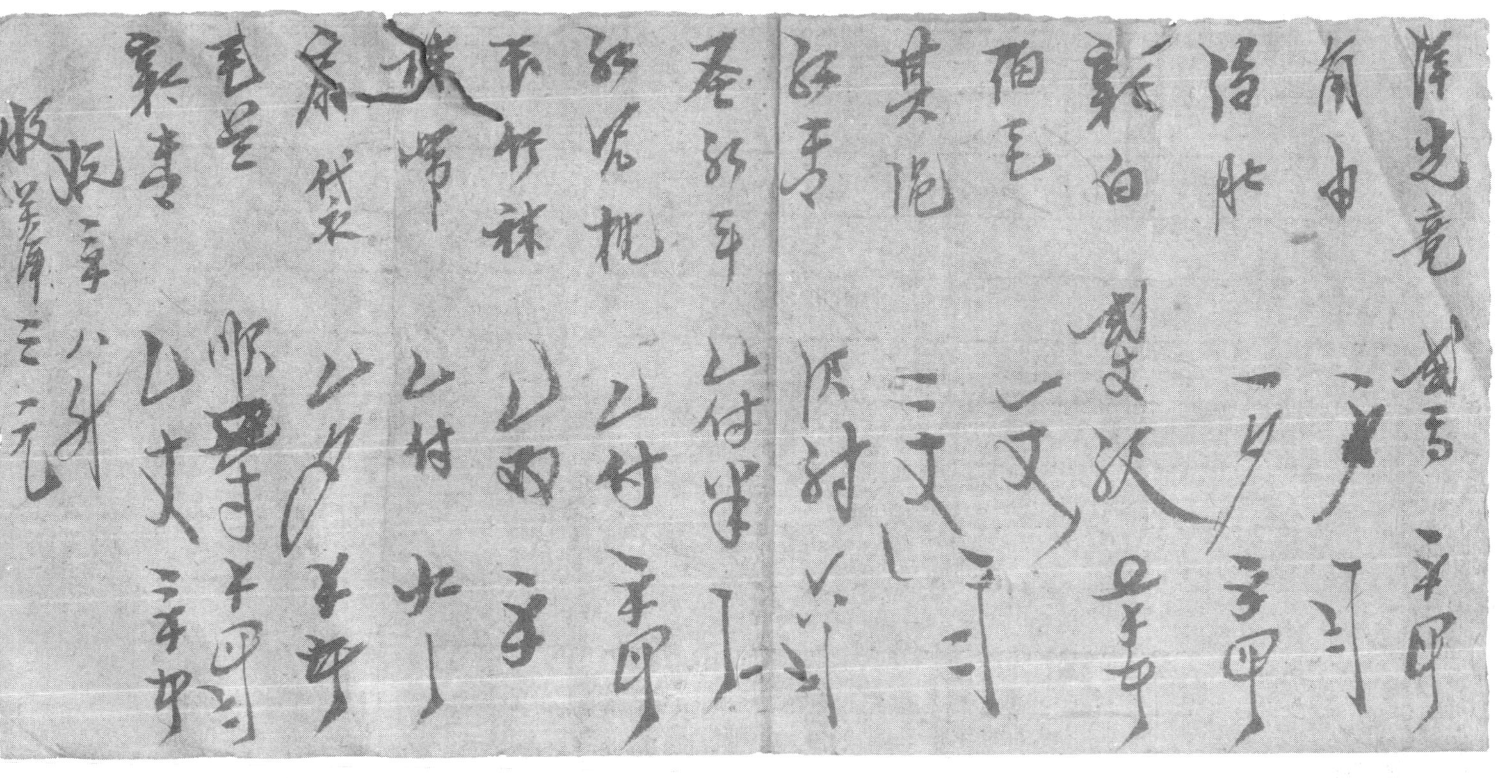

大鄣山乡江村 31 附 1 · 咸丰二年至光绪三十年 ·
流水账（工帐）· 观得司等

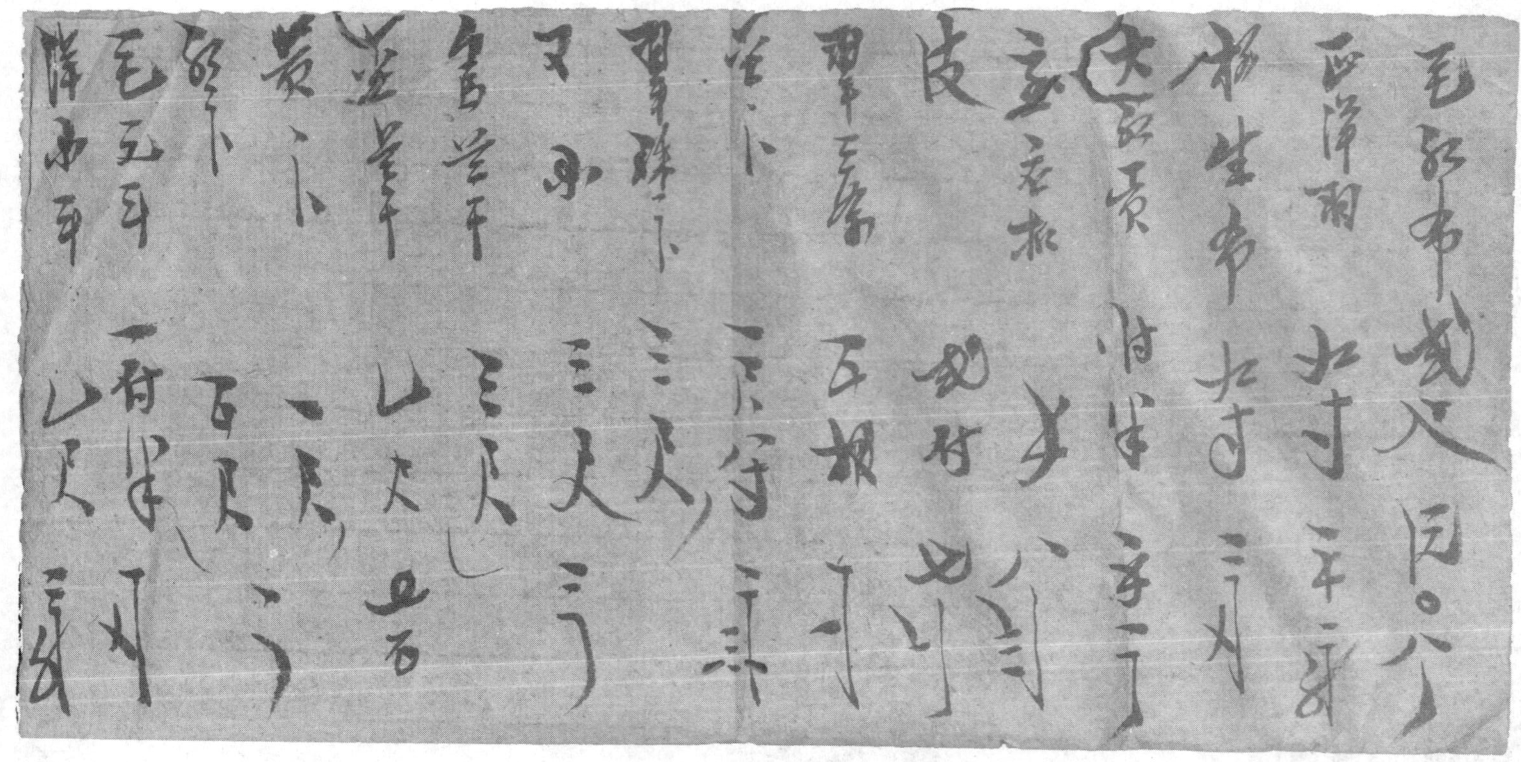

大郭山乡江村 31 附 2 · 咸丰二年至光绪三十年 ·
流水账（工帐）· 观得司等

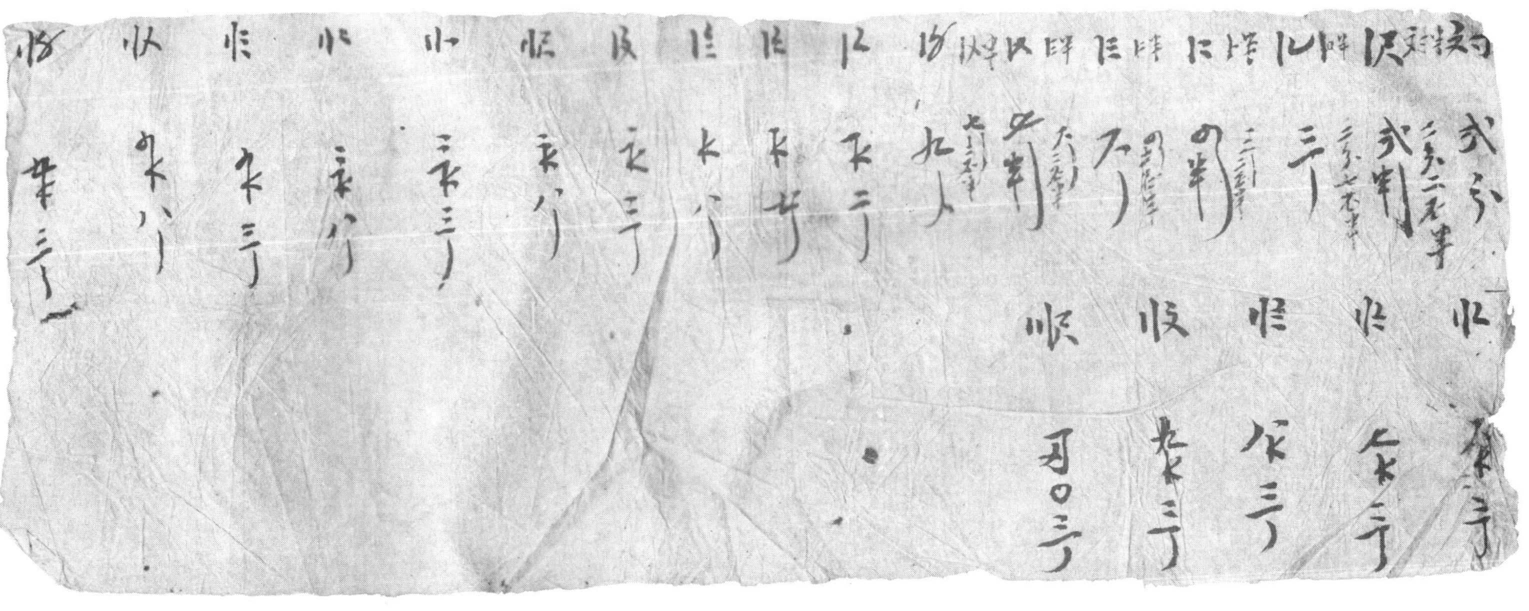

大鄣山乡江村 31 附 3 · 咸丰二年至光绪三十年 ·
流水账（工帐）· 观得司等

巽號從沐閬書

大鄣山乡江村 7-1 · 咸丰七年 · 分关文书（巽号从沐阄书）·
从淮、从江、从汝、从汉、从沐

嘗聞曰水有源流木有根根乃本也兄弟者一氣之誼孝友
者立身之本勤儉者正家之用是乃全身保家之道也承
曾祖遺下産業吾 祖未持所載貿易在外壽終殁於金
陵矣所生子一女二幸乃吾 父家庭持理時年僅有廿素行安
分守志夙夜勤勞備嘗辛苦吾 祖貯存餘貲是吾 父增
置田産山塲于咸豐五年正月上旬吾 父奚起辺瘋之疾始而請
醫服藥未見甚效是年吾 母洪孺人亦得時熱之症未及数
日不幸而逝矣生男有六從淮江汝漢沐汶 姐妹有三進英 華英 金英

大鄣山乡江村 7-2 · 咸丰七年 · 分关文书（巽号从沐阄书）·
从淮、从江、从汝、从汉、从沐

吾　母殯事未出而三日後六弟又亡是人口多哭之不遂
者吾　父之病更加傷痛之恨耶及至七年四五兩月反兵撻連
三次兵燹似火人〻避之惶〻吾　父多受驚懼病勢愈重
勢迫而終矣七八兩月闔家男婦大小均是時熱危急之
症幸庇平善無勿吾見尔年以來家計人口甚不遂利是
以與弟嫡相央叔祖榮堄及諸位叔父集叙將承　曾祖遺
下田産房屋及父增置之産除　祖父祀租弁議貼四弟五
弟娶親之費之田二畝以外餘皆及山塢茶坦家伙器皿各
項等件以品搭五股均分拈鬮受業自今閧定於左各從
其道共守天倫務宜兄友弟恭式相好矣今欲凴立此
鬮書一樣五張各執一張永遠子孫為照
　榮培公清明祀租開述登左
一方盤坵　正祖弁佃十弍秤常
一宗三廟前　正祖八秤　内佃山秤　每秤廿二斤稱　佃汪梓開
一王見塢　正祖九秤常　佃和生
一大塢廟底　正祖肆秤大　佃葉门生

大郭山乡江村 7-3 · 咸丰七年 · 分关文书（巽号从沐阄书）·
从淮、从江、从汝、从汉、从沐

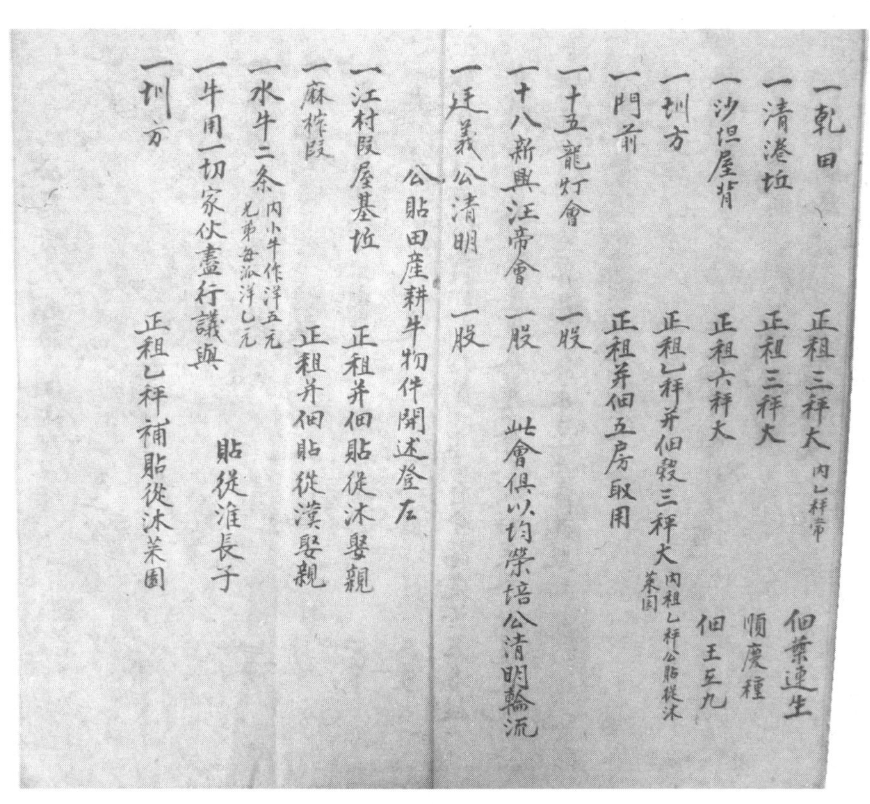

大鄣山乡江村 7-4 · 咸丰七年 · 分关文书（巽号从沐阄书）·
从淮、从江、从汝、从汉、从沐

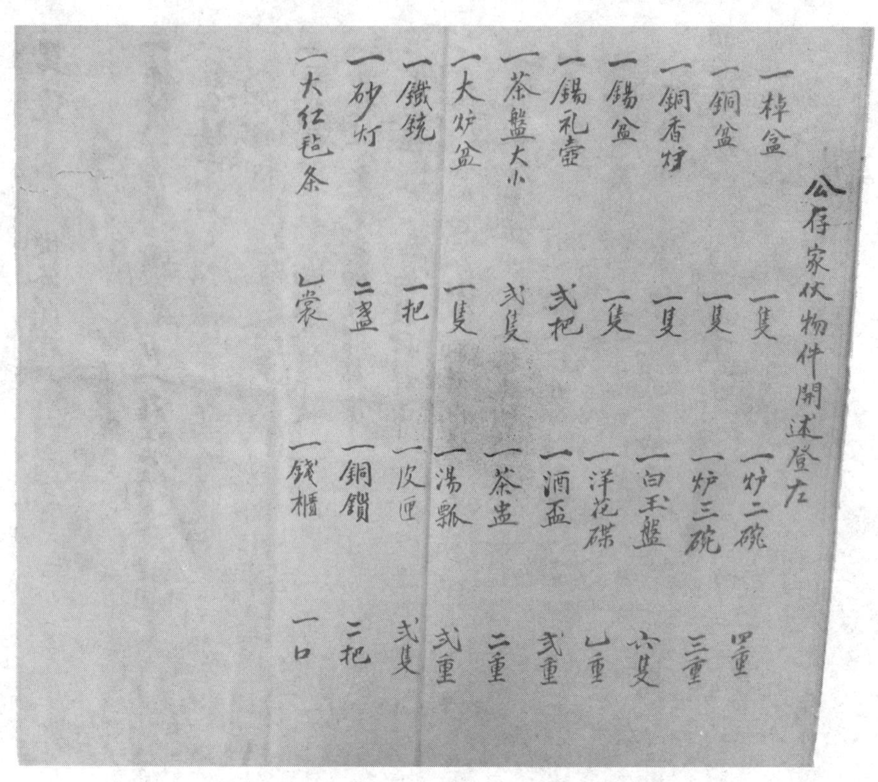
公存家伙物件開述登左

一梓盆　一隻
一銅盆　一隻
一銅香炉　一隻
一錫盆　一隻
一錫礼壺　弍把
一茶盤大小　弍隻
一大炉盆　一隻
一鐵銚　一把
一砂灯　二盞
一大红毡条　乚裳

一炉二碗　罒重
一炉三碗　三重
一白玉盤　六隻
一洋花碟　乚重
一酒盃　弍重
一茶盅　二重
一湯瓢　弍重
一皮匣　弍隻
一銅鎖　二把
一錢櫃　一口

大鄣山乡江村 7-5 · 咸丰七年 · 分关文书（巽号从沐阄书）·
从淮、从江、从汝、从汉、从沐

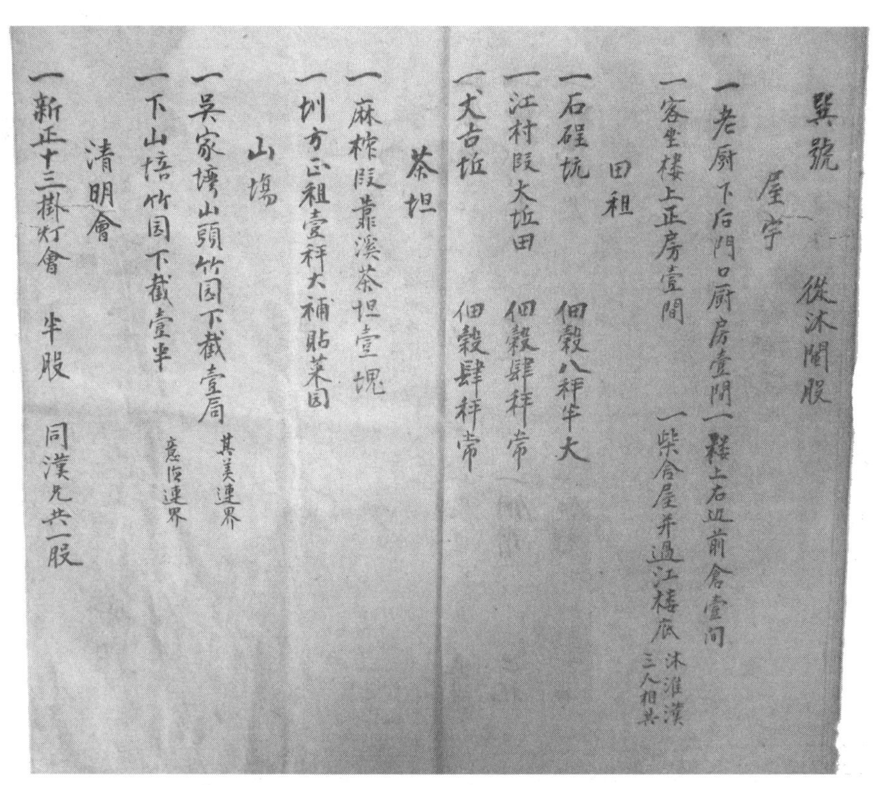

巽號　從沐閹股

屋宇

一老厨下后門口厨房壹間　一樓上右边前倉壹间

一客坐樓上正房壹間

一柴倉屋并過江樓底　沐淮漢三人相共

田租

一石碓坑　佃穀八秤半大

一江村段大坵田　佃穀肆秤常

一犬古坵　佃穀肆秤常

茶坦

一麻榨段靠溪茶坦壹塊

一圳方正祖壹秤大補貼菜园

山塢

一吳家塆山頭竹园下截壹局　其美連界

一下山培竹园下截壹半　意詒連界

清明會

一新正十三掛灯會　半股　同漢凡共一股

大鄣山乡江村 7-6 · 咸丰七年 · 分关文书（巽号从沐阄书）·
从淮、从江、从汝、从汉、从沐

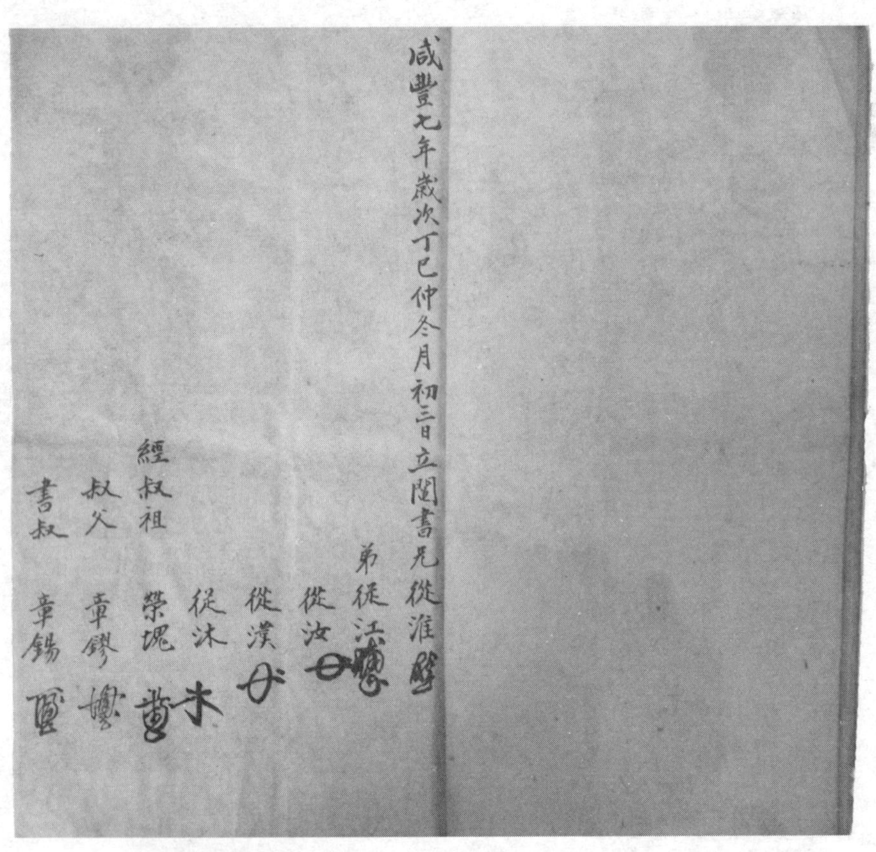

大鄣山乡江村 7-7 · 咸丰七年 · 分关文书（巽号从沐阄书）·
从淮、从江、从汝、从汉、从沐

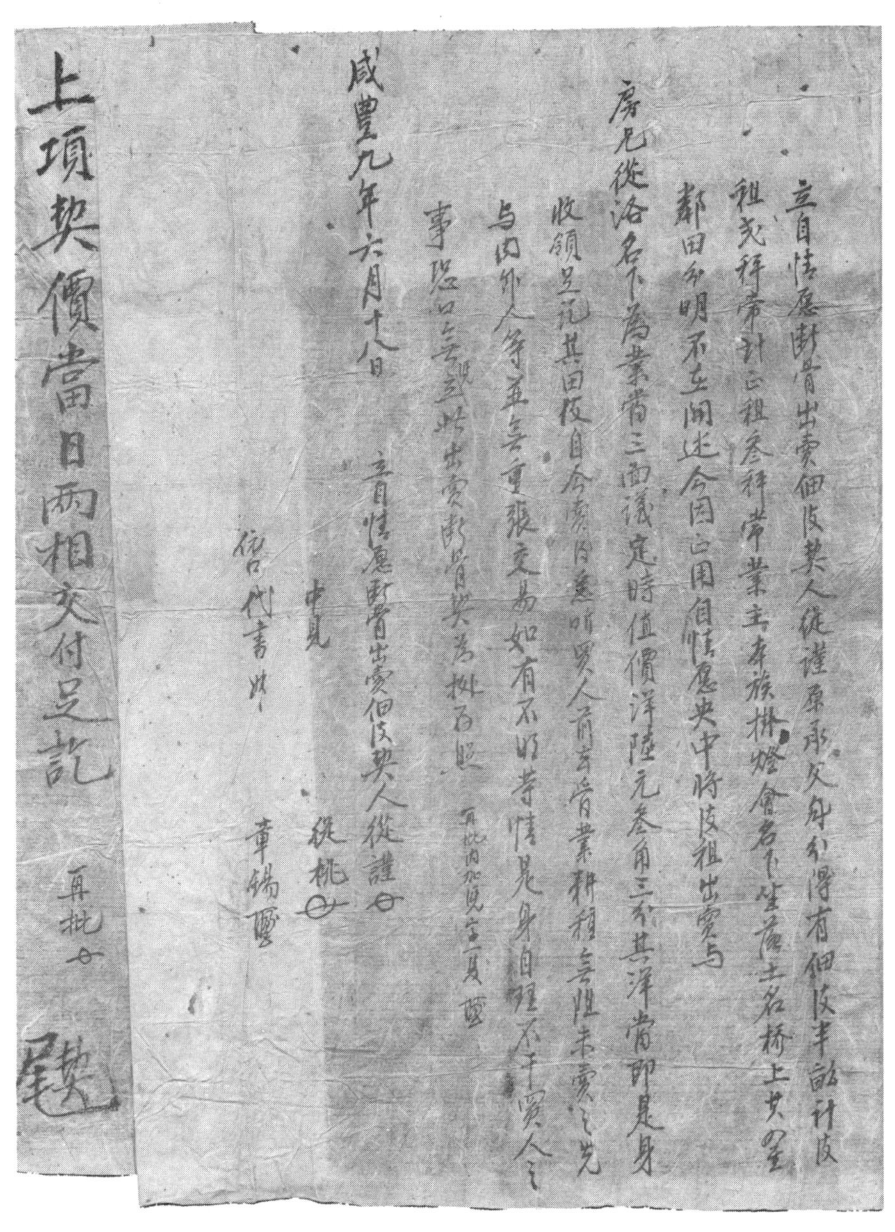

大鄣山乡江村 120 · 咸丰九年 · 断骨出卖佃皮契 · 从谨出卖与房兄从洛

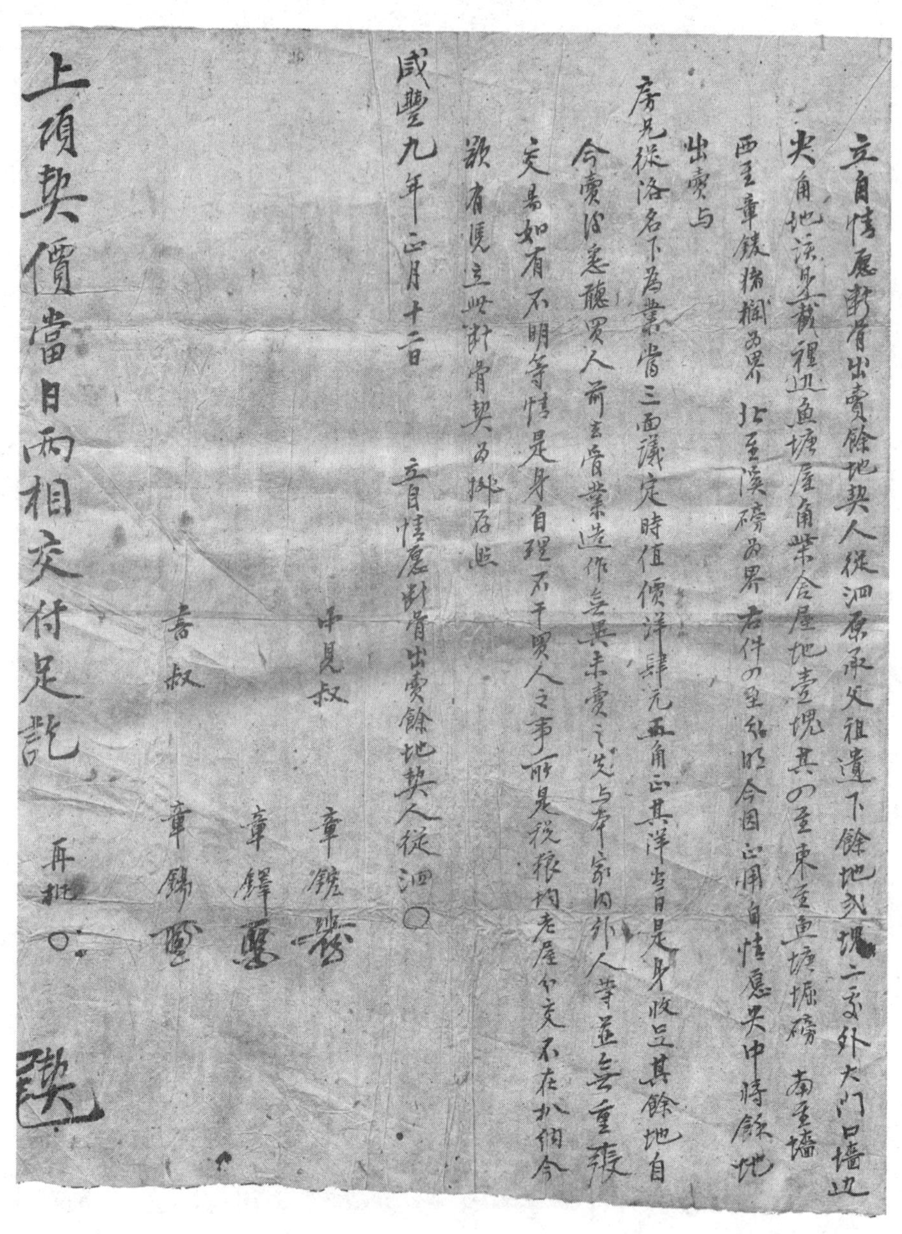

立自情愿斷骨出賣餘地契人從泗原承父祖遺下餘地弍塊二處外大門口墻边
尖角地該某截裡边魚塘屋角紫合屋地壹塊其四至東至魚塘塘磅 南至墻
西至章錢豬欄為界 北至溪磅為界 右件四至分明今因正用自情愿央中將餘地
出賣与
房兄從洛名下為業當三面議定時值價洋肆元五角正其洋当日是身收足其餘地自
今賣後悉聽買人前去管業造作無異未賣之先与本家內外人等並無重張
交易如有不明等情是身自理不干買人之事所是稅糧均老屋分交不在外倘今
欲有憑立此斷骨契為據存照

咸豐九年正月十二日 立自情愿斷骨出賣餘地契人從泗○

中見叔 章鏡（押）
章鐸（押）
書叔 章錫（押）

上項契價當日兩相交付足訖 再批○

契

大鄣山乡江村 160 · 咸丰九年 · 断骨出卖余地契 · 从泗卖与房兄从洛

十六都三啚前十甲步東户實徵

大郭山乡江村 13-1 · 同治三年 · 税粮实征册 · 步东户

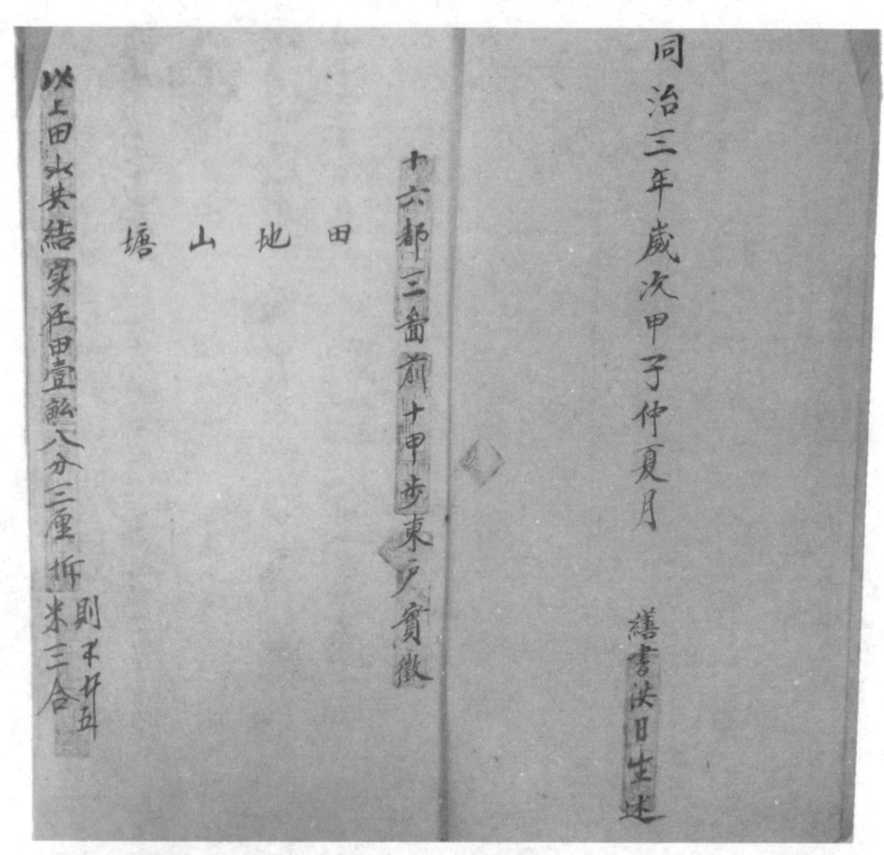
同治三年歲次甲子仲夏月
繕書汪日生述
十六都三畬前十甲步東户實徵
田
地
山
塘
以上田山共結實征田壹畝八分三厘 折米三合
則早廿五

大鄣山乡江村 13-2 · 同治三年 · 税粮实征册 · 步东户

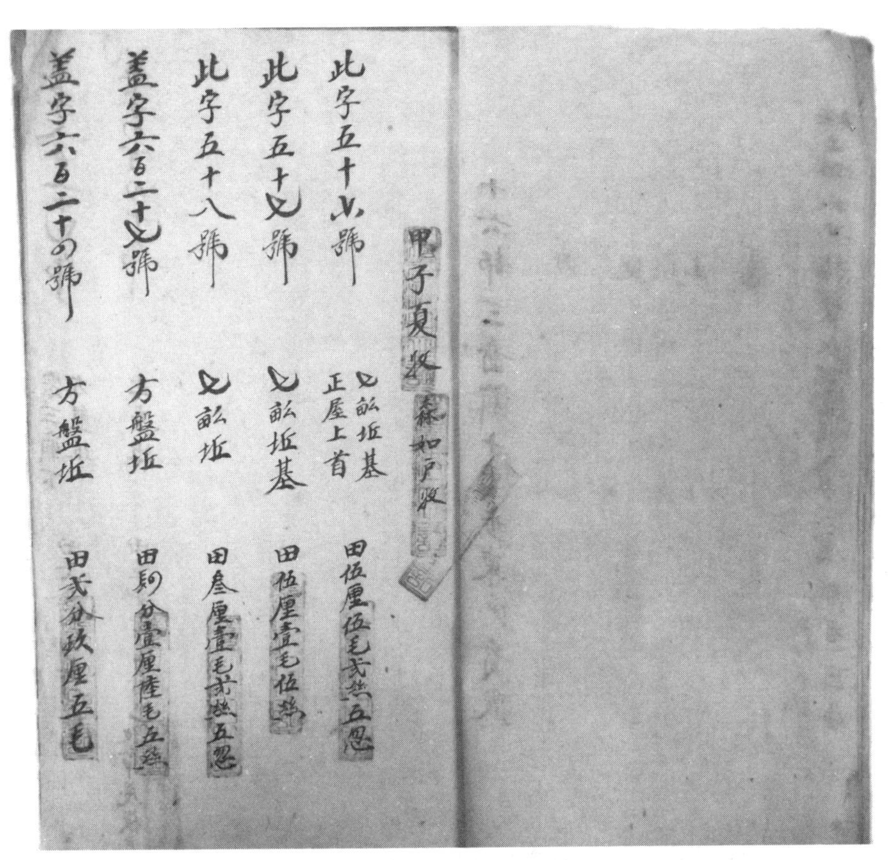

大鄣山乡江村 13-3 · 同治三年 · 税粮实征册 · 步东户

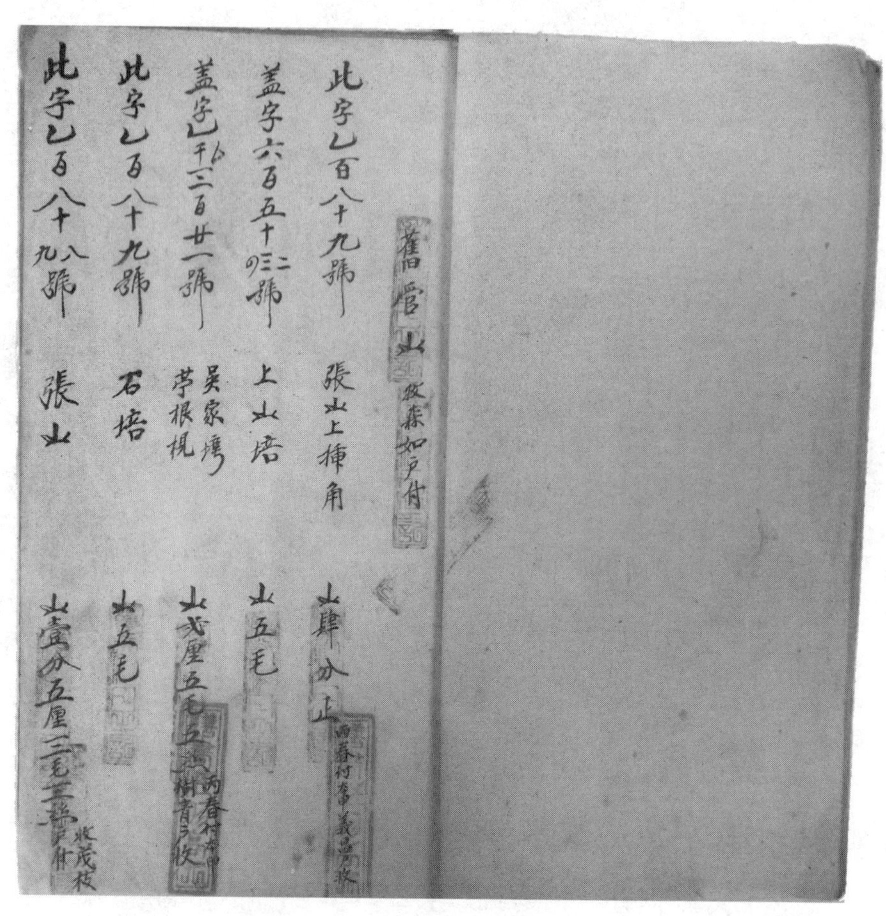

大鄣山乡江村 13-4 · 同治三年 · 税粮实征册 · 步东户

大鄣山乡江村 13-5 · 同治三年 · 税粮实征册 · 步东户

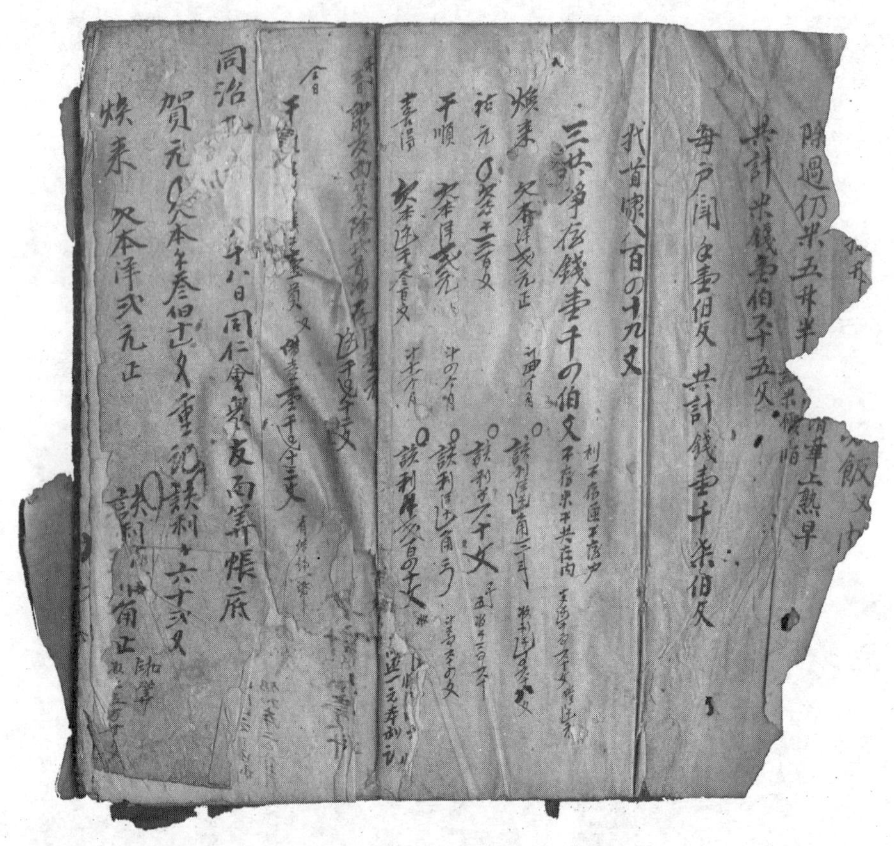

大鄣山乡江村 35-1 · 同治九年至民国十七年 · 流水账（面算账底） · 同仁会众友

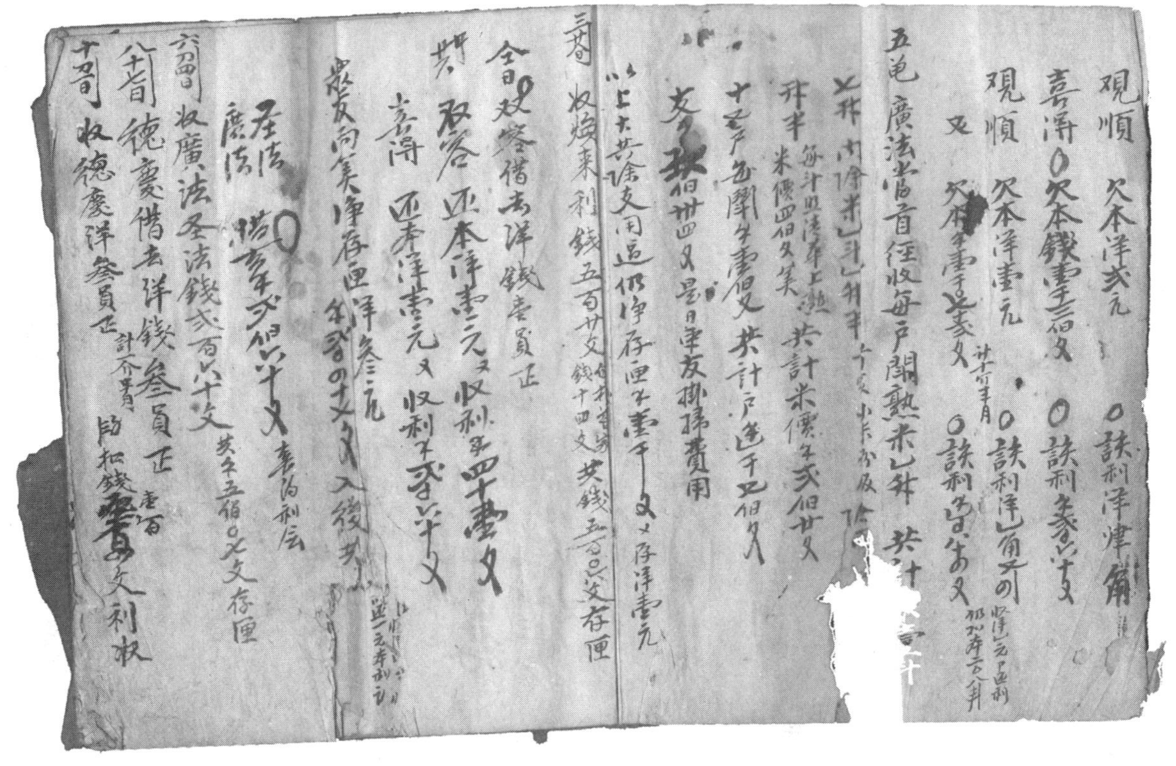

大鄣山乡江村 35-2 · 同治九年至民国十七年 · 流水账（面算账底）· 同仁会众友

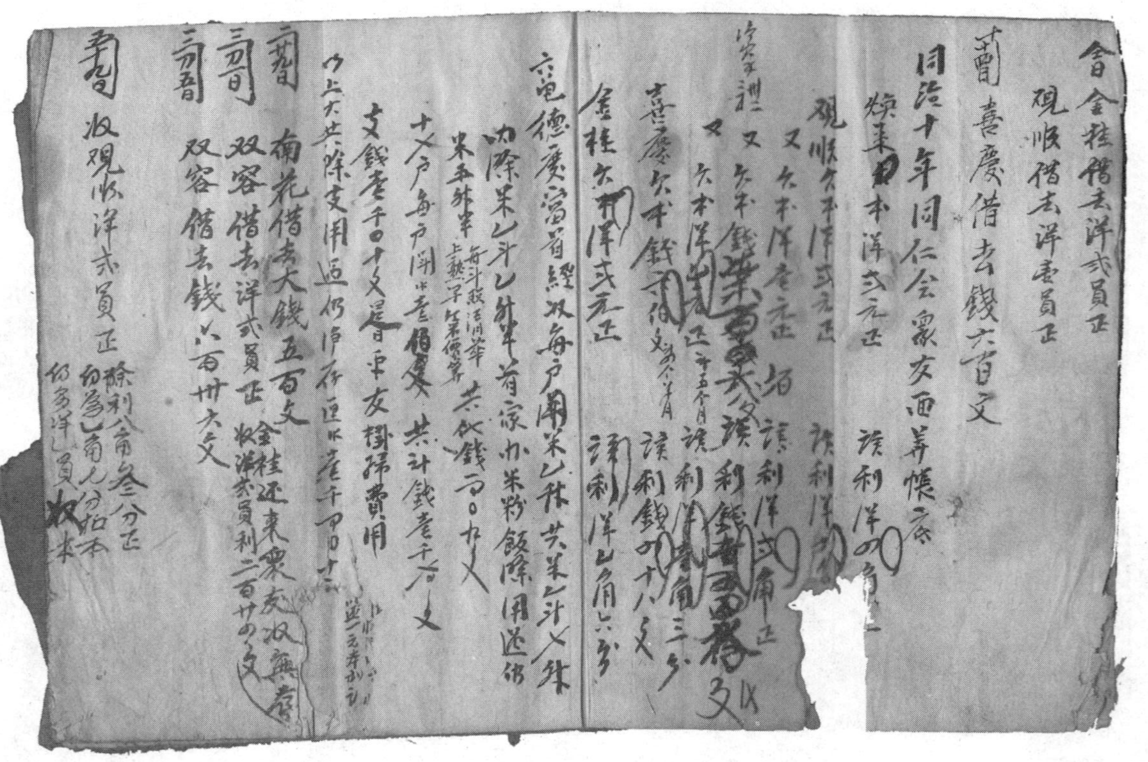

大鄣山乡江村 35-3 · 同治九年至民国十七年 · 流水账
（面算账底）· 同仁会众友

大鄣山乡江村 35-4 · 同治九年至民国十七年 · 流水账（面算账底）· 同仁会众友

大鄣山乡江村 35-5 · 同治九年至民国十七年 · 流水账（面算账底）· 同仁会众友

大鄣山乡江村 35-6 · 同治九年至民国十七年 · 流水账（面算账底） · 同仁会众友

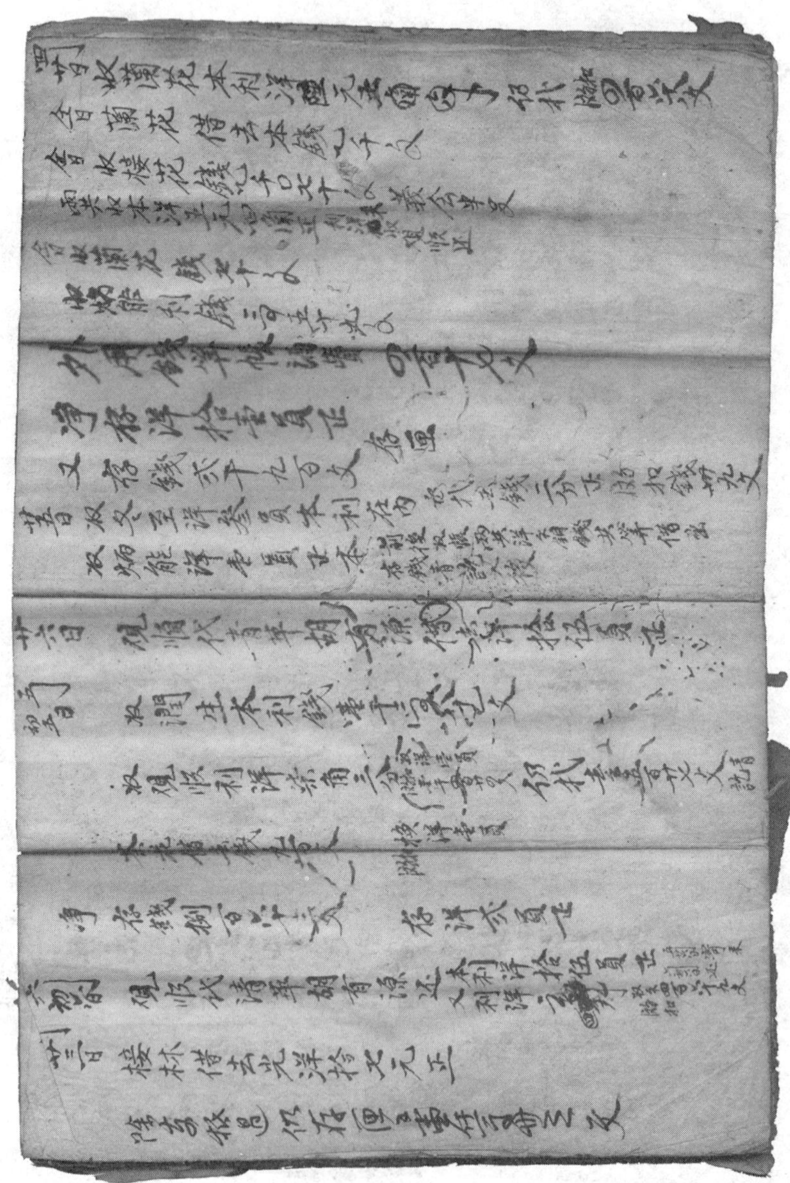

大鄣山乡江村 35-7 · 同治九年至民国十七年 · 流水账（面算账底）· 同仁会众友

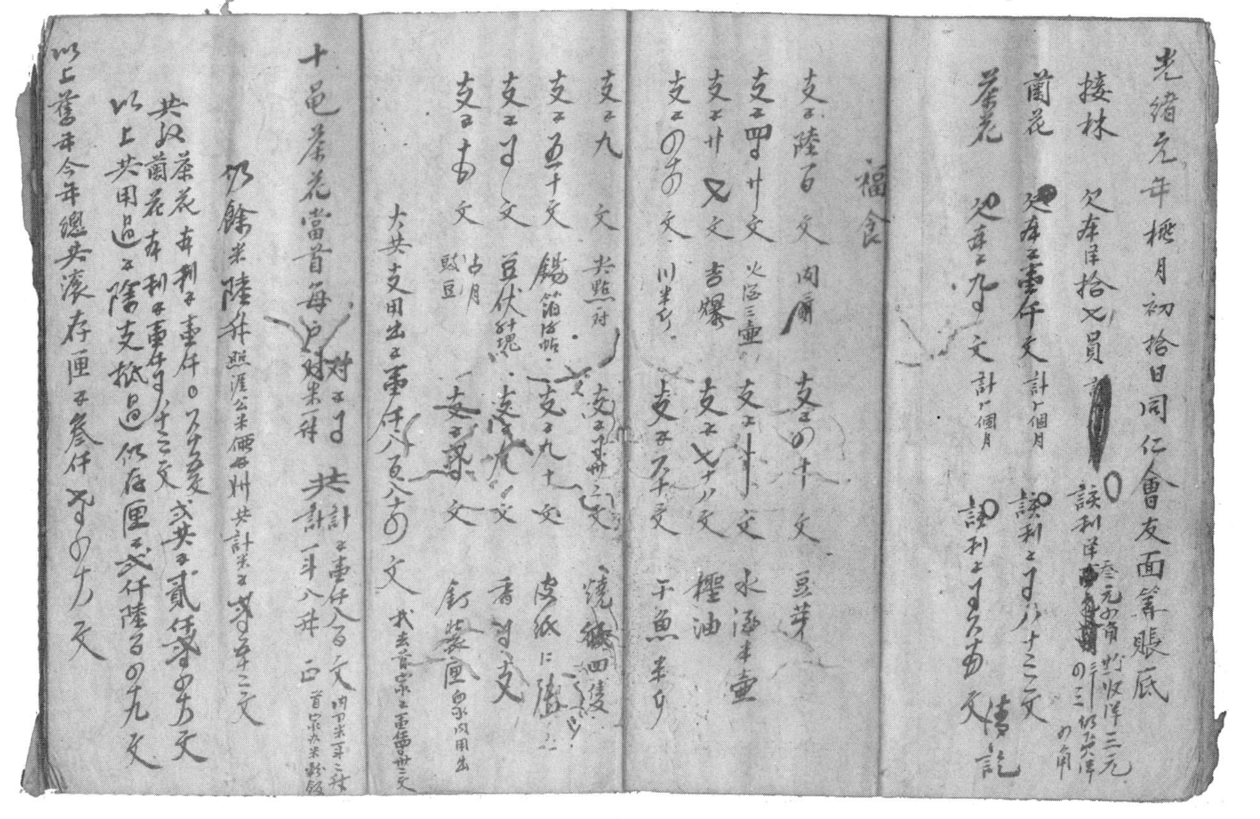

大部山乡江村 35-8 · 同治九年至民国十七年 · 流水账（面算账底）· 同仁会众友

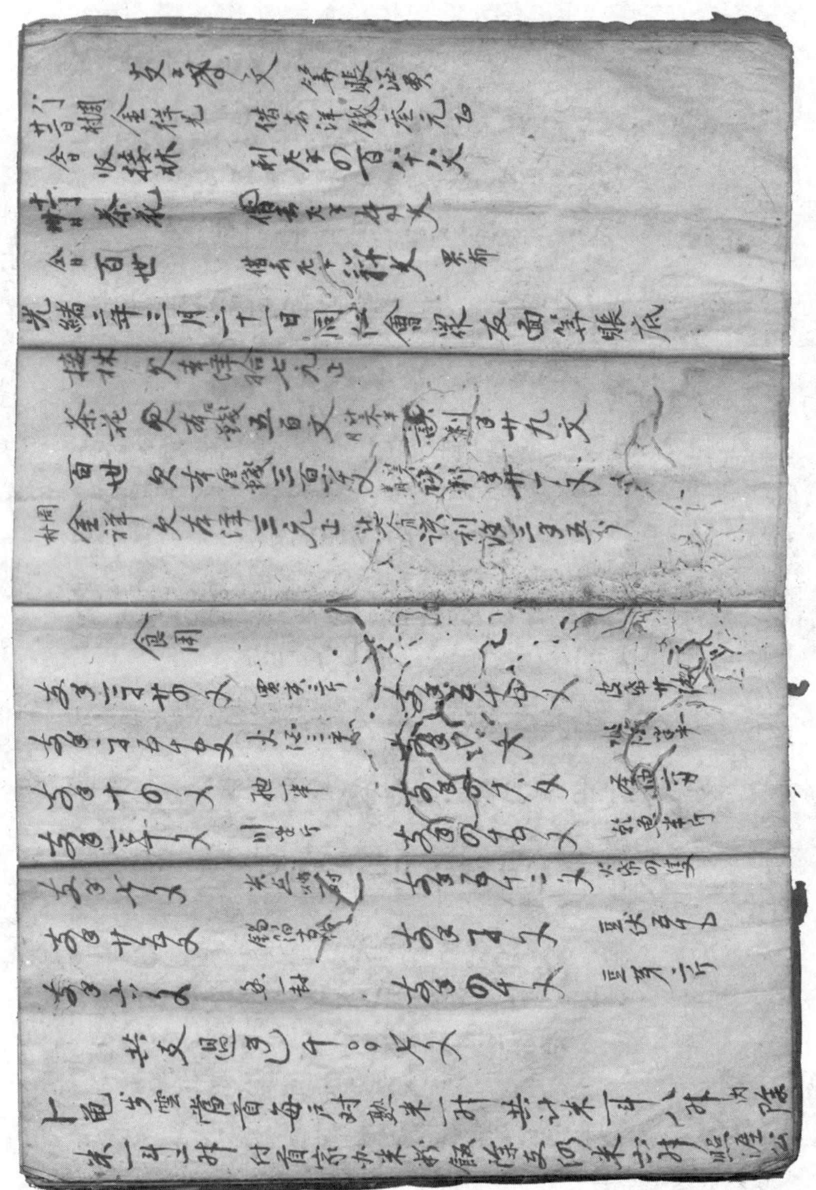

大鄣山乡江村 35-9 · 同治九年至民国十七年 · 流水账（面算账底）· 同仁会众友

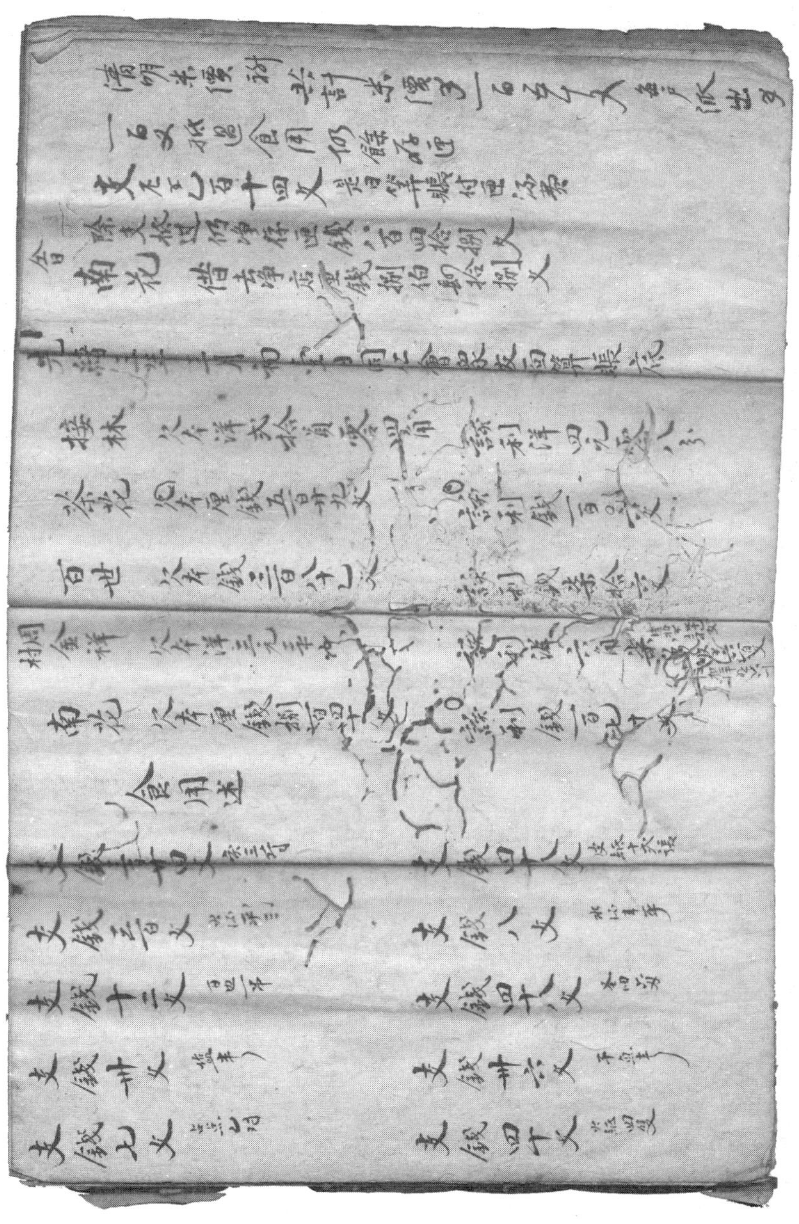

大鄣山乡江村 35-10 · 同治九年至民国十七年 · 流水账（面算账底） · 同仁会众友

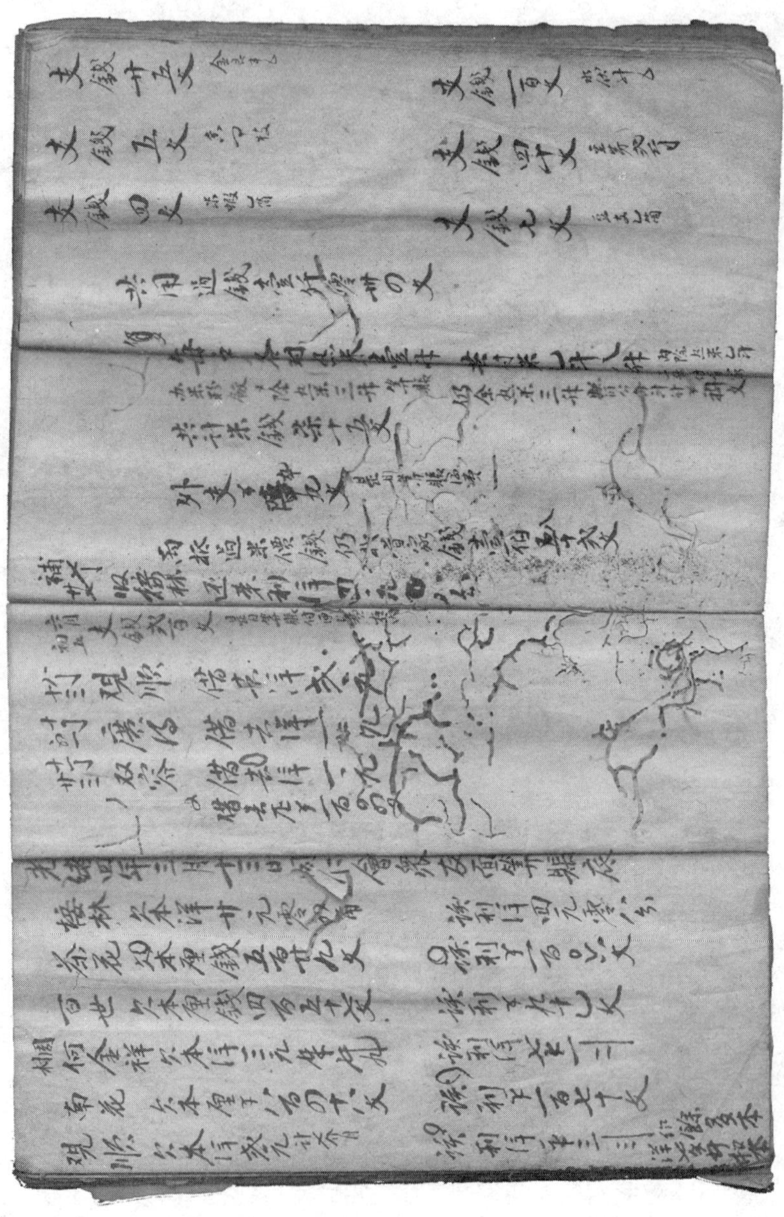

大鄣山乡江村 35-11 · 同治九年至民国十七年 · 流水账（面算账底） · 同仁会众友

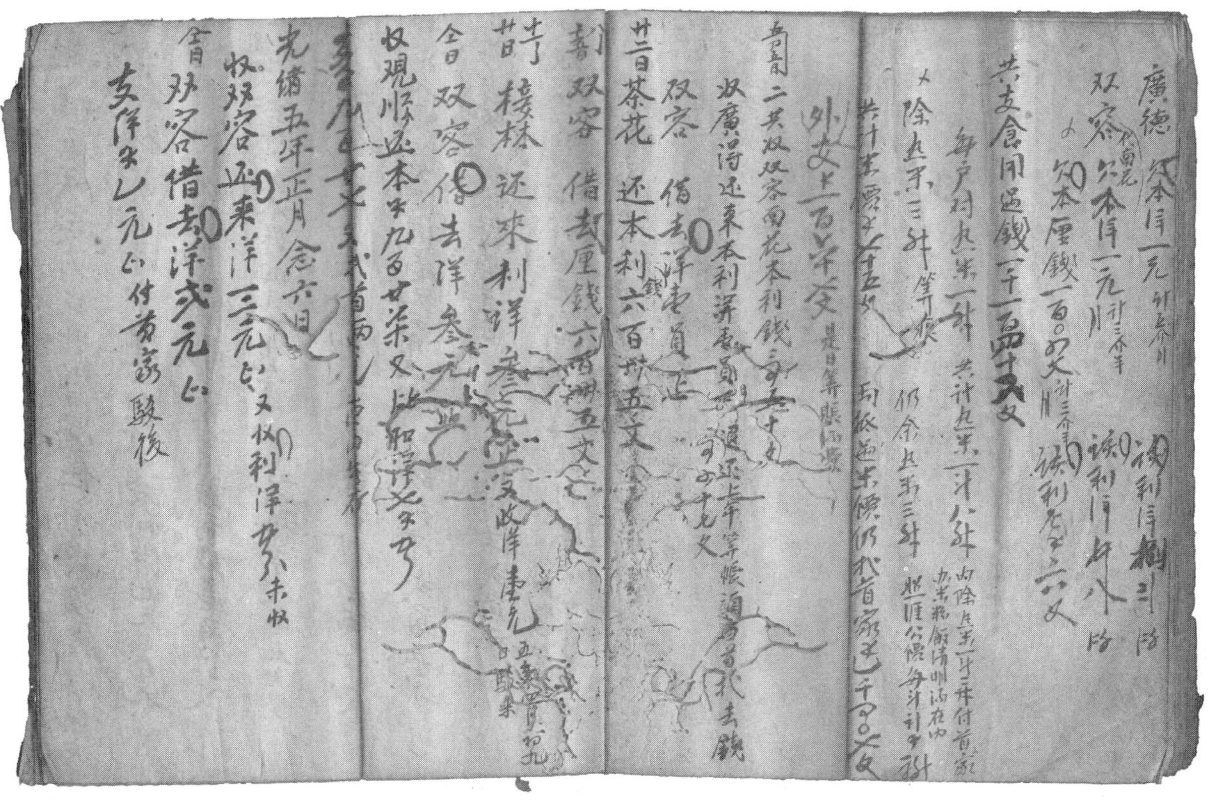

大鄣山乡江村 35-12 · 同治九年至民国十七年 · 流水账（面算账底）· 同仁会众友

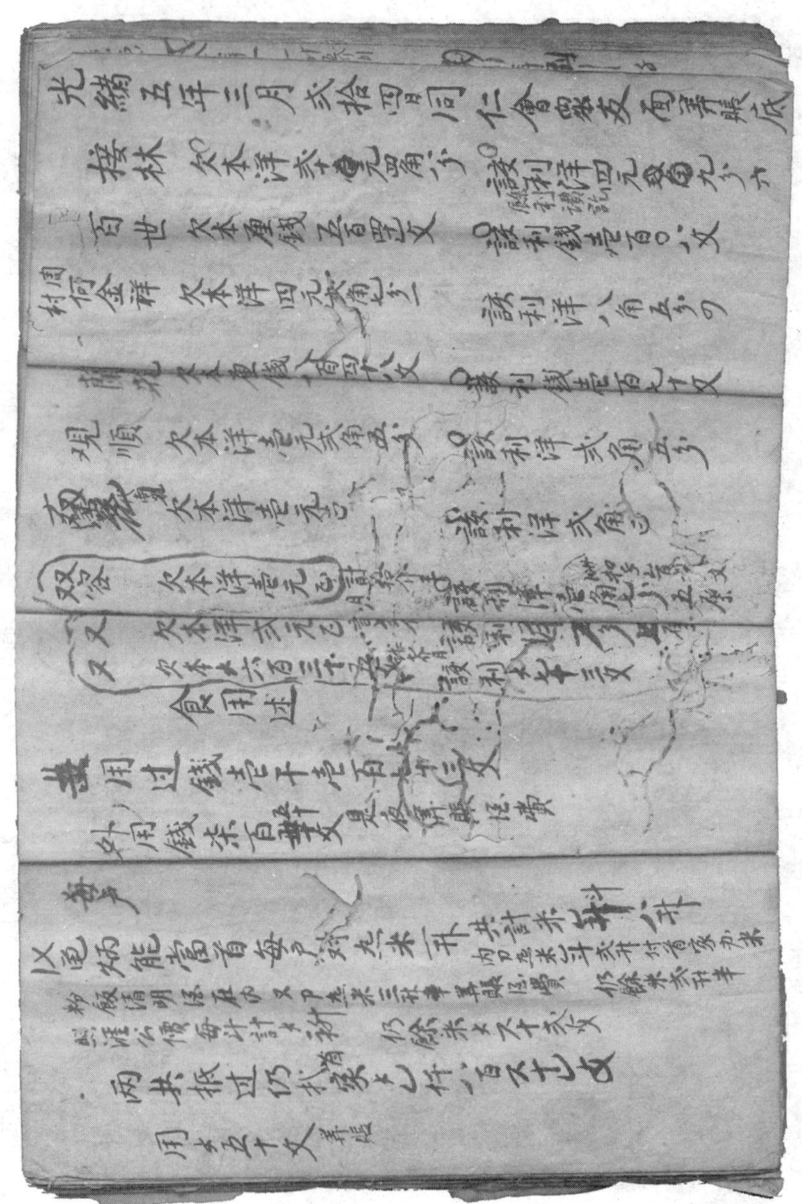

大鄣山乡江村 35-13 · 同治九年至民国十七年 · 流水账（面算账底）· 同仁会众友

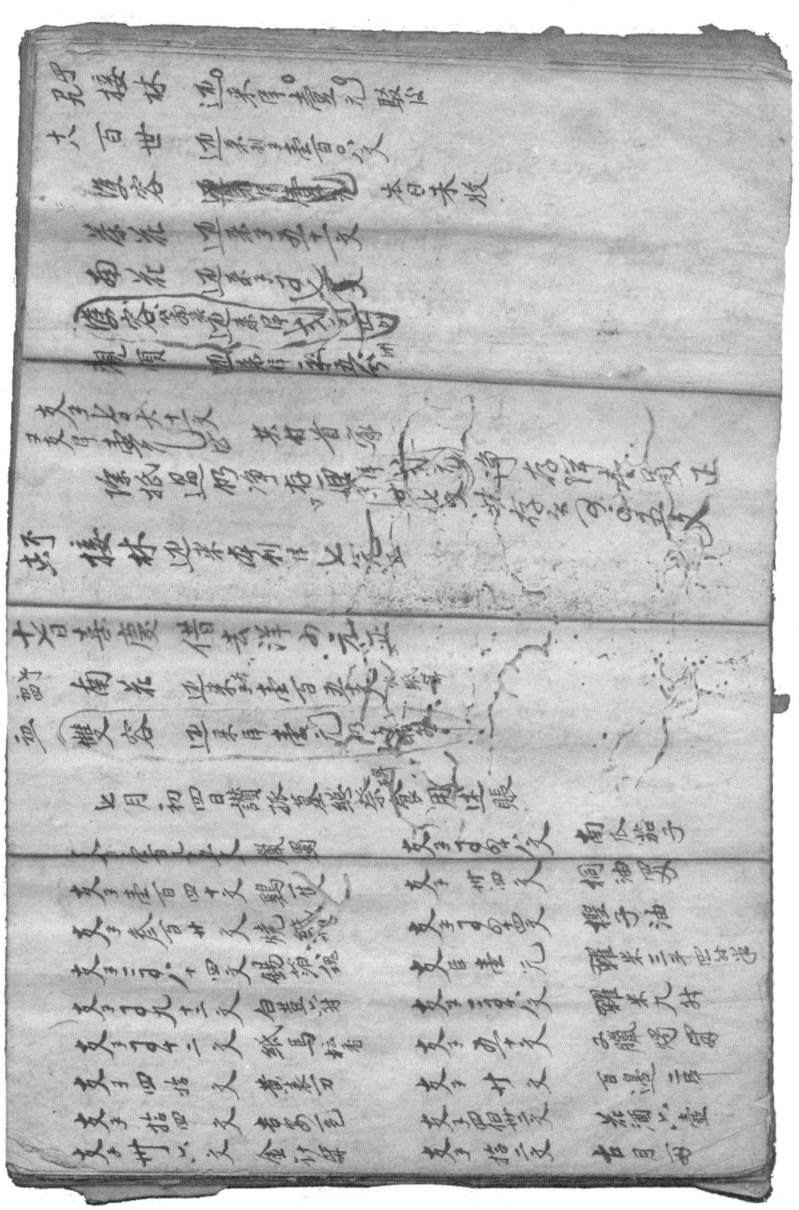

大郭山乡江村 35-14 · 同治九年至民国十七年 · 流水账（面算账底）· 同仁会众友

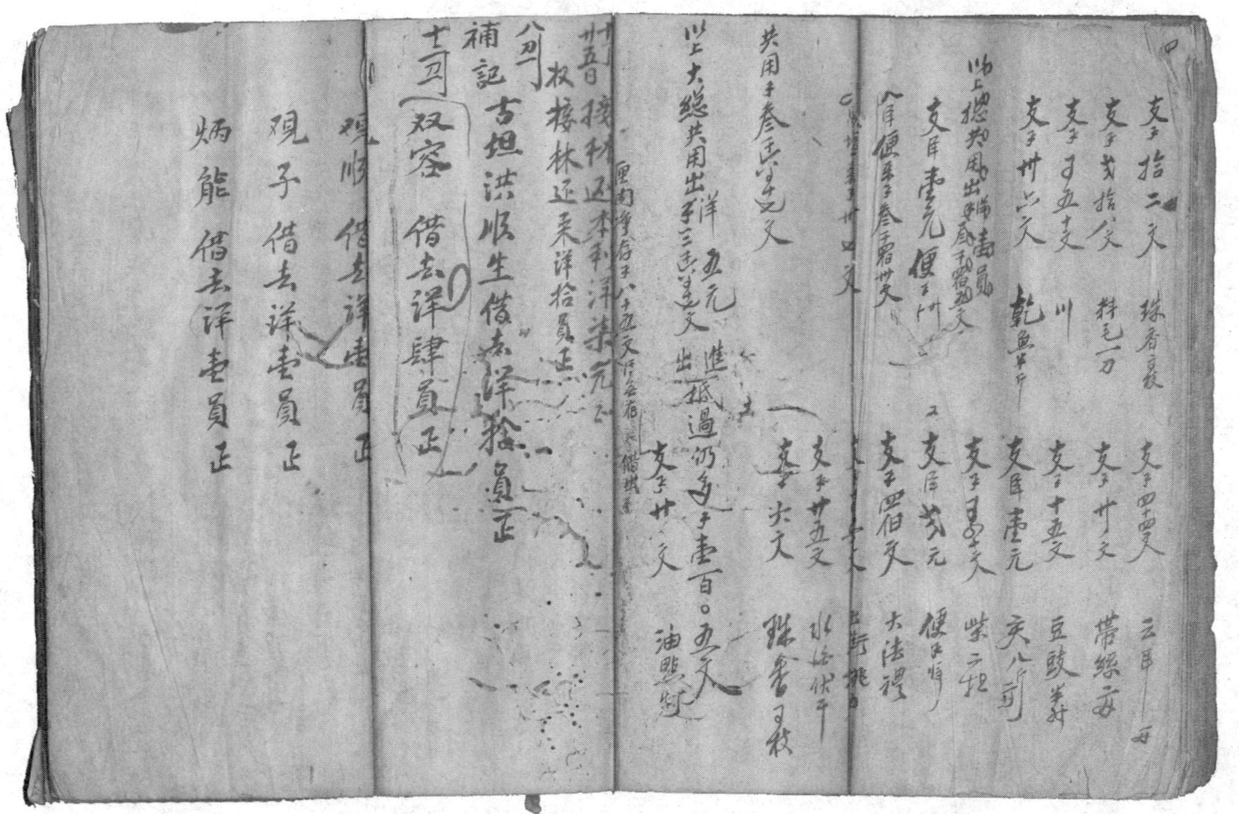

大鄣山乡江村 35-15 · 同治九年至民国十七年 · 流水账（面算账底）· 同仁会众友

光緒六年弍月弍拾捌日同仁會支面算底

百世 欠本屋錢五百四十七文 該利錢壹百零八文

周村周金祥 欠本洋五元壹角弍斗 該利洋壹元零弍斗

蘭花 欠本屋錢六百九十八文 該利錢壹百三十九文

又 欠本洋壹元正 該利弍角

喜慶 欠本洋四元 計六个半月 該利洋五角六分

觀順 欠本洋壹元弍角五斗 該利洋弍角五斗

双容 欠本洋壹元 該利洋壹角八斗

又 欠本洋弍元 該利洋四角

古坦洪收生 欠本洋拾元正 計个七月 該利洋壹元四角正

双容 欠本洋肆元正 該利洋弍角

觀順 欠本洋壹元正 計三个月 該利洋四分九厘八

觀子 欠本洋壹元正 計三个月 該利洋四分九厘八

炳能 欠本洋壹元正 計三个月 該利洋四分九厘八

十五日 當首每户对米一升 共計米壹斗八升

又 米三斗半 算賬泛費 仍餘米弍斗半

照往例清明價每斗作 斗 仍餘米 斗 文

共支过食用錢壹仟零拾壹文

抵过米價錢九百四十九文

外用过錢五百七十八文 是夜算賬泛費

大鄣山乡江村 35-16 · 同治九年至民国十七年 · 流水账（面算账底）· 同仁会众友

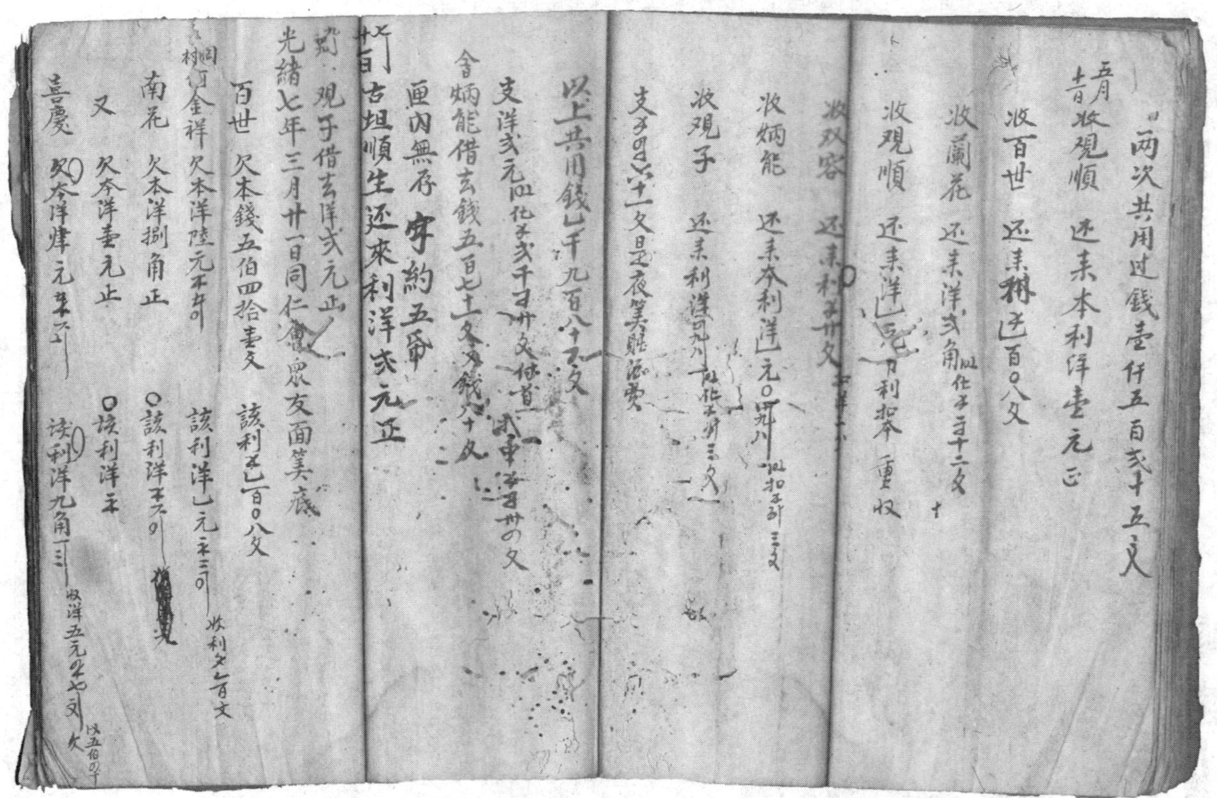

大鄣山乡江村 35-17 · 同治九年至民国十七年 · 流水账（面算账底）· 同仁会众友

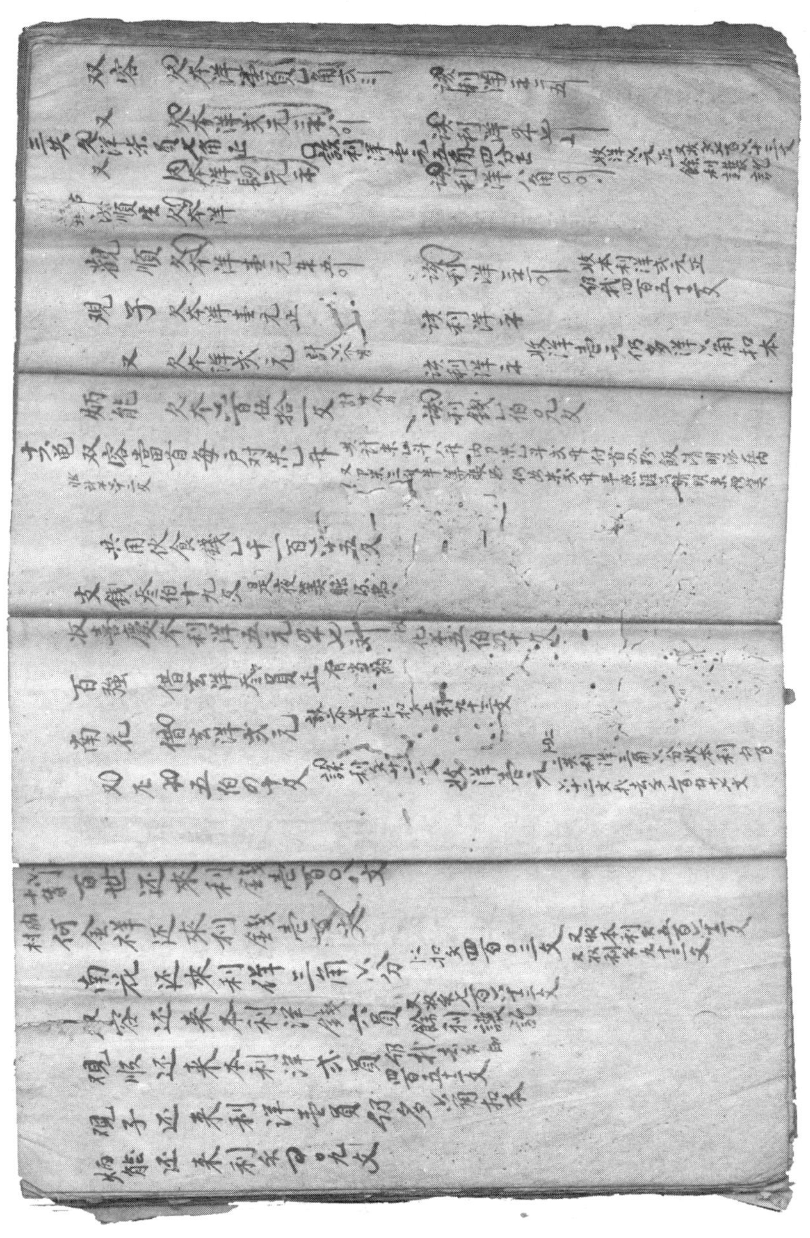

大鄣山乡江村 35-18 · 同治九年至民国十七年 · 流水账（面算账底）· 同仁会众友

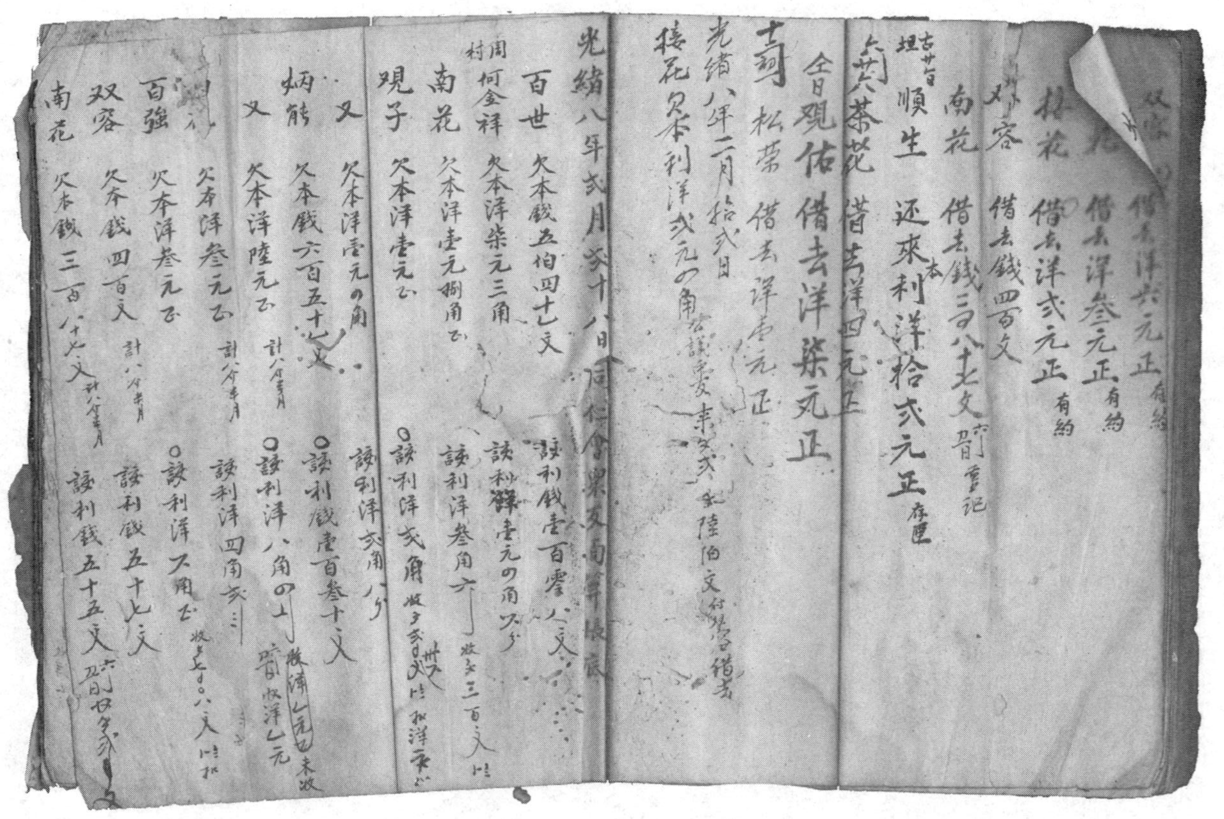

大鄣山乡江村 35-19 · 同治九年至民国十七年 · 流水账（面算账底）· 同仁会众友

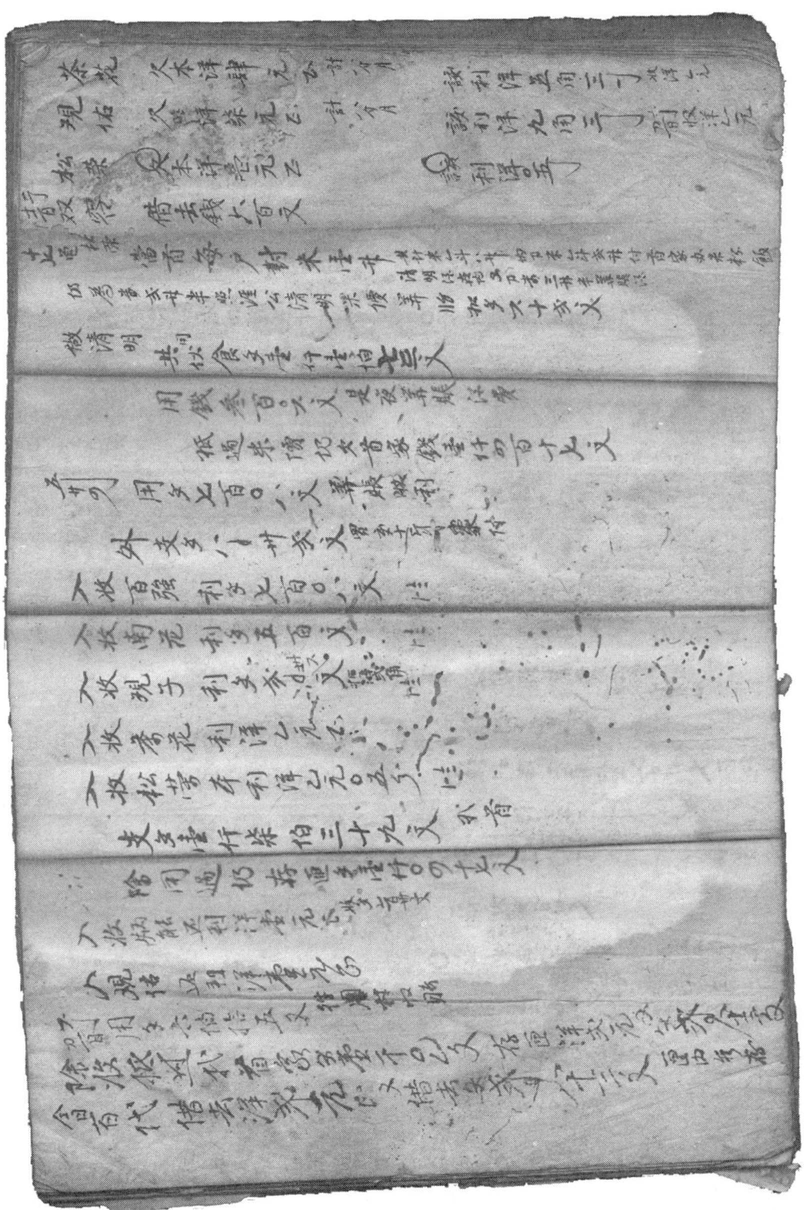

大鄣山乡江村 35-20 · 同治九年至民国十七年 · 流水账（面算账底）· 同仁会众友

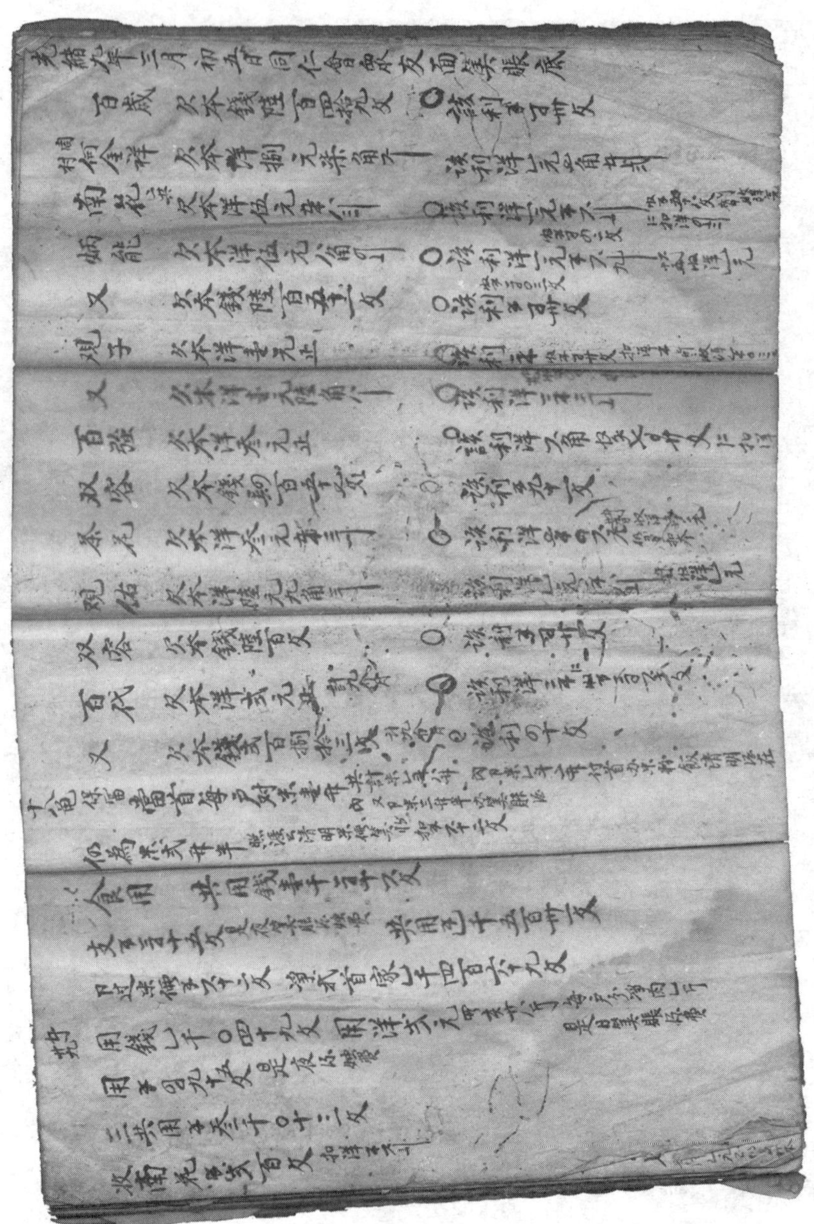

大鄣山乡江村 35-21 · 同治九年至民国十七年 · 流水账（面算账底） · 同仁会众友

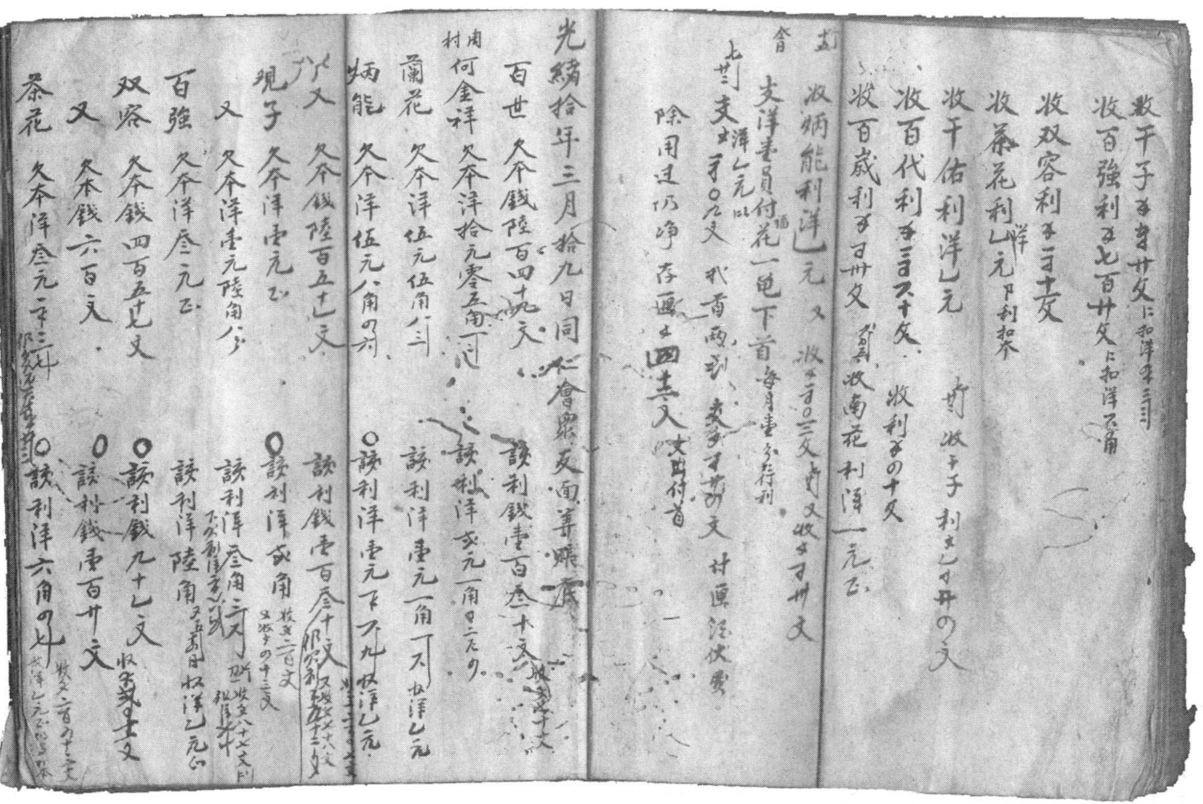

大鄣山乡江村 35-22 · 同治九年至民国十七年 · 流水账（面算账底）· 同仁会众友

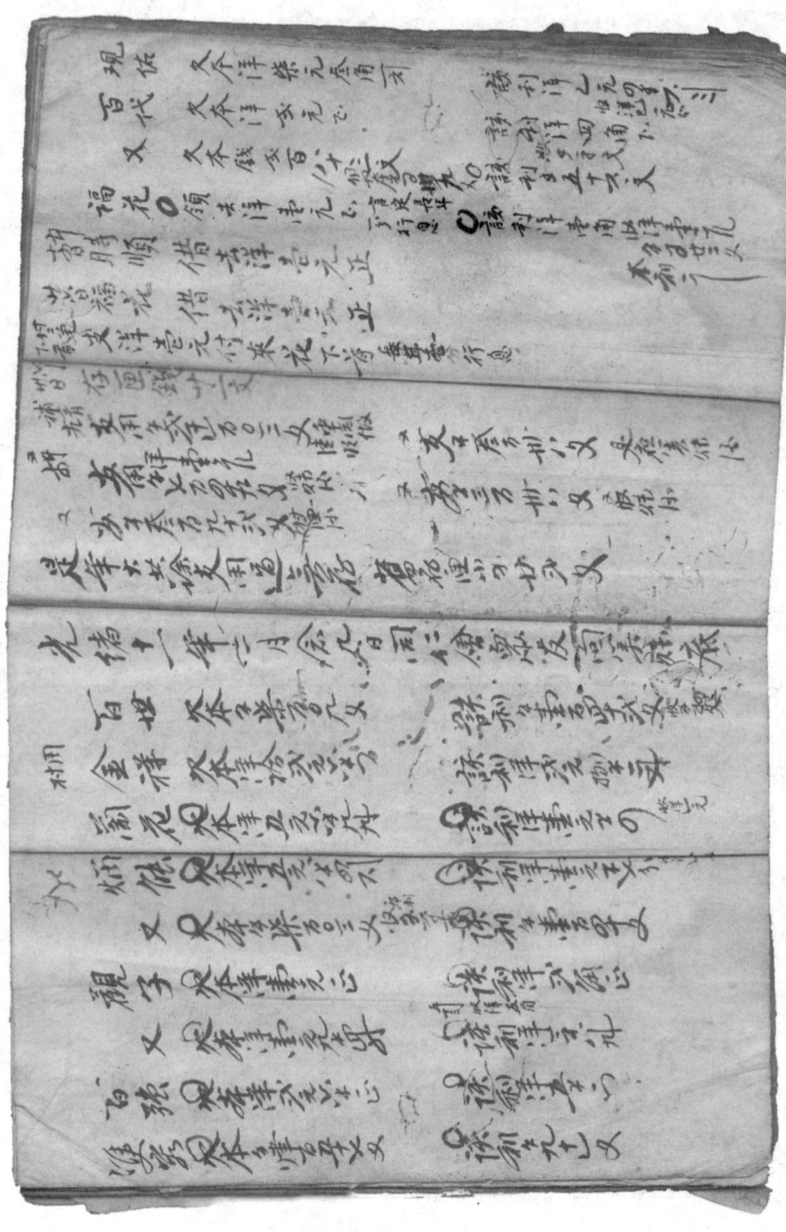

大鄣山乡江村 35-23 · 同治九年至民国十七年 · 流水账（面算账底）· 同仁会众友

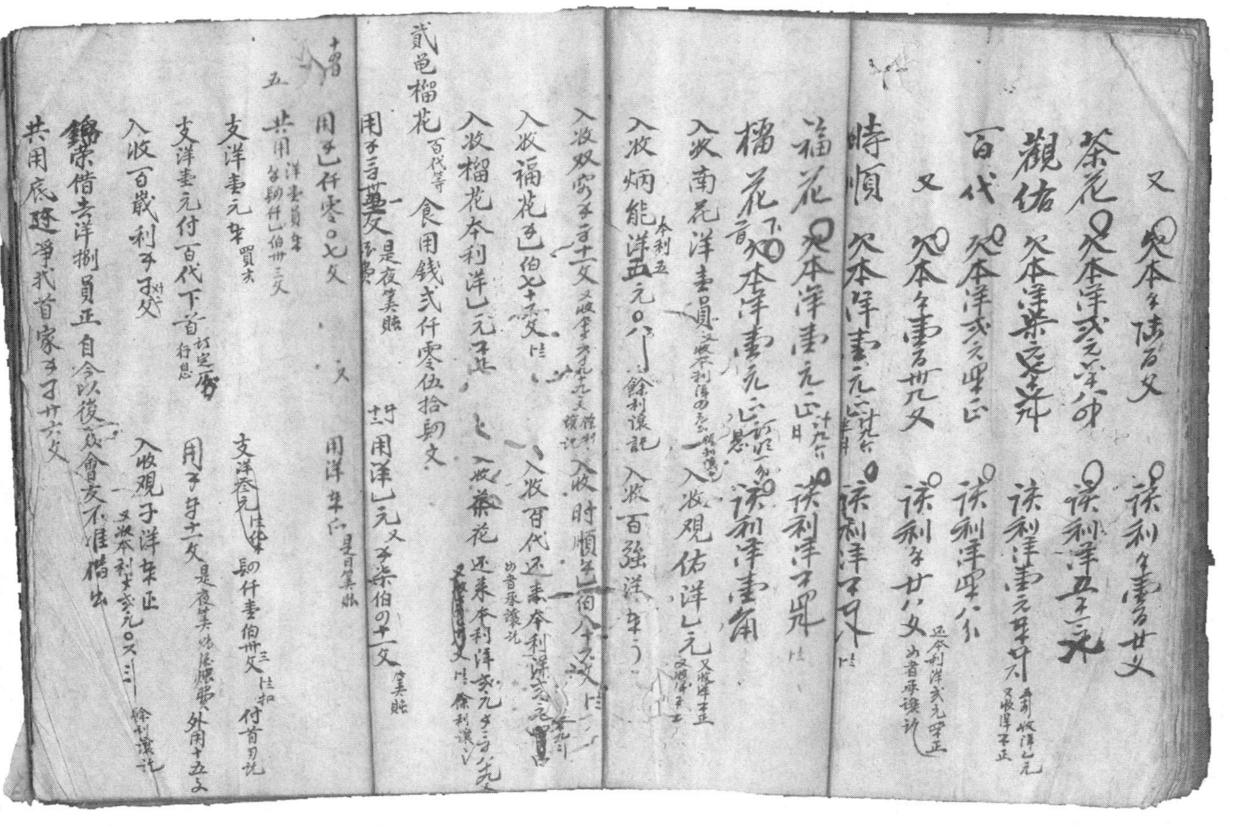

大鄣山乡江村 35-24・同治九年至民国十七年・流水账（面算账底）・同仁会众友

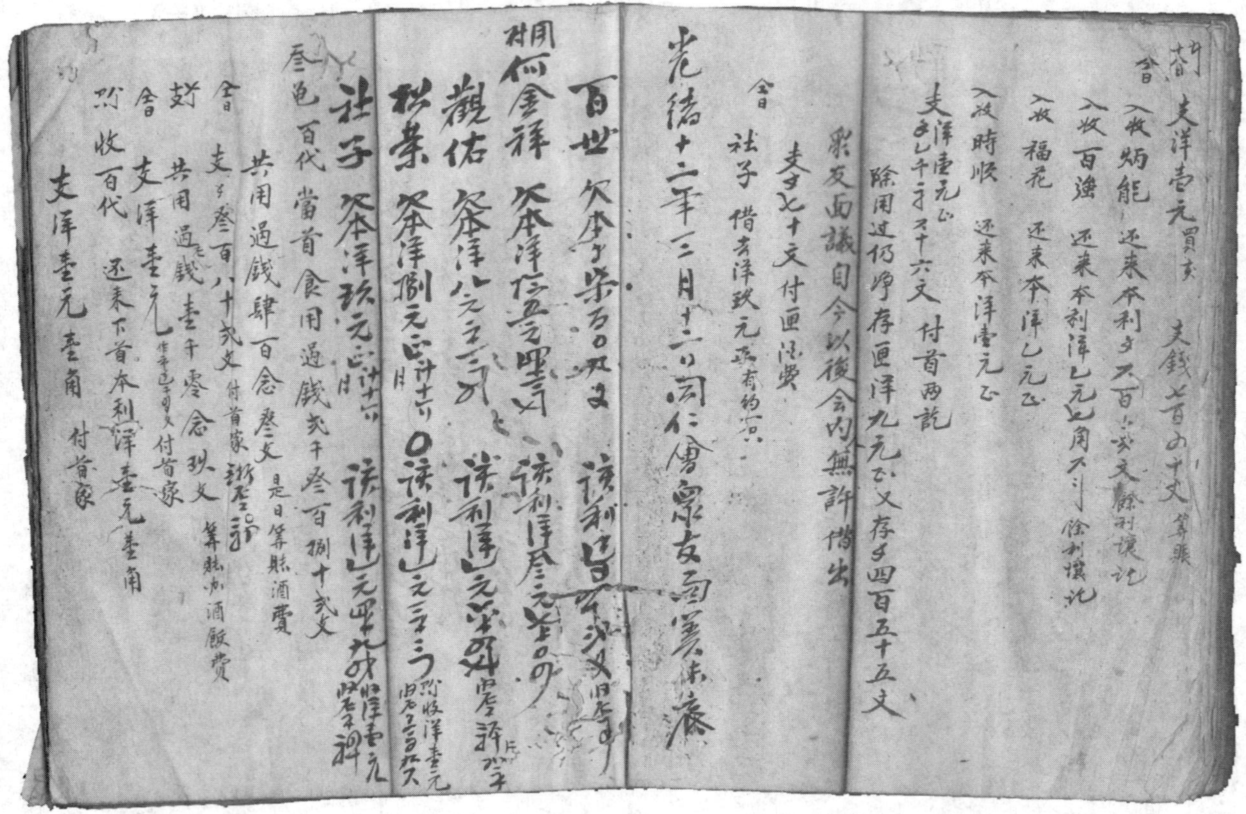

大鄣山乡江村 35-25 · 同治九年至民国十七年 · 流水账（面算账底）· 同仁会众友

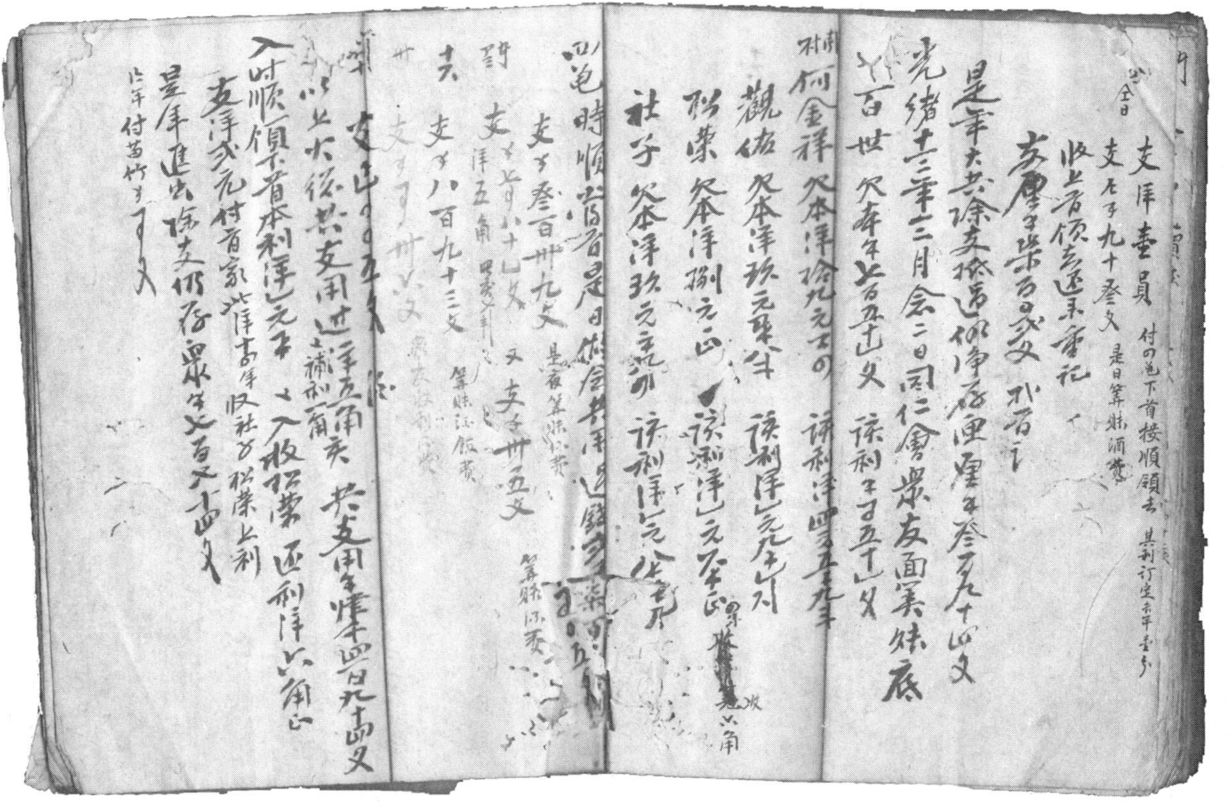

大鄣山乡江村 35-26 · 同治九年至民国十七年 · 流水账（面算账底）· 同仁会众友

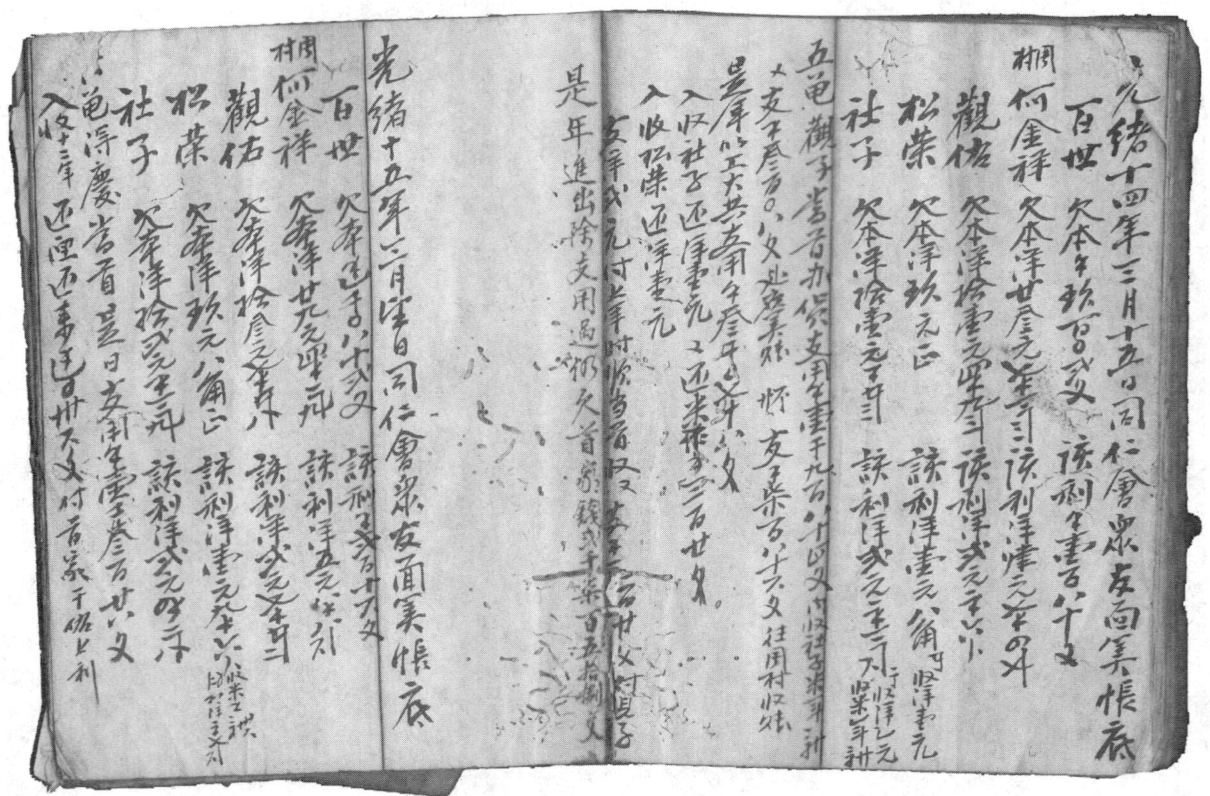

大鄣山乡江村 35-27 · 同治九年至民国十七年 · 流水账（面算账底）· 同仁会众友

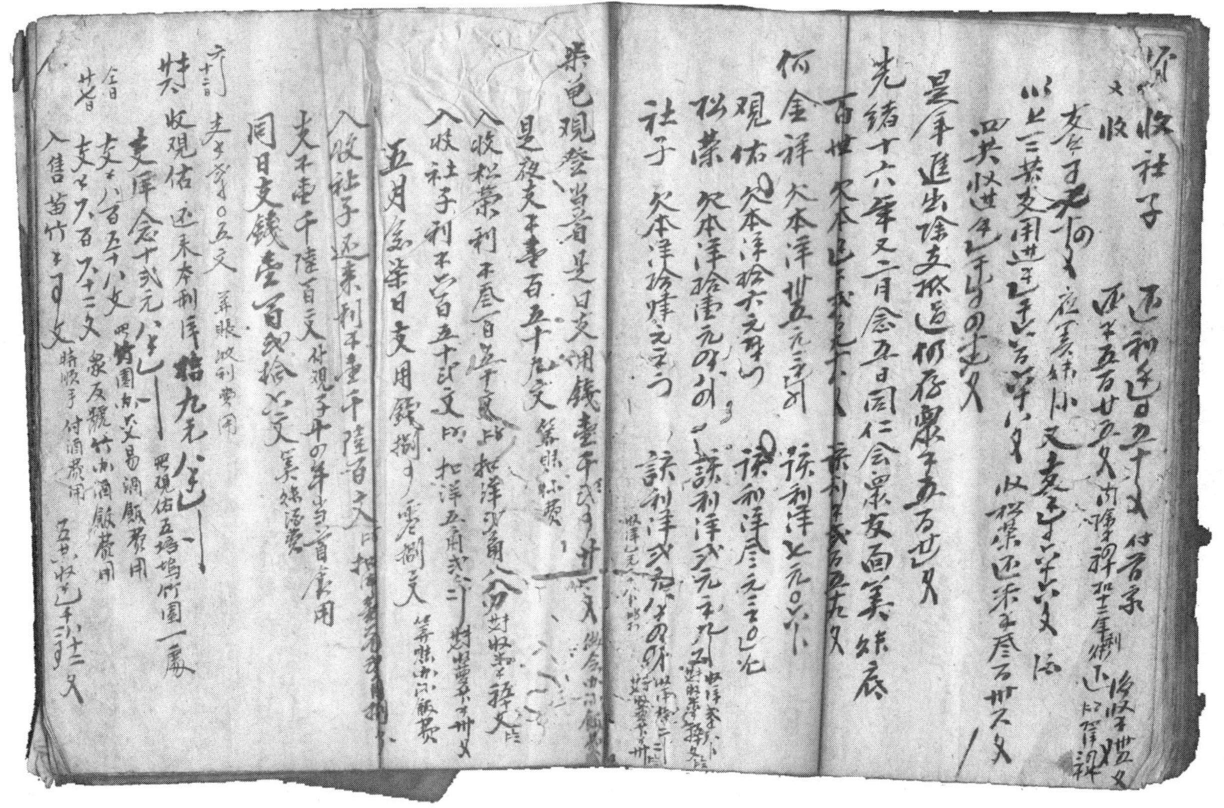

大郭山乡江村 35-28・同治九年至民国十七年・流水账（面算账底）・同仁会众友

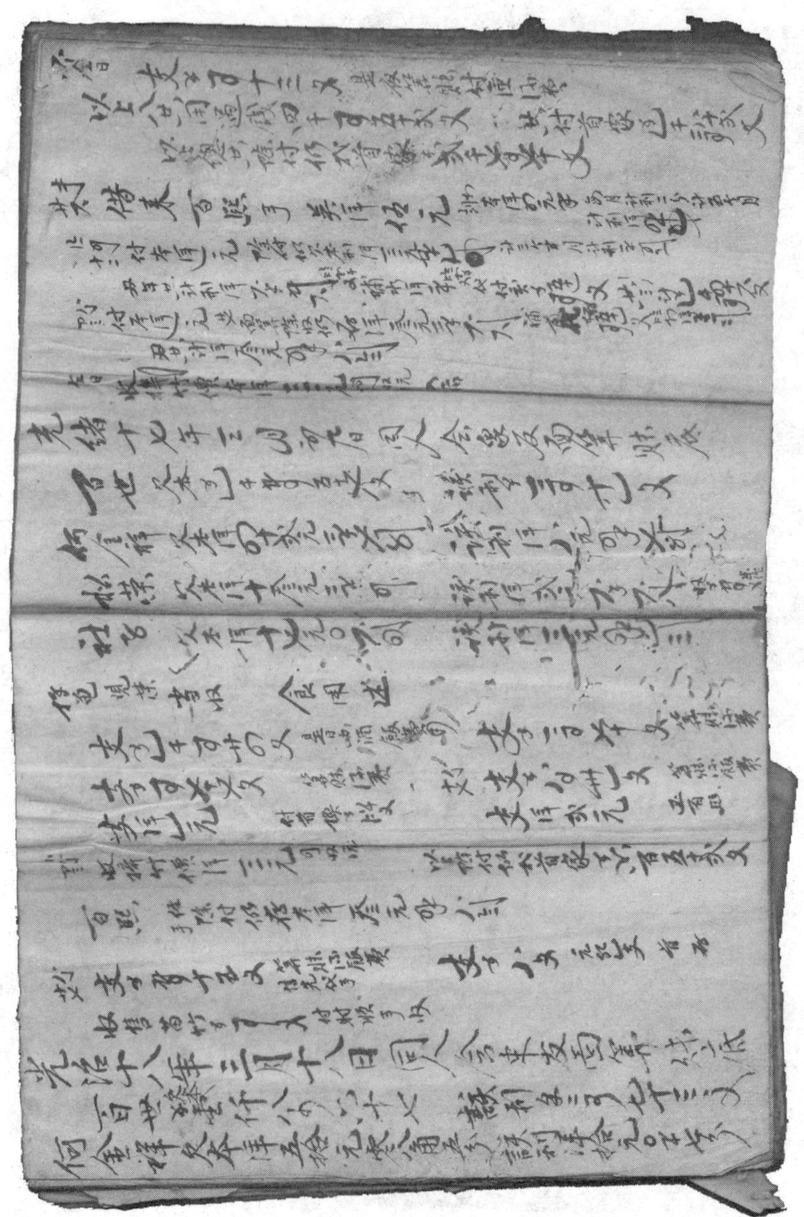

大鄣山乡江村 35-29 · 同治九年至民国十七年 · 流水账（面算账底）· 同仁会众友

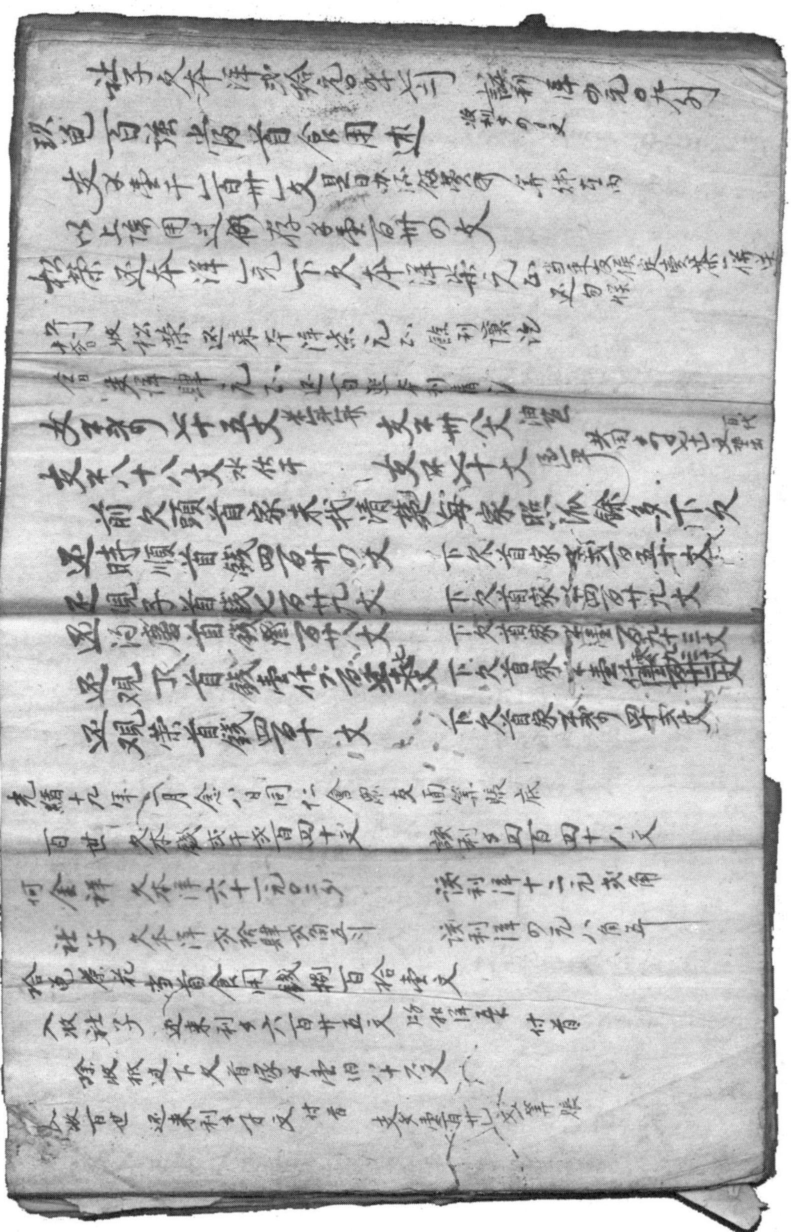

大鄣山乡江村 35-30 · 同治九年至民国十七年 · 流水账（面算账底）· 同仁会众友

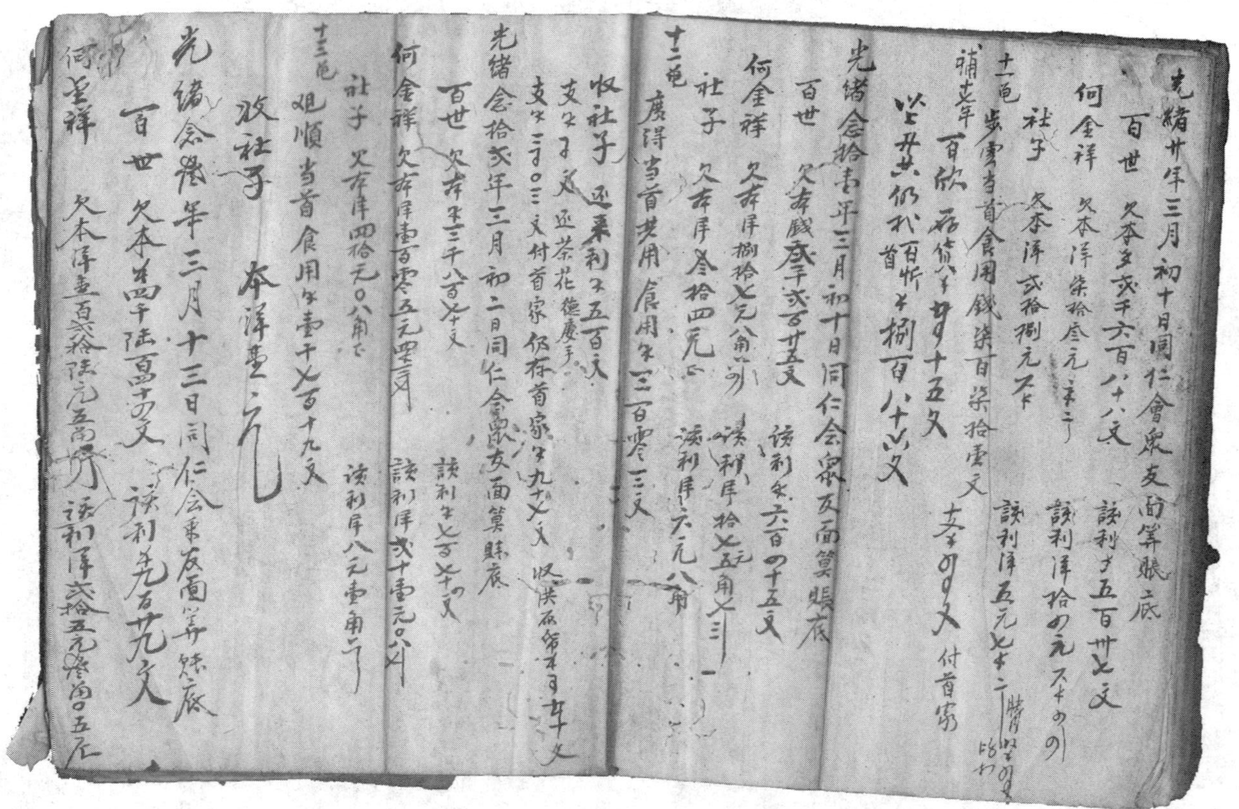

光緒廿年三月初十日同仁會衆友面算賬底
百世 欠本[illegible]六百八十八文 該利[illegible]五百卅七文
何金祥 欠本洋柒拾叁元[illegible] 該利洋拾四元[illegible]
社子 欠本洋弍拾捌元[illegible] 該利洋五元[illegible]
十一邑 步雲当首會用錢柒百柒拾壹文
補十一年 百欣 存貸[illegible]十五文 [illegible]文 付首家
[illegible]仍找首[illegible]捌百八十[illegible]文

光緒念壹年三月初十日同仁会衆友面算賬底
百世 欠本錢[illegible]文 該利[illegible]六百四十五文
何金祥 欠本洋捌拾七元八角[illegible] 該利洋拾七五元五角[illegible]
社子 欠本洋叁拾四元[illegible] 該利洋[illegible]元八角
十二邑 賡得当首共用食用[illegible]三百零三文

收社子 还乗利[illegible]五百文
支[illegible] 还茶花德慶手
支[illegible]文付首家 仍存首家[illegible]九十[illegible]文 收洪應[illegible]文

光緒念弍年三月初二日同仁会衆友面算賬底
百世 欠本[illegible]三千八百[illegible]文 該利[illegible]七百[illegible]文
何金祥 欠本洋壹百零五元[illegible] 該利洋弍十壹元[illegible]
社子 欠本洋四拾元〇八角[illegible] 該利洋八元壹角[illegible]
十三邑 姐順当首食用[illegible]壹十[illegible]百十九文
收社子 本洋壹元

光緒念叁年三月十三日同仁会衆友面算賬底
百世 欠本[illegible]四千陆百四十[illegible]文 該利[illegible]九百[illegible]文
何金祥 欠本洋壹百[illegible]拾陆元五角[illegible] 該利洋弍拾五元[illegible]五[illegible]

大郭山乡江村 35-31 · 同治九年至民国十七年 · 流水账（面算账底）· 同仁会众友

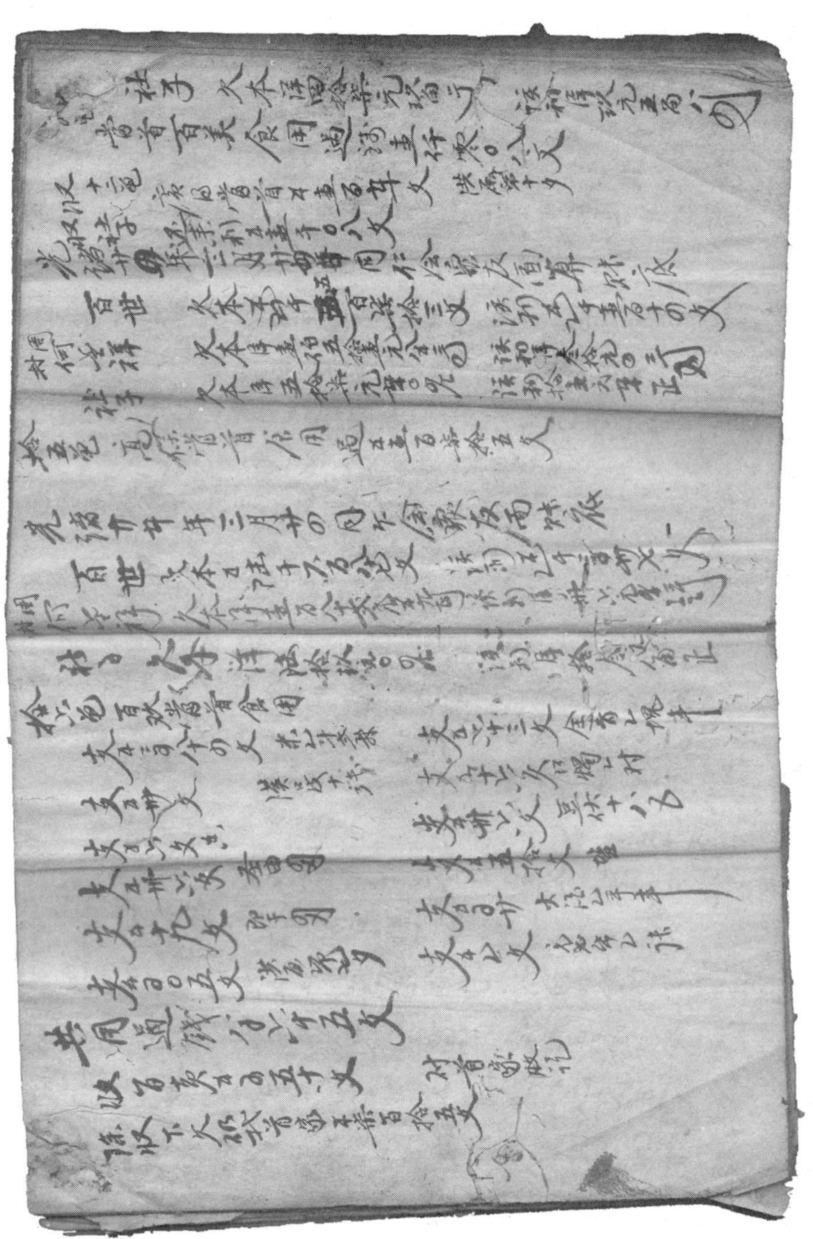

大鄣山乡江村 35-32 · 同治九年至民国十七年 · 流水账（面算账底）· 同仁会众友

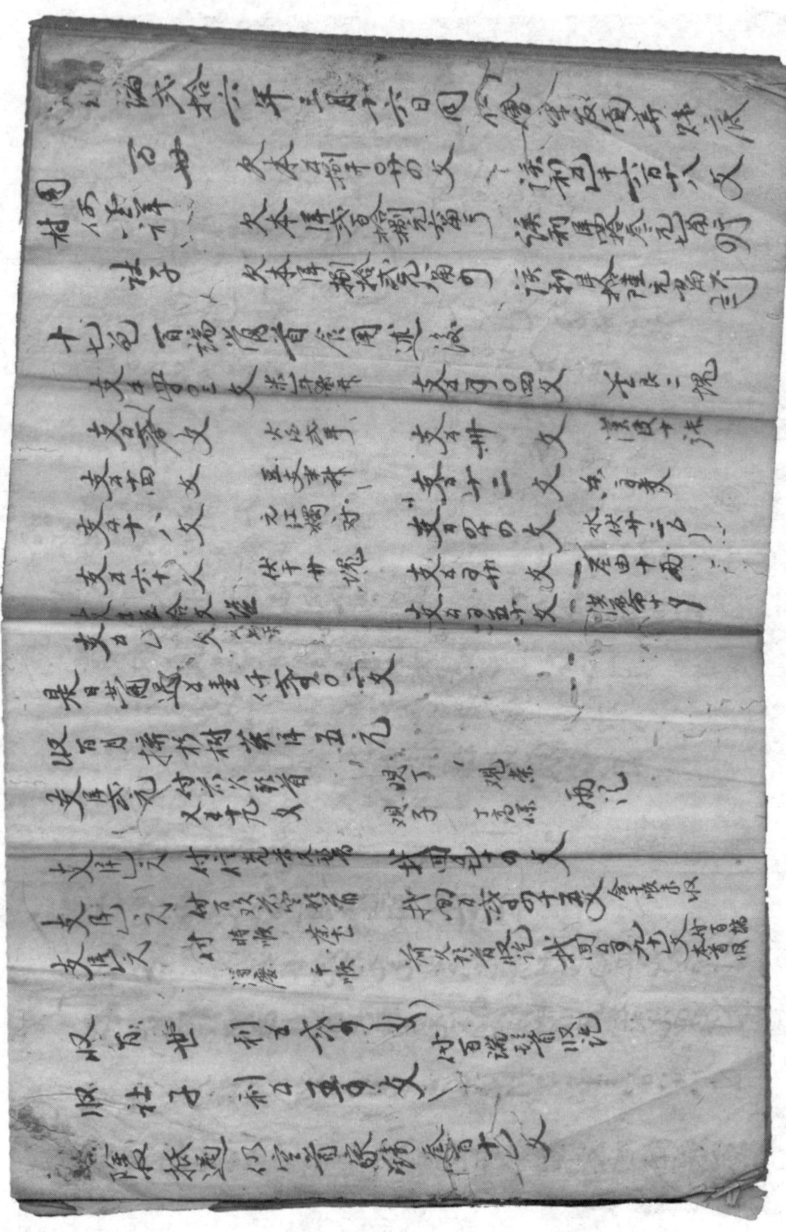

大鄣山乡江村 35-33 · 同治九年至民国十七年 · 流水账（面算账底）· 同仁会众友

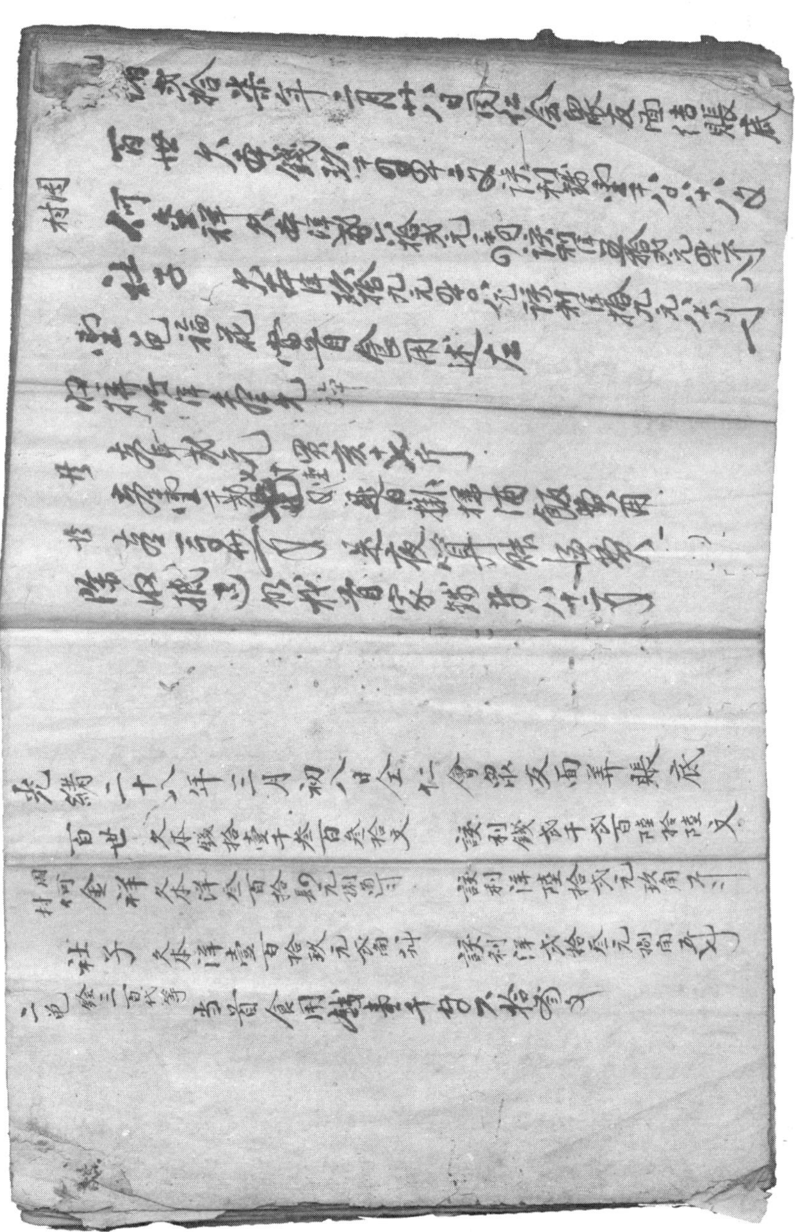

大鄣山乡江村 35-34 · 同治九年至民国十七年 · 流水账（面算账底）· 同仁会众友

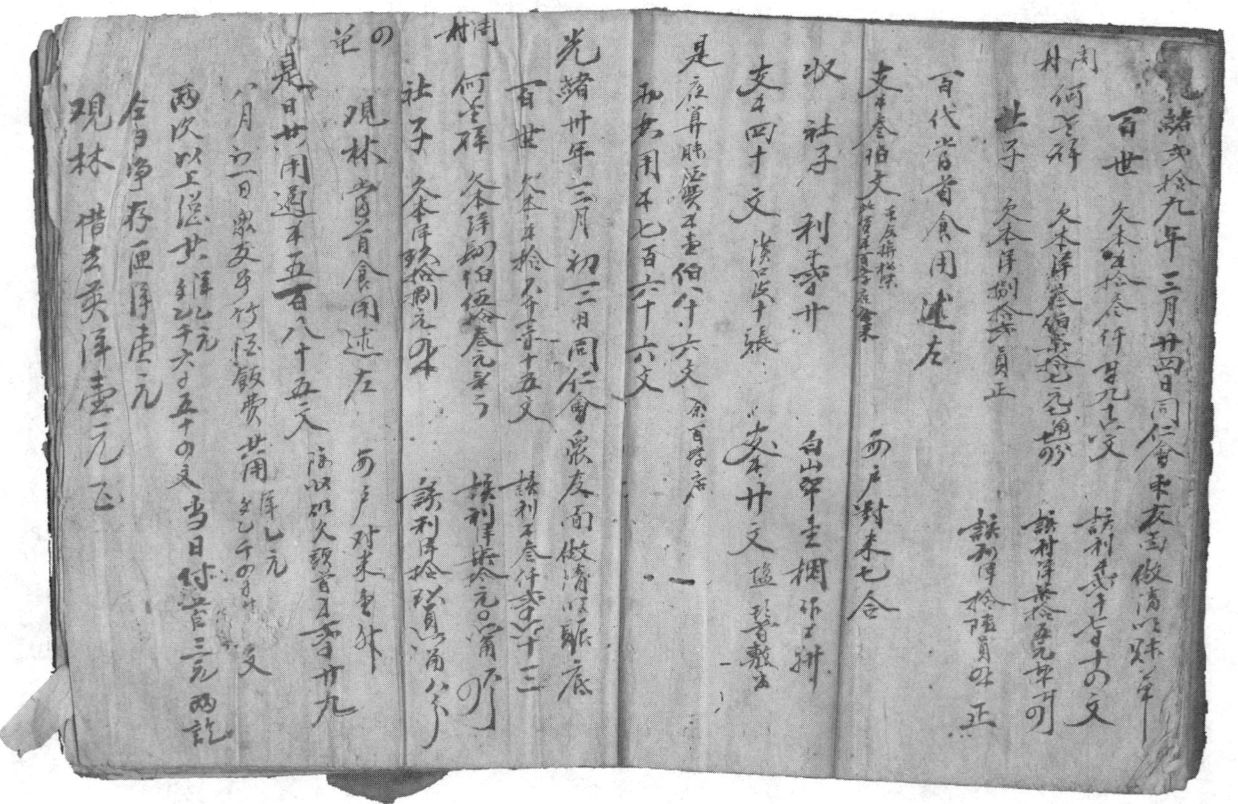

大鄣山乡江村 35-35 · 同治九年至民国十七年 · 流水账（面算账底）· 同仁会众友

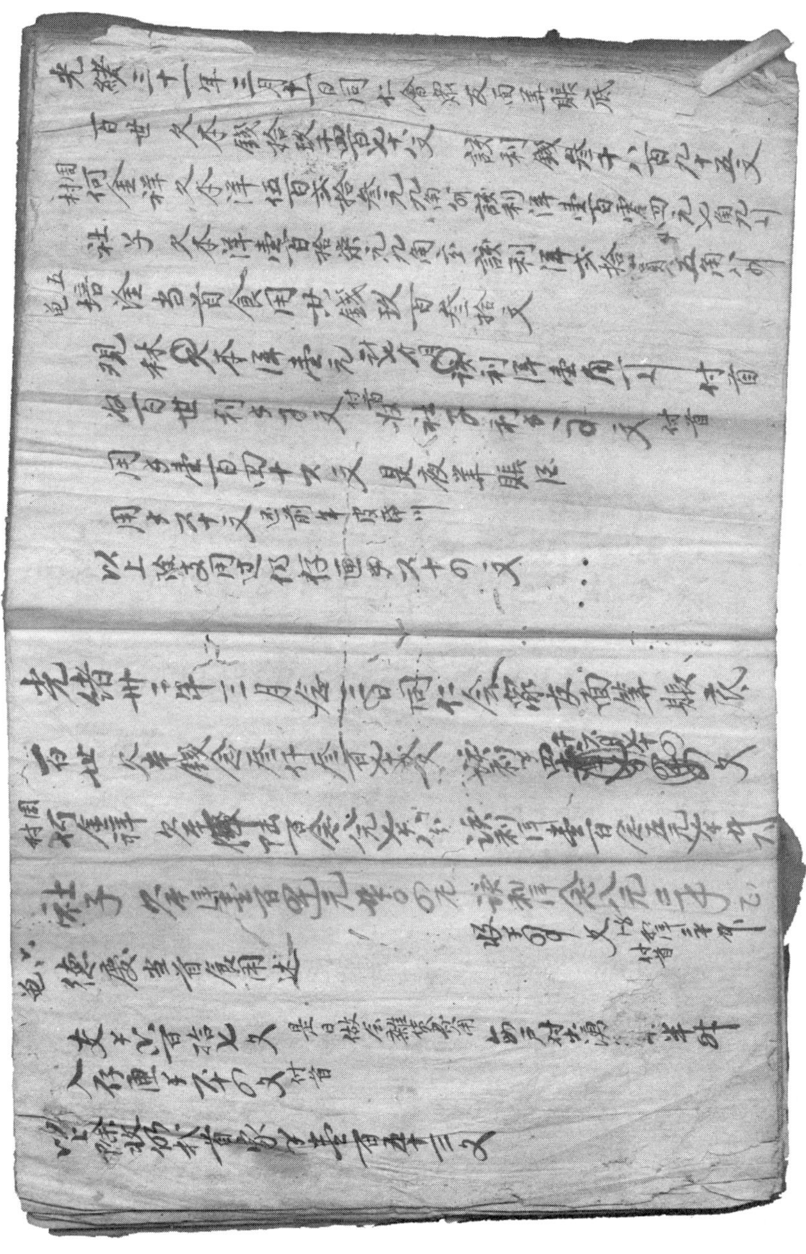

大鄣山乡江村 35-36 · 同治九年至民国十七年 · 流水账（面算账底）· 同仁会众友

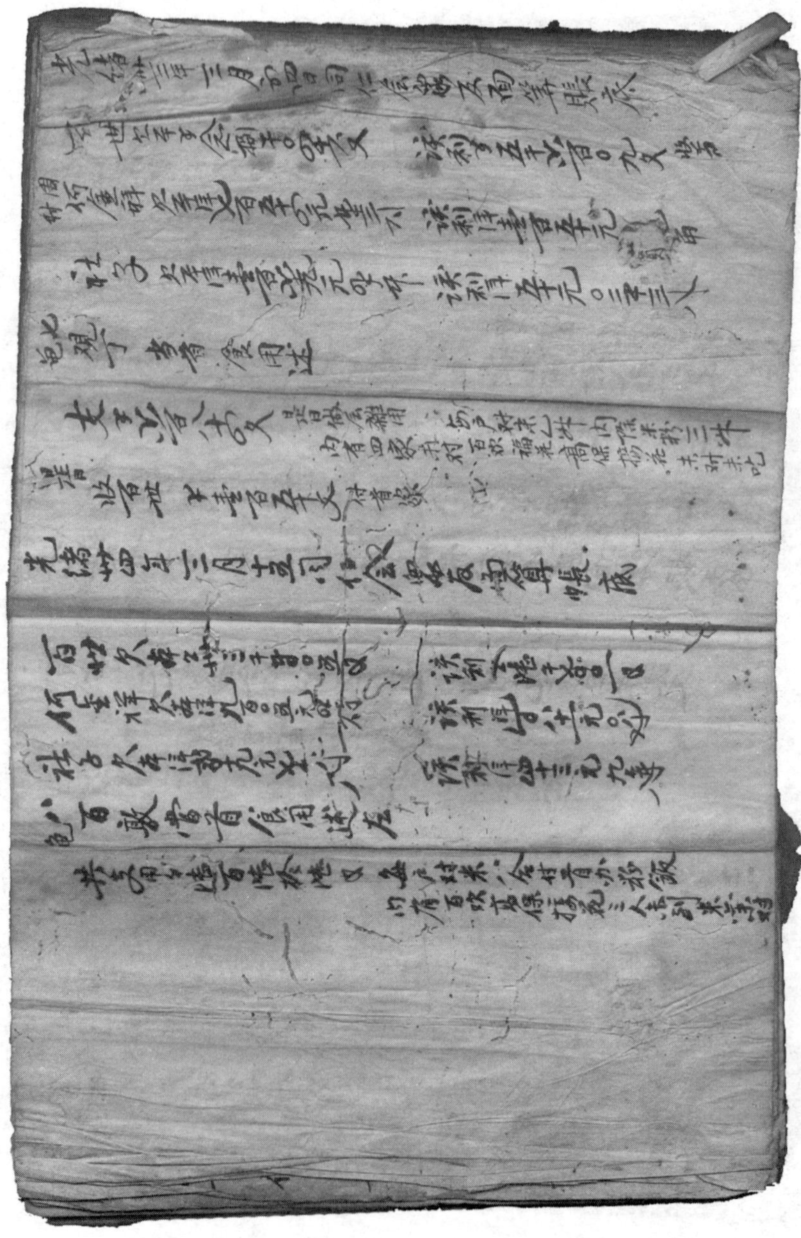

大郭山乡江村 35-37 · 同治九年至民国十七年 · 流水账（面算账底）· 同仁会众友

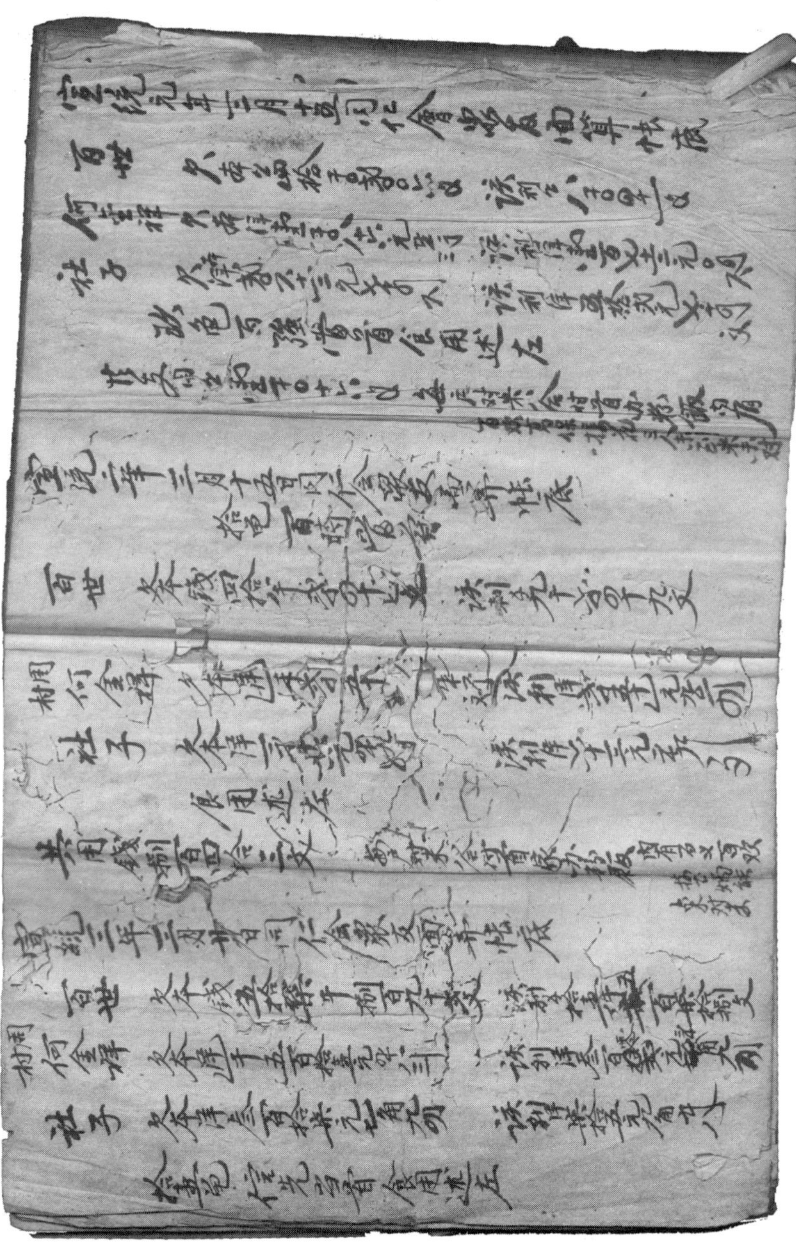

大鄣山乡江村 35-38 · 同治九年至民国十七年 · 流水账（面算账底）· 同仁会众友

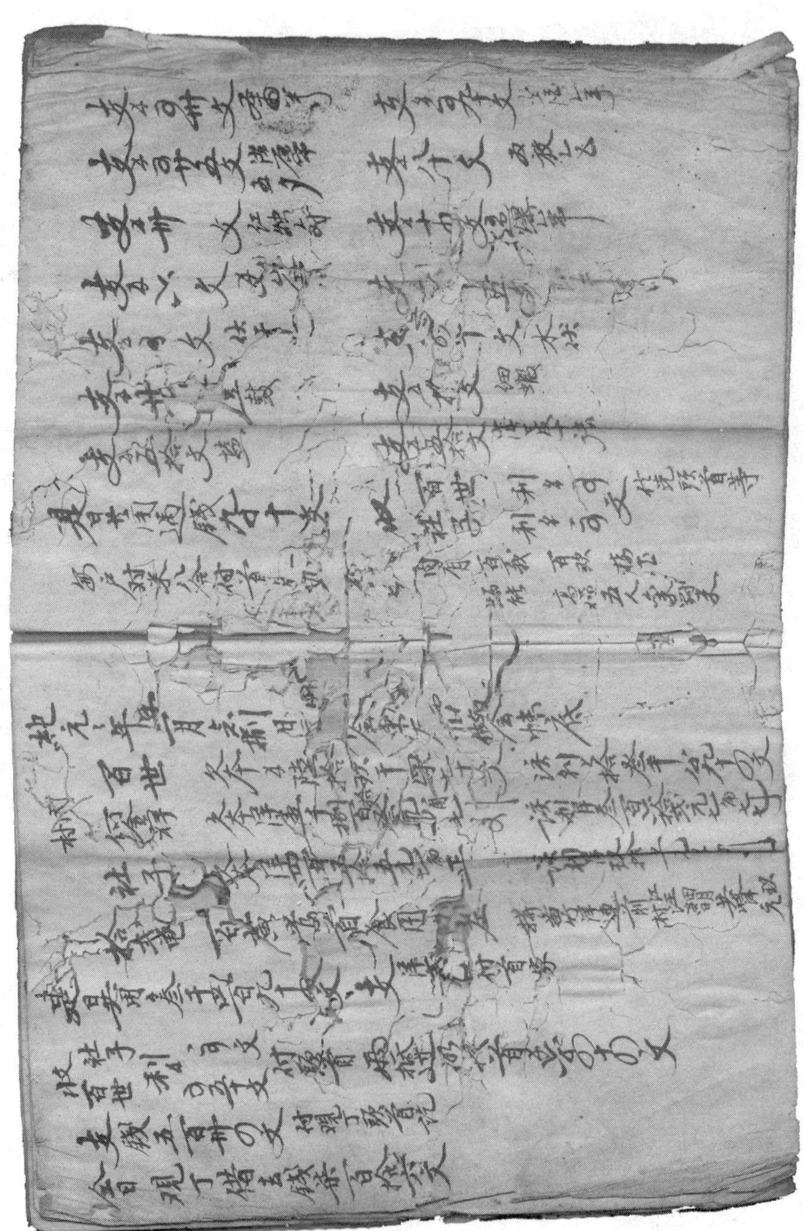

大郭山乡江村 35-39・同治九年至民国十七年・流水账（面算账底）・同仁会众友

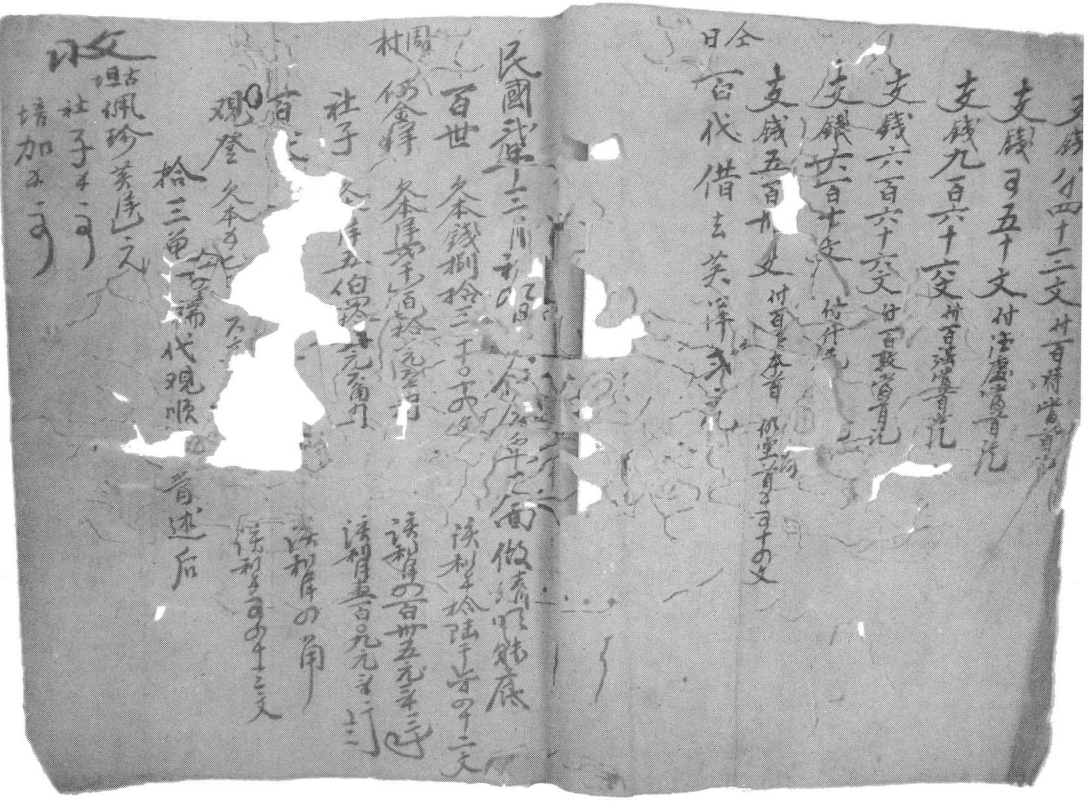

大鄣山乡江村 35-40 · 同治九年至民国十七年 · 流水账（面算账底）· 同仁会众友

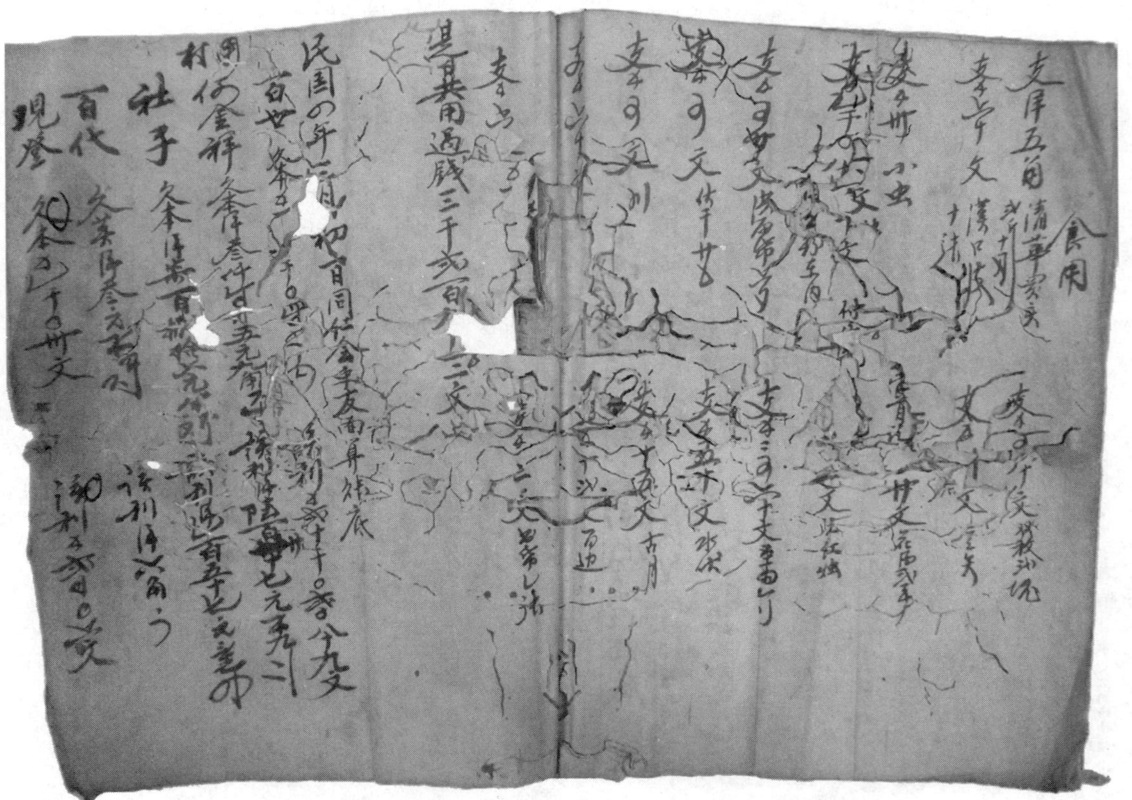

大鄣山乡江村 35-41 · 同治九年至民国十七年 · 流水账（面算账底）· 同仁会众友

大鄣山乡江村 35-42 · 同治九年至民国十七年 · 流水账（面算账底） · 同仁会众友

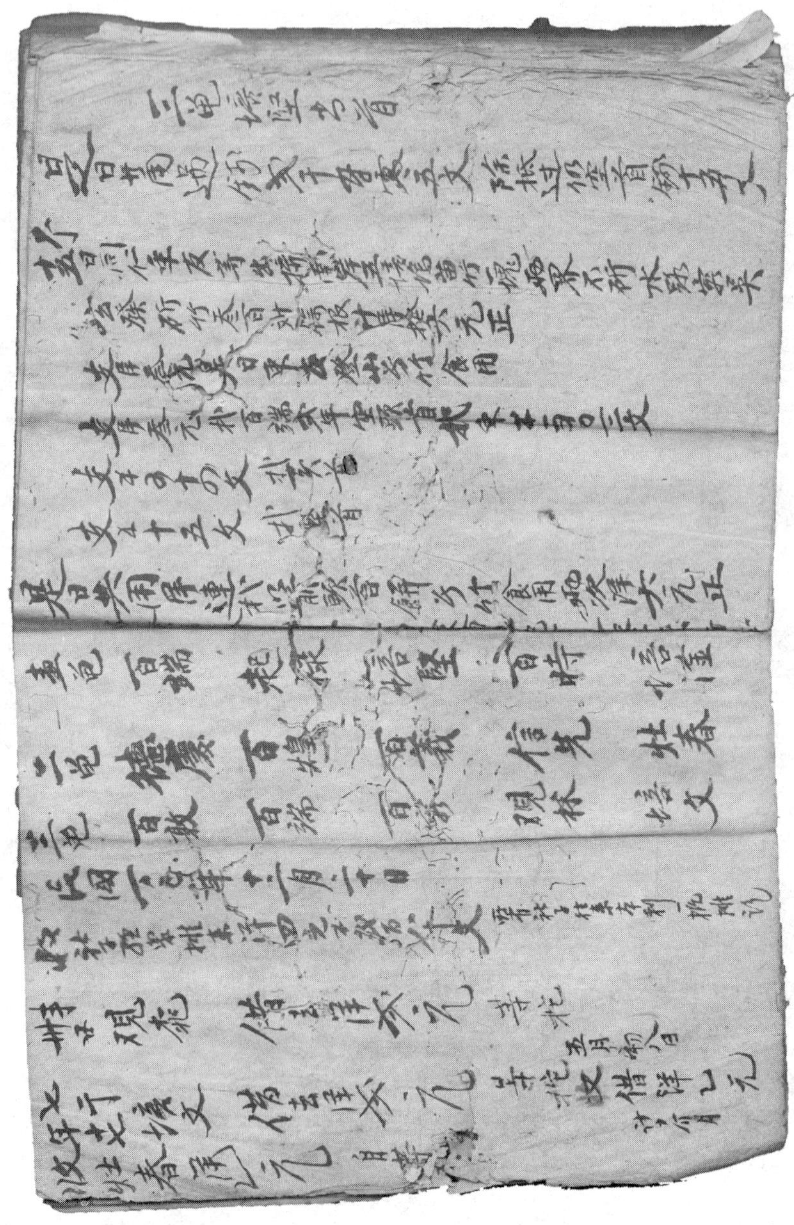

大鄣山乡江村 35-43 · 同治九年至民国十七年 · 流水账（面算账底）· 同仁会众友

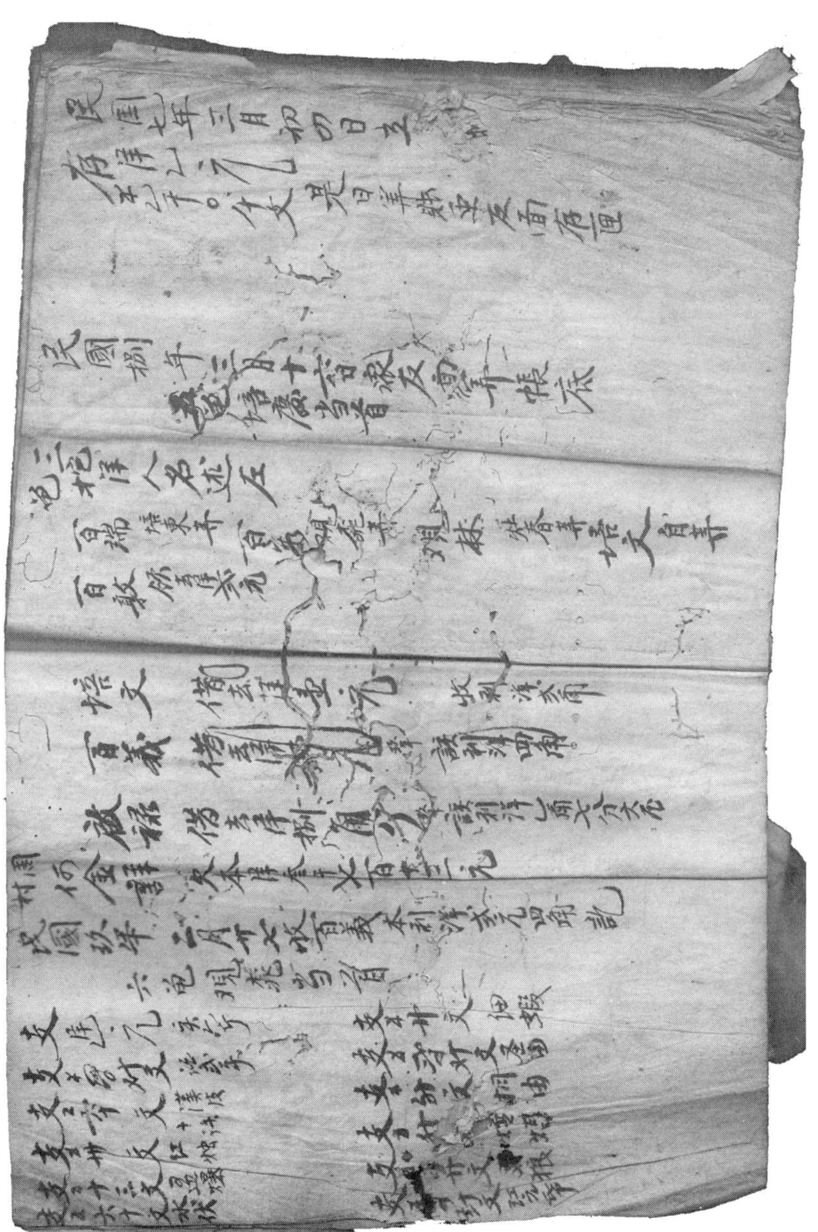

大鄣山乡江村 35-44 · 同治九年至民国十七年 · 流水账（面算账底）· 同仁会众友

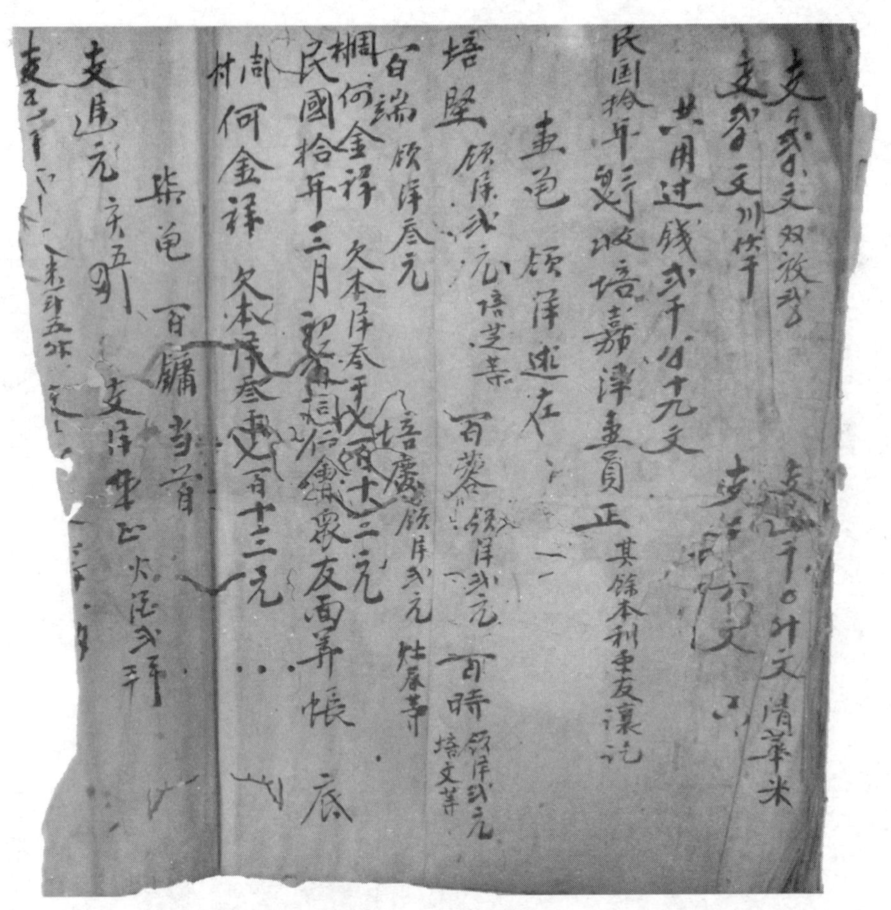

大鄣山乡江村 35-45 · 同治九年至民国十七年 · 流水账（面算账底）· 同仁会众友

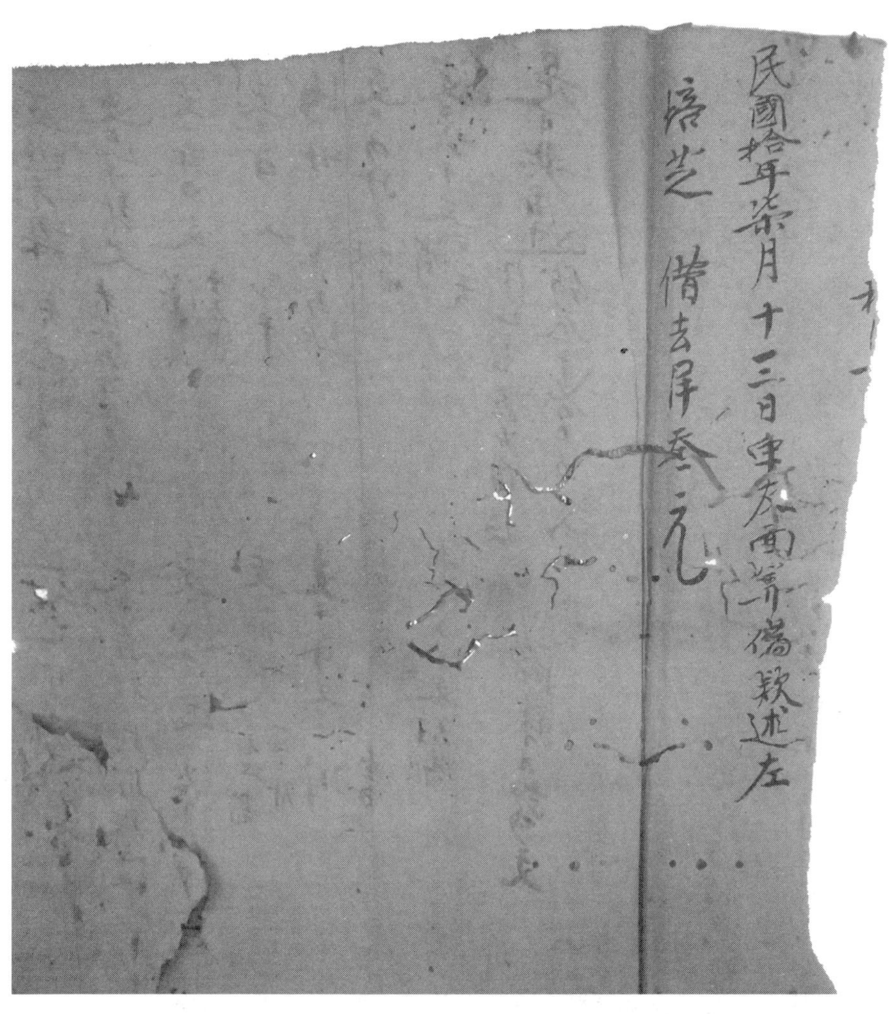

大鄣山乡江村 35-46 · 同治九年至民国十七年 · 流水账
（面算账底）· 同仁会众友

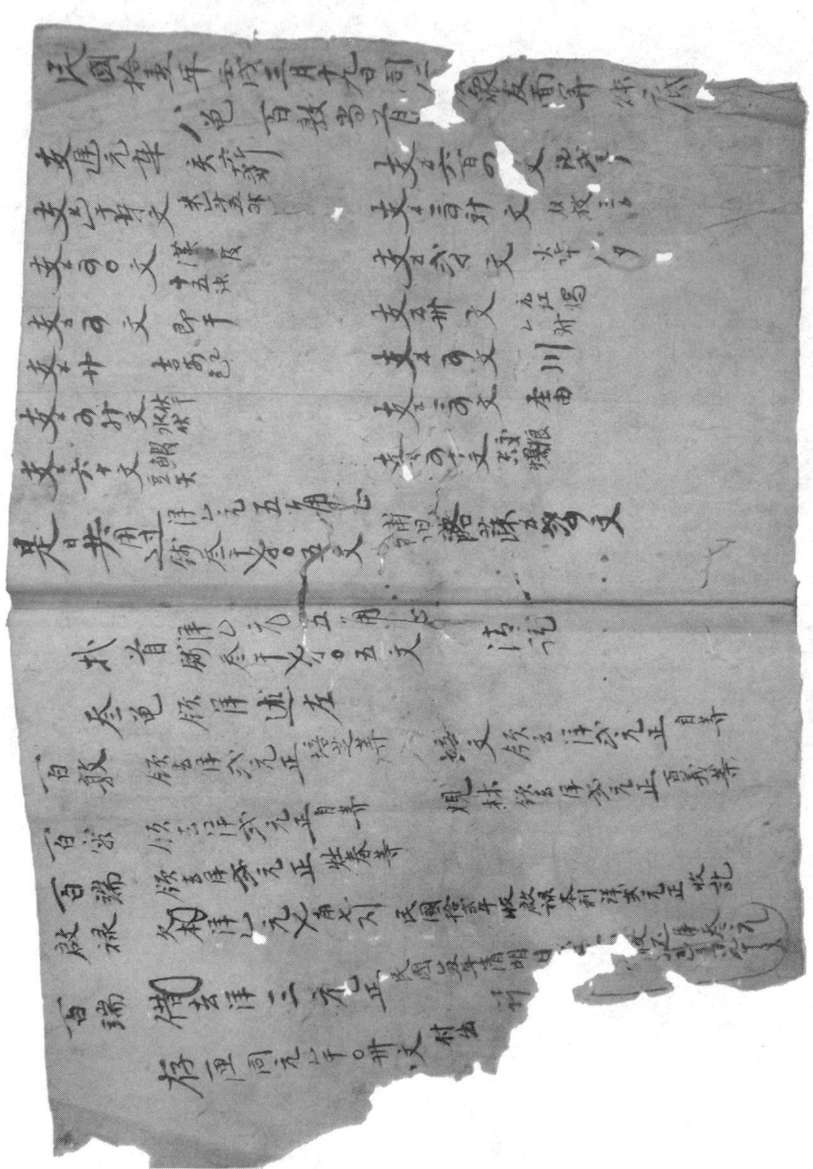

大鄣山乡江村 35-47 · 同治九年至民国十七年 · 流水账（面算账底）· 同仁会众友

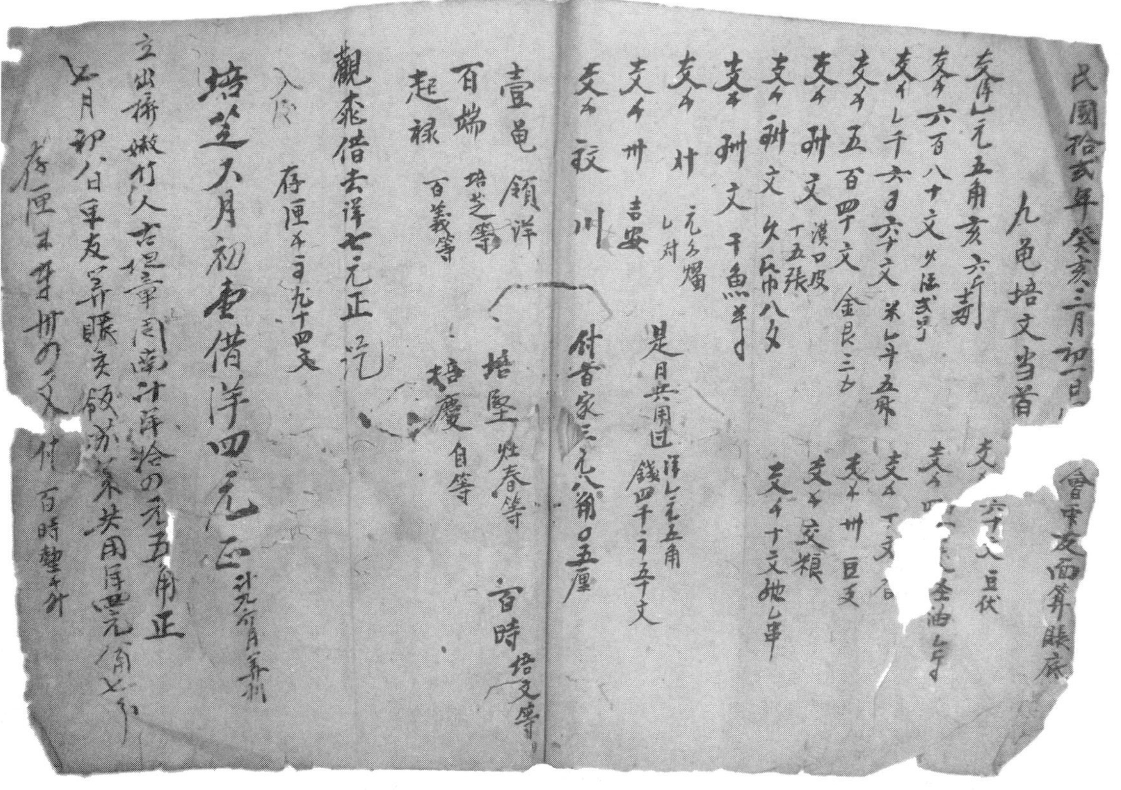

大鄣山乡江村 35-48 · 同治九年至民国十七年 · 流水账（面算账底）· 同仁会众友

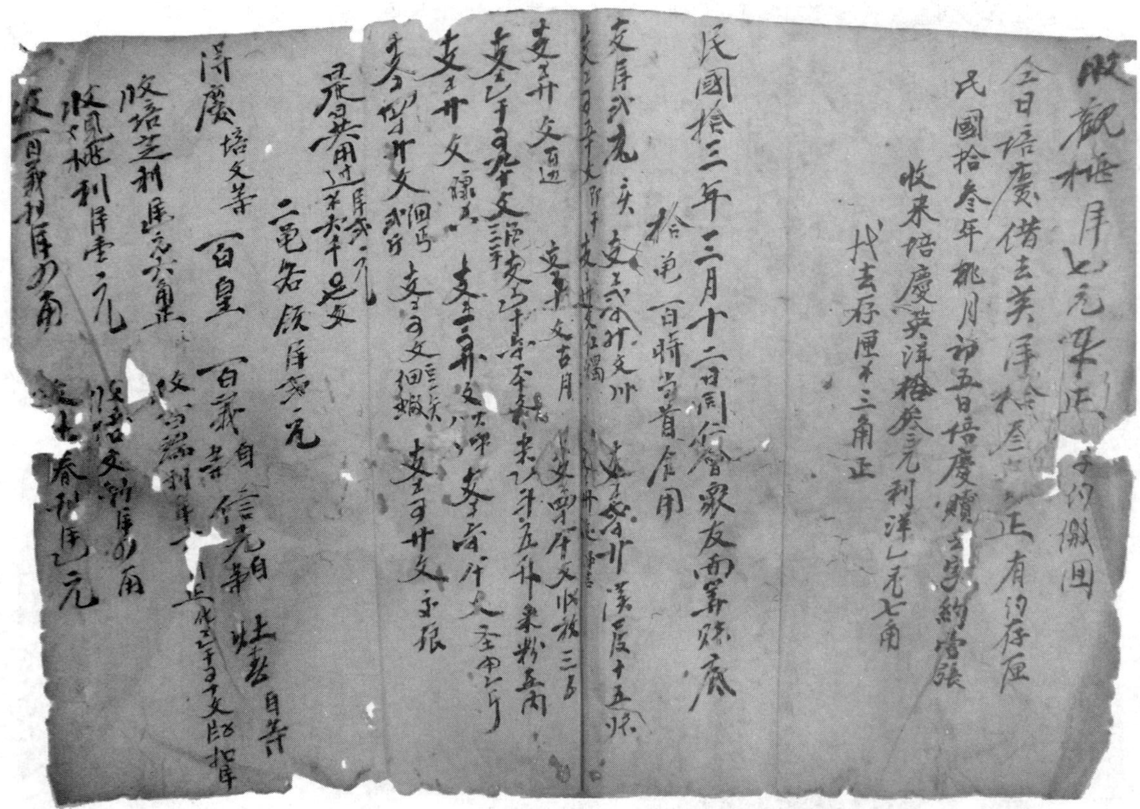

大鄣山乡江村 35-49 · 同治九年至民国十七年 · 流水账（面算账底） · 同仁会众友

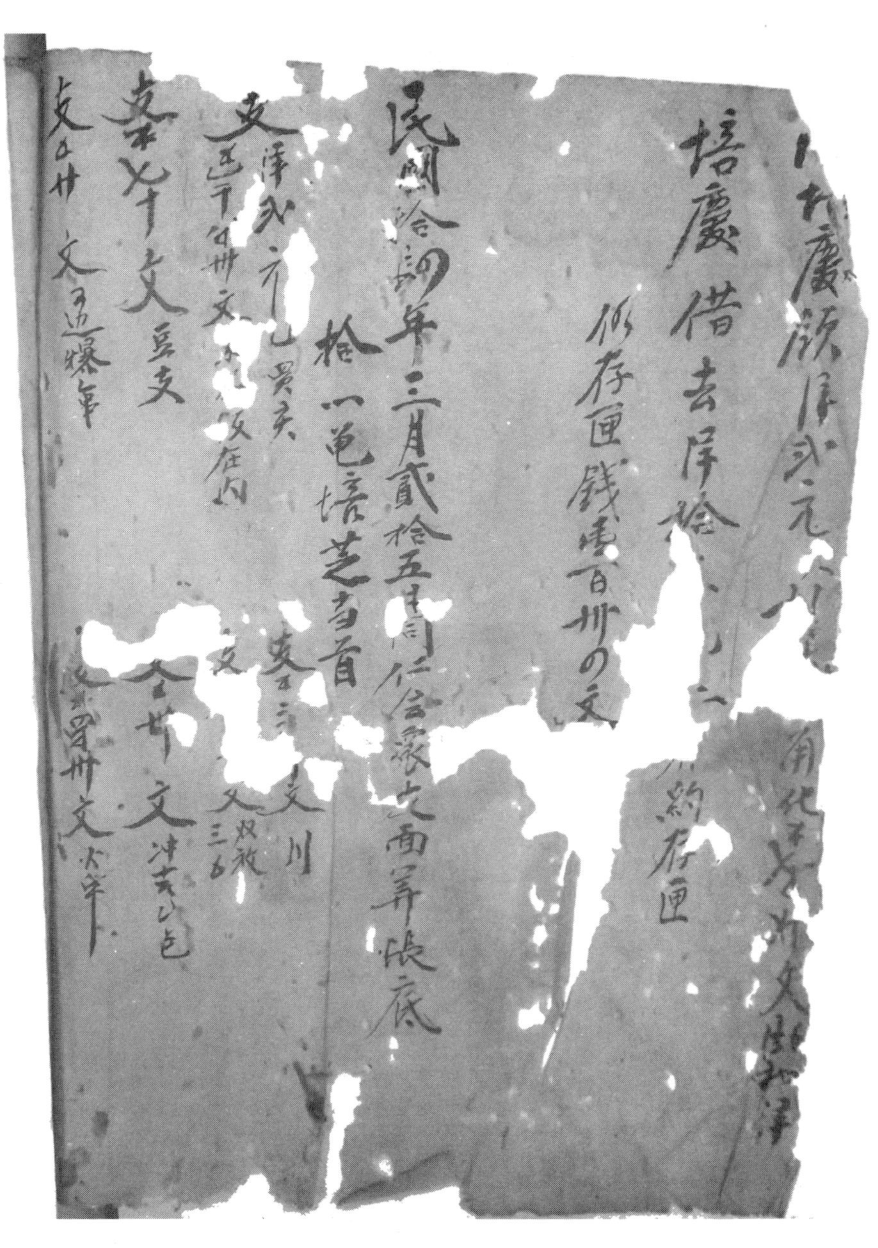

大鄣山乡江村 35-50 · 同治九年至民国十七年 · 流水账
（面算账底）· 同仁会众友

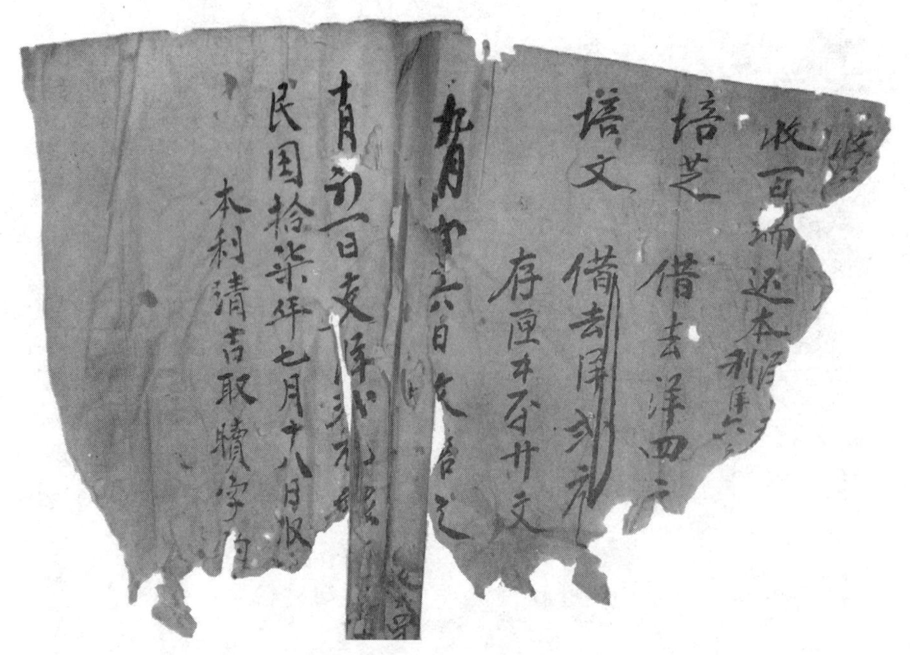

大鄣山乡江村 35-51 · 同治九年至民国十七年 · 流水账

（面算账底）· 同仁会众友

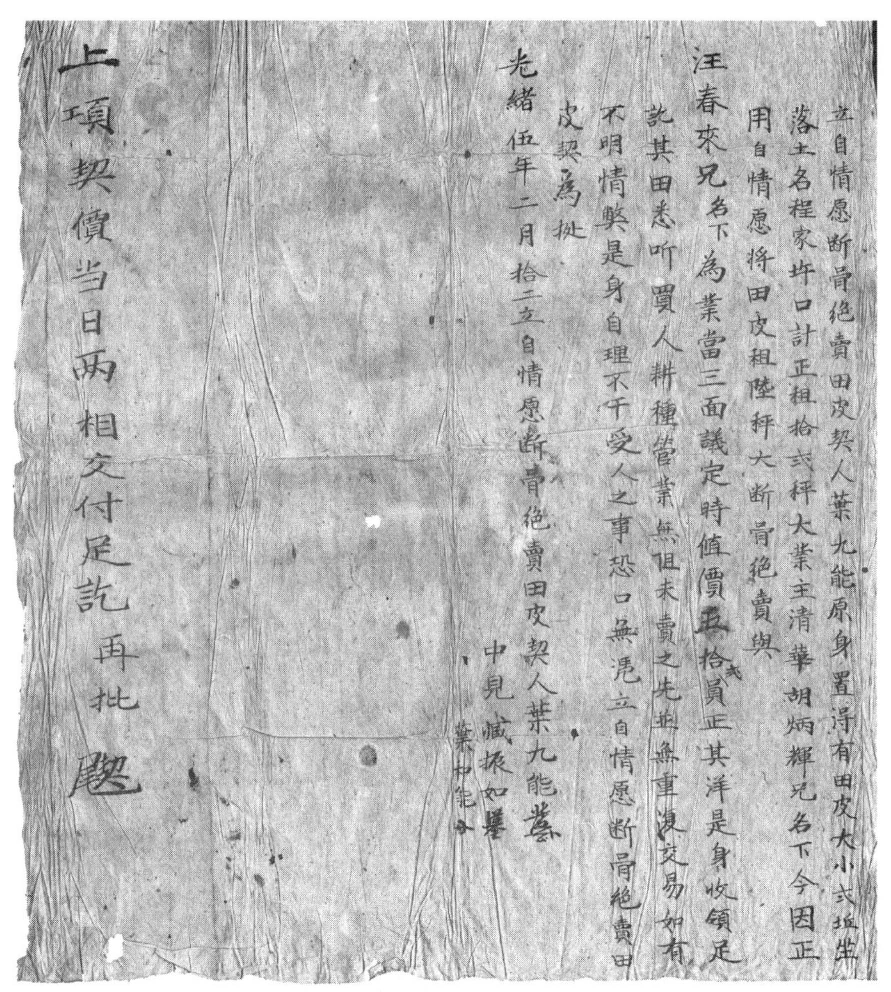

立自情愿断骨绝賣田皮契人葉九能原身置得有田皮大小弍坵坐落土名程家坪口計正租拾弍秤大業主清華胡炳輝兄名下今因正用自情愿將田皮租陸秤大断骨绝賣與

汪春來兄名下為業當三面議定時值價伍拾弍員正其洋是身收領足訖其田恣听買人耕種管業無阻未賣之先並無重復交易如有不明情獘是身自理不干受人之事恐口無凭立自情愿断骨绝賣田皮契為拠

光緒伍年二月拾二立自情愿断骨绝賣田皮契人葉九能（押）

中見臧振如（押）

葉中能（押）

上項契價当日兩相交付足訖再批（押）

大鄣山乡江村 121 · 光绪五年 · 断骨绝卖田皮契 · 叶九能卖与汪春来

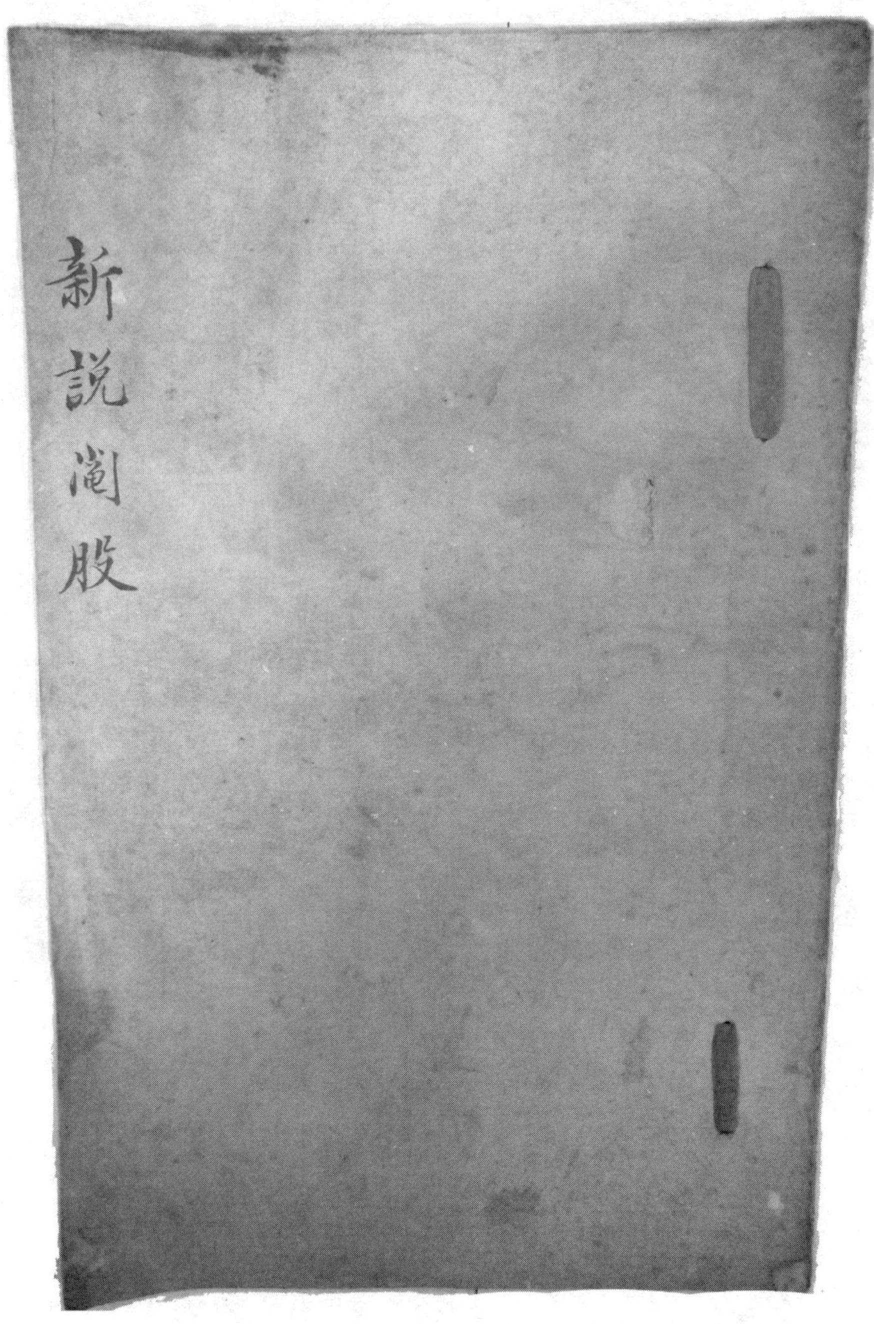
新說阄股

大鄣山乡江村 9-1 · 光绪十年 · 分关文书（新说阄股）· 从洛

嘗聞治家者乃立身之大本也況我一生碌碌竭力農
畝撫養爾等成立備嘗辛苦然而雖不能創業成家亦
能守先人之志奈因邇年以來爾母不幸早世事無統理
人各有心但我近來疾病在身結些微債自覺家務难以
支持正所謂樹大枝分勢所未免是以央眷族人將我所
遺田園山場茶坦傢伙物件品搭拈阄均分阄列于左自

大鄣山乡江村 9-2 · 光绪十年 · 分关文书（新说阄股）· 从洛

分之後各管各業毋得爭競兄爱弟恭毋傷雅爱庶
幾奮志施爲克昌厥後是吾之願望也恐口無凴立此
阄書三本各執一本存照
今將屋宇阄述于左
一後堂廂房壹間　一老厨下猪欄中壹間
一柴倉屋壹間　公存路三尺　一猪欄屋中間
又將竹園山塲述左
一上張山竹園壹局
一吴家塆茶坦弍塊
一吴家塆佃秤弍秤　貼長子
一嶺埠竹園壹局　三人均分

大鄣山乡江村 9-3 · 光绪十年 · 分关文书（新说阄股）· 从洛

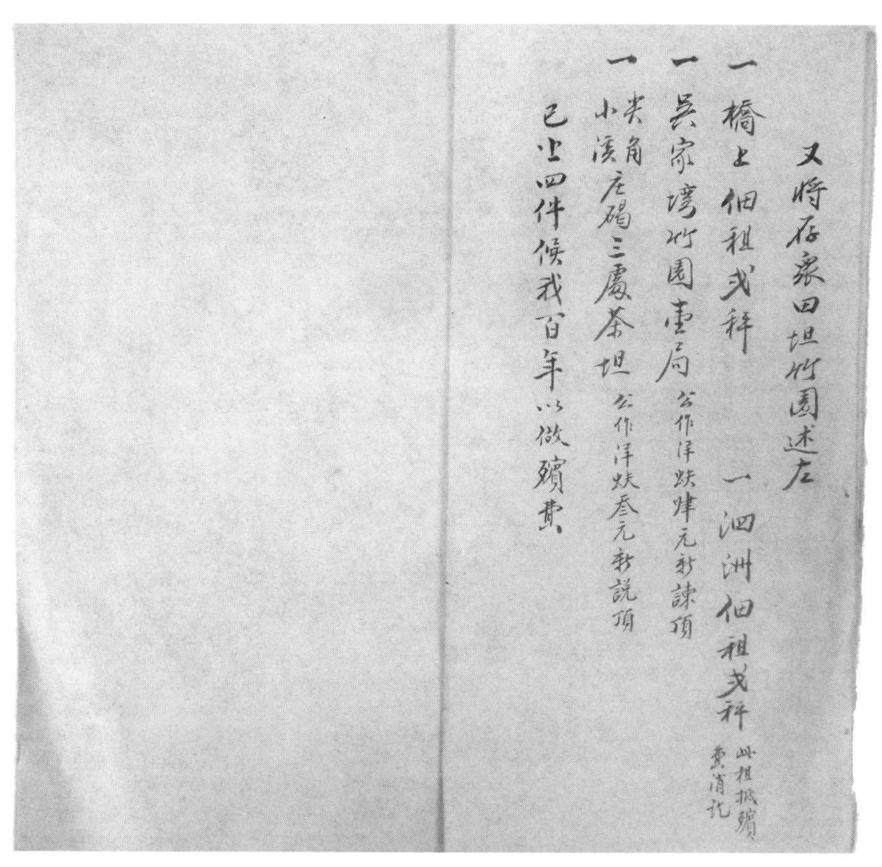

大鄣山乡江村 9-4 · 光绪十年 · 分关文书（新说阄股）· 从洛

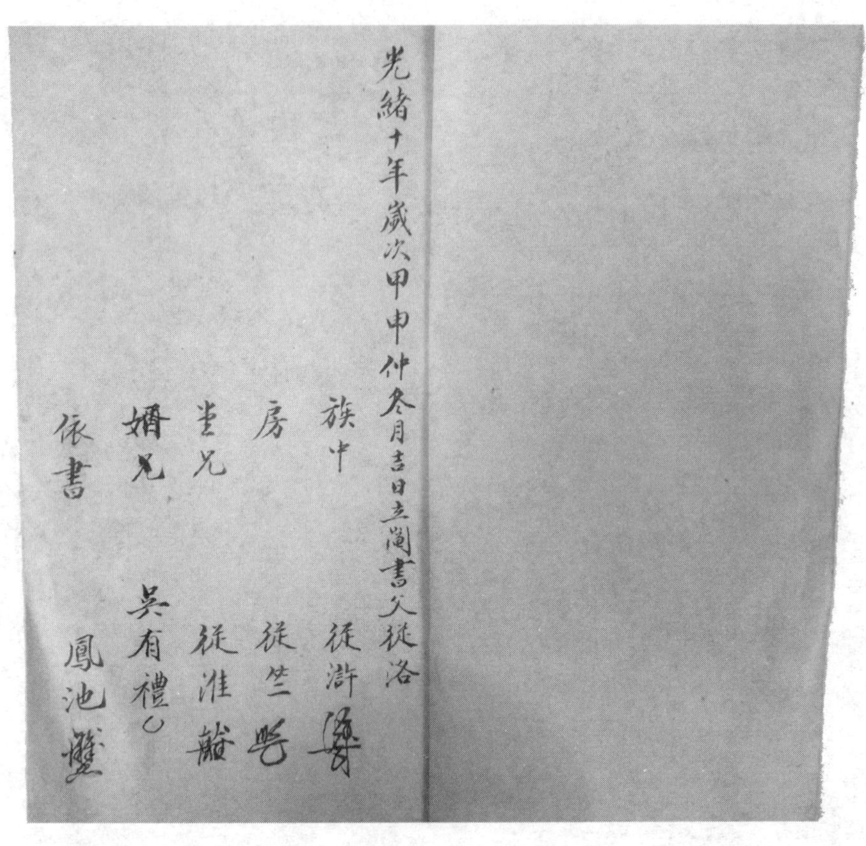

光緒十年歲次甲申仲冬月吉日立阄書父從洛

族中　從澍

房　從竺

堂兄　從淮

婿兄　吴有禮

依書　鳳池

大鄣山乡江村 9-5 · 光绪十年 · 分关文书（新说阄股）· 从洛

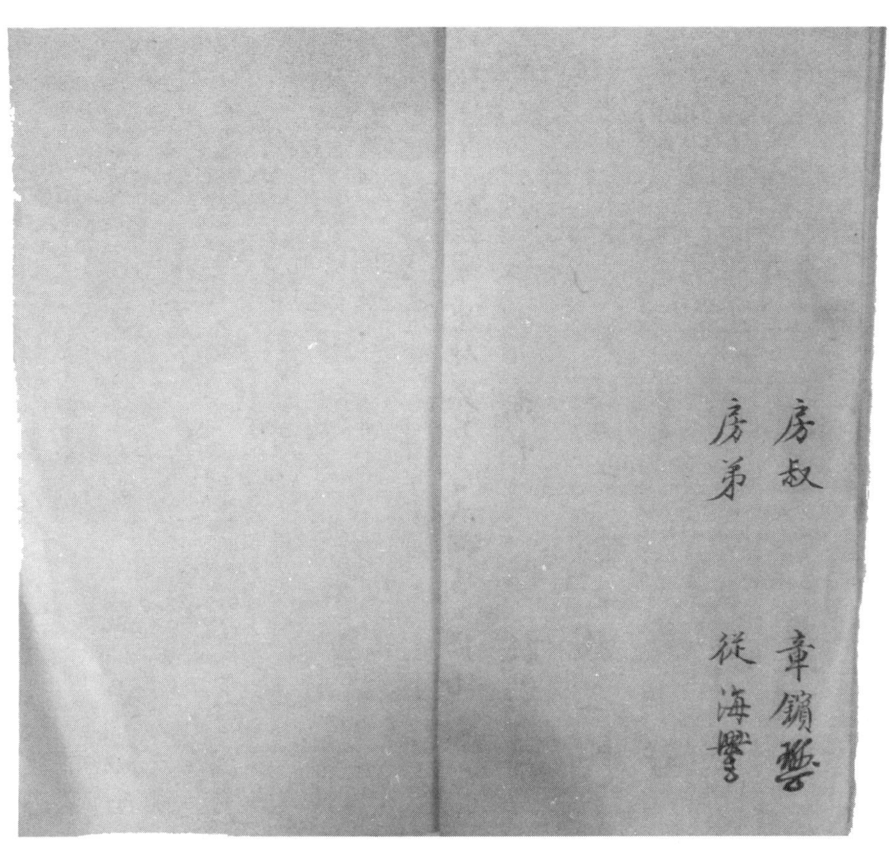
房叔　章鎮
房弟　從海

大鄣山乡江村 9-6 · 光绪十年 · 分关文书（新说阄股）· 从洛

立自情愿断骨出賣竹园契人圭瑞原承祖有竹園壹
局坐落土名張山此字係經理此字一百八十七号計税壹厘
正其山東至時高兄弟竹园南至當塆西至观子竹
园北至取欑培横過湊与族叔观子名下為業當三面
議定時值價洋三元錢八百文其洋當日是身收領足訖
其竹园杉松竹木俱在賣内其竹园即听買人前去管
業無阻與本家内外人等並無重張交為有不明是理
不干買人之事所是税糧听從沛户办納查收無異恐
口無憑立情愿断骨出賣竹園契為照（押）

光緒拾年甲申正月初拾日立自情愿断骨出賣竹园契人汪圭瑞（押）

中見族叔 子明（押）

世富（押）

依書胞弟 銀瑞（押）

大鄣山乡江村 139 · 光绪十年 · 断骨出卖竹园契 · 汪圭瑞卖与族叔观子

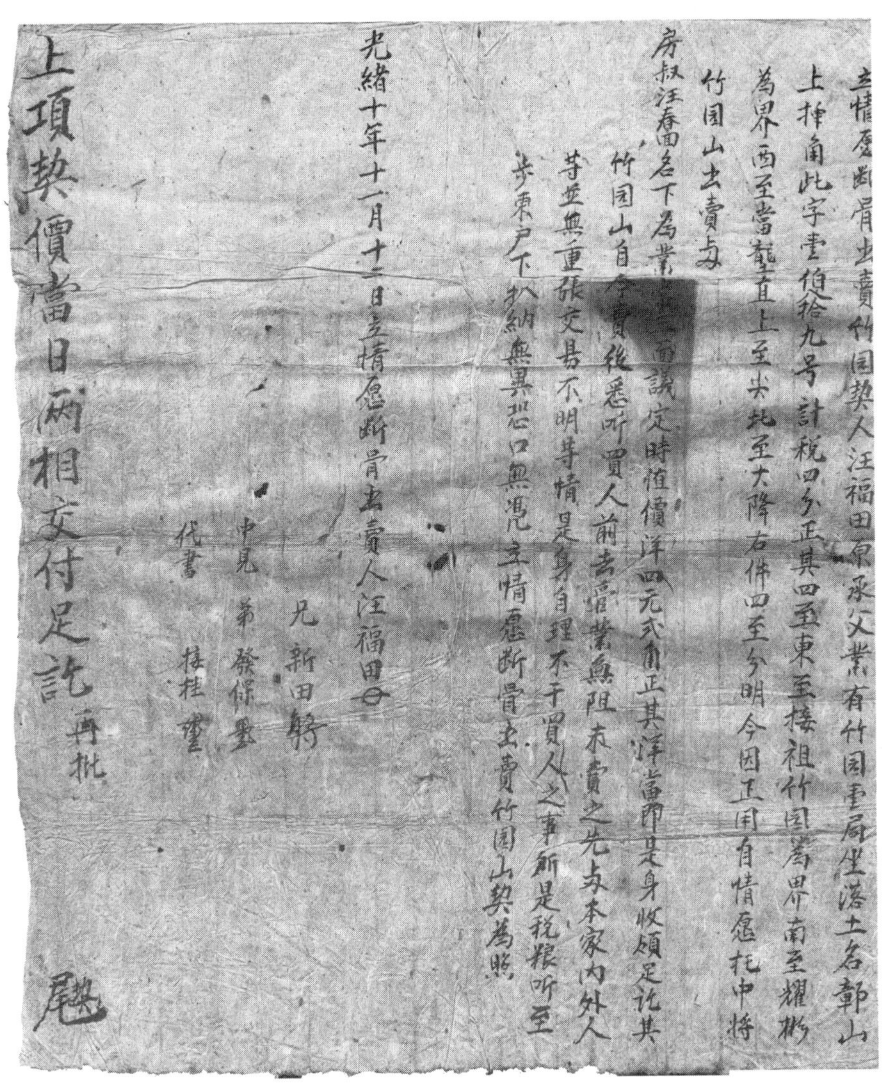

立情愿断骨出卖竹园契人汪福田原承父业有竹园壹局坐落土名郭山
上抨角此字壹伯拾九号计税四分正其四至东至楼祖竹园为界南至耀彬
为界西至当龙直上至尖北至大降右併四至分明今因正用自情愿托中将
竹园山出卖与
房叔汪春回名下为业三面议定时值价洋四元弍角正其洋当即是身收领足讫其
竹园山自今卖后悉听买人前去管业无阻未卖之先与本家内外人
等并无重张交易不明等情是身自理不干买人之事所是税粮听至
本东户下扒纳无异恐口无凭立情愿断骨出卖竹园山契为照

光绪十年十一月十二日立情愿断骨出卖人汪福田㊉
兄 新田（押）
中见 弟 發保（押）
代书 桂桂（押）

上项契价当日两相交付足讫 再批

大郭山乡江村 166 · 光绪十年 · 断骨出卖竹园契 · 汪福田卖与房叔汪春回

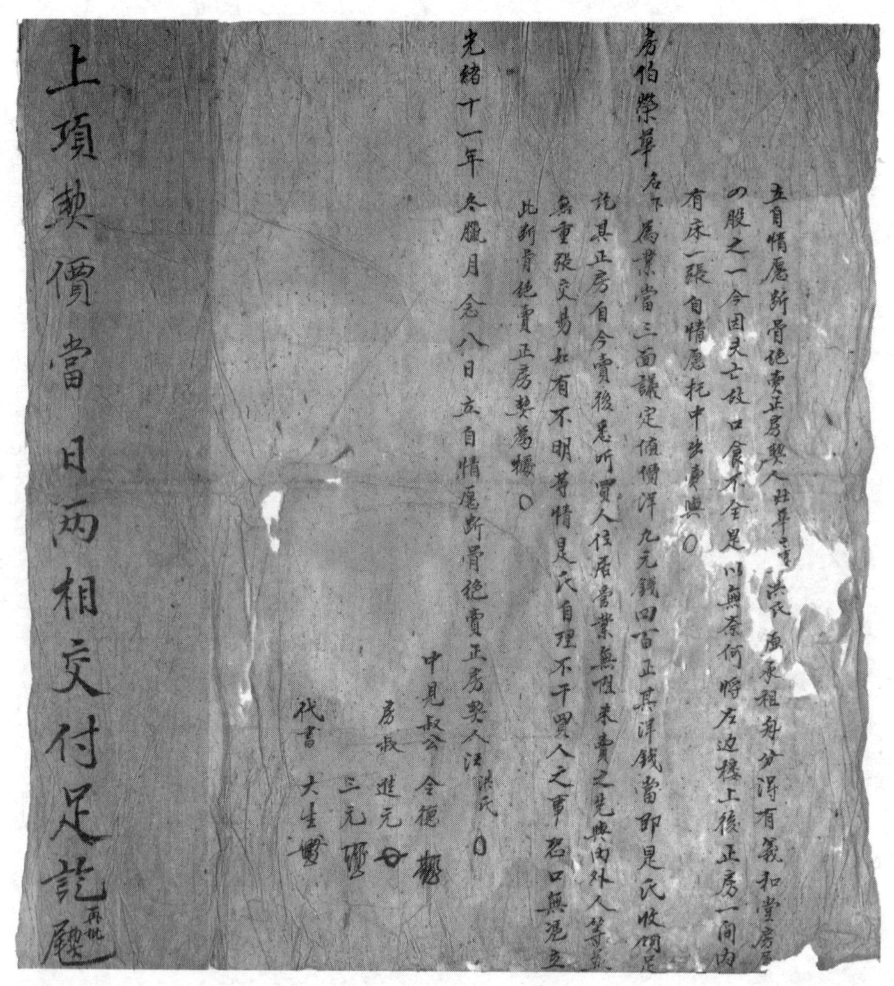
立自情愿斷骨絕賣正房契人[illegible]洪氏原承祖身分得有義和堂房屋四股之一今因夫亡缺口食不全是以無奈何將左边樓上後正房一間内有床一張自情愿托中出賣與○

房伯榮華名下爲業當三面議定值價洋九元錢四百正其洋錢當即是氏收領足訖其正房自今賣後悉听買人住居管業無阻未賣之先與内外人等並無重張交易如有不明等情是氏自理不干買人之事恐口無憑立此斷骨絕賣正房契爲據○

光緒十一年冬臘月念八日立自情愿斷骨絕賣正房契人汪洪氏○

中見叔公　全德（押）

房叔　進元（押）

三元（押）

代書　大生（押）

上項契價當日兩相交付足訖　再批

大鄣山乡江村 184 · 光绪十一年 · 断骨绝卖正房契 · 汪洪氏卖与房伯荣华

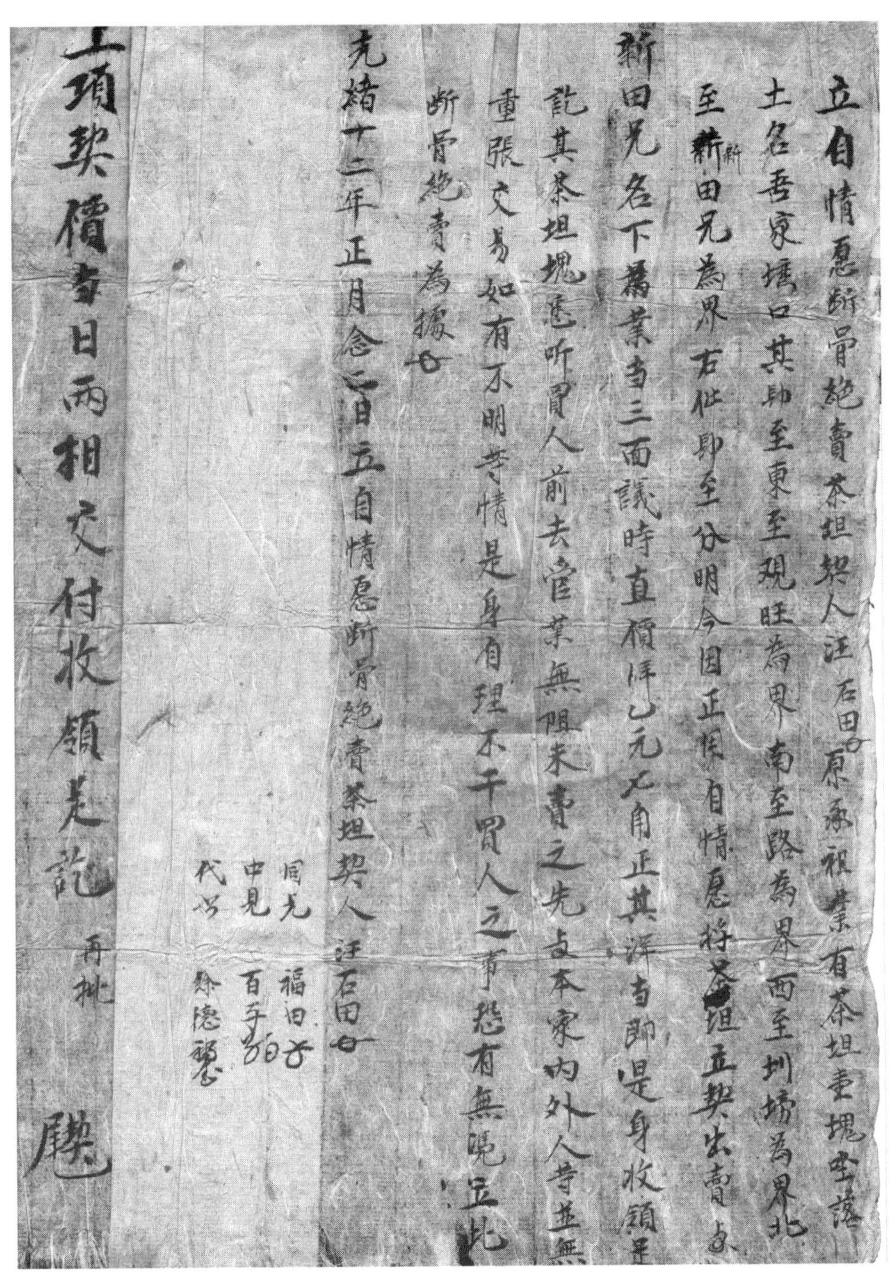
立自情愿断骨絕賣茶坦契人汪石田，原承祖業有茶坦壹塊，坐落土名吾家塘口，其即至東至現旺為界，南至路為界，西至圳塝為界，北至新田兄為界，四址即至分明。今因正用，自情愿將茶坦立契出賣與新田兄名下為業，当三面議時直價洋乙元七角正，其洋当即是身收領足訖。其茶坦塊憑听買人前去管業無阻，未賣之先，與本家內外人等並無重張交易。如有不明等情，是身自理，不干買人之事。恐有無憑，立此断骨絕賣為據。

光緒十二年正月念二日立自情愿断骨絕賣茶坦契人汪石田

同兄 福田

中見 百子

代筆 [illegible]德

再批 上項契價当日兩相交付收領足訖

大鄣山乡江村 175 · 光绪十二年 · 断骨绝卖茶坦契 · 汪石田卖与新田

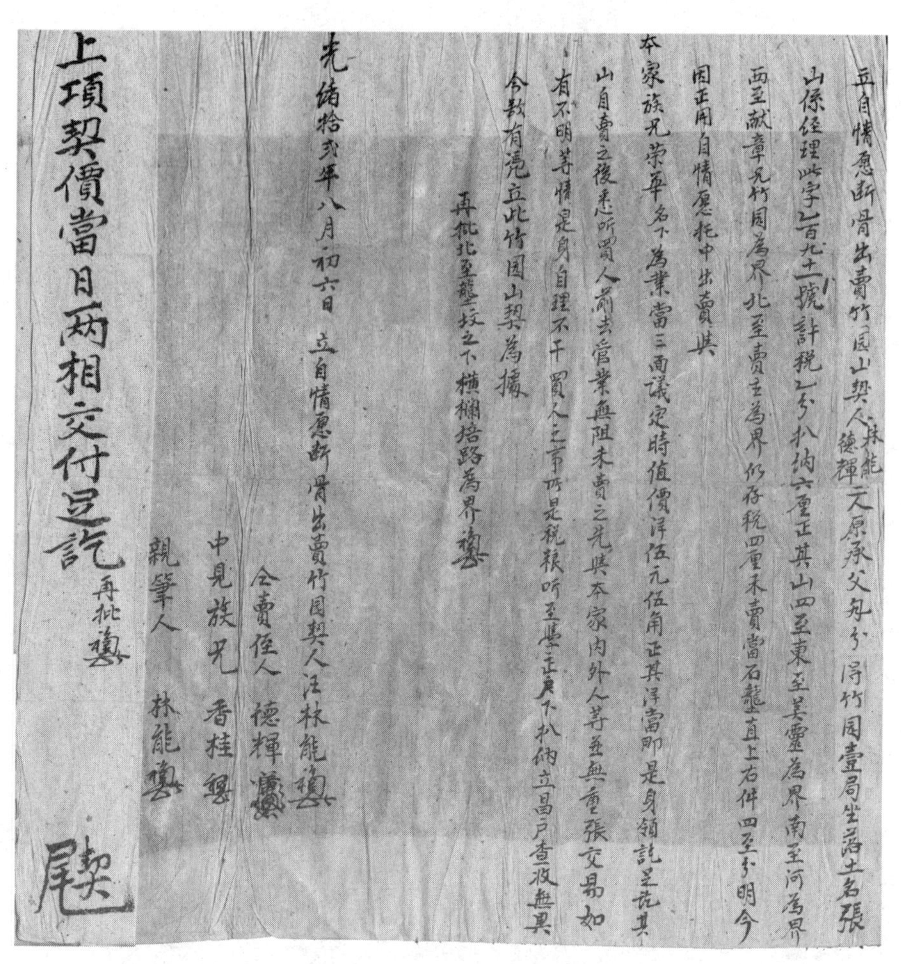

立自情願斷骨出賣竹園山契人林能德輝兄原承父分得竹園壹局坐落土名張

山保經理此字乙百九十一號計稅乙分扒納六厘正其山四至東至吳靈為界南至河為界

西至獻章兄竹園為界北至賣主為界仍存稅四厘未賣當石龍直上右件四至分明今

因正用自情願托中出賣與

本家族兄榮華名下為業當三面議定時值價洋伍元伍角正其洋當即是身領訖足其

山自賣之後未聽買人前去管業無阻未賣之先與本家內外人等並無重張交易如

有不明等情是身自理不干買人之事所是稅粮聽至[illegible]正戶下扒納立昌戶查收無異

今欲有凴立此竹園山契為據

再批北至龍坟之下橫欄塔路為界押

光緒拾式年八月初六日　立自情願斷骨出賣竹園山契人汪林能押

仝賣經人　德輝押

中見族兄　香桂押

親筆人　林能押

上項契價當日兩相交付足訖　再批押

契尾

大鄣山乡江村 192 · 光绪十二年 · 断骨出卖竹园山契 ·
汪林能、汪德辉卖与本家族兄荣华

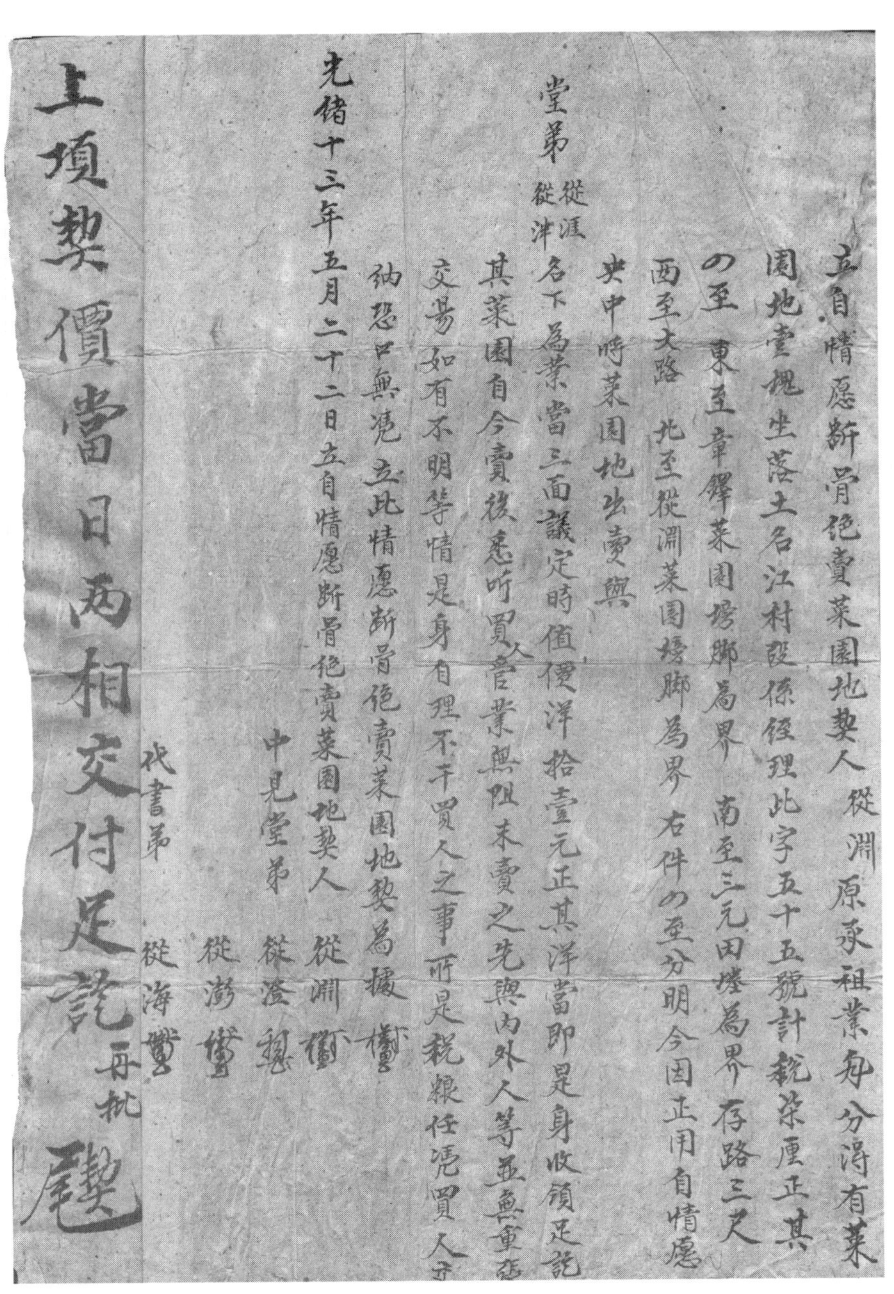

立自情愿断骨绝賣菜園地契人從淵原承祖業身分得有菜園地壹塊坐落土名江村段係經理此字五十五號計税柒厘正其四至 東至章鐸菜園塝脚爲界 南至三元田塝爲界 存路三尺 西至大路 北至從淵菜園塝脚爲界 右件四至分明今因正用自情愿央中將菜園地出賣與

堂弟 從涯 從泮 名下爲業當三面議定時值價洋拾壹元正其洋當即是身收領足訖其菜園自今賣後悉聽買人管業無阻未賣之先與内外人等並無重交易如有不明等情是身自理不干買人之事所是税粮任凭買人[illegible]納恐口無凭立此情愿断骨绝賣菜園地契爲據

光緒十三年五月二十二日立自情愿断骨绝賣菜園地契人 從淵

中見堂弟 從澄 從瀞

代書弟 從海

上項契價當日兩相交付足訖 再批

大鄣山乡江村 157 · 光绪十三年 · 断骨绝卖茶园地契 · 从渊卖与堂弟从涯、从泮

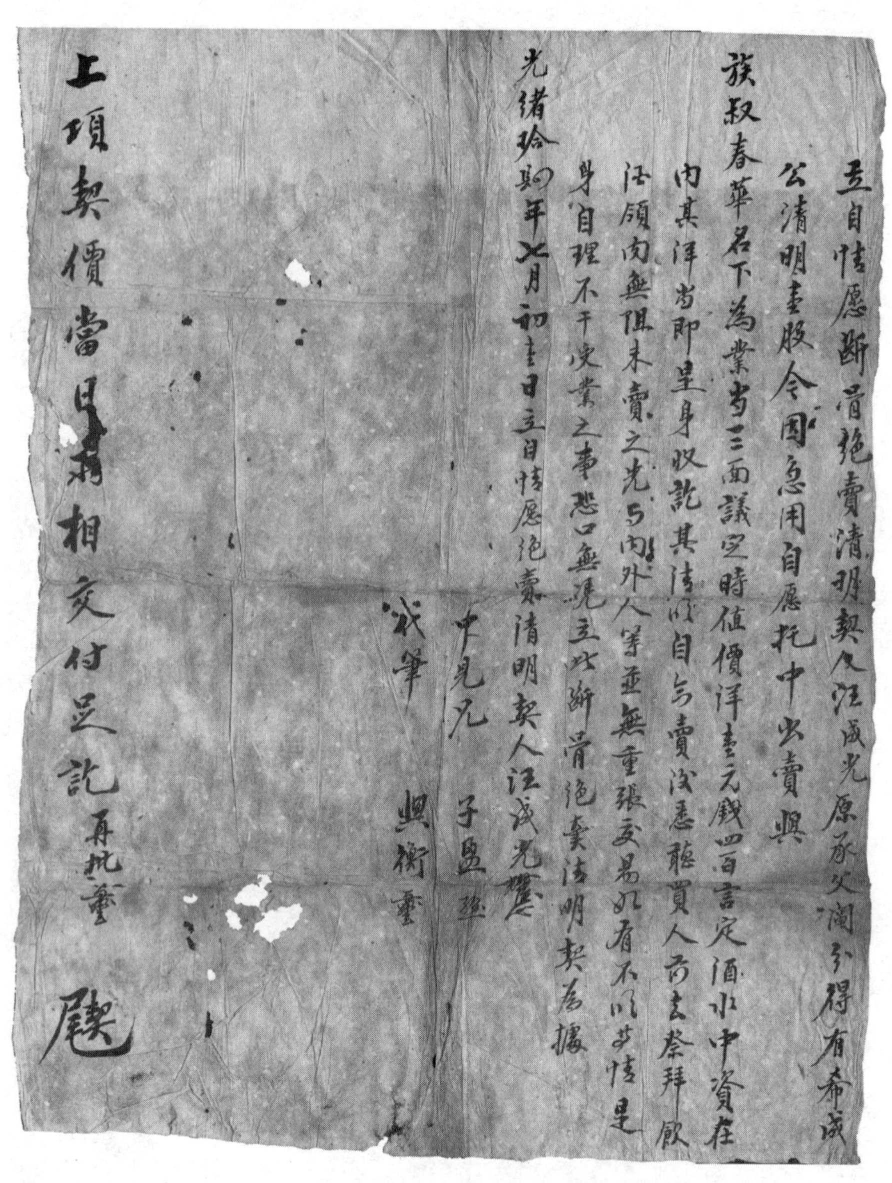

立自情愿断骨絶賣清明契人汪成光，原承父阄分得有希成公清明壹股，今因急用，自愿托中出賣與族叔春華名下為業，当三面議定時值價洋壹元錢四百言定，酒水中資在内，其洋当即是身收訖，其清明自与賣之後，悉聽買人前去祭拜歆注領，内無阻。未賣之先，与内外人等並無重張交易，如有不明，是身自理，不干受業之事。恐口無憑，立此断骨絶賣清明契為據。

光緒拾肆年七月初壹日立自情愿绝賣清明契人汪成光（押）

中見兄 子盈（押）

代筆 興衢（押）

上項契價當日親相交付足訖，再批（押）

歷

大鄣山乡江村 133 · 光绪十四年 · 断骨绝卖清明契 · 汪成光卖与族叔春华

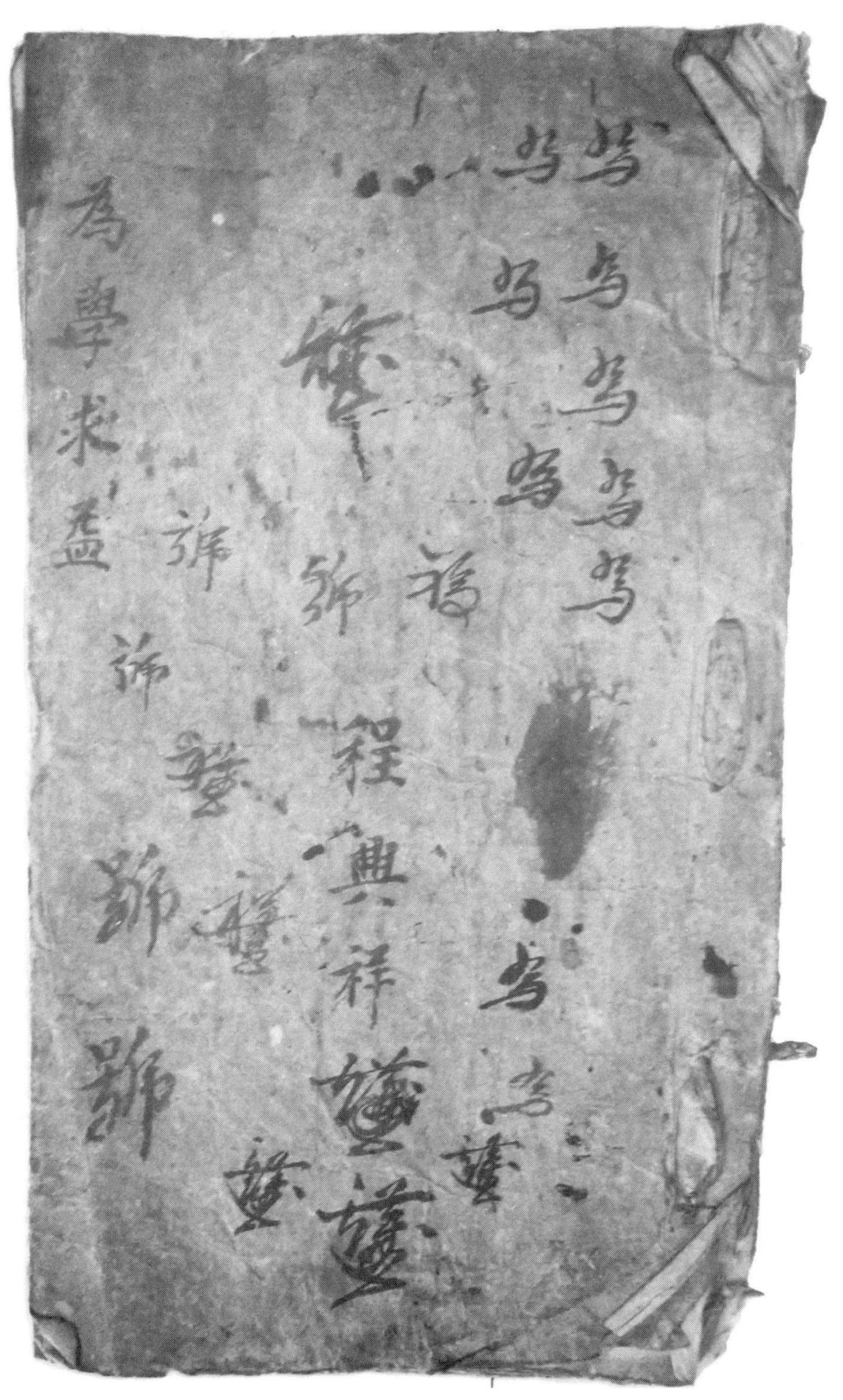

大鄣山乡江村 2-1 · 光绪年间 · 排日账 · 程典祥

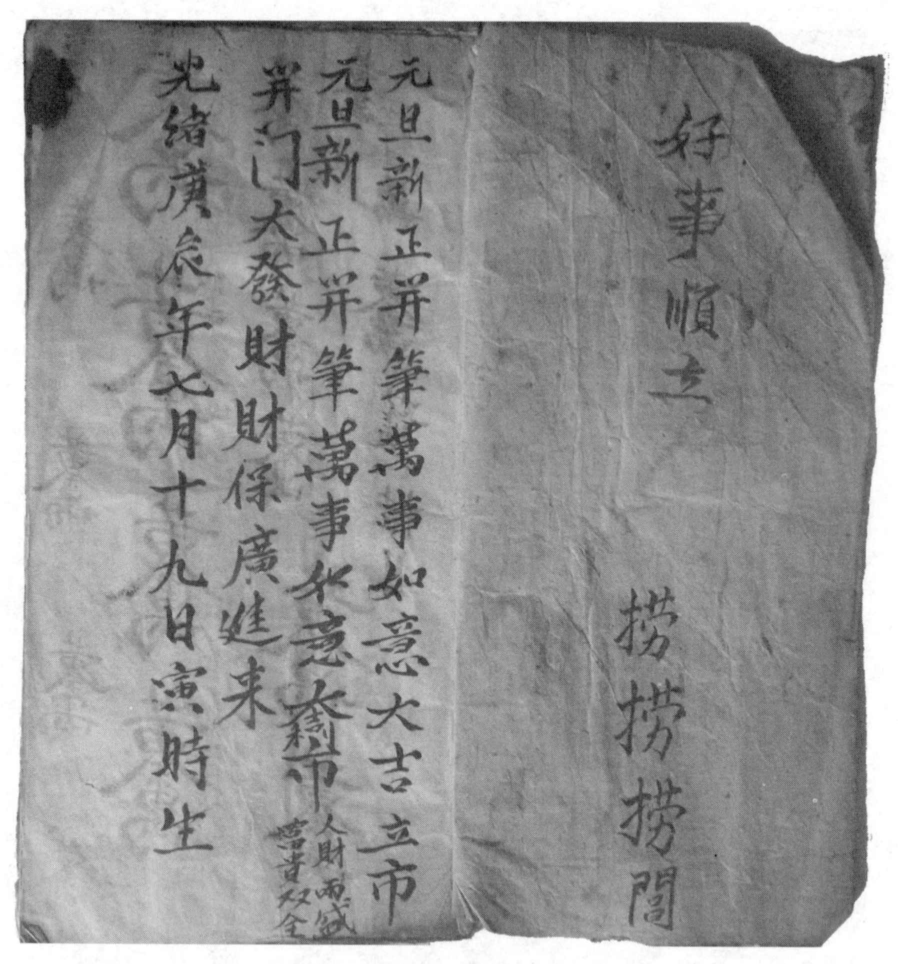

好事順之

撈撈撈閭

元旦新正開筆萬事如意大吉立市

元旦新正開筆萬事如意發市

人財兩盛
富貴雙全

開門大發財財保廣進來

光緒庚辰年七月十九日寅時生

大鄣山乡江村 2-2 · 光绪年间 · 排日账 · 程典祥

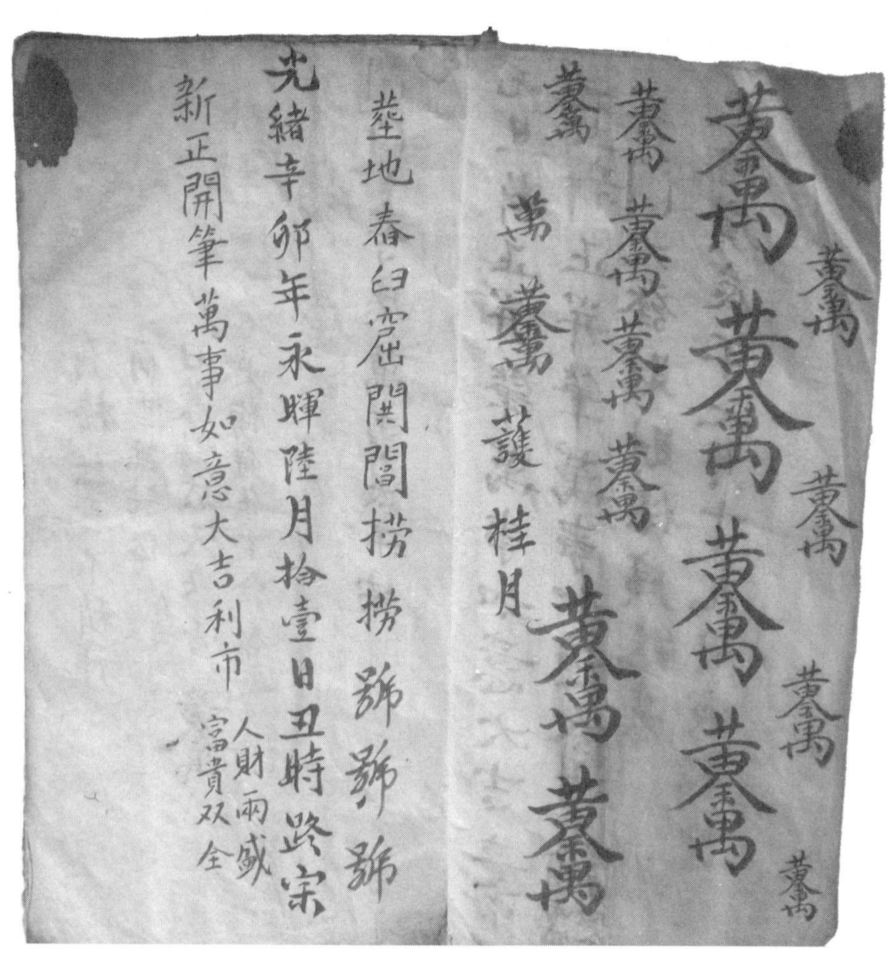

大鄣山乡江村 2-3 · 光绪年间 · 排日账 · 程典祥

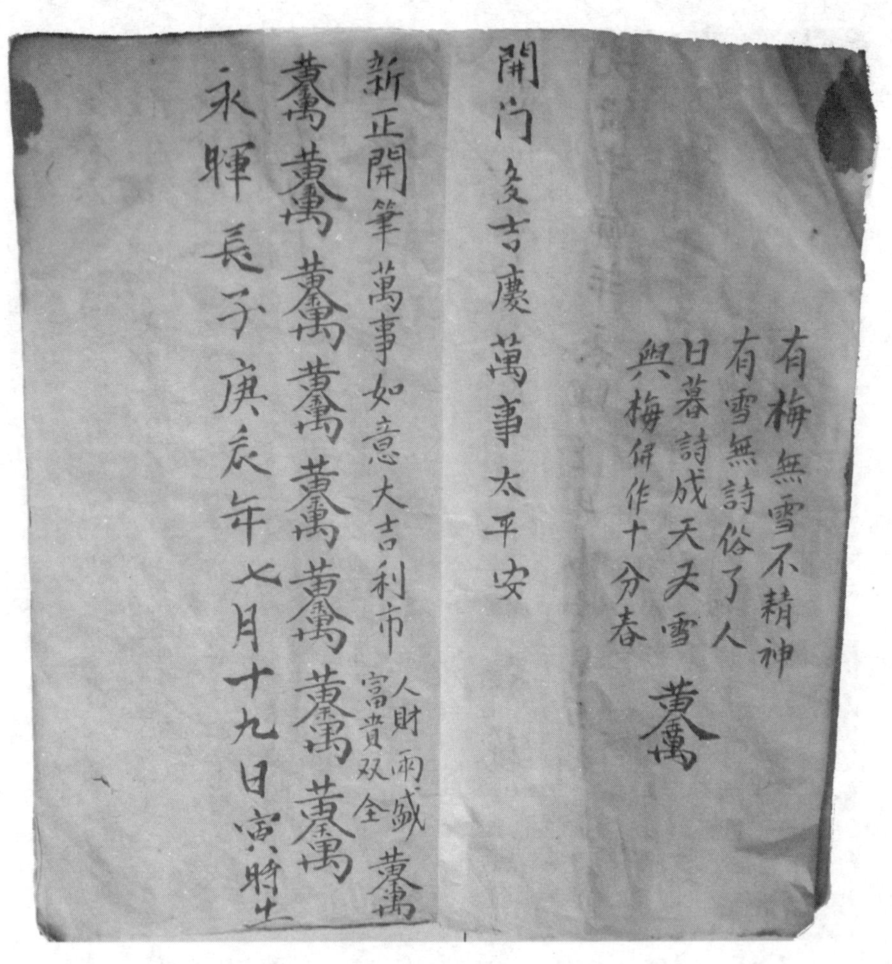
有梅無雪不精神
有雪無詩俗了人
日暮詩成天又雪
與梅併作十分春
開门多吉慶萬事太平安
新正開筆萬事如意大吉利市
人財兩盛
富貴双全
永輝長子庚辰年七月十九日寅時生
大鄣山乡江村 2-4 · 光绪年间 · 排日账 · 程典祥

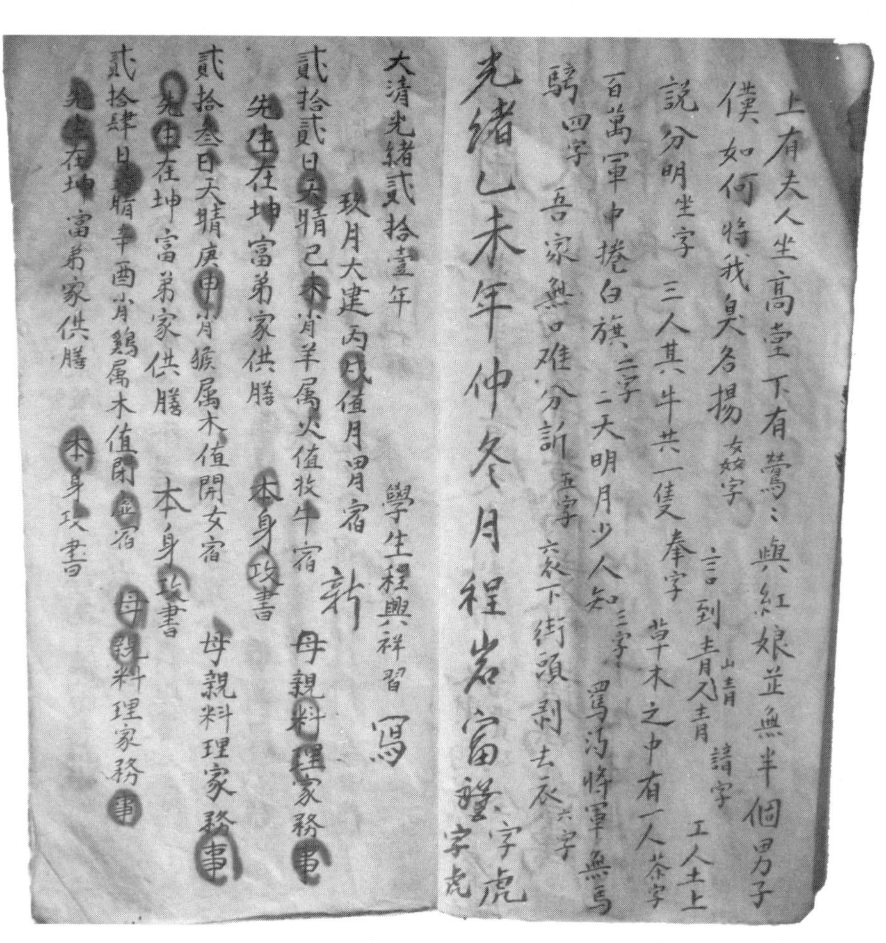

大鄣山乡江村 2-5 · 光绪年间 · 排日账 · 程典祥

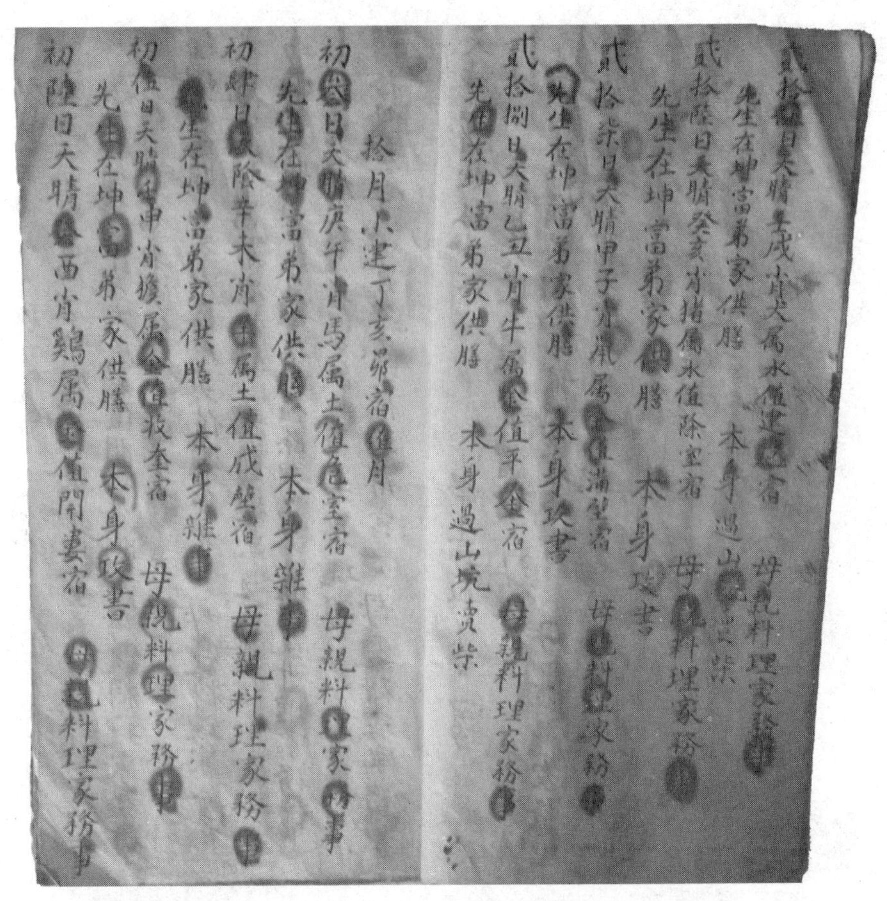

大鄣山乡江村 2-6 · 光绪年间 · 排日账 · 程典祥

先生在坤富弟家供膳　本身攻書
初柒日天晴甲戌肖犬属火值閉胃宿　母親料理家務事
先生在坤富弟家供膳　本身攻書
初捌日天晴乙亥肖豬属火值建昴宿　母親料理家務事
先生在坤富弟家供膳　本身挑柴過山坑
初玖日天晴丙子肖鼠属水值除畢宿　母親料理家務事
先生在榮來弟家供膳　本身攻書
初拾日天晴丁丑肖牛属水值滿觜宿　母親料理家務事
先生在榮來弟家供膳　本身過山坑賣山炭　有
拾壹日天晴戊寅肖虎属土值平参宿　母親料理家務事
先生在榮來弟家供膳　本身出思口挑米回家
拾貳日天晴己卯肖兔属土值定井宿　母親料理家務事
先生在榮來弟家供膳　本身攻書　西坑花[illegible]人家去
拾叁日天晴庚辰肖龍属金值執鬼宿　母親料理家務事
先生在榮來弟家供膳　本身雜事　好仂女十七仔
拾肆日天晴辛巳肖蛇属金值破柳宿　母親料理家務事

大鄣山乡江村 2-7 · 光绪年间 · 排日账 · 程典祥

大鄣山乡江村 2-8 · 光绪年间 · 排日账 · 程典祥

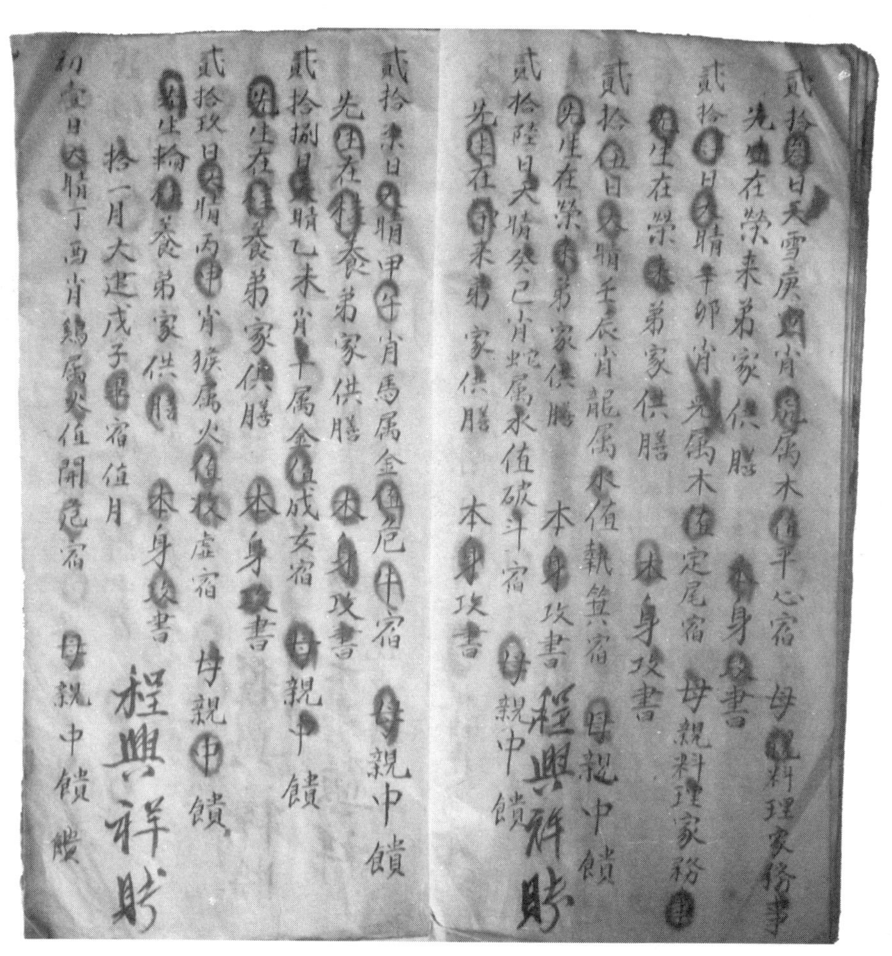

大鄣山乡江村 2-9 · 光绪年间 · 排日账 · 程典祥

先生輪桂養弟家供膳　本身攻書

拾[illegible]日天晴乙卯肖兔屬水值平亢宿　母親中饋

先生輪桂富兄家供膳　本身挑尾

拾貳月小建己丑值月[illegible]　執　程典祥

初肆日[illegible]雪庚午肖馬屬土值[illegible]胃宿　母親中饋

先生在孔丁兄家供膳　本身攻書

初拾日天陰丙子肖鼠屬水值開鬼宿　母親中饋　程典祥

先生在孔丁兄家供膳　本身挖樹

拾壹日[illegible]陰丁丑肖牛屬水值建[illegible]宿　母親中饋

先生在孔丁兄家供膳　本身攻書　程[illegible]

拾玖日天雪乙酉肖鷄屬水值成房宿

母親中饋　本身在家嬉　祖母在堂

貳拾日天陰丙戌肖犬屬土值收心宿

母親中饋　本身在家嬉　祖母在堂　[illegible]

貳拾壹日天晴丁亥肖猪屬土值閉尾宿

母親中饋　本身挖樹上保

程典祥謄寫

大鄣山乡江村 2-10 · 光绪年间 · 排日账 · 程典祥

贰拾贰日天晴戊子肖鼠属火值閉箕宿
母親中饋　本身打雜

大清光绪廿二年记賬
正月大建庚寅参宿值月

初壹日天晴丙申肖猴属火值破奎宿
母親中饋　本身在家嬉

初贰日天丁酉肖鸡属火值危婁宿
母親中饋　本身在家嬉

程典祥记写賬

初叁日天晴戊戌肖犬属木值成胃宿
母親中饋　本身在家嬉

初肆日天晴己亥肖猪属木值收昴宿
母親中饋　本身步市雜事

程典祥賬记写

初伍日天晴庚子肖鼠属土值開畢宿
母親中饋　本身帮初登兄家挑炭過山坑五拾九斤

初陸日天雨辛丑肖牛属土值閉觜宿
母親料理家務事　本身帮初丁兄家挑炭過山坑守斤

大鄣山乡江村 2-11 · 光绪年间 · 排日账 · 程典祥

初柒日天晴壬寅肖虎屬金值建參宿
母親料理家務事　本身在家雜事　程興祥記賬
初捌日天晴癸卯肖兔屬金值除井宿
母親料理家務事　本身雜事　程興祥賬
初玖日天陰甲辰肖龍屬火值滿鬼宿
母親料理家務事　本身幇去初登兄家挑炭過山坑
初拾日天雨乙巳肖蛇屬火值平柳宿
母親料理家務事　本身幇初登兄家挑炭過山坑弍十九
拾壹日天陰丙午肖馬屬水值定星宿
母親料理家務事　本身雜事　程興祥記賬
拾貳日天雨丁未肖羊屬水值執張宿
母親料理家務事　本身雜事
拾叁日天晴戊申肖猴屬土值破翼宿　程興祥賬記
母親料理家務事　本身過山坑賣柴
拾肆日天晴己酉肖雞屬土值危軫宿
母親料理家務事　本身挑樹

大鄣山乡江村 2-12 · 光绪年间 · 排日账 · 程典祥

拾伍日天雨庚戌肖犬属木值成角宿 程興祥記財
母親料理家務事 本身雜事
拾陸日天陰辛亥肖猪属金值收亢宿 程興祥記財
母親料理家務事 本身出思口挑米回家
拾柒日天陰壬子肖鼠属木值開氐宿 程興祥記財
母親料理家務事 本身在家讀
拾捌日天晴癸丑肖牛属木值閉房宿
母親料理家務事 本身在家習字 祥

拾玖日天雨甲寅肖虎属水值建心宿 程興祥財
母親料理家務事 本身雜事 程興
貳拾日天晴乙卯肖兎属水值除尾宿 程興祥程興
母親中饋 本身讀 程興祥程興祥
貳壹日天雨丙辰肖龍属土值滿箕宿
母親中饋 本身在家讀 程興祥程興祥
貳拾貳日天雨丁巳肖蛇属土值平斗宿
母親中饋 本身在家讀

大鄣山乡江村 2-13・光绪年间・排日账・程典祥

貳拾叁日天晴戊午肖馬屬火值定牛宿 罗善
母親中饋 本身後垯破柴 羅善
貳拾肆日天陰己未肖羊屬火值執女宿 罗善
母親中饋 本身後垯破柴 罗 罗 罗
貳拾伍日天晴庚申肖猴屬木值破虛宿
母親中饋 本身後垯鋤柴
貳拾陸日天雨辛酉肖雞屬木值危宿 宿
母親中饋 本身郭去羅善司出恩了挑米二斗

貳拾柒日天晴壬戌肖犬屬水值成室宿
母親中饋 本身後垯破柴 程興祥 記
貳拾捌日天陰癸亥肖猪屬水值收壁宿
母親中饋 本身過山坑賣柴
貳拾玖日天晴甲子肖鼠屬金值開奎宿
母親中饋 本身後垯斫柴
叁拾日天晴乙丑肖牛屬金值閉婁宿
母親中饋 本身批樹

大鄣山乡江村 2-14 · 光绪年间 · 排日账 · 程典祥

貳月大建辛卯井宿值月本月新立財

初壹日天晴丙寅肖虎屬火值建昴宿

母親中饋　本身呈上斫樹

初貳日天雨丁卯肖兔屬火值除畢宿

母親中饋　本身在家待

初叁日天雨戊辰肖龍屬木值滿觜宿

母親中饋　本身過山坑賣柴計全八十五文收

初肆日天晴己巳肖蛇屬㊍木值平參宿

母親中饋　本身呈上抄山樹杉樹

初伍日天晴庚午肖馬屬土值平井宿　程典祥

母親中饋　本身出西待坑

初陸日天雨辛未肖羊屬土值定鬼宿

母親中饋　本身雜事　程典祥

初柒日天雪壬申肖猴屬金值執柳宿

母親中饋　本身在西坑雜事

初捌日天晴癸酉肖雞屬金值破星宿

大鄣山乡江村 2-15 · 光绪年间 · 排日账 · 程典祥

母親中饋　本身在家待

初玖日天陰甲戌肖犬属火值危張宿　計全八十文

母親中饋　本身過山坑賣柴計全八十文

初拾日天晴乙亥肖猪属火值成翼宿

母親中饋　本身帮去罗吉司忍挑米二斗

拾壹日天陰丙子肖鼠属水值收軫宿

母親中饋　本身呈上挖杉樹

拾貳日天晴丁丑肖牛属水值開角宿

母親中饋　本身上午後坑挑柴下午呈上財樹

拾叁日天雨戊寅肖虎属土值建角宿　程興祥記賬日

母親中饋　本身在家理禮　罗吉　罗吉　罗吉

拾肆日天雨己卯肖兔属土值建亢宿

母親中饋　本身帮初登兄家挑炭過山坑

拾伍日天晴庚辰肖龍属金值除氐宿　初

母親中饋　本身雜事　初　初　初

拾陸日天晴辛巳肖蛇属金值滿房宿

大鄣山乡江村 2-16 · 光绪年间 · 排日账 · 程典祥

母親中饋　本身出思口挑米回家
拾柒日天雨壬午肖馬屬木值平心宿
母親中饋　本身挑板
拾捌日天陰癸未肖羊屬木值定尾宿
母親中饋　本身過山坑賣柴計全八十文
拾玖日天陰甲申肖猴屬水值執箕宿
母親中饋　本身後坎挑柴
貳拾日天晴乙酉肖雞屬水值破斗宿
母親中饋　本身後坎挑柴
貳拾壹日天雨丙戌肖犬屬土值危牛宿
母親中饋　本身過山坑小集離
貳拾貳清明天晴丁亥肖豬屬土值成女宿　福
母親中饋　本身做頭
貳拾叁日天雨戊子肖鼠屬火值收虛宿　福
母親中饋　本身後坎挑柴借文字弟全挑柴　福
貳拾肆日天陰己丑肖牛屬火值開危宿

大鄣山乡江村 2-17 · 光绪年间 · 排日账 · 程典祥

母親中饋　本身出水末
貳拾伍日天晴庚寅肖虎屬木值閉室宿
母親中饋　本身下[illegible]然　[illegible]
貳拾陸日天晴辛卯肖兔屬木值閉壁宿
母親中饋　本身雜事進弟妹岩富弟
貳拾柒日天晴壬辰肖龍屬水值建奎宿
母親中饋　本身雜事　[illegible]
貳拾捌日天晴癸巳肖蛇屬水值除婁宿

母親中饋　本身打雜　新新新新
貳拾玖日天晴丙申肖猴屬土值滿胃宿
母親中饋　本身雜事
叁拾日天晴丁酉肖鷄屬土值平昴宿
母親中饋　本身在家詩
叁月大建壬辰鬼宿宿值月
初壹日天雨丙申肖猴屬土值定畢宿
母親中饋　本身在家詩

大鄣山乡江村 2-18 · 光绪年间 · 排日账 · 程典祥

初弍日天晴丁酉肖鷄屬火值執觜宿
母親中饋　本身雜事
初叁日天陰戊戌肖犬屬木值破參宿
母親中饋　本身出忍口挑米回家　罧
初肆日天雨己亥肖猪屬木值危井宿
母親中饋　本身至上財樹　罧
初伍日天雨庚子肖鼠屬宿成鬼宿
母親中饋　本身雜事

初陸日天雨辛丑肖牛屬土值收柳宿　興祥　程言
母親中饋　本身出水未
初柒日天陰壬寅肖虎屬金值開星宿　務務務務
母親中饋　本身出忍口大米回家　初初
初捌日天晴癸卯肖兔屬金值閉張宿　務務
母親中饋　本身雜事
初玖日天陰甲辰肖龍屬火值建翼宿　程興祥　賬
母親中饋　本身雜事

大鄣山乡江村 2-19 · 光绪年间 · 排日账 · 程典祥

初拾日天晴乙巳肖蛇属火值除軫宿
母親中饋 本身雜事
拾壹日天陰丙午肖馬属水值滿角宿
母親中饋 本身討猪草
拾貳日天晴丁未肖羊属水值平亢宿
母親中饋 本身打雜
拾叁日天雨戊申肖猴属土值定氐宿
母親中饋 本身在家嬉
拾肆日天晴己酉肖鷄属土值執房宿
母親中饋 本身雜事
肆月小建癸巳柳宿值月 本月新立賬
拾肆（伍）日天晴庚戌肖龍属金值閉翼宿
母親中饋 本身郭天登爺家捍茶叢
拾伍（陸）日天雨辛巳肖蛇属金值建軫宿
母親中饋 本身在家嬉
拾柒日天雨壬午肖馬属木值除角宿

大鄣山乡江村 2-20 · 光绪年间 · 排日账 · 程典祥

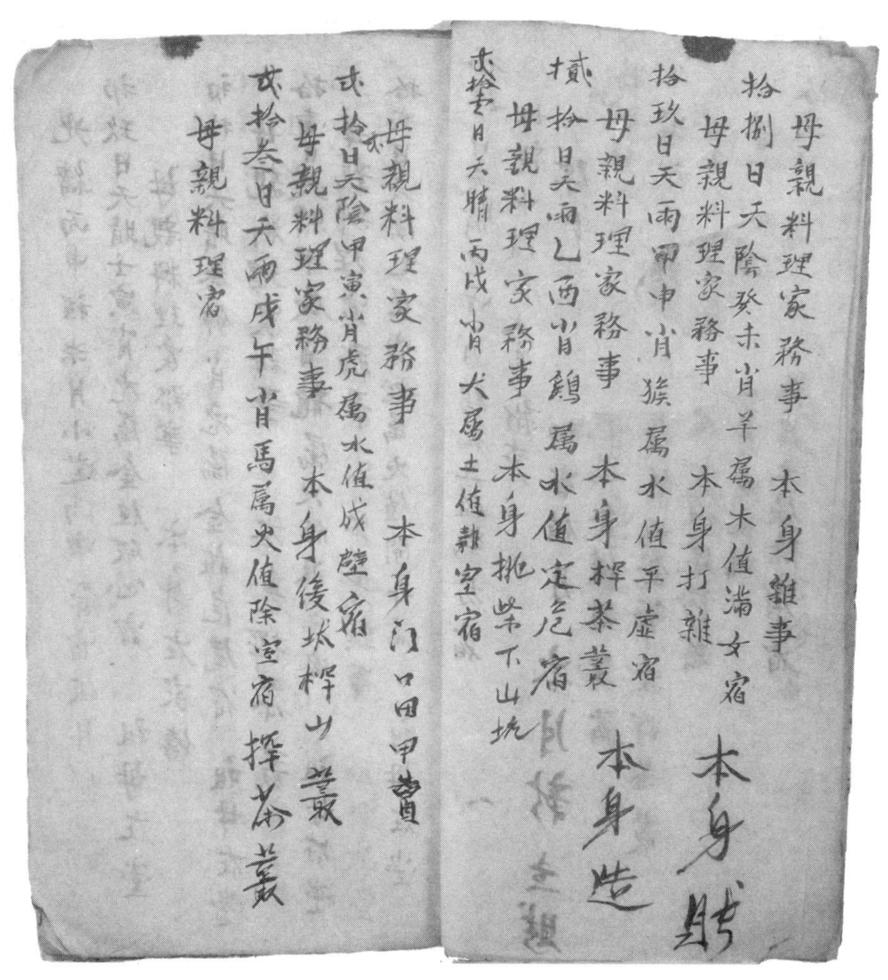

大鄣山乡江村 2-21 · 光绪年间 · 排日账 · 程典祥

光緒丙申禩柒月小建丙申翼宿值月
初玖日天晴壬寅肖虎屬金值破心宿
母親料理家務事　本身在家嬉　祖母在堂
初拾日天晴癸卯肖兔屬金值危尾宿
母親料理家務事　本身择茶叢　祖母在堂
拾壹日天晴甲辰肖龍屬火值收箕宿
母親料理家務事　本身雜事　祖母在堂
拾貳日天陰乙巳肖蛇屬火值開斗宿　祖母在堂

母親料理家務事　本身雜事　祖母在堂
拾叁日天陰丙午肖馬屬水值閉牛宿
母親料理家務事　本身過山坑賣柴　祖母在堂
拾肆日天晴丁未肖羊屬水值建女宿
母親料理家務事　本身在家嬉

大鄣山乡江村 2-22 · 光绪十八年 · 排日账 · 程典祥

千字文

天地元黄 宇宙洪荒 日月盈昃
辰宿列張 寒来暑往 秋收冬藏 閏餘成歲
雲騰致雨 露結為霜 金生麗水 玉出崑岡
劍號巨闕 珠稱夜光 果珍李柰 菜重芥薑
海鹹河淡 鱗潛羽翔 龍師火帝 鳥官人皇
始制文字 乃服衣裳 推位讓國 有虞陶唐
吊民伐罪 周發商湯 坐朝問道 垂拱平章
愛育黎首 臣伏戎羌 遐邇壹體 率賓歸王
鳴鳳在竹 白駒食場 化被草木 賴及萬方
蓋此身髮 四大五常 恭惟鞠養 豈敢毀傷
女慕貞潔 男效才良 知過必改 得能莫忘
罔談彼短 靡恃己長 信使可覆 器欲難量
墨悲絲染 詩讚羔羊 景行維賢 克念作聖
德建名立 形端表正 空谷傳聲 虛堂習聽
禍因惡積 福緣善慶 尺璧非寶 寸陰是競
資父事君 曰嚴與敬 孝當竭力 忠則盡命

大鄣山乡江村 2-23 · 光绪十八年 · 排日账 · 程典祥

臨深履薄　夙興溫凊　似蘭斯馨　如松之盛
川流不息　淵澄取映　容止若思　言辭安定
篤初誠美　慎終宜令　榮業所基　籍甚無竟
學優登仕　攝職從政　存以甘棠　去而益誠
樂殊貴賤　禮別尊卑　上和下睦　夫唱婦隨
外受傅訓　入奉母儀　諸姑伯叔　猶子比兒
孔懷兄弟　同氣連枝　交友投分　切磨箴規
仁慈隱惻　造次弗離　節義廉退　顛沛匪虧

性靜情逸　心動神疲　守真志滿　逐物意移
堅持雅操　好爵自縻　都邑華夏　東西二京
背邙面洛　浮渭據涇　宮殿盤鬱　樓觀飛驚
圖寫禽獸　畫彩仙靈　丙舍傍啟　甲帳對楹
肆筵設席　鼓瑟吹笙　陞階納陛　弁轉疑星
右通廣內　左達承明　既集墳典　亦聚群英
杜藁鍾隸　淡書壁經　府羅將相　路俠槐卿
戶封八縣　家給千兵　高冠陪輦　驅轂振纓

大鄣山乡江村 2-24 · 光绪十八年 · 排日账 · 程典祥

世祿侈富　車駕肥輕　策功茂實　勒碑刻銘
磻溪伊尹　佐時阿衡　奄宅曲阜　微旦孰營
桓公輔合　濟弱扶傾　綺迴漢惠　說感武丁
後乂密勿　多士寔寧　晉楚更霸　趙魏困橫
假途滅虢　踐土會盟　何遵約法　韓弊煩刑
起翦頗牧　用軍最精　宣威沙漠　馳譽丹青
九州禹跡　百郡秦并　嶽宗泰岱　禪主云亭
鴈門紫塞　雞田赤城　昆池碣石　鉅野洞庭

曠遠綿邈　巖岫杳冥　治本於農　務茲稼穡
俶載南畝　我藝黍稷　稅熟貢新　勸賞黜陟
孟軻敦素　史魚秉直　庶幾中庸　勞謙謹敕
聆音察理　鑒貌辨色　貽厥嘉猷　勉其紙植
省躬譏誡　寵增抗極　殆辱近恥　林皇幸即
兩疏見機　解組誰逼　索居閒處　沉默寂寥
求古尋論　散慮逍遙　欣奏累遣　慼謝歡招
渠荷的歷　國莽抽條　枇杷晚翠　梧桐早凋

大鄣山乡江村 2-25 · 光绪十八年 · 排日账 · 程典祥

陳根委翳 落葉飄颻 游鯤獨運 淩摩絳霄
耽讀翫市 寓目囊箱 易輶攸畏 屬耳垣墻
具膳飧飯 適口充腸 飽飫烹宰 饑厭糟糠
親戚故舊 孝少異糧 妾御績紡 侍巾帷房
紈扇圓絜 銀燭煒煌 晝眠夕寐 藍筍象床
弦歌酒讌 接杯舉觴 矯手頓足 悅豫且康
嫡後嗣續 祭祀烝嘗 稽顙再拜 悚懼恐惶
牋牒簡要 顧答審詳 骸垢想浴 執熱願涼
驢騾犢特 駭躍超驤 誅斬賊盜 捕獲叛亡
布射僚丸 嵇琴阮嘯 恬筆倫紙 鈞巧任釣
釋紛利俗 並皆佳妙 毛施淑姿 工顰妍笑
年矢每催 曦暉朗曜 璇璣懸斡 晦魄環照
指薪修祜 永綏吉劭 矩步引領 俯仰廊廟
束帶矜莊 徘徊瞻眺 孤陋寡聞 愚蒙等誚
謂語助者 焉哉乎也
光緒念弍年桂月彌 程興祥彌市千字文

大鄣山乡江村 2-26 · 光绪十八年 · 排日账 · 程典祥

光緒念弍祺桂月立正衧字正用四罗通行 程氏典祥出寫立

珠根賬古白月生黄、知立晴陰叅開门身長知云

正新白虎牛馬朝鸟田舍郎蔡登天子堂高明月四

福鸟天地開張翰脩卯堂竹白兔睥車中連勇爺程

亮覌貴逢勇松者来底亥、全吏伯文卯收有有卅

興何鸟犀田筆知纾橋森兔保国珠纾知中大茶

国保福慶初橋保国意、橋有友何泰掄丁勍丁萬

明字程進弟岩富亮登萬友榮善榮料榮得榮来順善

黄何鸟界平安吉慶鸟高良福園國根德、獻張

獻張正各典祥小各岩局字氏有張鑿護護

大鄣山乡江村 2-27 · 光绪十八年 · 排日账 · 程典祥

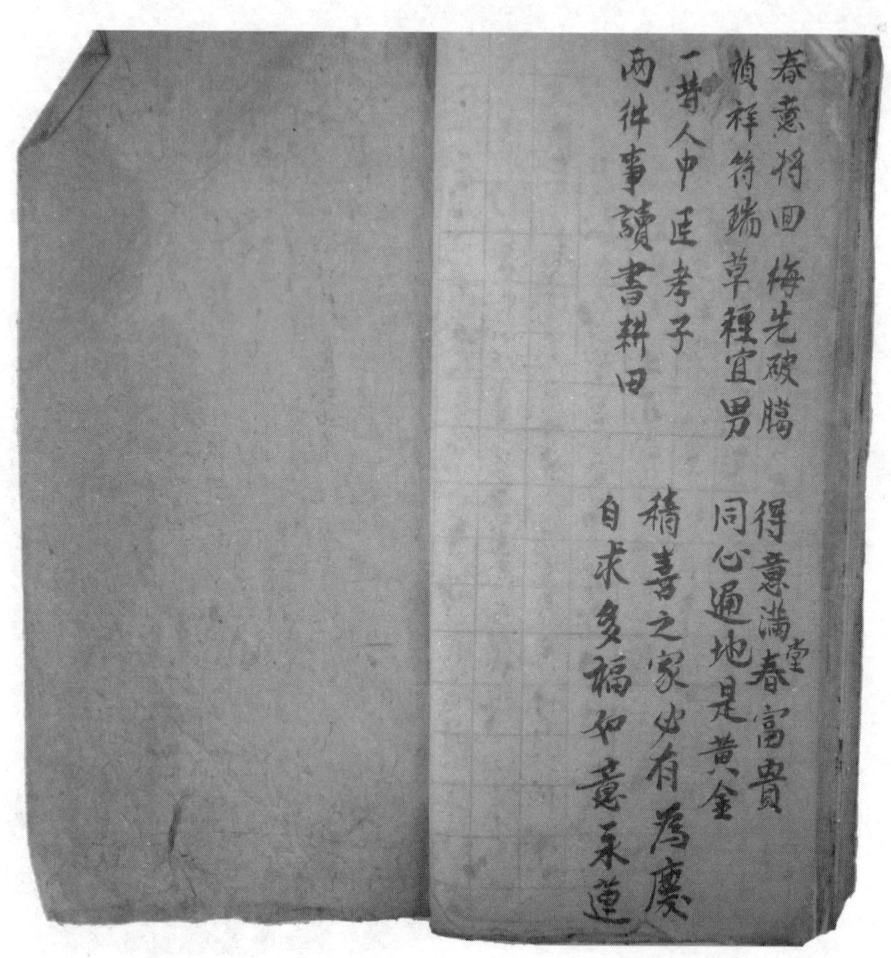
春意將回梅先破臘
禎祥符瑞草種宜男
一等人中臣孝子
兩件事讀書耕田
得意滿堂春富貴
同心遍地是黃金
積善之家必有為慶
自求多福如意來蓮

大郭山乡江村 2-28 · 光绪十八年 · 排日账 · 程典祥

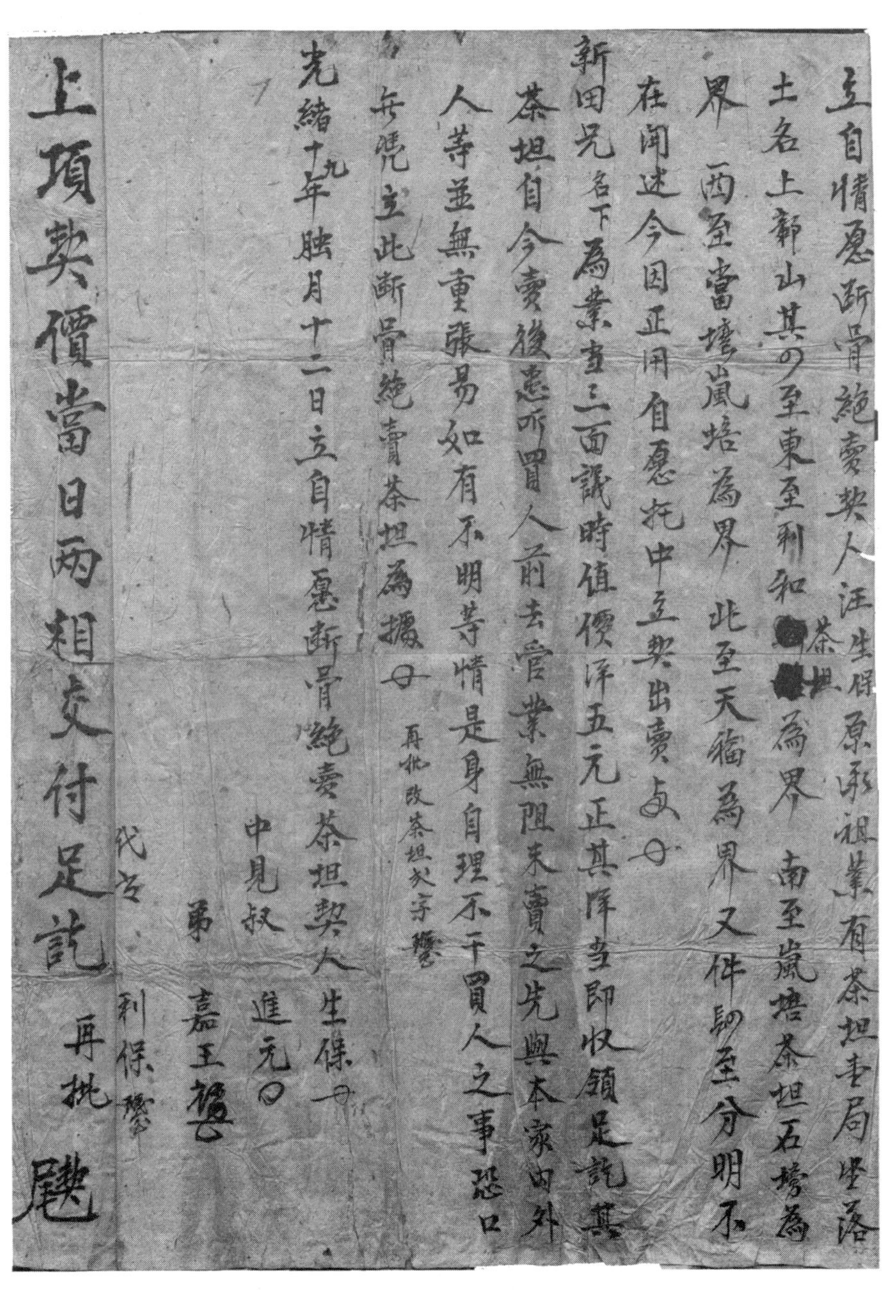
立自情愿断骨绝卖契人汪生保原承祖业有茶坦壹局坐落土名上鄣山其四至东至利和茶坦为界　南至岚塔茶坦石塝为界　西至当塝岚塔为界　北至天猫为界又件脚至分明不在闲述今因正用自愿托中立契出卖与新田兄名下为业当三面议时值价洋五元正其洋当即收领足讫其茶坦自今卖后憑听买人前去管业无阻未卖之先与本家内外人等并無重张易如有不明等情是身自理不干买人之事恐口无凭立此断骨绝卖茶坦为据。
再批改茶坦契字　押
光绪十九年腊月十二日立自情愿断骨绝卖茶坦契人生保
中见叔　进元
弟　嘉王　押
代字　利保　押
上项契价当日两相交付足讫　再批　押

大鄣山乡江村 118 · 光绪十九年 · 断骨绝卖茶坦契 · 汪生保卖与新田

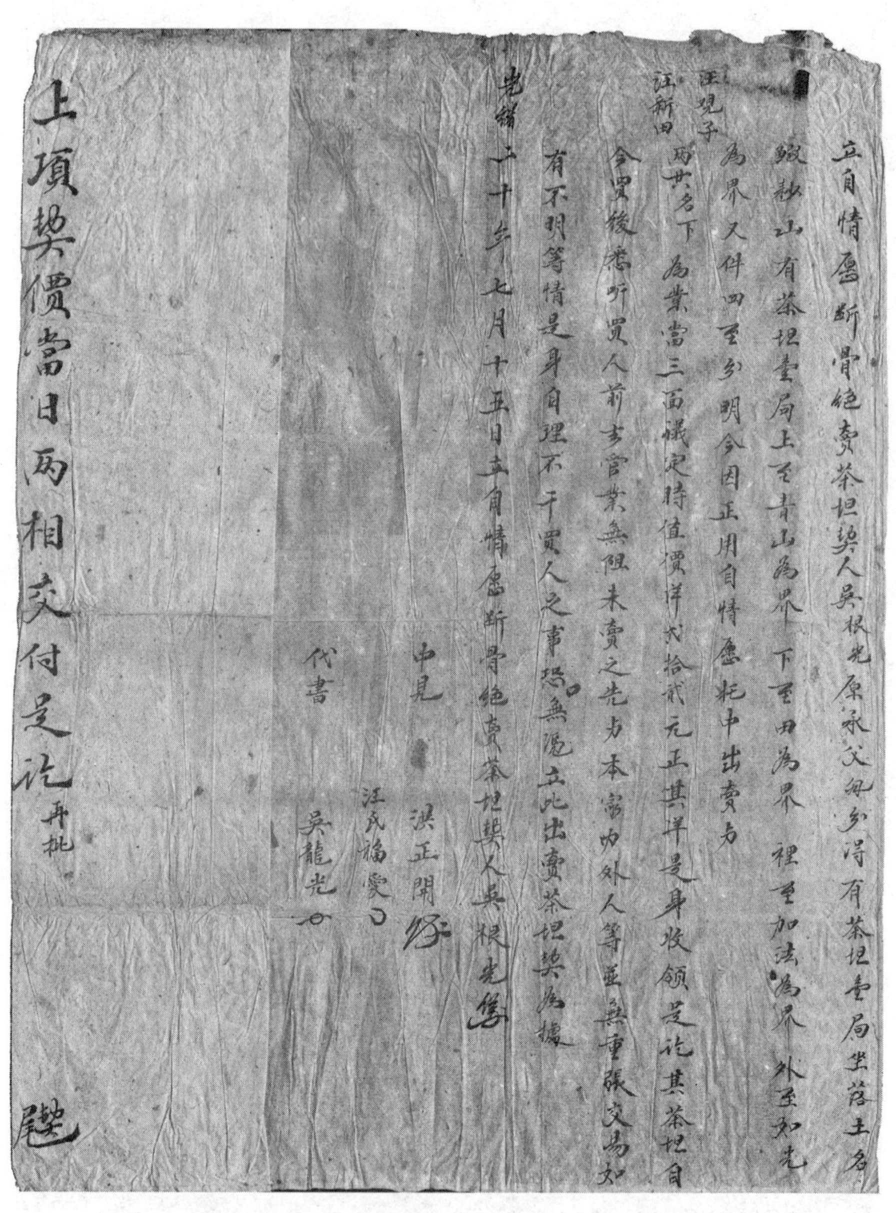

大鄣山乡江村 218 · 光绪二十年 · 断骨绝卖茶坦契 ·
吴根光卖与汪观子、汪新田

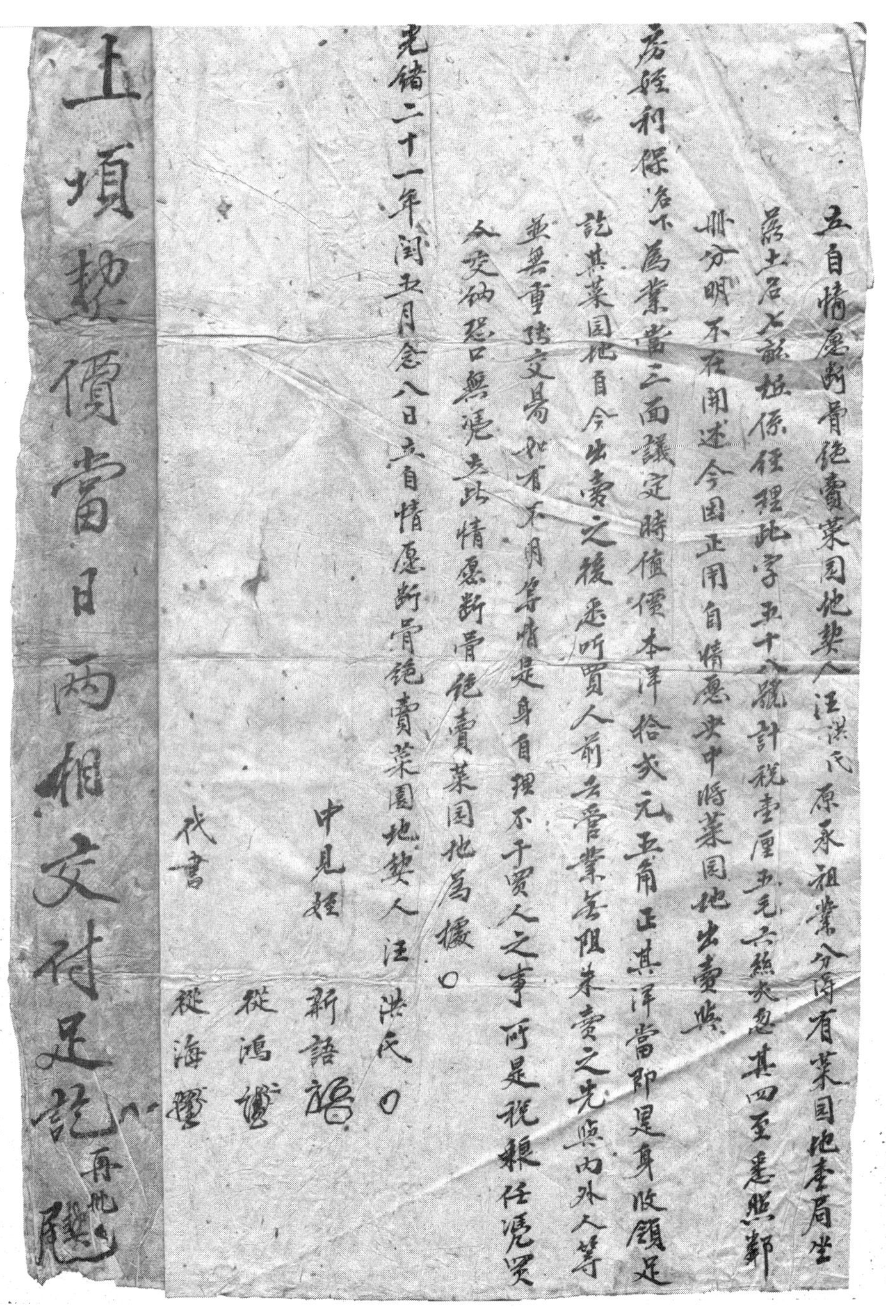

立自情愿断骨绝卖菜园地契人汪洪氏，原承祖业分得有菜园地壹局，坐落土名七亩坵，系经理此字五十八号，计税壹厘五毛六丝弍忽，其四至悉照鳞册分明，不在开述。今因正用，自情愿央中将菜园地出卖与房侄利保名下为业。当三面议定时值价本洋拾弍元五角正，其洋当即是身收领足讫。其菜园地自今出卖之后，悉听买人前去管业，無阻。未卖之先，與内外人等並無重張交易。如有不明等情，是身自理，不干买人之事。所是税粮，任凭买人交纳，恐口無凭，立此情愿断骨绝卖菜园地为据。

光绪二十一年闰五月念八日立自情愿断骨绝卖菜园地契人汪洪氏（押）

中见侄　新语（押）

从鸿（押）

代书　从海（押）

上项契价当日两相交付足讫。再批（押）

大鄣山乡江村 187 · 光绪二十一年 · 断骨绝卖菜园地契 · 汪洪氏卖与房侄利保

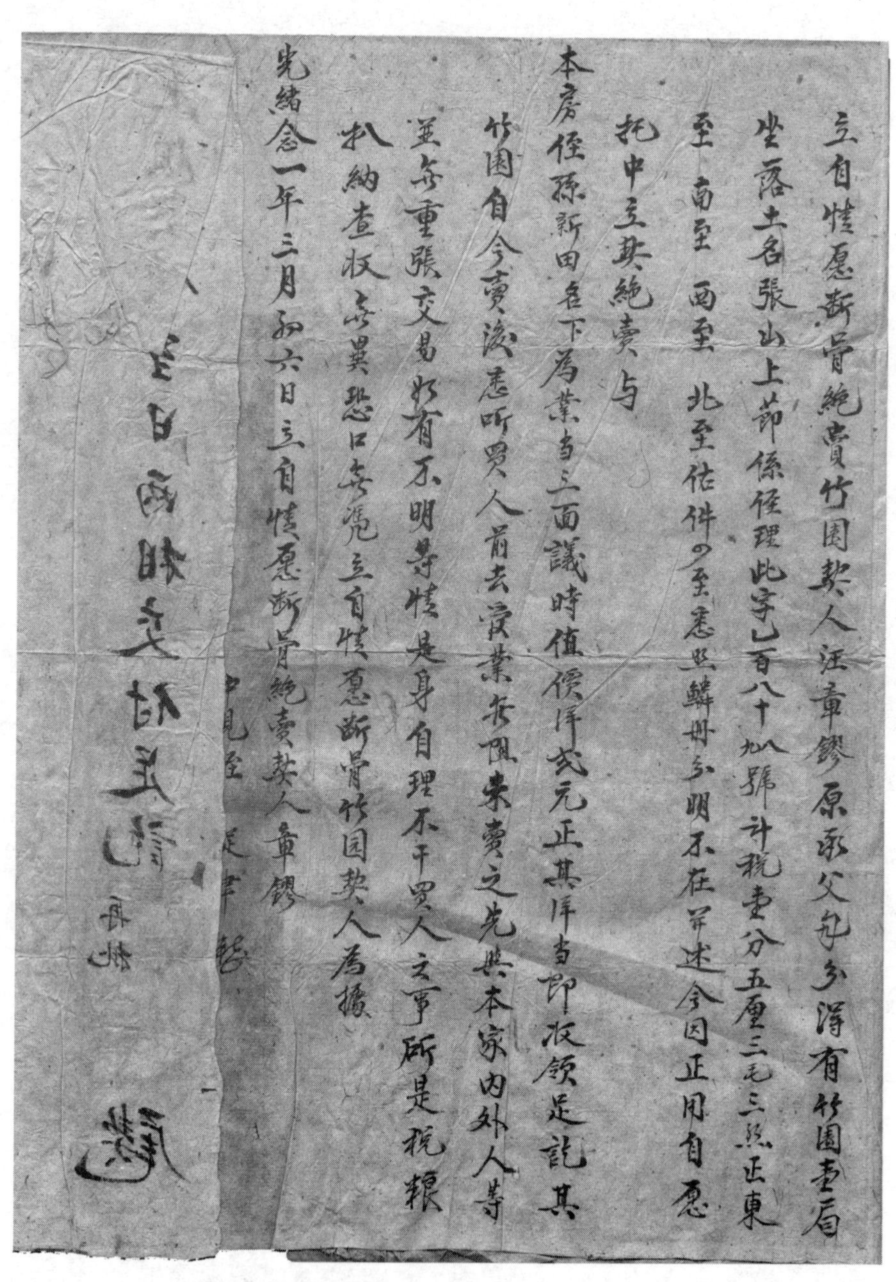

大鄣山乡江村 191 · 光绪二十一年 · 断骨绝卖竹园契 ·
汪章镠卖与本房侄孙新田

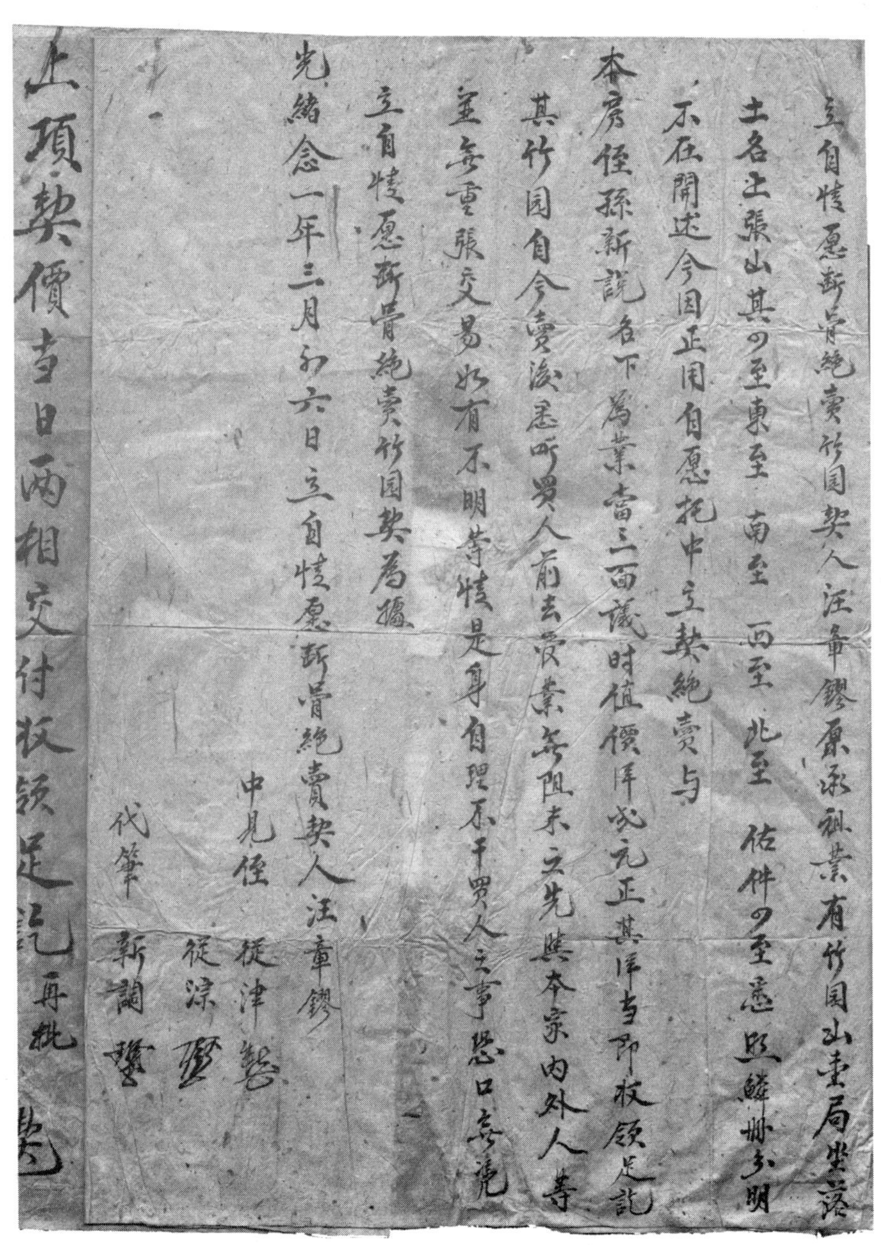

大鄣山乡江村 195 · 光绪二十一年 · 断骨绝卖竹园契 ·
汪章镠卖与本房侄孙新说

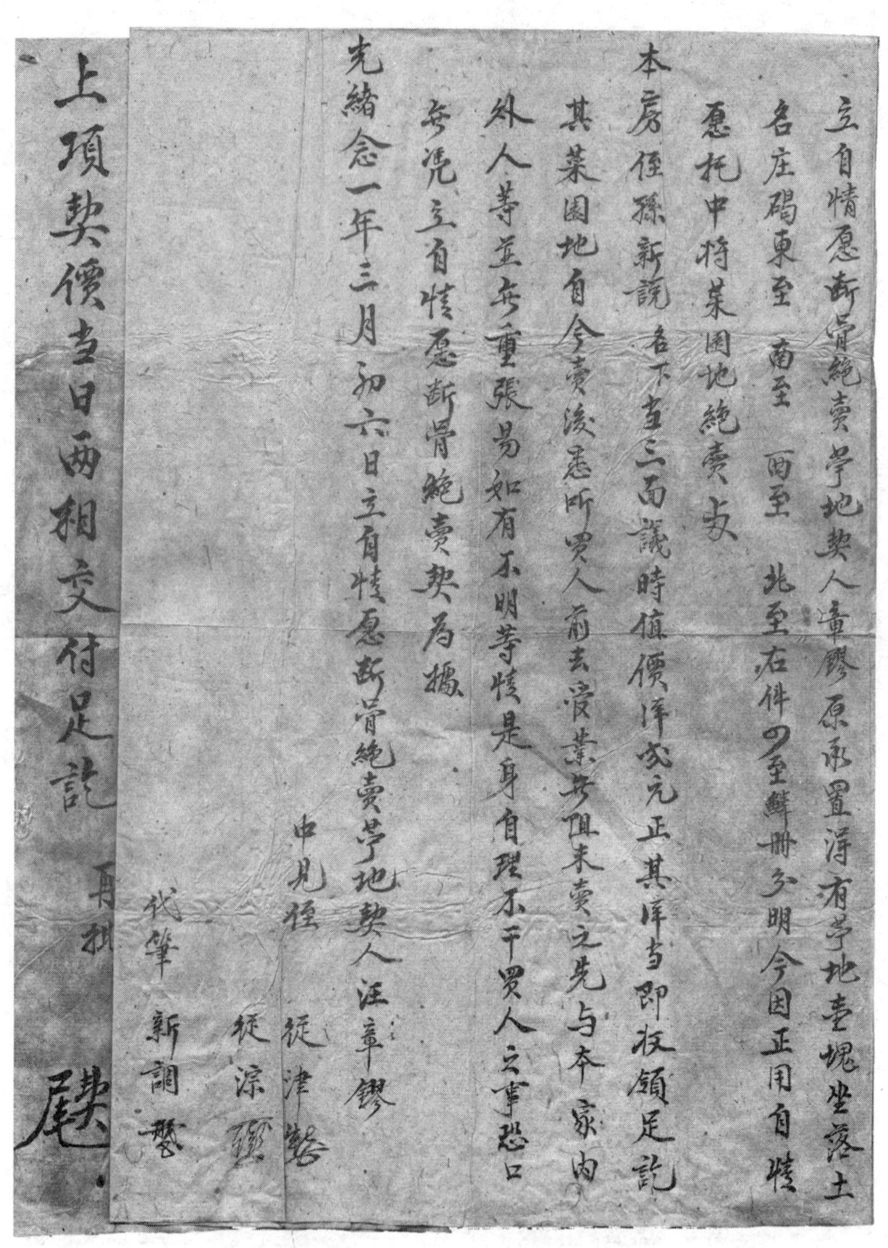

大鄣山乡江村 196 · 光绪二十一年 · 断骨绝卖苧地契 ·
汪章镠卖与本房侄孙新说

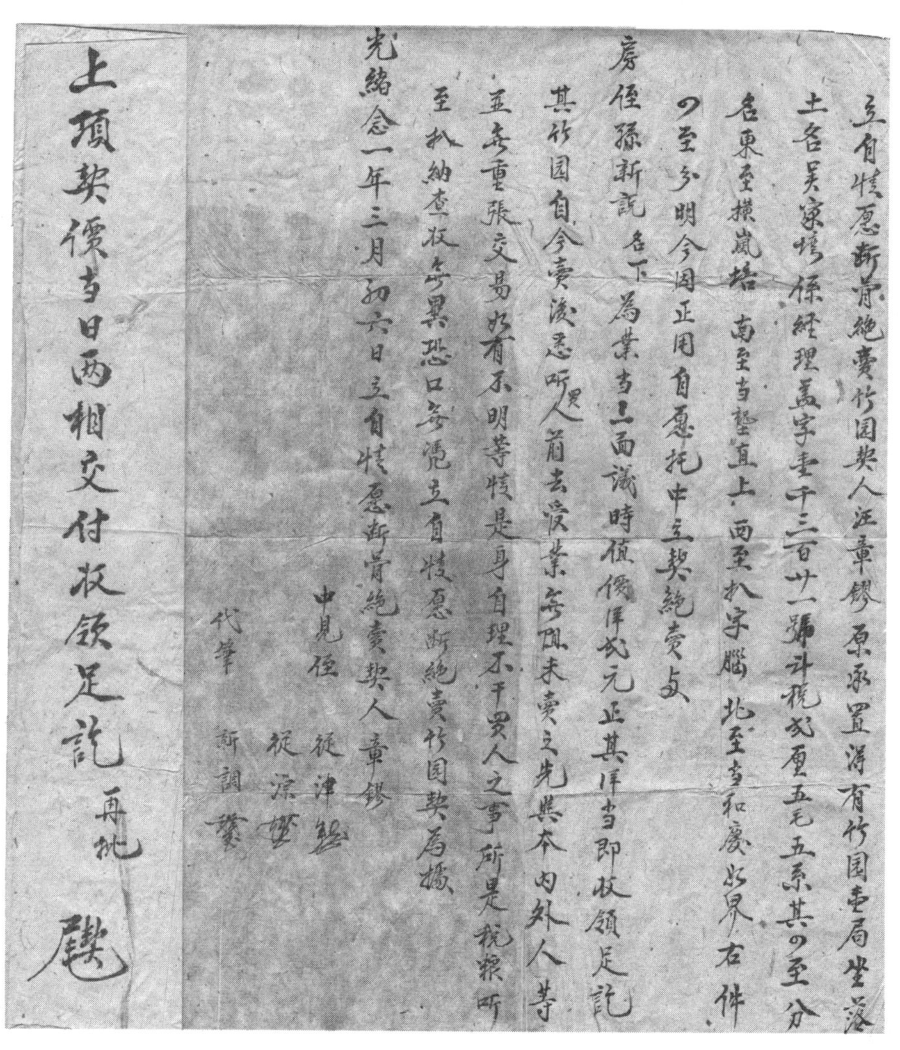
立自情愿断骨绝卖竹园契人汪章镠，原承置得有竹园壹局，坐落
土名吴家塆，係经理万字壹千三百廿一号，計税弍厘五毛五系。其四至分
名东至横岚塆，南至当塍直上，西至扒字塍，北至当和庆为界。右件
四至分明。今因正用，自愿托中立契绝卖与
房侄孙新说名下为业。当三面议时值价洋弍元正，其洋当即收领足讫。
其竹园自今卖后，悉听买人前去管业，无阻。未卖之先，与本内外人等
并无重張交易。如有不明等情，是身自理，不干买人之事。所是税粮听
至扒纳查收无异。恐口无凭，立自情愿断绝卖竹园契为据。
光绪念一年三月初六日立自情愿断骨绝卖契人章镠
中见侄 绽津（押）
绽深（押）
代笔 新调（押）
上项契价当日两相交付收钦足讫。再批。（押）

大鄣山乡江村 197 · 光绪二十一年 · 断骨绝卖竹园契 ·
汪章镠卖与房侄孙新说

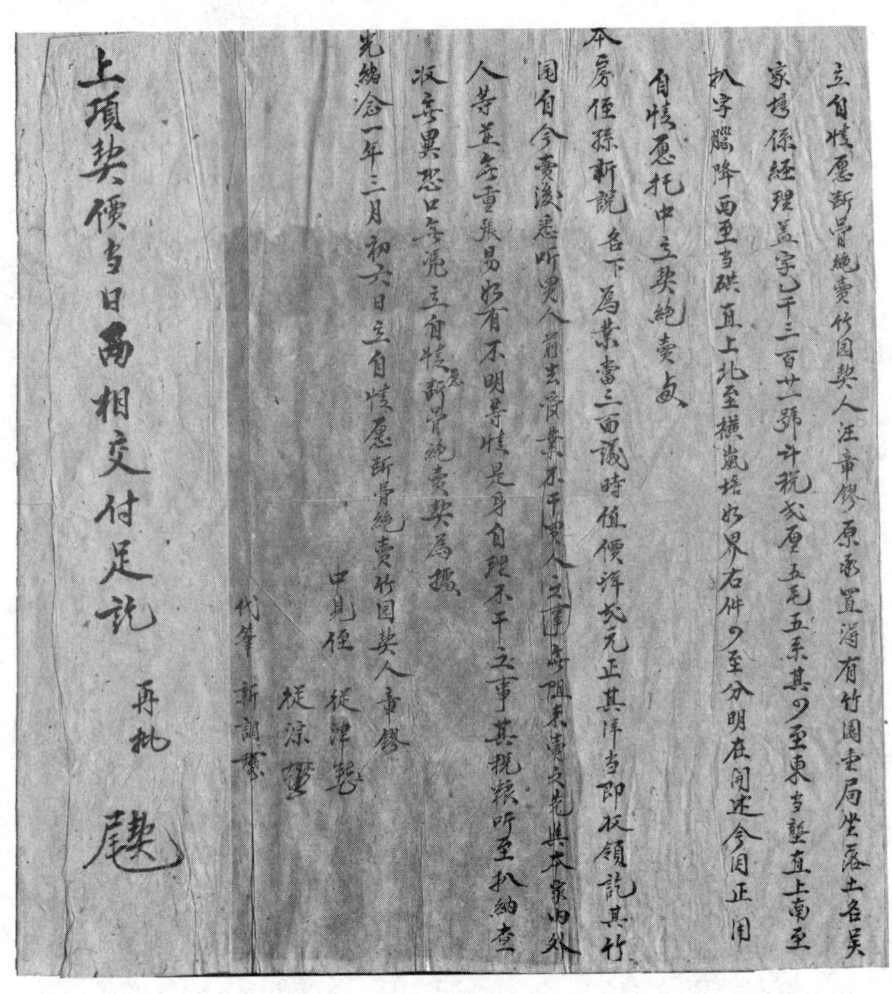

立自情愿断骨绝卖竹园契人汪章镠原承买得有竹园壹局坐落土名吴家坞，係经理盖字乙千三百廿一号，计税弍厘五毛五系。其四至：东至塹直上，南至扒字脑降，西至塘碶直上，北至横岚培嶺界。右件四至分明在冊，述今因正用，自情愿托中立契绝卖与本房侄孙新说名下为业。当三面议时值价洋弍元正，其洋当即收领讫。其竹园自今卖后，悉听买人前去管业，不干卖人之事，无阻。未卖之先，与本家内外人等并无重张交易，如有不明等情，是身自理，不干买人之事。其税粮听至扒纳查收无异。恐口无凭，立自情愿断骨绝卖契为据。

光绪念一年三月初六日立自情愿断骨绝卖竹园契人章镠

中见侄 从津

从涼

代笔 新调

上项契价当日两相交付足讫。再批

大鄣山乡江村 198 · 光绪二十一年 · 断骨绝卖竹园契 ·

汪章镠卖与房侄孙新说

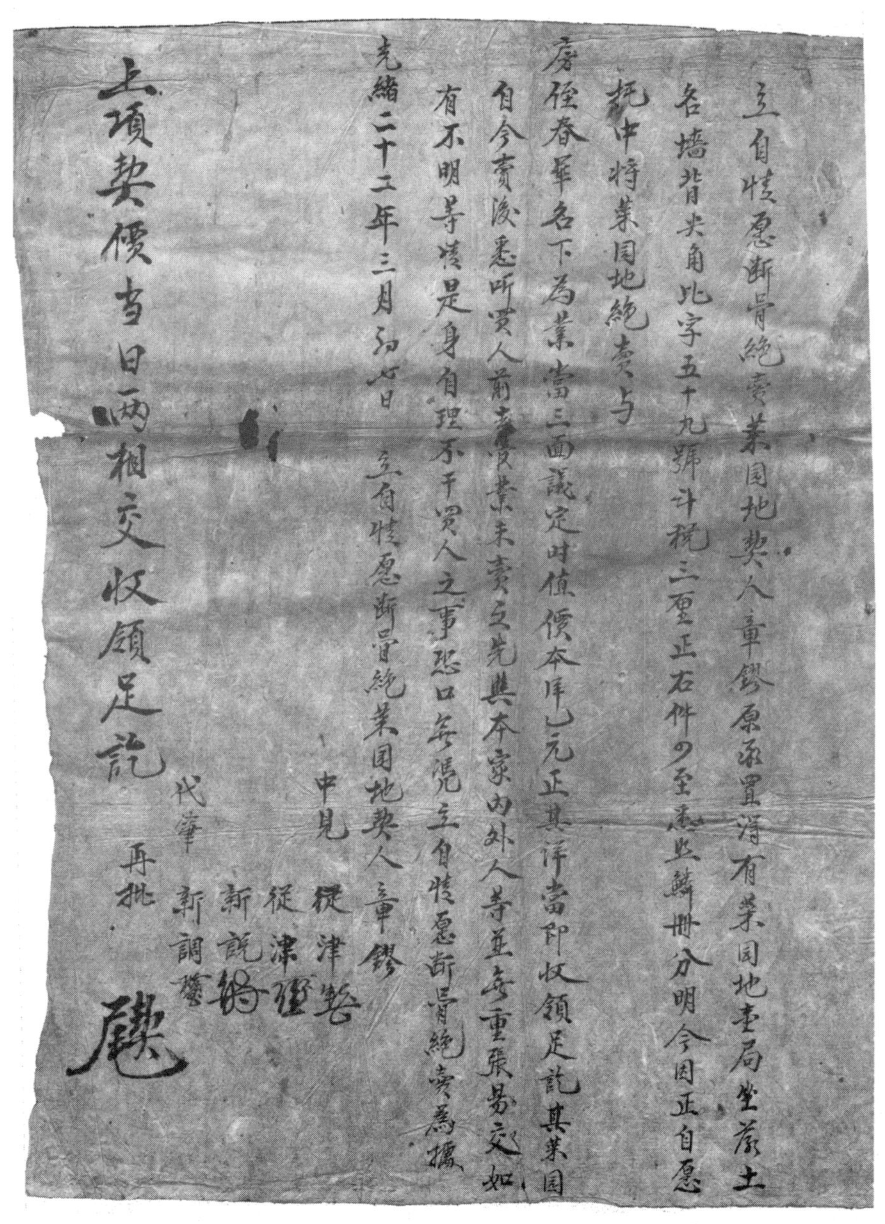

立自情愿断骨絕賣菜园地契人章鏐原承買得有菜园地壹局坐落土名墻背头角比字五十九號計稅三厘正右件四至悉照鱗册分明今因正自愿托中將菜园地絕賣与

房侄春華名下為業當三面議定時值價本洋[illegible]元正其洋當即收領足訖其菜园自今賣後悉听買人前去管業未賣之先與本家內外人等並無重張交易如有不明等情是身自理不干買人之事恐口無憑立自情愿断骨絕賣為據

光緒二十二年三月初七日　立自情愿断骨絕菜园地契人章鏐

中見　侄　津[illegible]

從　津[illegible]

新詵

代筆　新調[illegible]

再批　上項契價當日兩相交收領足訖

大鄣山乡江村 165 · 光绪二十二年 · 断骨绝卖菜园地契 · 章镠卖与房侄春华

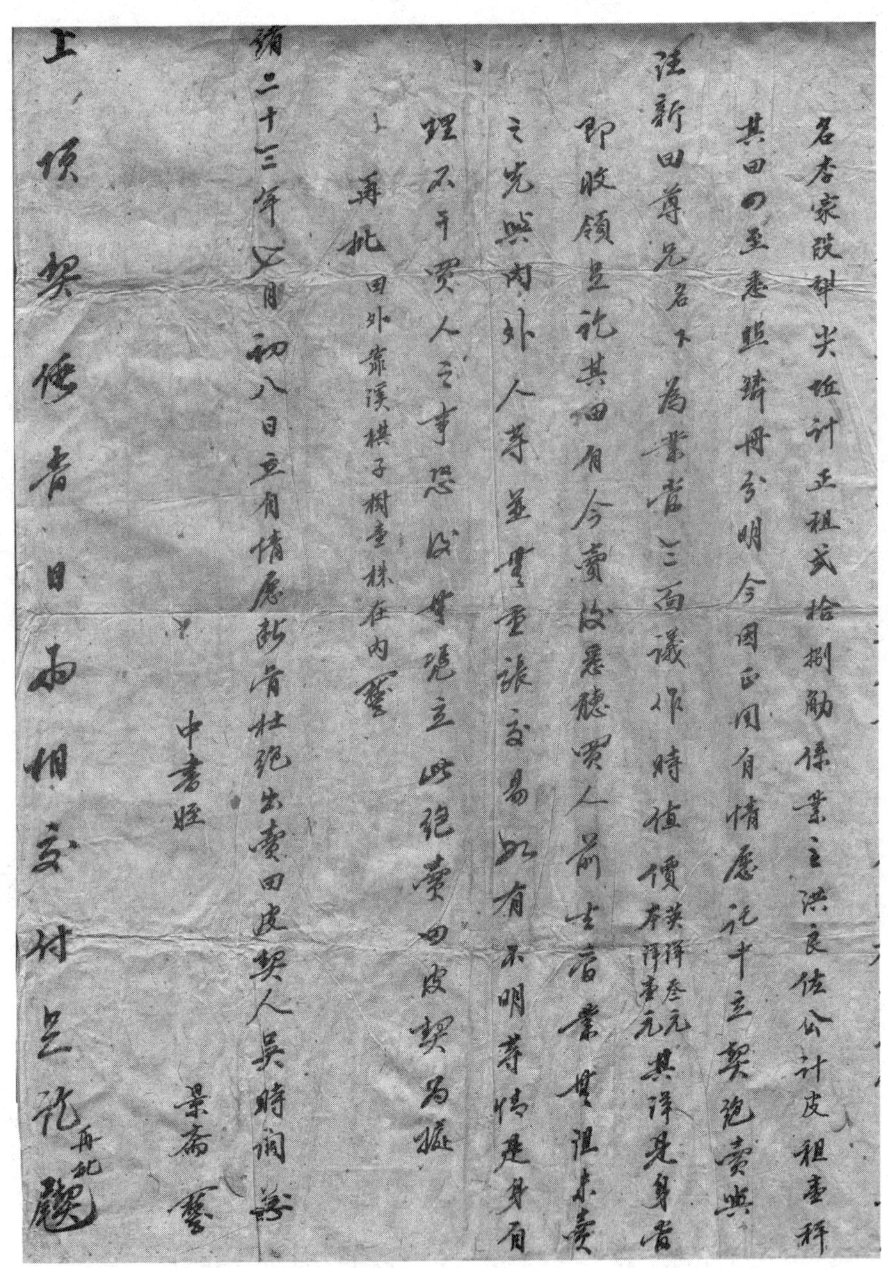

大鄣山乡江村 117 · 光绪二十三年 · 断骨杜绝出卖田皮契 · 吴时开卖与汪新田

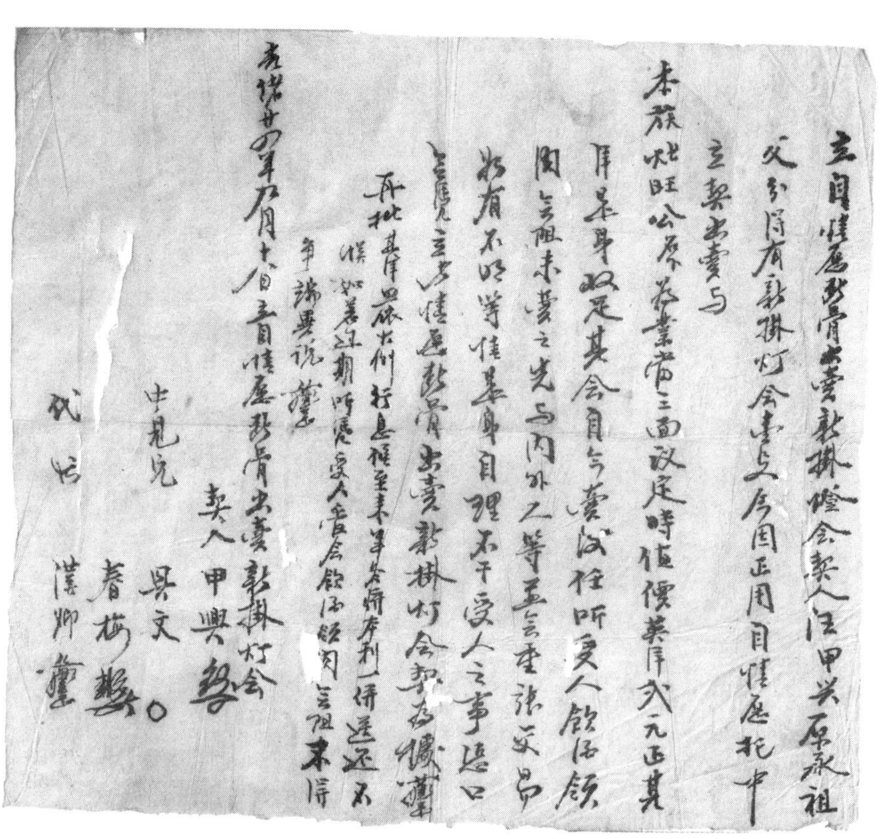

立自情愿断骨出卖新掛灯会契人汪甲兴，原承祖父分得有新掛灯会壹股，今因正用，自情愿托中立契出卖与本族灶旺公名下为业，当三面议定时值价英洋弍元正。其洋是身收足，其会自今卖後，任听受人饮福领阄无阻。未卖之先，与内外人等并无重张交易。如有不明等情，是身自理，不干受人之事。恐口无凭，立此情愿断骨出卖新掛灯会契为据。

再批：其洋照依大例行息，限至来年冬将本利一併送还不误。如若过期，听凭受人承会饮福领阄，身无阻，不得异说。据。

光绪廿四年八月十八日 立自情愿断骨出卖新掛灯会 卖人 甲兴（押）

中见兄 兴文 春梅（押）○

代书 汉卿（押）

大鄣山乡江村 100 · 光绪二十四年 · 断骨绝卖新挂灯会契 ·
汪甲兴卖与本族灶旺公

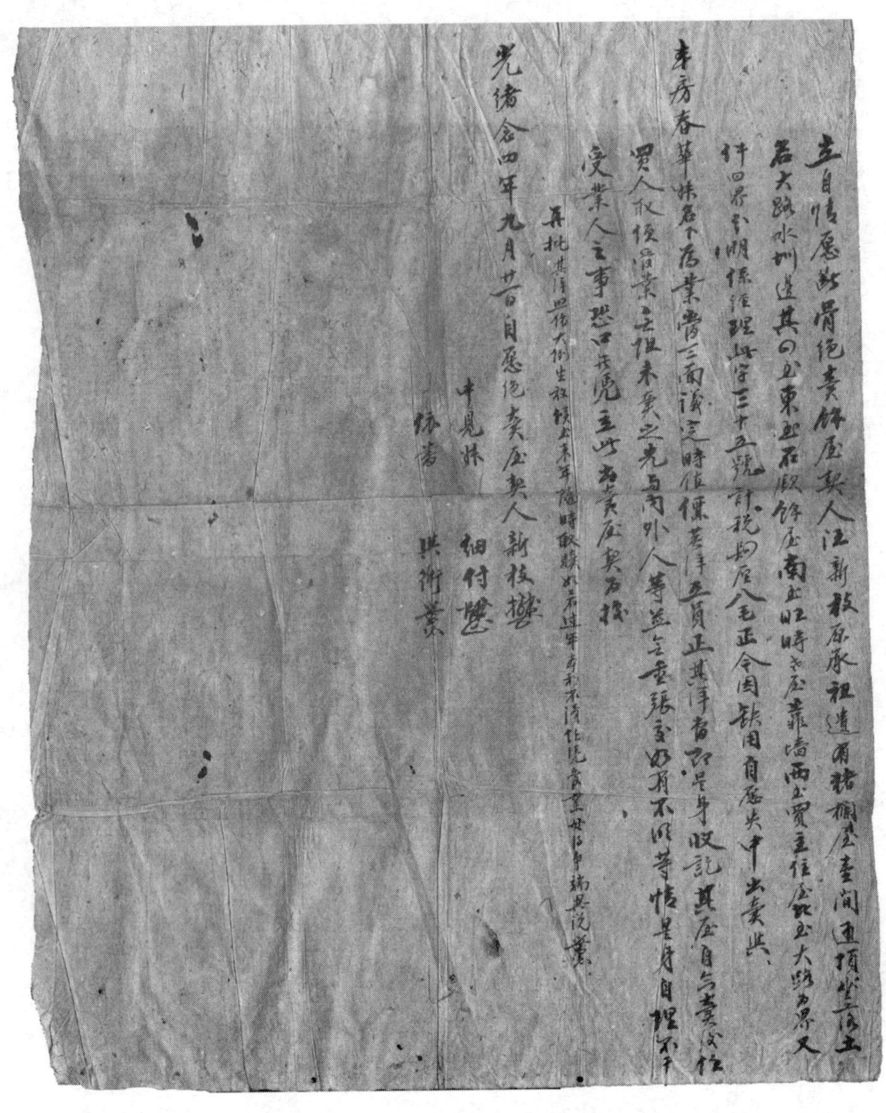

立自情願斷骨絕賣餘屋契人汪新枝，原承祖遺有豬欄屋壹間，連頂坐落土名大路水圳邊，其四至：東至石[illegible]餘屋，南至旺時之屋靠墻，西至買主住屋，北至大路為界。又併四界分明，係經理此字三十五號，計稅[illegible]屋八毛正。今因缺用，自愿央中出賣與本房春華叔名下為業，當三面議定時值價英洋五員正，其洋當即是身收訖。其屋自今賣後，任買人收役管業，無阻。未賣之先，與內外人等並無重張交易，如有不明等情，是身自理，不干受業人之事。恐口無憑，立此為賣屋契為據。

再批：其屋四伯大伯生叔銀[illegible]未年隨時取贖，如若過年本利不清，任憑當業[illegible]事，[illegible]異說。

光緒念四年九月廿日　自愿絕賣屋契人　新枝（押）

中見　林細　付（押）

依書　興衍（押）

大鄣山乡江村 134 · 光绪二十四年 · 断骨绝卖余屋契 · 汪新枝卖与本房春华叔

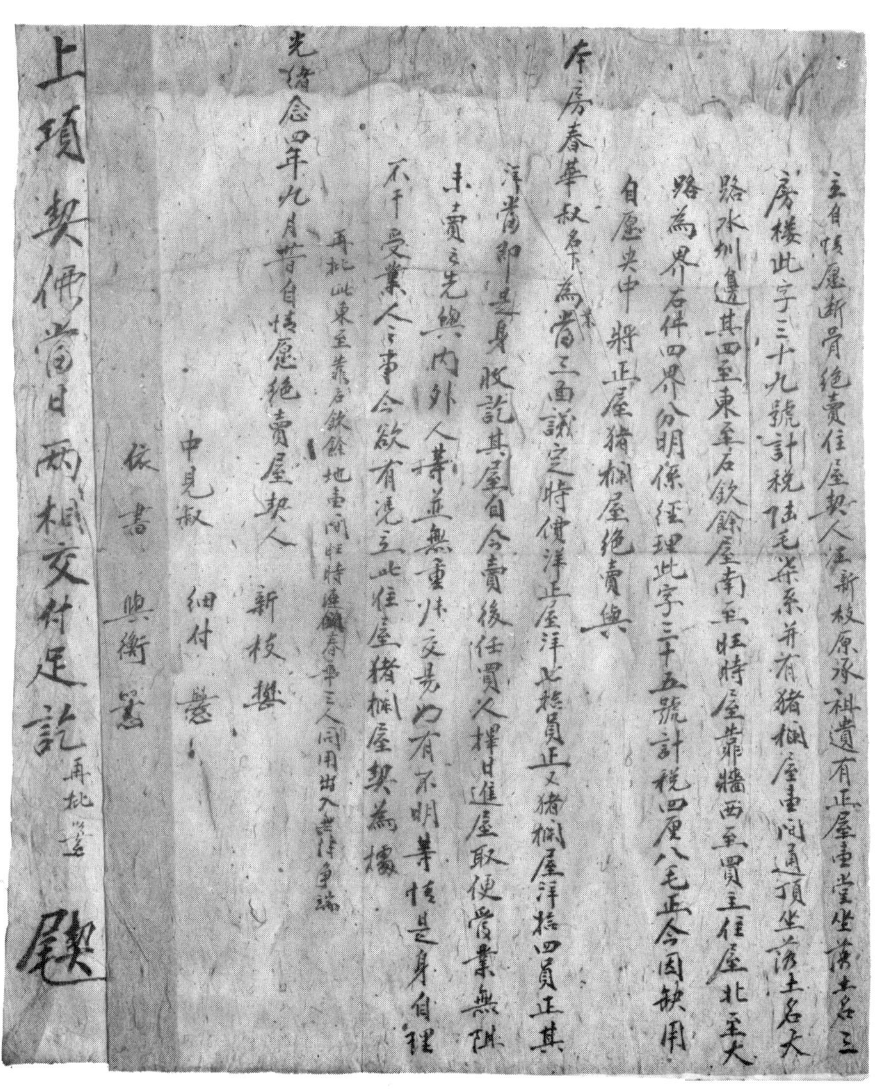

立自情愿断骨绝卖住屋契人汪新枝原承祖遗有正屋壹堂坐落土名三
房楼此字三十九號計税陆毛柒系并有猪欄屋壹间通頂坐落土名大
路水圳邊其四至東至石欽餘屋南至旺時屋菲牆西至買主住屋北至大
路為界右件四界分明係經理此字三十五號計税四厘八毛正今因缺用
自愿央中將正屋猪欄屋絶賣與
本房春華叔名下為業為當三面議定時價洋正屋洋七拾員正又猪欄屋洋拾四員正其
洋當即是身收訖其屋自今賣後任買人擇日進屋取便管業無阻
未賣之先與内外人等并無重張交易如有不明等情是身自理
不干受業人之事今欲有凴立此住屋猪欄屋契為據
再批此東至菲石欽餘地壹間旺時運鑑春華三人同用出入無得爭端
光緒念四年九月　日自情愿絶賣屋契人　新枝　[押]
中見叔　細付　[押]
依書　與衛　[押]
上項契價當日兩相交付足訖　再批　[押]
屋契

大鄣山乡江村 142 · 光绪二十四年 · 断骨绝卖住屋契 ·
汪新枝卖与本房春华叔

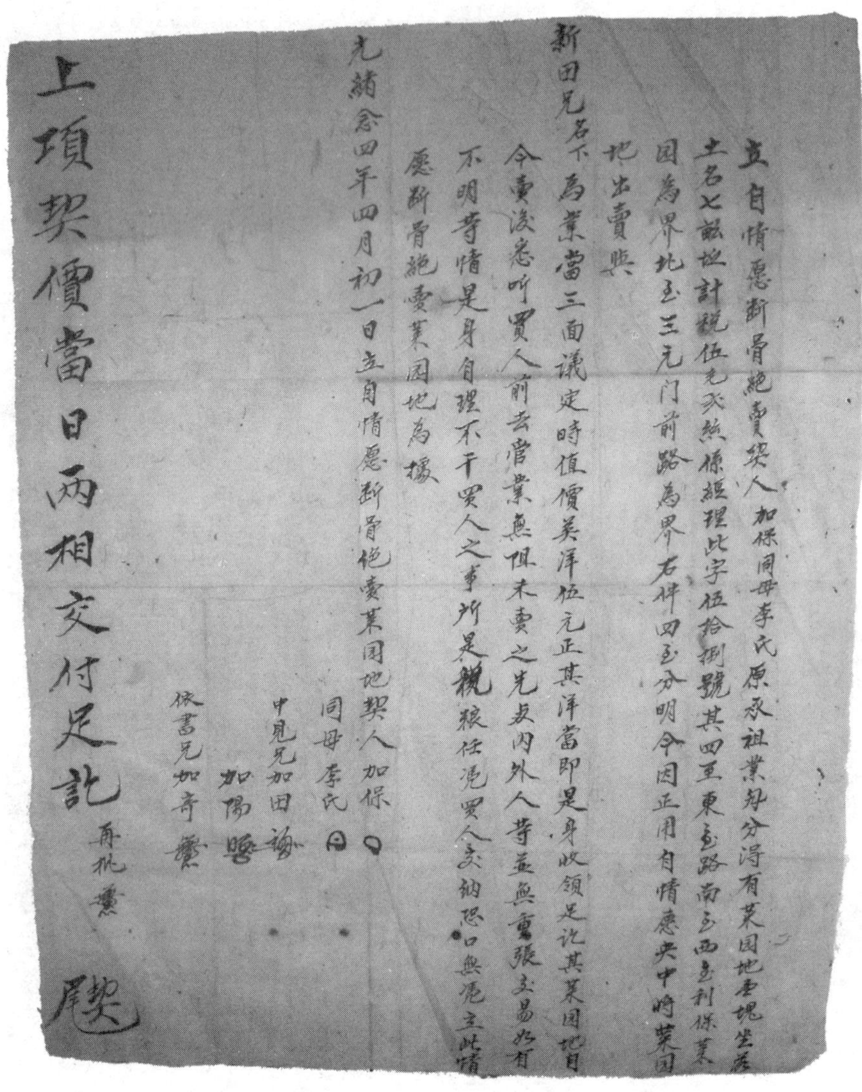

大鄣山乡江村 171 · 光绪二十四年 · 断骨绝卖菜园地契 ·
加保同母李氏卖与新田

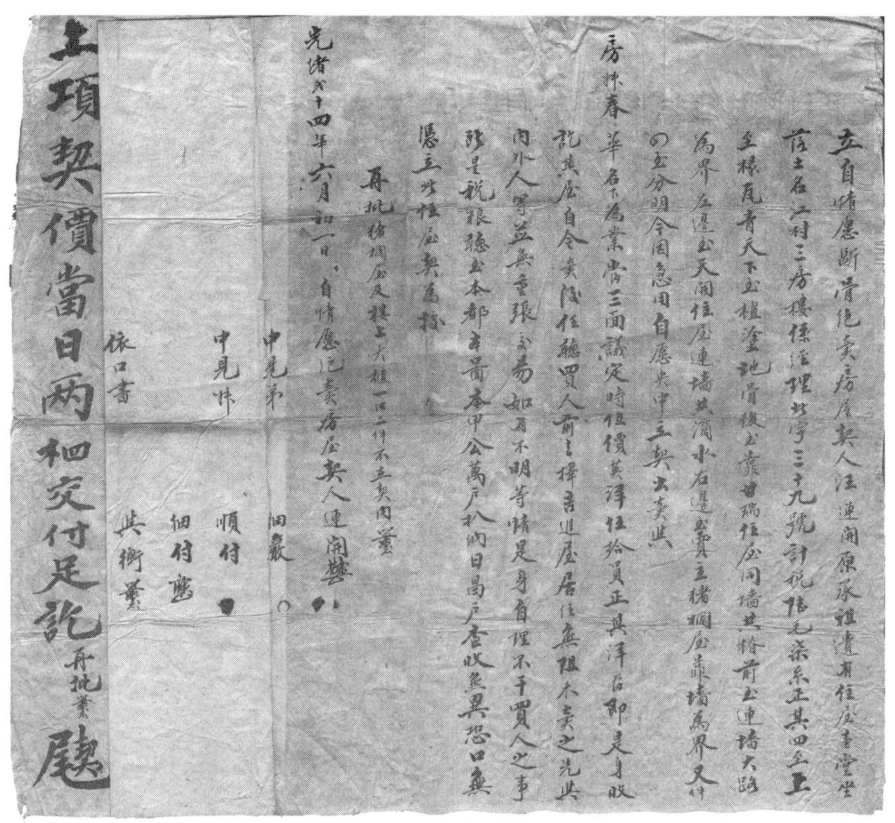
立自情愿斷骨絕賣房屋契人汪連開，原承祖遺有住屋壹堂，坐
落土名江村三房樓保經理批字三十九號，計稅陸毛柒系正，其四至：上
至椽瓦青天，下至地基地骨，後至龔冒瑞住屋同墻共樓，前至連墻大路
為界，左邊至天井住屋連墻共滴水，右邊至買主豬欄屋并墻為界，又什
物在內。今因急用，自愿央中立契出賣與
房叔春華名下為業。當三面議定時值價英洋伍拾員正，其洋當即是身收
訖。其屋自今賣後，任聽買人前去擇吉進屋居住，無阻。未賣之先，與
內外人等並無重張交易，如有不明等情，是身自理，不干買人之事。
所是稅粮，聽至本都本啚本甲公萬戶扒納，日後憑戶查收，無異。恐口無
憑，立此絕賣屋契為據。
再批：豬欄屋及樓上大柱一口，二件不在契內。（押）
光緒二十四年六月初一日　自情愿絕賣房屋契人連開（押）
中見弟　細徽
中見叔　順付（押）
細付
依口書　典衡（押）
上項契價當日兩相交付足訖　再批（押）
照

大鄣山乡江村 217 · 光绪二十四年 · 断骨绝卖房屋契 · 汪连开卖与房叔春华

巖忻阄書

大鄣山乡江村 6-1 · 光绪二十五年 · 分关文书（岩忻阄书） · 岩忻同弟炎能

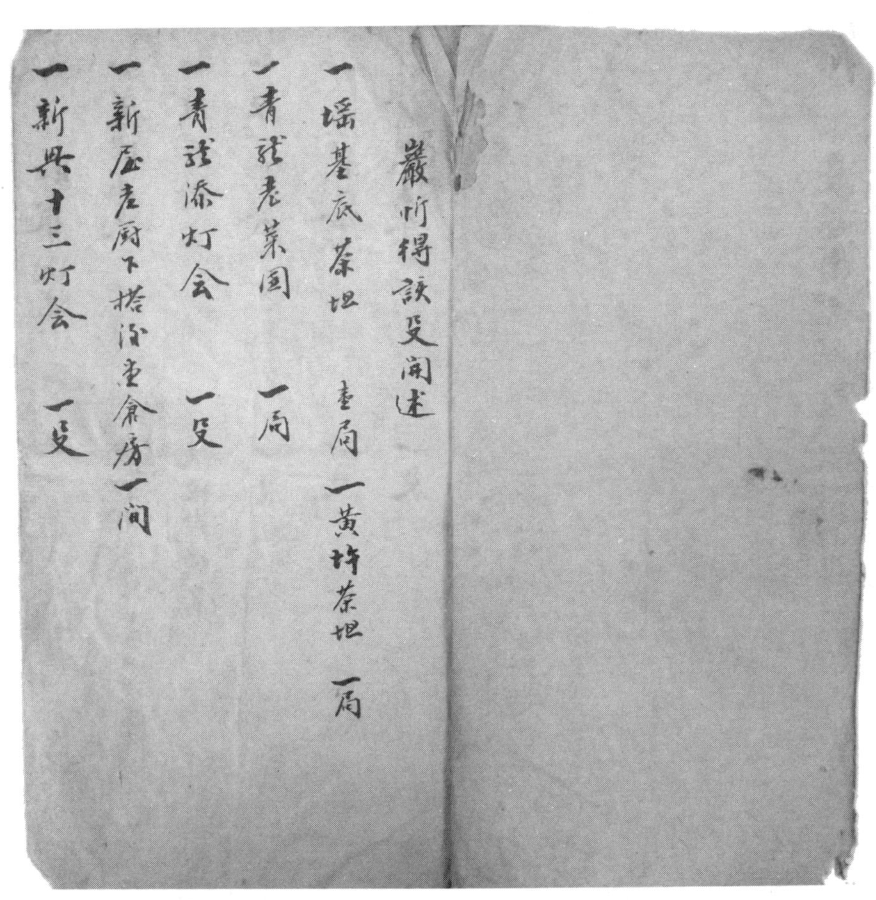

巖忻得該叉闹述

一瑶基底茶坦　壹局　一黄砕茶坦　一局

一青𧊒老菜园　一局

一青𧊒添灯会　一叉

一新屋老厨下搭浴并仓房一间

一新兴十三灯会　一叉

大郭山乡江村 6-2 · 光绪二十五年 · 分关文书（岩忻阄书）· 岩忻同弟炎能

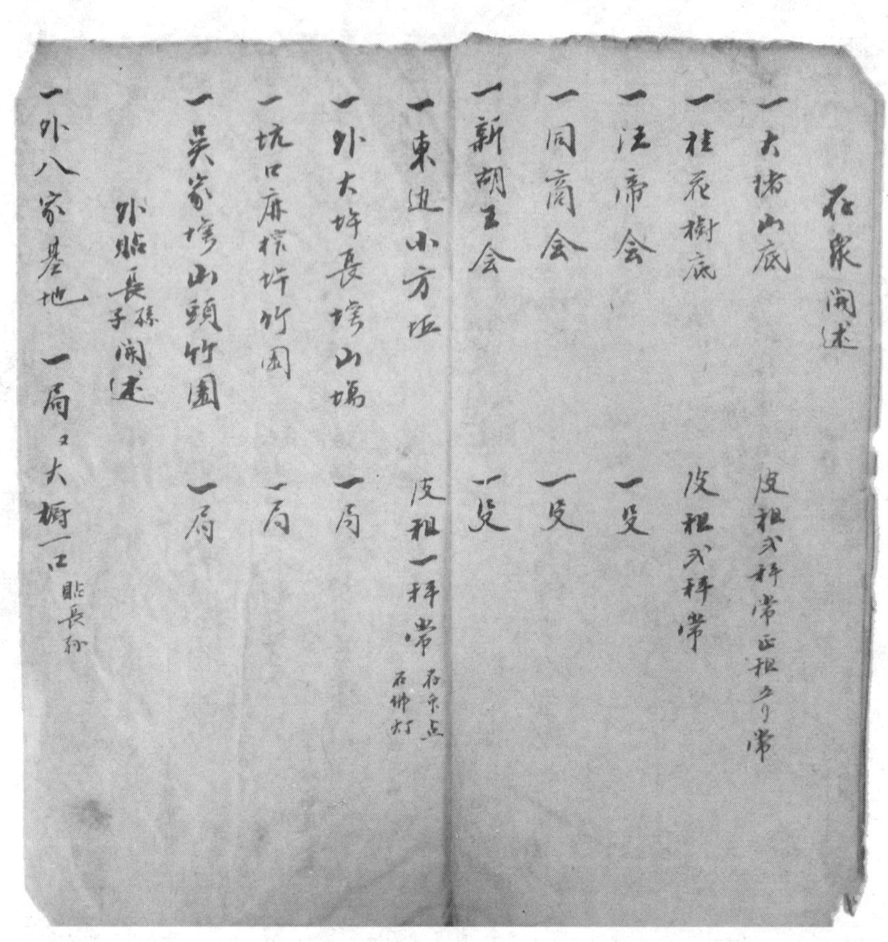

大鄣山乡江村 6-3 · 光绪二十五年 · 分关文书（岩忻阄书）· 岩忻同弟炎能

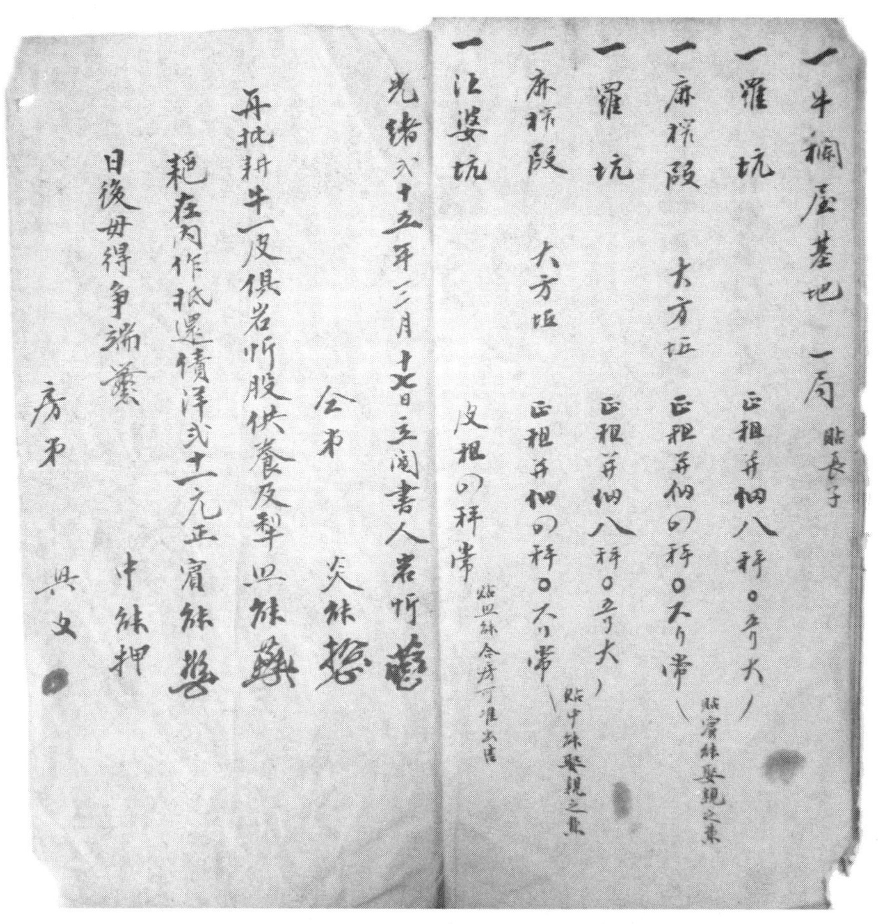

大鄣山乡江村 6-4 · 光绪二十五年 · 分关文书（岩忻阄书）· 岩忻同弟炎能

族中 順付
瑞銖
楊春
代書 洪衡

大鄣山乡江村 6-5 · 光绪二十五年 · 分关文书（岩忻阄书）· 岩忻同弟炎能

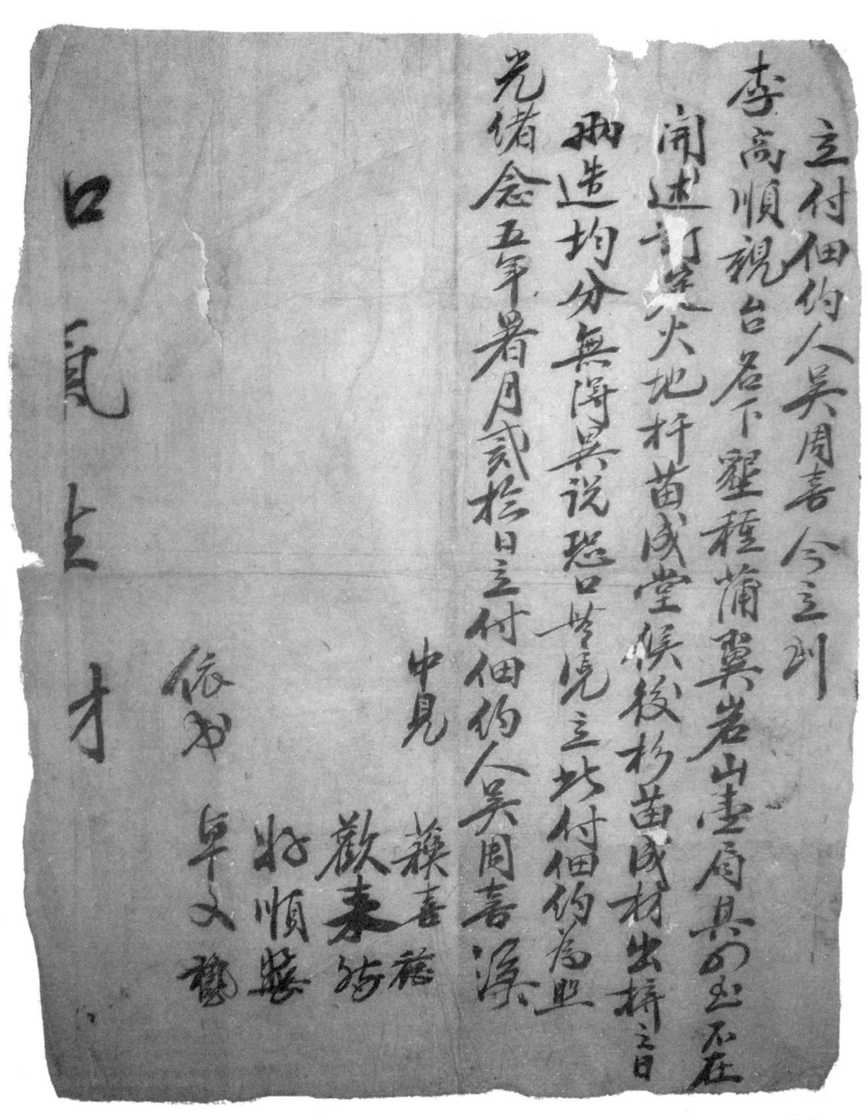

立付佃约人吴周喜今立到
李高順親台名下壟種蒲翼岩山一處其山出不在
開述（訂）界，火地杆苗，成堂（同）候殺杉苗成材出拚之日
兩造均分，無得異說，恐口無憑，立此付佃約為照。
光緒念五年暑月弍拾日立付佃約人吴周喜（押）
中見 藤喜（押）
歡泰（押）
炤順（押）
依口 卓文（押）
口氣上才

大鄣山乡江村 92 · 光绪二十五年 · 付佃约 · 吴周喜立到李高顺

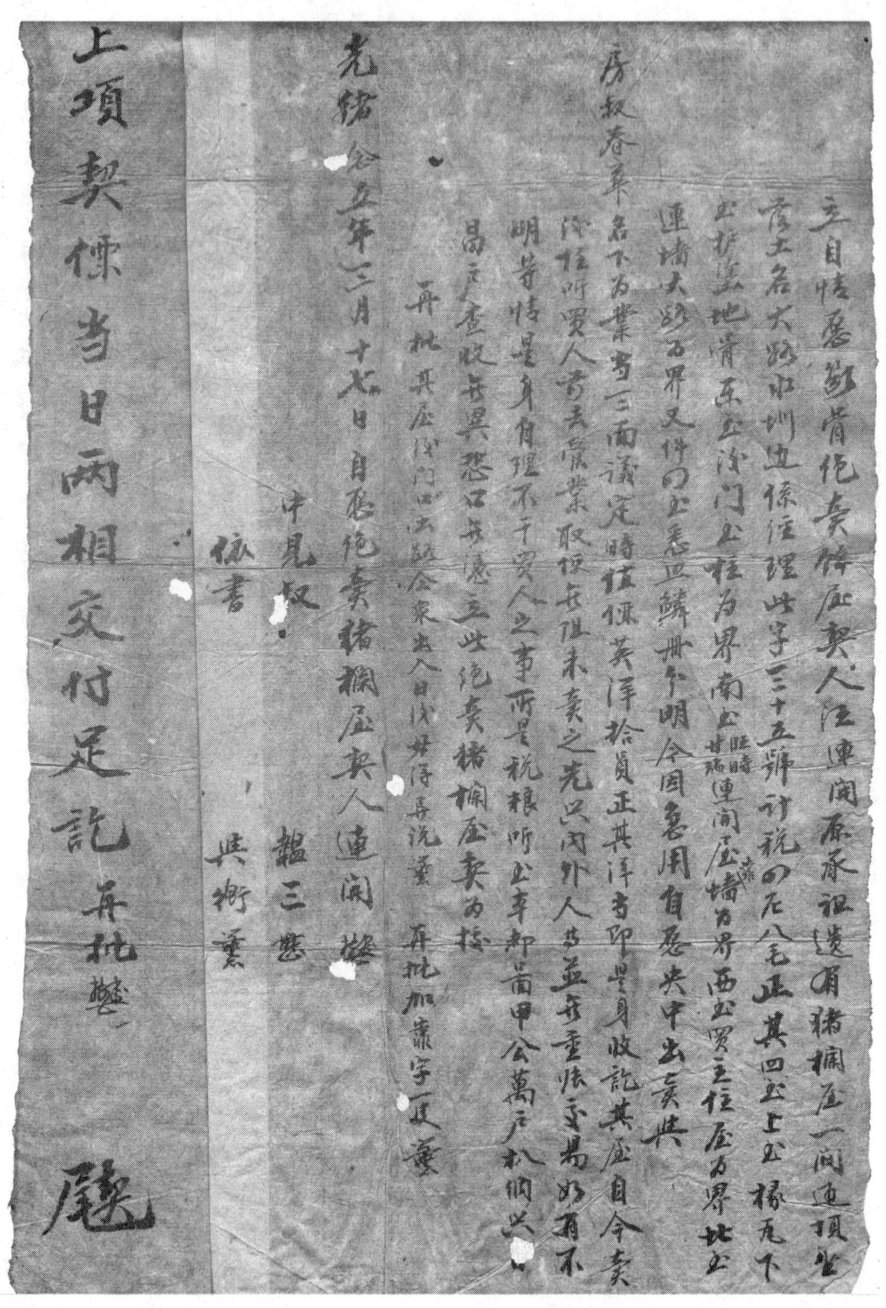

大鄣山乡江村 164 · 光绪二十五年 · 断骨绝卖猪栏屋契 ·
汪连开卖与房叔春华

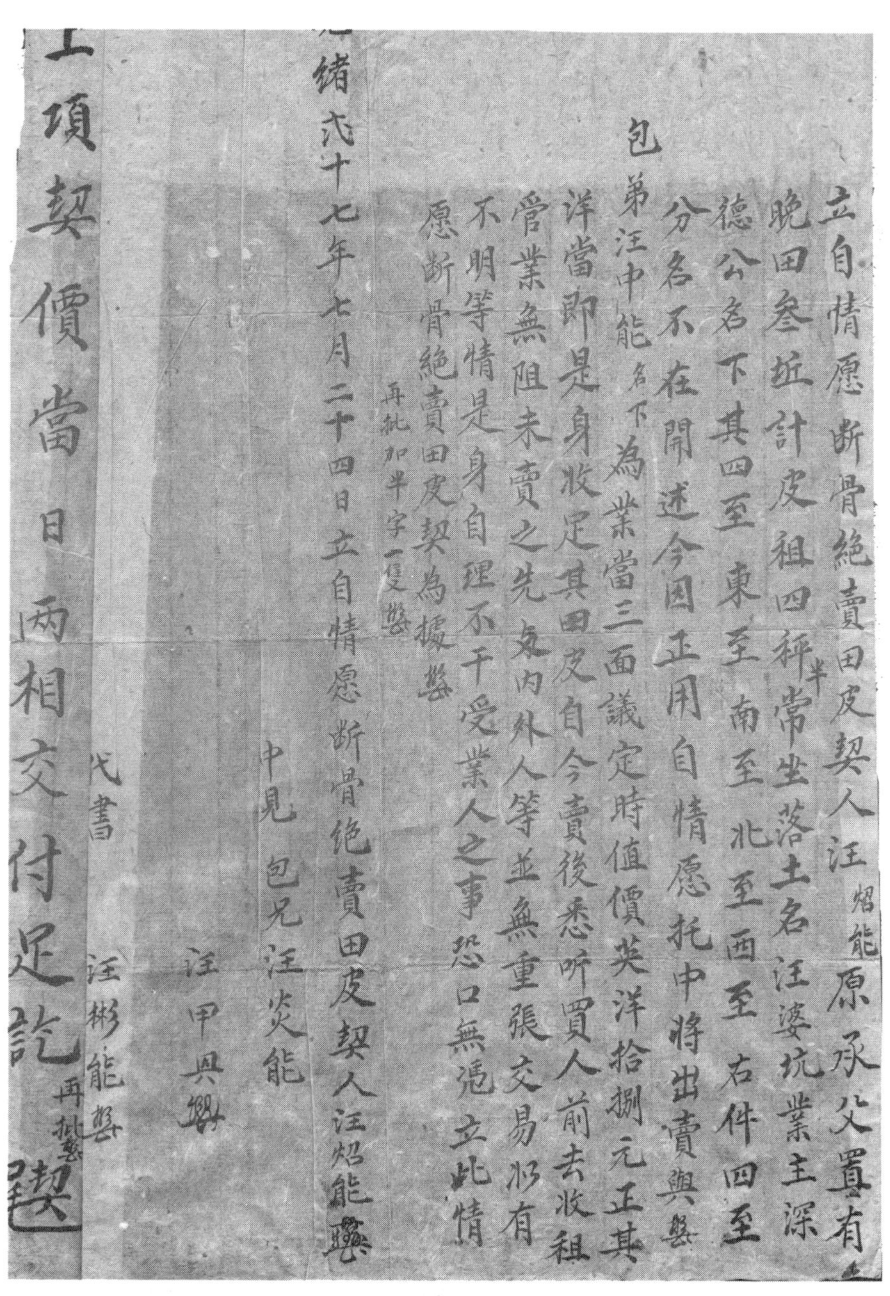
立自情愿断骨绝卖田皮契人汪熠能，原承父置有土（业）……
晚田叁坵，计皮租四秤半，常坐落土名汪婆坑，业主深
德公名下。其四至：东至、南至、北至、西至、右件四至
分名不在开述。今因正用，自情愿托中将田出卖与
包弟汪中能名下为业。当三面议定，时值价英洋拾捌元正。其
洋当即是身收足，其田皮自今卖后，悉听买人前去收租
管业，无阻。未卖之先，与内外人等并无重张交易。如有
不明等情，是身自理，不干受业人之事。恐口无凭，立此情
愿断骨绝卖田皮契为据。
再批：加半字一复。
光绪贰十七年七月二十四日立自情愿断骨绝卖田皮契人汪熠能
中见：包兄汪炎能
汪甲兴
代书：汪彬能
再批。
上项契价当日两相交付足讫。契

大鄣山乡江村 125 · 光绪二十七年 · 断骨绝卖田皮契 ·
汪熠能卖与包弟汪中能

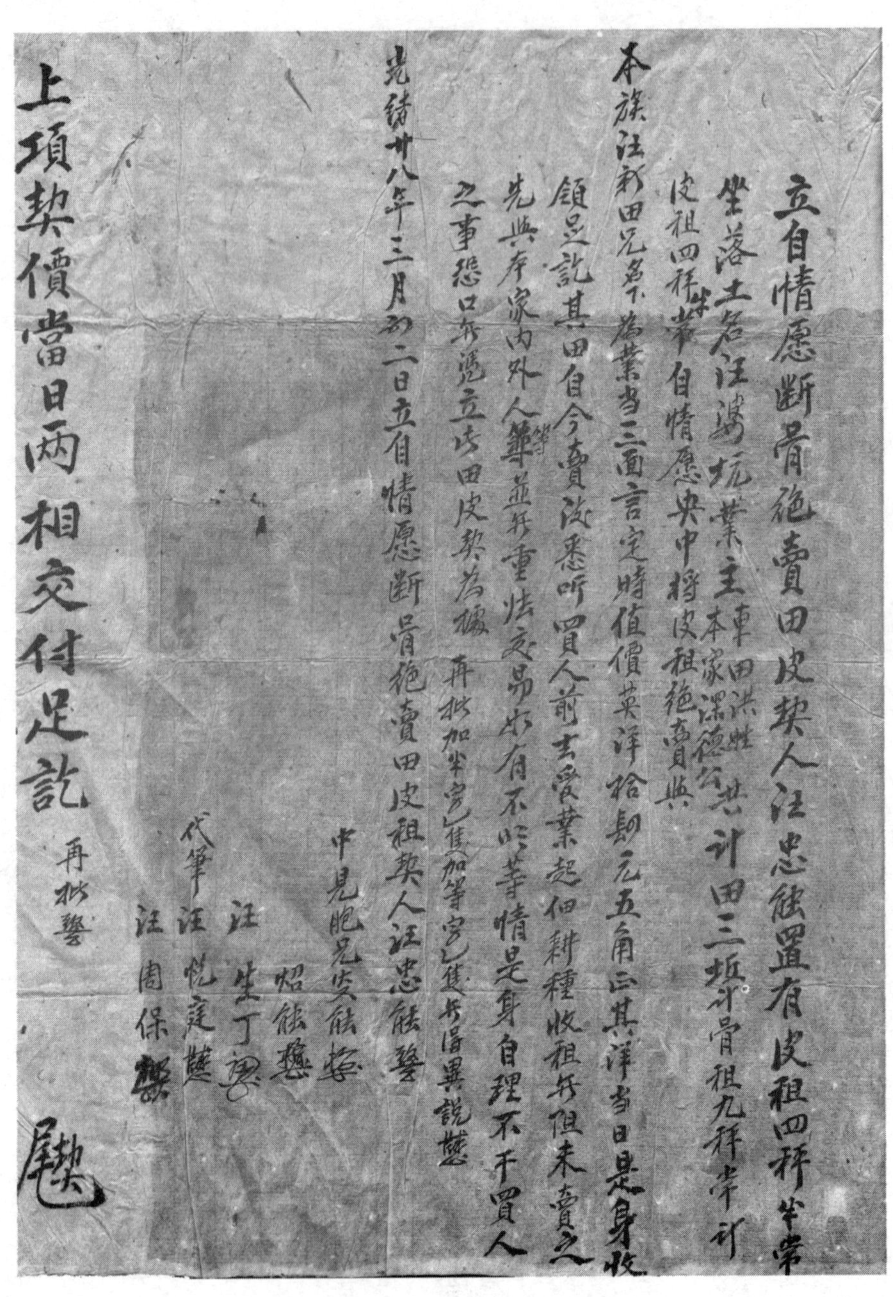

大鄣山乡江村 122 · 光绪二十八年 · 断骨绝卖田皮契 ·
汪忠能卖与本族汪新田兄

立自情愿断骨绝賣竹园契人汪耀彬祀裔有得周礼等原承祖置有竹园山壹局坐落
土名上張山係侄理此字壹伯八十九号々壹伯九十号計税共七分正其四至上至嵐培下
至大塝裡至当塝外至当塝四至悉照鳞册分明今因正用自愿托中將竹园立契出賣
支
族新田兄名下為業当三面議定時值價英洋七元五角正其洋当即是身兄弟收訖其竹园山
自今賣後悉听買人前去受業無阻所是稅粮所至本都本圖前十甲廣興戶推付本都
圖甲步東戶扒納查收無異未賣之先友內外人等並無重生交易如有不明等情是身
兄弟自理不干受人之事恐口無憑立此情愿断骨絕賣竹园山契為據
光緒廿捌年十二月廿六日立自情愿断骨絶賣竹园山契人汪有得周礼 押
中見兄 振得 押
叔 四桂 押
书親筆有得 押
上項契價当日兩相交付足訖 再批 押
契

大鄣山乡江村 200 · 光绪二十八年 · 断骨绝卖竹园契 ·
汪有得、汪周礼卖与本族新田兄

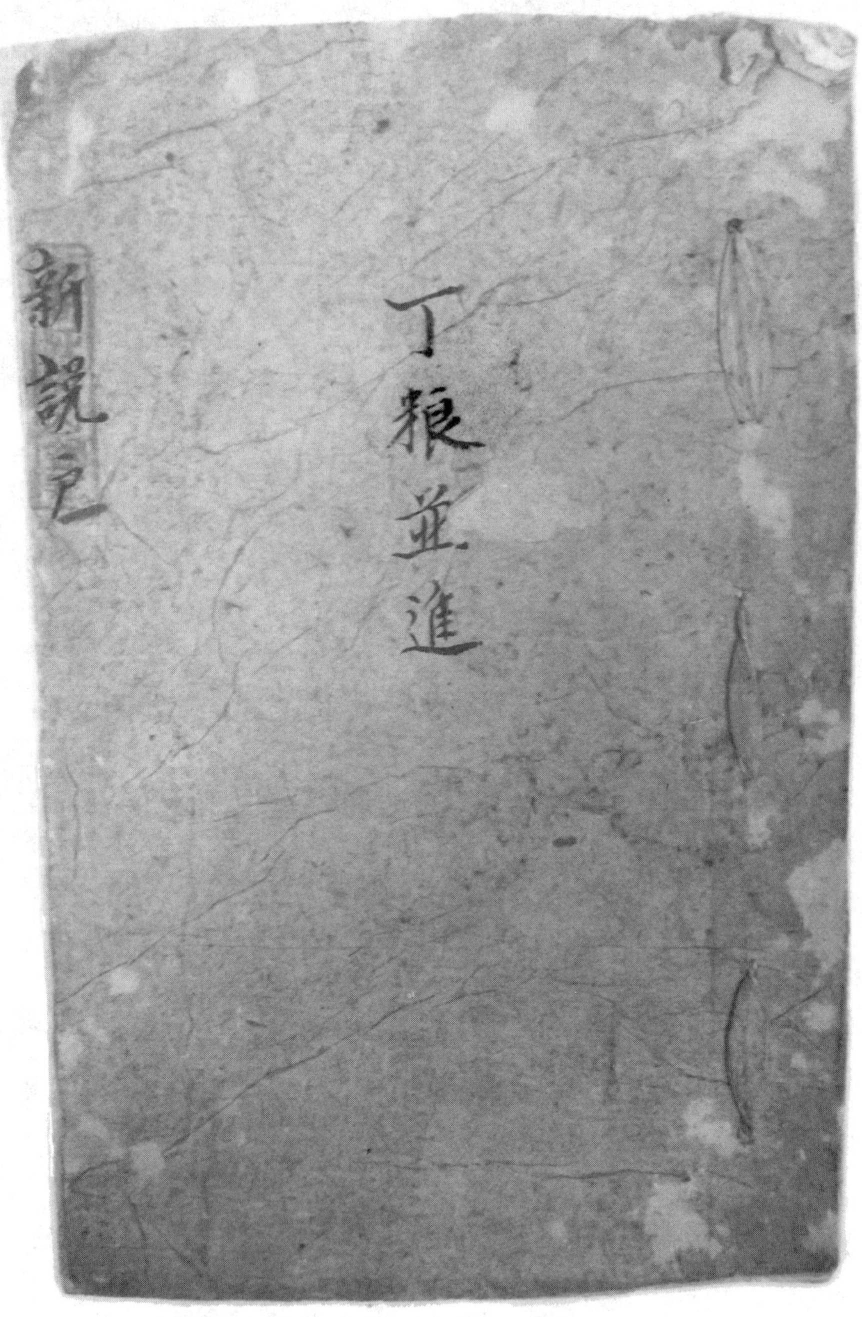
丁粮並進
新說户

大鄣山乡江村 3-1 · 光绪二十九年 · 税粮实征册 · 新说户

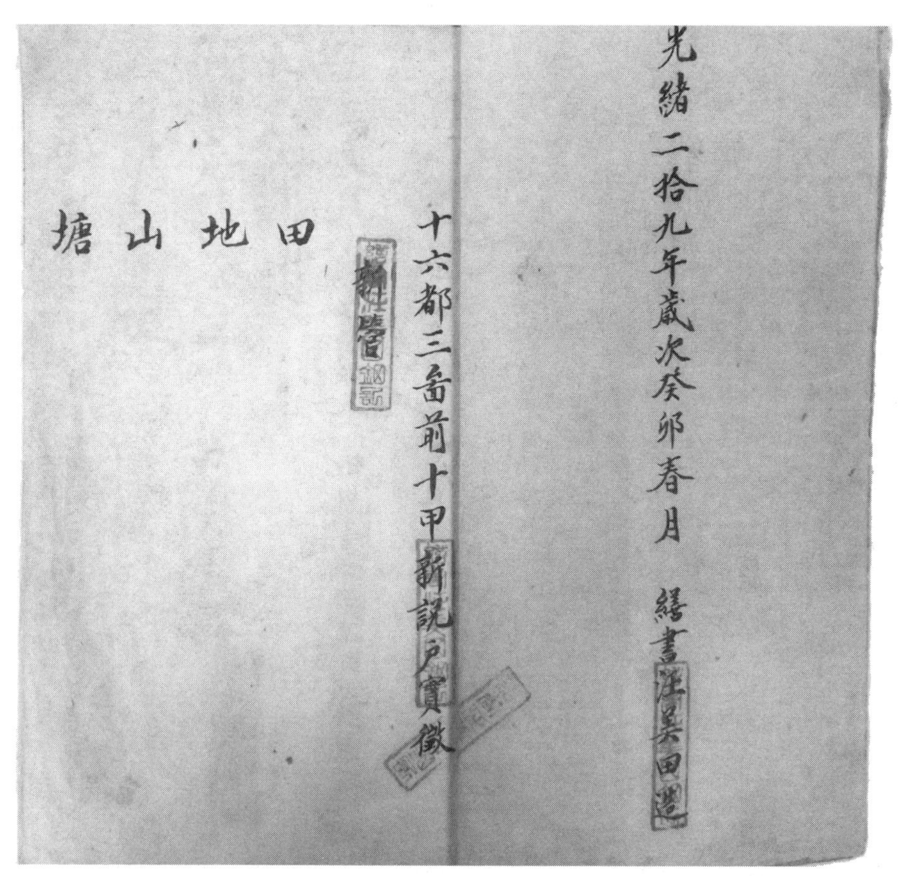
光緒二拾九年歲次癸卯春月 繕書汪昊田造
十六都三啚前十甲新説户實徵
田地山塘

大鄣山乡江村 3-2 · 光绪二十九年 · 税粮实征册 · 新说户

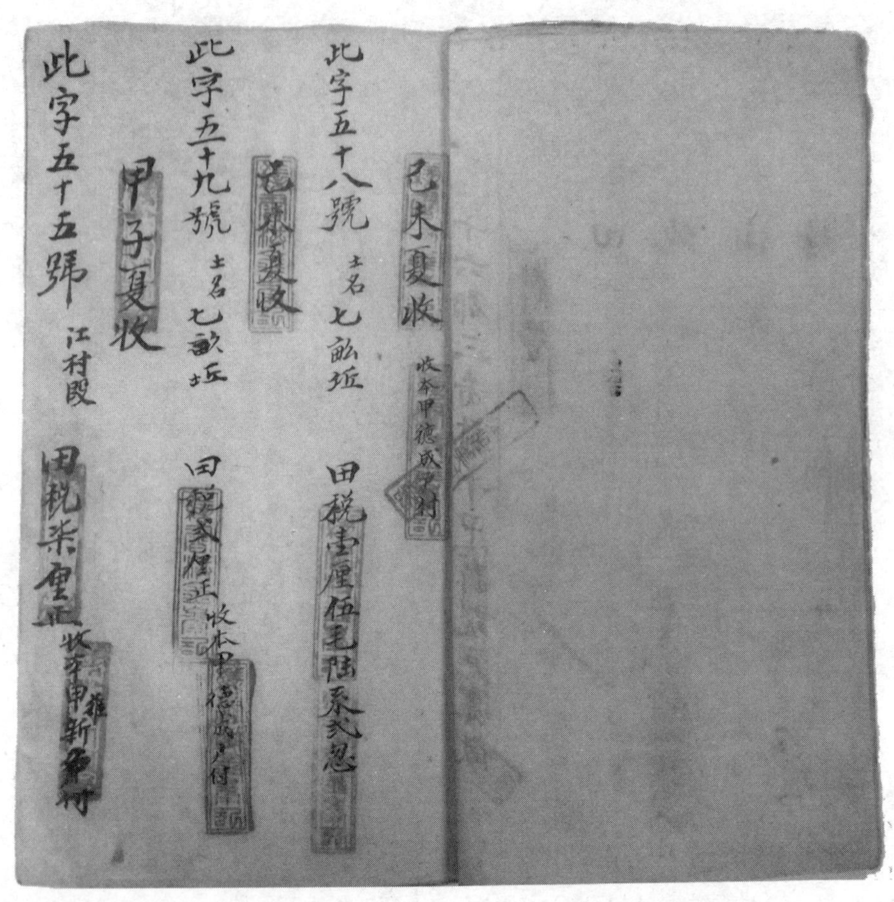

大鄣山乡江村 3-3 · 光绪二十九年 · 税粮实征册 · 新说户

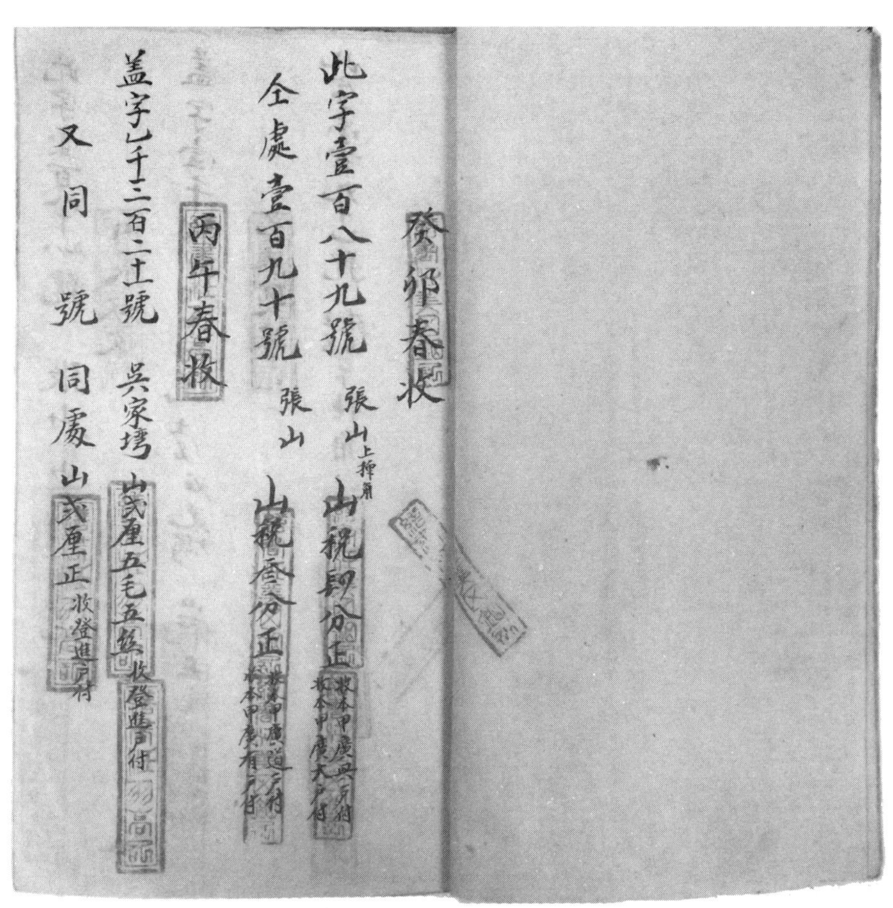

大鄣山乡江村 3-4 · 光绪二十九年 · 税粮实征册 · 新说户

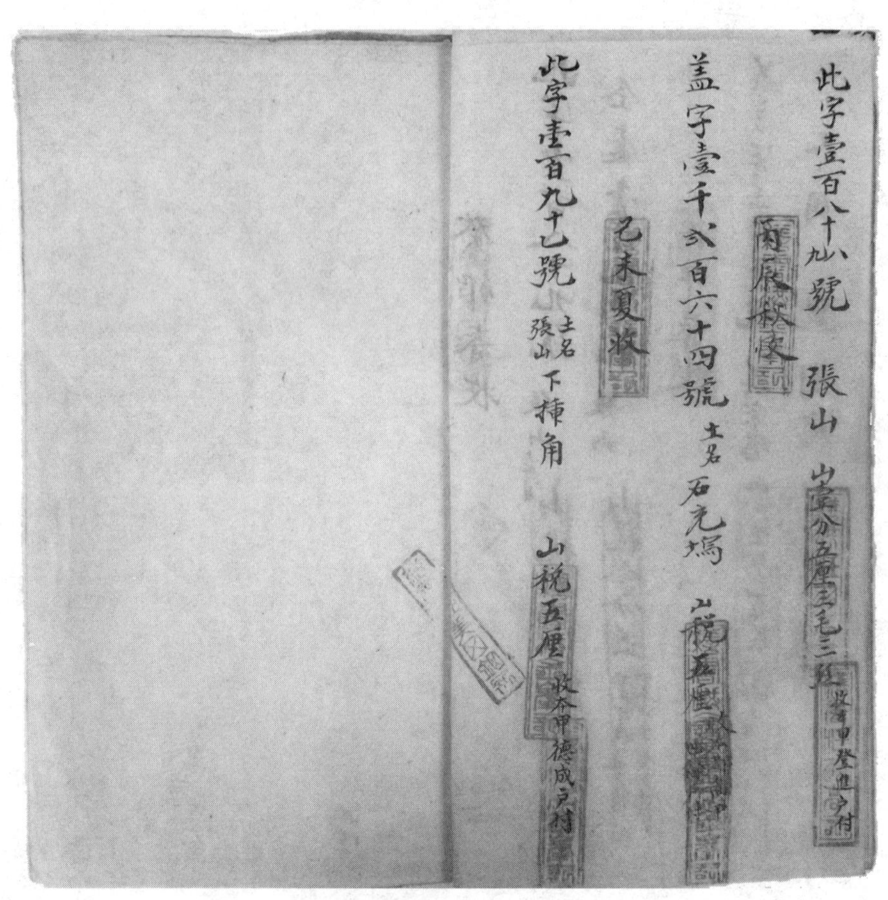

大鄣山乡江村 3-5 · 光绪二十九年 · 税粮实征册 · 新说户

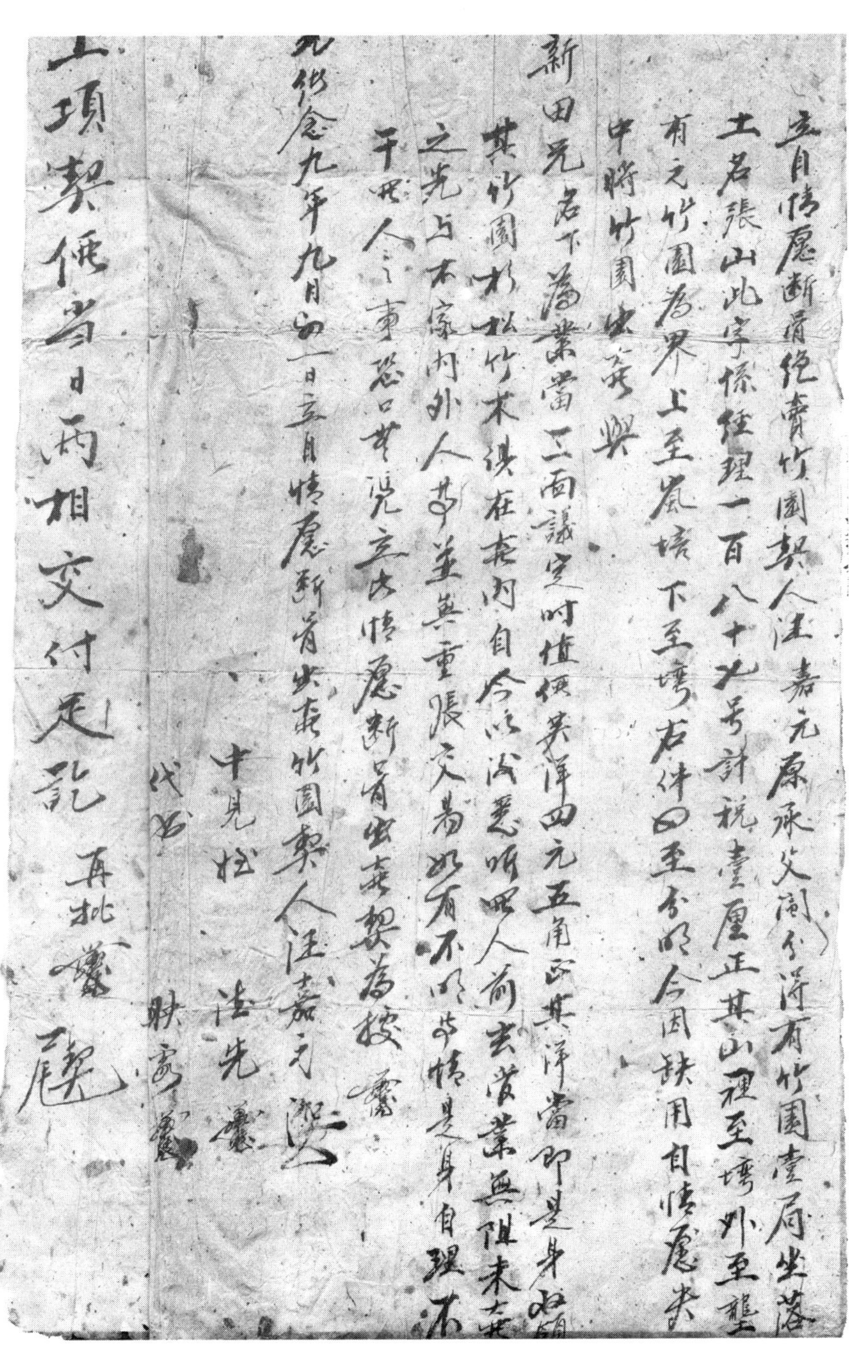

大鄣山乡江村 141 · 光绪二十九年 · 断骨绝卖竹园契 · 汪嘉元卖与新田兄

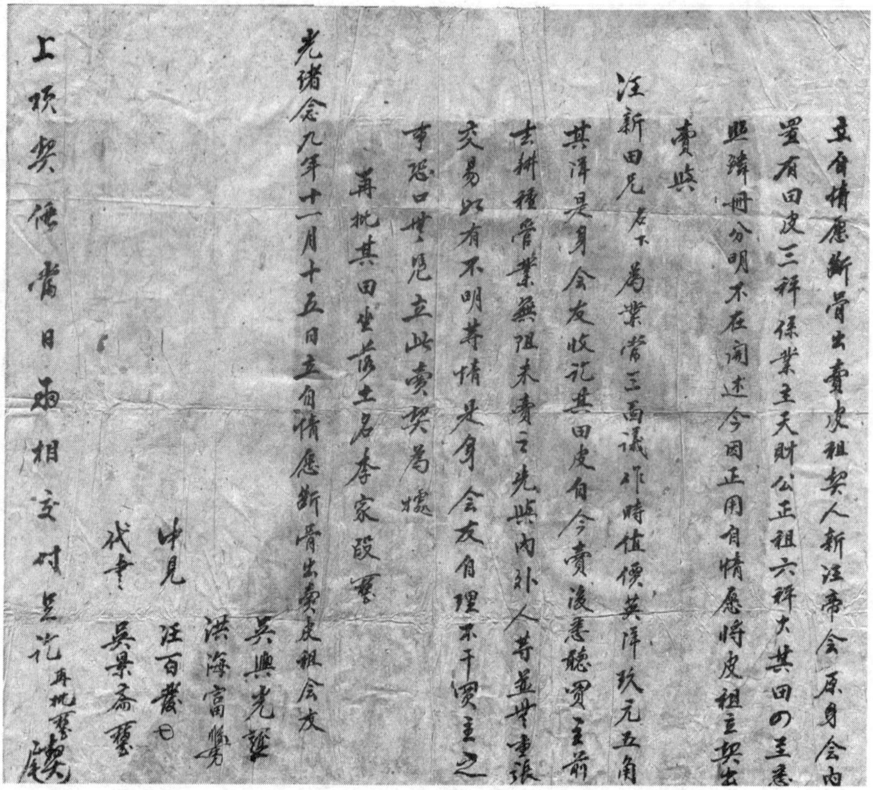

大鄣山乡江村 194 · 光绪二十九年 · 断骨出卖田皮租契 ·
新汪帝会卖与汪新田

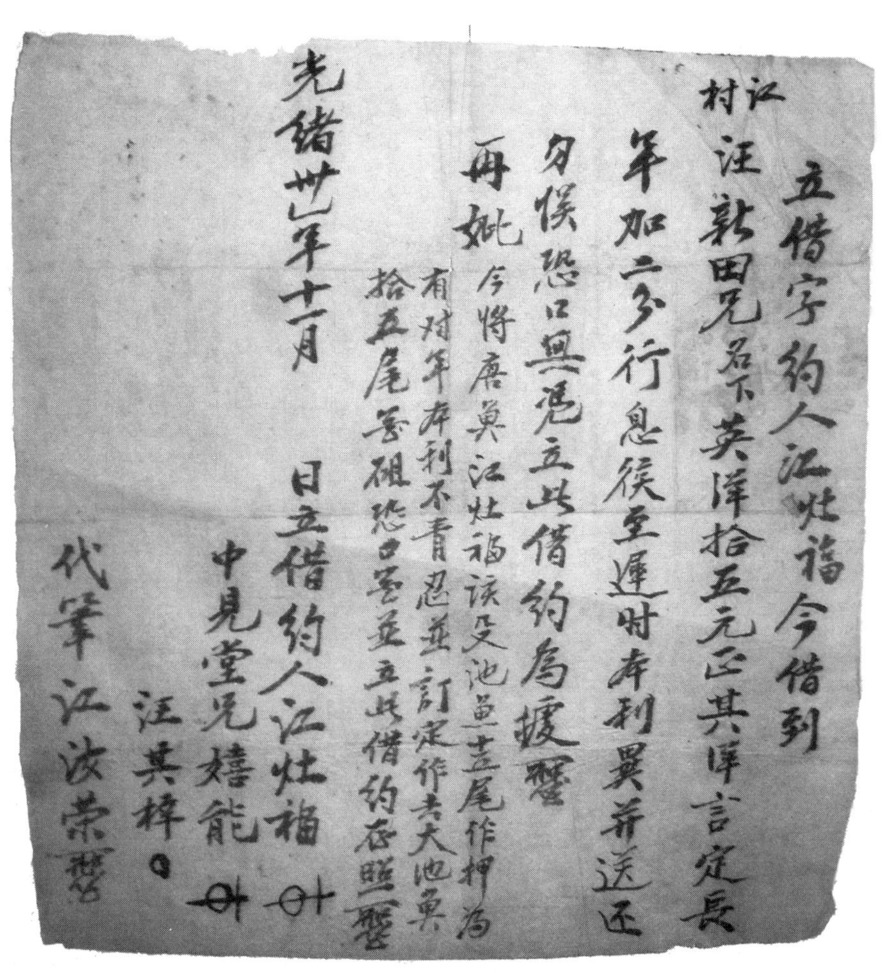

立借字约人江灶福今借到
江村汪新田兄名下英洋拾五元正其洋言定長
年加二分行息候至遲时本利異并送还
勿误恐口無凭立此借约為據
再批今將唐冀江灶福该受池鱼十五尾作押為
有对年本利不清忍並訂定作去大池鱼冀
拾五尾管砸恐口無並立此借约存照據
光绪卅一年十一月　日立借约人江灶福　十
中見堂兄嬉能　十
汪其梓
代筆江汝荣據

大郭山乡江村 91 · 光绪三十一年 · 借约 · 江灶福借到汪新田

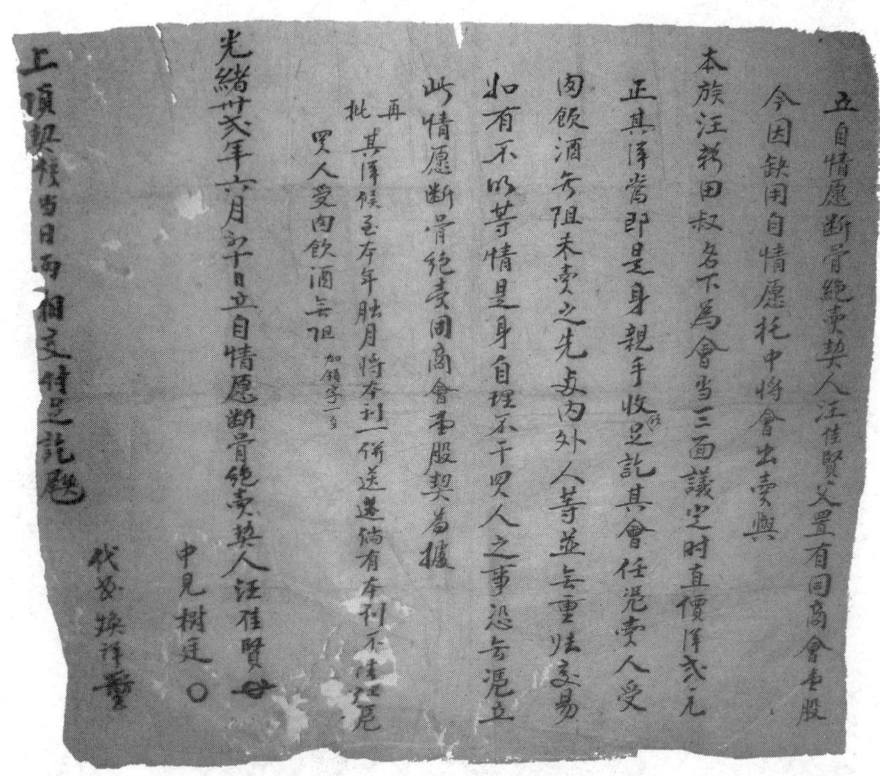
立自情愿断骨绝賣契人汪佳賢父置有同高會壹股
今因缺用自情愿托中将會出賣與
本族汪新田叔名下爲會当三面議定时直價洋弍元
正其洋當即是身親手收足訖其會任凭賣人受
肉飲酒無阻未賣之先並無内外人等並無重張交易
如有不明等情是身自理不干買人之事恐無凭立
此情愿断骨绝賣同高會壹股契爲據
再批 其洋候至本年腊月將本利一併送還倘有本利不清任凭
買人受肉飲酒無阻 加領字一个
光緒卅弍年六月廿日立自情愿断骨绝賣契人汪佳賢
中見 樹廷 ○
代筆 族祥
上領契價当日兩相交付足訖

大鄣山乡江村 75 · 光绪三十二年 · 断骨绝卖契 ·
汪佳贤卖与本族汪新田

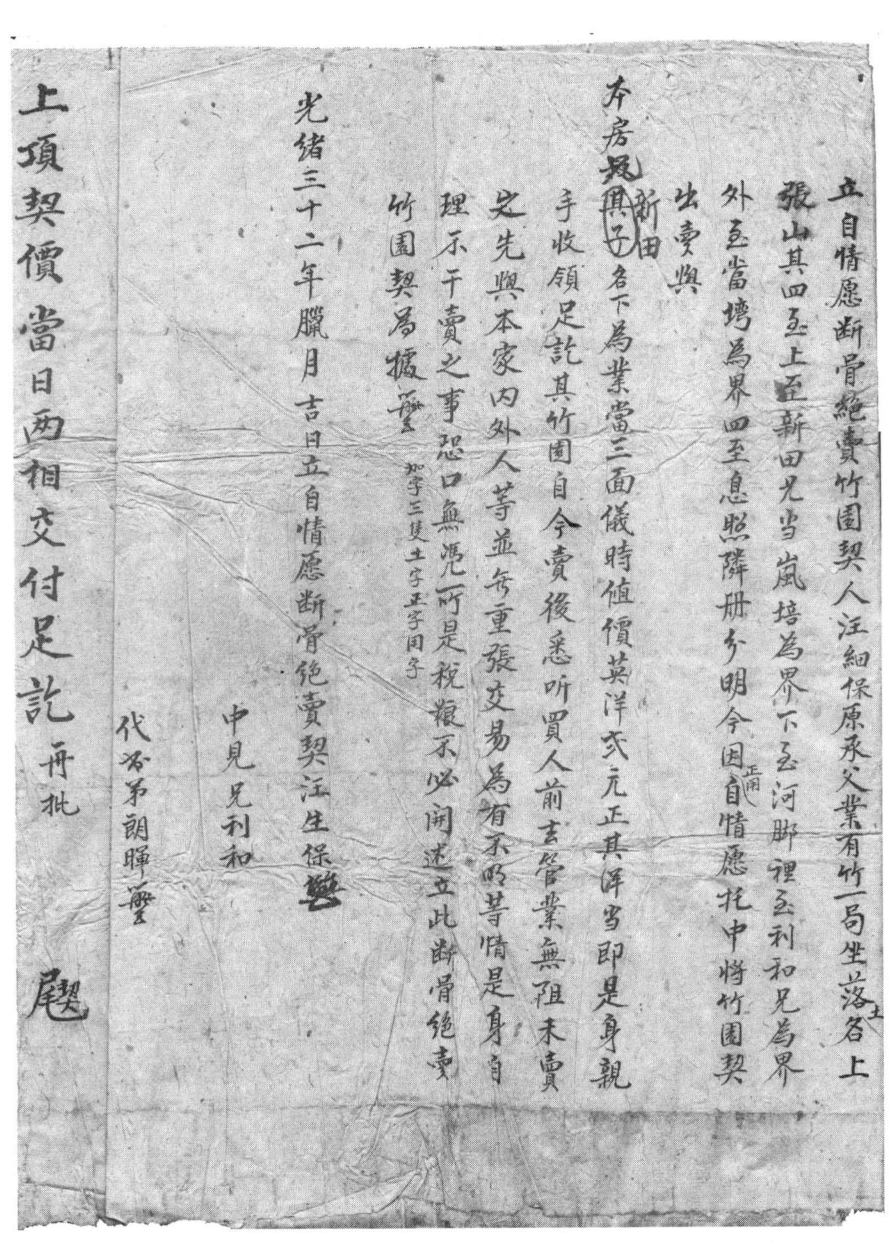

立自情愿斷骨絶賣竹園契人汪細保原承父業有竹一局坐落土名上
張山其四至上至新田兄當嵐培為界下至河脚里至利和兄為界
外至當塝為界四至悉照隣册分明今因自情愿托中將竹園契
出賣與
本房兄新田（其子）名下為業當三面議時值價英洋貳元正其洋當即是身親
手收領足訖其竹園自今賣後悉听買人前去管業無阻未賣
之先與本家内外人等並無重張交易為有不明等情是身自
理不干買之事恐口無憑凡所是稅粮不必開述立此斷骨絶賣
竹園契為據（押）
加字三只 土字 正字 同字

光緒三十二年臘月 吉日立自情愿斷骨絶賣契汪生保（押）

中見兄利和

代筆弟朗暉（押）

上項契價當日兩相交付足訖 再批 （押）

大鄣山乡江村 119 · 光绪三十二年 · 断骨绝卖竹园契 · 汪细保卖与本房新田

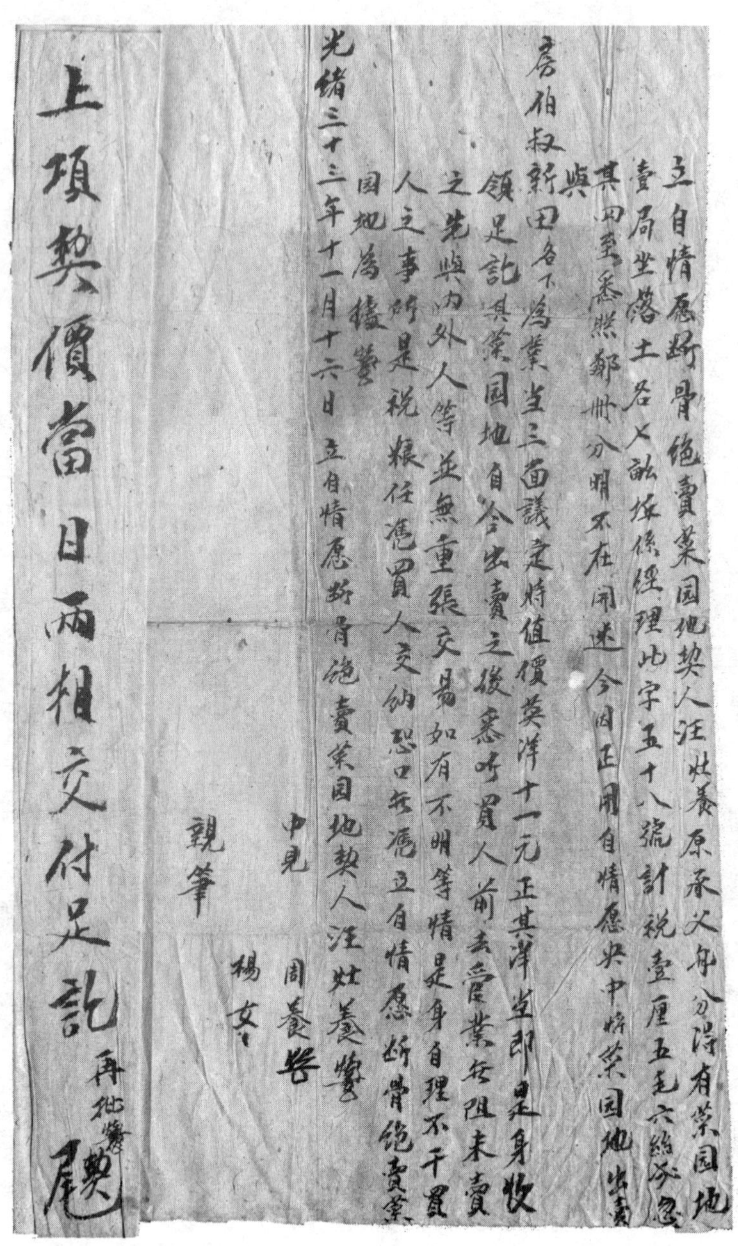

立自情愿断骨絕賣菜園地契人汪灶養原承父手分得有菜園地
壹局坐落土名乂畆塢係經理此字五十八號計稅壹厘五毛六絲[illegible]忽
其四至悉照鄉冊分明不在開述今因正用自情愿央中將菜園地出賣
與
房伯叔新田名下為業當三面議定時值價英洋十一元正其洋當即是身收
領足訖其菜園地自今出賣之後悉听買人前去管業無阻未賣
之先與內外人等並無重張交易如有不明等情是身自理不干買
人之事所是稅粮任凭買人交納恐口無憑立自情愿断骨絕賣菜
園地為據
光緒三十三年十一月十六日立自情愿断骨絕賣菜園地契人汪灶養
中見 周養
親筆 楊文
上項契價當日兩相交付足訖 再批
契尾

大鄣山乡江村 188 · 光绪三十三年 · 断骨绝卖菜园地契 ·
汪灶养卖与房伯叔新田

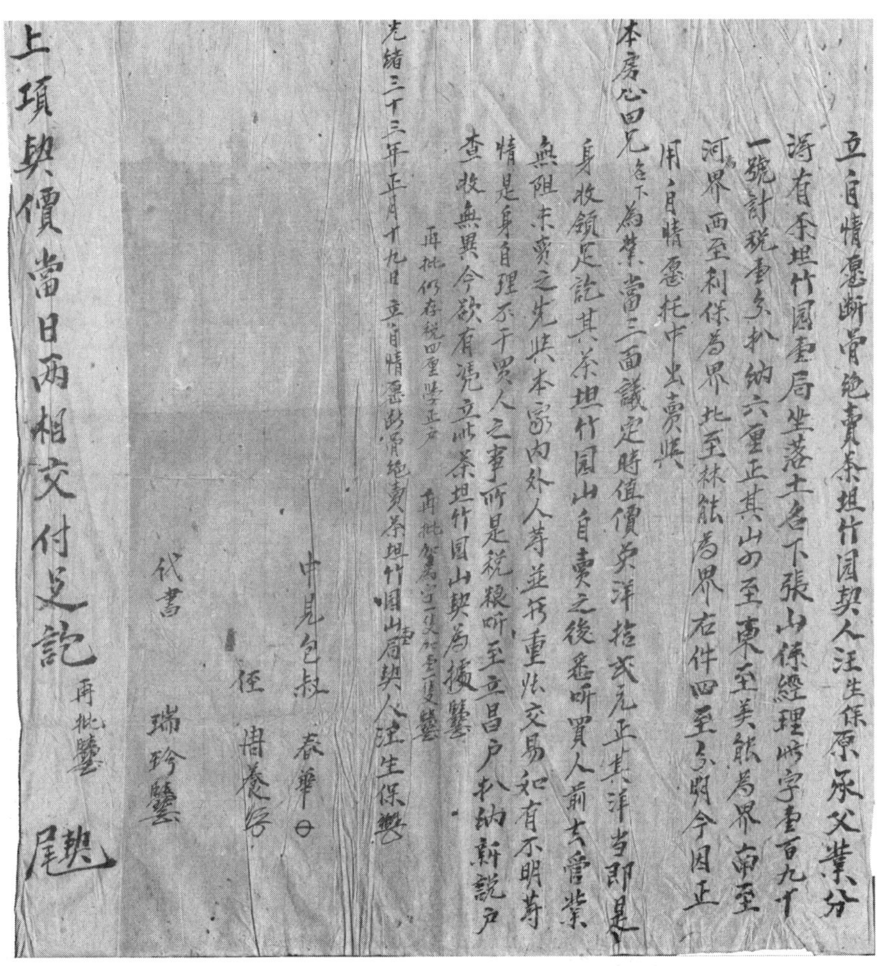
立自情愿断骨绝賣茶坦竹园契人汪生保，原承父業分
得有茶坦竹园壹局，坐落土名下張山，係經理䂓字壹百九十
一號，計税壹分，扒納六重正。其山四至：東至美能為界，南至
河為界，西至利保為界，北至林能為界，右件四至分明。今因正
用，自情愿托中出賣與
本房心田兄名下為業。當三面議定時值價英洋拾弍元正，其洋当即是
身收領足訖。其茶坦竹园山自賣之後，悉听買人前去管業
無阻。未賣之先，與本家内外人等並無重張交易。如有不明等
情，是身自理，不干買人之事。所是税粮，听至立昌户扒納新説户
查收無異。今欲有凭，立此茶坦竹园山契為據。押
再批：仍存税四重學正户。　再批：契内添字一支，改字一支。押
光緒三十三年正月十九日　立自情愿断骨绝賣茶坦竹园山壹局契人汪生保　押
中見　包叔　春華　押
侄　嵩養　押
代書　瑞玲　押
上項契價當日兩相交付足訖　再批　押
尾契　押

大鄣山乡江村 210 · 光绪三十三年 · 断骨绝卖茶坦竹园契 ·
汪生保卖与本房心田

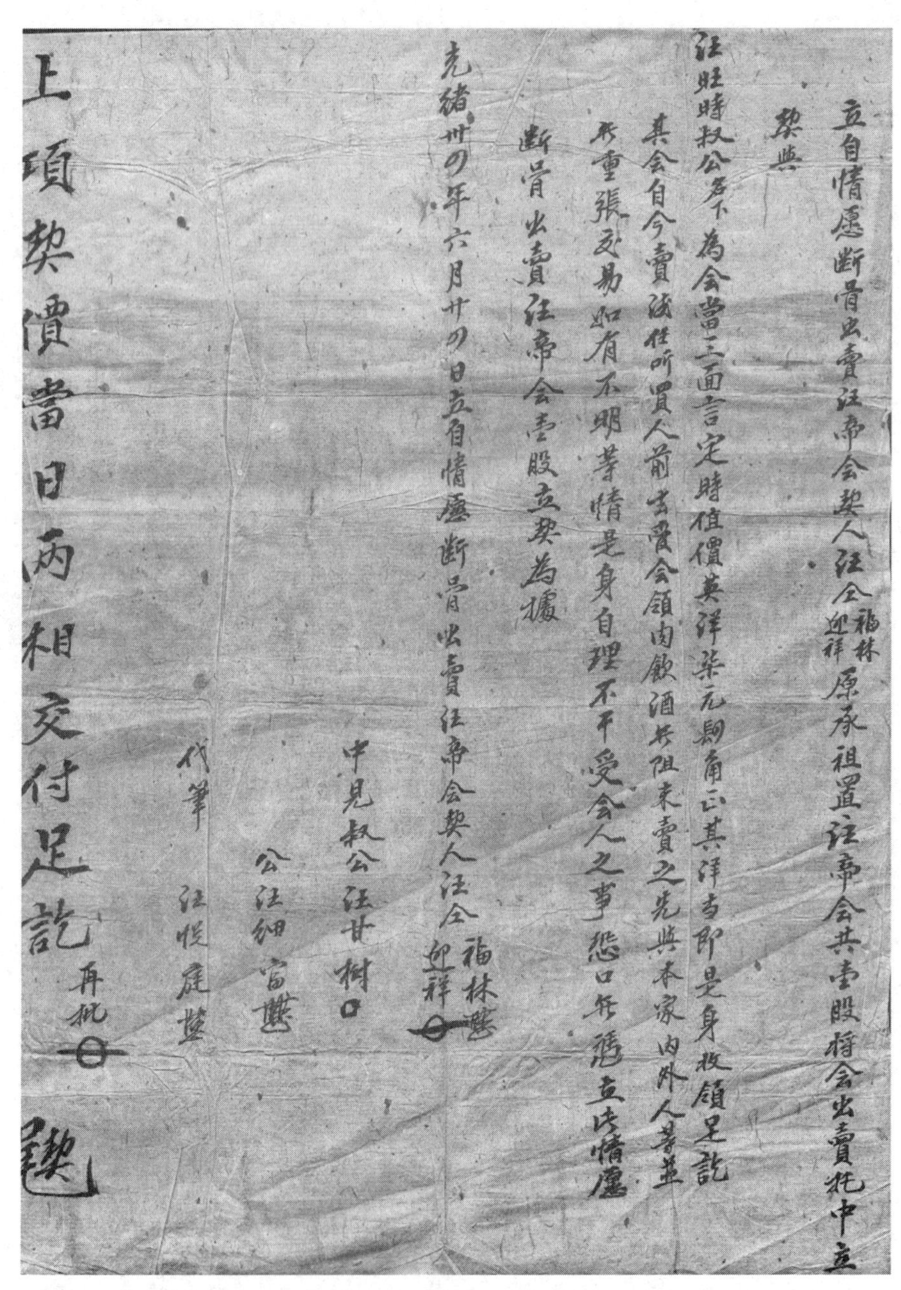

大鄣山乡江村 174 · 光绪三十四年 · 断骨出卖汪帝会契 ·
汪福林、汪迎祥卖与汪旺时

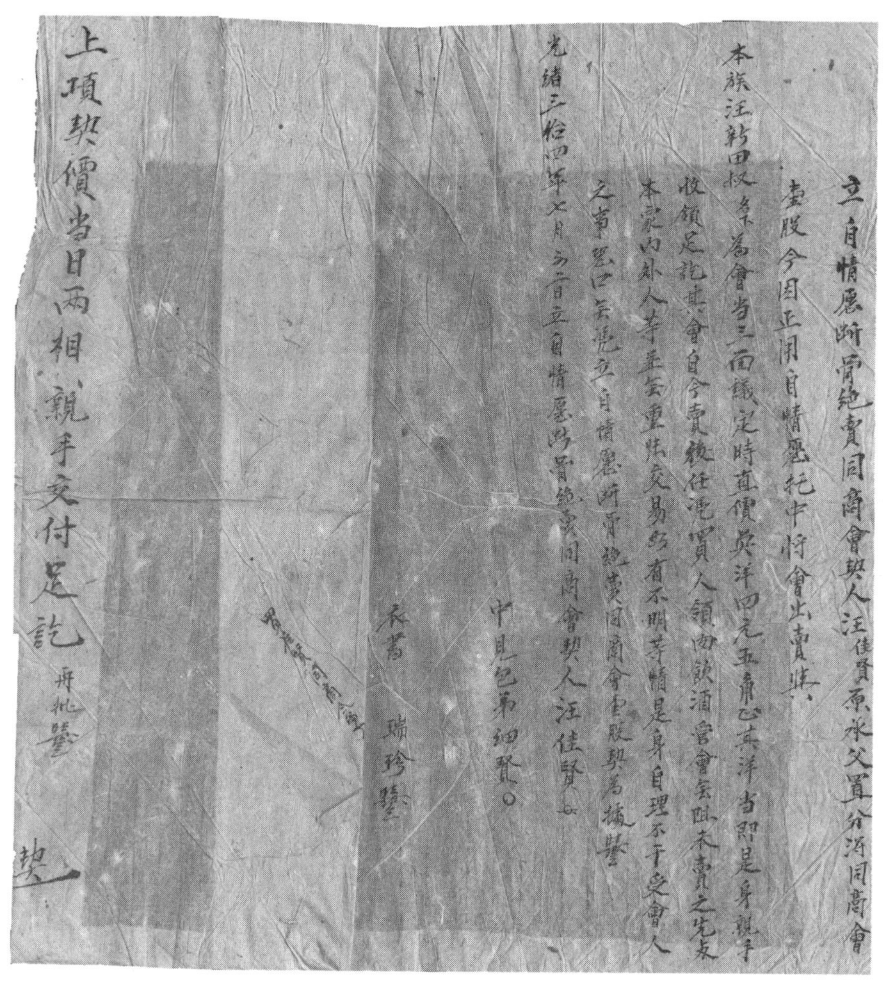

立自情愿断骨絕賣同商會契人汪佳賢原承父置分得同商會

壹股今因正用自情愿托中將會出賣與

本族汪新田叔名下爲會当三面議定時直價英洋四元五角正其洋当即是身親手

收領足訖其會自今賣後任憑買人領胙飲酒管會無阻未賣之先友

本家内外人等並無重張交易如有不明等情是身自理不干受會人

之事恐口無凭立此自情愿断骨絕賣同商會契爲據照

光緒三拾四年七月初二日立自情愿断骨絕賣同商會契人汪佳賢 押

中見 包弟细賢 ○

依書 瑞珍 照

上項契價当日兩相親手交付足訖 再批照

契

大鄣山乡江村 201 · 光绪三十四年 · 断骨绝卖同商会契 ·
汪佳贤卖与本族汪新田

银钱交易
宣统元年
立
汪夢奇記

大鄣山乡江村 14-1 · 宣统元年 · 银钱交易流水账本 · 汪梦奇记

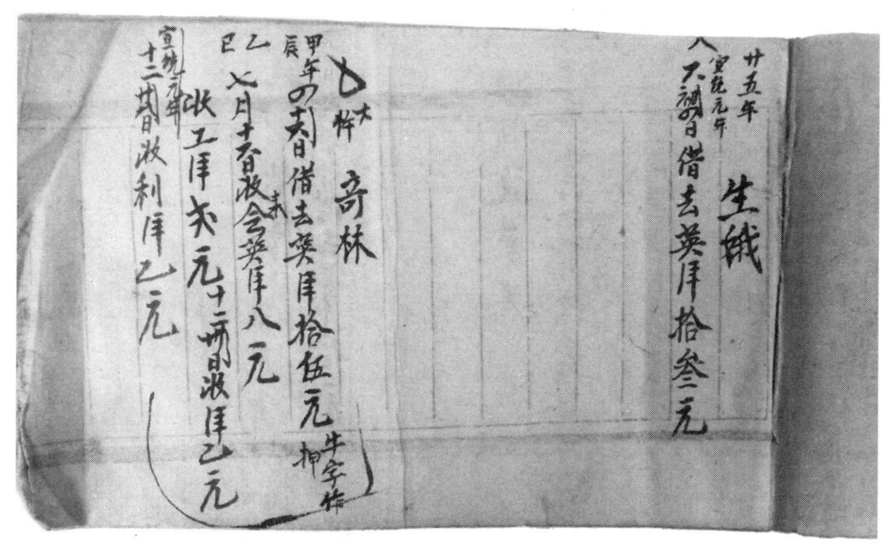

大鄣山乡江村 14-2 · 宣统元年 · 银钱交易流水账本 · 汪梦奇记

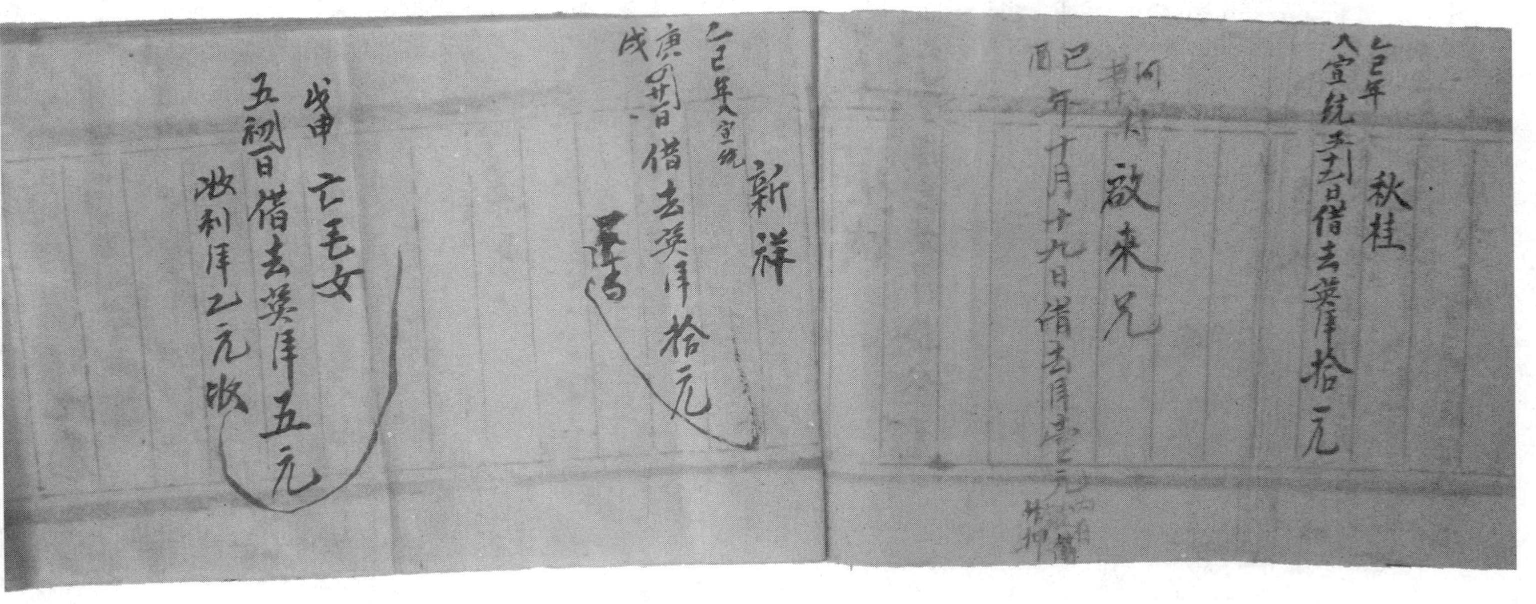

大鄣山乡江村 14-3 · 宣统元年 · 银钱交易流水账本 · 汪梦奇记

大鄣山乡江村 14-4 · 宣统元年 · 银钱交易流水账本 · 汪梦奇记

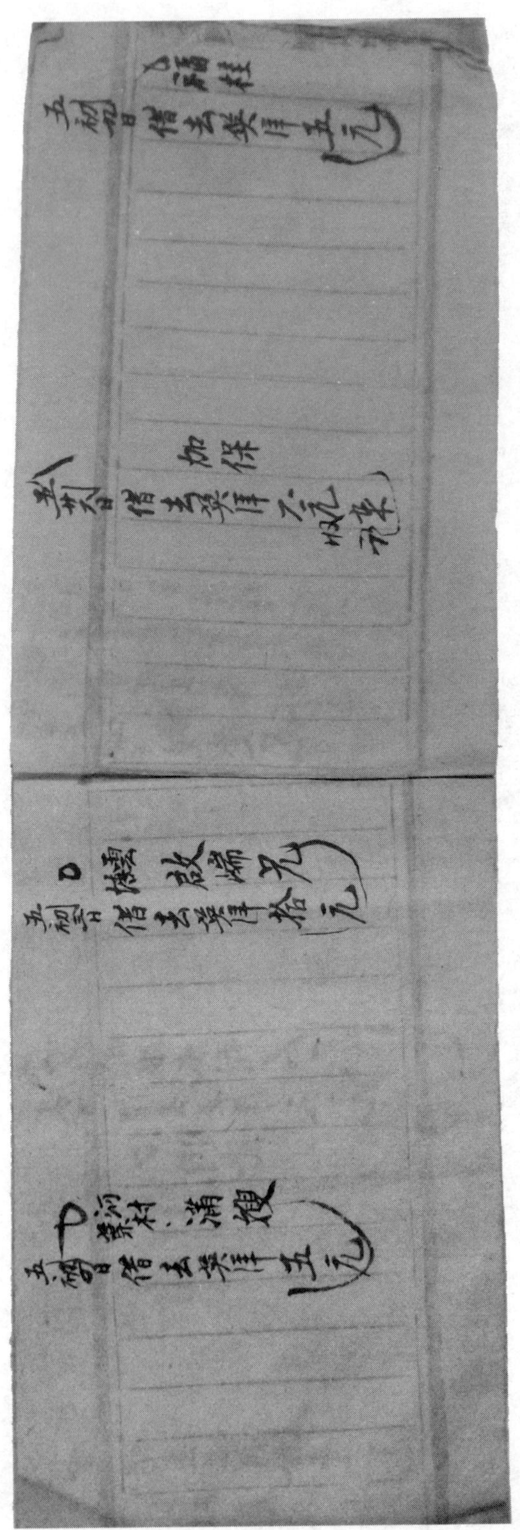

大鄣山乡江村 14-5・宣统元年・银钱交易流水账本・汪梦奇记

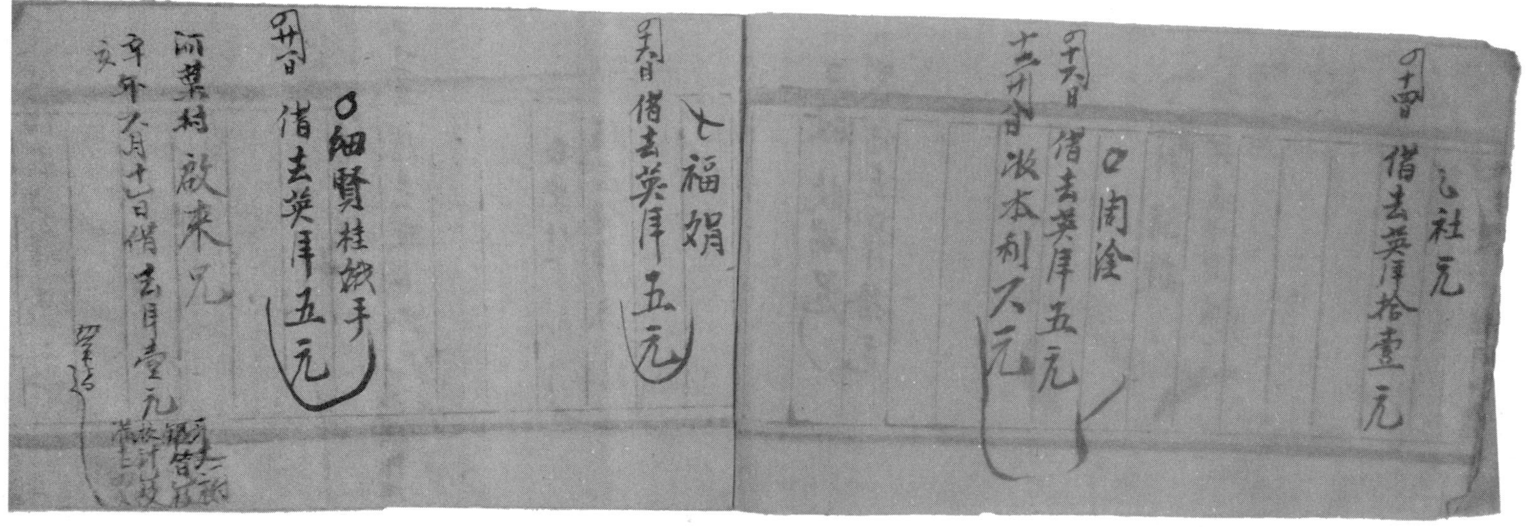

大鄣山乡江村 14-6 · 宣统元年 · 银钱交易流水账本 · 汪梦奇记

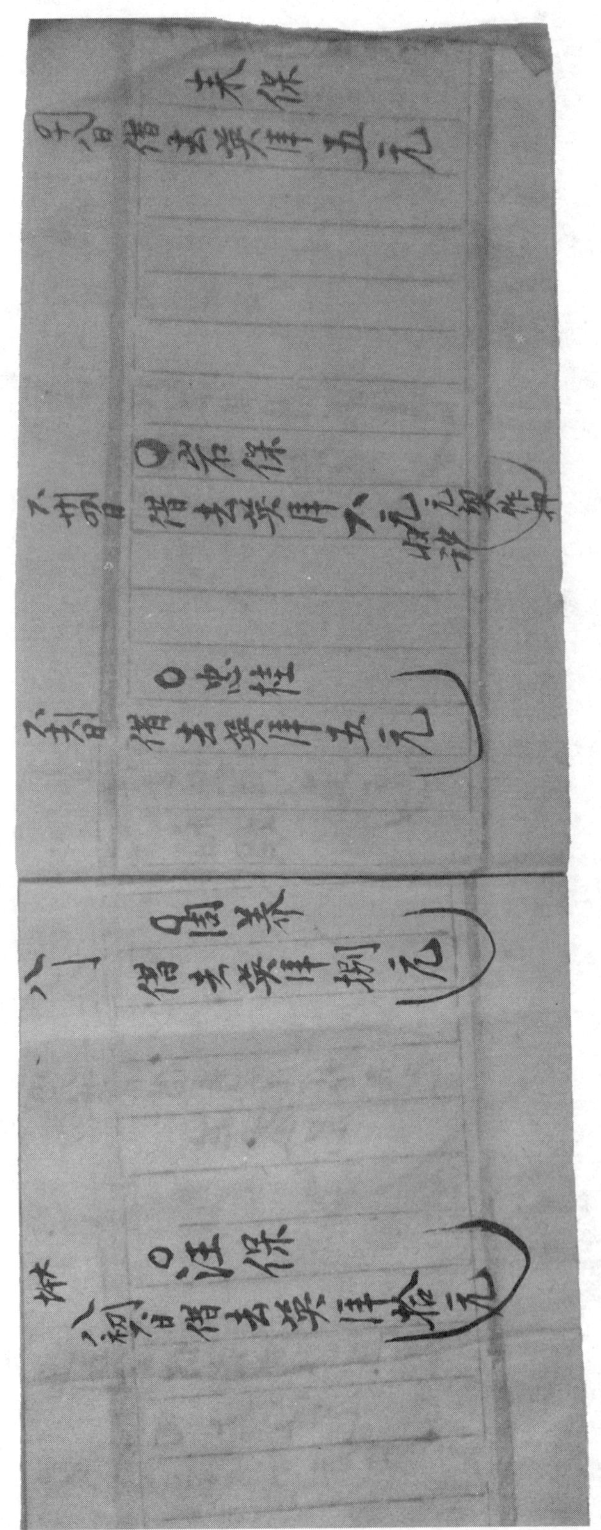

大鄣山乡江村 14-7 · 宣统元年 · 银钱交易流水账本 · 汪梦奇记

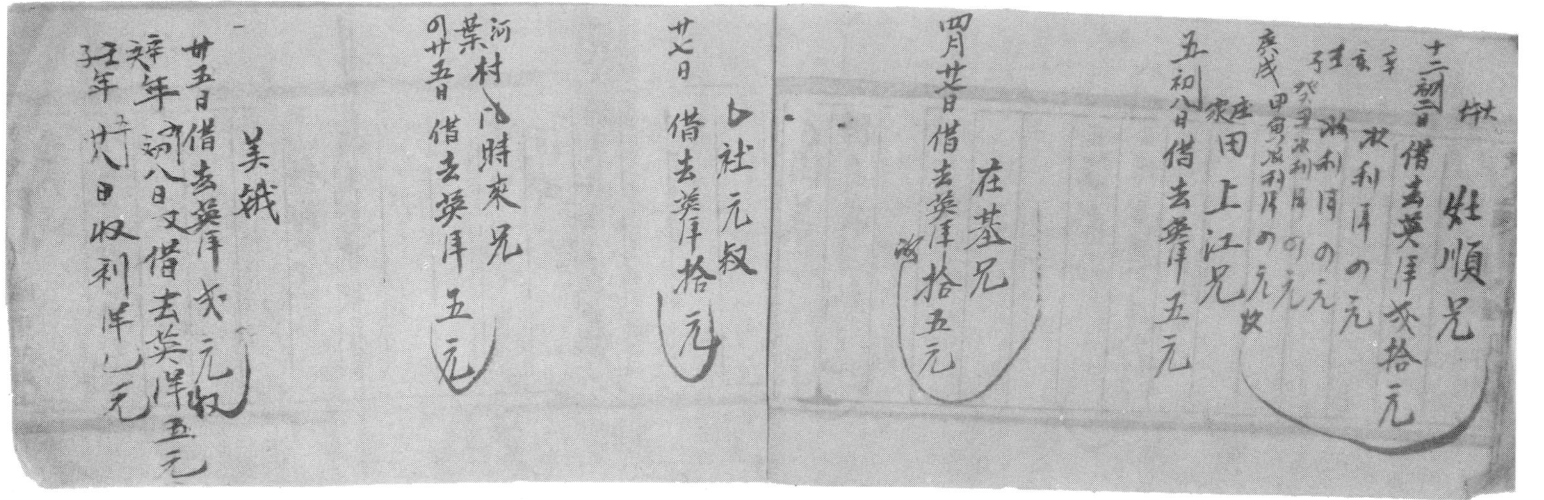

大鄣山乡江村 14-8 · 宣统元年 · 银钱交易流水账本 · 汪梦奇记

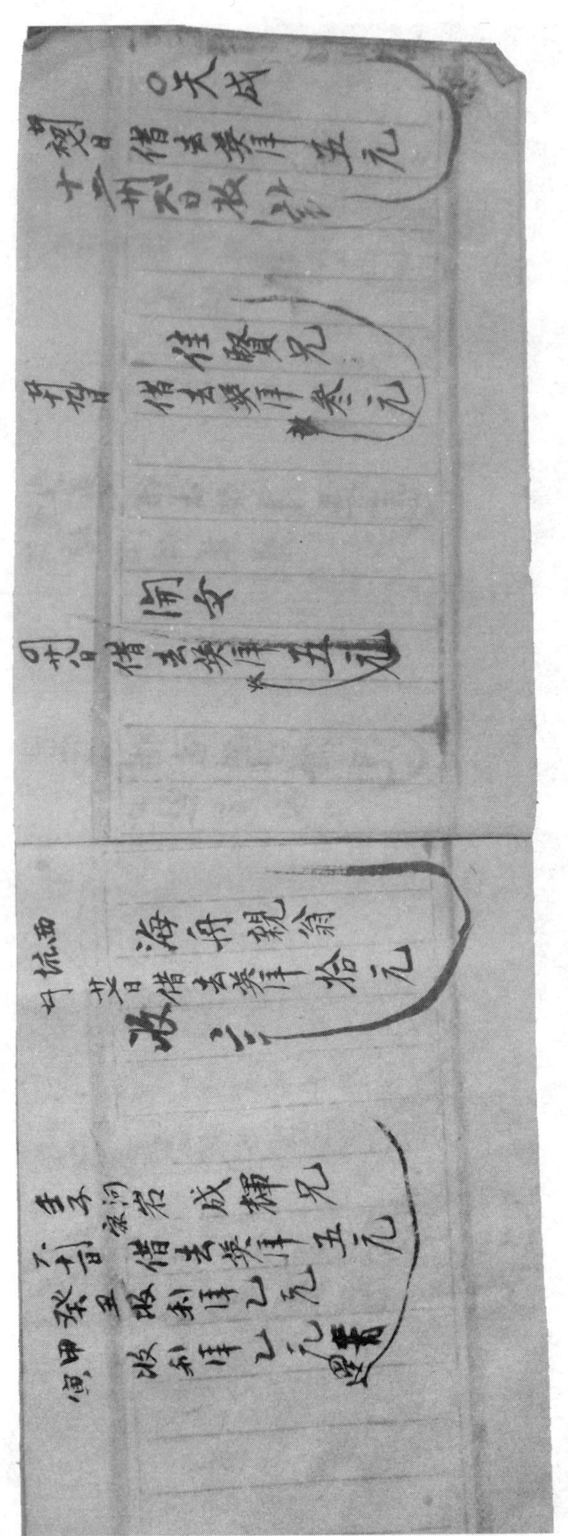

大鄣山乡江村 14-9 · 宣统元年 · 银钱交易流水账本 · 汪梦奇记

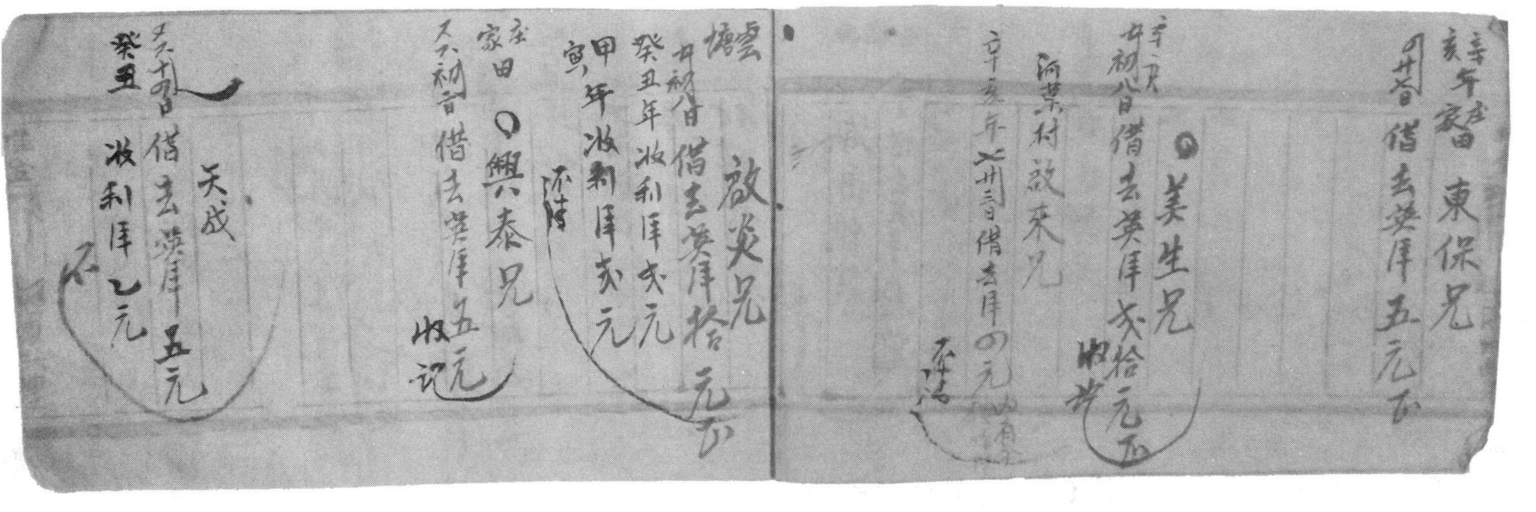

大郭山乡江村 14-10 · 宣统元年 · 银钱交易流水账本 · 汪梦奇记

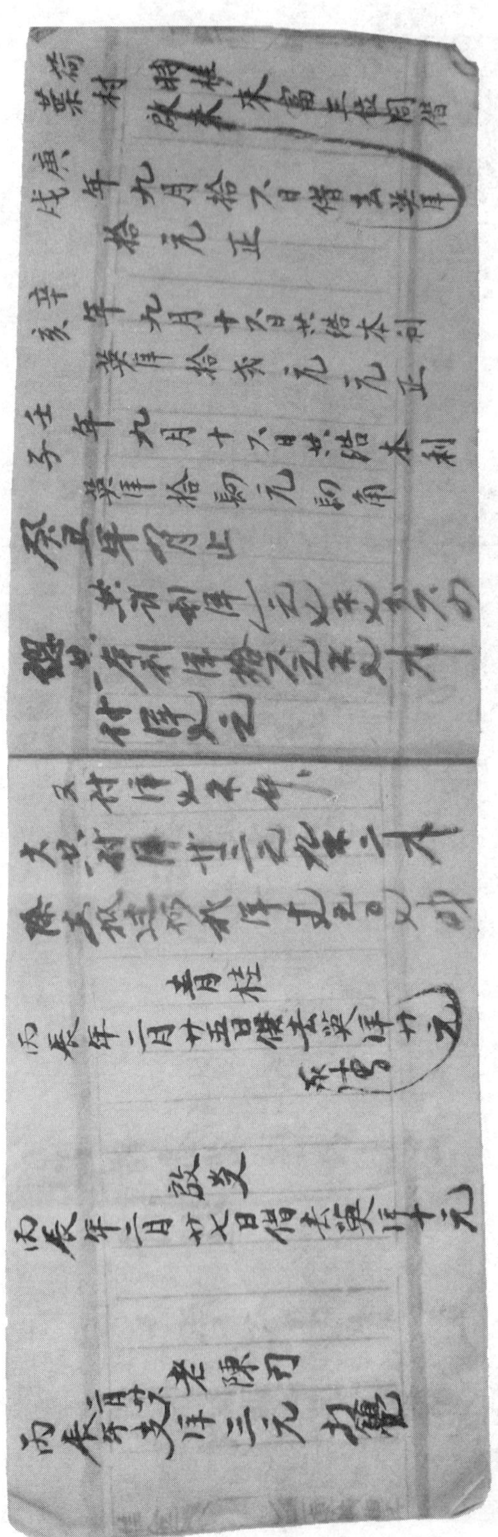

大鄣山乡江村 14–11 · 宣统元年 · 银钱交易流水账本 · 汪梦奇记

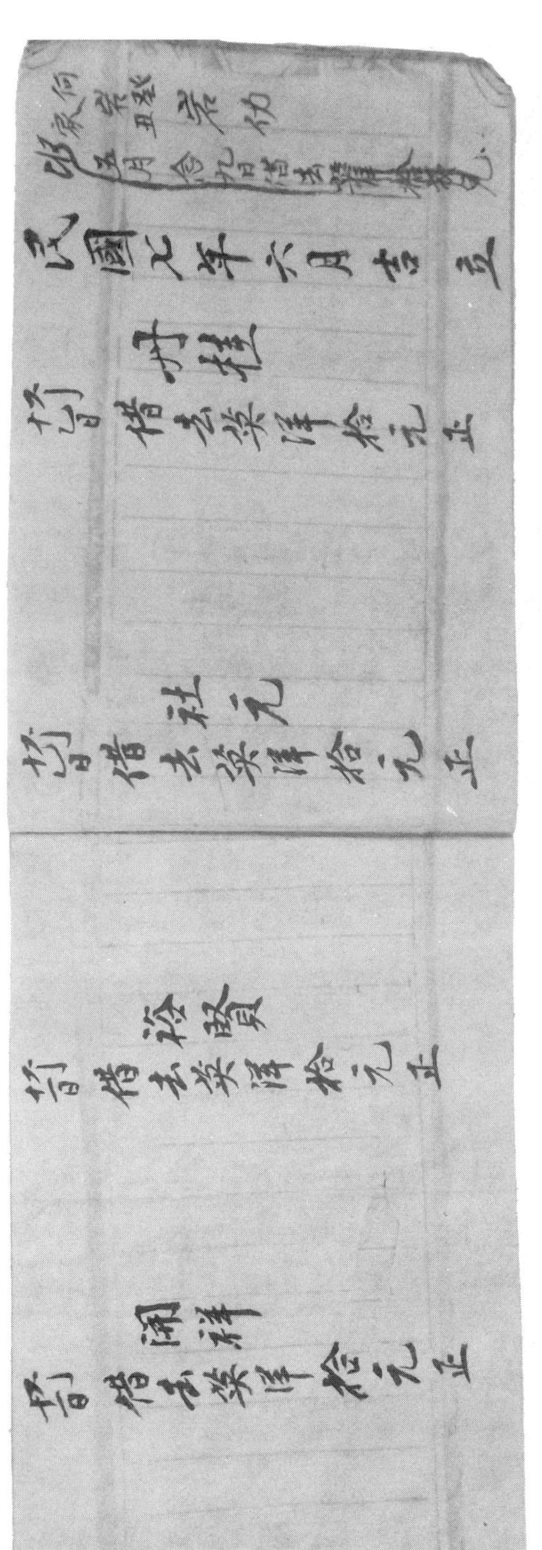

大鄣山乡江村 14-12 · 宣统元年 · 银钱交易流水账本 · 汪梦奇记

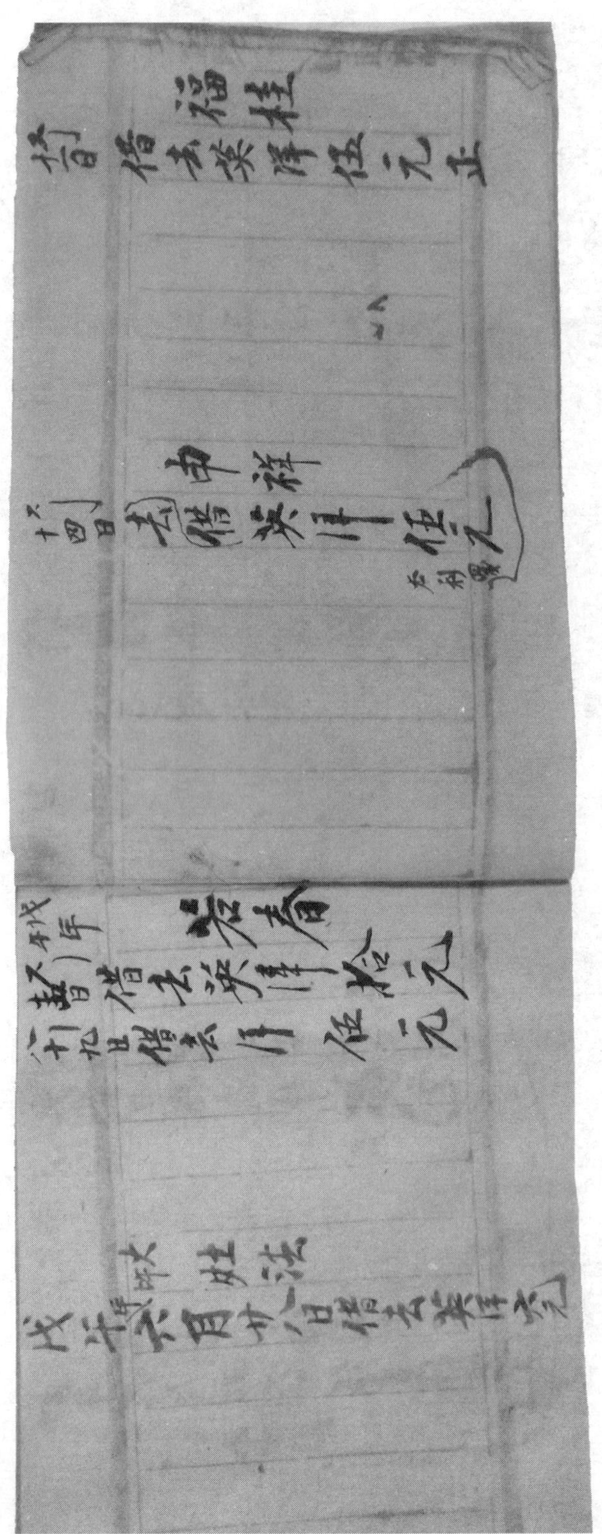

大鄣山乡江村 14-13 · 宣统元年 · 银钱交易流水账本 · 汪梦奇记

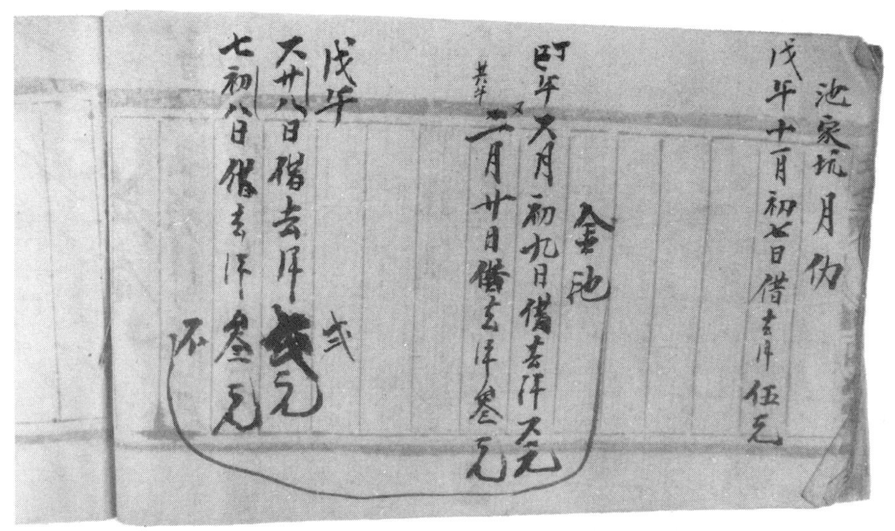

大郭山乡江村 14-14 · 宣统元年 · 银钱交易流水账本 · 汪梦奇记

大鄣山乡江村 14-15・宣统元年・银钱交易流水账本・汪梦奇记

立自情愿断骨出卖茶坦契人汪灶欢
原承父业分得有茶坦壹块坐落土名
庄碣右件四至不須另述今因正用自愿
托中出卖与
族叔汪新田名下为业当三面议定时值价钱
肆百文其钱当即是身收领足讫其茶
坦自今卖後悉听买人前去管业无阻
未卖之先与本家内外人等并无重
张交易如有不明等情是身自理不
管受人之事恐口无凭立此情愿断骨
出卖契为据

宣统元年腊月叁拾日立自情愿断骨出卖契人灶欢

中见汪义文

代笔 汝廷

上项契价当日两相交付足讫 再批 契

大鄣山乡江村 76 · 宣统元年 · 断骨出卖茶坦契 · 汪灶欢卖与族叔汪新田

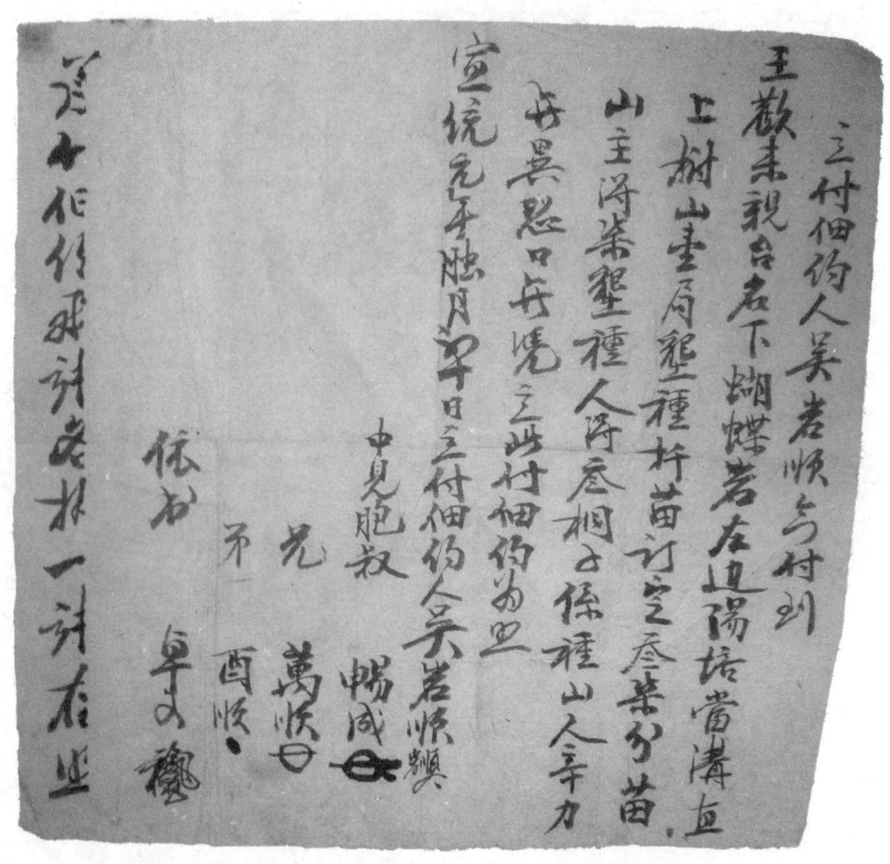

立付佃约人吴岩顺今付到
王欢来亲台名下蝴蝶岩左边阳培当沟直
上抵山壹团垦种杉苗订定叁股分苗，
山主得柒垦种人得叁，桐子係种山人辛力
无異恐口无凭立此付佃约为照
宣统元年腊月廿五日立付佃约人吴岩顺
中见胞叔　暢成
兄　萬順
弟　酉順
依书　阜文　[illegible]
笔大作修成纸各执一纸存照

大郭山乡江村 86 · 宣统元年 · 付佃约 · 吴岩顺付到王欢来

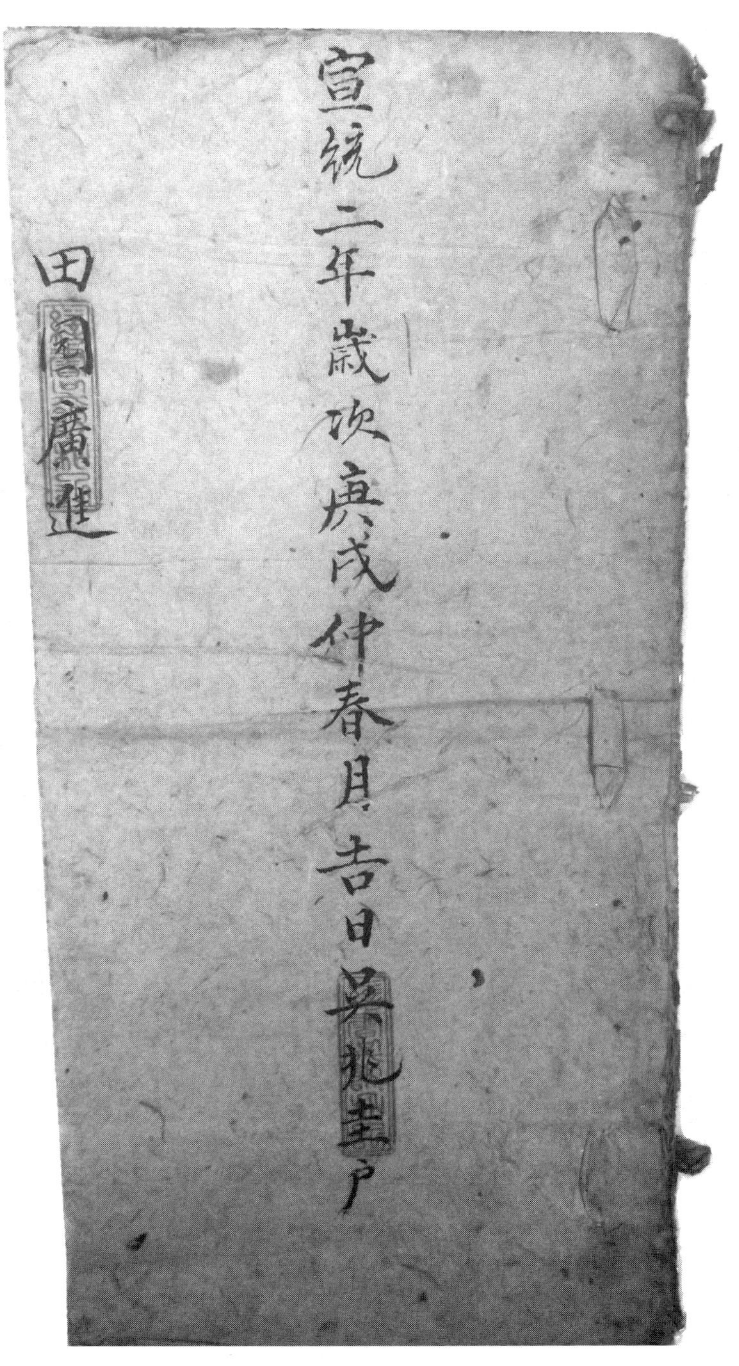
宣统二年岁次庚戌仲春月吉日吴兆圭户
田 广进

大鄣山乡江村 21-1 · 宣统二年 · 税粮实征册 · 吴兆圭户

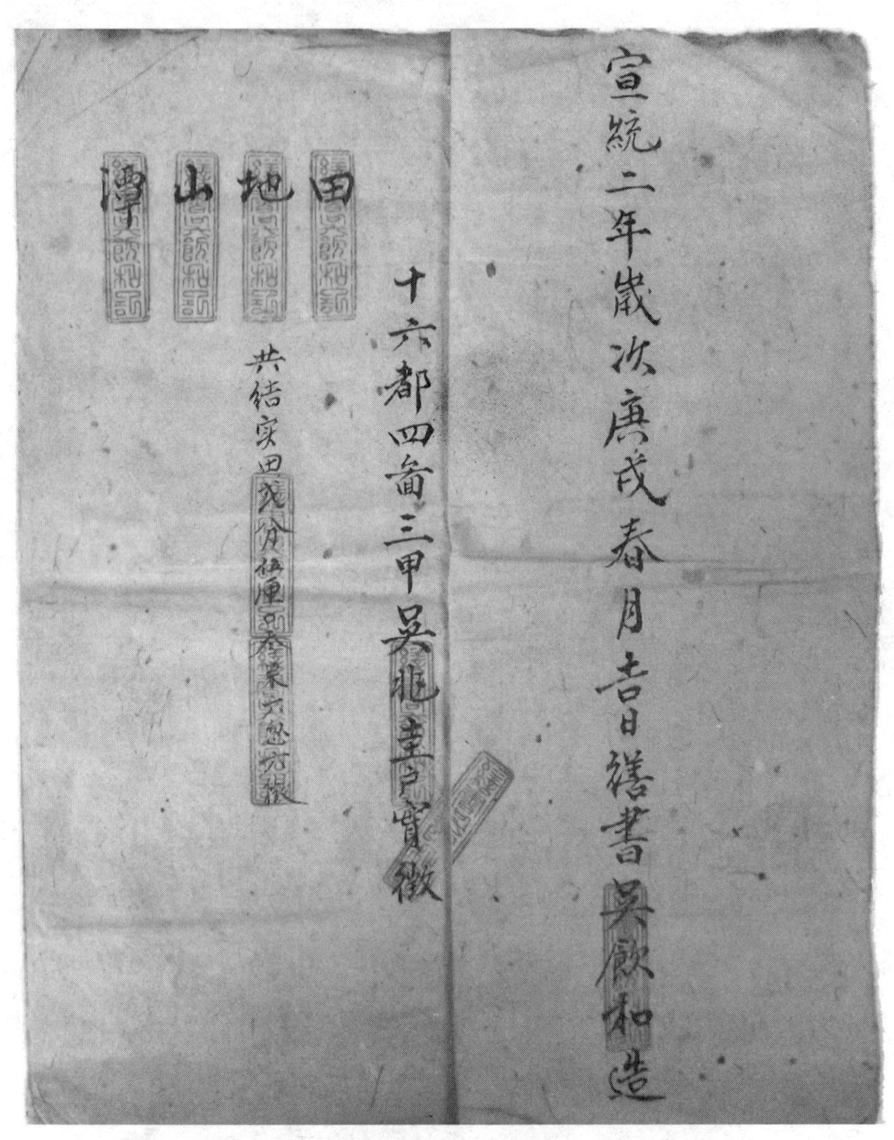
宣統二年歲次庚戌春月吉日繕書吳歙和造
十六都四啚三甲吳兆圭戶實徵
共結實田
田
地
山
塘
大鄣山乡江村 21-2 · 宣统二年 · 税粮实征册 · 吴兆圭户

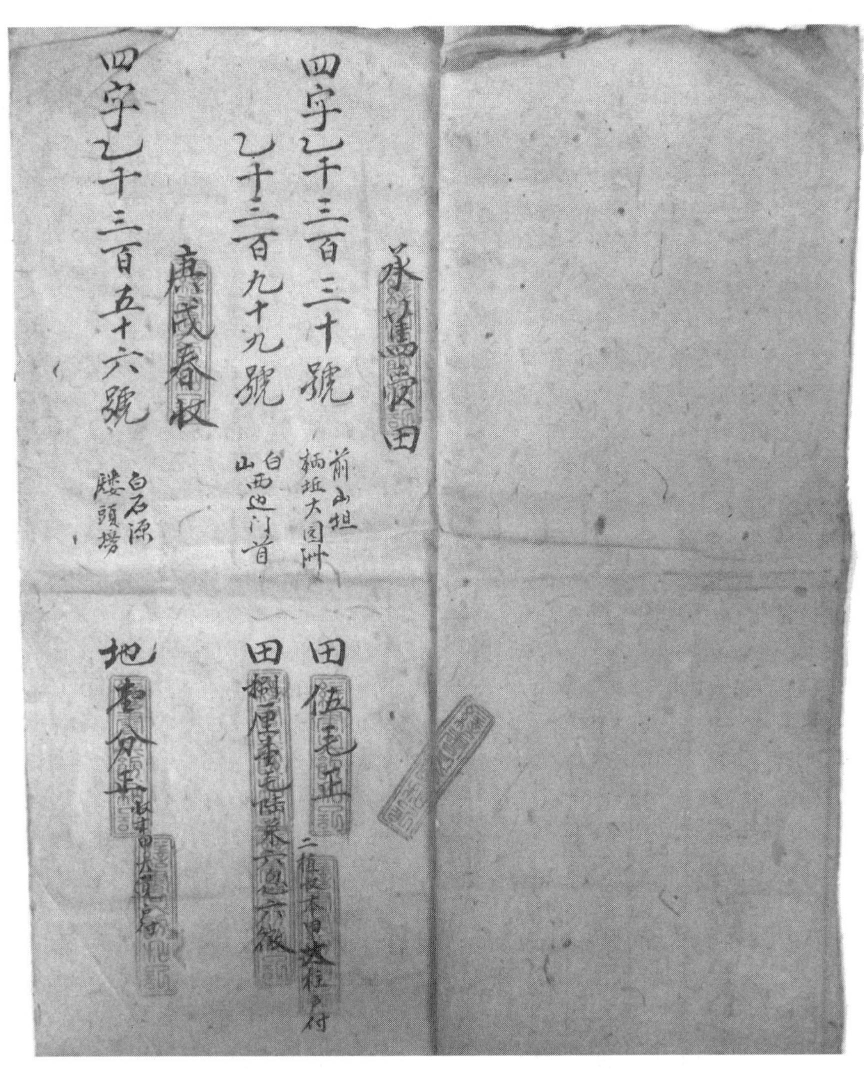

大郭山乡江村 21-3 · 宣统二年 · 税粮实征册 · 吴兆圭户

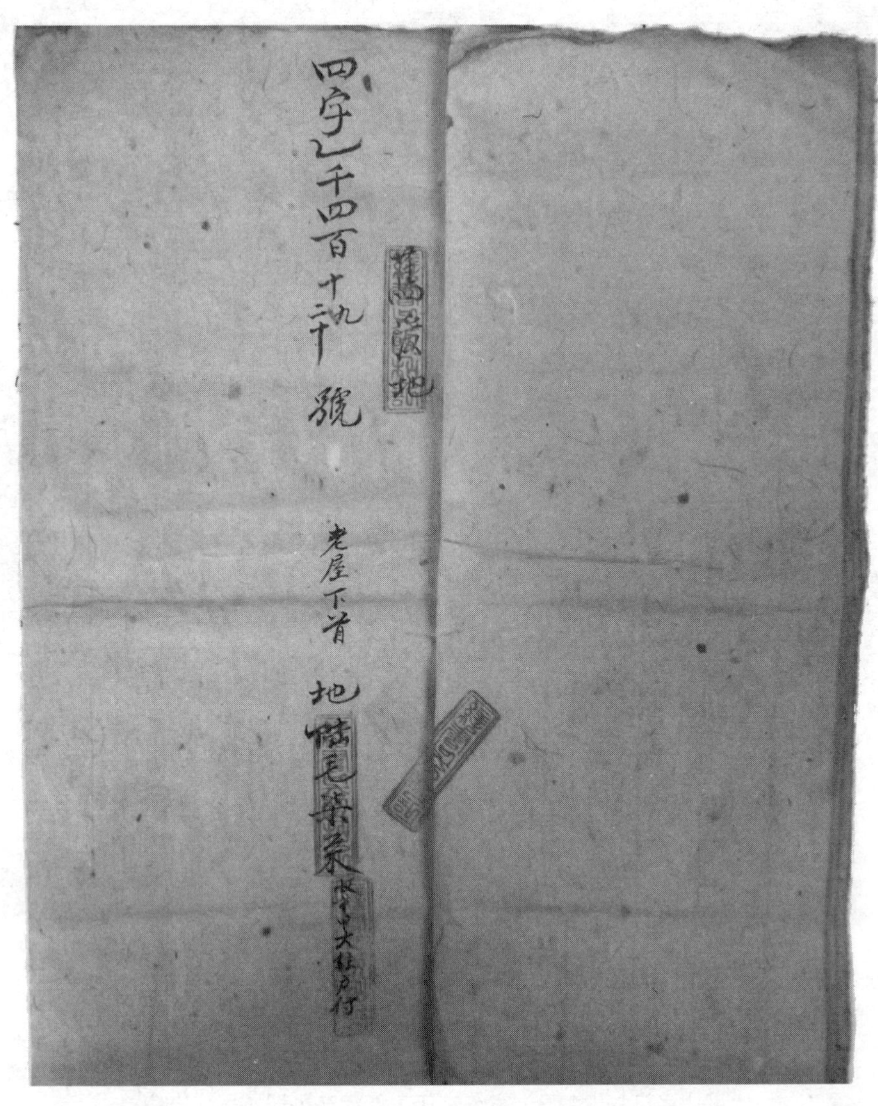
四字乙千四百十九 二十號
老屋下首
地

大鄣山乡江村 21-4 · 宣统二年 · 税粮实征册 · 吴兆圭户

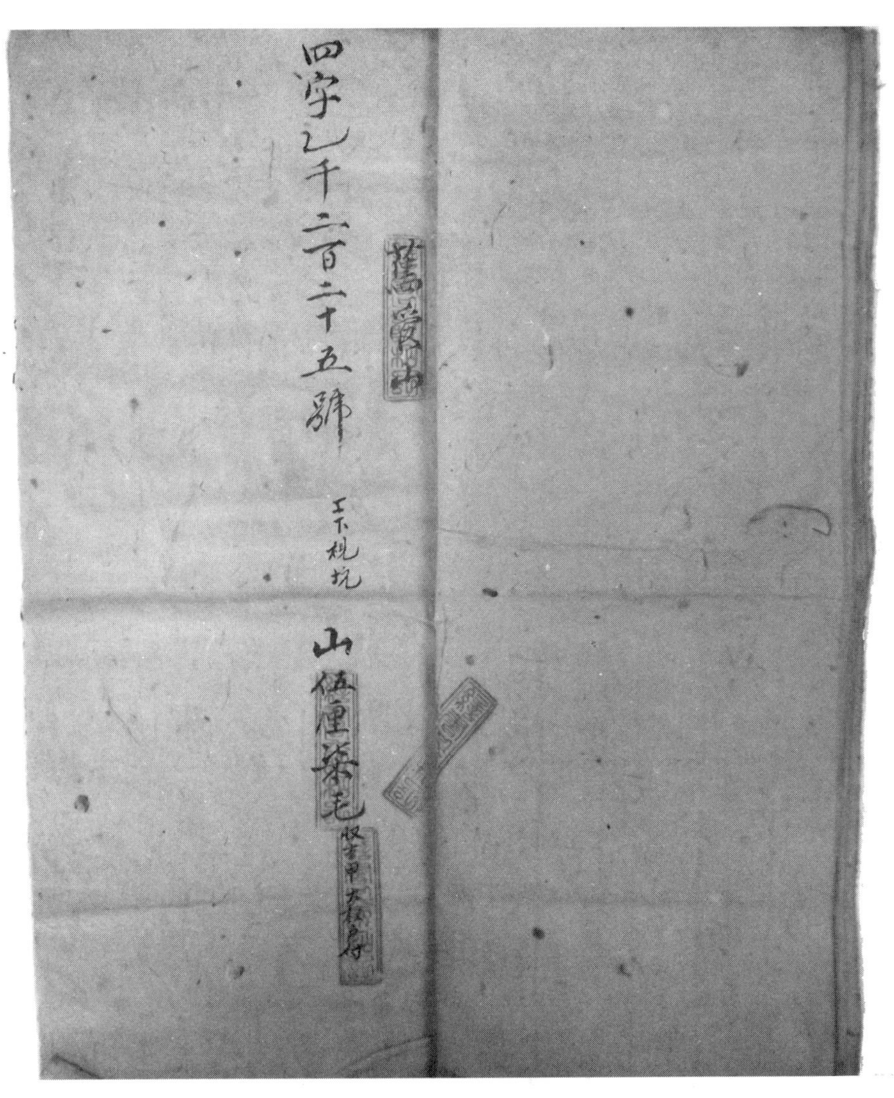

大鄣山乡江村 21-5 · 宣统二年 · 税粮实征册 · 吴兆圭户

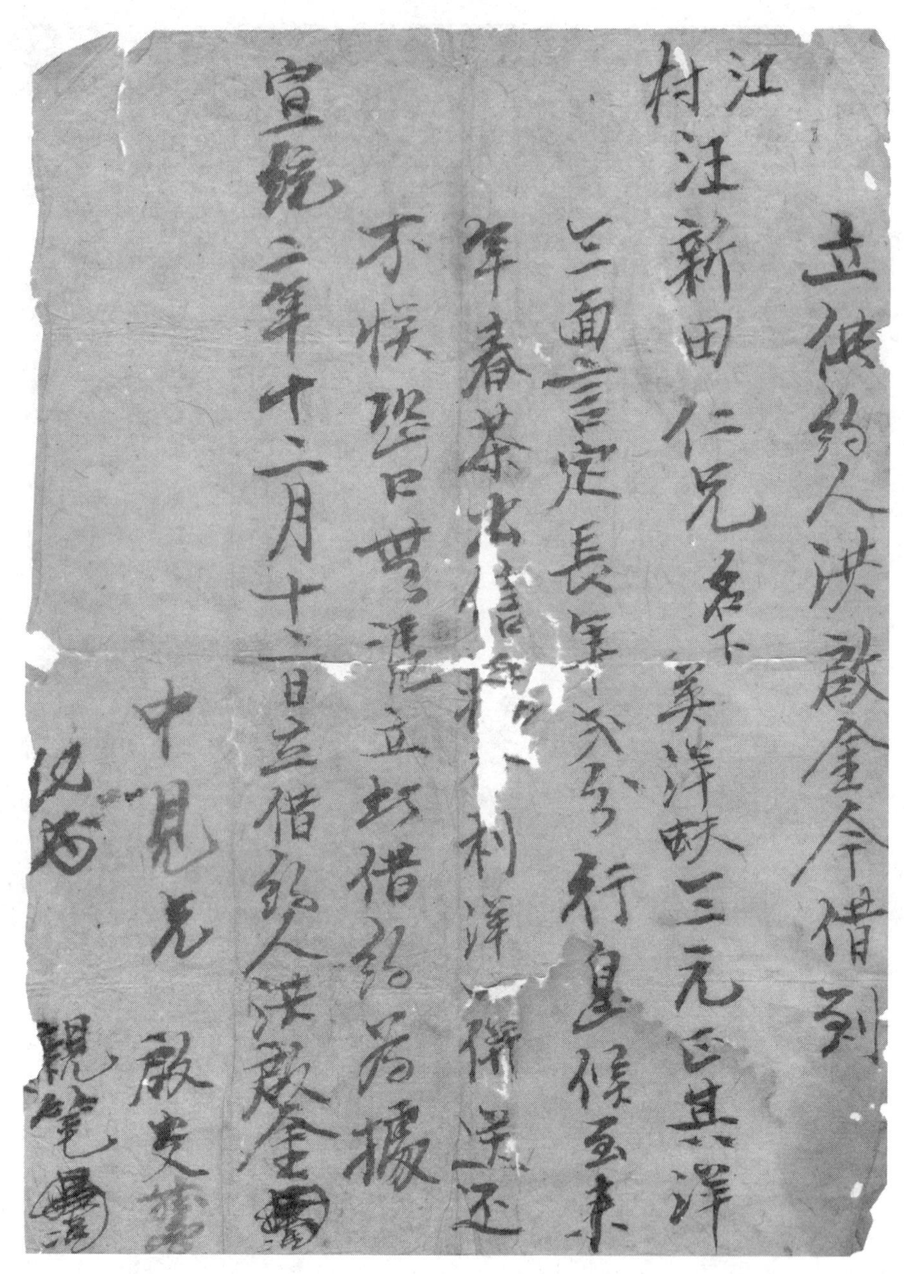

立借約人洪啟金今借到
江村汪新田仁兄名下英洋䟦三元正其洋
三面言定長年弍分行息係至來
年春茶出售將本利洋一併清還
不悞恐口無憑立此借約為據
宣統二年十二月十二日立借約人洪啟金（押）
中見兄　啟更（押）
代為　親筆（押）

大鄣山乡江村 90 · 宣统二年 · 借约 · 洪启金借到汪新田

義昌户
實徵

大鄣山乡江村 4-1 · 宣统三年 · 税粮实征册 · 义昌户

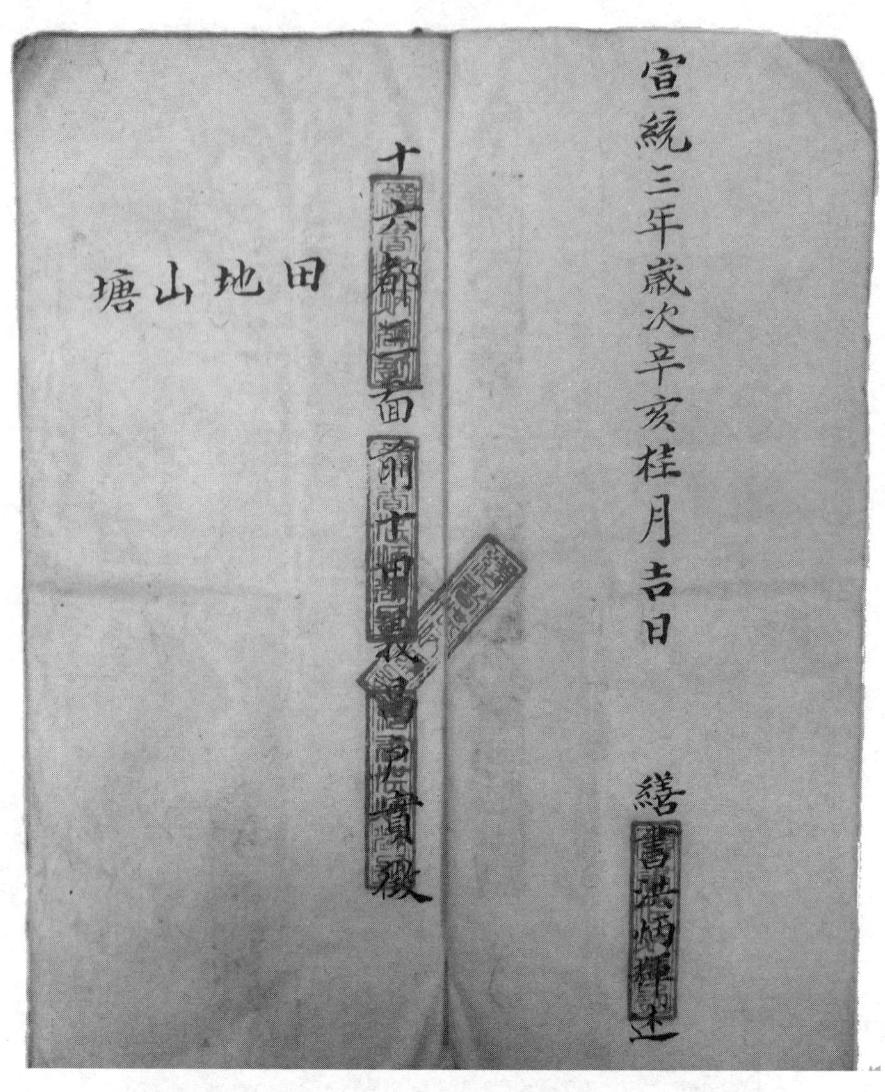
宣統三年歲次辛亥桂月吉日

繕書洪炳輝述

十六都面前十甲義昌戶實徵

田地山塘

大鄣山乡江村 4-2 · 宣统三年 · 税粮实征册 · 义昌户

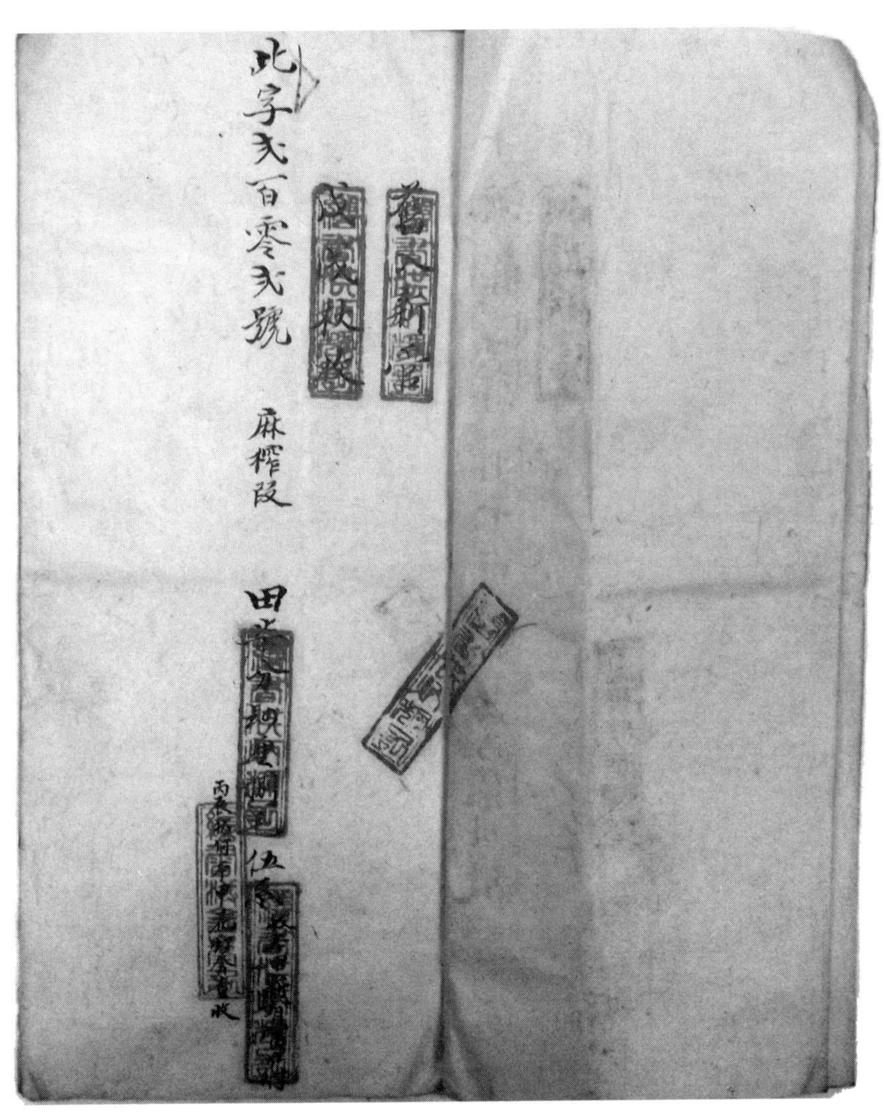

大鄣山乡江村 4-3 · 宣统三年 · 税粮实征册 · 义昌户

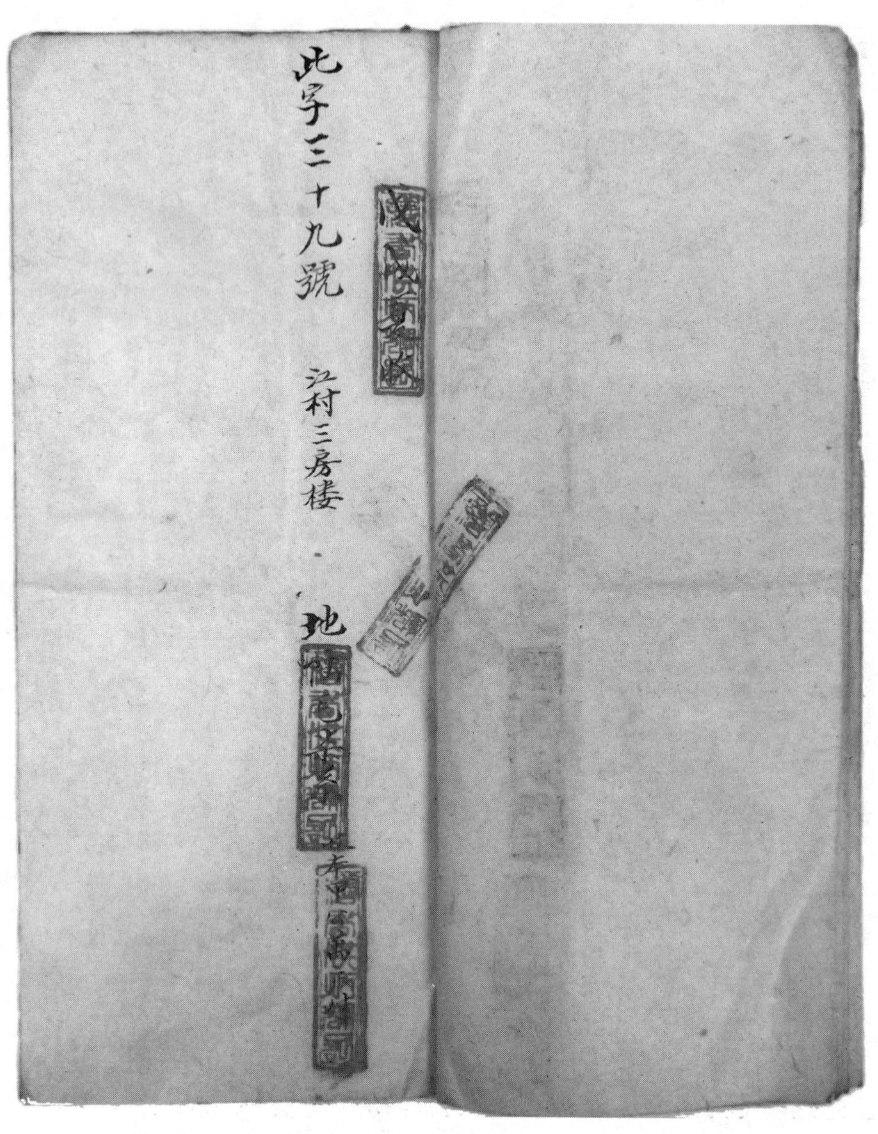
此字三十九號
江村三房楼
地

大鄣山乡江村 4-4 · 宣统三年 · 税粮实征册 · 义昌户

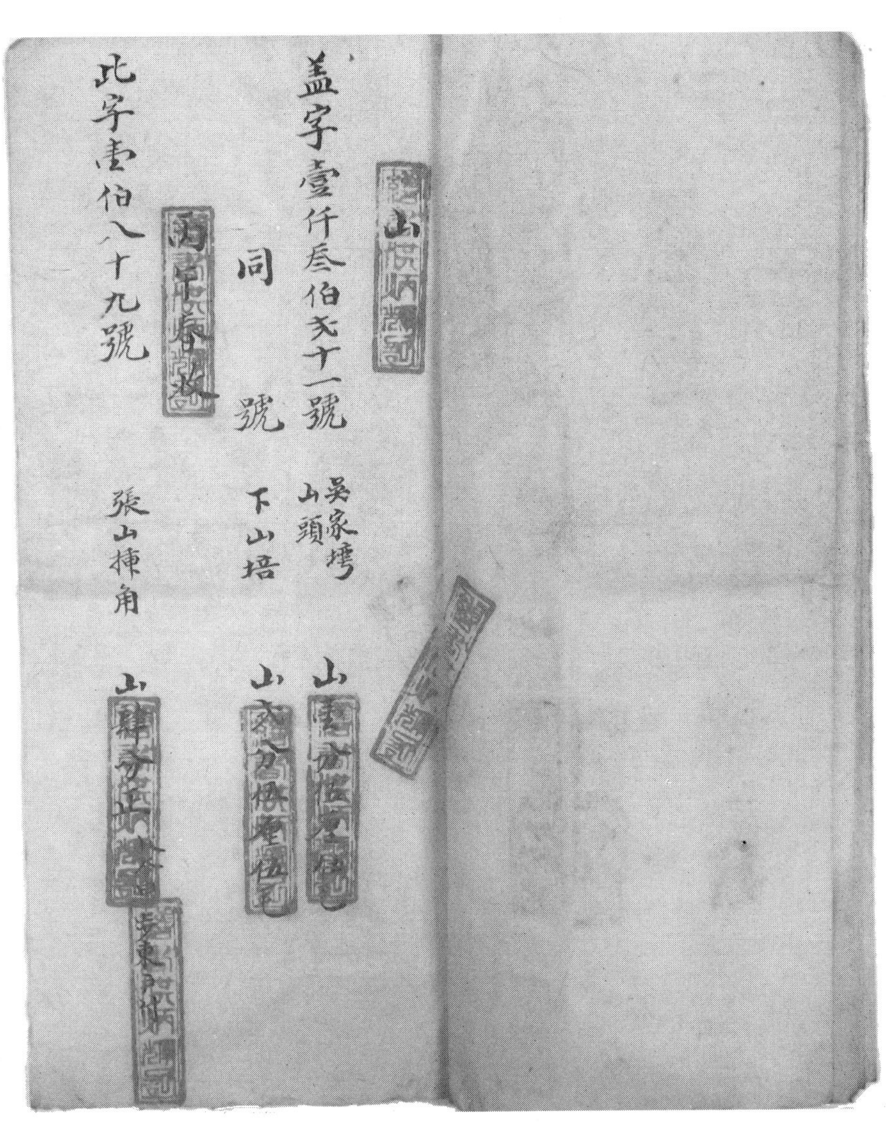

大鄣山乡江村 4-5 · 宣统三年 · 税粮实征册 · 义昌户

銀總
中華民國元年立
汪義興號

大鄣山乡江村 15-1 · 民国元年 · 银总账本 · 汪义兴号

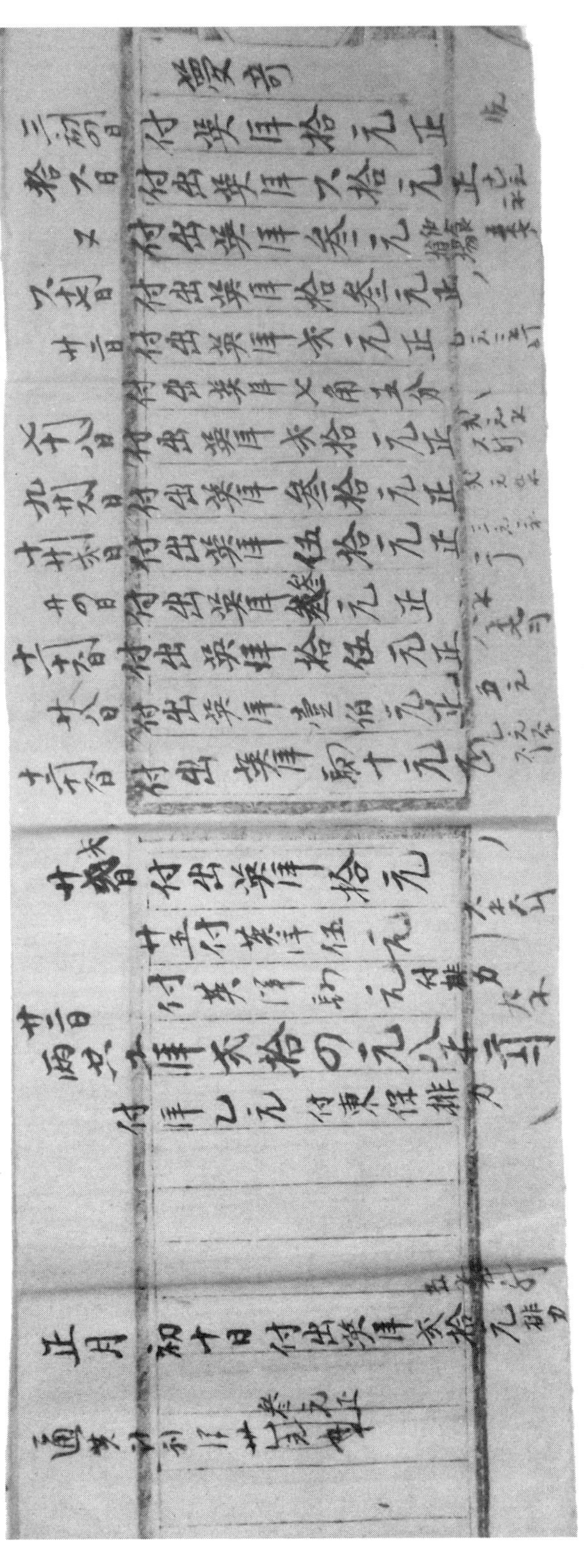

大鄣山乡江村 15-2 · 民国元年 · 银总账本 · 汪义兴号

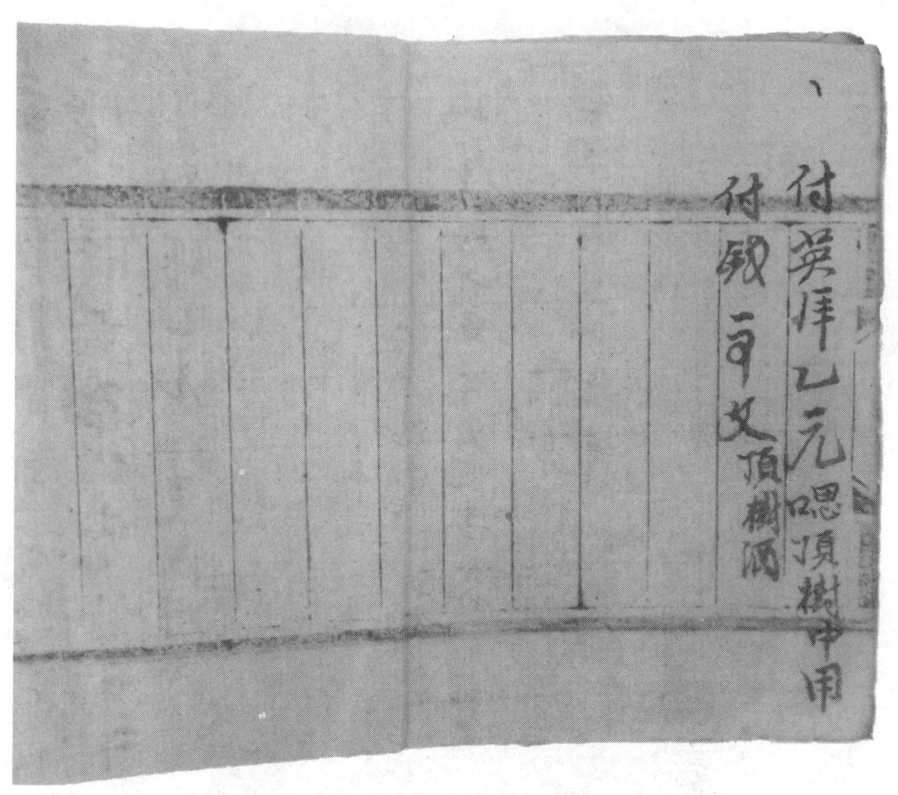
付英洋乙元　喂思頂樹中用
付錢一百文　頂樹酒

大鄣山乡江村 15-3 · 民国元年 · 银总账本 · 汪义兴号

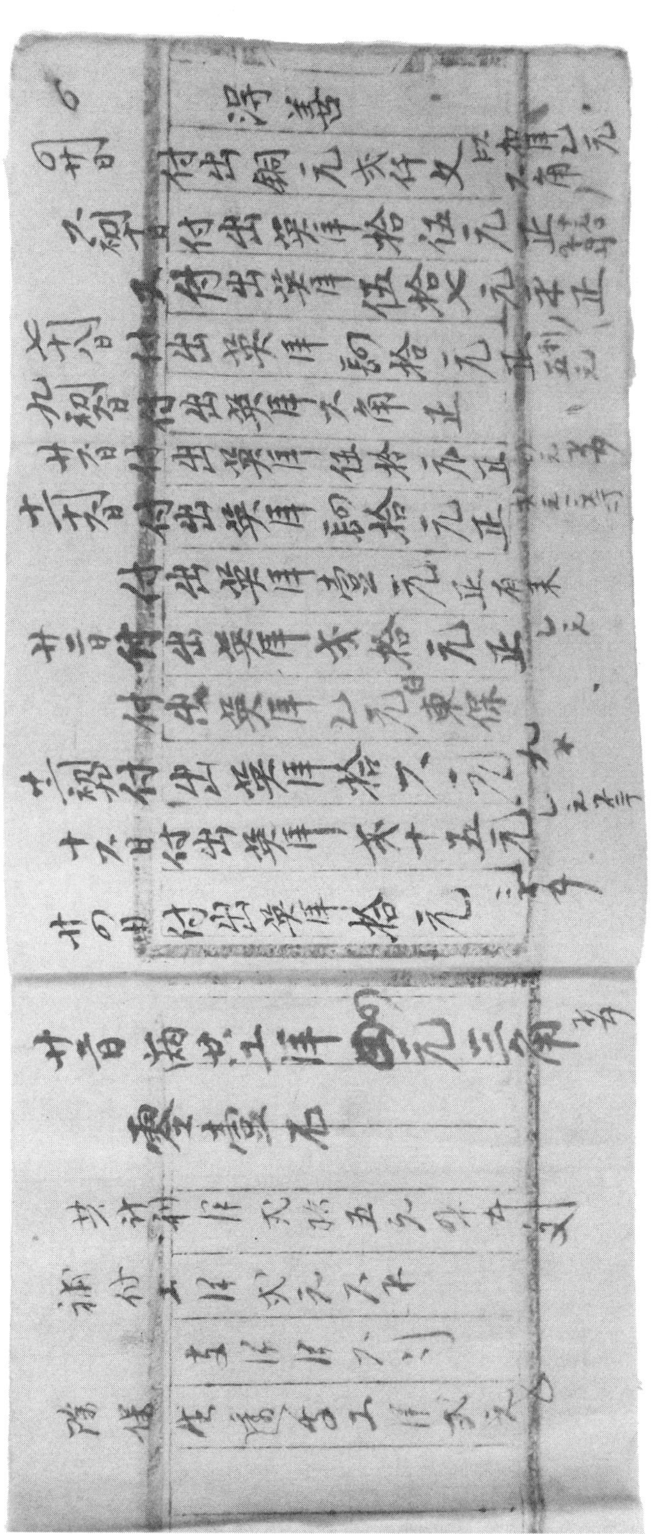

大鄣山乡江村 15-4 · 民国元年 · 银总账本 · 汪义兴号

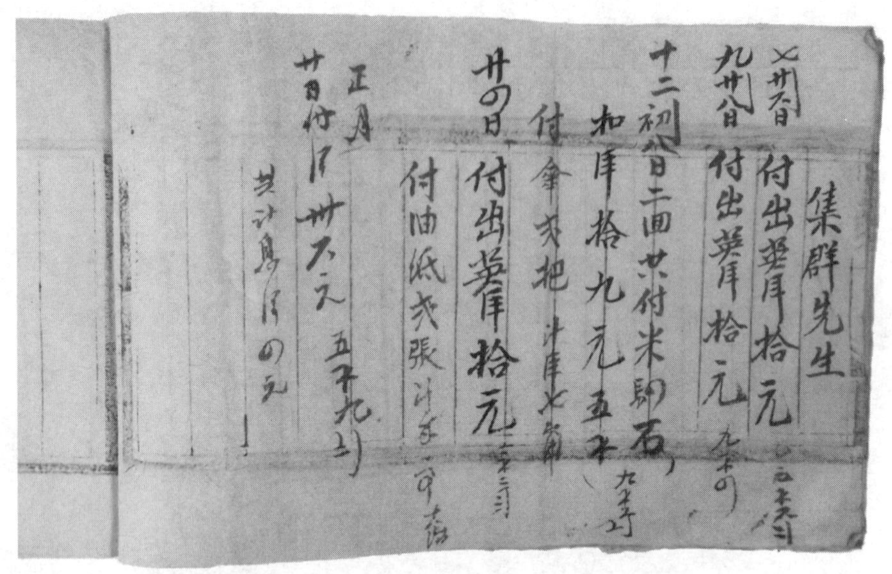

大鄣山乡江村 15-5 · 民国元年 · 银总账本 · 汪义兴号

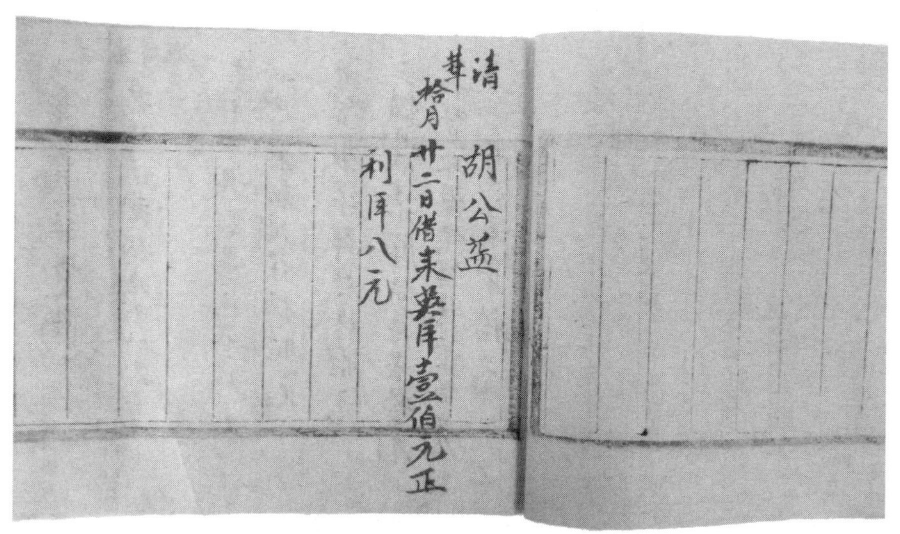

清

胡公益

華拾月廿二日借来洋壹伯元正

利洋八元

大鄣山乡江村 15-6 · 民国元年 · 银总账本 · 汪义兴号

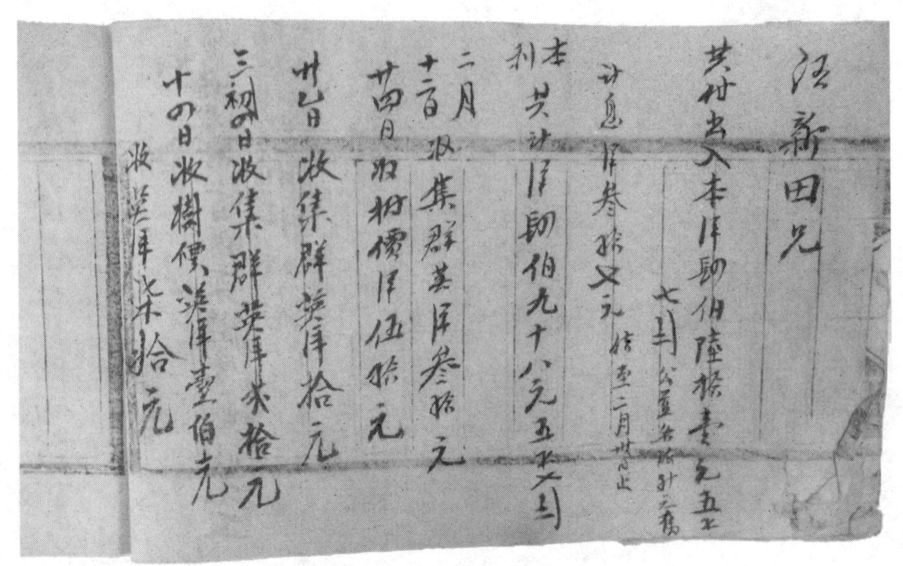

大鄣山乡江村 15-7 · 民国元年 · 银总账本 · 汪义兴号

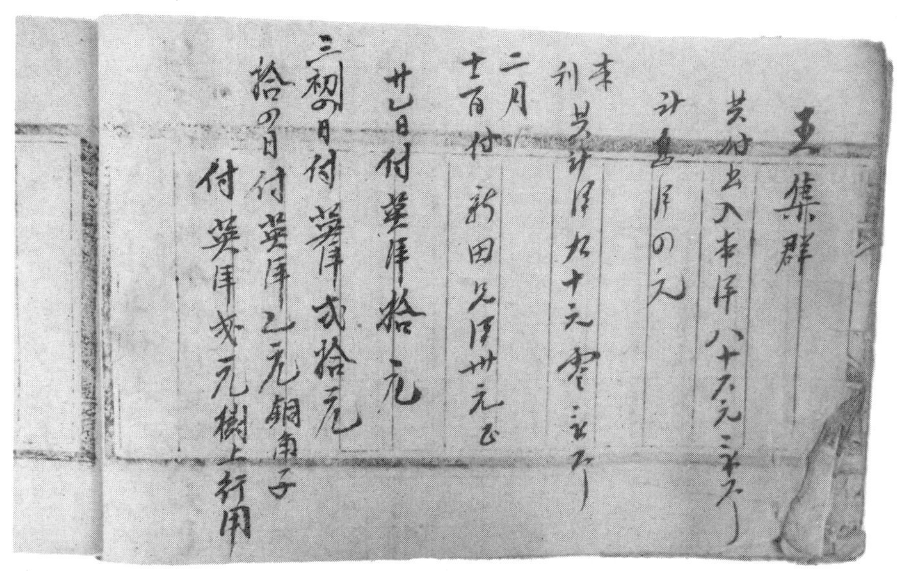

王集群
共付出入本洋八十〇元三角〇分
计息洋四元
来利 共计洋九十元零〇角〇分
二月
十一日付 新田先洋卅元正
廿一日付英洋拾元
三月初四日付英洋贰拾元
拾四日付英洋乙元铜角子
付英洋贰元树上行用

大鄣山乡江村 15-8 · 民国元年 · 银总账本 · 汪义兴号

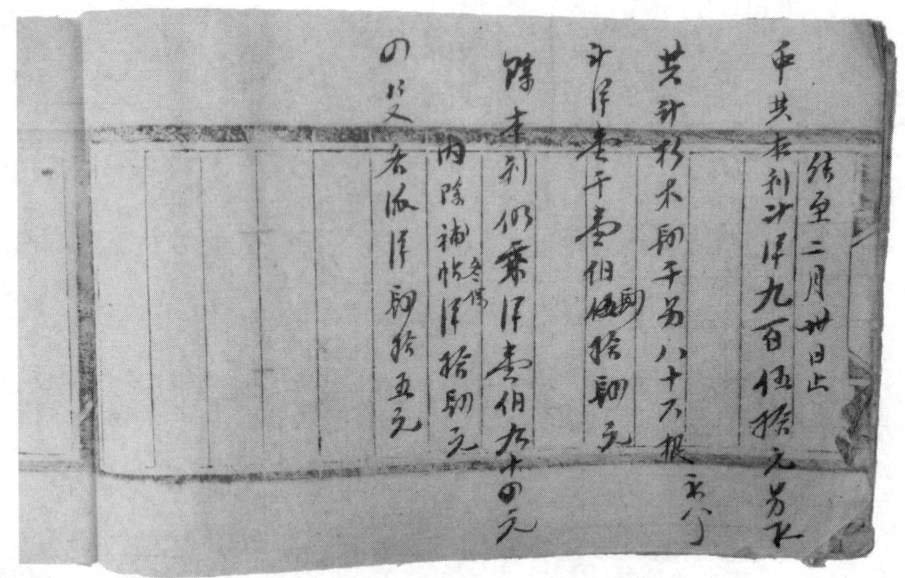

大鄣山乡江村 15-9 · 民国元年 · 银总账本 · 汪义兴号

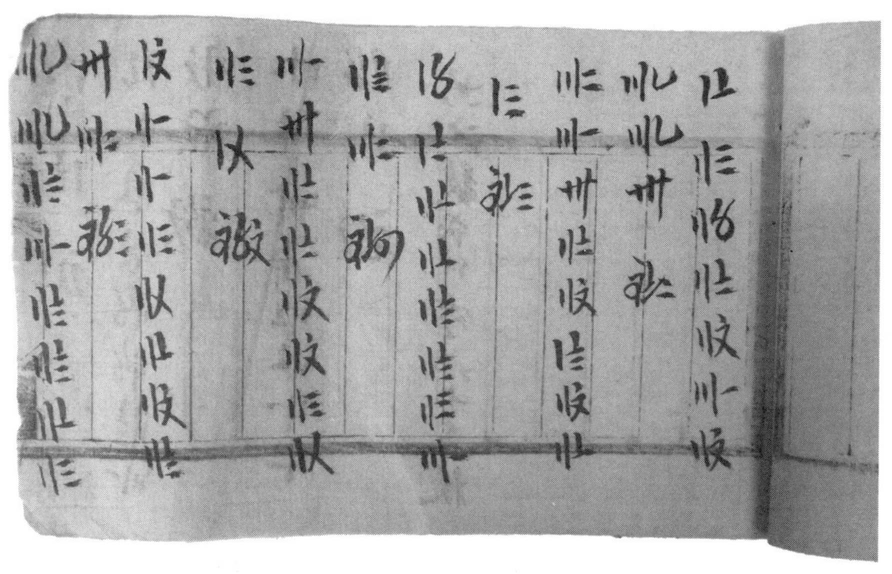

大鄣山乡江村 15-10 · 民国元年 · 银总账本 · 汪义兴号

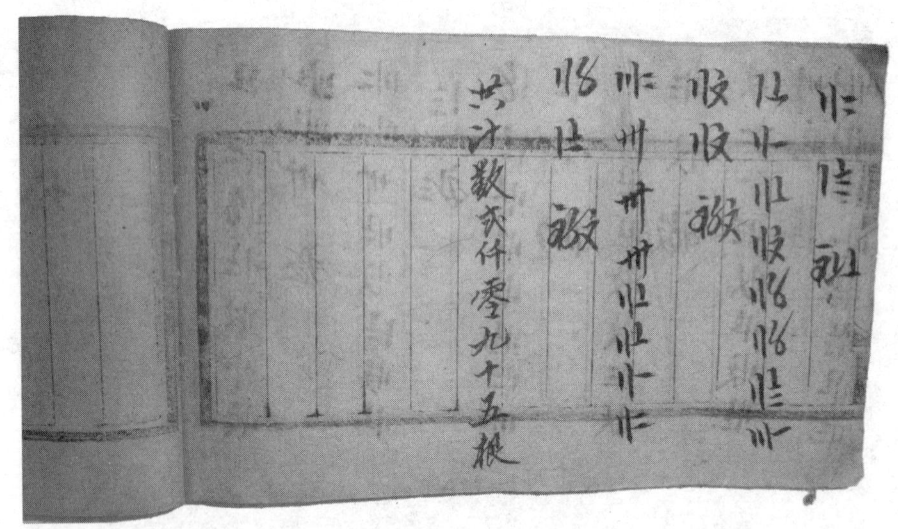
共计数贰仟零九十五根

大鄣山乡江村 15-11 · 民国元年 · 银总账本 · 汪义兴号

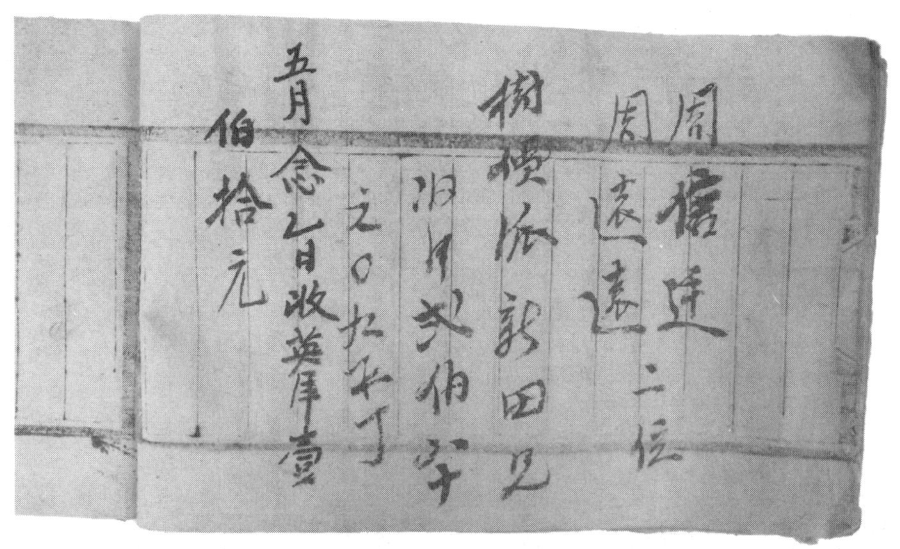
周信達
周遠遠 二位
樹橫依新田兄
五月念乙日收英洋壹
伯拾元

大郭山乡江村 15-12 · 民国元年 · 银总账本 · 汪义兴号

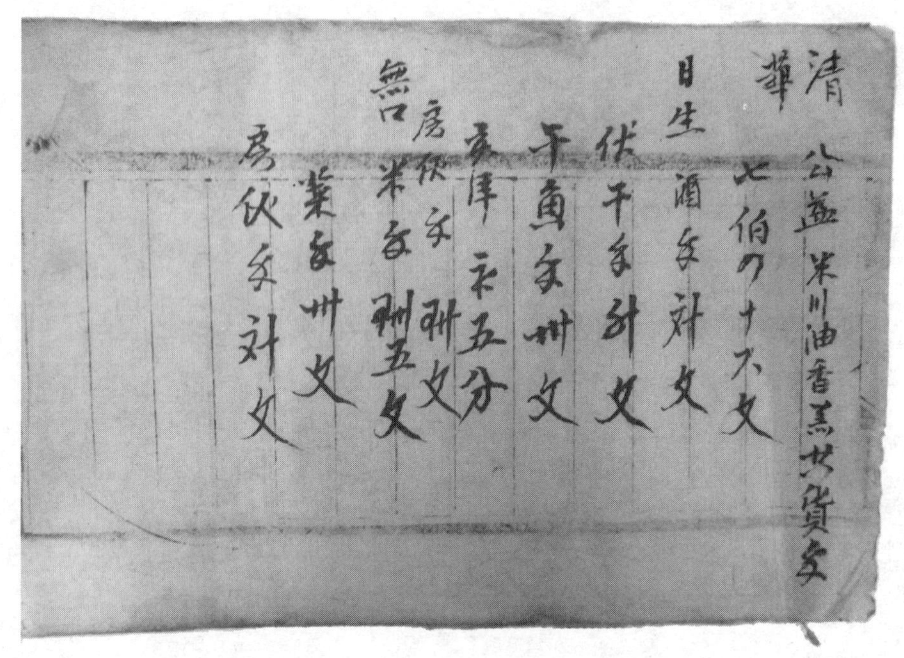

清 公益米川油香菸共貨文
華 七伯〇十〸文
日生 酒錢〸文
伏 千錢〸文
千 角錢卅文
交 年 〸五分
房 伏錢〸文
無 米錢〸五文
口 葉錢卅文
房 伏錢〸文

大鄣山乡江村 15-13 · 民国元年 · 银总账本 · 汪义兴号

中国元年 壬子

己未

往来交接

大鄣山乡江村 16-1 · 民国元年 · 往来交接流水账本

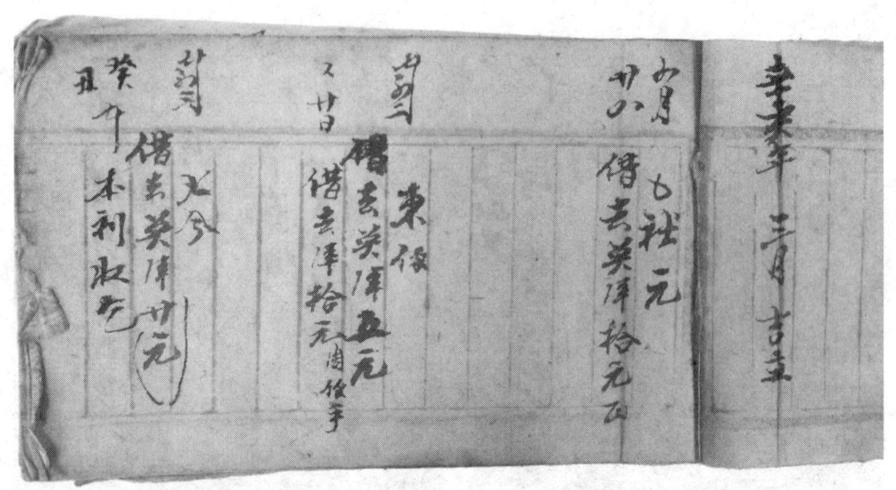

大鄣山乡江村 16-2 · 民国元年 · 往来交接流水账本

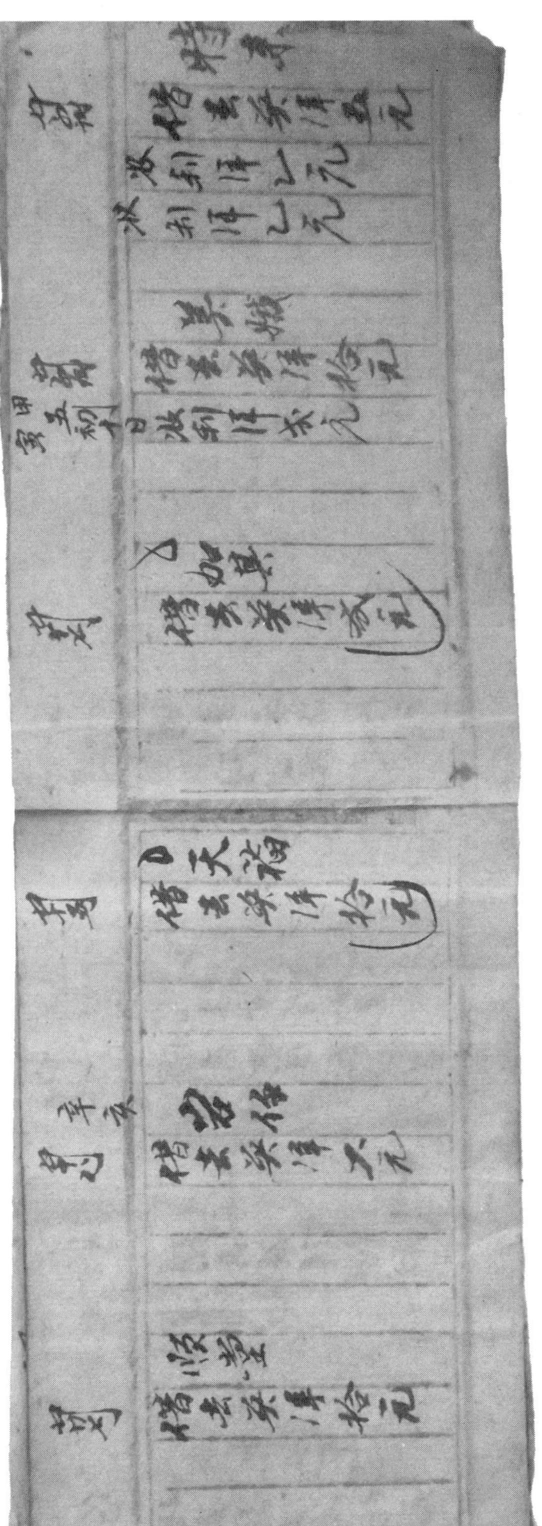

大鄣山乡江村 16-3 · 民国元年 · 往来交接流水账本

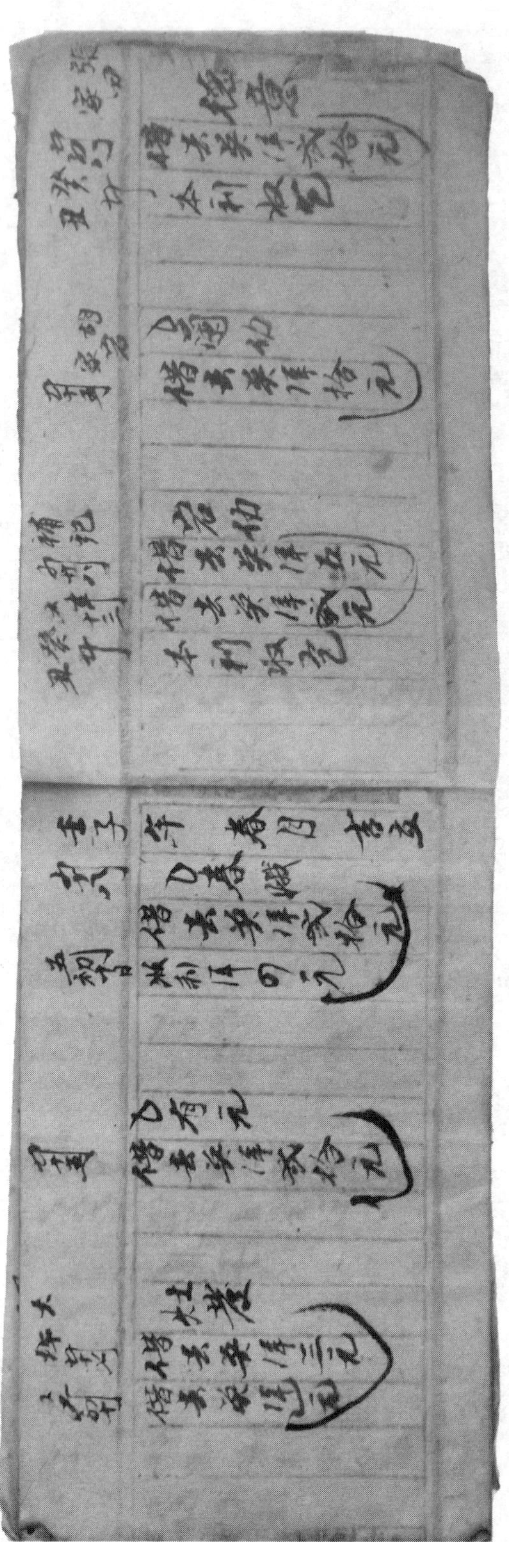

大鄣山乡江村 16-4 · 民国元年 · 往来交接流水账本

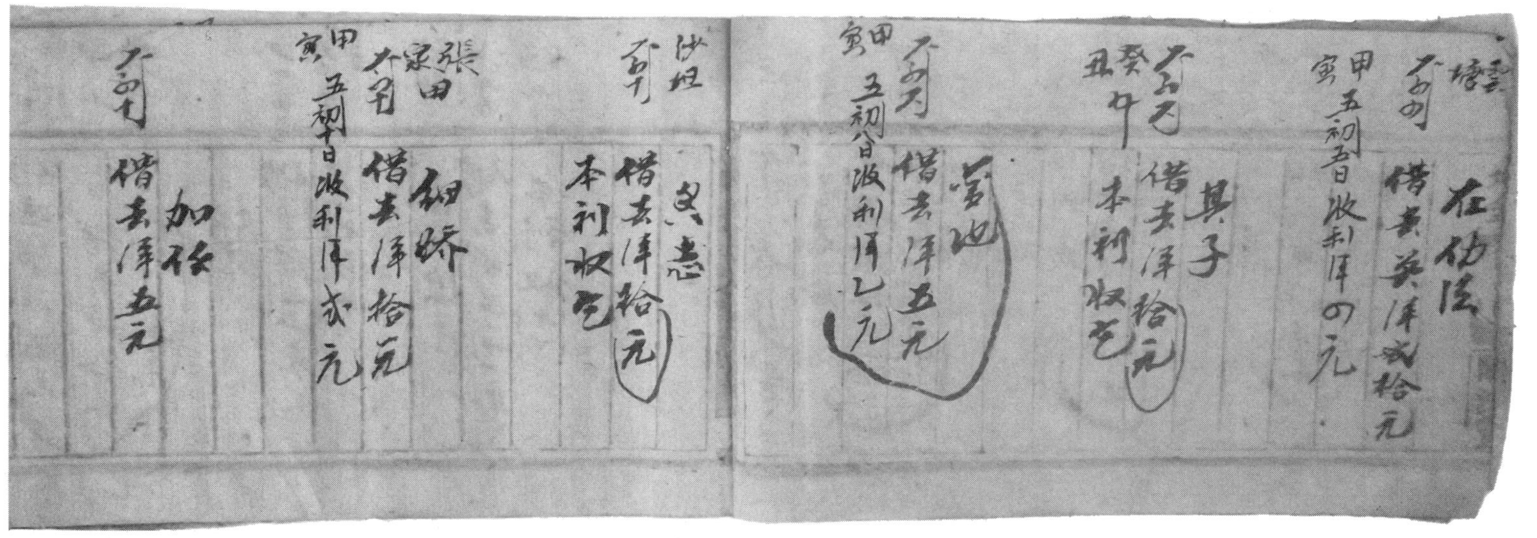

大鄣山乡江村 16-5 · 民国元年 · 往来交接流水账本

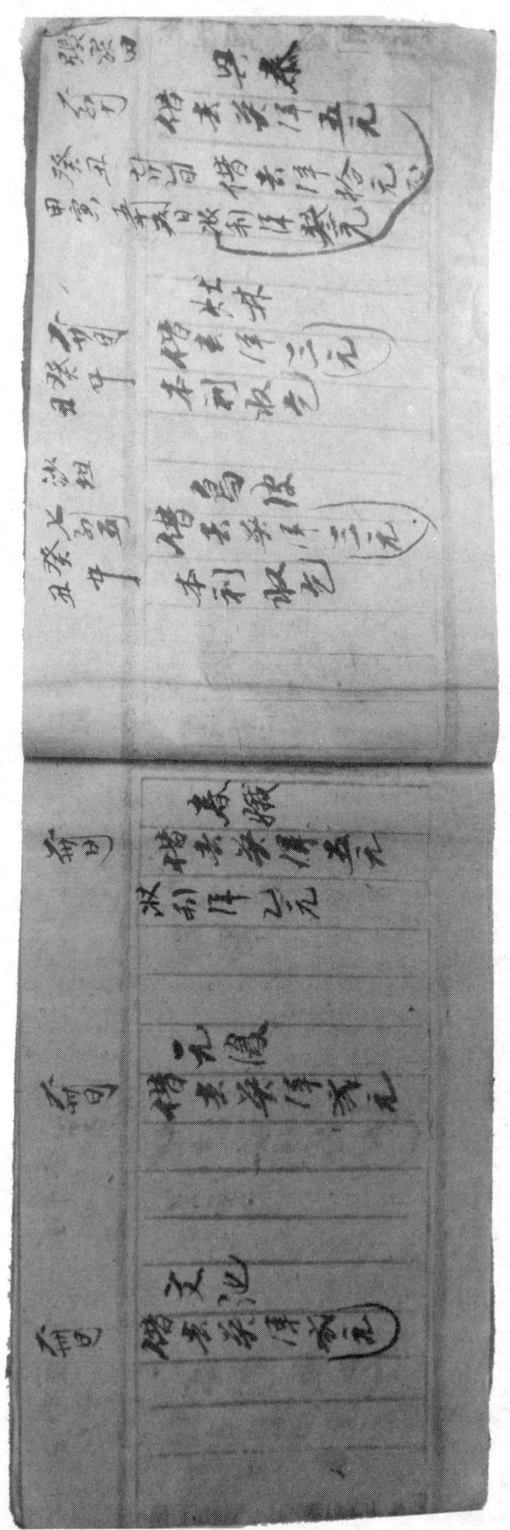

大部山乡江村 16-6 · 民国元年 · 往来交接流水账本

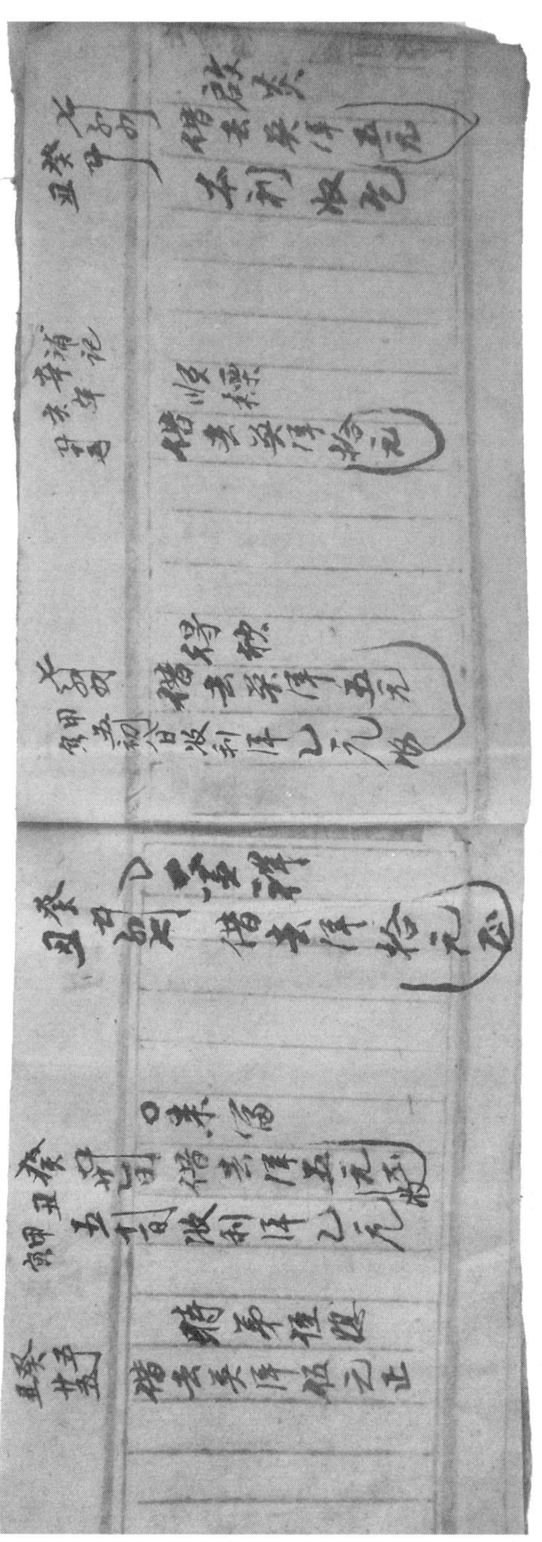

大鄣山乡江村 16-7 · 民国元年 · 往来交接流水账本

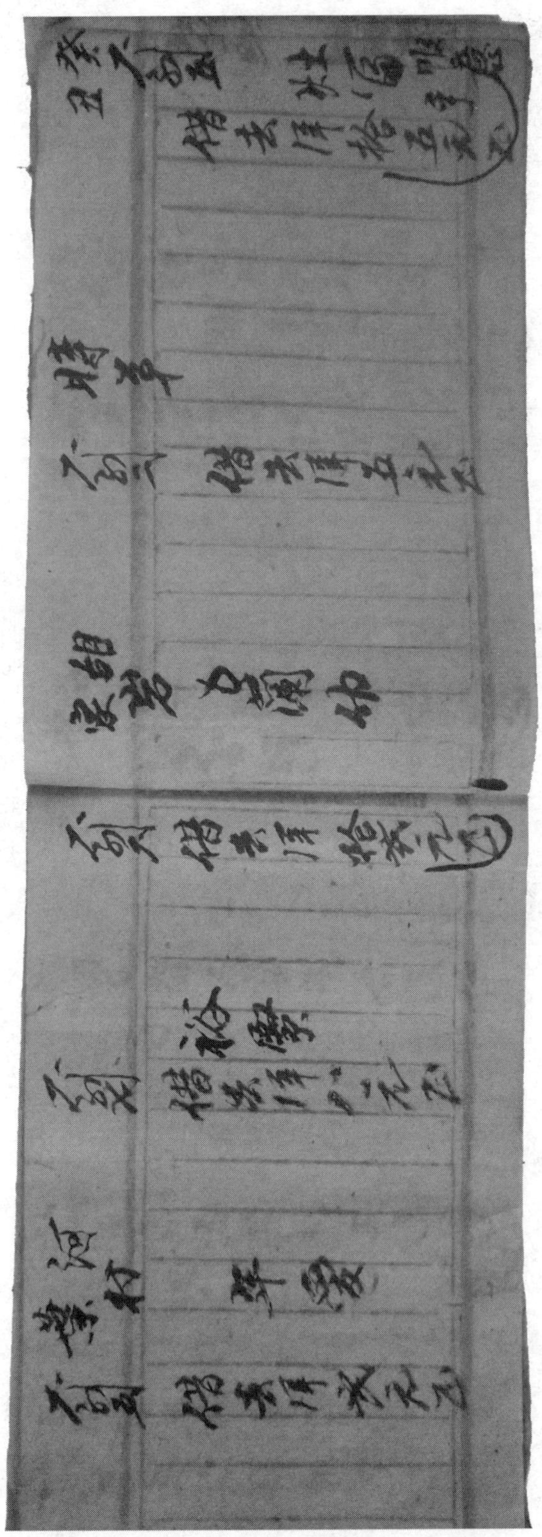

大鄣山乡江村 16-8 · 民国元年 · 往来交接流水账本

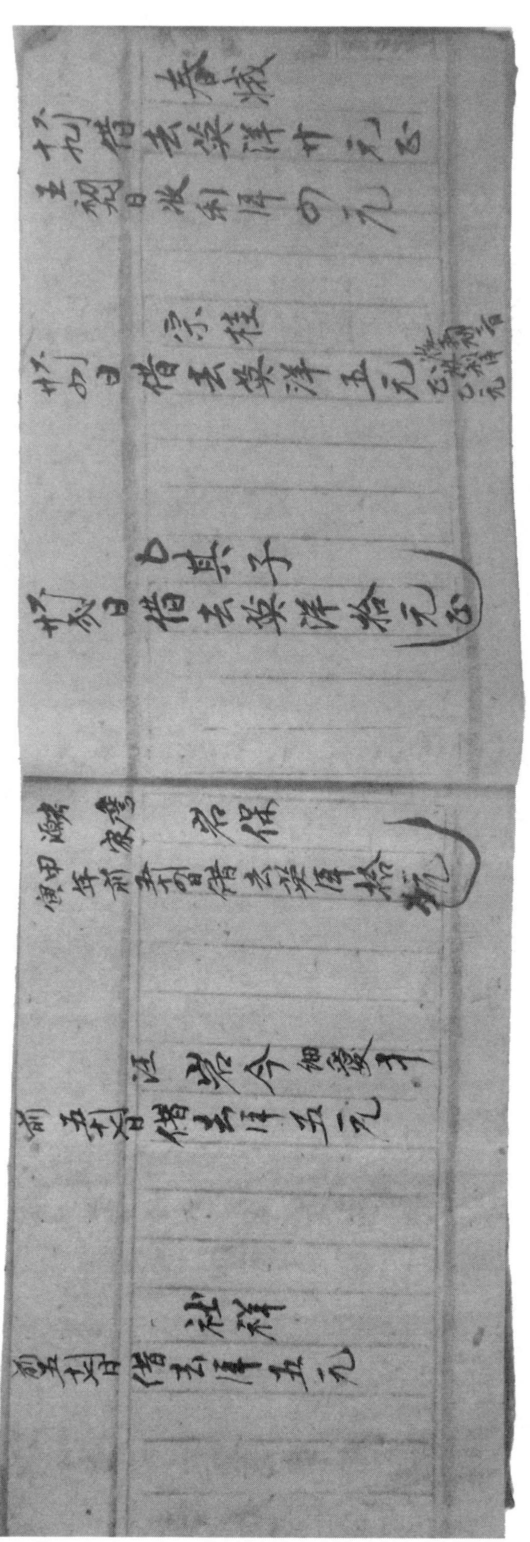

大鄣山乡江村 16-9 · 民国元年 · 往来交接流水账本

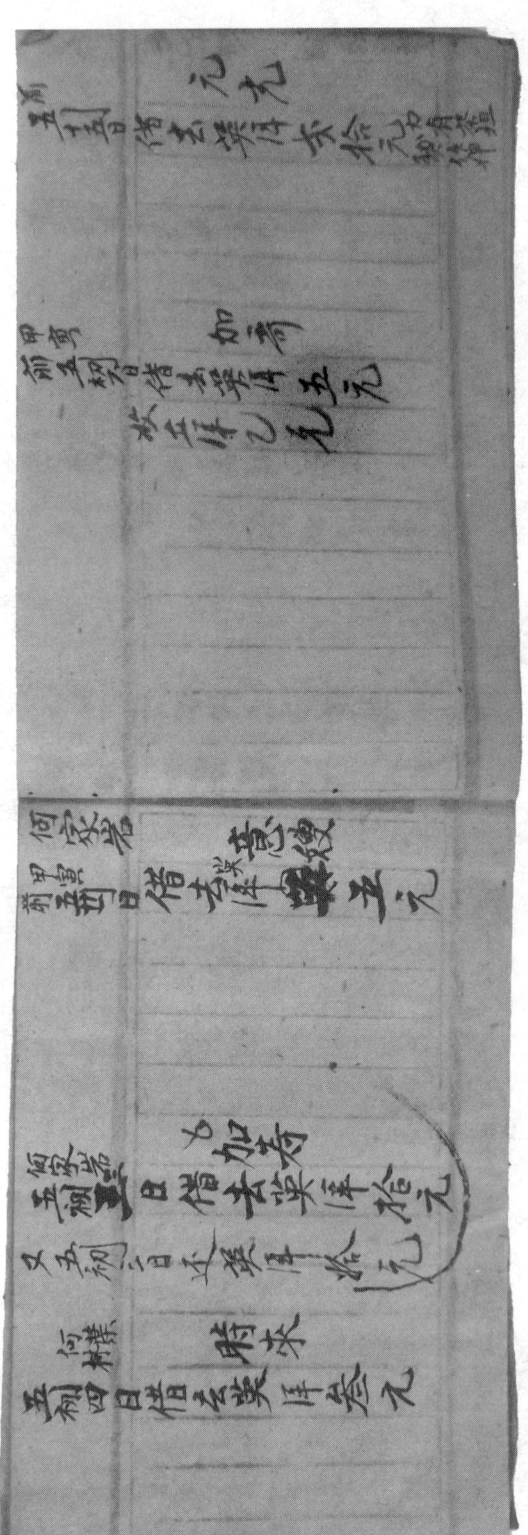

大鄣山乡江村 16-10 · 民国元年 · 往来交接流水账本

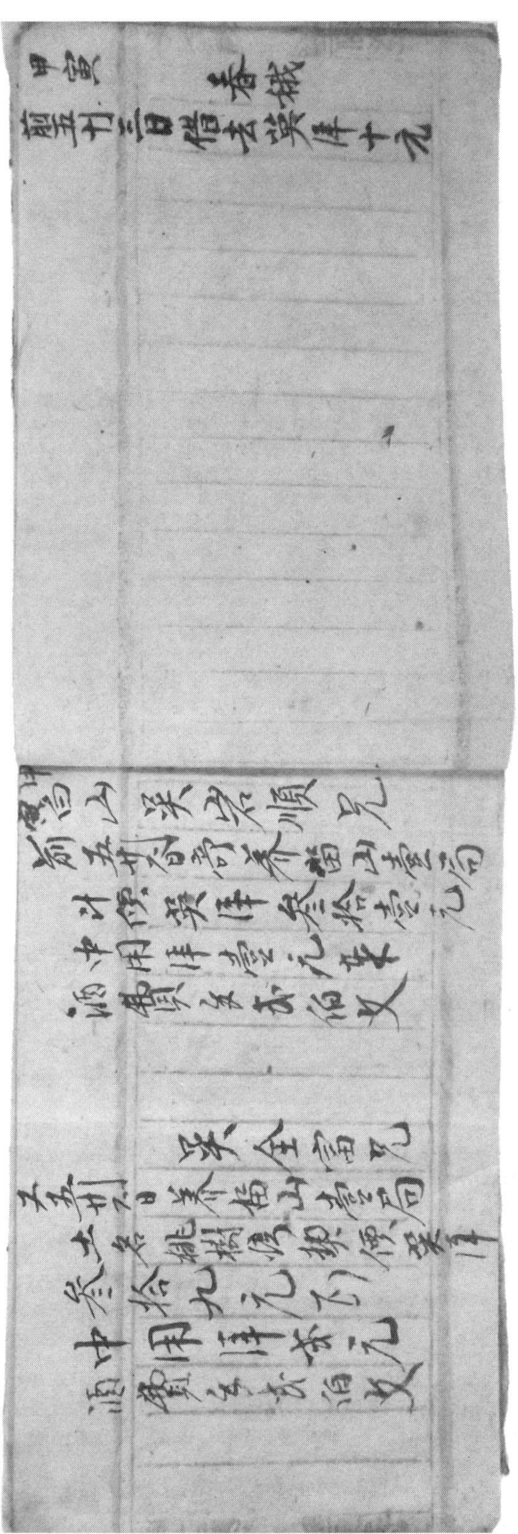

大鄣山乡江村 16-11 · 民国元年 · 往来交接流水账本

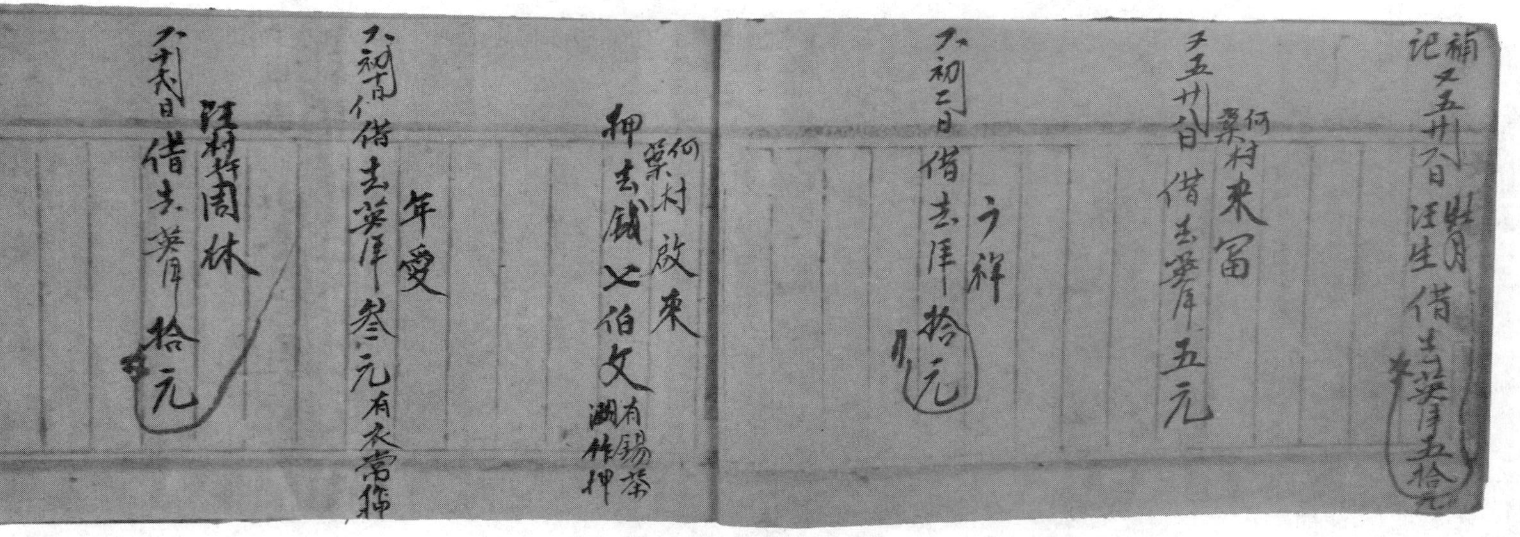

大鄣山乡江村 16-12 · 民国元年 · 往来交接流水账本

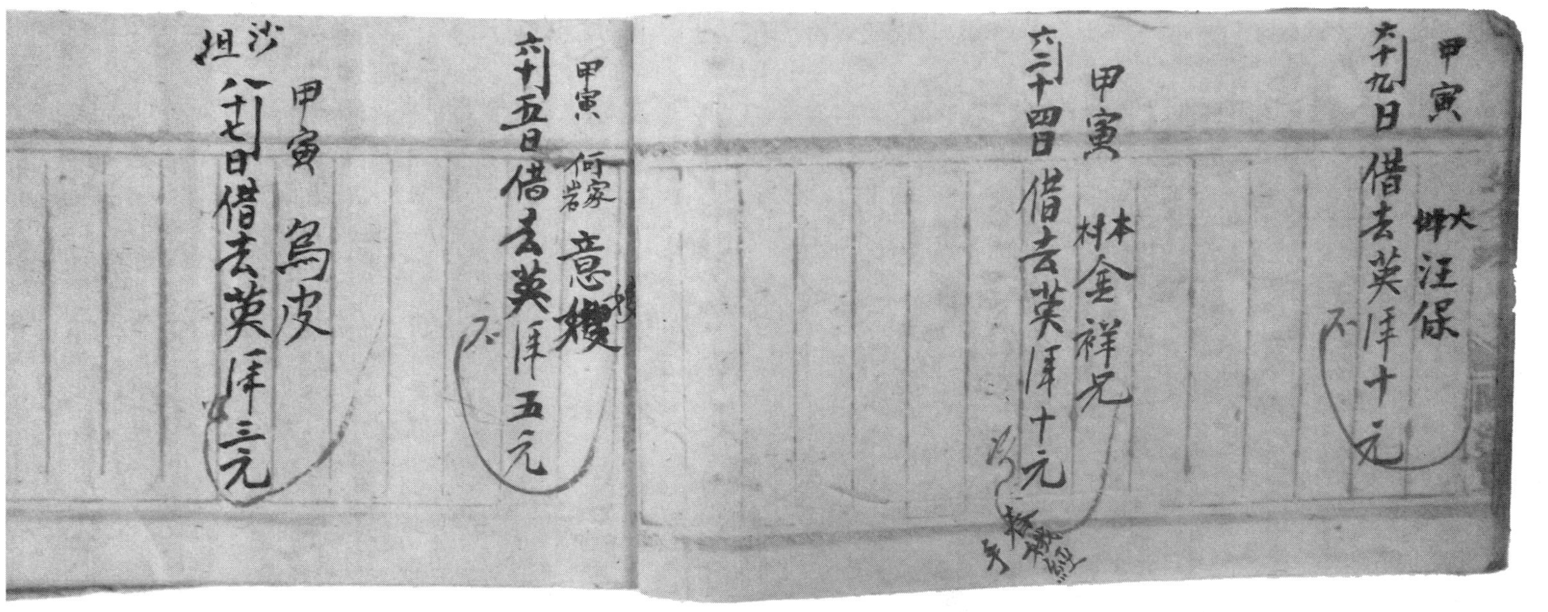
甲寅六月十九日借去英洋十元 大坤汪保
甲寅六月二十四日借去英洋十元 本村金祥兄
甲寅六月廿五日借去英洋五元 何家岩意
甲寅八月十七日借去英洋三元 烏皮 沙坦

大鄣山乡江村 16-13 · 民国元年 · 往来交接流水账本

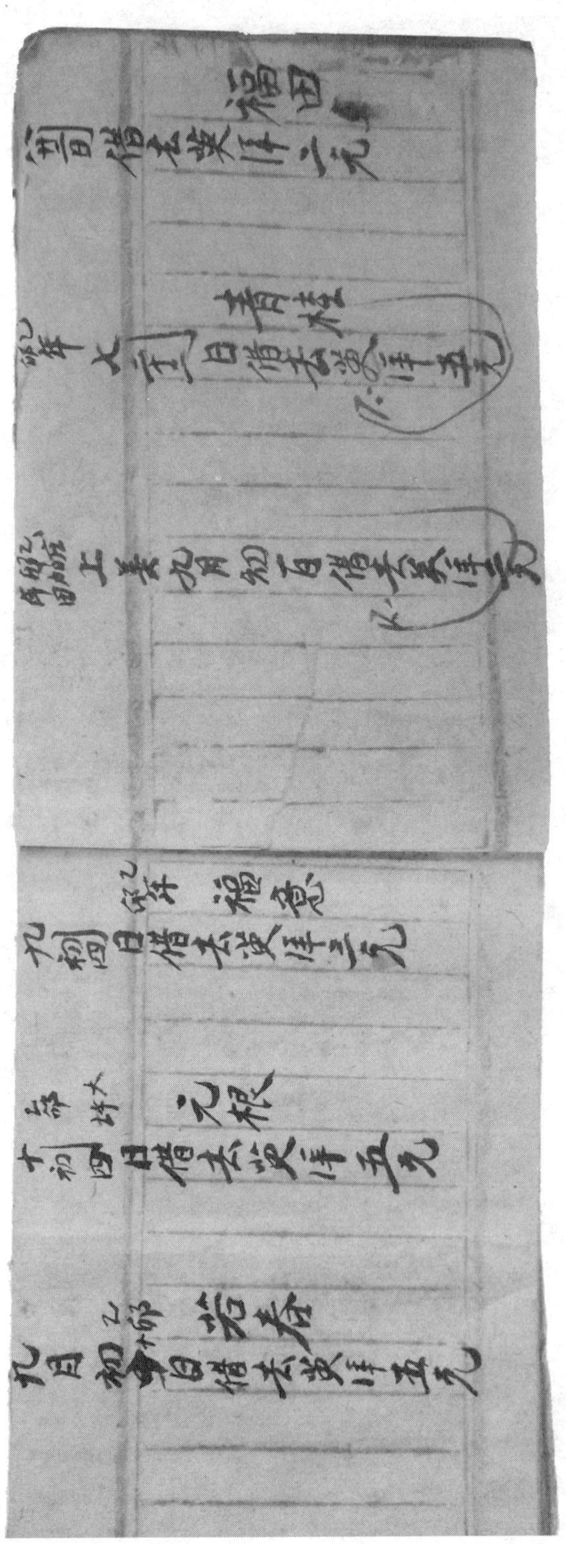

大鄣山乡江村 16-14 · 民国元年 · 往来交接流水账本

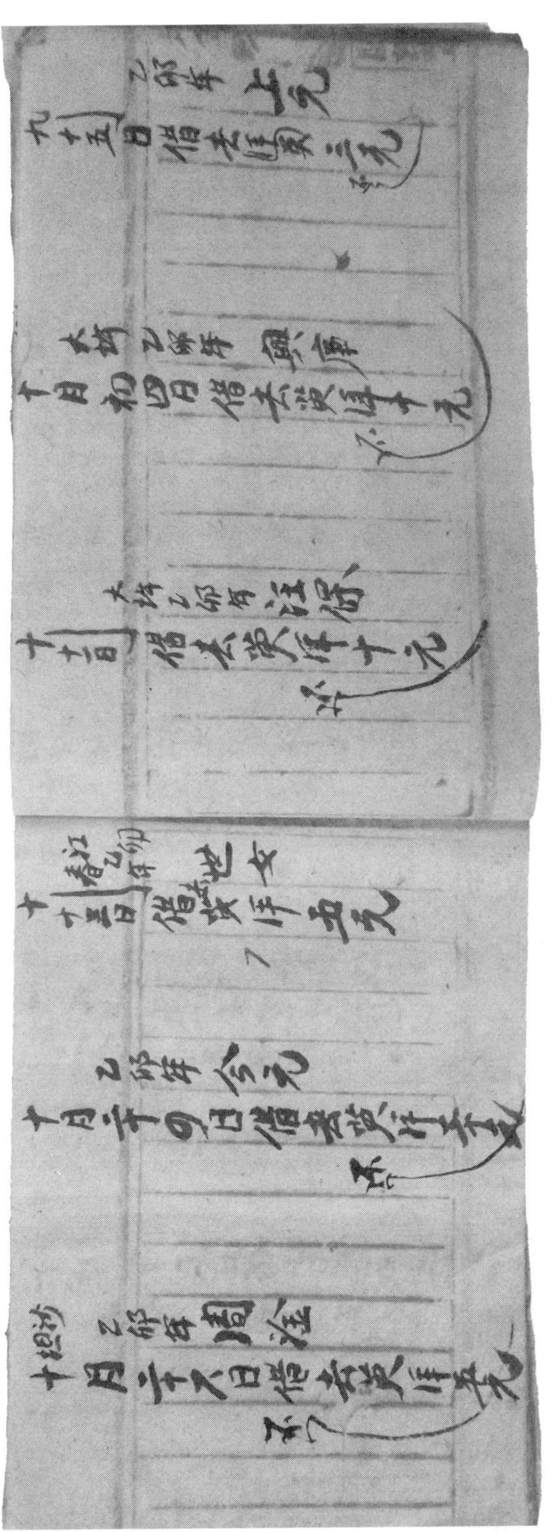

大鄣山乡江村 16-15 · 民国元年 · 往来交接流水账本

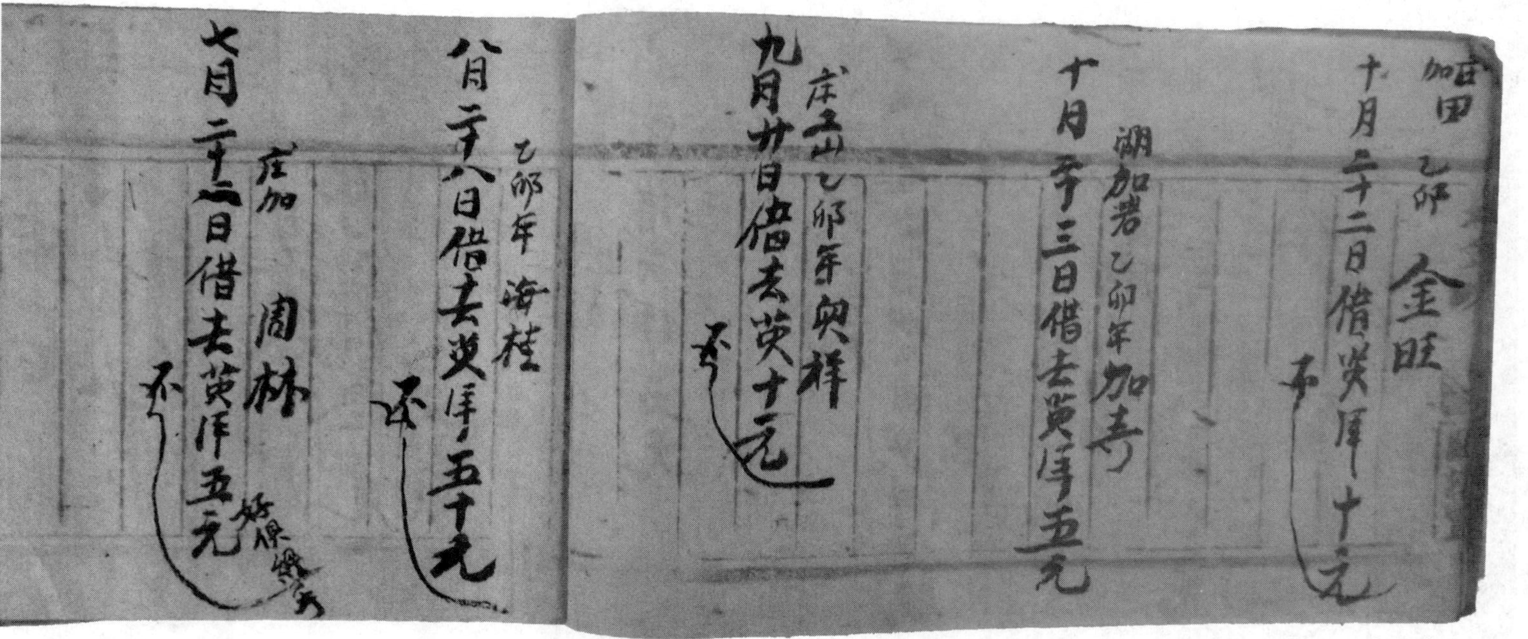
加田 乙卯 金旺
十月二十二日借英洋十元
不
湖加君乙卯年加寿
十月廿三日借去英洋五元
庄五山乙卯年奂祥
九月廿日借去英洋十元
还
乙卯年 海桂
八月二十八日借去英洋五十元
还
庄加 周林
七月二十二日借去英洋五元
不

大鄣山乡江村 16-16 · 民国元年 · 往来交接流水账本

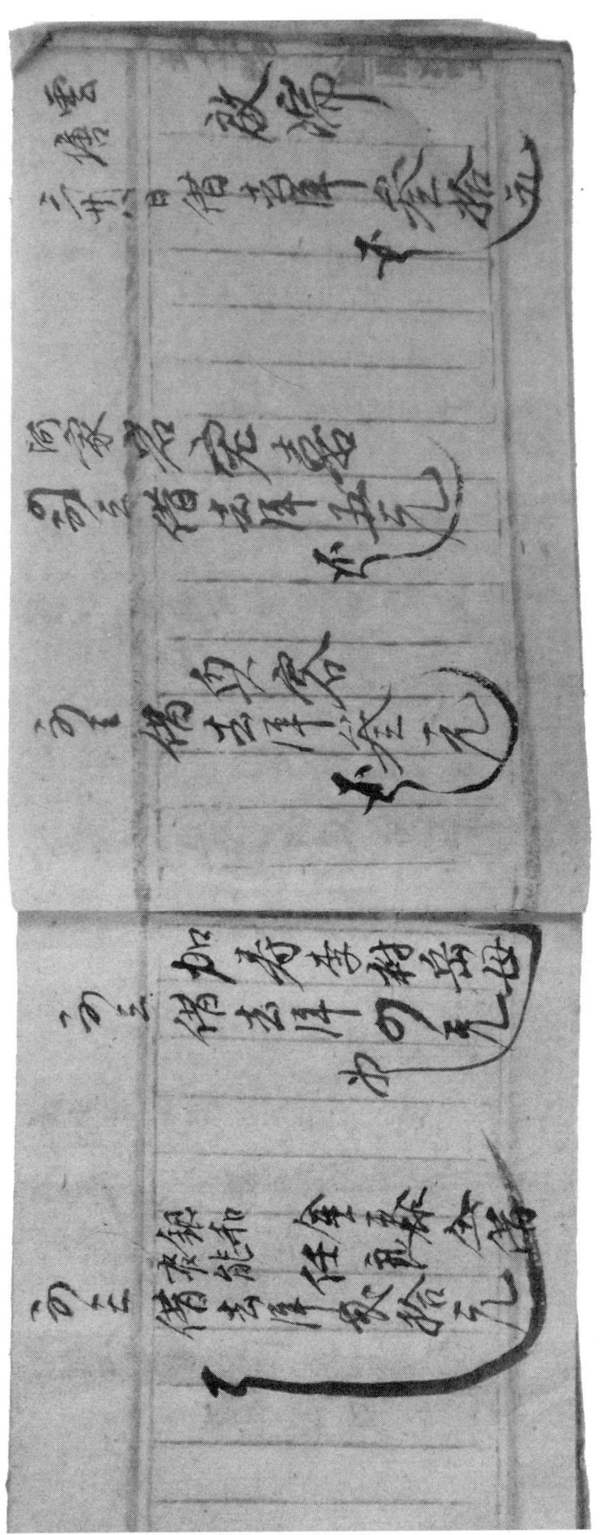

大鄣山乡江村 16-17 · 民国元年 · 往来交接流水账本

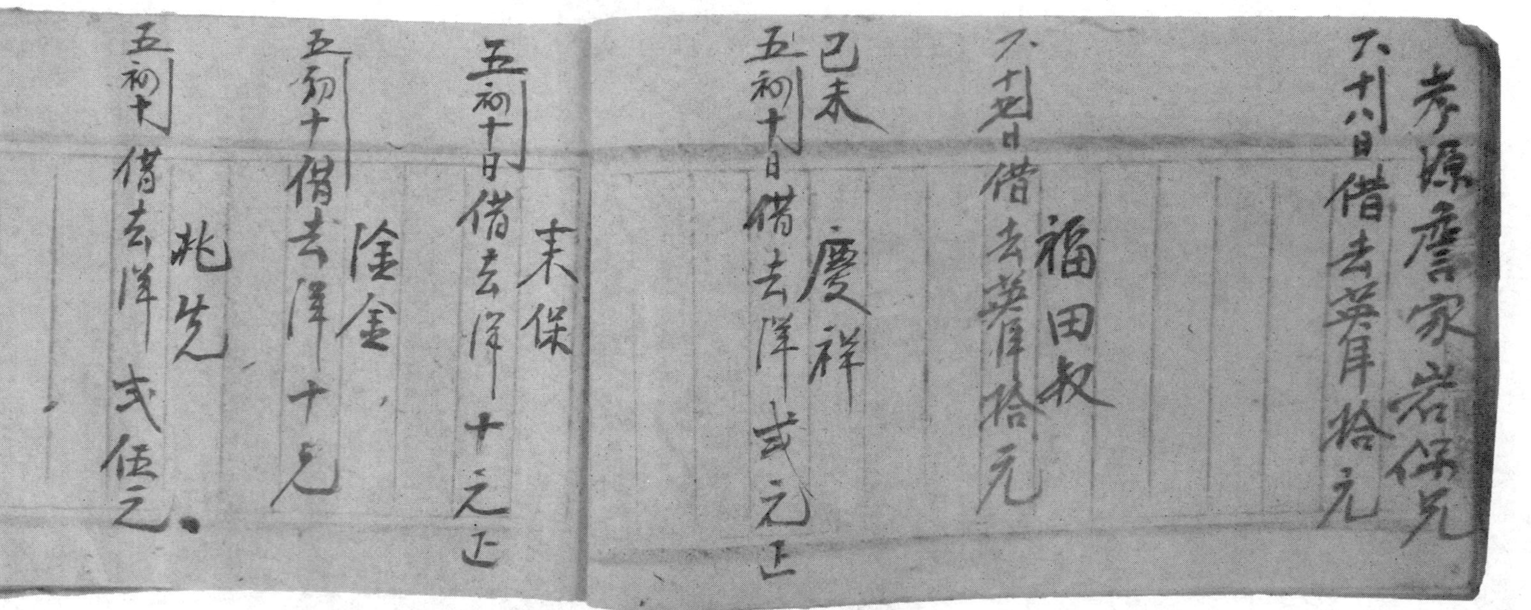

孝源詹家岩保兄
六十八日借去英洋拾元
福田叔
六廿四日借去英洋拾元
己未
慶祥
五初十日借去洋贰元正
末保
五初十日借去洋十元正
淦金
五初十借去洋十元
桃先
五初十借去洋贰伍元

大鄣山乡江村 16-18 · 民国元年 · 往来交接流水账本

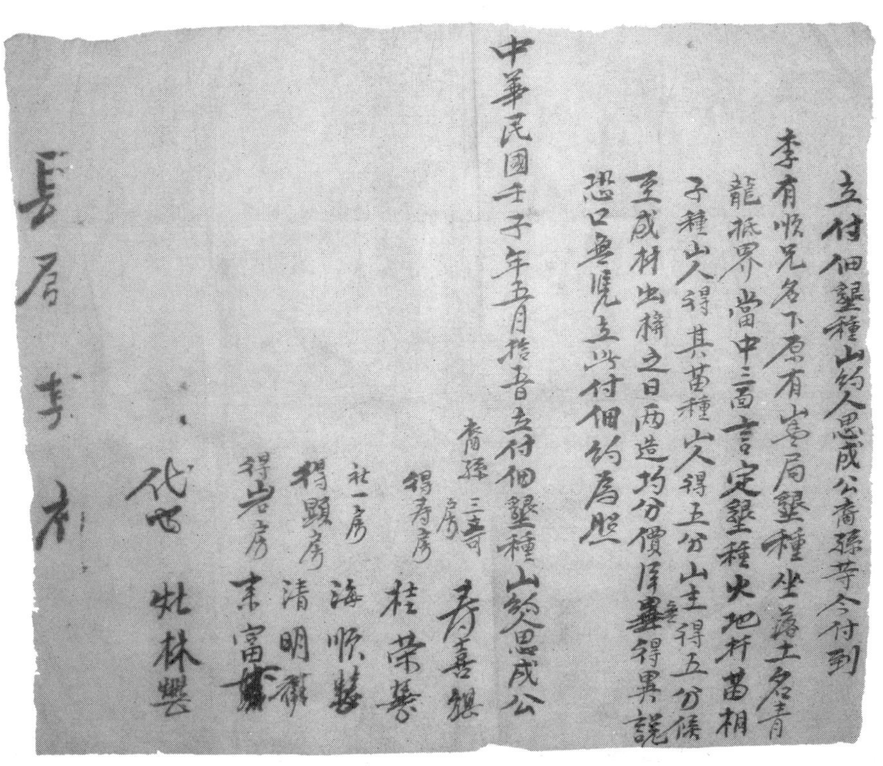

立付佃墾種山約人思成公裔孫等今付到
李有順兄名下原有山場局墾種坐落土名青
龍抵界當中三面言定墾種火地杉苗相
子種山人得其苗種山人得五分山主得五分候
至成材出椿之日兩造均分價錢無得異說
恐口無憑立此付佃約為照

中華民國壬子年五月拾壹日立付佃墾種山約思成公

裔孫 三房 壽喜 押
得壽房 桂榮 押
社一房 海順 押
得顯房 清明 押
得岩房 末富 押
代笔 灶林 押

長房李[illegible]

大郭山乡江村 95 · 民国元年 · 付佃垦种山约 · 思成公裔孙等付到李有顺

會書

立會書人吴有禮今承
親友襄成一会名曰七賢六友各交出洋七元正共計英
洋四十弍元付身收領言定逐年至期一聚於見[illegible]
点多者得会並点者係先不係後不准他会及私債
相擠既承美愛務宜全始全終恐口無憑立此会書
一樣六張各執一張存照

芳名述左
汪新田　汪錫田　江五　江细女
吴养佳　吴石五

[illegible]各交出洋七元正共洋四十弍元　付首会得
二会　首会交出洋十弍元六角五友各交出洋五元八角八分　付二会得
三会　首二会各交洋十弍元六角四友各交洋四元弍角　付三会得
四会　首二三会各交洋十弍元六角三友各交洋[illegible]元四角　付四会得
五会　首二会各交洋十弍元六角三四会交洋八元四角　付五会得
六会　二会交洋十弍元六角三四五会各交洋九元八角　付六会得
七会　三四五六会並交洋十元五角　付七会得

中華民國元年六月　日立会書人吴有禮

大鄣山乡江村 102 · 民国元年 · 会书 · 吴有礼

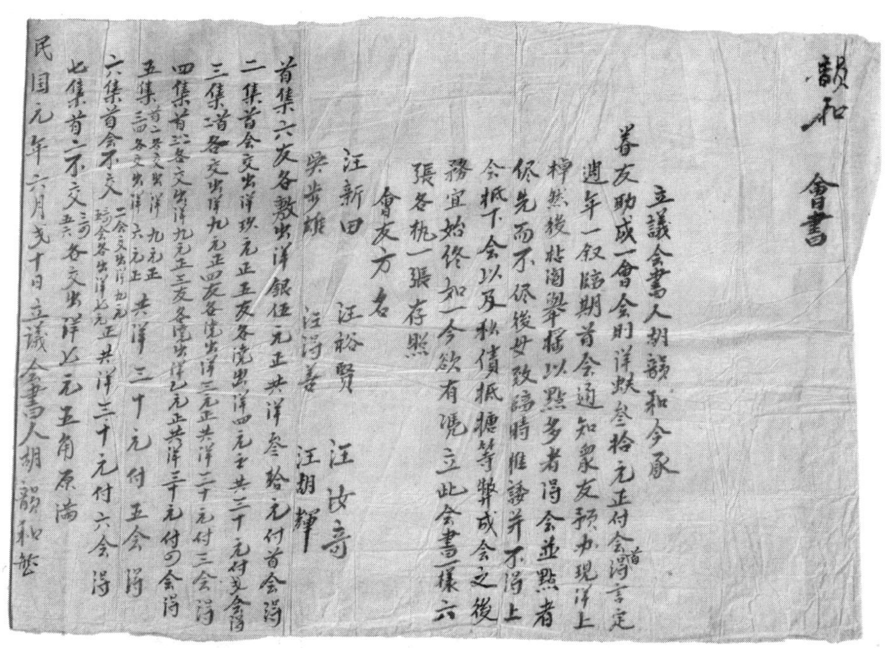

大鄣山乡江村 109 · 民国元年 · 会书 · 胡韵和

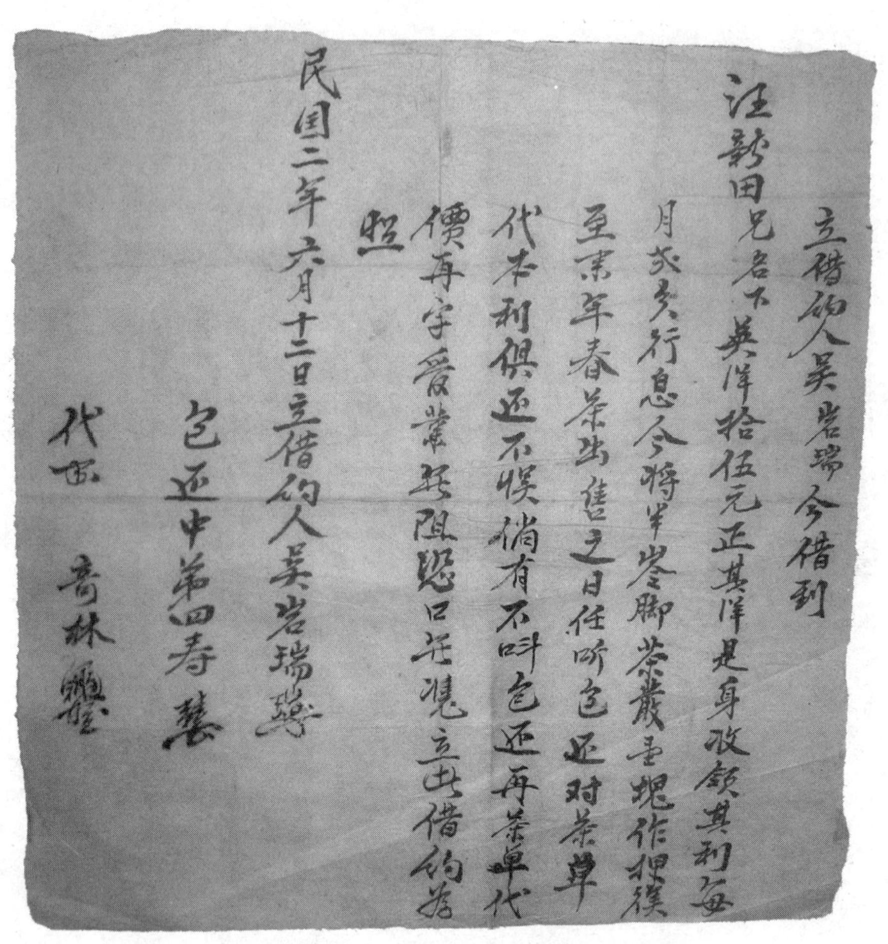
立借约人吴岩瑞今借到
汪新田兄名下英洋拾伍元正其洋是身收领其利每
月加叁行息今将半岑脚茶叢壹塊作押據
至来年春茶出售之日任聽包还对茶单
代本利俱还不误倘有不时包还再茶单代
價再字爱業毋阻恐口无凭立此借约存
照
民国二年六月十二日立借约人吴岩瑞押
包还中弟四寿押
代笔 寄林押

大鄣山乡江村 84 · 民国二年 · 借约 · 吴岩瑞借到汪新田

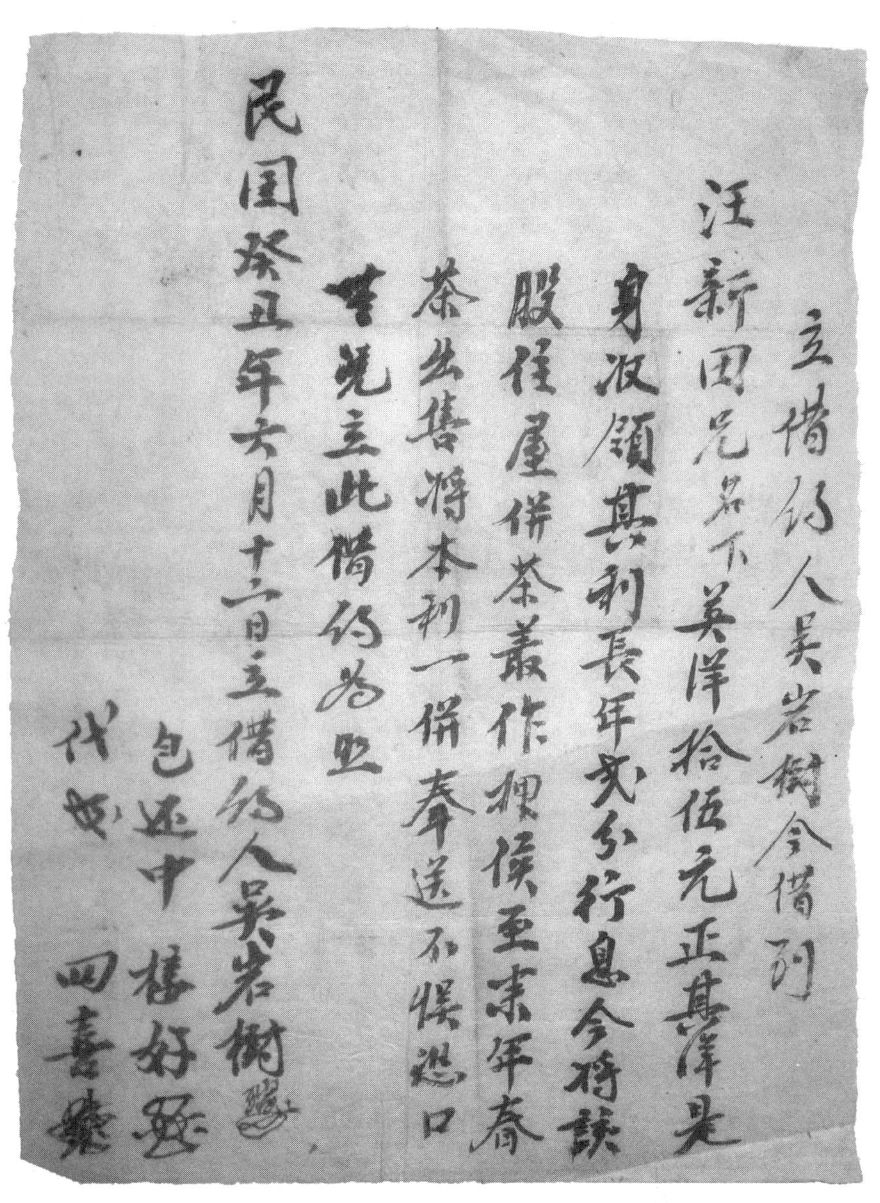

立借約人吴岩樹今借到
汪新田兄名下英洋拾伍元正其洋是
身親領其利長年弍分行息今將該
股住屋併茶叢作押候至來年春
茶出售將本利一併奉送不悞遲口
無憑立此借約為照
民國癸丑年六月十二日立借約人吴岩樹（押）
包还中 椿好（押）
代书 四喜（押）

大鄣山乡江村 85 · 民国二年 · 借约 · 吴岩树借到汪新田

立自情願斷骨絕賣茶坦山塲契人胡慶原身置有山塲壹大局閔塢[illegible]

叢坦壹局坐落土名外大塢荒田塝其四至上至降下至塝裡至胆形坟當[illegible]

外至水口山當降直上為界四至分明今因正用自愿央中立契出賣與

本族新田叔名下為業當三面議定時值價英洋叁拾元正其洋當即是身收領足訖[illegible]

茶坦山塲自今賣後悉听受人前去管業無阻未賣之先與內外人等並無[illegible]

張交易如有不明等情是身自理不干買人之事所是稅粮听至本都啚甲進[illegible]

户扒付新說户查收無異恐口無凭立此斷骨絕賣茶坦山塲契為據

中華民國二年歲次癸丑七月初十日　立自情愿斷骨絕賣茶坦山塲契人胡慶 押

中見胞弟 興文 押

再批其洋照依大例行息候至來年滿期將本利一併送还取贖無異如有本利不清管業無阻

依書族叔 茂青 押

上項契價當日兩相交付足訖

再批

大鄣山乡江村 163 · 民国二年 · 断骨绝卖茶坦山场契 · 胡庆卖与本族新田

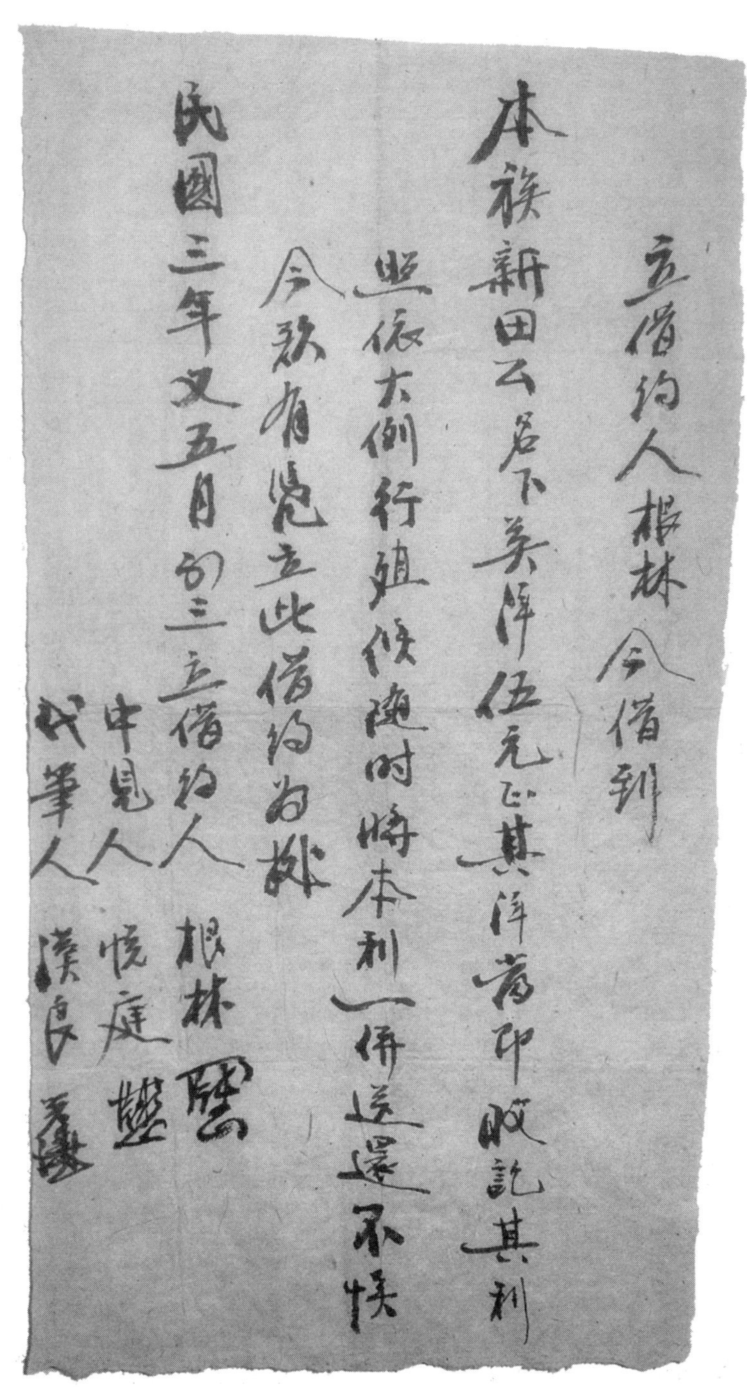

立借约人根林今借到
本族新田公名下英洋伍元正其洋当即收讫其利
照依大例行息俟随时将本利一并送还不误
今欲有凭立此借约为据
民国三年又五月初三立借约人 根林（押）
中见人 悦庭（押）
代笔人 汉良（押）

大鄣山乡江村 87 · 民国三年 · 借约 · 根林借到本族新田

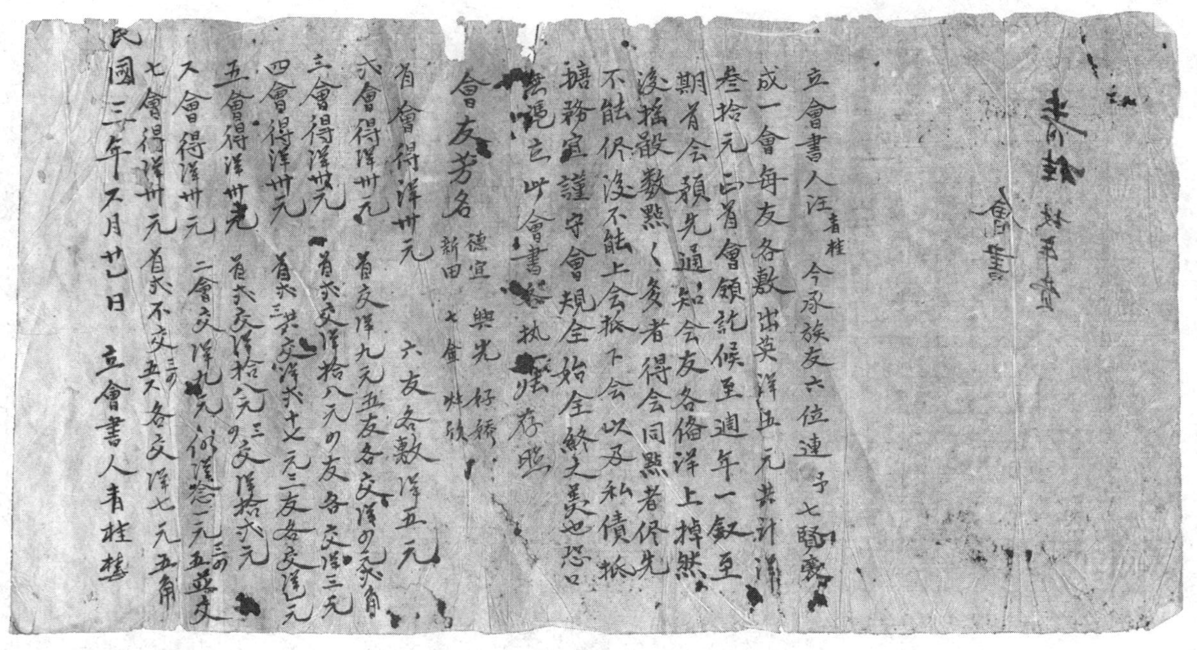

春輯 林[illegible]

會書

立會書人汪青桂今承族友六位連予七賢襄
成一會每友各數出英洋五元共計洋
叁拾元正首會領訖候至週年一叙至
期首会預先通知会友各備洋上掉然
後搖骰數點點多者得会同點者仍先
不能仍後不能上会拆下会以及私債抵
[illegible]務宜謹守會規全始全終之美也恐口
無憑立此會書執照存照

會友芳名 德宜 興先 仔禄
新田 七金 灶欽

首會得洋卅元 六友各數洋五元
二會得洋卅元 首交洋九元五友各交洋四元六角
三會得洋卅元 首交交洋拾八元四友各交洋三元
四會得洋卅元 首交三共交洋廿七元三友各交洋一元
五會得洋卅元 首交交洋拾八元 二會交洋九元 [illegible]交洋拾二元
六會得洋卅元 二會交洋九元 [illegible]洋叁元五角
七會得洋卅元 首交不交 [illegible]各交洋七元五角

民國三年八月廿七日 立會書人青桂押

大鄣山乡江村 104 · 民国三年 · 会书 · 汪青桂

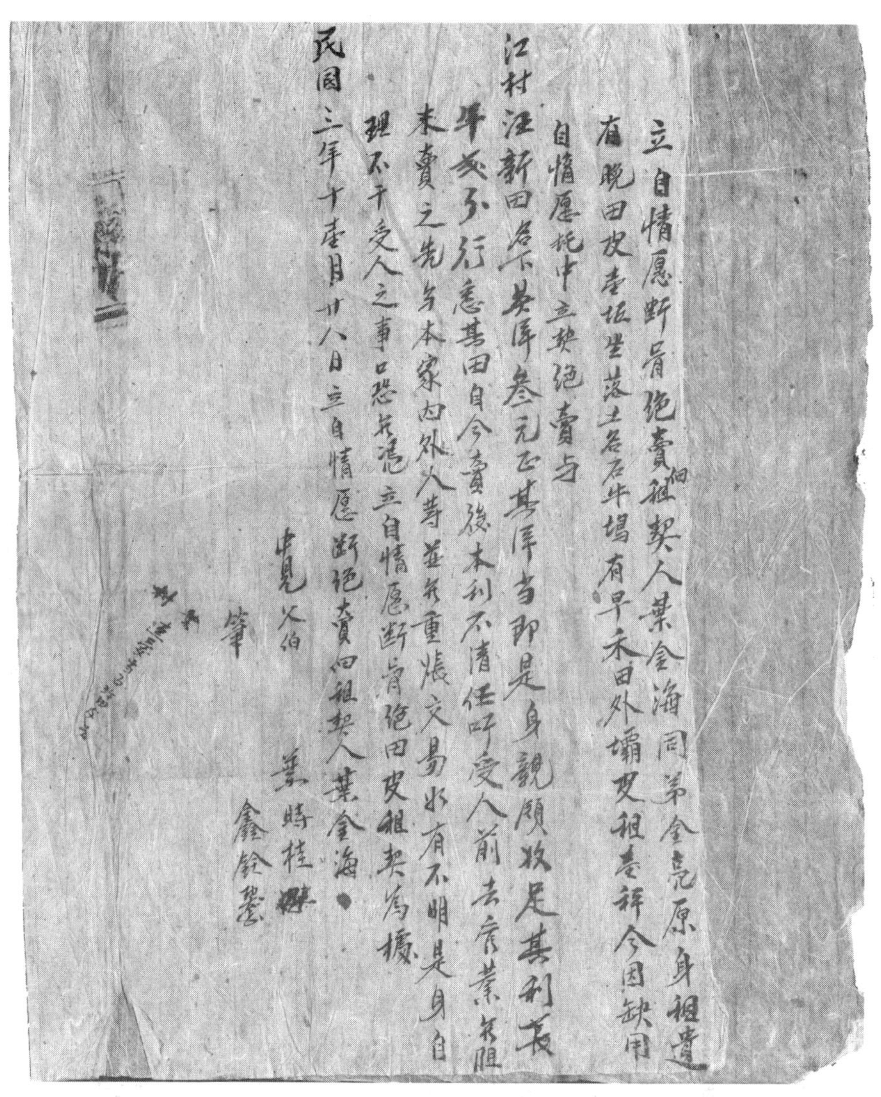
立自情愿断骨绝賣佃租契人葉金海同弟金亮原身祖遗
有晚田皮壹坵坐落土名石牛堨有早禾田外壩皮租壹秤今因缺用
自情愿托中立契绝賣与
江村汪新田名下為業洋叁元正其洋當即是身親領收足其利長
年無分行息其田自今賣後本利不清任听受人前去管業無阻
未賣之先与本家内外人等並無重張交易如有不明是身自
理不干受人之事口恐無憑立自情愿断骨绝田皮租契為據
民国三年十壹月廿八日立自情愿断绝賣佃租契人葉金海
中見 父伯 葉時桂
筆 鑫銓

大鄣山乡江村 161 · 民国三年 · 断骨绝卖佃租契 · 叶金海卖与汪新田

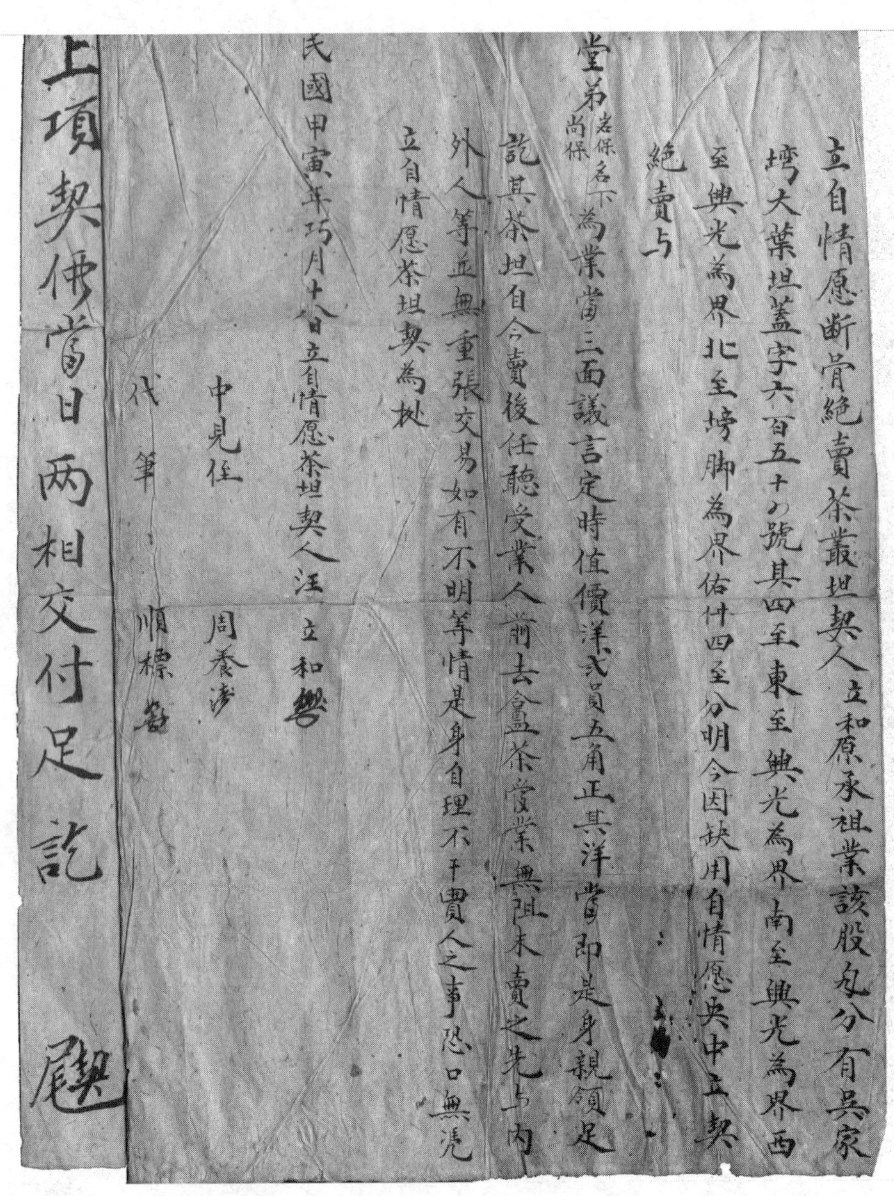
立自情愿断骨绝賣茶叢坦契人立和原承祖業該股分有吴家塆大葉坦蓋字六百五十八號其四至東至輿光爲界南至輿光爲界西至輿光爲界北至塆脚爲界佑什四至分明今因缺用自情愿央中立契絶賣与
堂弟岩保尚保名下爲業當三面議言定時值價洋弍員五角正其洋當即是身親領足訖其茶坦自今賣後任聽受業人前去管茶管業無阻未賣之先与内外人等並無重張交易如有不明等情是身自理不干買人之事恐口無凴立自情愿茶坦契爲據
民國甲寅年正月十八日立自情愿茶坦契人汪立和
中見任周養渉
代筆順標
上項契價當日兩相交付足訖

大鄣山乡江村 203 · 民国三年 · 断骨绝卖茶坦契 ·
汪立和卖与堂弟岩保、尚保

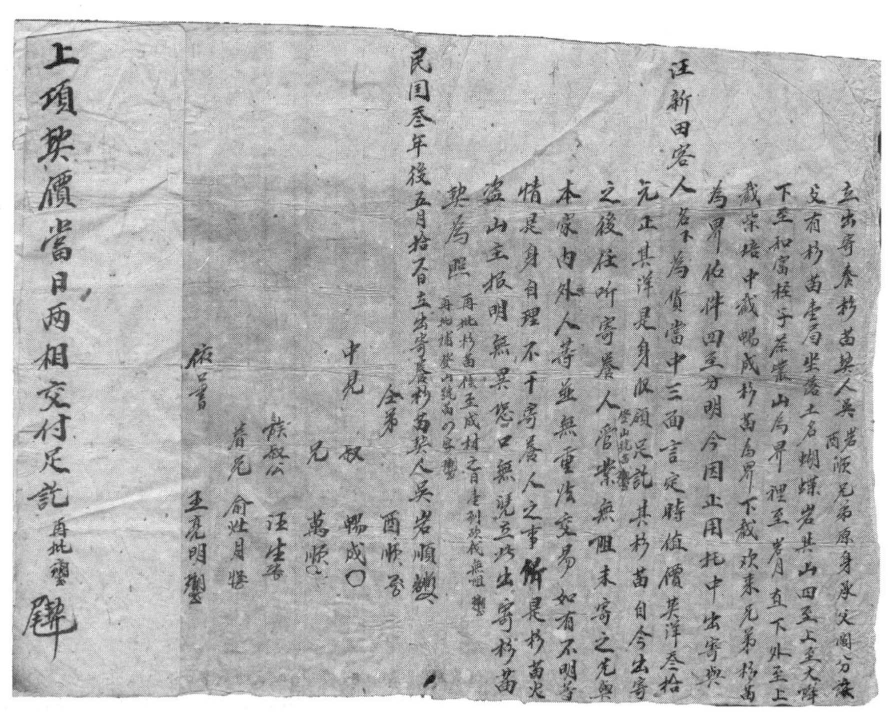

大郭山乡江村 213 · 民国三年 · 出寄养杉苗契 ·
吴岩顺、吴酉顺出寄与汪新田

立议合同人吴寿喜、灶兴，俞汪发三人等，原邀同寄清华胡永发之有杉苗土名三处石屋缸九龙碓鳅，杉杉苗其四至四于苗契分明，计价本利洋柒拾贰员正，其杉苗蓄养成材之日，公同出拚，不能私心出售，恐口无凭，立此合同存照。

民国丙辰年八月贰拾陆日立议合同人　吴寿喜、灶兴

俞汪发

再批：原苗契转寄浩义保之，苗契退回灶兴收执。

中见　吴燮堂、亮山

依口书　昴膳

合同三张各执一张为照

大鄣山乡江村 89 · 民国五年 · 合同 · 吴寿喜、吴灶兴与俞汪发三人等

大鄣山乡江村 199 · 民国五年 · 断骨绝卖杉松竹木竹园山契 ·
汪周桂、汪连金同弟元金、灶成卖与本房新田

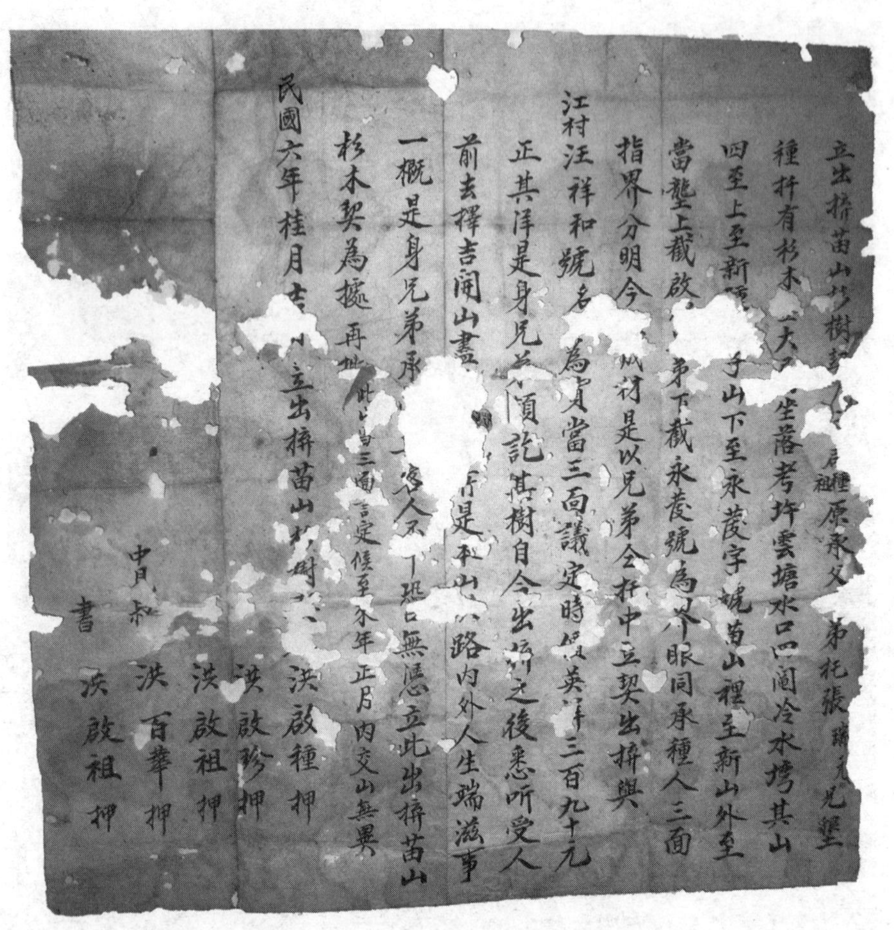
立出拚苗山杉樹契人[illegible]启種 启祖原承父[illegible]弟杞張瑞元兄[illegible]
種拚有杉木[illegible]大[illegible]坐落考坑雲塘水口四閬冷水塆其山
四至上至新[illegible]子山下至永菱字號苗山裡至新山外至
當壟上截啟[illegible]弟下截永菱號為界眼同承種人三面
指界分明今[illegible]成材是以兄弟仝拚中立契出拚與
江村汪祥和號名[illegible]為業當三面議定時值英洋三百九十九
正其洋是身兄弟[illegible]領訖其樹自今出拚之後悉听受人
前去擇吉閬山書[illegible]是本山[illegible]路內外人生端滋事
一概是身兄弟承[illegible]人不[illegible]恐口無憑立此出拚苗山
杉木契為據 再批[illegible]此山當三面言定候至次年正月內交山無異
民國六年桂月吉[illegible]立出拚苗山杉樹契[illegible] 洪啟種 押
洪啟珍 押
洪啟祖 押
中見 洪百華 押
書 洪啟祖 押

大鄣山乡江村 72 · 民国六年 · 出拼苗山杉树契 ·
洪启种、洪启珍、洪启祖拼与汪祥和号

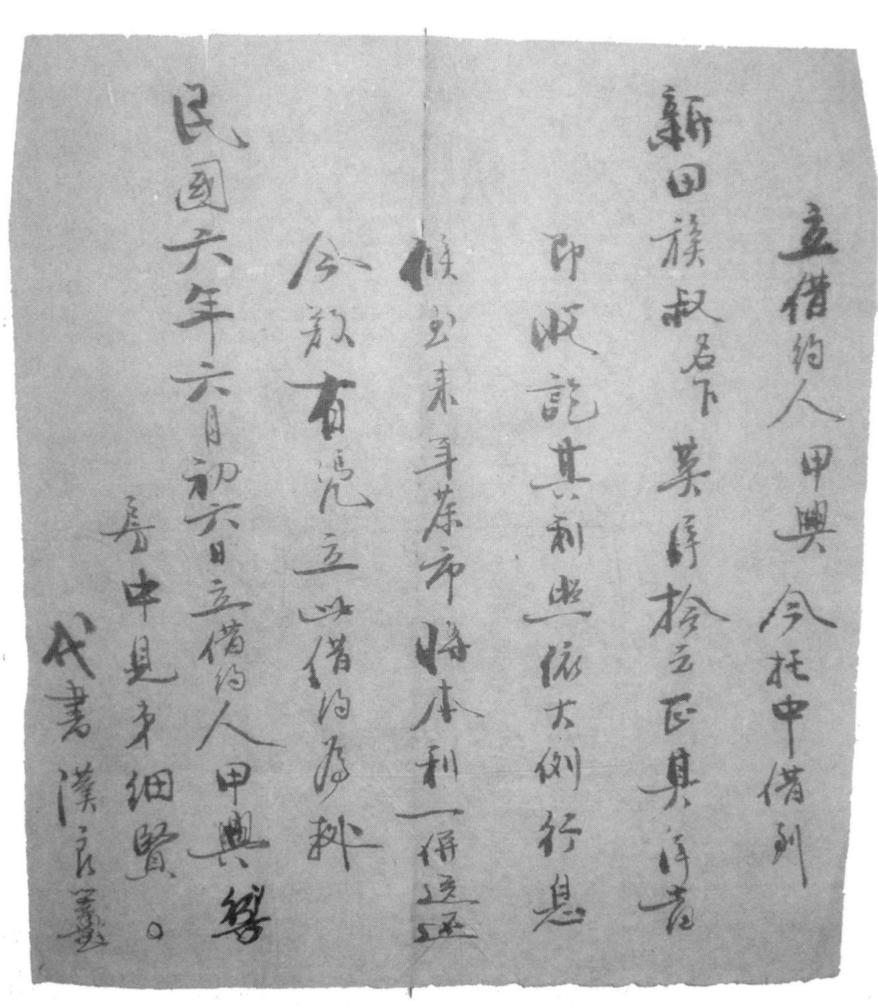
立借约人甲兴今托中借到
新田族叔名下英洋拾元正其洋当
即收讫其利照依大例行息
候至来年茶市将本利一并送还
今欲有凭立此借约存据
民国六年六月初六日立借约人甲兴押
居中見弟细贤。
代書漢良筆

大鄣山乡江村 82 · 民国六年 · 借约 · 甲兴借到新田族叔

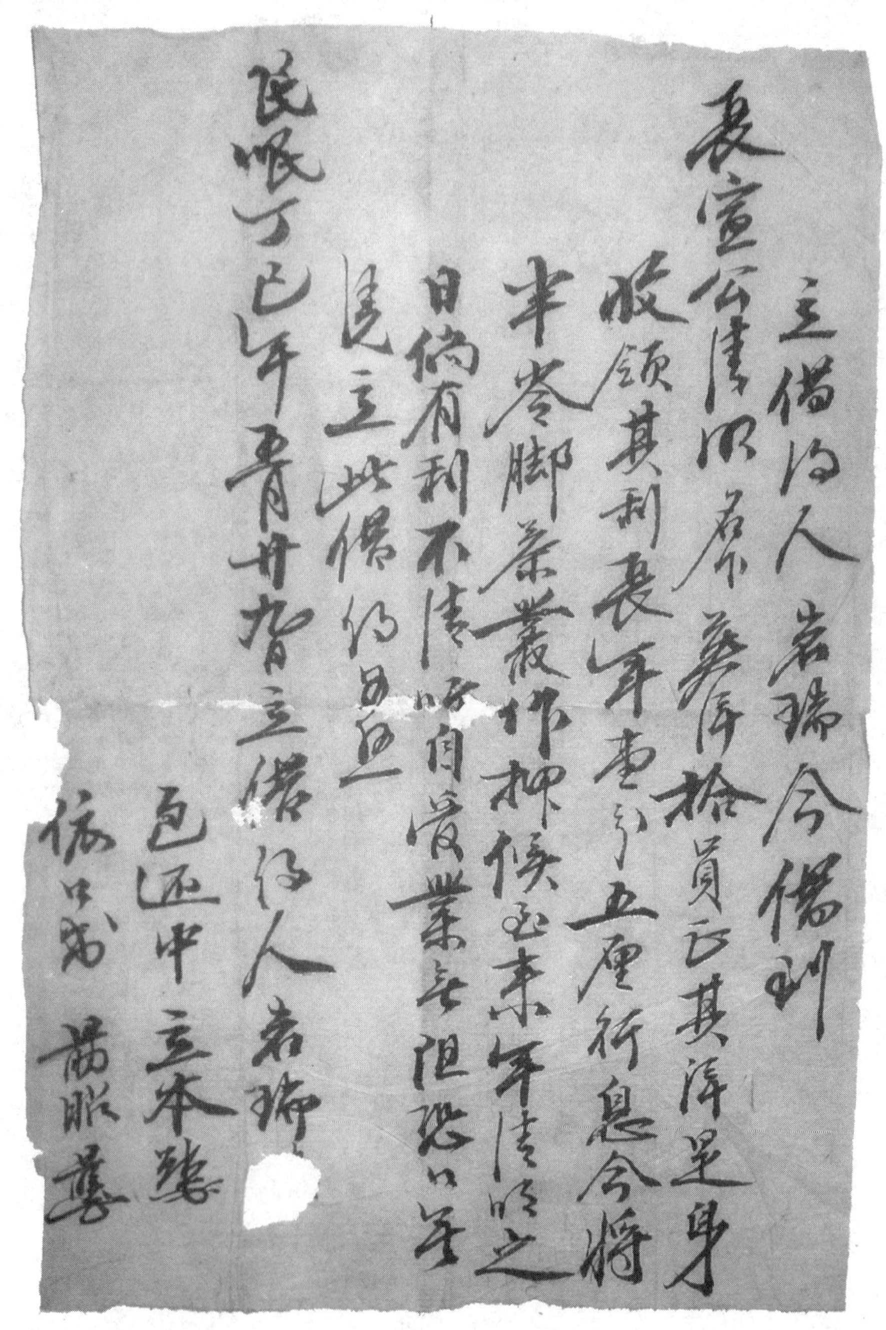

立借约人岩瑞今借到
长宣公清明众会名下英洋拾员正其洋是身
收领其利长年每元五厘行息今将
半岑脚茶丛作押候至来年清明之
日倘有利不清，听自发业无阻，恐口无
凭，立此借约为照。
民国丁巳年青(清)明廿(日)立借约人岩瑞
包还中立本魁
依口代笔万账(?)

大鄣山乡江村 88 · 民国六年 · 借约 · 岩瑞借到长宣公清明

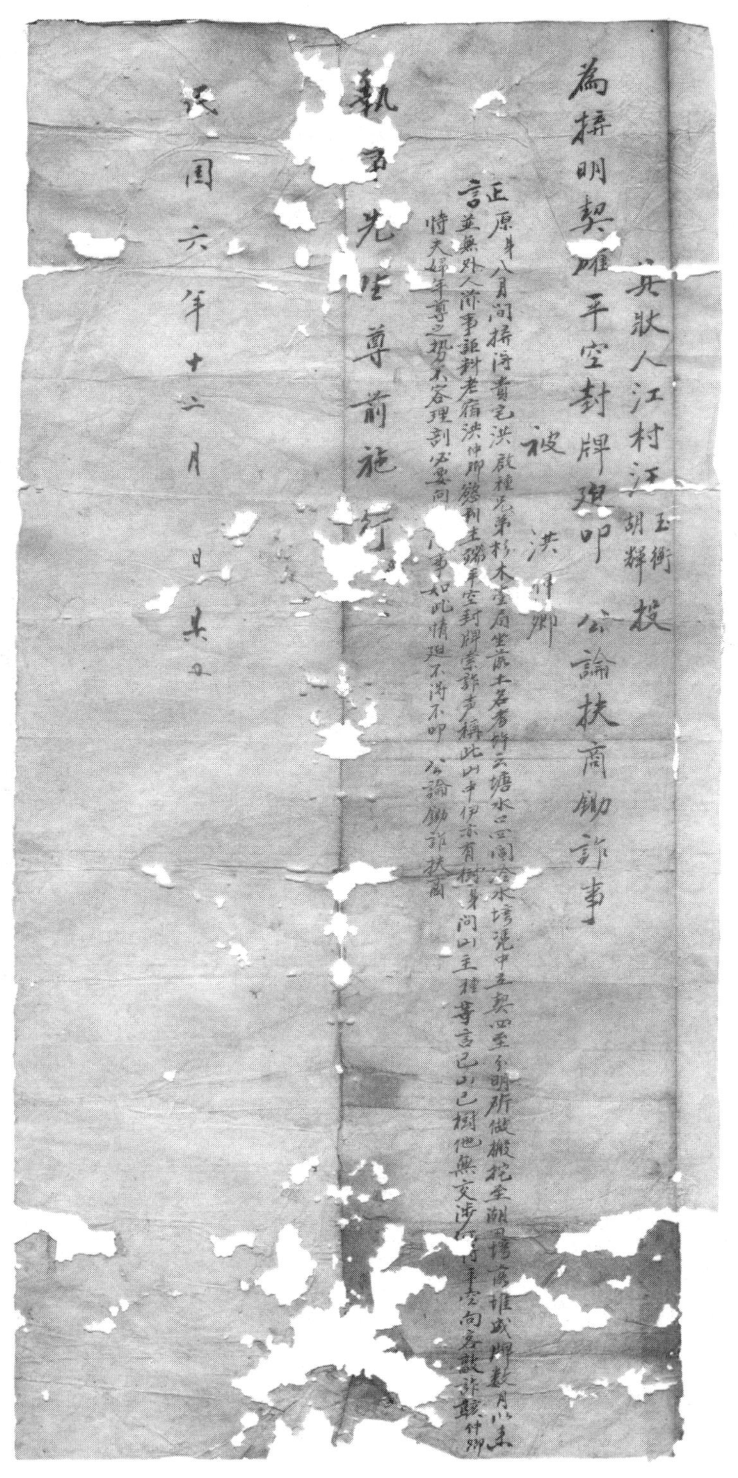

大郭山乡江村 177 · 民国六年 · 具状词 · 汪玉衡、汪胡辉告汪仲卿

新諟閹書

大鄣山乡江村 10-1 · 民国七年 · 分关文书（新谍阄书）· 新证、新谍

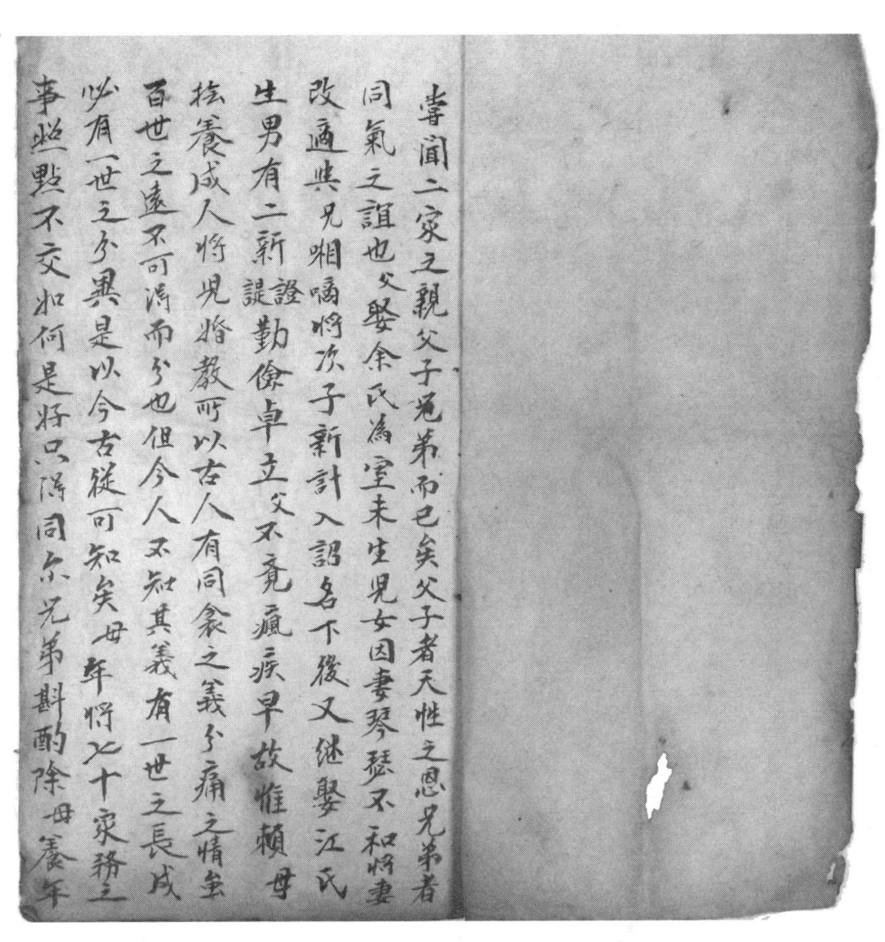

嘗聞二家之親父子兄弟而已矣父子者天性之恩兄弟者
同氣之誼也父娶余氏為室未生兒女因妻琴瑟不和將妻
改適與兄湘涵將次子新計入詔名下後又継娶江氏
生男有二新證新提勤儉卓立父不竟瘋疾早故惟賴母
拮養成人將兒婚教可以古人有同衾之義分痛之情雖
百世之遠不可渴而分也但今人不知其義有一世之長成
必有一世之分異是以今古從可知矣母年將七十家務之
事照點不交如何是好只得同宗兄弟斟酌除母養年

大鄣山乡江村 10-2 · 民国七年 · 分关文书（新提阄书）· 新证、新提

口食仍餘産業器皿央仝親房理當三股均分目計兄並
无見忽將微産賬目品搭分股均分候計兄百年之
日尔兄弟二人派貴殯塟也是一脉而下不能爭競自
今分析之後源遠流長各管各業同居同爨至今嗣
後无得爭端異説恐口無凭立此阄書分帳各執一張
存照

新禔該股阄得
一下山培裡边茶坦一阄
一麻榨段茶坦一塊
一向天凹山一局
一下抨角山一局
一希成公一股
同商会一股　存衆
覌音会一股　存衆

大鄣山乡江村 10-3 · 民国七年 · 分关文书（新禔阄书）· 新证、新禔

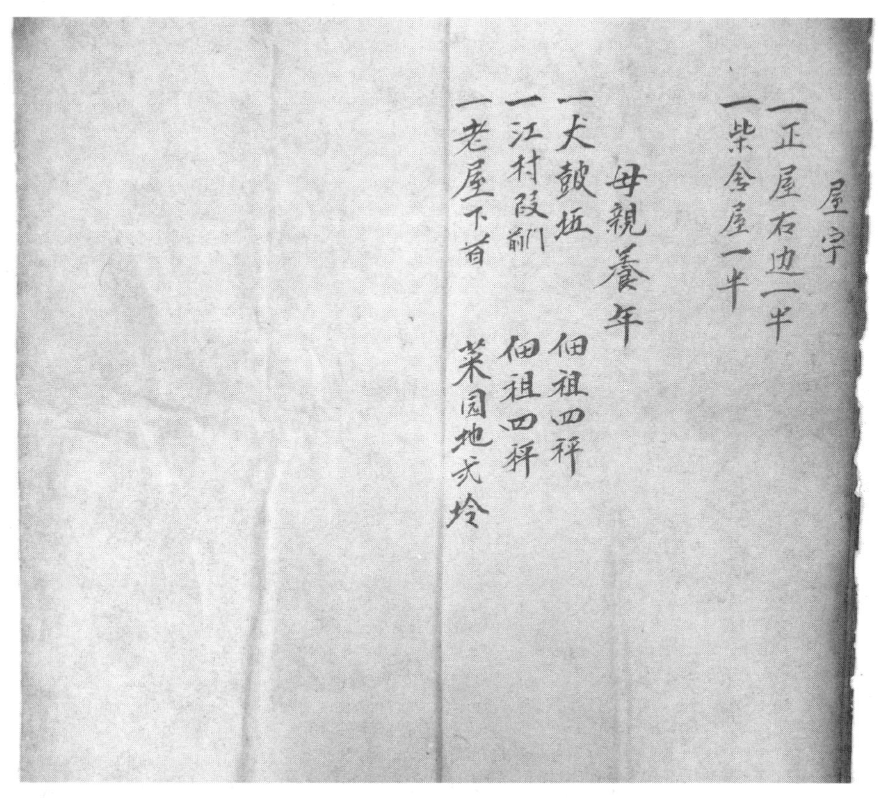

屋宇

一正屋右边一半

一柴舍屋一半

母親養年

一大鼓坵　佃祖四秤

一江村段前门　佃祖四秤

一老屋下首　菜园地弍坽

大鄣山乡江村 10-4 · 民国七年 · 分关文书（新谟阄书）· 新证、新谟

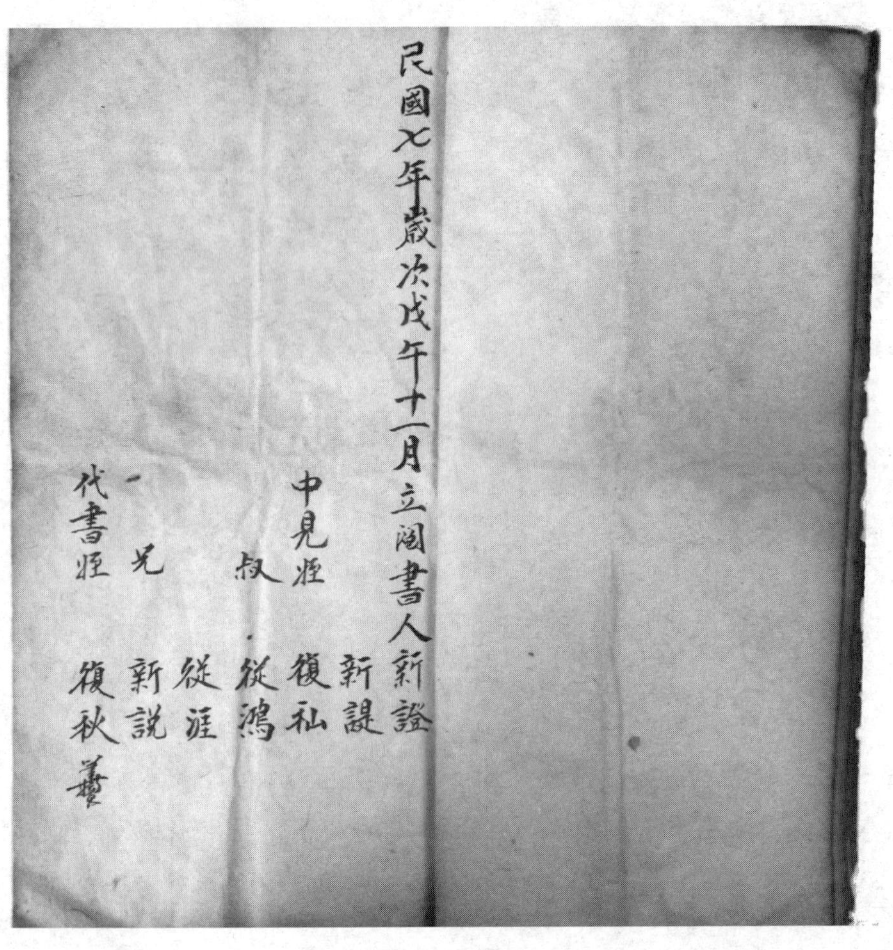
民國七年歲次戊午十一月立鬮書人新證
新諟
中見姪 復私
叔 從鴻
從涯
一 兄 新説
代書姪 復秋 筆

大鄣山乡江村 10-5 · 民国七年 · 分关文书（新諟阄书）· 新证、新諟

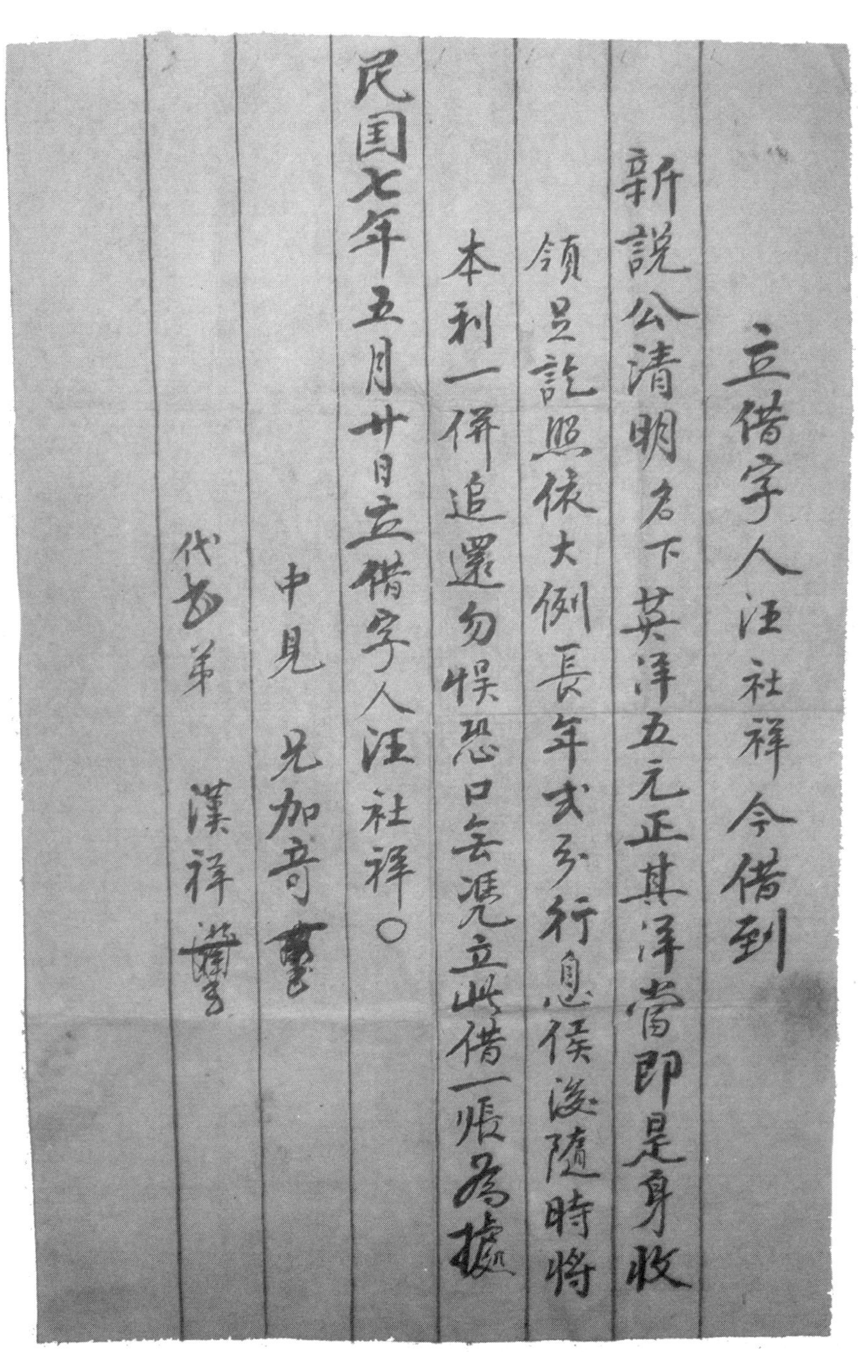

立借字人汪社祥今借到
新説公清明名下英洋五元正其洋當即是身收
領足訖照依大例長年弍分行息俟後隨時將
本利一併追還勿悞恐口無憑立此借一帳為據
民国七年五月廿日立借字人汪社祥〇
中見 兄加奇（押）
代书 弟 漢祥（押）

大鄣山乡江村 81 · 民国七年 · 借字约 · 汪社祥借到新说公清明

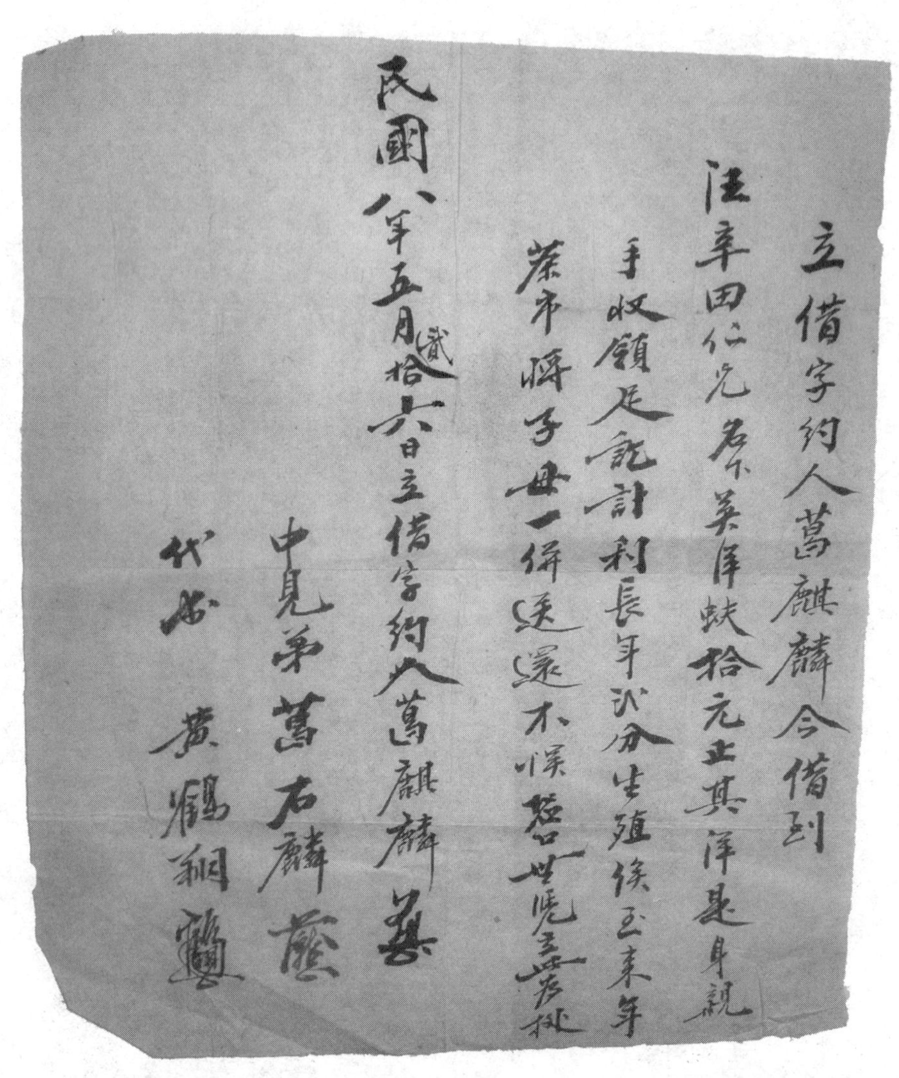

立借字约人葛麒麟今借到
汪辛田仁兄名下英洋玖拾元正其洋是身親
手收領足訖計利長年弍分生殖俟至來年
茶市將子母一併送還不悮恐口無凭立此存据
中見弟 葛石麟
民國八年五月貳拾六日立借字约人葛麒麟
代笔 黄鶴翔

大鄣山乡江村 73 · 民国八年 · 借字约 · 葛麒麟借到汪辛田

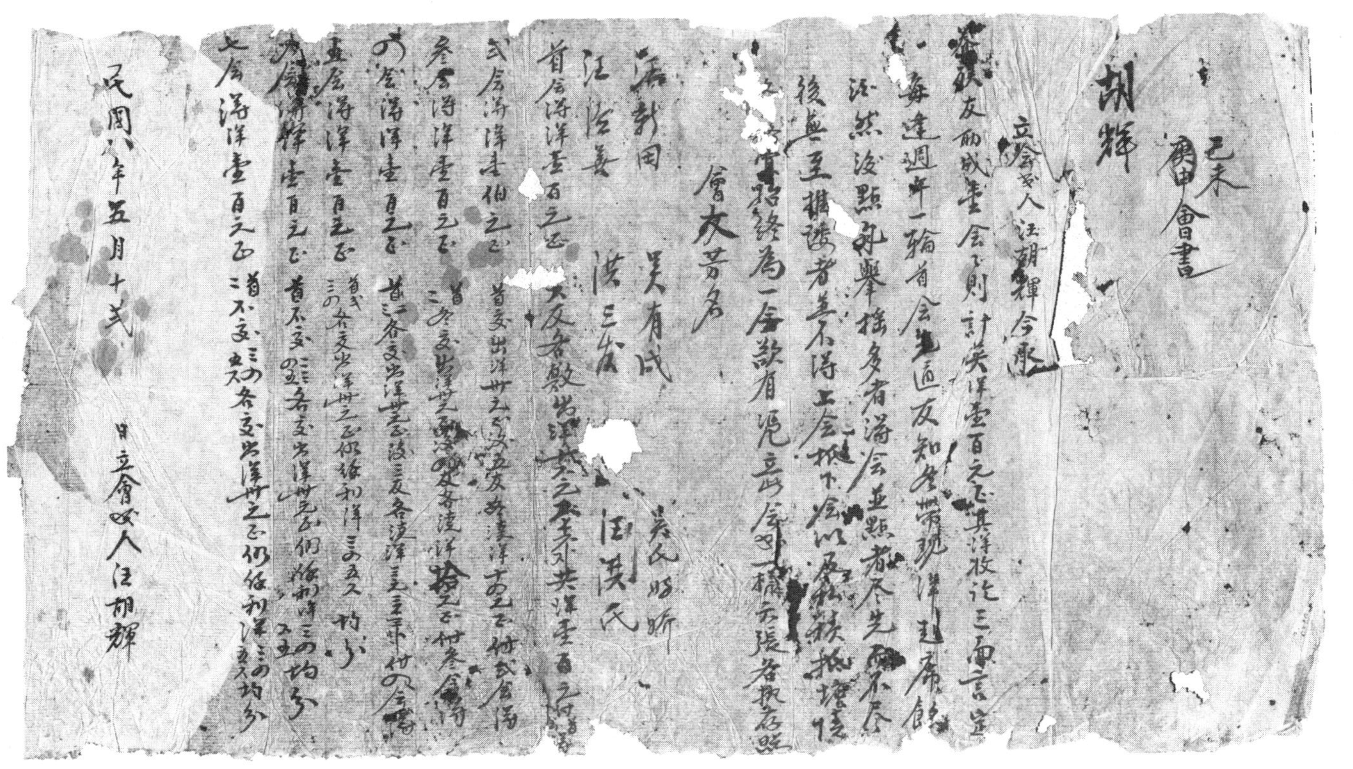

胡辉

己未 庚申 會書

民国八年五月十弍 日立會書人汪胡辉

大鄣山乡江村 105 · 民国八年 · 会书 · 汪胡辉

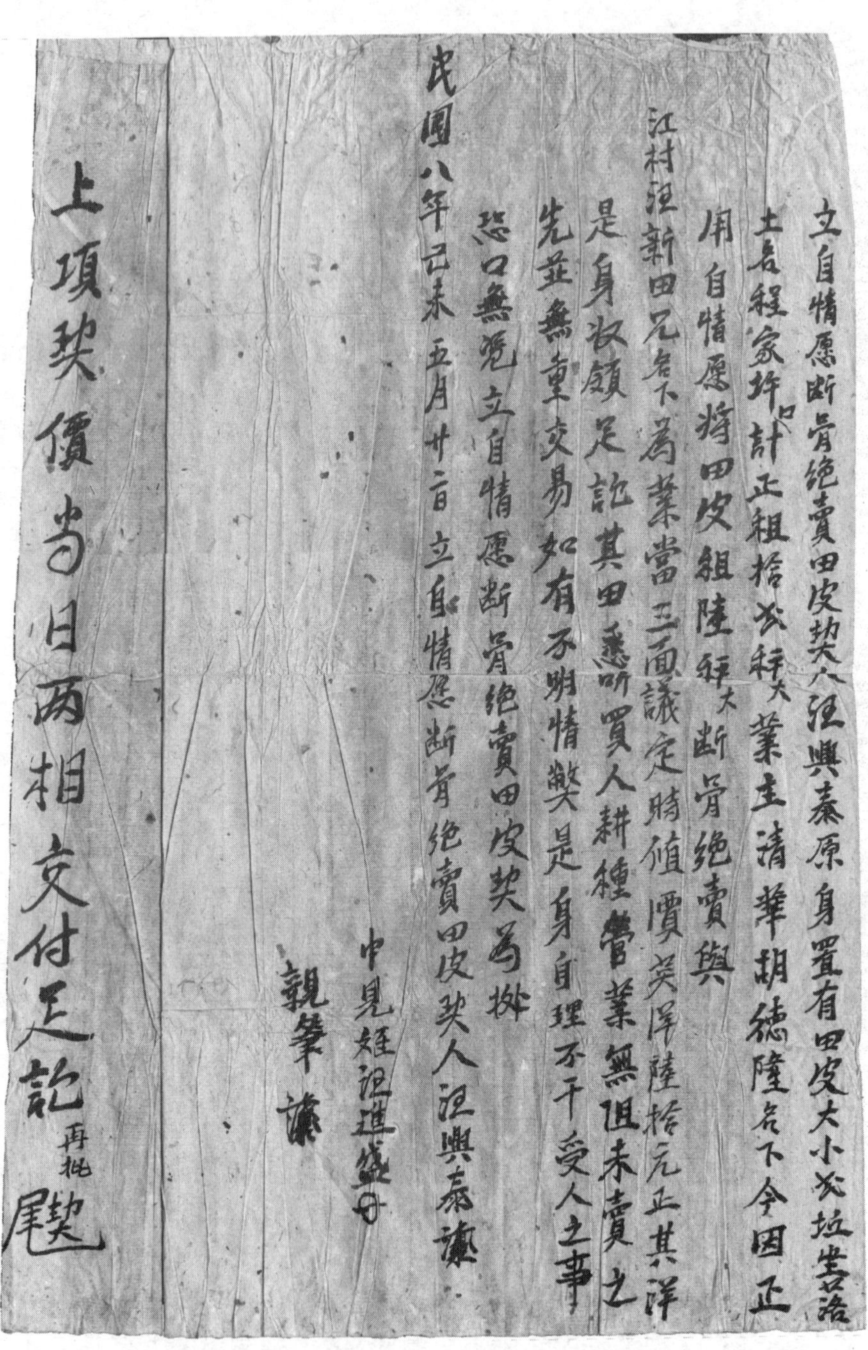

立自情愿断骨绝卖田皮契人汪兴泰原身置有田皮大小弍坵坐落土名程家坪，计正租拾弍秤大，业主清华胡德隆名下，今因正用，自情愿将田皮租陆秤大断骨绝卖与江村汪新田兄名下为业，当三面议定时值价英洋陆拾元正，其洋是身收领足讫，其田悉听买人耕种管业，无阻，未卖之先并无重交易，如有不明情弊，是身自理，不干受人之事。恐口无凭，立自情愿断骨绝卖田皮契为据。

民国八年己未五月廿二日立自情愿断骨绝卖田皮契人汪兴泰

中见侄汪进盛

亲笔

上项契价当日两相交付足讫

再批

尾契

大鄣山乡江村 123 · 民国八年 · 断骨绝卖田皮契 · 汪兴泰卖与汪新田

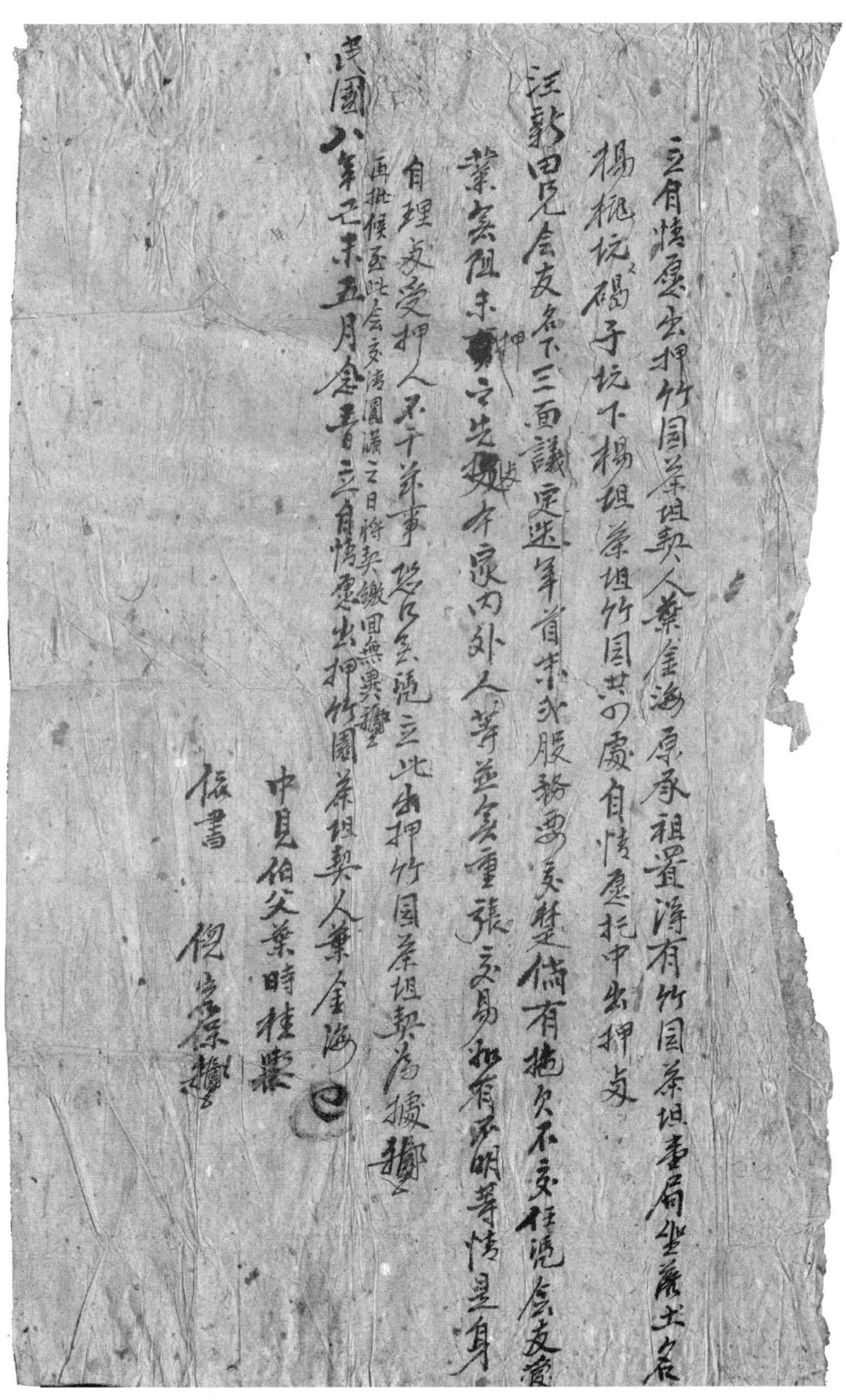

大鄣山乡江村 162 · 民国八年 · 出押竹园茶坦契 · 叶金海押与汪新田

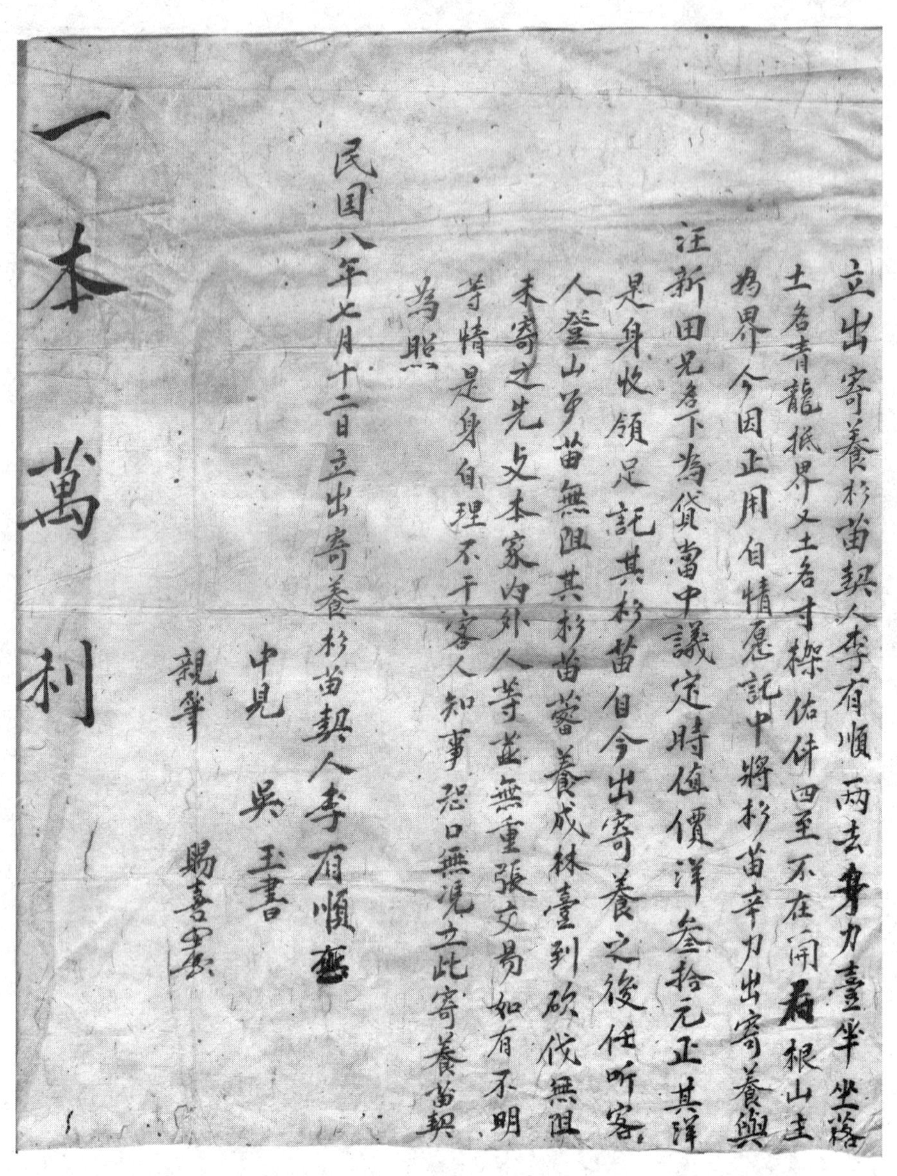

立出寄養杉苗契人李有順兩去身力壹半坐落土名青龍抵界又土名寸樑佑併四至不在開者根山主為界今因正用自情愿託中將杉苗辛力出寄養與汪新田兄名下為貸當中議定時值價洋叁拾元正其洋是身收領足訖其杉苗自今出寄養之後任听客人登山尹苗無阻其杉苗蓄養成林壹到砍伐無阻未寄之先支本家內外人等並無重張交易如有不明等情是身自理不干客人知事恐口無憑立此寄養苗契為照

民国八年七月十二日立出寄養杉苗契人李有順 押

中見 吳玉書

親筆 賜喜書

一本萬利

大鄣山乡江村 180 · 民国八年 · 出寄养杉苗契 · 李有顺寄养与汪新田

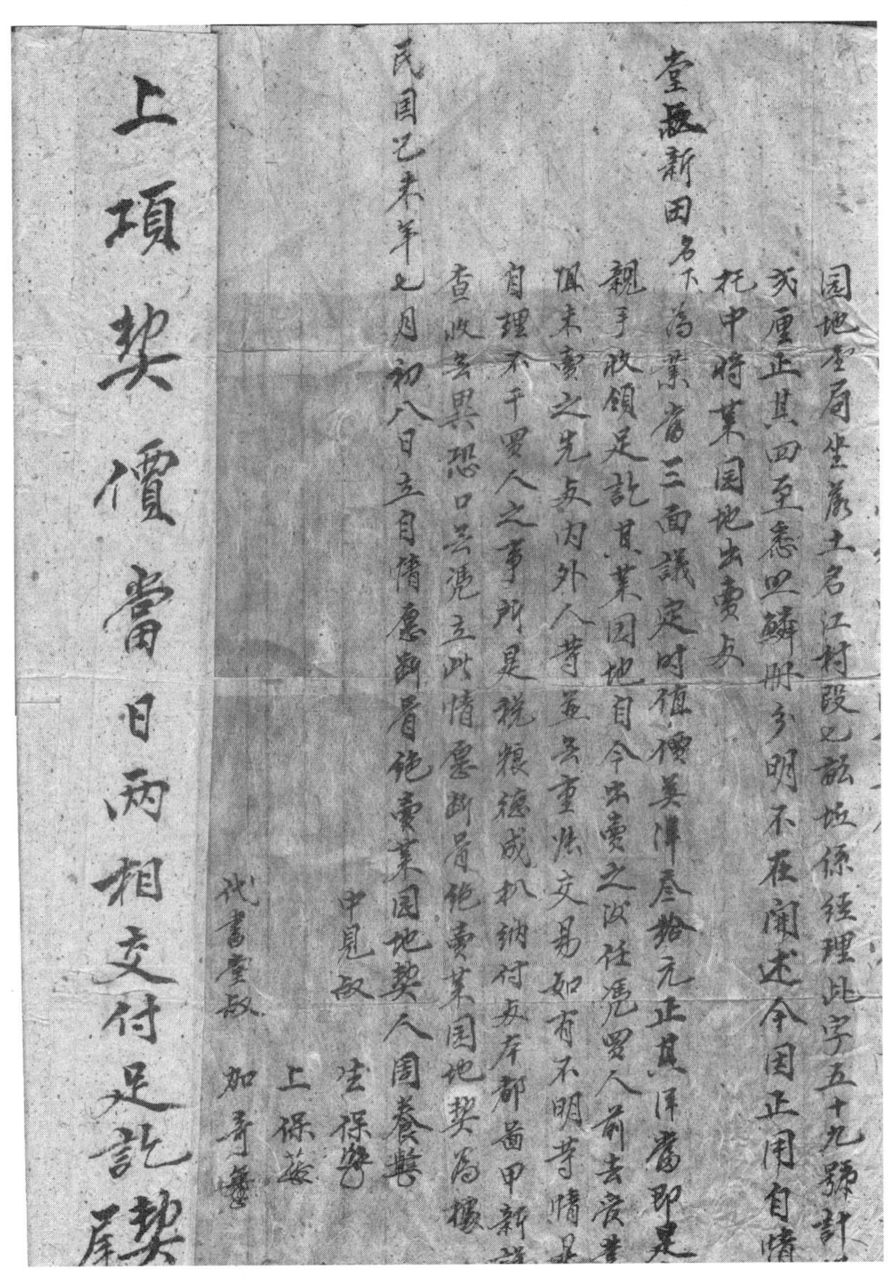

大鄣山乡江村 205 · 民国八年 · 断骨绝卖菜园地契 · 周养卖与堂叔新田

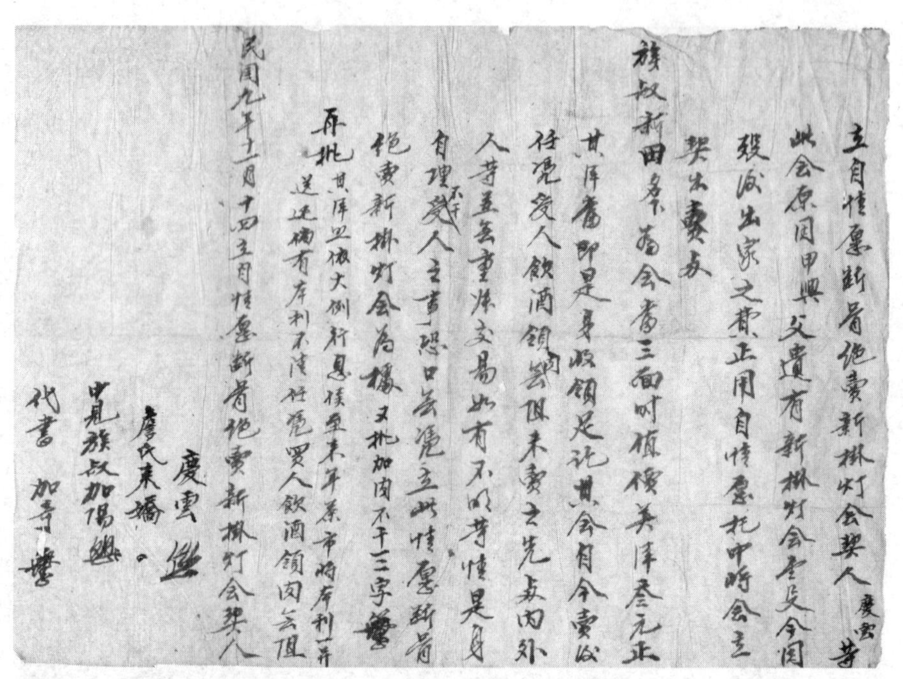

立自情愿断骨绝卖新挂灯会契人庆云等
此会原因甲兴父遗有新挂灯会壹足，今因
缺少出家之费，正用自情愿托中将会立
契出卖与
族叔新田名下为会，当三面时值价英洋叁元正。
其洋当即是身收领足讫，其会自今卖后，
任凭受人饮酒领肉，无阻。未卖之先，与内外
人等并无重张交易。如有不明等情，是身
自理，不干受人之事。恐口无凭，立此情愿断骨
绝卖新挂灯会为据。又批加肉不干三字[押]
再批 其洋照依大例行息，候至来年茶市将本利一并
送还，倘有本利不清，任凭买人饮酒领肉无阻。
民国九年十一月十四立自情愿断骨绝卖新挂灯会契人 庆云[押]
廖氏来娇 ○
中见族叔加阳[押]
代书 加寿[押]

大鄣山乡江村 74 · 民国九年 · 断骨绝卖新挂灯会约 · 庆云卖与族叔新田

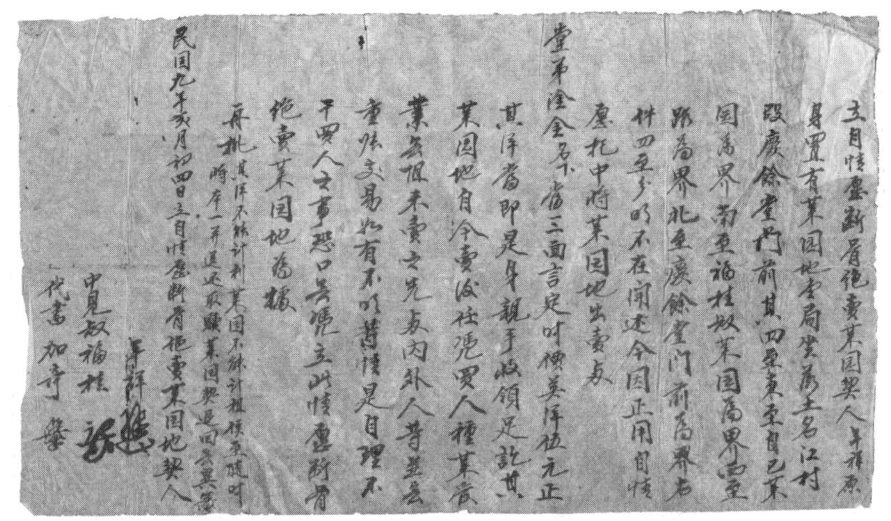

立自情愿断骨绝卖菜园契人年祥，原身置有菜园地壹局，坐落土名江村段广馀堂门前，其四至：东至自己菜园为界，南至福桂叔菜园为界，西至路为界，北至广馀堂门前为界。右件四至分明，不在开述。今因正用，自情愿托中将菜园地出卖与堂弟淦金名下，当三面言定时价英洋伍元正，其洋当即是身亲手收领足讫。其菜园地自今卖后，任凭买人种菜管业无阻。未卖之先，与内外人等并无重张交易，如有不明，甘情是自理，不干买人之事。恐口无凭，立此情愿断骨绝卖菜园地为据。

再批：其洋不能计利，菜园不能计租，候至随时将本一并送还取赎，菜园契退回无异。

民国九年贰月初四日立自情愿断骨绝卖菜园地契人 年祥（押）

中见 叔福桂（押）

代书 加奇（押）

大鄣山乡江村 101 · 民国九年 · 断骨绝卖菜园契 · 年祥卖与堂弟淦金

會書

金位首会連愛书

立議會書人倪金裕，今蒙親友十位襄成一会，共計洋陸拾元正，
付身領訖，候後逐年的定六月念七日起会，不得過期，先交洋後飲
酒，不能上会抵下会，以及私債抵措，務要始終如一，共成美舉，所是
洋尾出入照依時價，恐口無憑，立此會書一樣十張，各执一張為據。

會友芳名

一會倪岩樑　二会葉灶发　三会葉時桂　四会汪先富　五会汪岩灶
六会葉子福　七会葉江氏年愛　八会王森富　九会汪樟生 美男　十会葉世来

得會交洋次序

首会金裕　得洋六十元正
辛酉一会岩樑　得洋六十元正　送年交洋八元七角正
壬戌年二会灶发　得洋六十一元零八角　送年交洋八元七角正
癸亥年三会時桂　得洋六十二元贰角　送年交洋八元壹角正
甲子年四会先富　得洋六十三元角　送年交洋七元五角正
乙丑年五会岩灶　得洋六十三元贰角　送年交洋六元九角正
丙寅年六会子福　得洋六十三元正　送年交洋六元三角正
丁卯年七会年愛　得洋六十三元八角　送年交洋五元七角正
戊辰年八会森富　得洋六十四元贰角　送年交洋五元壹角正
己巳年九会樟生 美男　得洋六十四元八角　送年交洋四元五角正
庚午年十会世来　得洋六十五元四角　送年交洋三元九角正
　　　　　　　　　　　　　　　　　送年交洋三元三角正

民國九年庚申六月念七日立議會書人倪金裕

再批　鲜交洋五角　汝千式夕夕

火酒一手
水酒式手　朱六升

大鄣山乡江村 112 · 民国九年 · 会书 · 倪金裕

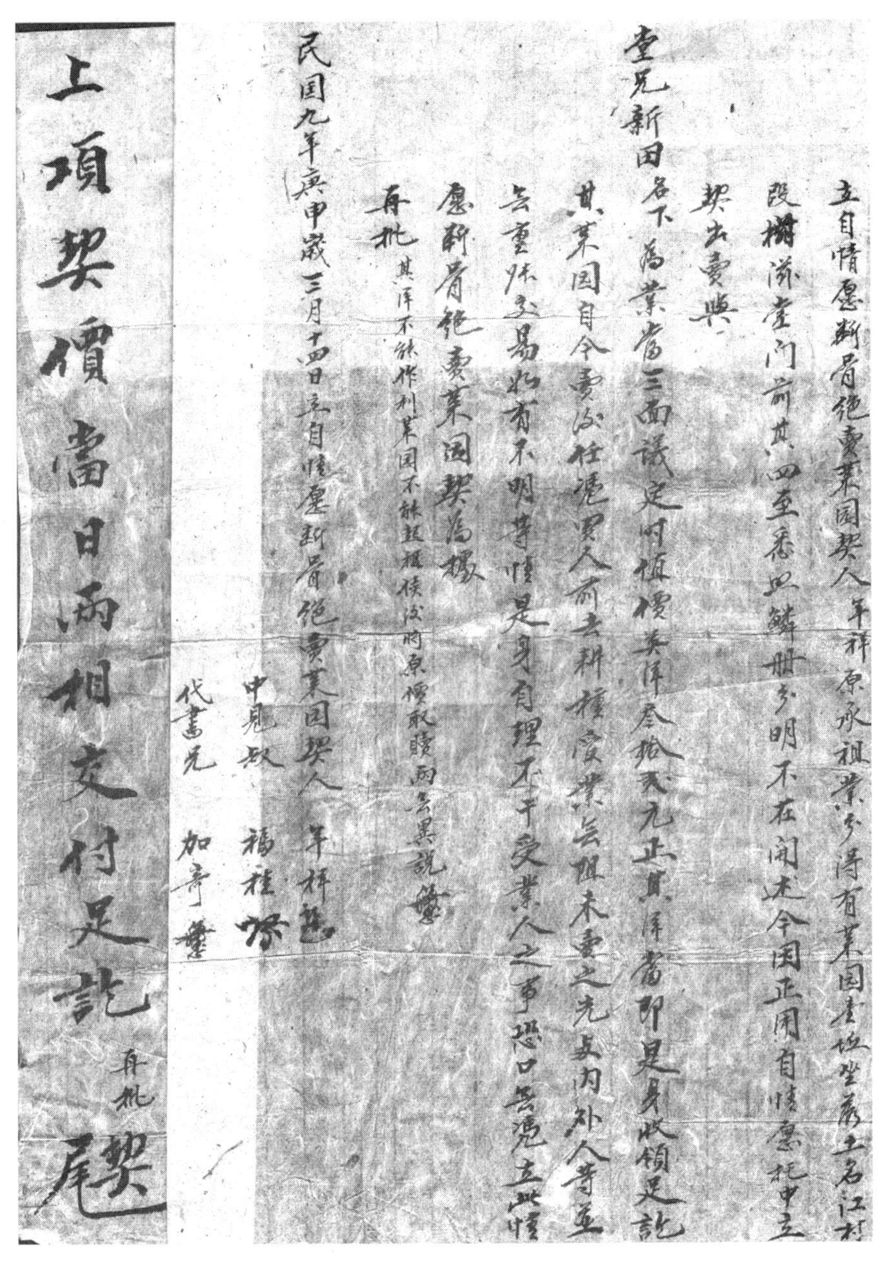

立自情愿断骨绝卖菜园契人年祥，原承祖业分得有菜园壹块，坐落土名江村段塝淌堂门前，其四至悉照鳞册分明，不在开述。今因正用，自情愿托中立契出卖与

堂兄新田名下为业，当三面议定时值价英洋叁拾贰元正，其洋当即是身收领足讫。其菜园自今卖后，任凭买人前去耕种受业，无阻。未卖之先，与内外人等并无重张交易，如有不明等情，是身自理，不干受业人之事。恐口无凭，立此情愿断骨绝卖菜园契为据。

再批：其洋不依作利，菜园不依起租，候后将原价取赎，两无异说。（押）

民国九年庚申岁三月十四日立自情愿断骨绝卖菜园契人 年祥（押）

中见叔 福桂（押）

代书兄 加寿（押）

上项契价当日两相交付足讫

再批 契尾

大鄣山乡江村 116 · 民国九年 · 断骨绝卖菜园契 · 年祥卖与堂兄新田

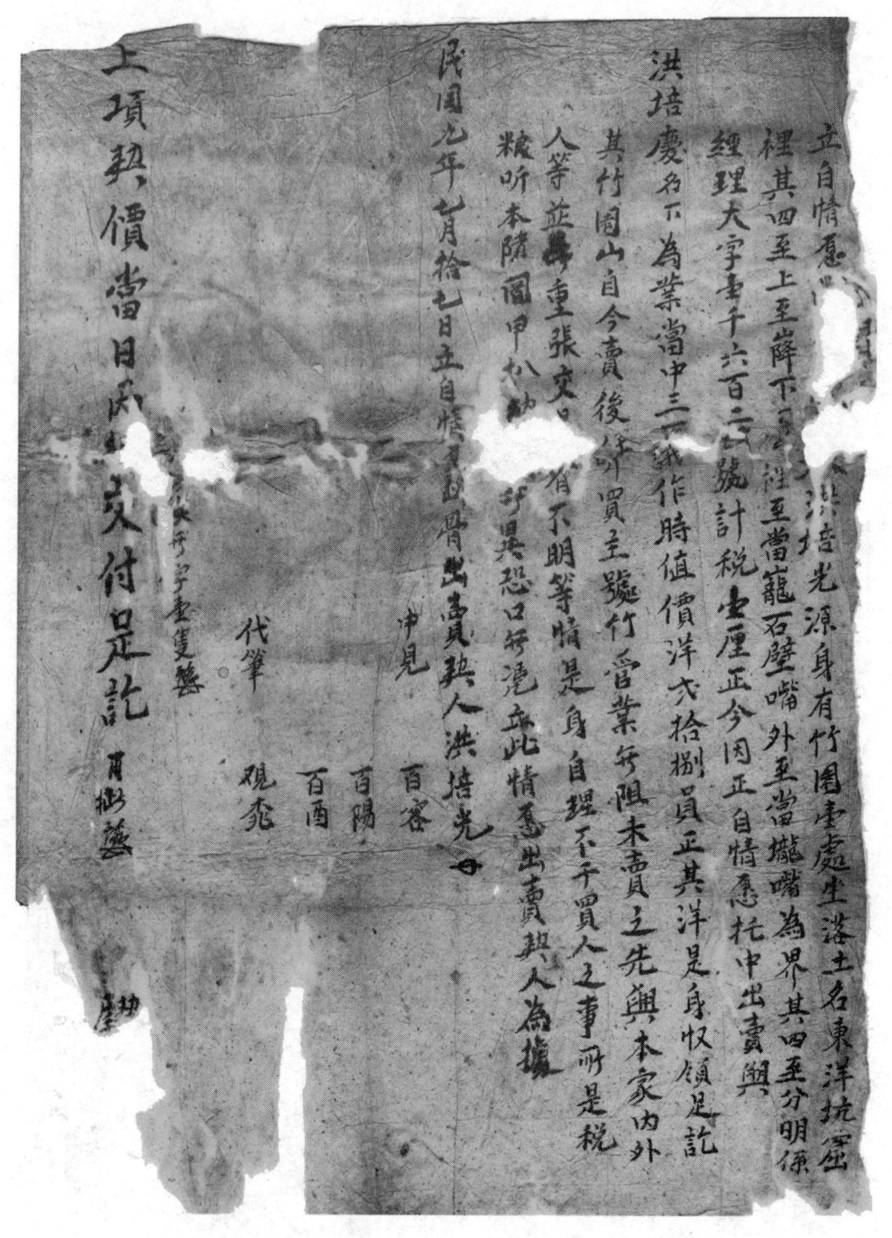

立自情愿[illegible]洪培光源身有竹園壹處坐落土名東洋坑窟
裡其四至上至岸下至[illegible]往至當龍石壁嘴外至當墈嘴為界其四至分明係
經理大字壹千六百二十[illegible]號計稅壹厘正今因正自情愿托中出賣與
洪培慶名下為業當中三面議作時值價洋弍拾捌員正其洋是身收領足訖
其竹園山自今賣後任憑買主鋤竹管業無阻未賣之先與本家內外
人等並無重張交易不明等情是身自理不干買人之事所是稅
粮听本隨園甲八都[illegible]其異恐口無憑立此情愿出賣契人為據
民國九年七月拾七日立自情愿斷骨出賣契人洪培光（押）
中見 百客 百陽 百酉
代筆 觀[illegible]
上項契價當日[illegible]交付足訖 [illegible]字壹隻照 再批（押）

大鄣山乡江村 182 · 民国九年 · 断骨出卖竹园契 · 洪培光卖与洪培庆

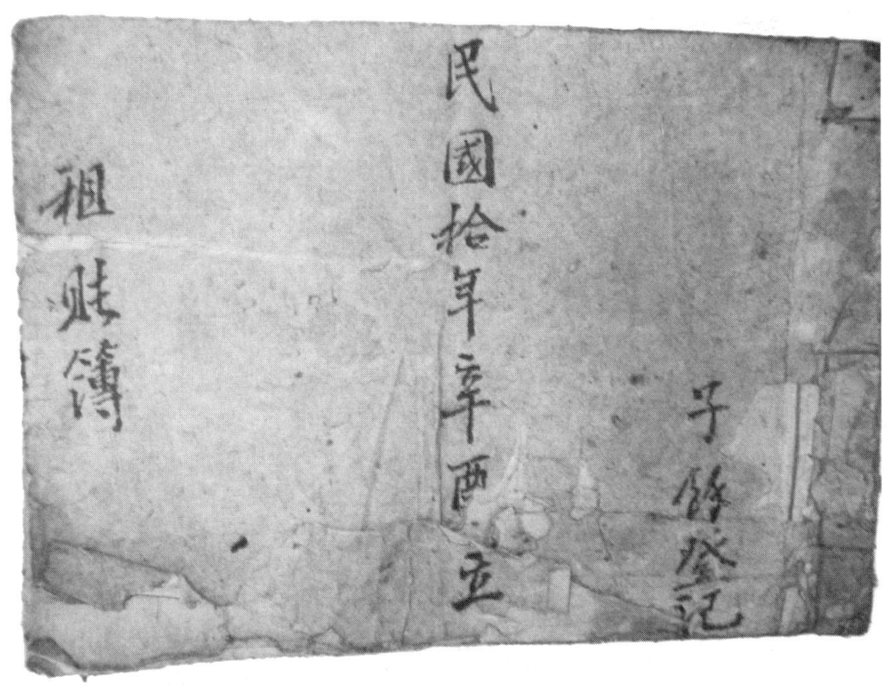
民國拾年辛酉立
祖賬簿

大郭山乡江村 22-1 · 民国十年至十五年 · 租账簿

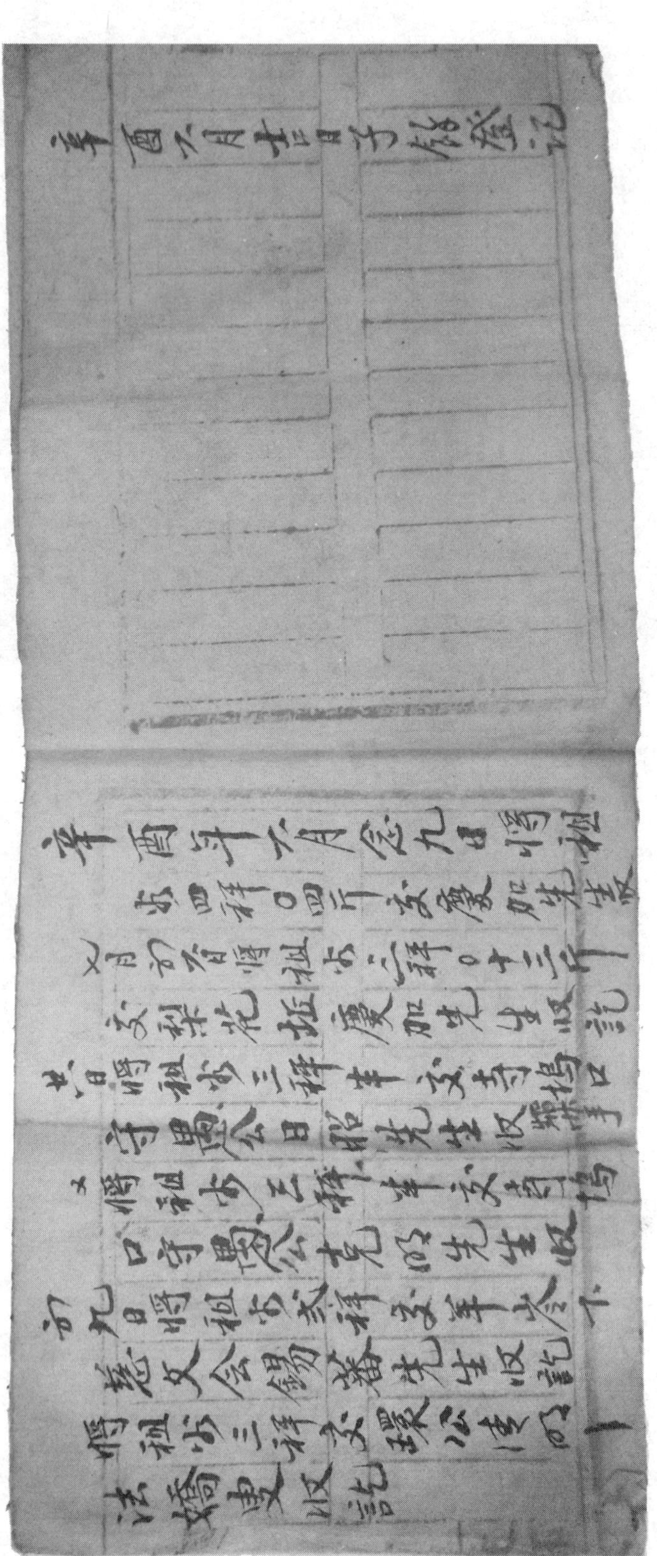

大鄣山乡江村 22-2・民国十年至十五年・租账簿

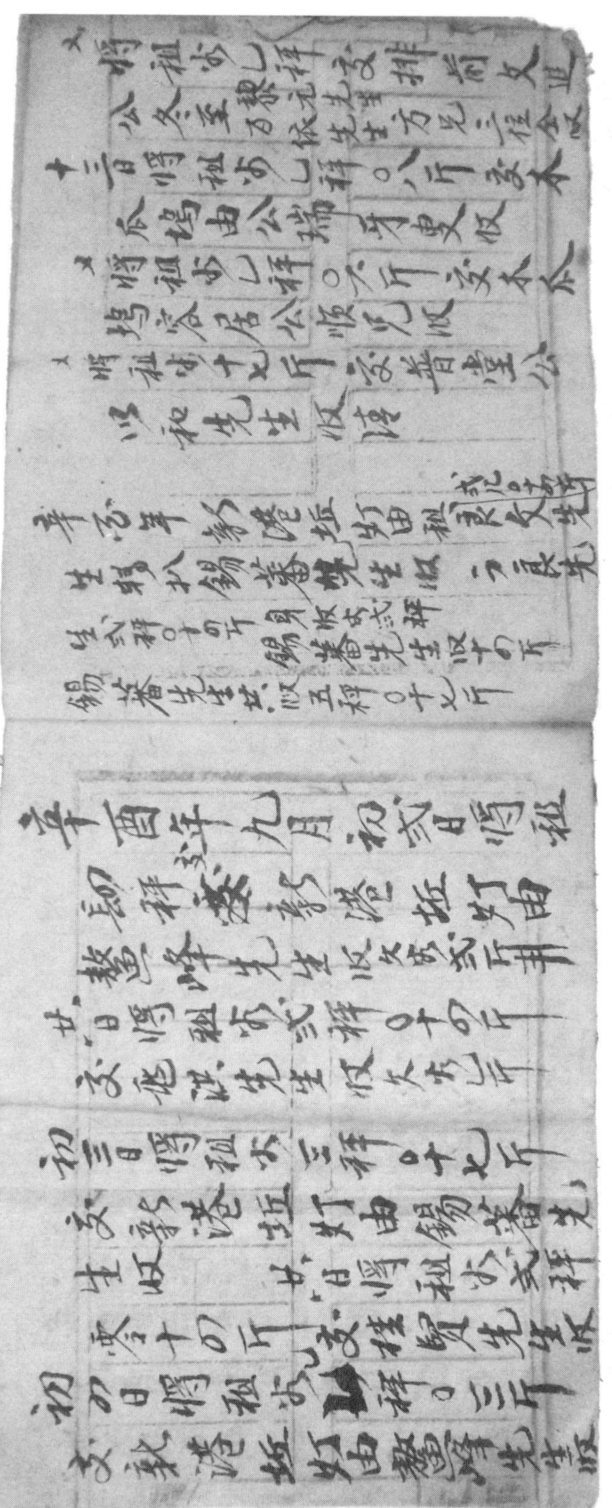

大鄣山乡江村 22-3・民国十年至十五年・租账簿

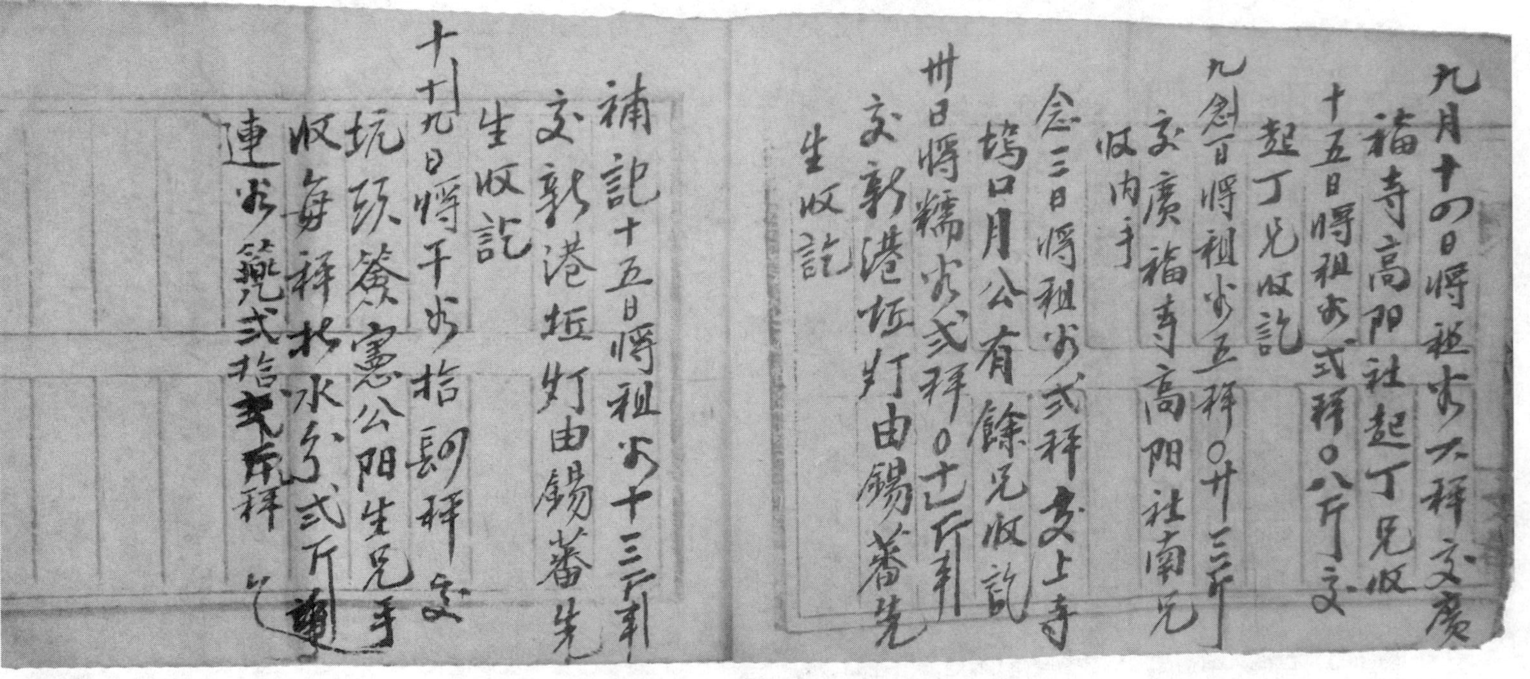

九月十四日將租谷大秤交廣
福寺高阳社起丁兄收
十五日將租谷式秤〇八斤丁交
起丁兄收記
九[illegible]日將租谷五秤〇廿三斤
交廣福寺高阳社南兄
收內手
念三日將租谷式秤交上寺
塢口月公有餘兄收記
卅日將糯谷式秤〇十一斤利
交新港垣灯由錫蕃先
生收記

補記十五日將租谷十三斤利
交新港垣灯由錫蕃先
生收記
十一月九日將干谷指駟秤交
坑頭簽憲公阳生兄手
收每秤扣水分式斤
連谷[illegible]式指[illegible]斤秤

大鄣山乡江村 22-4 · 民国十年至十五年 · 租账簿

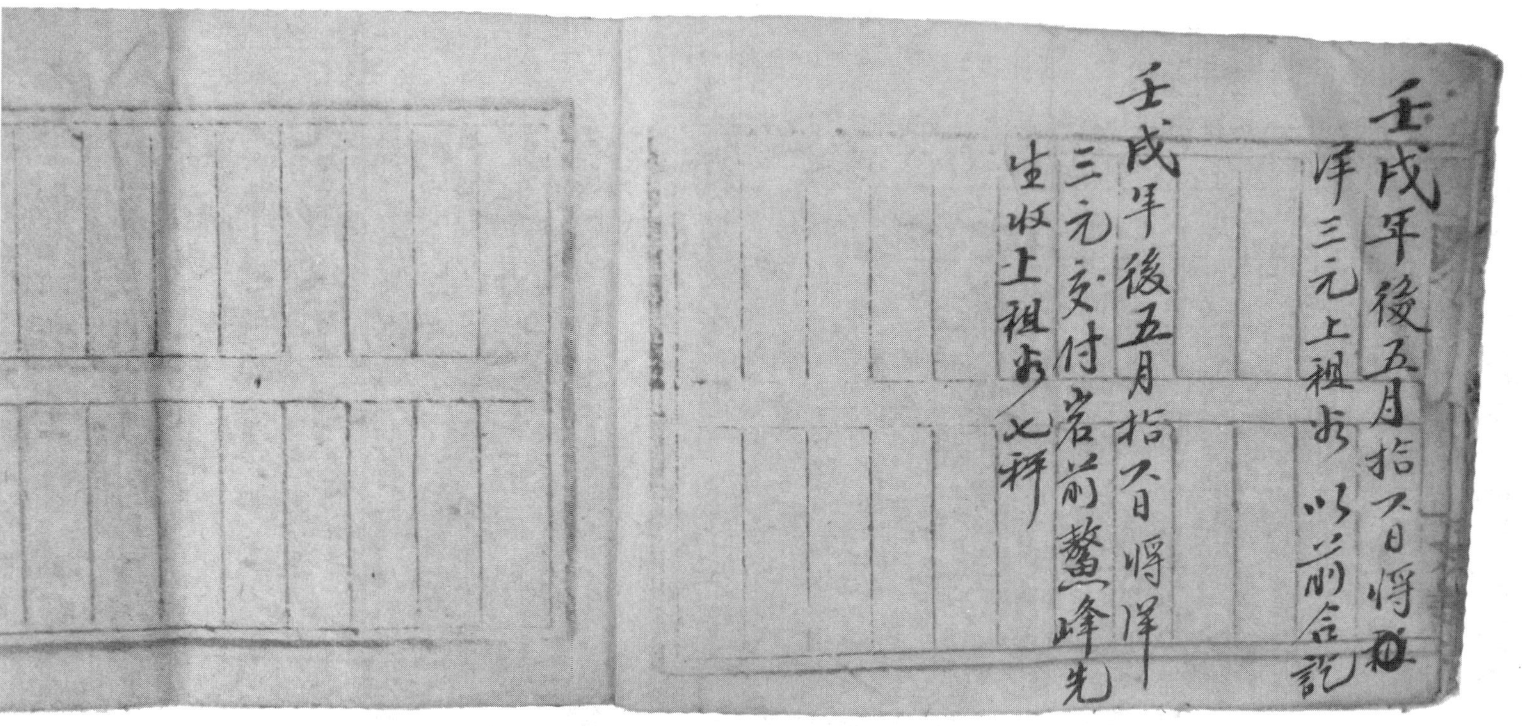

壬戌年後五月廿八日將租
洋三元上租去 以前合訖

壬戌年後五月廿八日將洋
三元交付客前鰲峰先
生收上租去 又粹

大鄣山乡江村 22-5 · 民国十年至十五年 · 租账簿

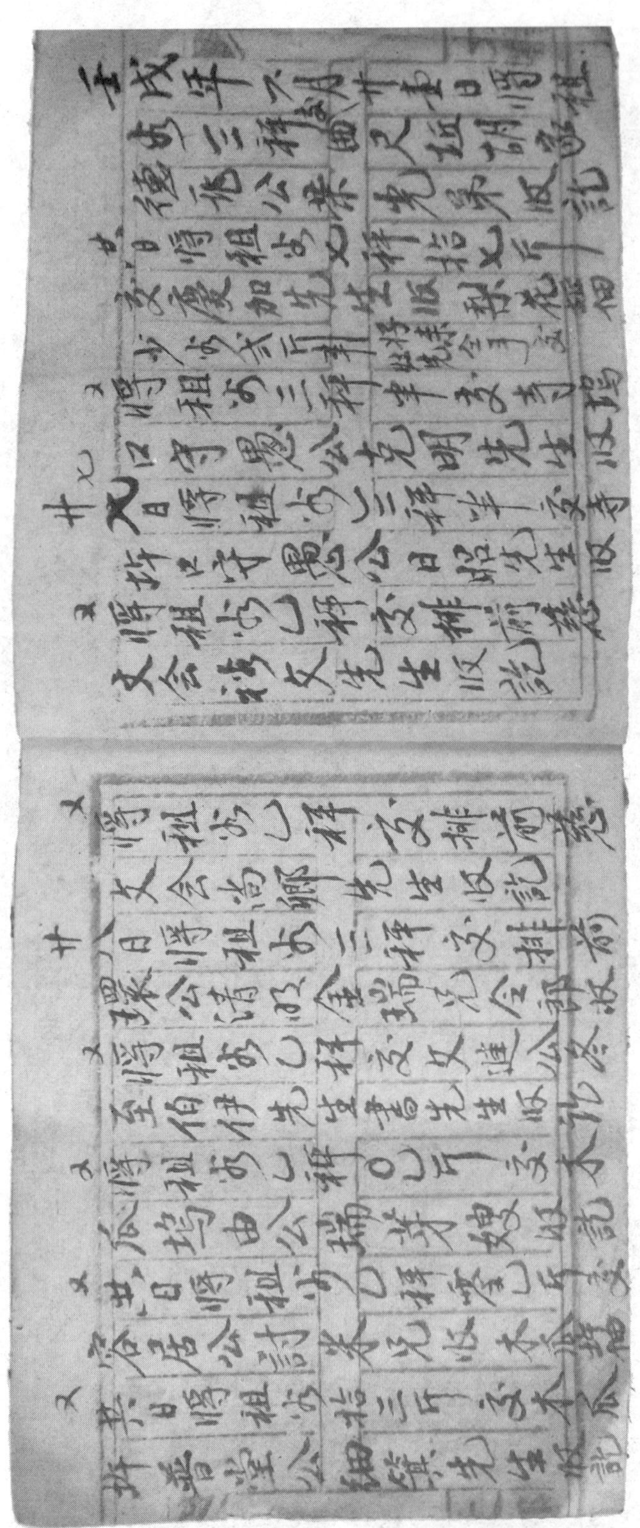

大鄣山乡江村 22-6 · 民国十年至十五年 · 租账簿

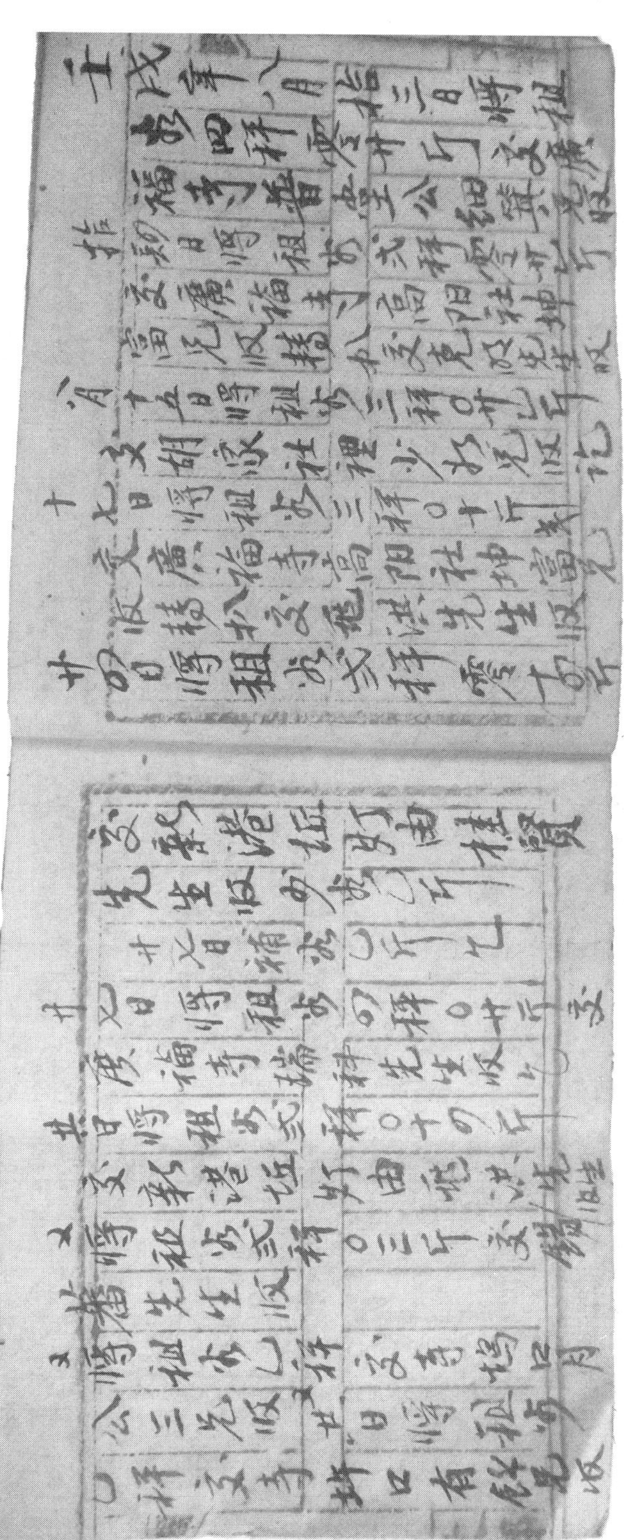

大鄣山乡江村 22-7 · 民国十年至十五年 · 租账簿

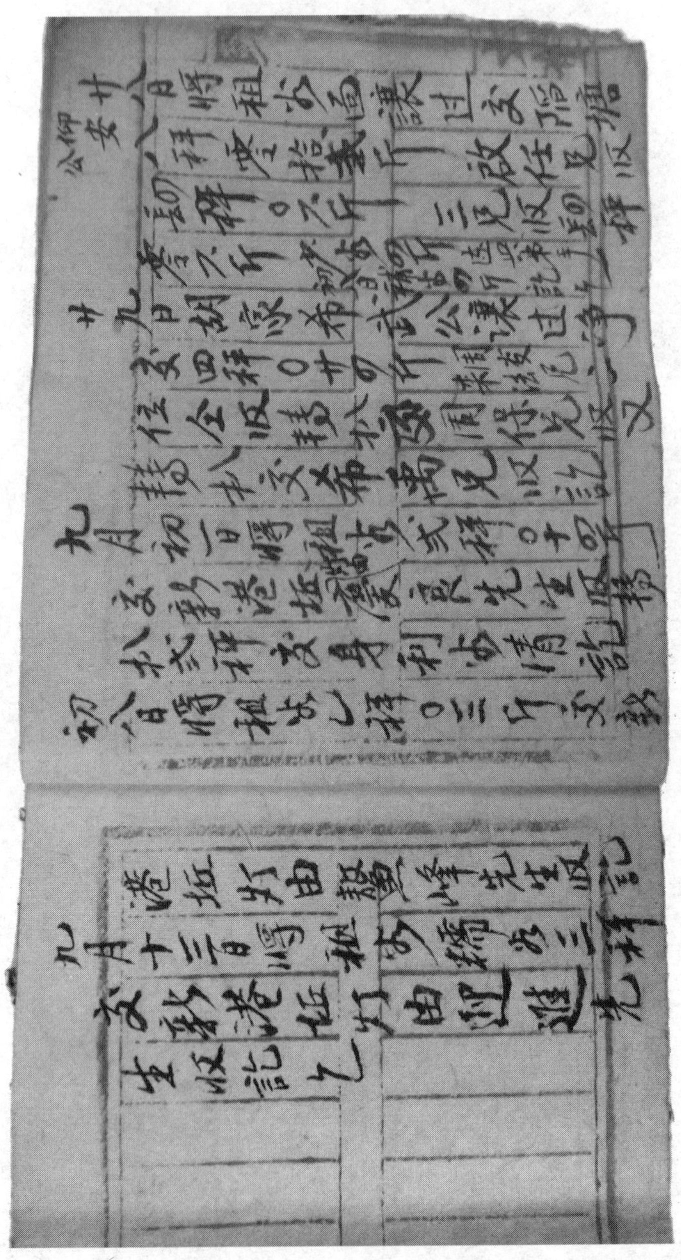

大鄣山乡江村 22-8 · 民国十年至十五年 · 租账簿

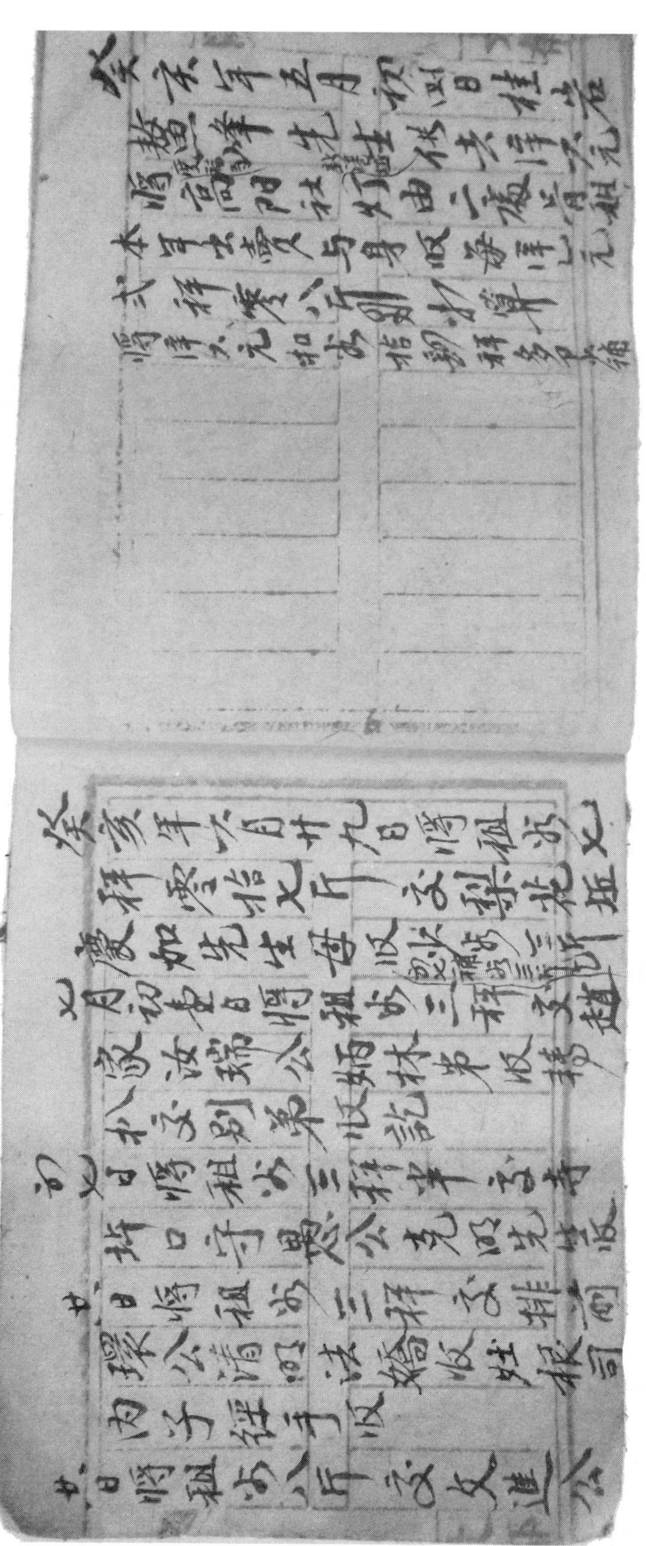

大鄣山乡江村 22-9 · 民国十年至十五年 · 租账簿

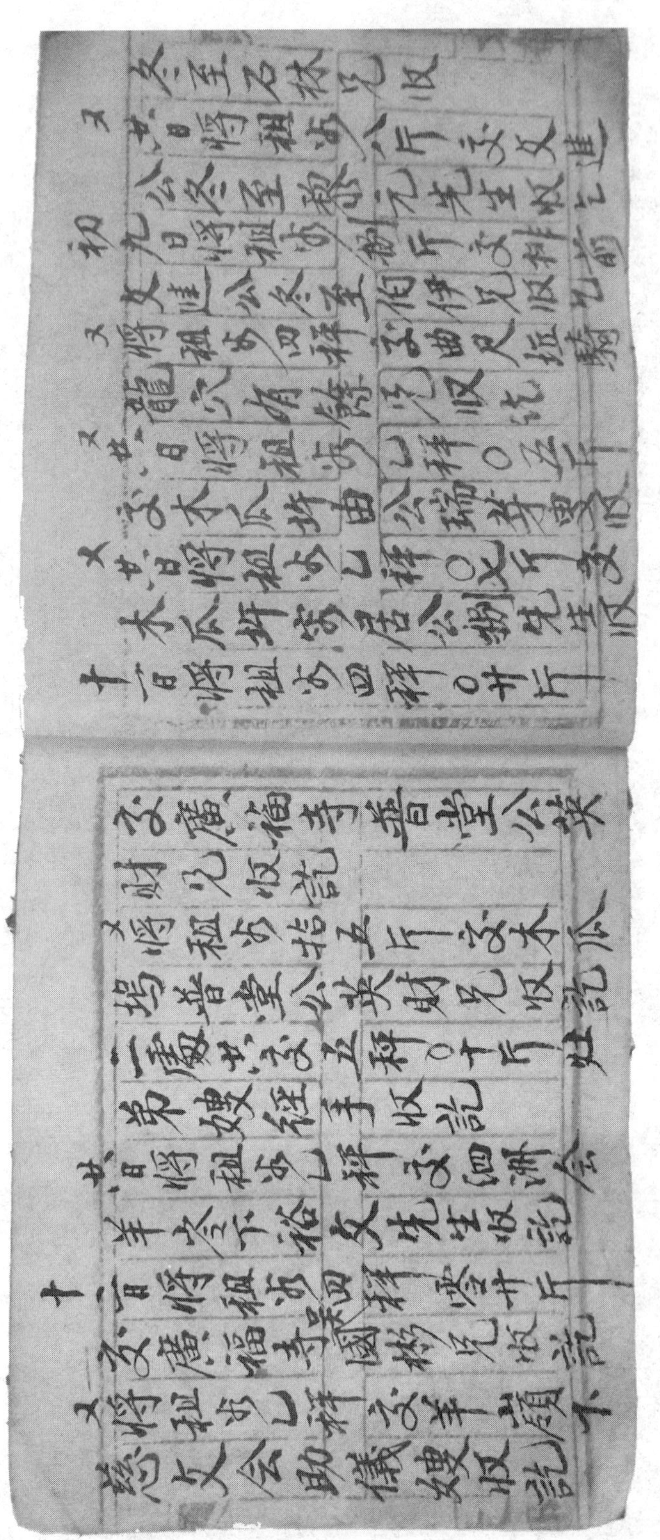

大郭山乡江村 22-10 · 民国十年至十五年 · 租账簿

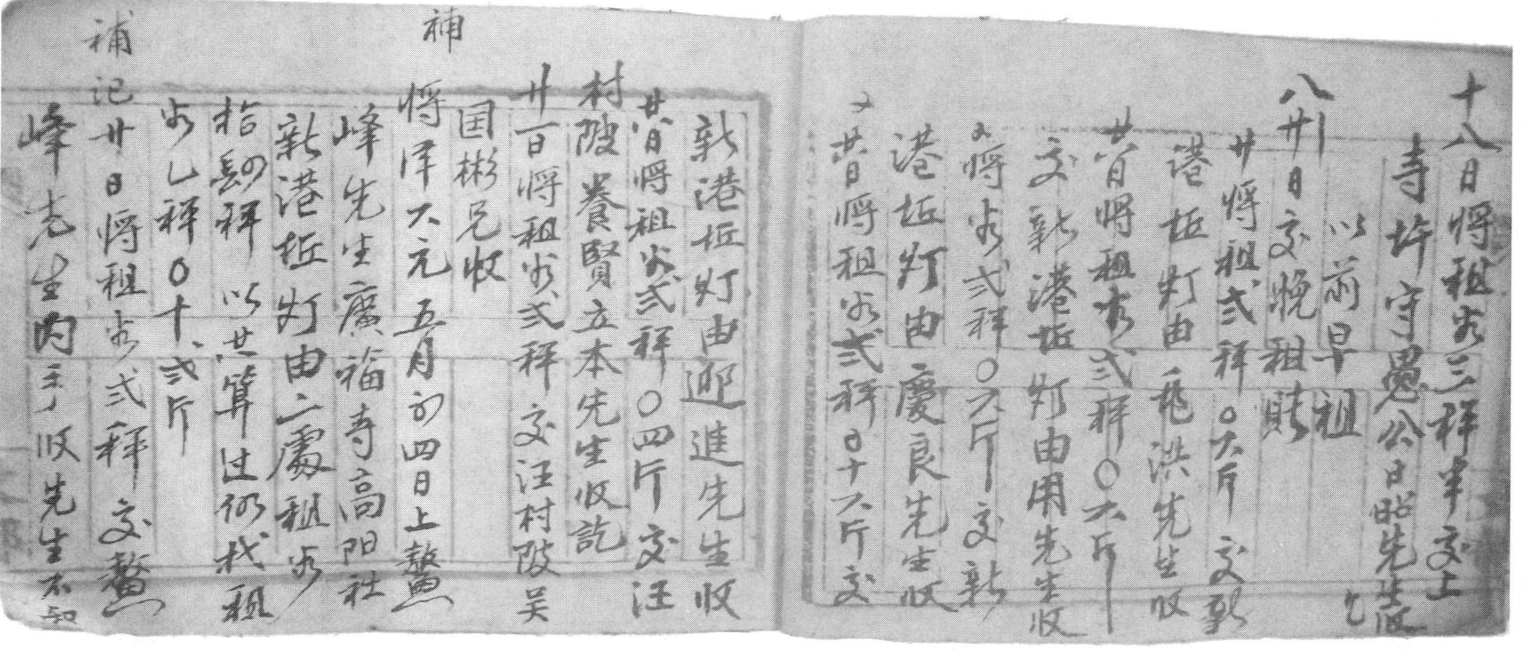

大鄣山乡江村 22-11 · 民国十年至十五年 · 租账簿

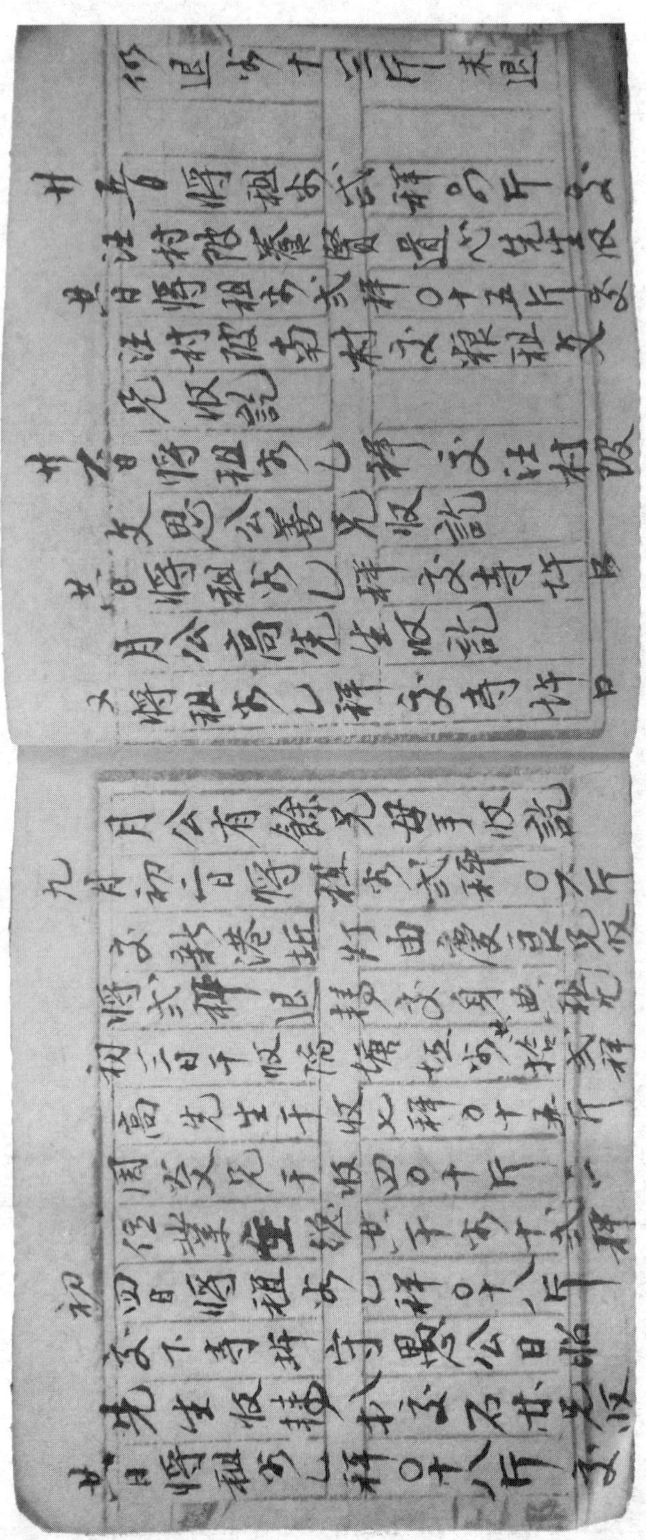

大鄣山乡江村 22-12 · 民国十年至十五年 · 租账簿

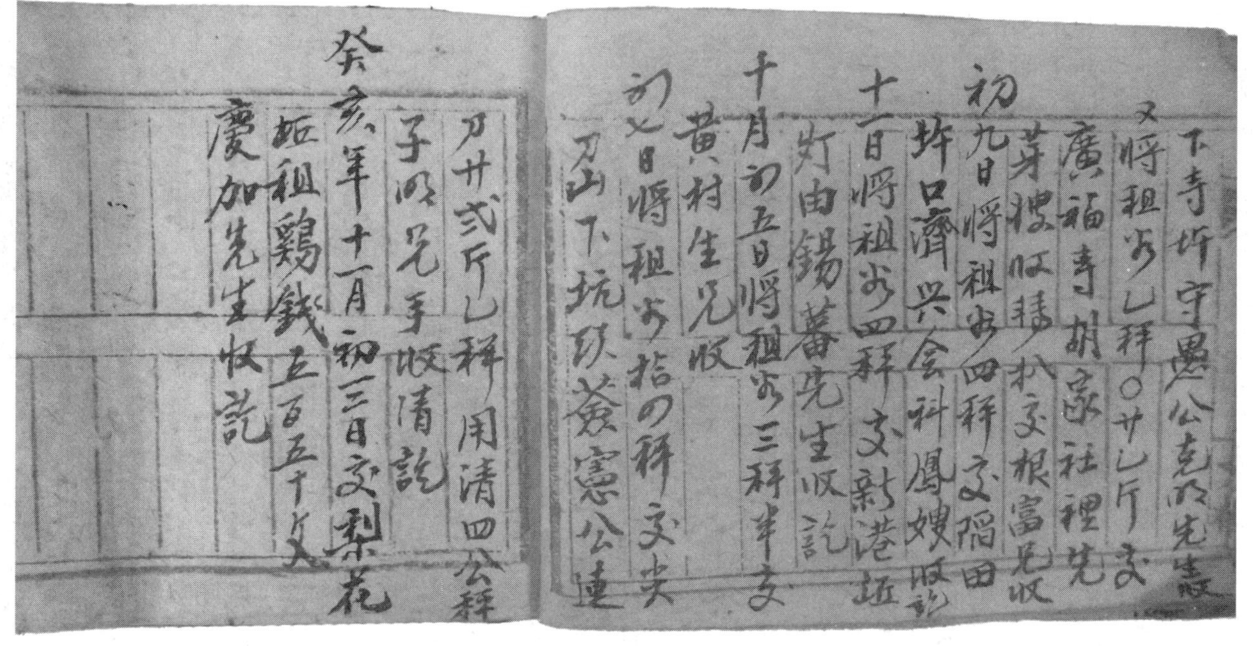

下寺圻守愚公克昭先生收
又將租谷ㄙ秤〇廿ㄙ斤交
廣福寺胡家社理先
芽坦收拜扒文根富兄收
初九日將租谷四秤交陌田
圻口濟興會科鳳嫂收訖
十一日將租谷四秤交新港姃
灯由錫蕃先生收訖
十月初五日將租谷三秤半交
黃村生兄收
初七日將租谷指〇秤交央
刀山下坑坎蓑憲公達

刀廿弍斤ㄙ秤用清四公秤
子明兄手收清訖
癸亥年十一月初三日交梨花
姃租鷄錢五百五十文
慶加先生收訖

大鄣山乡江村 22-13 · 民国十年至十五年 · 租账簿

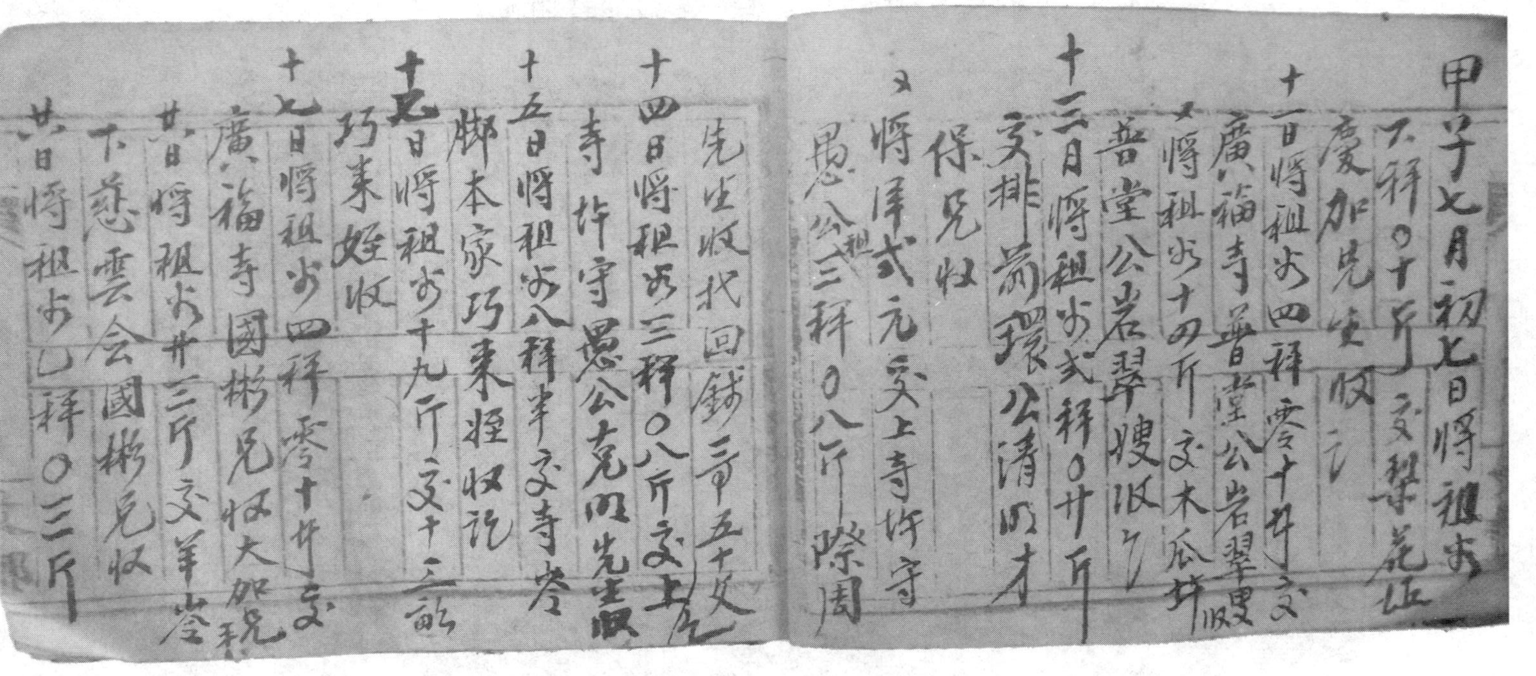

甲子七月初七日將租出
八秤〇十斤交黎花伍
慶加先生收讫
十一日將租出四秤零十廿斤交
廣福寺普堂公岩翠嫂收
又將租出十四斤交木瓜坪
普堂公岩翠嫂收讫
十三日將租出弍秤〇廿斤
交排前環公清明才
保兄收
又將洋弍元交上寺許守
恩公祖三秤〇八斤 際周
先生收代回錢三百五十文
十四日將租出三秤〇八斤交上庄
寺許守恩公克明先生收
十五日將租出八秤半交寺岺
脚本家巧來娌收讫
十六日將租出十九斤交十二都
巧來娌收
十七日將租出四秤零十廿斤交
廣福寺國彬兄收大般税
廿日將租出廿三斤交羊岺
下慈雲会國彬兄收
廿日將租出一秤〇三斤

大鄣山乡江村 22-14 · 民国十年至十五年 · 租账簿

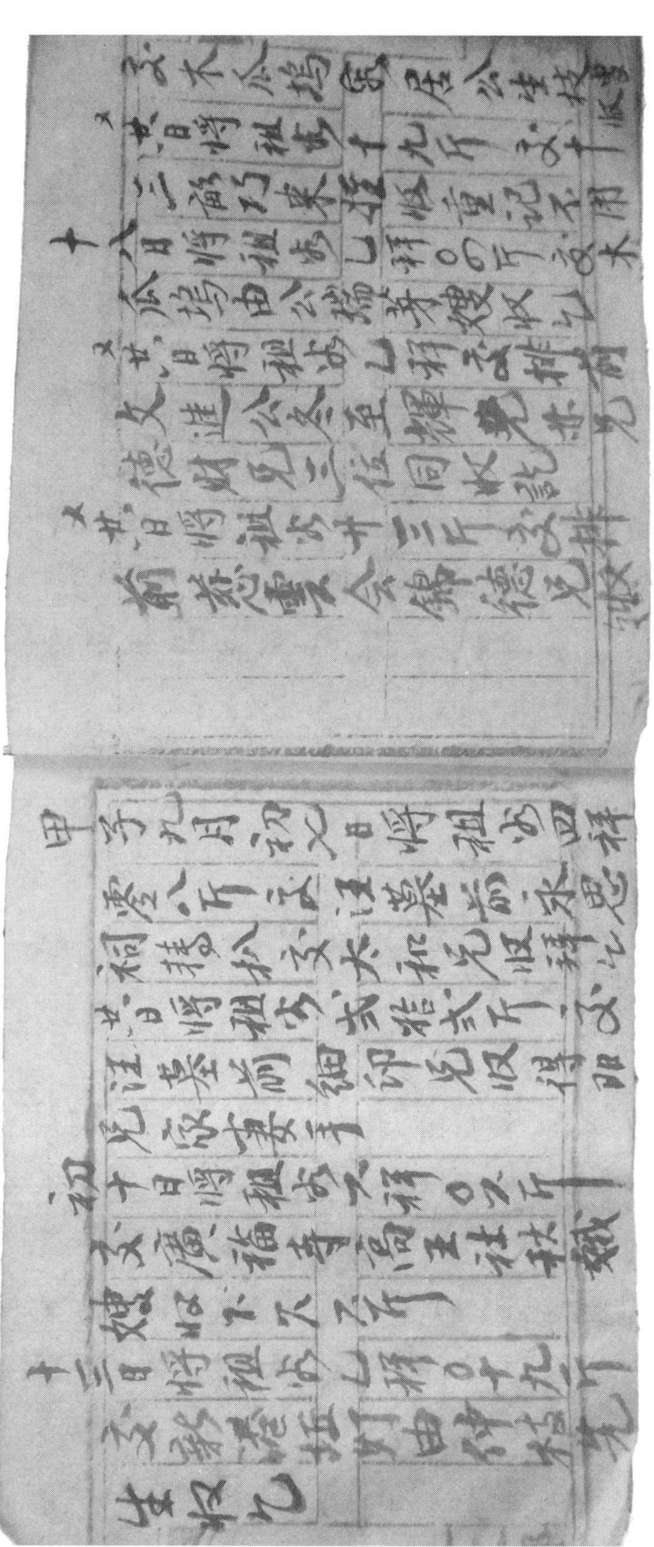

大鄣山乡江村 22-15 · 民国十年至十五年 · 租账簿

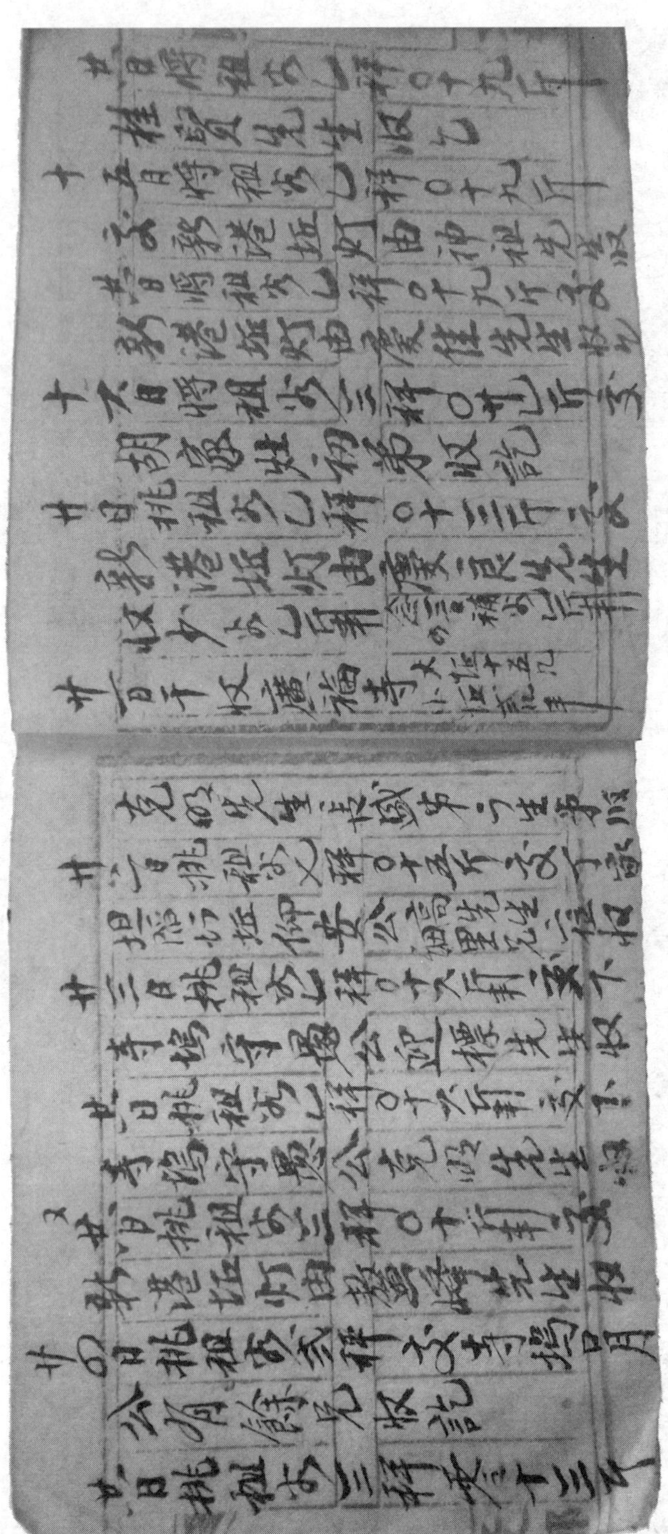

大鄣山乡江村 22-16 · 民国十年至十五年 · 租账簿

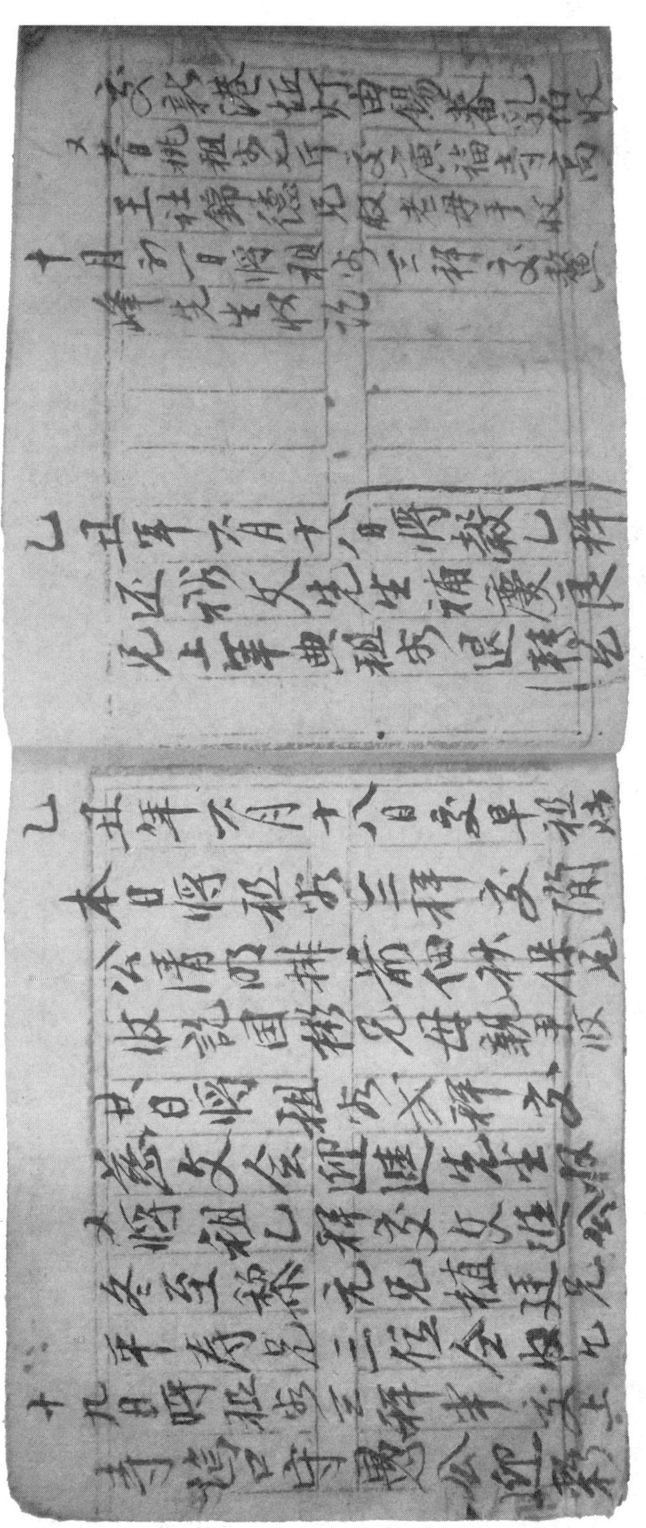

大鄣山乡江村 22-17 · 民国十年至十五年 · 租账簿

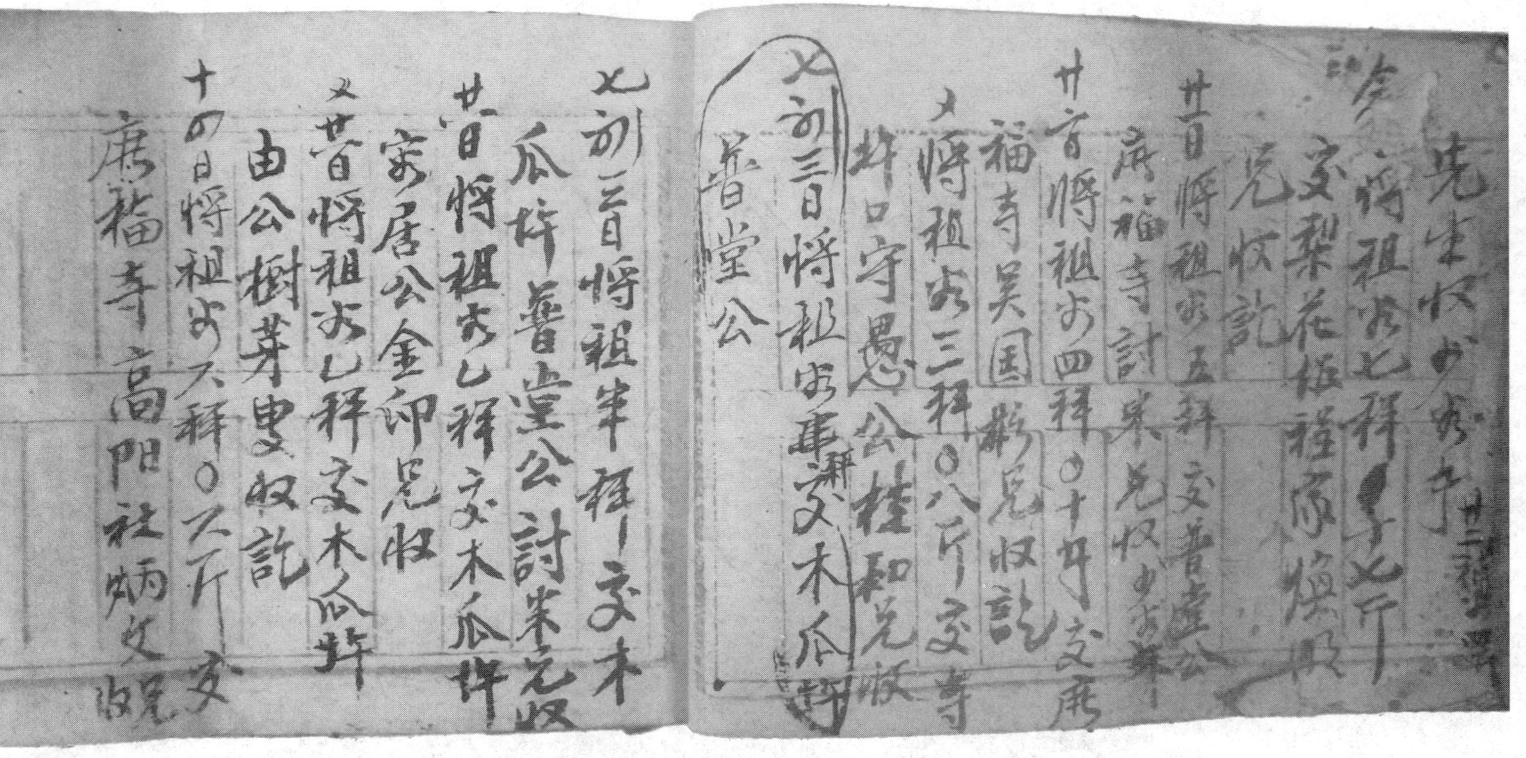

大鄣山乡江村 22-18 · 民国十年至十五年 · 租账簿

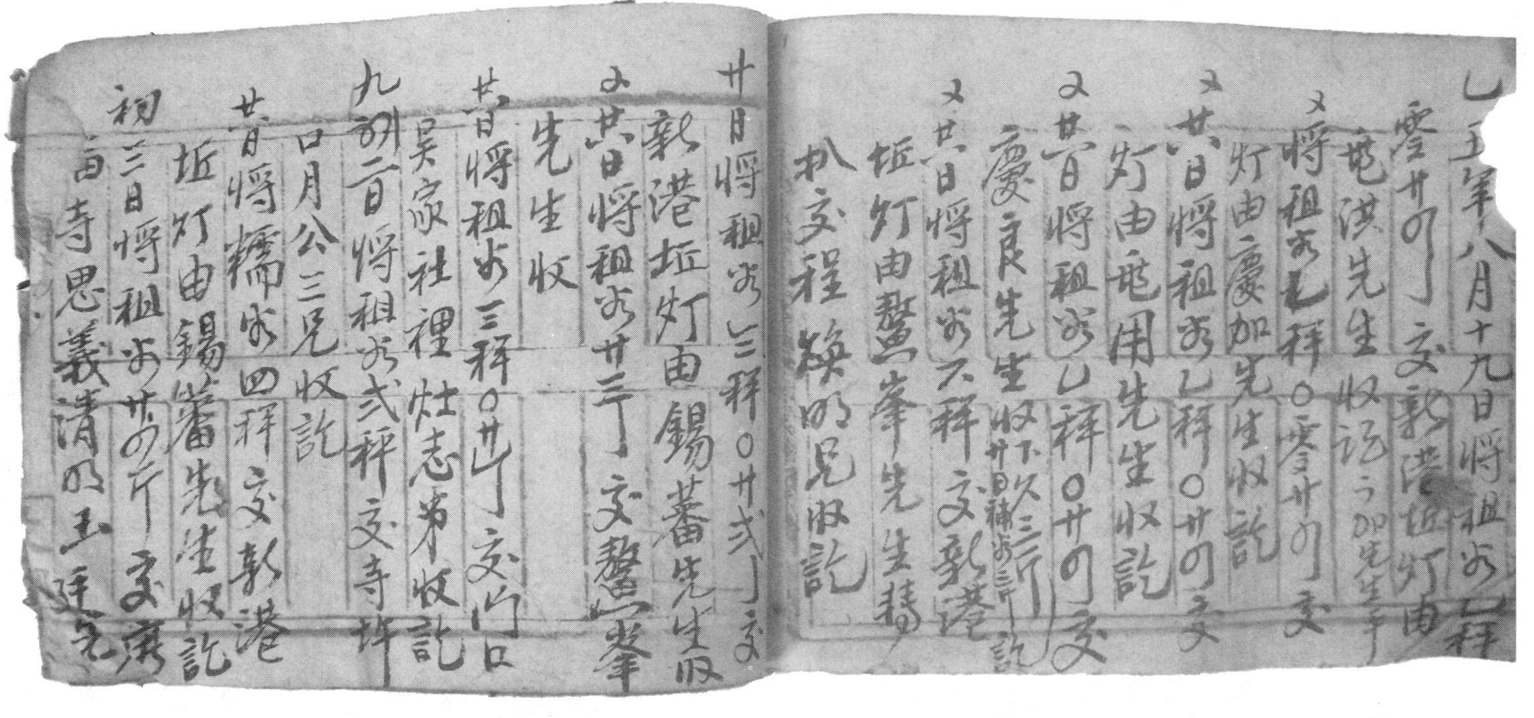

大鄣山乡江村 22-19 · 民国十年至十五年 · 租账簿

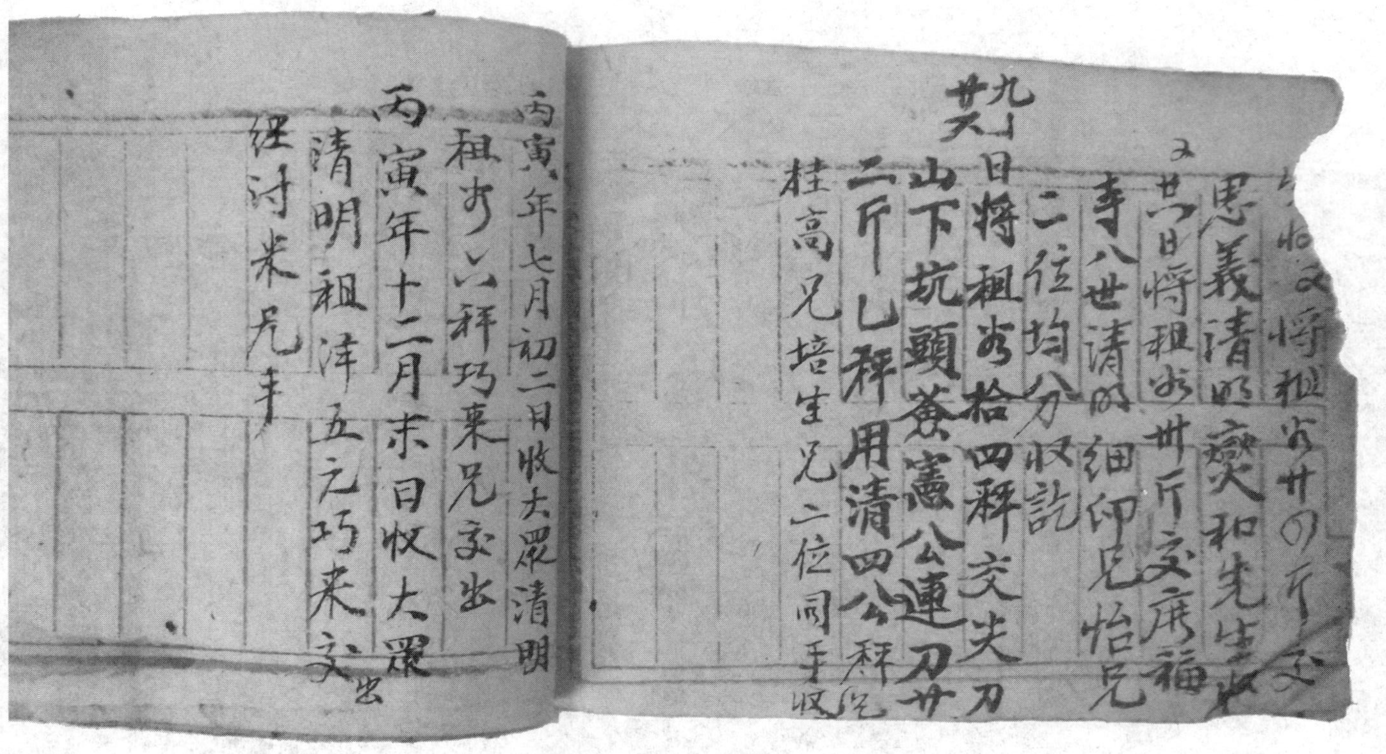

怡文将租岁廿〇斤交

思義清照燮和先生收

又廿日将租岁卅斤交庆福

寺八世清明细仰兄怡兄

二位均分收讫

廿九日将租岁拾四秤交夫刀

山下坑头荼䕺公连刀廿

二斤山秤用清四公秤讫

桂高兄培生兄二位同手收

丙寅年七月初二日收大罛清明

租岁六秤巧来兄交出

丙寅年十二月末日收大罛

清明租洋五元巧来交出

经讨米兄手

大鄣山乡江村 22-20 · 民国十年至十五年 · 租账簿

[illegible]七月十一日立交早祖賦

本日將租谷七秤〇十七斤

慶加先生收梨花坵租

十三日將租谷七秤交上寺坵

口守愚公迎標先生仝桂和

兄收訖

廿日將租谷乙秤〇十五斤交雷

居公普堂公仲源先生收

廿日將租谷乙秤交木瓜坵由

公根生兄收

廿日將租谷三秤交闲公清明

排前佃旺保兄收

廿日將租谷武秤交慈文会

裕文先生收訖

廿日將租谷乙秤交文進公

冬至黎元先生仝秋保兄

收訖

補記

七月初二日將租谷十九斤

交十三畝土坵巧來兄收

大鄣山乡江村 22-21 · 民国十年至十五年 · 租账簿

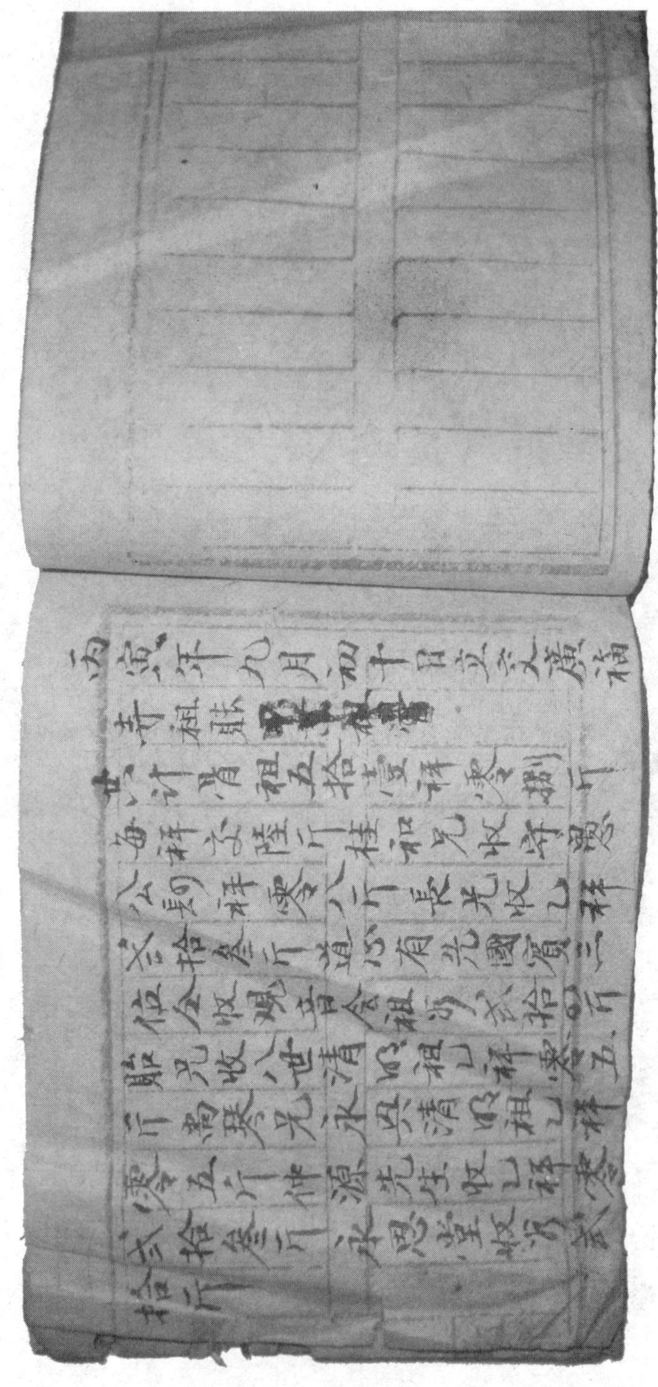

大鄣山乡江村 22-22 · 民国十年至十五年 · 租账簿

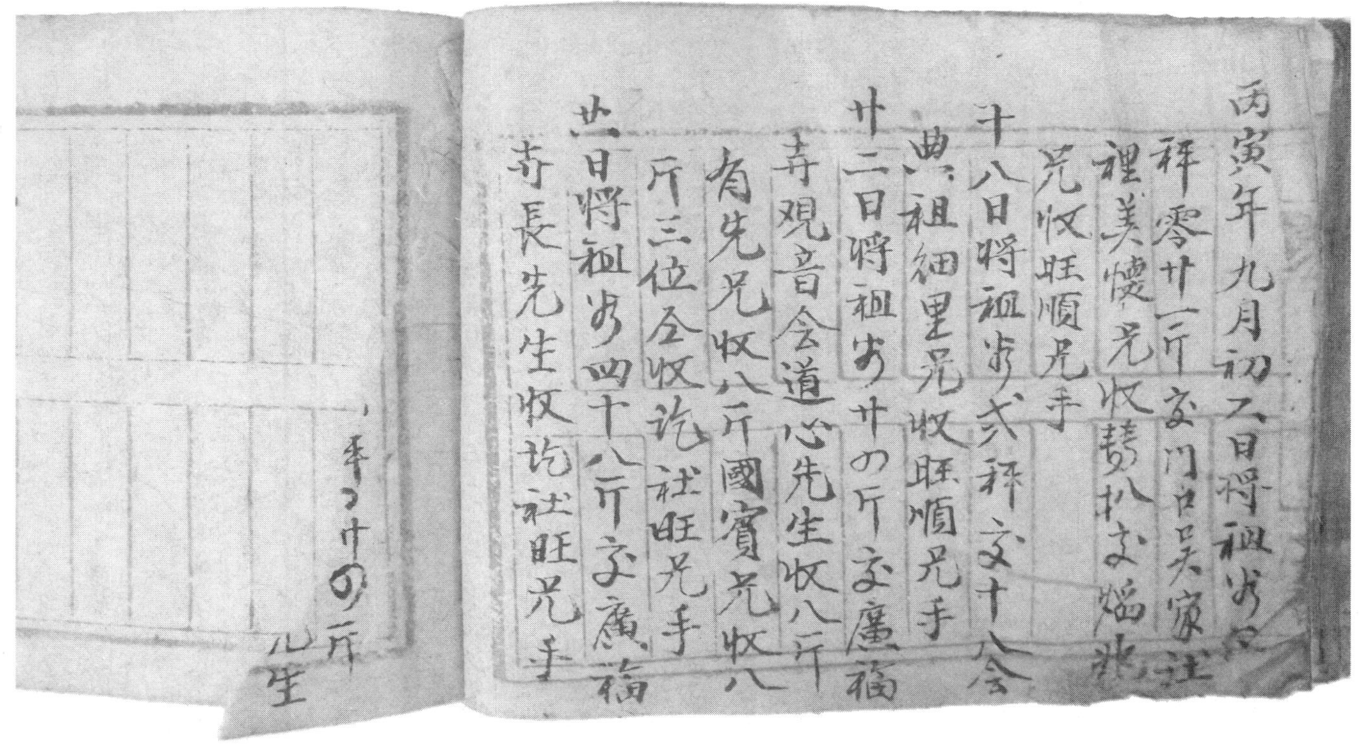

大鄣山乡江村 22-23 · 民国十年至十五年 · 租账簿

辛酉會書

立会字人吴元保今蒙

親友十位襄成一会共敷出英洋五十元付身收领足讫候至迭年届期的定此月廿日週轮一叙起会不能上会下会以及私债不准过期预先首会先通各友先交然后饮此抵搪务宜谨守会规全始全终共成美举所是洋尾进出照依时价恐口无凭立此会书一样十纸各执存照

会友芳名　袖色汇会交洋多少次序述左

洪顺祖　吴氏好娇　春娥　吴树文　汪胡书

洪灶善　余氏发弟　连枝　吴有成　洪兴来

辛年首会吴元保　浮洋五十元　每年交洋七元二平

壬年一会洪兴来　浮洋五十元　每年交洋七元二平

癸年二会洪顺祖　浮洋五十元〇半　每年交洋六元二平

甲年三会汪胡书　浮洋五十乙元　每年交洋六元二平

乙年四会吴氏好娇　浮洋五十乙元半　每年交洋五元二平

丙年五会洪灶善　浮洋五十弍元　每年交洋五元二平

丁年六会春娥　浮洋五十弍元半　每年交洋四元二平

戊年七会吴有成　浮洋五十叁元　每年交洋四元二平

己年八会吴瑞文　浮洋五十三元半　每年交洋三元二平

庚年九会余氏发弟　浮洋五十四元　每年交洋三元二平

末会年枝　浮洋五十四元半　每年交洋弍元二平

民国十年岁在辛酉七月廿日立会字人吴元保押

大鄣山乡江村 111 · 民国十年 · 会书 · 吴元保

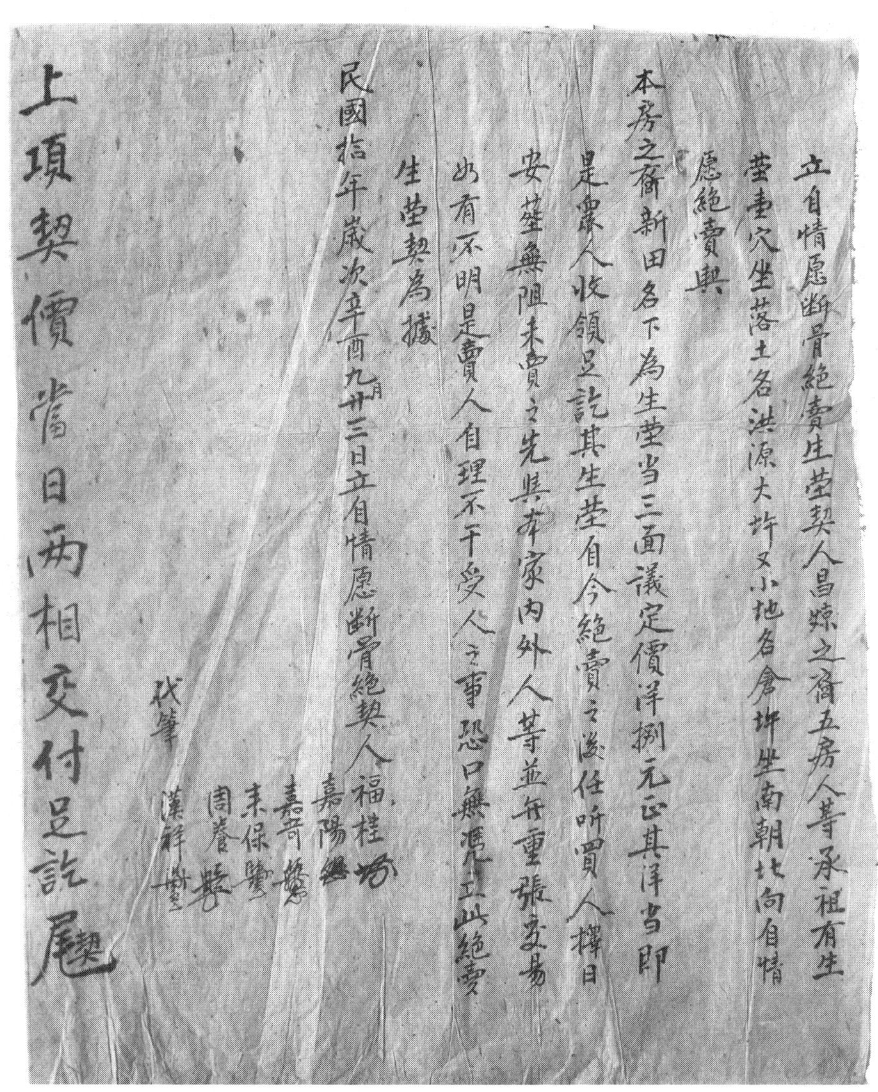

立自情愿斷骨絕賣生塋契人昌悰之裔五房人等承祖有生
塋壹穴坐落土名洪源大㘵又小地名詹㘵坐南朝北向自情
愿絕賣與
本房之裔新田名下為生塋當三面議定價洋捌元正其洋當即
是衆人收領足訖其生塋自今絕賣之後任听買人擇日
安葬無阻未賣之先與本家內外人等並無重張交易
如有不明是賣人自理不干受人之事恐口無憑立此絕賣
生塋契為據

民國拾年歲次辛酉九月廿三日立自情愿斷骨絕契人 福桂（押）
嘉陽（押）
嘉哥（押）
來保（押）
周眷（押）

代筆 漢祥（押）

上項契價當日兩相交付足訖（契）

大鄣山乡江村 211 · 民国十年 · 断骨绝卖生茔契 ·
昌悰之裔五房人等卖与本房之裔新田

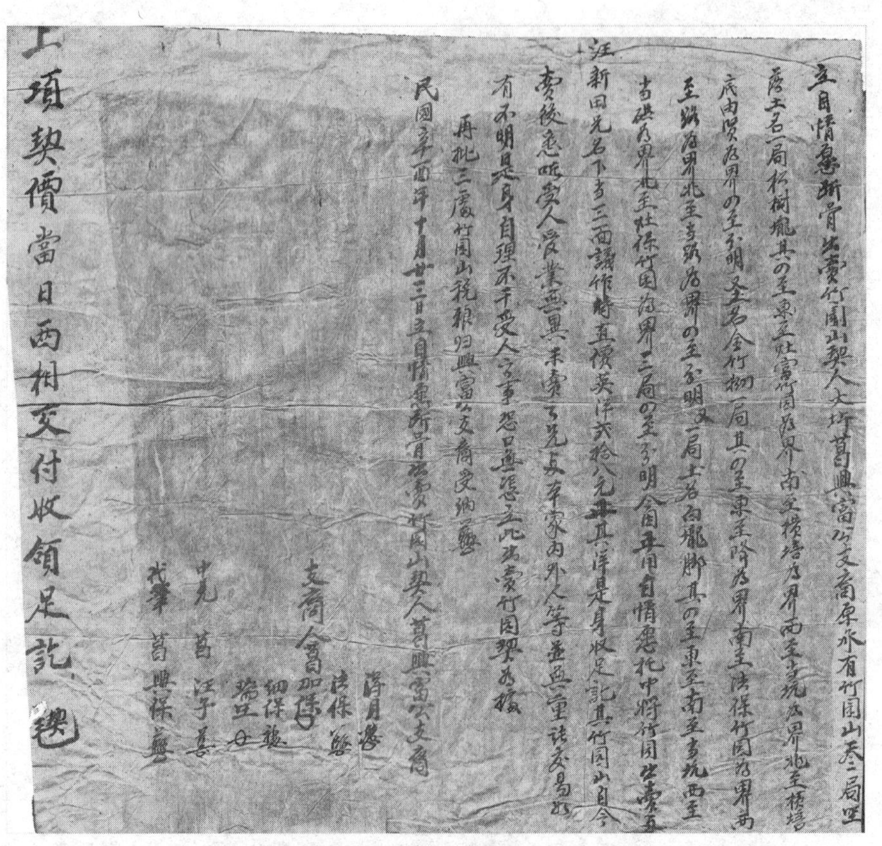

大鄣山乡江村 215 · 民国十年 · 断骨出卖竹园山契 ·
葛兴当公支裔卖与汪新田

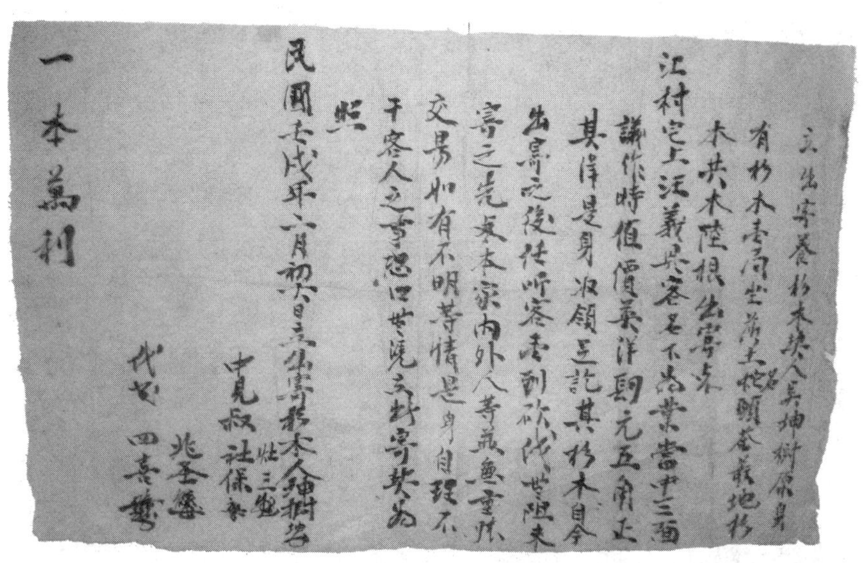

大郭山乡江村 93 · 民国十一年 · 出寄养杉木契 · 吴坤树出寄与汪义兴

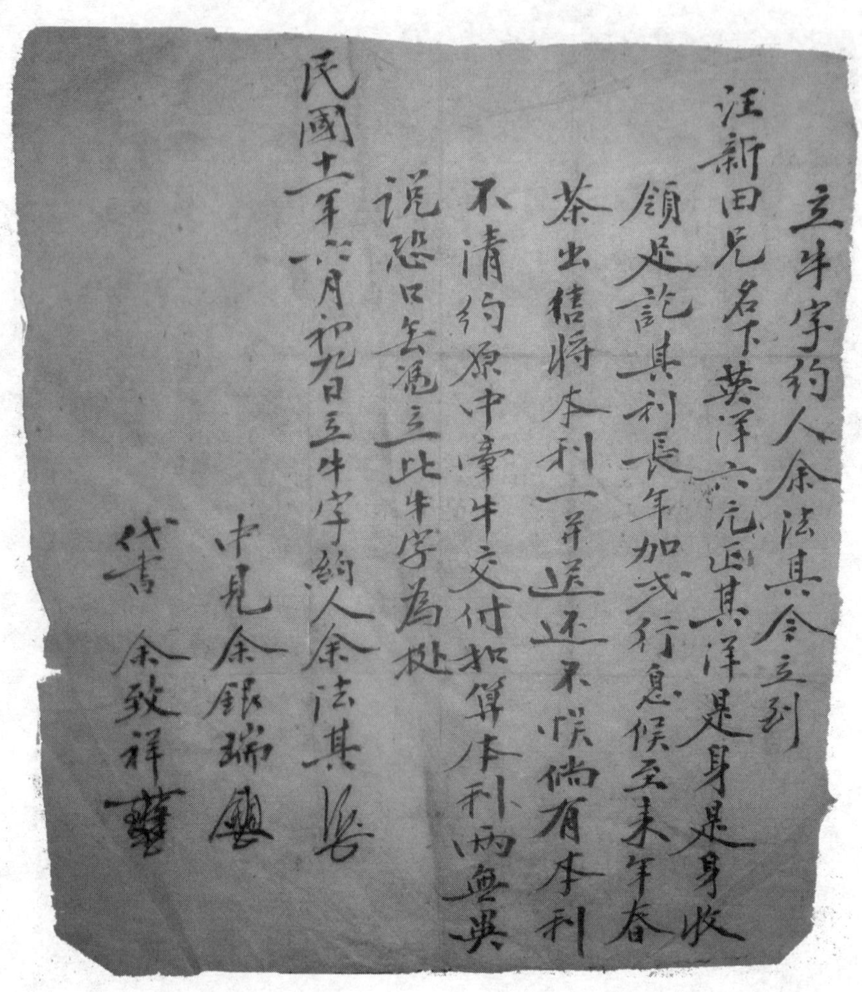
立牛字约人余法其今立到
汪新田兄名下英洋六元正，其洋是身是身收
领，是讫。其利长年加弍行息，俟至来年春
茶出售，将本利一并送还，不误。倘有本利
不清，约原中牵牛交付，扣算本利，两无异
说。恐口无凭，立此牛字为据。
民国十一年六月初九日立牛字约人余法其（押）
中见余银瑞（押）
代书余致祥（押）

大鄣山乡江村 98 · 民国十一年 · 牛字约 · 余法其立到汪新田

立自情愿断骨絶賣花燈會契人秋興
原身置有花燈会壹股今因正用托中
將会出賣與
新田叔名下為會當三面議定價洋弍元
正其洋当即是身收領足訖其會
自今賣後任听買人領内迎燈無阻
未賣之先與本家内外人等並無
重張交易如有不明等情是身自
理不干受人之事恐口無凭立此斷
骨絶賣契為據

民國壬戌年肱月十四日立自情愿契人汪秋興（押）

中見叔 [illegible]

代书叔 朗暉[illegible]

上項契價當日兩相交付足訖（押）

大鄣山乡江村 99 · 民国十一年 · 断骨绝卖花灯会契 · 汪秋兴卖与新田叔

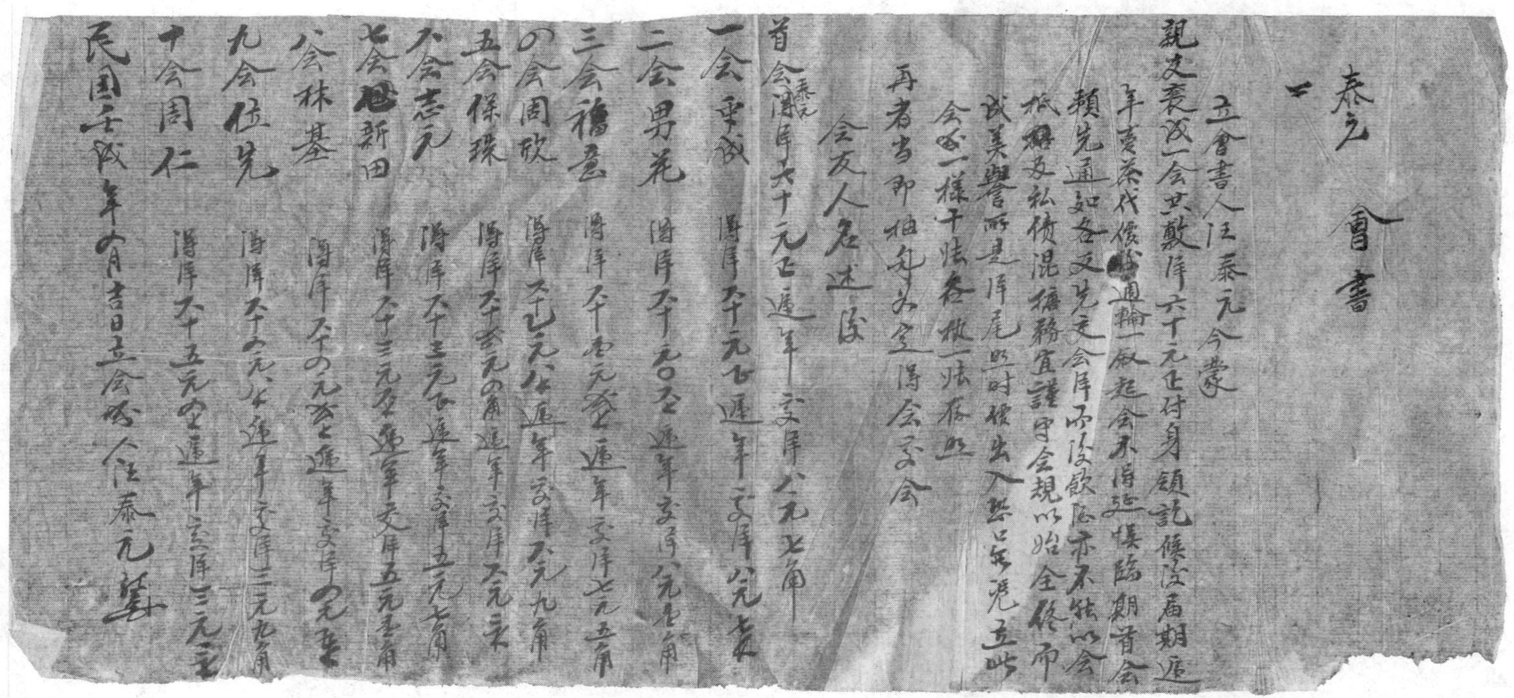

大鄣山乡江村 143 · 民国十一年 · 会书 · 汪泰元

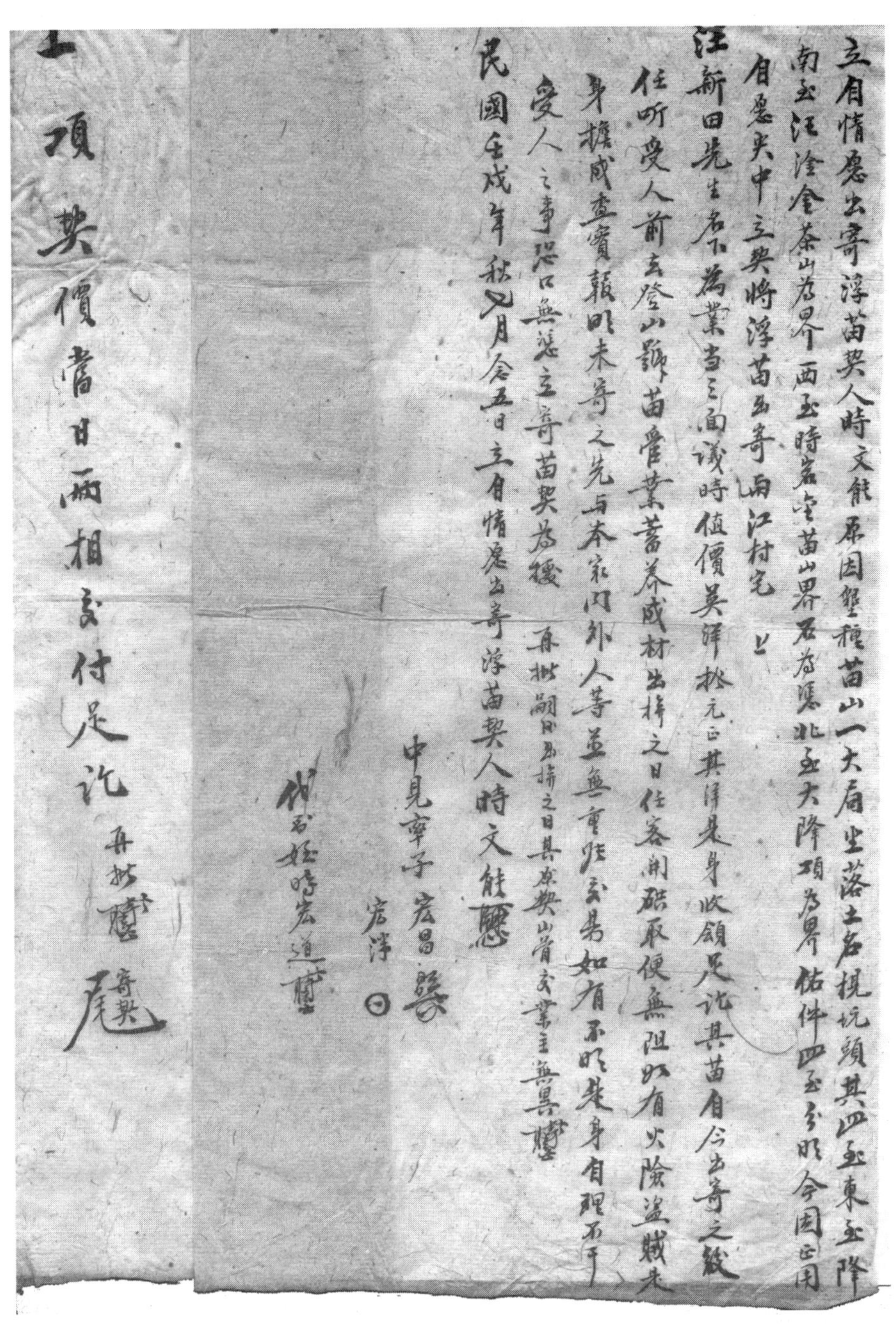

大郭山乡江村 172 · 民国十一年 · 出寄浮苗契 · 时文能寄与汪新田

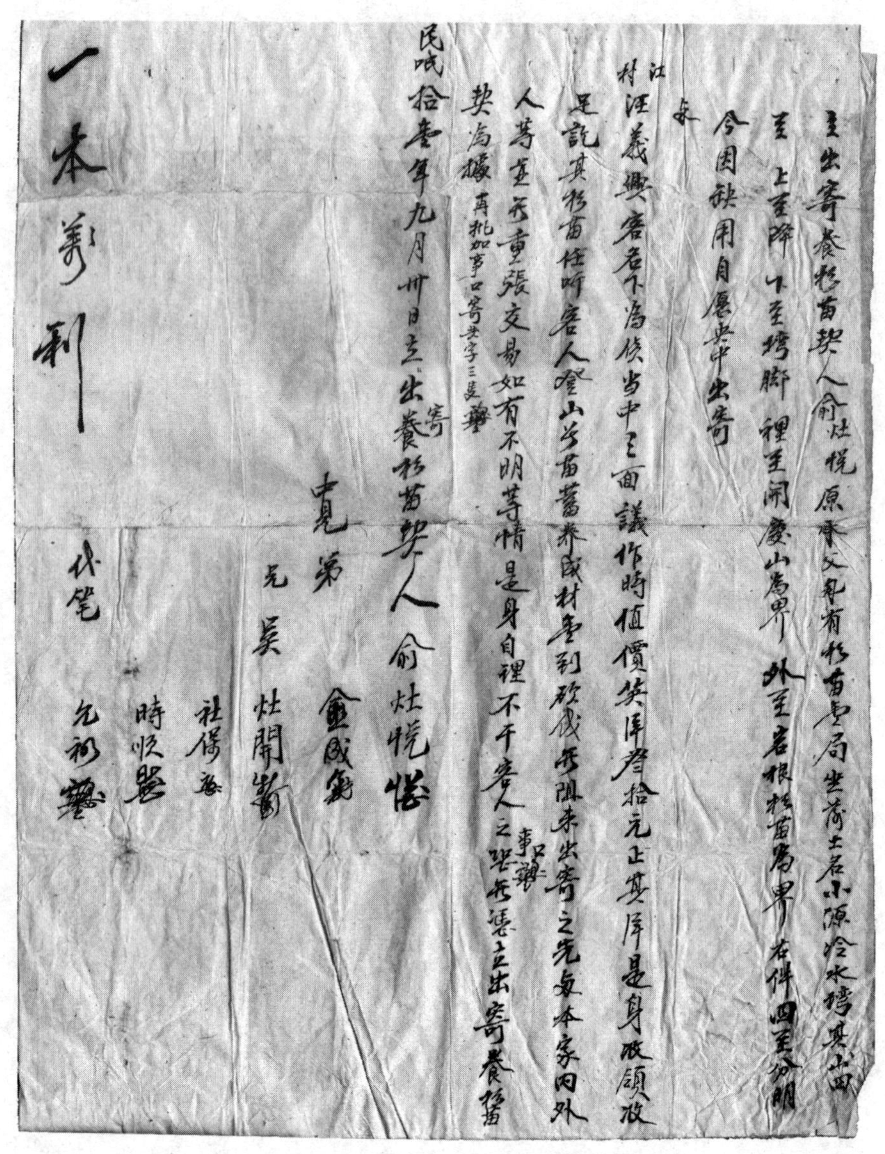

立出寄養杉苗契人俞灶悦原承父手有杉苗壹局坐落土名小源冷水塆塓上田

至 上至降 下至塆脚 裡至開慶山為界 外至岩根杉苗為界 右件四至分明

今因缺用自愿央中出寄

与

江村汪義興君名下為業当中三面議作時值價英洋叁拾元正其洋是身收領放

足託其杉苗任听君人登山看苗蓄养成材無到砍伐無阻未出寄之先並本家內外

人等並無重張交易如有不明等情是身自理不干受人之事口說無憑立此出寄養杉苗

契為據 再批加事口寄共字三是據

民國拾壹年九月卅日立出寄養杉苗契人俞灶悦（押）

中見 弟 金成（押）

兄 昊 灶開（押）

社僕（押）

時收（押）

依筆 兄 初（押）

一本萬利

大鄣山乡江村 204 · 民国十一年 · 出寄养杉苗契 · 俞灶悦寄养与汪义兴

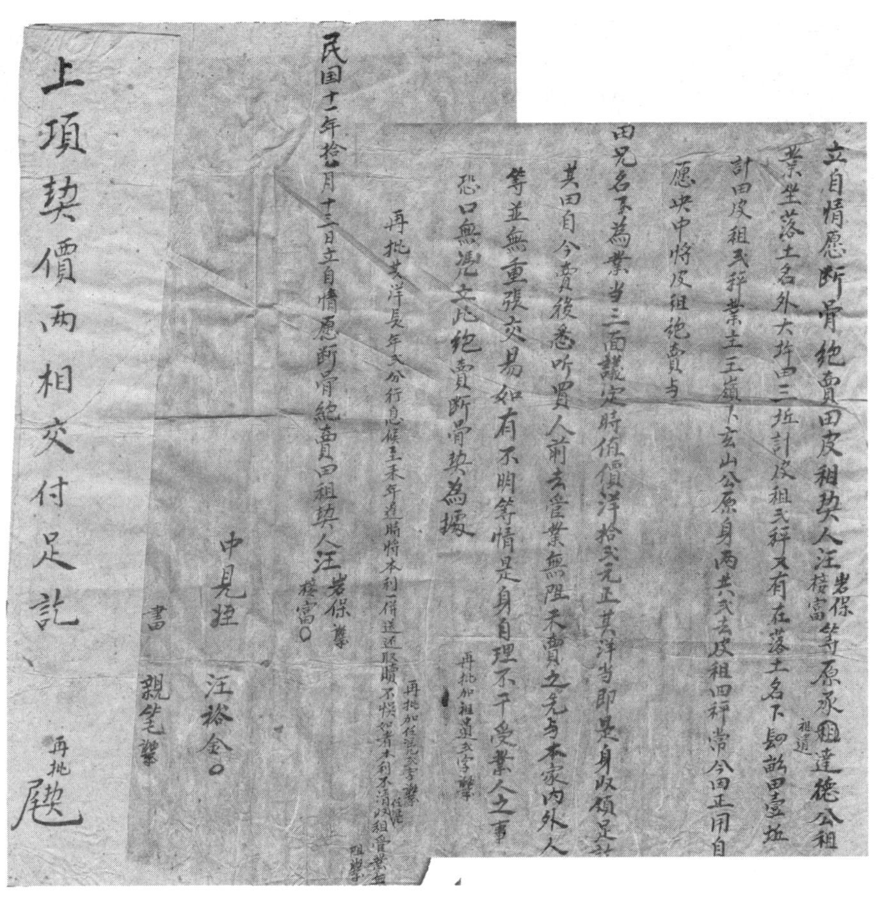

立自情愿断骨绝賣田皮租契人汪岩保、桵富等，原承祖遺達德公祖業，坐落土名外大圻田三坵，計皮租弍秤；又有在落土名下𡋲畝田壹坵，計田皮租弍秤，業主王嶺下玄山公，原身两共弍去皮租四秤，常公田正用，自愿央中将皮租绝賣与田兄名下為業。当三面議定時值價洋拾弍元正，其洋当即是身収領足訖。其田自今賣後，悉听買人前去管業無阻。未賣之先，与本家内外人等並無重張交易。如有不明等情，是身自理，不干受業人之事。恐口無凴，立此绝賣断骨契為據。

再批加祖遺弍字據

再批芰洋長年弍分行息，係至未年追贖，将本利一併送还取贖不悮，如清本利不清，以租管業。再批加任凭弍字據

民国十一年拾月十三日立自情愿断骨绝賣田租契人汪岩保（押）、桵富〇

中見姪 汪裕金〇

書 親笔（押）

上項契價两相交付足訖

再批 [illegible]

大鄣山乡江村 216 · 民国十一年 · 断骨绝卖田皮租契 ·
汪岩保、汪桵富卖与汪新田

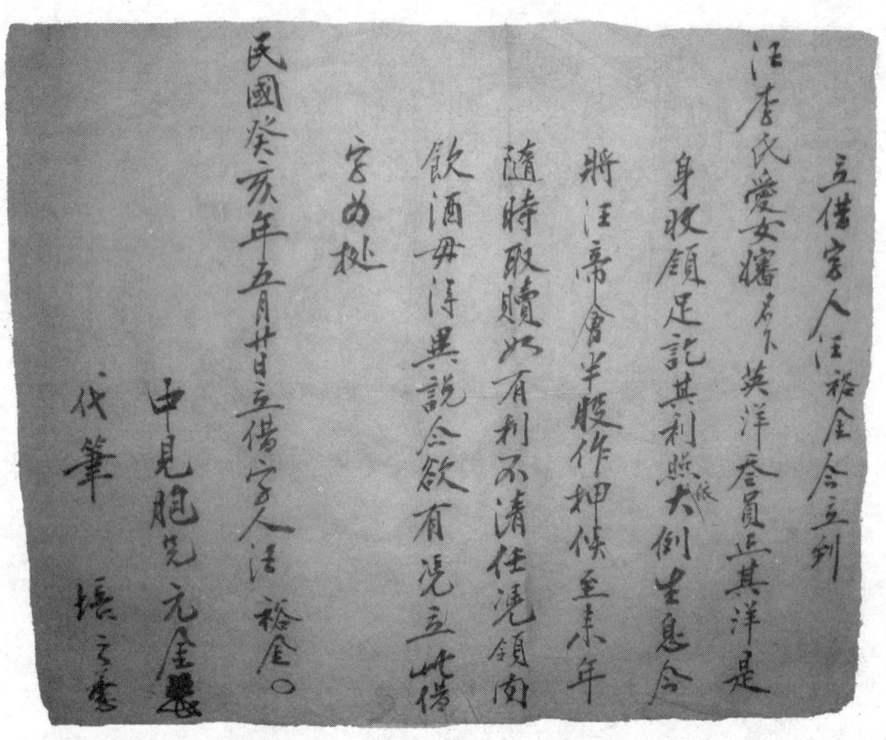

立借字人汪裕金今立到
汪李氏愛女孀名下英洋叁員正其洋是
身收領足訖其利照依大例生息今
將汪帝會半股作押俟至來年
隨時取贖如有利不清任憑領內
飲酒毋得異說今欲有憑立此借
字為據
民國癸亥年五月廿日立借字人汪裕金〇
中見胞兄元金(押)
代筆 墇之[illegible]

大鄣山乡江村 96 · 民国十二年 · 借约 · 汪裕金立到汪李氏爱女婶

成人之美

岩金

立議會書人汪岩今　今蒙
親友集成一會廿八家洋壹伯元正付身領訖候後届期逐年約
定六月十五日週輪一叙起会不得延期首会預先通知各
洋而後飲酒不能上会抵下会及私債混擄務宜謹守
会規以始全終廿八成美譽所是洋尾另八逐年并依時價
恐口無凭立此会書一樣十张各执一张存照

會友芳名
首会汪岩今　逐年交洋拾五元半
壹会上卿　得英洋壹伯元正　逐年交洋拾四元半
式会岩海　得英洋壹伯零一元　逐年交洋拾三元半
三会春溉　得英洋壹伯零二元　逐年交洋拾二元半
四会新田　得英洋壹伯零三元　逐年交洋拾一元半
五会唐保　得英洋壹伯零四元　逐年交洋拾元半
六会胡書　得英洋壹伯零五元　逐年交洋九元半
七会梅桂　得英洋壹伯零六元　逐年交洋八元半
八会興光　得英洋壹伯零七元　逐年交洋七元半
九会灶成　得英洋壹伯零八元　逐年交洋六元半
十会順標　得英洋壹伯零九元　逐年交洋五元半

民國癸亥年六月十五日立會書人汪岩今（押）

大鄣山乡江村 107 · 民国十二年 · 会书 · 汪岩今

癸亥年會書

加王

立議會書人汪加楊今蒙

親友襄成一會共計銀洋六十員正付身領訖候後屆期定

於五月底輪流一叙預先首會通知各友起會仍要

先將洋上棹付楚然後飲酒不能以上會抵下會

及私債混搪務宜謹守會規共成美舉所是

洋尾出入照依時價計算今欲有憑立此會書一

樣十張各執一張存據

再者當即抽閱搖點交會得會為定

會友芳名　得會謄錄

一會夢奇　二會旺保　三會沛安　四會夢奇　五會榮保

六會秀娥　七會全鳳　八會銀愛　九會加悅　十會森計

交會得會洋多少次序述左

首會汪加楊得洋六拾員正　每年交洋八員七角正

甲子年一會夢奇　得洋六拾員正　每年交洋八員七角正

乙丑年二會旺保　得洋六拾員六角正　每年交洋八員壹角正

丙寅年三會沛安　得洋六拾壹員弍角　每年交洋七員五角正

丁卯年四會夢奇　得洋六拾壹員八角　每年交洋六員九角正

戊辰年五會榮保　得洋六拾弍員四角　每年交洋六員叁角正

己巳年六會秀娥　得洋六拾三員正　每年交洋五員七角正

庚午年七會全鳳　得洋六拾三員六角　每年交洋五員壹角正

辛未年八會銀愛　得洋六拾四員弍角　每年交洋四員五角正

壬申年九會加悅　得洋六拾四員八角　每年交洋叁員九角正

癸酉年十會森計　得洋六拾五員四角　每年交洋叁員三角正

民國十二年歲次癸亥端午月底立議會書人汪加楊（押）

大鄣山乡江村 149 · 民国十二年 · 会书 · 汪加杨

癸亥年會書

加王

立議會書人汪加楊今蒙
親友襄成一會共計銀洋六十員正付身領訖候後屆期定
於五月底輪流一叙預先首會通知各友起會仍要
先將洋上棹付楚然後飲酒不能以上會扺下會
及私債混搪務宜謹守會規共成美舉所是
洋尾出入照依時價計算今欲有憑立此會書一
樣十張各執一張存據
再者當即抽鬮搖點交會得會為定
會友芳名 得會謄錄
一會夢奇 二會旺保 三會沛安 四會夢奇 五會榮保
六會秀擑 七會全鳳 八會銀受 九會加悦 十會森計
交會得會洋多少次序述左
首會汪加楊得洋六拾員正 每年交洋八員七角正
甲子年一會夢奇 得洋六拾員正 每年交洋八員七角正
乙丑年二會旺保 得洋六拾員六角正 每年交洋八員壹角正
丙寅年三會沛安 得洋六拾壹員弍角 每年交洋七員五角正
丁夘年四會夢奇 得洋六拾壹員八角 每年交洋六員九角正
戊辰年五會榮保 得洋六拾弍員四角 每年交洋六員叁角正
己巳年六會秀擑 得洋六拾三員正 每年交洋五員七角正
庚午年七會全鳳 得洋六拾三員六角 每年交洋五員壹角正
辛未年八會銀受 得洋六拾四員弍角 每年交洋四員五角正
壬申年九會加悦 得洋六拾四員八角 每年交洋叁員九角正
癸酉年十會森計 得洋六拾五員四角 每年交洋叁員三角正
民國十二年歲次癸亥端午月底立議會書人汪加楊（押）

大鄣山乡江村 150 · 民国十二年 · 会书 · 汪加杨

癸亥年會書

身祥

立議會書人汪新祥今蒙

親友襄成一會共計銀洋陆拾員正付身領訖俟後迭年屆

期定於五月廿日週流一叙起會預先首會邀集會

友通知各友先將洋上桌付楚然後飲酒不能以上

會抵下會及私債抵搪務宜謹守會規盡始盡終

共成美舉所是尾洋進出照依時價恐口無凴立

此會書一樣十張各執一張存照

再者當即定抽閹摇骰交會得会分别查謄錄

會友芳名得會述後

一會慶祥　二會秀娥　三會新祥　四會森計　五會夢奇

六會金狂　七會得宜　八會福姬　九會愛安　十會來興

交會得會洋多少次序述左

首會汪新祥得洋六拾元正　每年交洋八元七角正

甲子年一會慶祥　得洋六拾員正　每年交洋八員七角正

乙丑年二會秀娥　得洋六拾員零六角　每年交洋八員壹角正

丙寅年三會新祥　得洋六拾壹員六角　每年交洋七員五角正

丁卯年四會森計　得洋六拾壹員八角　每年交洋六員九角正

戊辰年五會夢奇　得洋六拾弍員四角　每年交洋六員叁角正

己巳年六會金狂　得洋六拾叁員正　每年交洋五員七角正

庚午年七會得宜　得洋六拾叁員六角　每年交洋五員壹角正

辛未年八會福姬　得洋六拾四員六角　每年交洋四員五角正

壬申年九會愛安　得洋六拾四員八角　每年交洋叁員九角正

癸酉年十會來興　得洋六拾五員四角　每年交洋叁員叁角正

民國十二年歲次癸亥五月廿日立議會書人汪新祥

大鄣山乡江村 151 · 民国十二年 · 会书 · 汪新祥

會書

葉灶炎

立議會書人灶炎今蒙

親友襄成一會共數銀洋壹百員付身領訖迭年

屆期訂定於五月二十四日輪流一叙預先首

會邀集各友赴會仍要先將洋上棹付楚

然後飲酒不能以上會抵下會及私債抵

擋務宜謹守會規共成美舉所是洋尾

進出照依時價計算今欲有憑立此會書

一樣十張各執一張存據

一會秉順　二會成林　三會達明　四會岩根興才共　五會新田

六會時桂　七會子福　八會灶炎　九會志成　十會旺保

會友交會得會多少次序述左

首會灶炎得洋壹百員正　每年交洋拾四員五角

甲子年一會秉順　得洋壹百員正每年交洋拾四員五角

乙丑年二會成林　得洋壹百零壹員正每年交洋拾三員五角

丙寅年三會達明　得洋壹百零弍員正每年交洋拾弍員五角

丁卯年四會岩根興才　得洋壹百零三員正每年交洋拾壹員五角

戊辰年五會新田　得洋壹百零四員正　每年交洋拾員零五角

己巳年六會時桂　得洋壹百零五員正　每年交洋九員五角

庚午年七會灶炎　得洋壹百零六員正　每年交洋八員五角

辛未年八會子福　得洋壹百零七員正每年交洋七員五角

壬申年九會志成　得洋壹百零八員正每年交洋六員五角

癸酉年十會旺保　得洋壹百零九員正每年交洋五員五角

民國十二年歲在癸亥五月廿四日立議會書人葉灶炎

大鄣山乡江村 154-i · 民国十二年 · 会书 · 叶灶炎（第一面）

大鄣山乡江村 154-ii · 民国十二年 · 会书 · 叶灶炎（第二面）

大鄣山乡江村 167 · 民国十二年 · 出寄浮苗契 · 余德根寄与汪莘田

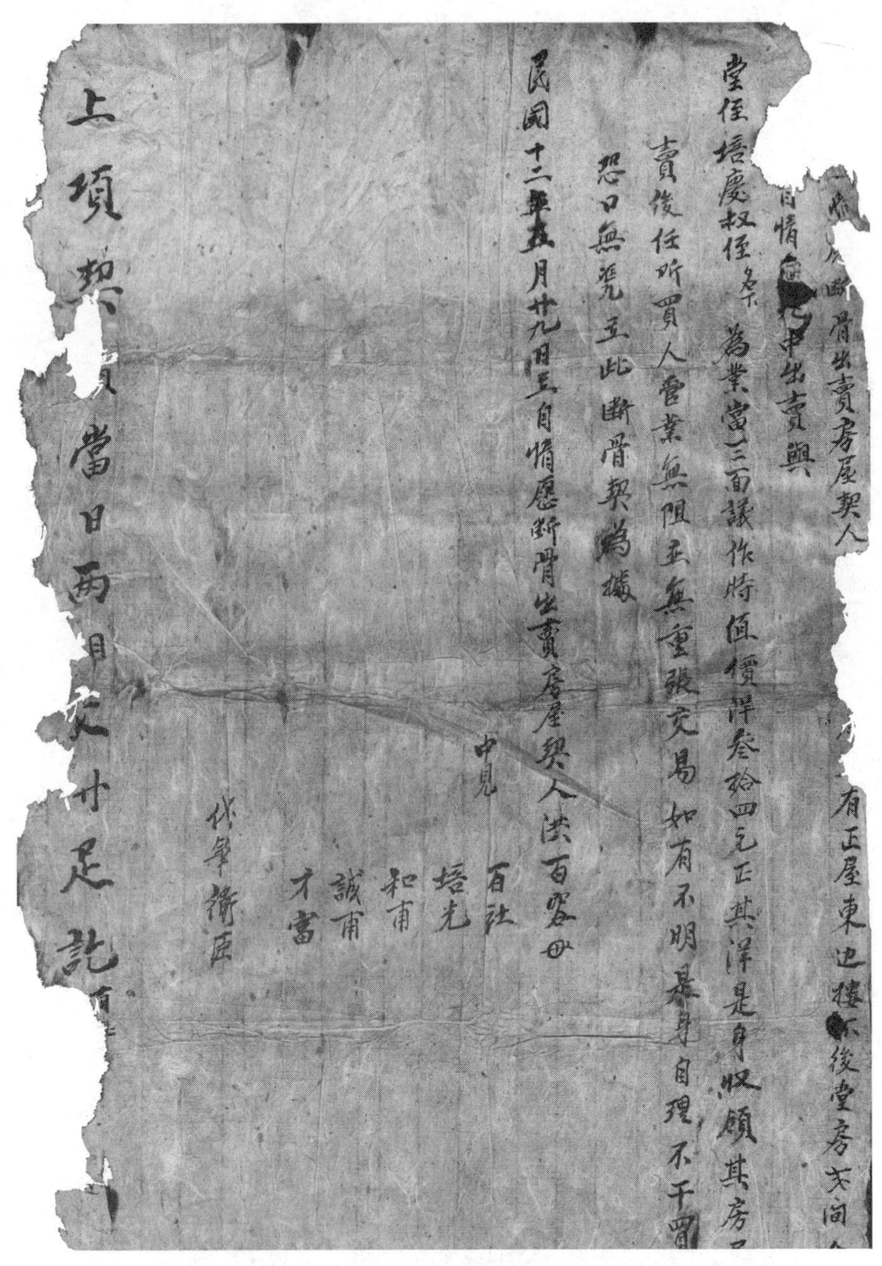

大鄣山乡江村 183 · 民国十二年 · 断骨出卖房屋契 · 洪百容卖与堂侄培庆叔侄

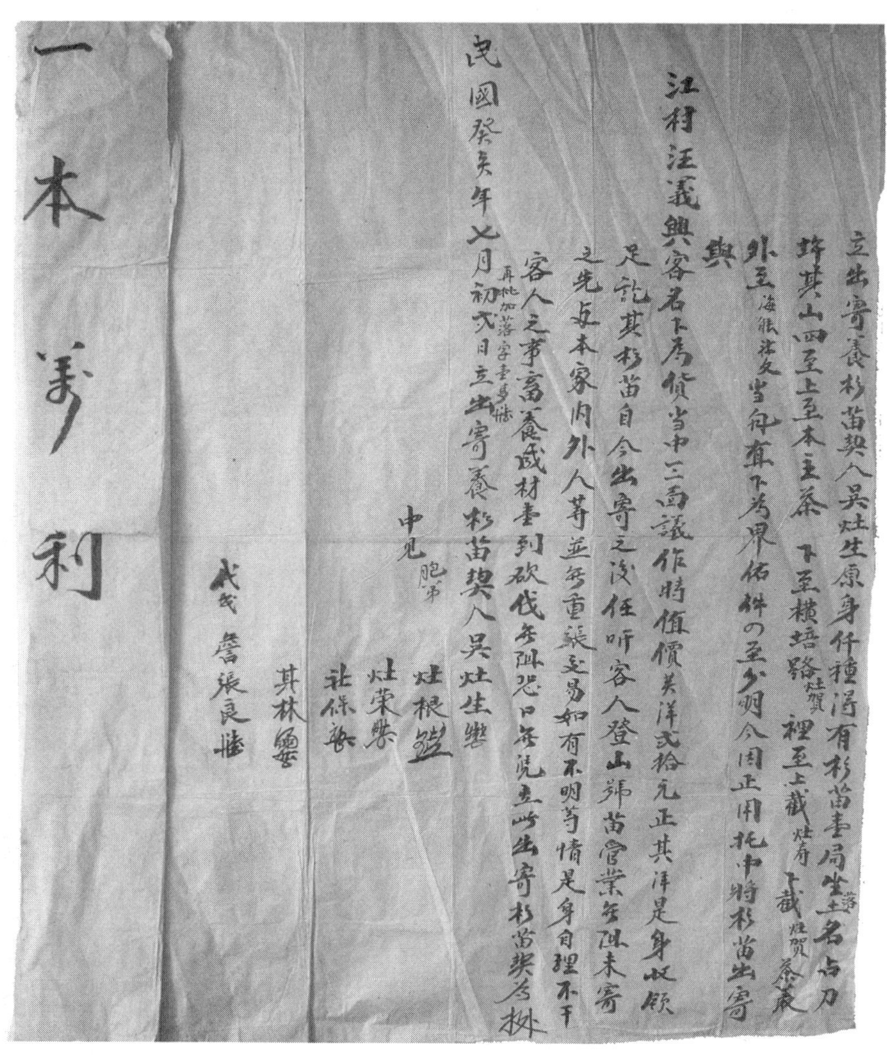

大鄣山乡江村 186 · 民国十二年 · 出寄养杉苗契 · 吴灶生寄与汪义兴

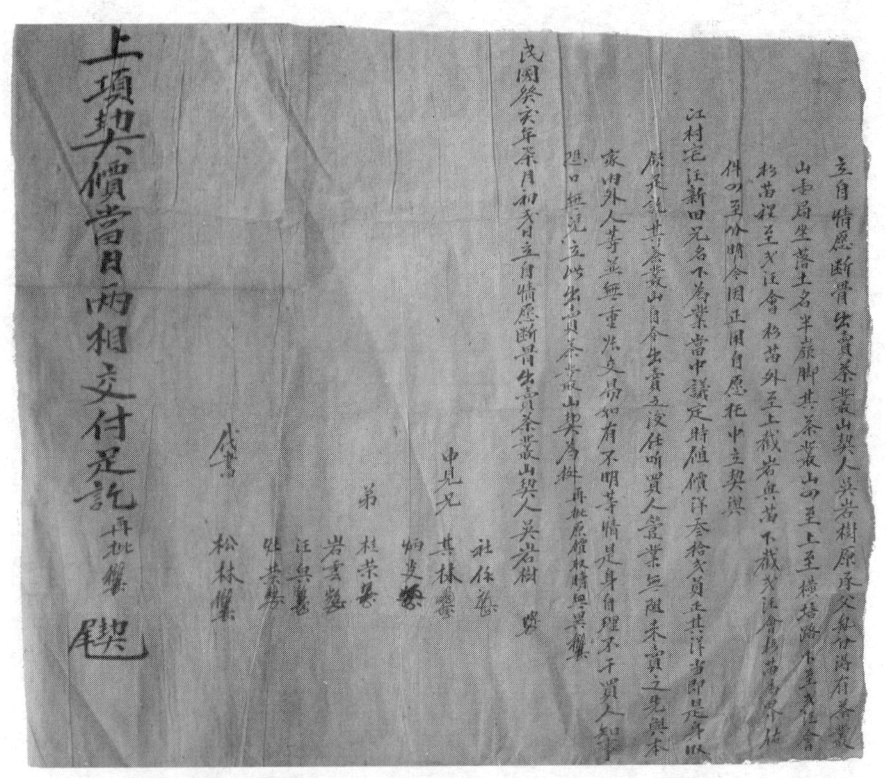

大鄣山乡江村 206 · 民国十二年 · 断骨出卖茶丛山契 · 吴岩树卖与汪新田

往來騰清
民國癸亥年冬月
汪夢奇記

大鄣山乡江村 19-1 · 民国十三年 · 往来腾清流水账本 · 汪梦奇记

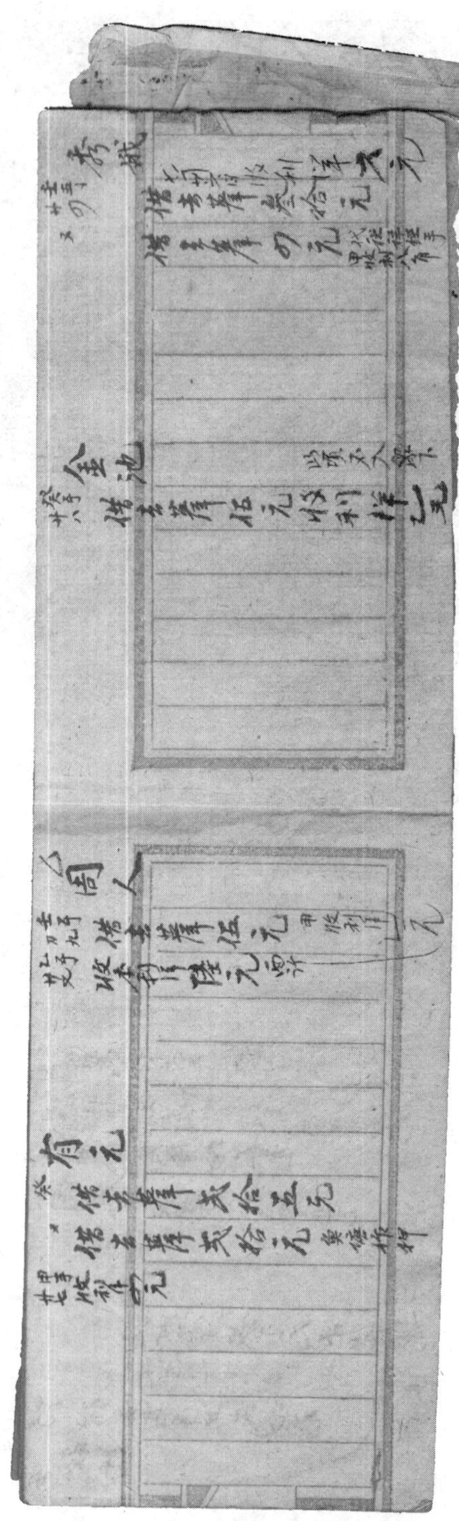

大鄣山乡江村 19-2 · 民国十三年 · 往来腾清流水账本 · 汪梦奇记

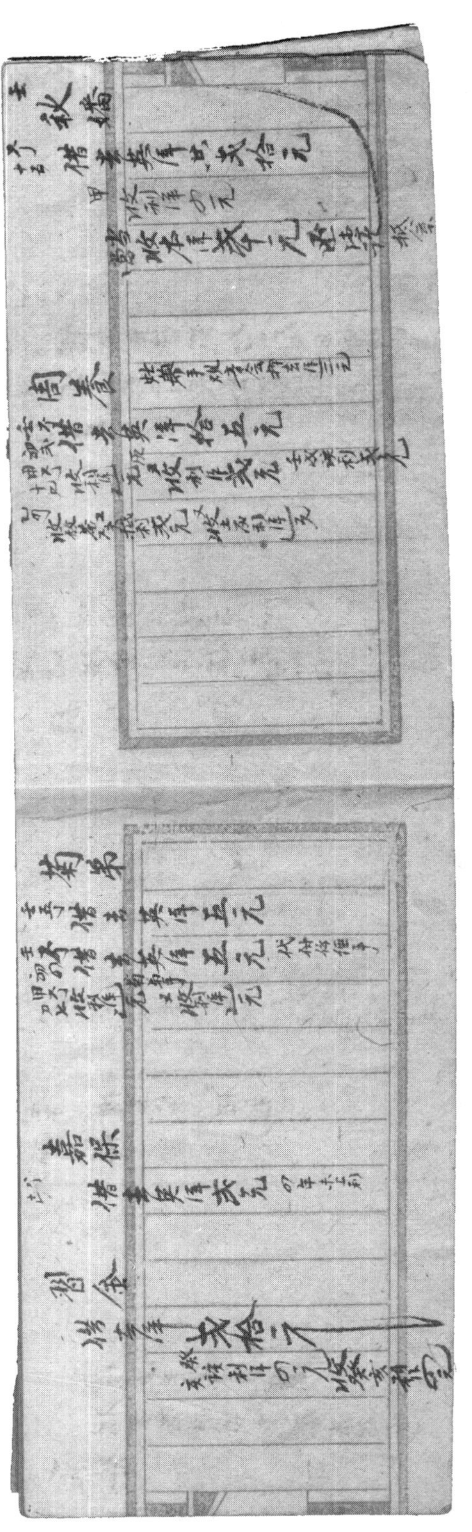

大鄣山乡江村 19-3 · 民国十三年 · 往来腾清流水账本 · 汪梦奇记

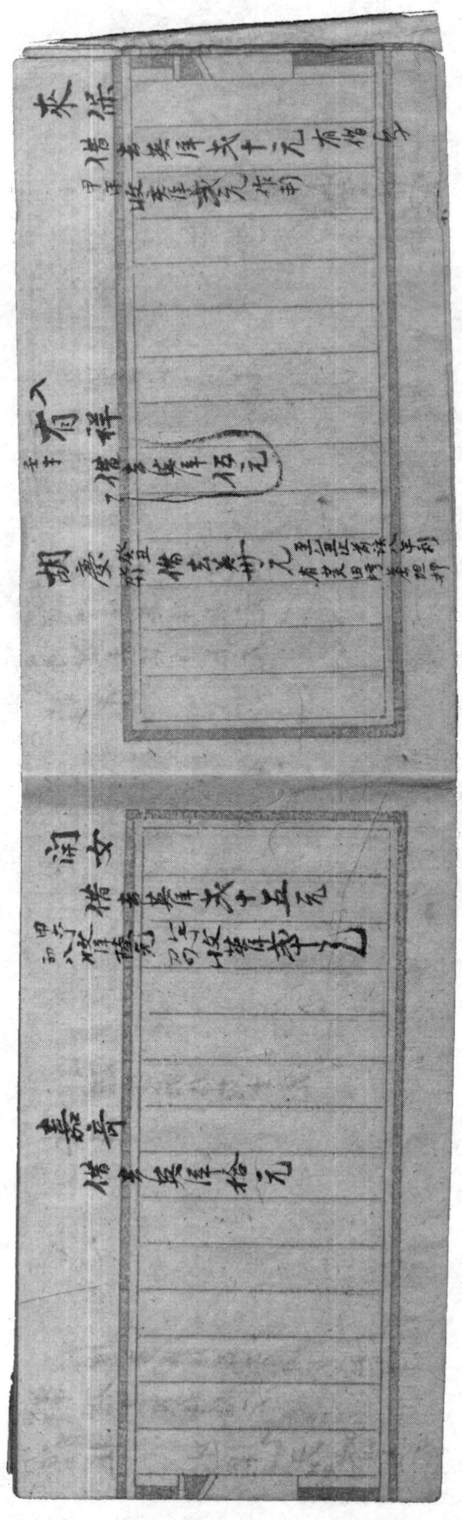

大鄣山乡江村 19-4 · 民国十三年 · 往来腾清流水账本 · 汪梦奇记

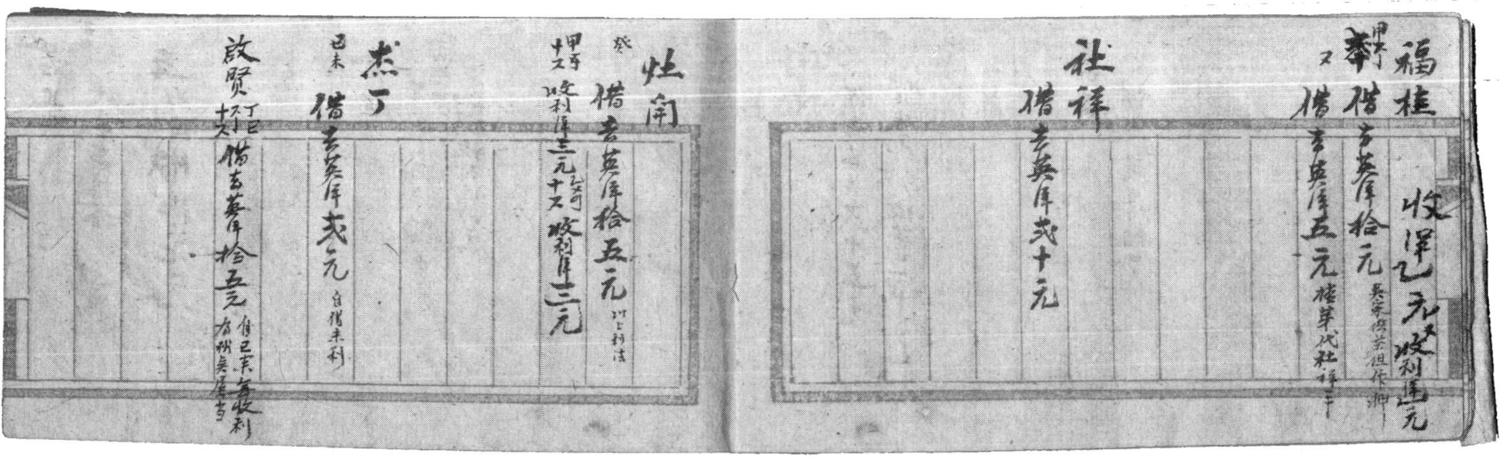

大鄣山乡江村 19-5 · 民国十三年 · 往来腾清流水账本 · 汪梦奇记

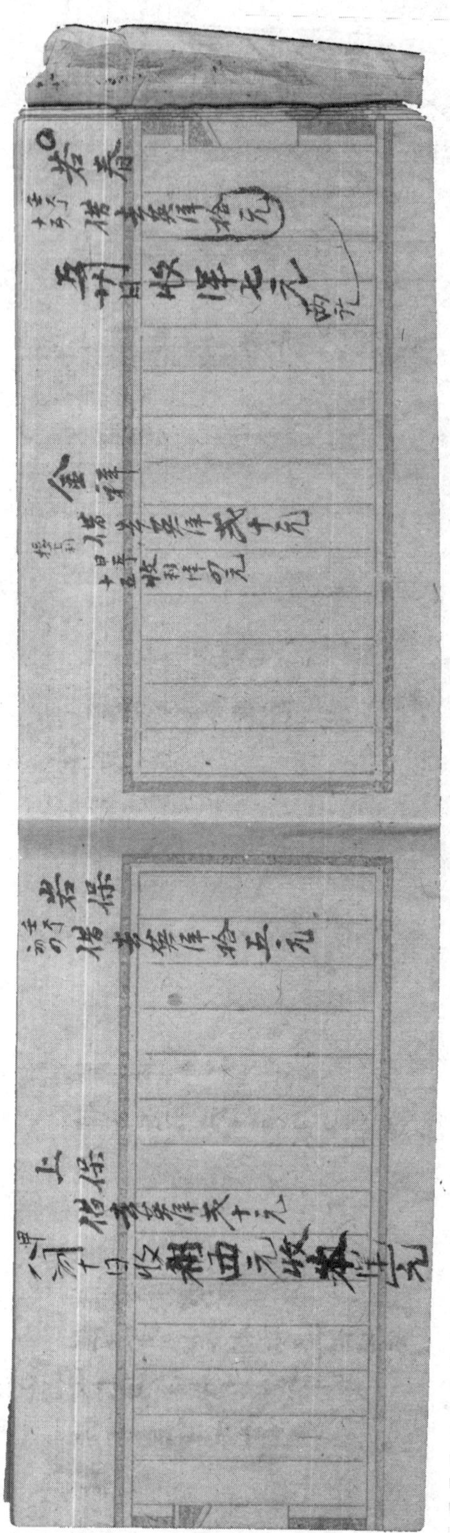

大鄣山乡江村 19-6 · 民国十三年 · 往来腾清流水账本 · 汪梦奇记

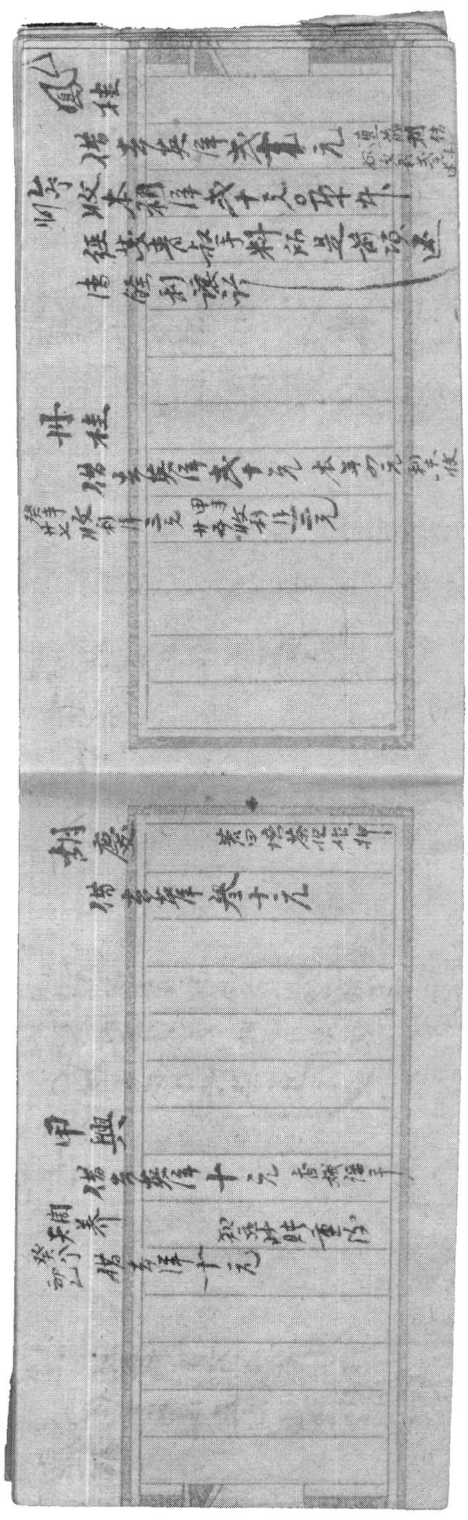

大鄣山乡江村 19-7 · 民国十三年 · 往来腾清流水账本 · 汪梦奇记

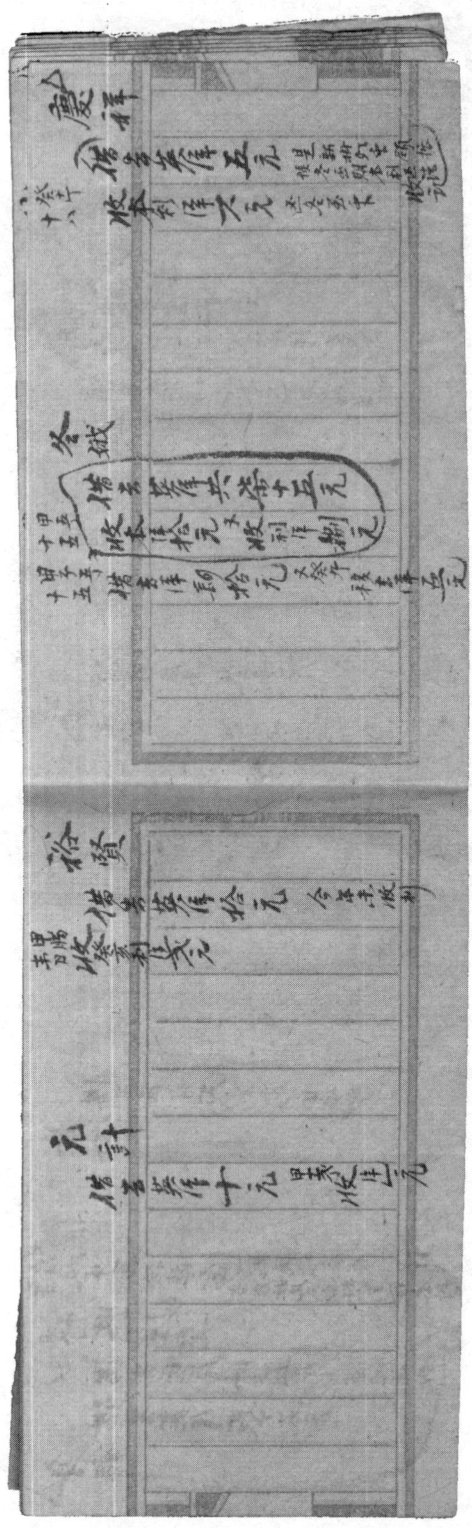

大鄣山乡江村 19-8 · 民国十三年 · 往来腾清流水账本 · 汪梦奇记

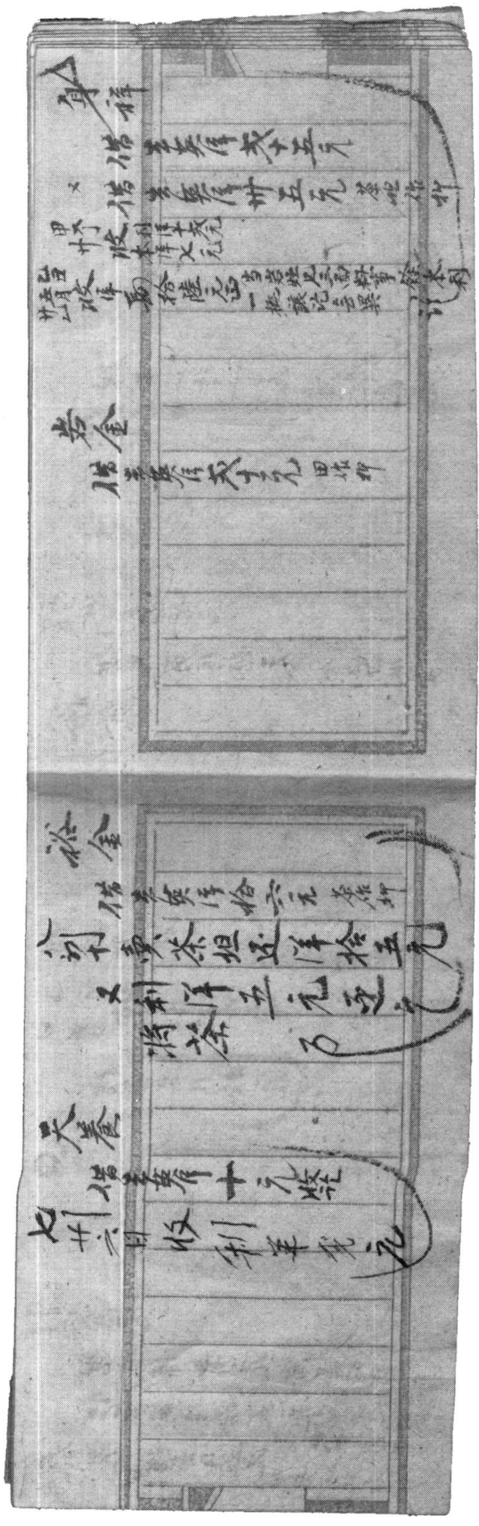

大鄣山乡江村 19-9 · 民国十三年 · 往来腾清流水账本 · 汪梦奇记

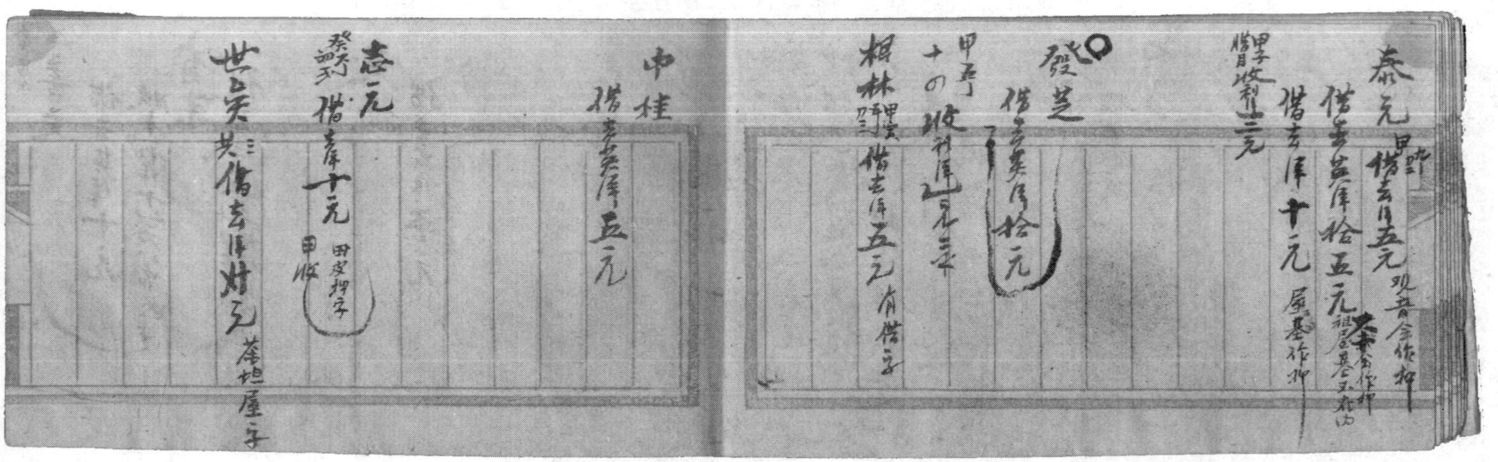

大鄣山乡江村 19-10 · 民国十三年 · 往来腾清流水账本 · 汪梦奇记

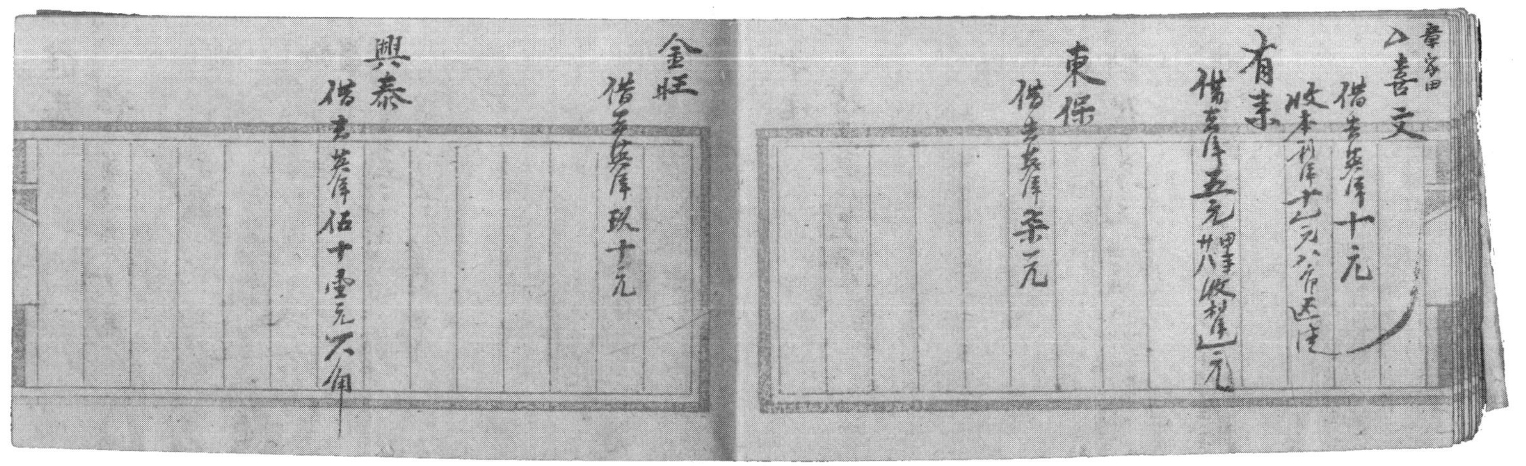

大鄣山乡江村 19-11 · 民国十三年 · 往来腾清流水账本 · 汪梦奇记

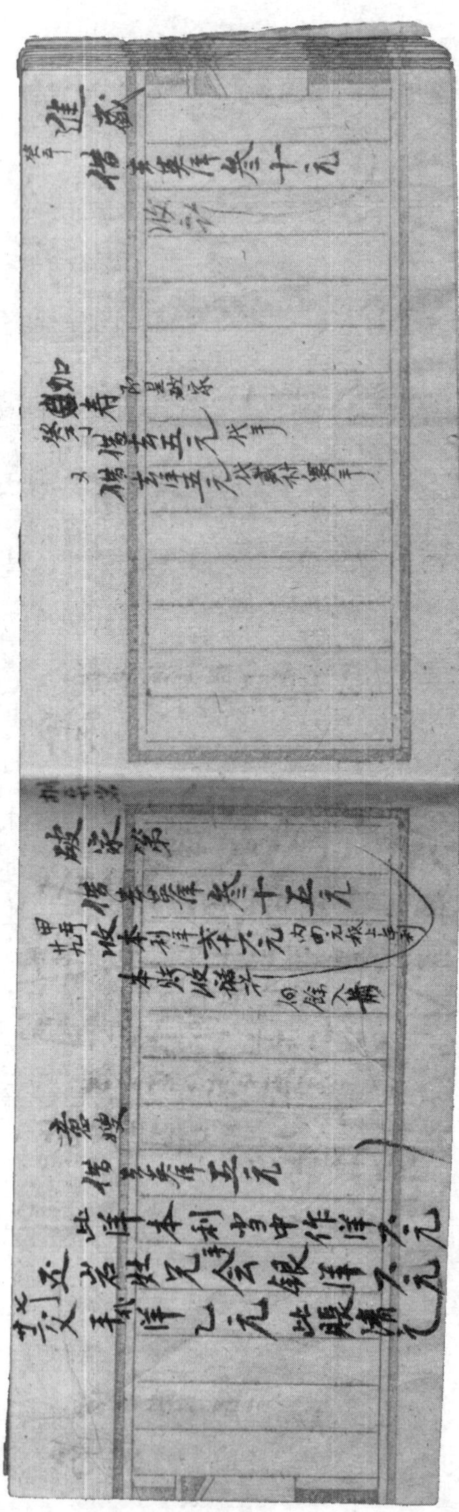

大鄣山乡江村 19-12 · 民国十三年 · 往来腾清流水账本 · 汪梦奇记

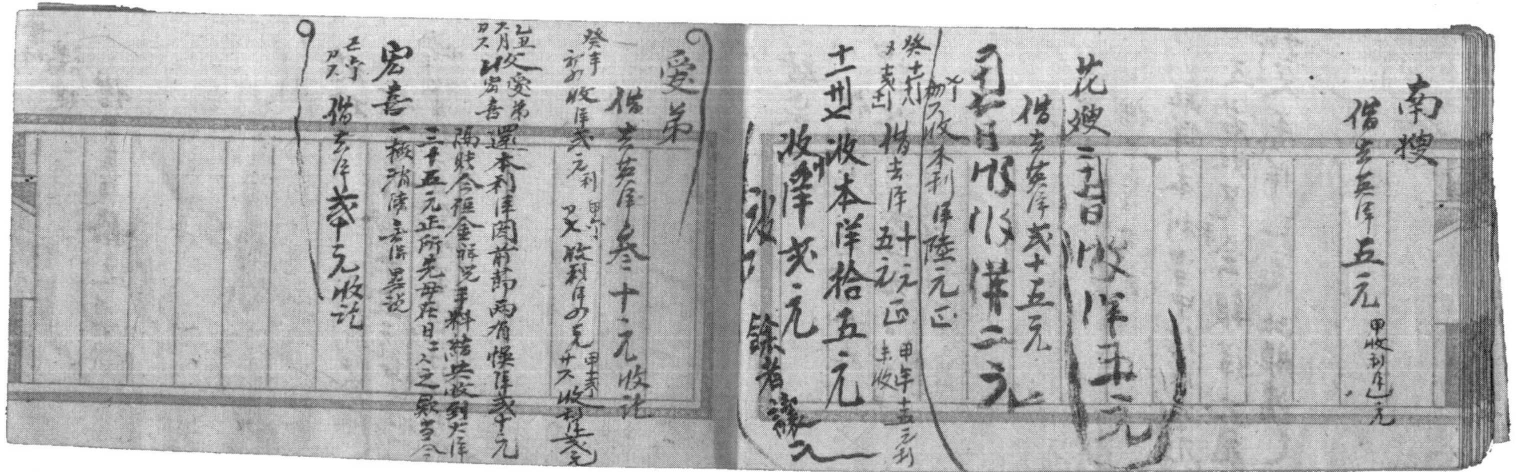

大鄣山乡江村 19-13 · 民国十三年 · 往来腾清流水账本 · 汪梦奇记

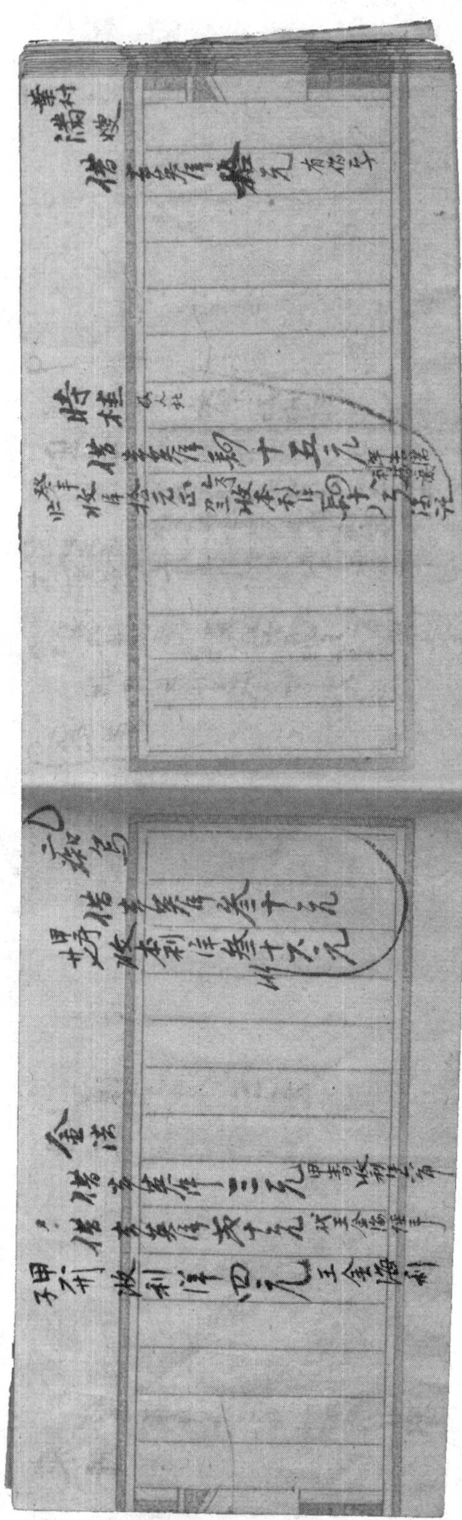

大鄣山乡江村 19-14 · 民国十三年 · 往来腾清流水账本 · 汪梦奇记

大鄣山乡江村 19-15 · 民国十三年 · 往来腾清流水账本 · 汪梦奇记

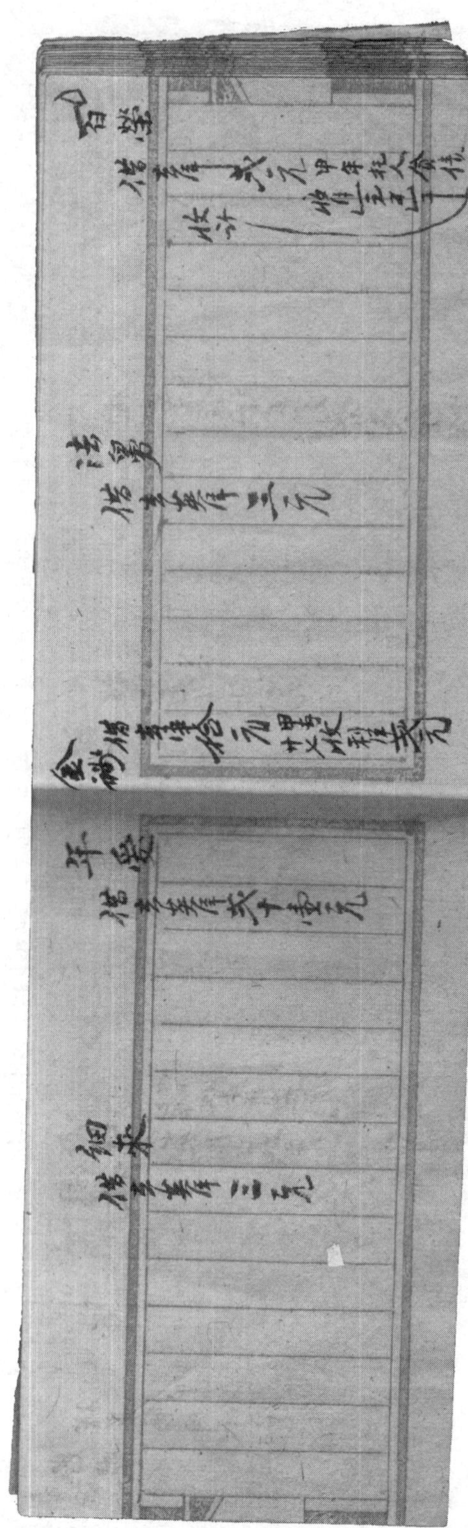

大鄣山乡江村 19-16 · 民国十三年 · 往来腾清流水账本 · 汪梦奇记

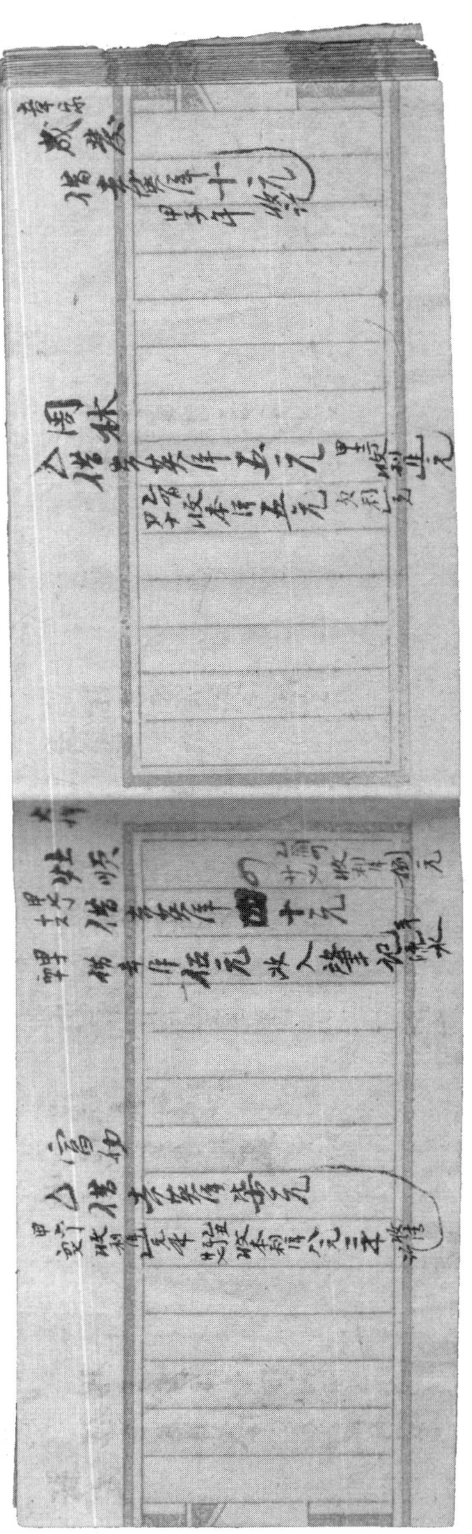

大鄣山乡江村 19-17 · 民国十三年 · 往来腾清流水账本 · 汪梦奇记

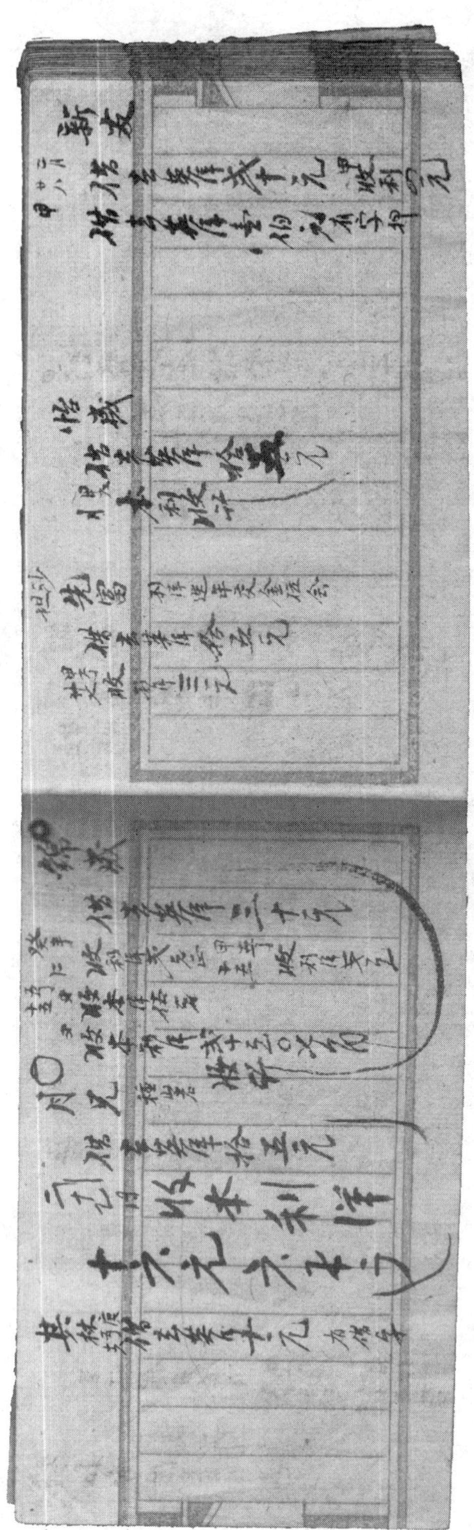

大鄣山乡江村 19-18 · 民国十三年 · 往来腾清流水账本 · 汪梦奇记

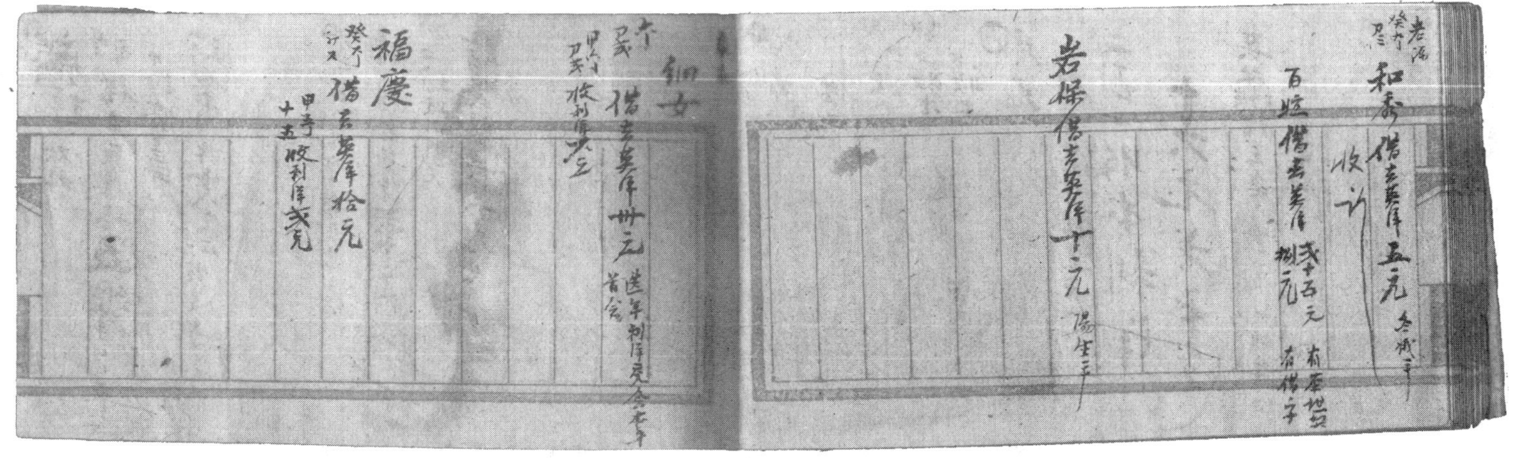

大鄣山乡江村 19–19 · 民国十三年 · 往来腾清流水账本 · 汪梦奇记

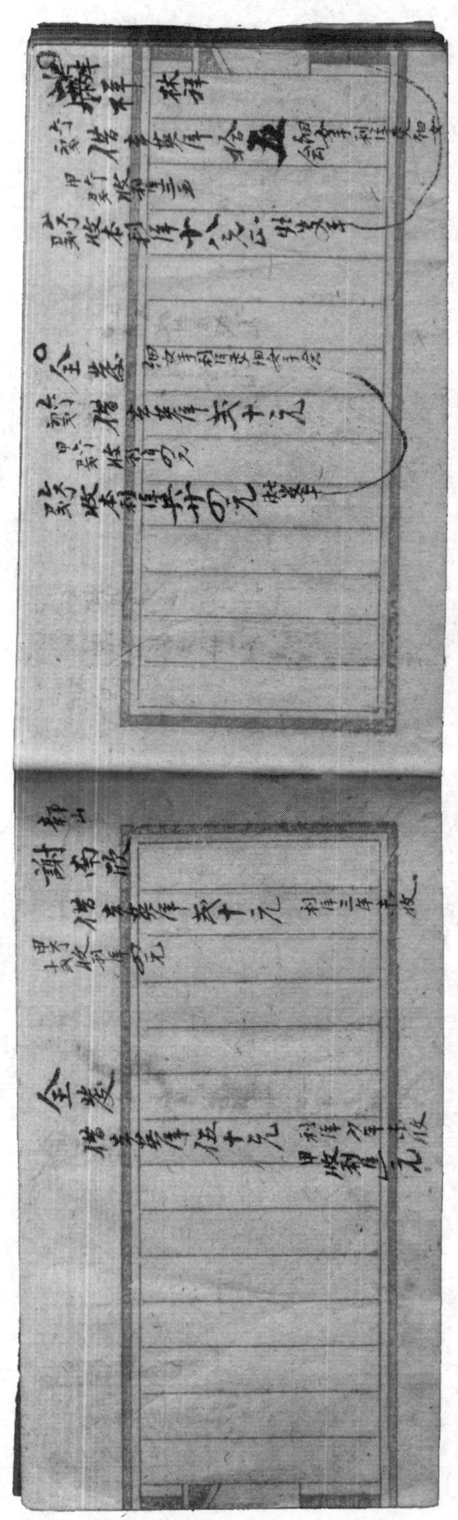

大鄣山乡江村 19-20 · 民国十三年 · 往来腾清流水账本 · 汪梦奇记

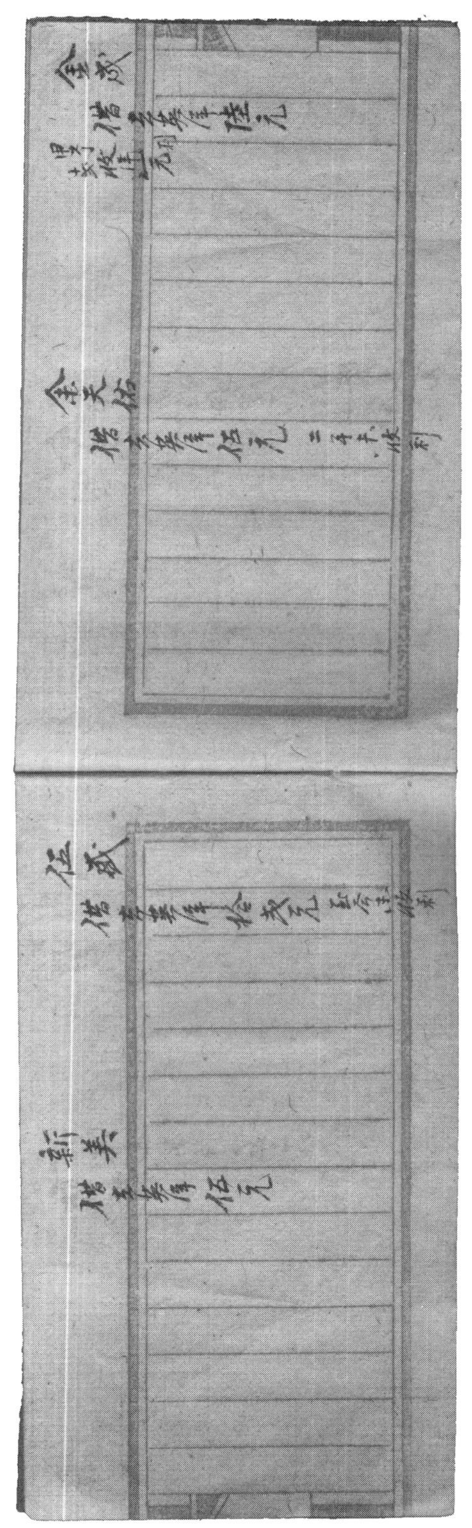

大鄣山乡江村 19-21 · 民国十三年 · 往来腾清流水账本 · 汪梦奇记

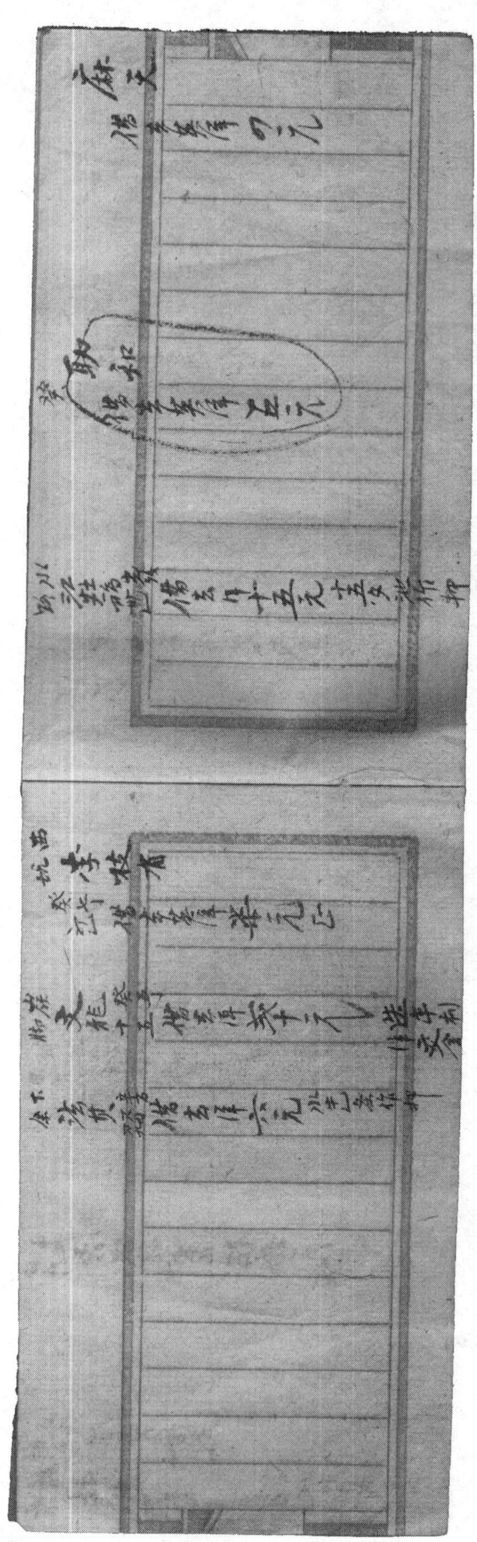

大鄣山乡江村 19-22 · 民国十三年 · 往来腾清流水账本 · 汪梦奇记

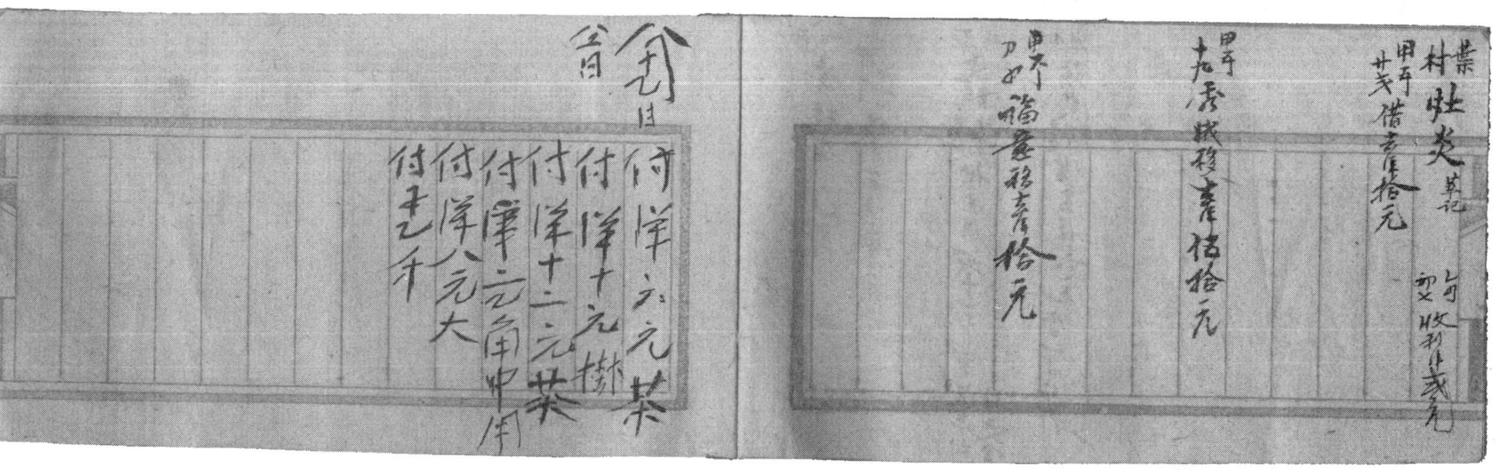

大鄣山乡江村 19-23 · 民国十三年 · 往来腾清流水账本 · 汪梦奇记

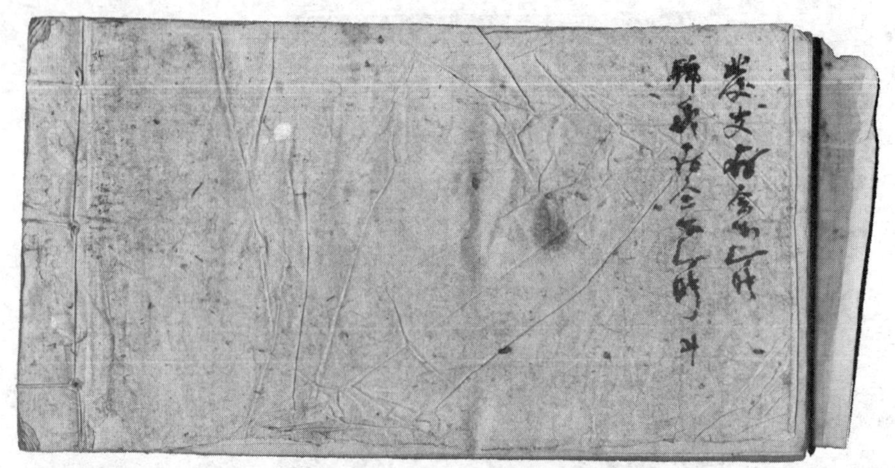

大鄣山乡江村 19-24 · 民国十三年 · 往来腾清流水账本 · 汪梦奇记

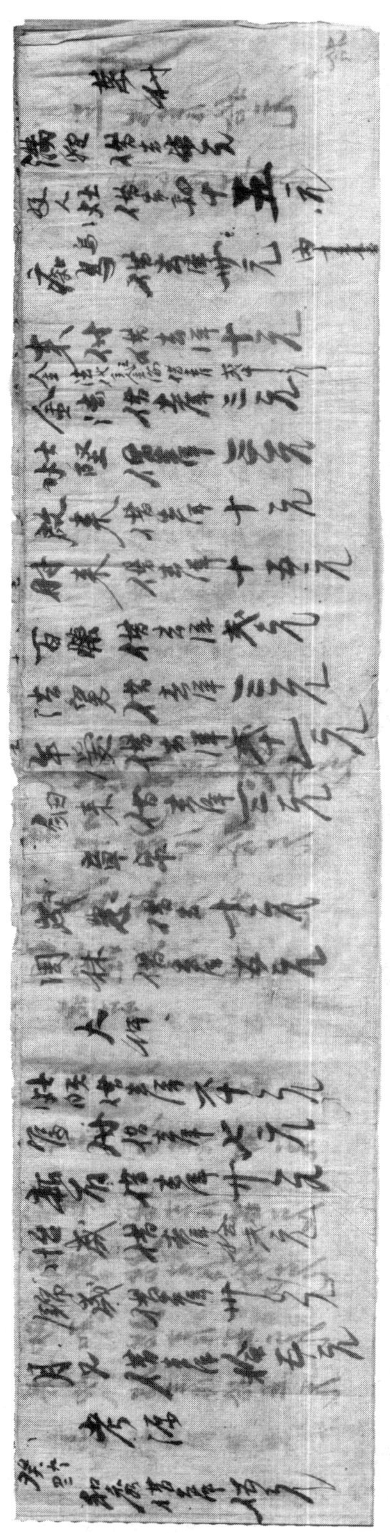

大鄣山乡江村 19 附 1 · 民国十三年 · 往来腾清流水账本 · 汪梦奇记

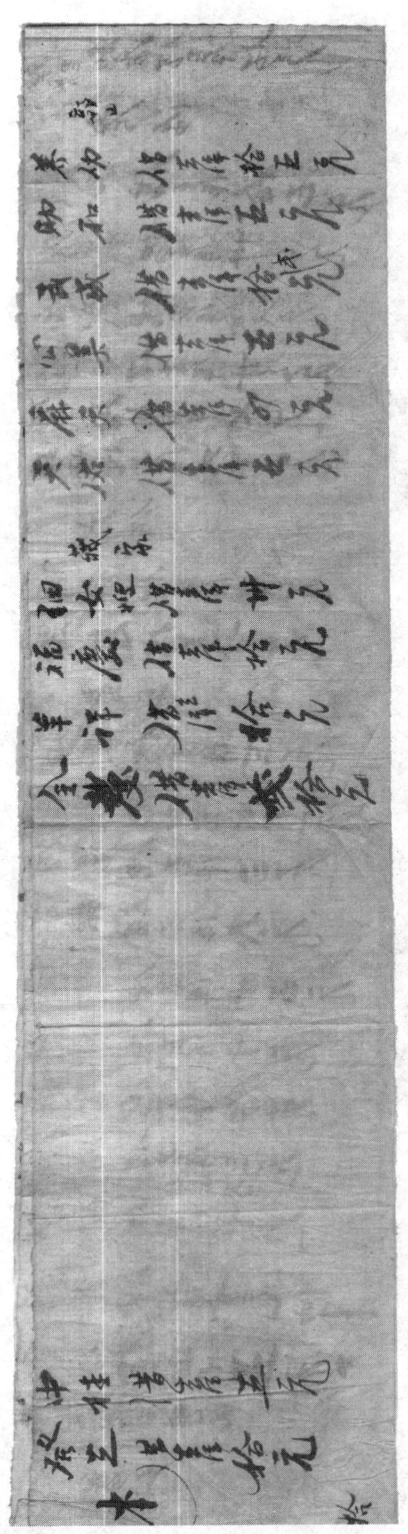

大鄣山乡江村 19 附 2 · 民国十三年 · 往来腾清流水账本 · 汪梦奇记

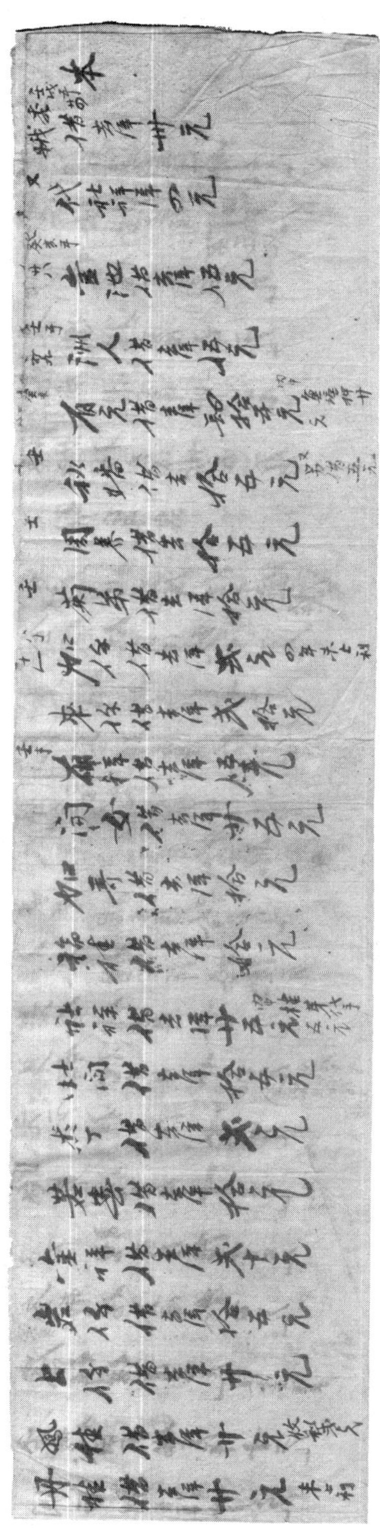

大鄣山乡江村 19 附 3 · 民国十三年 · 往来腾清流水账本 · 汪梦奇记

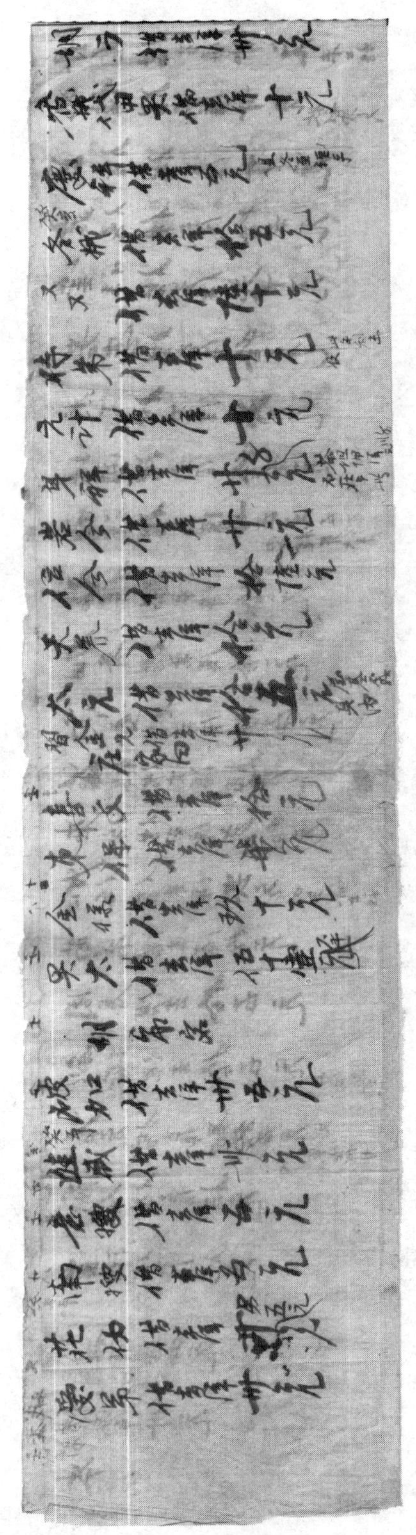

大鄣山乡江村 19 附 4 · 民国十三年 · 往来腾清流水账本 · 汪梦奇记

會書

澍先

立議会書人汪澍先今蒙
親友襄成一会共數洋壹百元正付身領訖候後逐年
准定六月初一日週輪一叙不得延期首会預先通知
各友先交洋而後散席儀不該上会抵下会及私積
混搪務宜謹守会規以全始終而成美譽所是洋
尾出入照依時價恐口無凴立此会書一樣十張各執
一張存照

會友芳名 得会交会多少次序述左

甲子首会 澍先得洋壹百元正 迭年交洋十四元五角
乙丑壹会 培根得洋壹百元正 迭年交洋十四元五角
丙寅弍会 交先得洋壹百○壹元 迭年交洋十三元五角
丁卯三会 裕先得洋壹百○弍元 迭年交洋十弍元五角
戊辰四会 富輝得洋壹百○三元 迭年交洋十一元五角
己巳五会 潤新得洋壹百○四元 迭年交洋十元○五角
庚午六会 緒先得洋壹百○五元 迭年交洋九元五角
辛未七会 胡輝得洋壹百○六元 迭年交洋八元五角
壬申八会 周仁得洋壹百○七元 迭年交洋七元五角
癸酉九会 德先得洋壹百○八元 迭年交洋六元五角
甲戌十会 松柏得洋壹百○九元 迭年交洋五元五角

再批當年得会人付出洋壹元以為席敬叙会

民國甲子年五月十七日立會書人汪澍先〇

大鄣山乡江村 106 · 民国十三年 · 会书 · 汪澍先

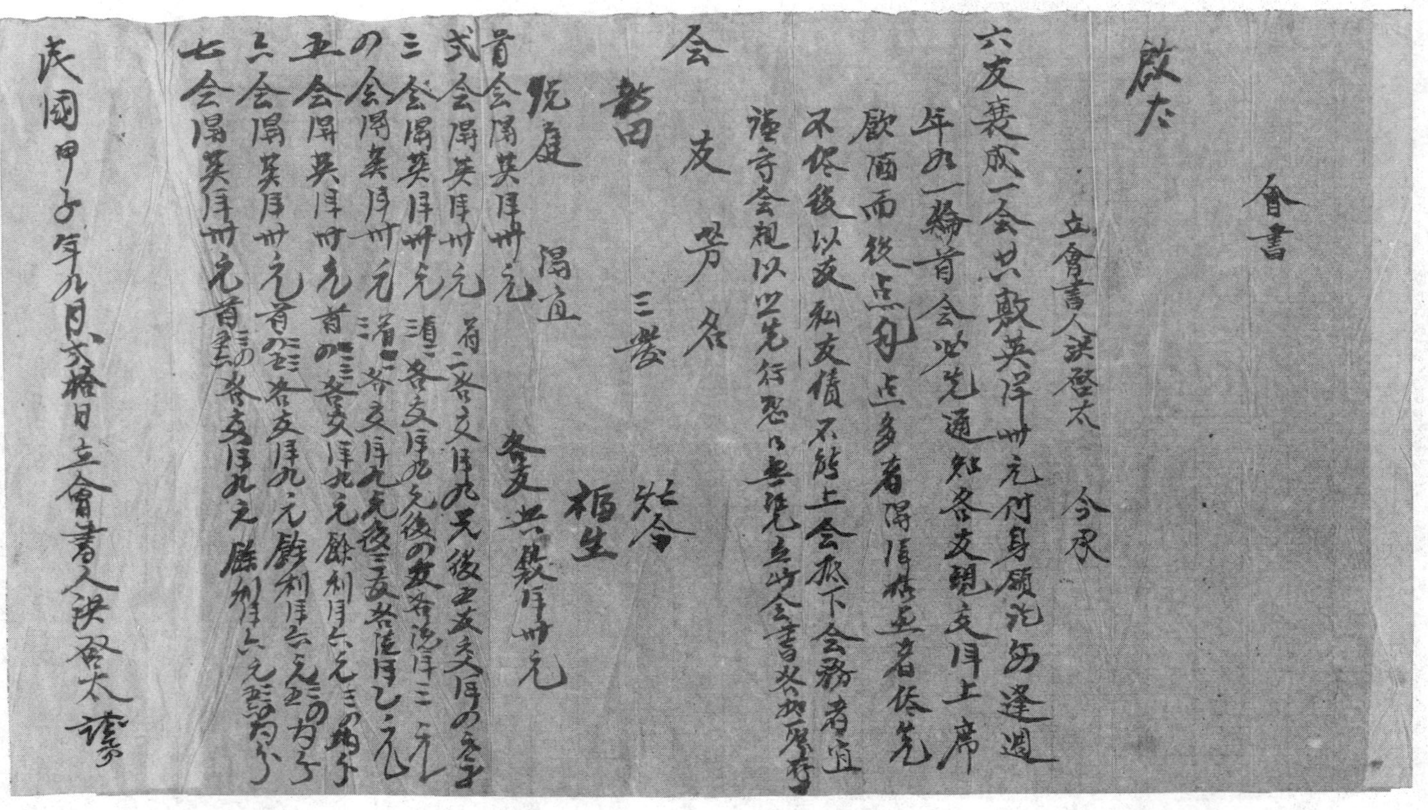

大鄣山乡江村 108 · 民国十三年 · 会书 · 洪启太

會書

宗祥

立會約人汪宗詳今因急需敢懇
玉成十全一會每數洋拾員共成會則英洋壹佰元正付身
領訖諸君得會浇會即日拈阄採點為定載明于後
一叙會期逓年定于六月拾弍日風雨無阻每限由身
請集交得兩楚而後飲酒不致以上會抵下會私款抵
糖惟冀全始全終以獻美舉今欲有憑立此會約一
樣十張各執一張存照候會圓滿請各繳回毋異

列位芳名

首会	鍾詳	得洋壹百元正	逓年交洋拾四元五角
一会	灶詳	得洋壹百元正	逓年交洋拾四元五角
二会	富輝	得洋壹百○壹元	逓年交洋拾三元五角
三会	延先	得洋壹百○弍元	逓年交洋拾弍元五角
四会	社元	得洋壹百○三元	逓年交洋拾壹元五角
五会	葉子福	得洋壹百○四元	逓年交洋拾元○五角
六会	得宜	得洋壹百○五元	逓年交洋九元五角
七会	兆輝	得洋壹百○六元	逓年交洋八元五角
八会	胡輝	得洋壹百○七元	逓年交洋七元五角
九会	福子	得洋壹百○八元	逓年交洋六元五角
十会	貞詳	得洋壹百○九元	逓年交洋五元五角

以上交得会述明惟有各自本身得年不交

民國甲子拾三年六月十二日立會約人汪宗詳（押）

代筆親筆（押）

大鄣山乡江村 144 · 民国十三年 · 会书 · 汪宗祥

會書

宗祥

立會約人汪宗祥今因急需敢懇
玉成十全一會每穀出英洋拾員共成會則英洋壹佰元正付
身領訖君諸得會浇會即日拈鬮搖點為定載明于後
一敘會期逐年定於六月拾弍日風雨無阻每限由身請
集交得而楚而後飲酒不致以會抵會私款抵擄惟
冀全始全終以成美舉今欲有憑立此會約一樣十
張各執一張存照候會圓滿請各繳回無異

列位芳名

首会	鐘詳	得洋壹佰元正	逐年交洋拾四元五角
一会	灶詳	得洋壹百元正	逐年交洋拾四元五角
二会	富輝	得洋壹百〇壹元	逐年交洋拾三元五角
三会	位交先	得洋壹百〇弍元	逐年交洋拾弍元五角
四会	社元	得洋壹百〇三元	逐年交洋拾壹元五角
五会	子福 葉	得洋壹百〇四元	逐年交洋拾元〇五角
六会	得宜	得洋壹百〇五元	逐年交洋九元五角
七会	兆輝	得洋壹百〇六元	逐年交洋八元五角
八会	胡輝	得洋壹百〇七元	逐年交洋七元五角
九会	福子	得洋壹百〇八元	逐年交洋六元五角
十会	貞詳	得洋壹百〇九元	逐年交洋五元五角

以上交會述明,惟有各自本身得年不交

民國甲子年六月拾弍日立會約人汪宗詳 號

代筆親筆 號

大鄣山乡江村 145 · 民国十三年 · 会书 · 汪宗祥

大鄣山乡江村 147 · 民国十三年 · 会书 · 汪兆欣

甲子年会書

連金

主議會書人汪連金今蒙承

族親友裹成壹会共敷出洋壹伯元正當付身領足訖

候後届期迭年的定六月弍十日週輪一叙起会不

得延期首会預先通知各会友先交洋而後飲酒

不能上会抵下会以及私債混搪務宜謹守會規

全始全終共成美譽所是洋尾出入迭年照依時價

恐口無憑立此会書一樣十張各执一張存照

会友芳名

首会汪連金		迭年交洋拾肆元五角
一会汪林先	得洋壹伯元正	迭年交洋十四元五角
二会汪岩发	得洋〡伯○壹元正	迭年交洋十三元五角
三会汪得善	得洋〡伯○弍元正	迭年交洋十弍元五角
四会汪氏保玉	得洋〡伯○三元正	迭年交洋十一元五角
五会胡旺新	得洋〡伯○四元正	迭年交洋十元五角
六会李氏岩芝	得洋〡伯○五元正	迭年交洋九元五角
七会汪允寬	得洋〡伯○六元正	迭年交洋八元五角
八会汪觀佑	得洋〡伯○七元正	迭年交洋七元五角
九会汪新田	得洋〡伯○八元正	迭年交洋六元五角
十会汪灶成	得洋〡伯○九元正	迭年交洋五元五角

大鄣山乡江村 148-i · 民国十三年 · 会书 · 汪连金

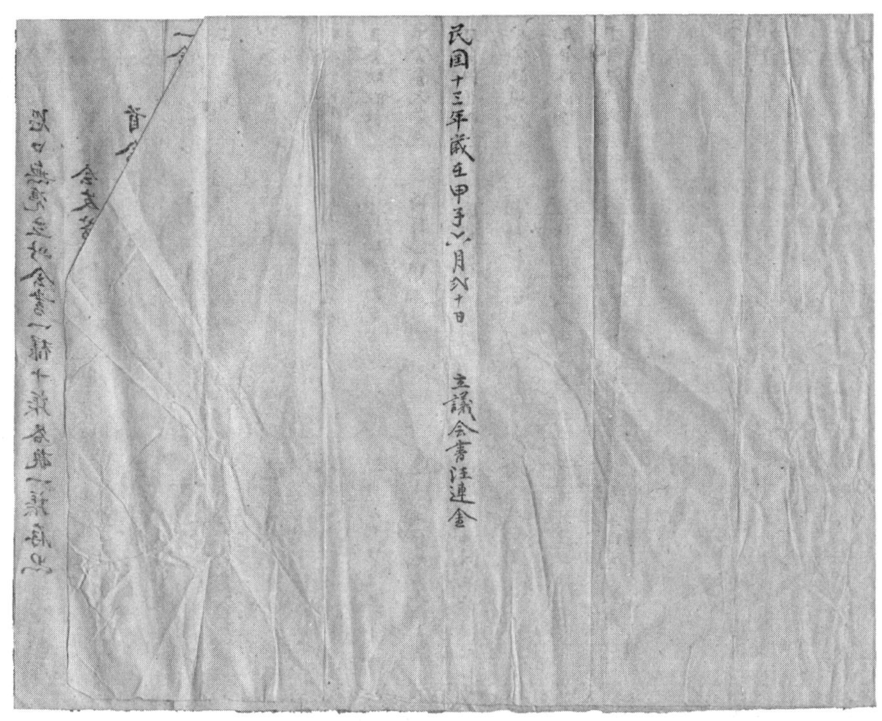

大鄣山乡江村 148-ii · 民国十三年 · 会书 · 汪连金

涂银

甲子會書

立會書人汪涂银今蒙
親友玉成十全一會共敎出洋壹百員正付身領訖　諸君
得會澆會即日拈閹摇照為定載明于後一敘會
期遞年定于五月二十九日風雨無阻每限由身請
集是得而楚而後歆酒不致以會抵會私欵抵
搪惟冀全始全終以成美舉今欲有憑立此會書一
樣十張各執一張存照俟會圓滿請各繳回無異

列位芳名

一会金旺　三会啟風　五会福弟　七会汝文　九会茂青
二会冬保　四会新田　六会達明　八会啟大　十会啟賀

首會　汪涂银　得洋壹百員　遞洋交出洋拾四元五角
乙丑會　金旺　得洋壹百員　遞洋交出洋拾四元五角
丙寅二会　冬保　得洋壹百零壹員　遞洋交出洋拾三元五角
丁卯三会　啟風　得洋壹百零貳員　遞洋交出洋拾貳元五角
戊辰四会　新田　得洋壹百零三員　遞洋交出洋拾壹元五角
己巳五会　福弟　得洋壹百零四員　遞洋交出洋拾元五角
庚午六会　達明　得洋壹百零五員　遞洋交出洋九元五角
辛未七会　汝文　得洋壹百零六員　遞洋交出洋八元五角
壬申八会　啟大　得洋壹百零七員　遞洋交出洋七元五角
癸酉九会　茂青　得洋壹百零八員　遞洋交出洋六元五角
甲戌十会　啟賀　得洋壹百零九員　遞洋交出洋五元五角

以上交得遞明惟有各自本身得洋不交

民國十三年甲子五月二十九日立會書人汪涂银　押
親筆　押

大鄣山乡江村 153 · 民国十三年 · 会书 · 汪涂银

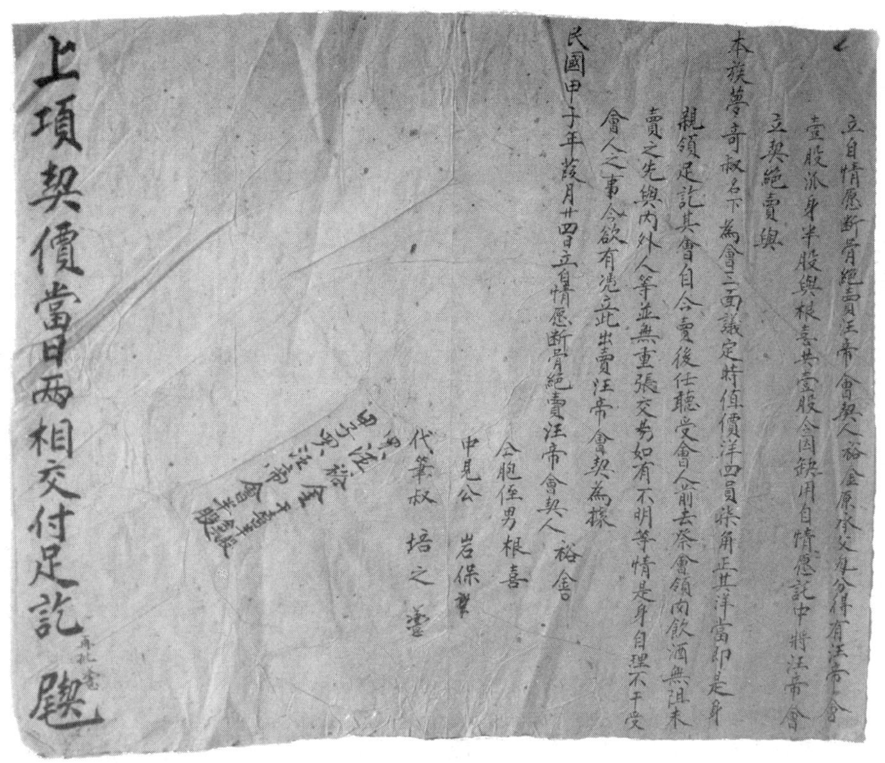

大鄣山乡江村 185 · 民国十三年 · 断骨绝卖汪帝会契 ·
裕金卖与本族梦奇叔

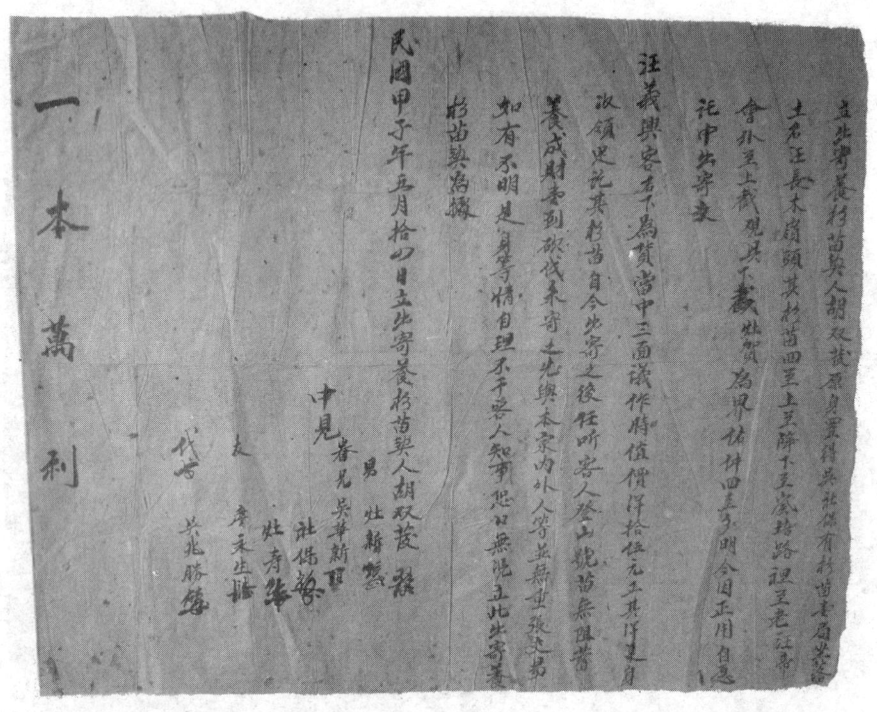

立出寄養杉苗契人胡双發，原身置得吳社保有杉苗壹局，坐落土名汪長木嶺頭，其杉苗四至：上至降，下至岗路，裡至老汪壽會，外至上截，觀其下截，灶賀為界，佔什四為明。今因正用，自愿託中出寄與

汪義興客名下為業。當中三面議作時值價洋拾伍元正，其洋是身收領足訖。其杉苗自今出寄之後，任听客人登山號苗無阻，蓄養成財，香到砍伐。未寄之先，與本家內外人等並無重張交易。如有不明，是身等情自理，不干客人知事。恐口無憑，立此出寄養杉苗契為據。

民國甲子年五月拾四日立出寄養杉苗契人胡双發（押）

男 灶新（押）

中見 眷兄 吳華新（押）

社保（押）

灶寿（押）

友 詹和生（押）

代筆 吳兆勝（押）

一本萬利

大鄣山乡江村 189 · 民国十三年 · 出寄养杉苗契 · 胡双发寄与汪义兴

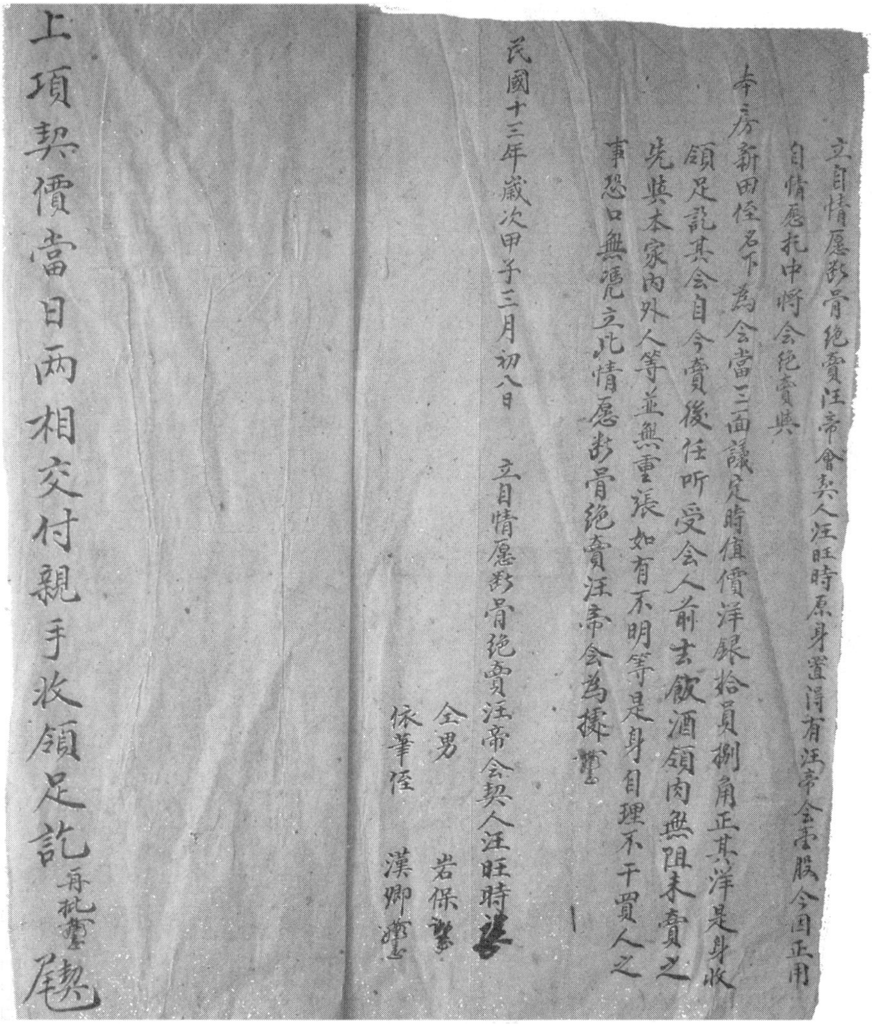

立自情愿断骨绝賣汪帝會契人汪旺時原身置得有汪帝会壹股今因正用
自情愿托中將会绝賣與
本房新田侄名下為会當三面議定時值價洋银拾員捌角正其洋是身收
領足訖其会自今賣後任听受会人前去飲酒領肉無阻未賣之
先與本家内外人等並無重張如有不明等是身自理不干買人之
事恐口無憑立此情愿断骨绝賣汪帝会為據

民國十三年歲次甲子三月初八日

立自情愿断骨绝賣汪帝会契人汪旺時

仝男 岩保

依筆侄 漢卿

上項契價當日兩相交付親手收領足訖 再批

大鄣山乡江村 190 · 民国十三年 · 断骨绝卖汪帝会契 ·
汪旺时卖与本房新田侄

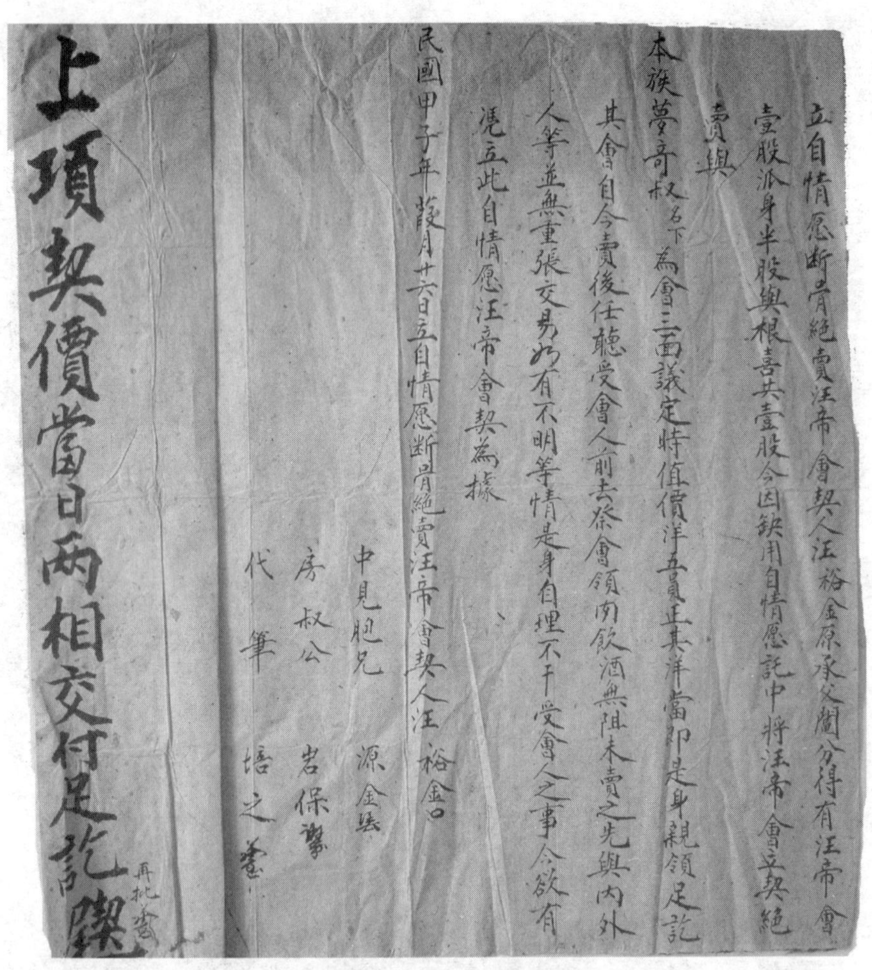
立自情愿斷骨絕賣汪帝會契人汪裕金原承父鬮分得有汪帝會壹股派身半股與根喜共壹股今因缺用自情愿託中將汪帝會立契絕賣與本族夢奇叔名下為會三面議定時值價洋五員正其洋當即是身親領足訖其會自今賣後任聽受會人前去祭會領肉飲酒無阻未賣之先與内外人等並無重張交易如有不明等情是身自理不干受會人之事今欲有憑立此自情愿汪帝會契為據

民國甲子年葭月十六日立自情愿斷骨絕賣汪帝會契人汪裕金(押)

中見胞兄 源金(押)

房叔公 岩保(押)

代筆 培之(押)

上項契價當日兩相交付足訖(再批押)

大鄣山乡江村 193 · 民国十三年 · 断骨绝卖汪帝会契 · 汪裕金卖与本族梦奇叔

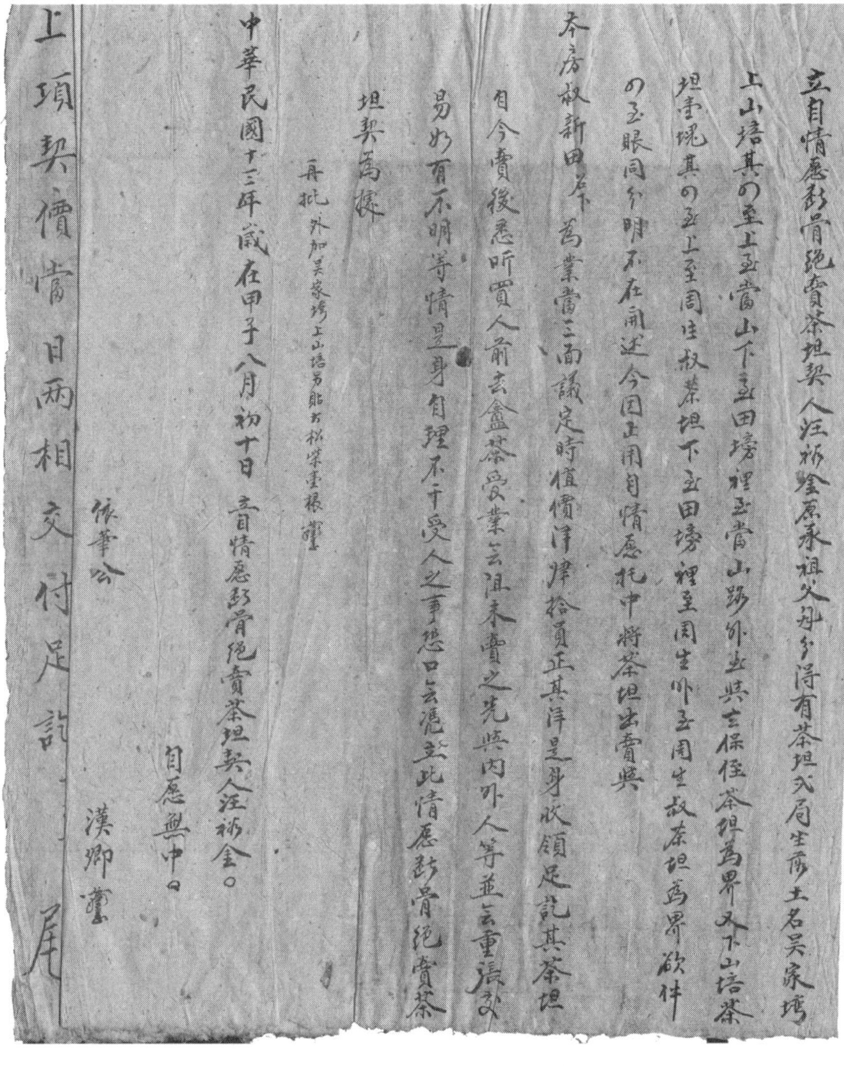

立自情愿断骨絕賣茶坦契人汪裕金原承祖父母分得有茶坦弍局坐落土名吴家塢
上山培其四至上至當山下至田塝裡至當山路外至與玄保佳茶坦為界又下山培茶
坦壹塊其四至上至周生叔茶坦下至田塝裡至周生外至周生叔茶坦為界欲作
四至眼同分明不在開述今因正用自情愿托中將茶坦出賣與
本房叔新田名下為業當三面議定時值價洋肆拾員正其洋是身收領足訖其茶坦
自今賣後悉听買人前去管業受業无阻未賣之先與内外人等並无重張交
易如有不明等情是身自理不干受人之事恐口无憑立此情愿断骨絕賣茶
坦契為據

再批外加吴家塢上山培另能右松棠壹根

中華民國十三年歲在甲子八月初十日 立自情愿断骨絕賣茶坦契人汪裕金〇

自愿無中〇

依筆公 漢卿

上項契價當日兩相交付足訖

尾

大鄣山乡江村 208 · 民国十三年 · 断骨绝卖茶坦契 ·
汪裕金卖与本房叔新田

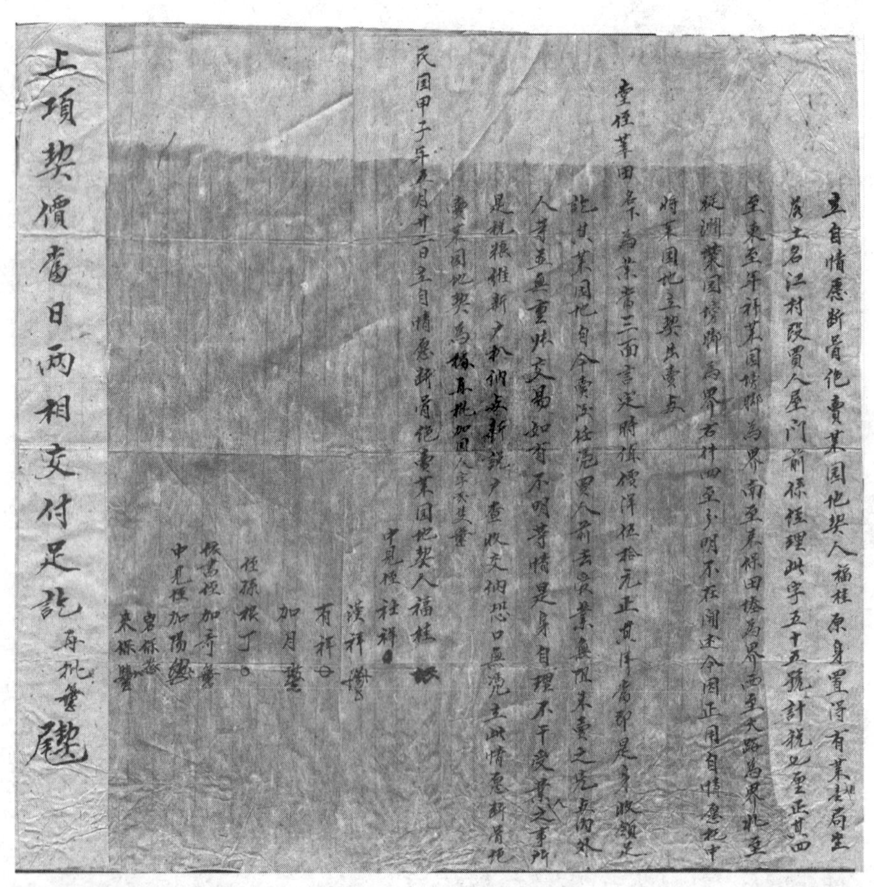

立自情愿断骨绝卖菜园地契人福桂，原身置得有菜[illegible]壹局坐
落土名江村段贯人屋门前，系经理丝字五十五号，计税五厘正。其四
至：东至年补菜园傍脚为界，南至春禄田塝为界，西至大路为界，北至
凝渊菜园傍脚为界。右计四至分明，不在开述。今因正用，自情愿托中
将菜园地立契出卖与
堂侄莘田名下为业，当三面言定时值价洋伍拾元正，其洋当即是身收领足
讫。其菜园地自今卖后，任凭买人前去管业，无阻。未卖之先，并无内外
人等并无重张交易；如有不明等情，是身自理，不干受业人之事。所
是税粮，推新户扒纳，安新税户查收交纳。恐口无凭，立此情愿断骨绝
卖菜园地契为据。再批：加园入字下是实。
民国甲子年五月廿二日立自情愿断骨绝卖菜园地契人福桂（押）
中见侄 社祥（押）
汉祥（押）
有祥（押）
加月（押）
侄孙 根丁（押）
依书侄 加寿（押）
中见侄 加阳（押）
宗孙 [illegible]（押）
东孙 [illegible]（押）
上项契价当日两相交付足讫。再批（押）

大鄣山乡江村 209 · 民国十三年 · 断骨绝卖菜园地契 · 福桂卖与堂侄莘田

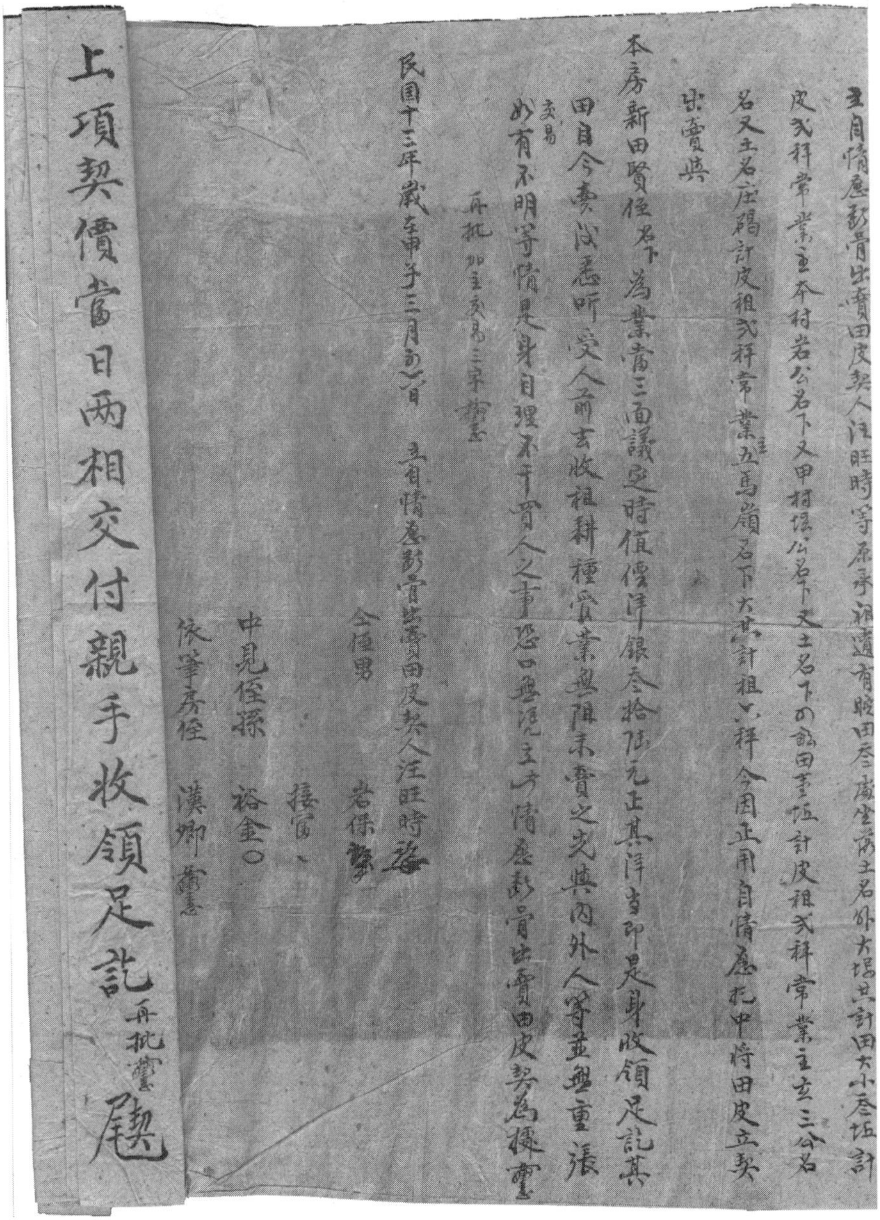
立自情愿断骨出卖田皮契人汪旺时等，原承祖遗有晚田叁处，坐落土名外大塅，共计田大小叁坵，计
皮贰秤常业，系本村若公名下，又甲村振公名下，又土名下西畲田壹坵，计皮租贰秤常业，系立三公名
名，又土名庄鸦，计皮租贰秤常业，五马岭名下，大共计租六秤，今因正用，自情愿托中将田皮立契
出卖与
本房新田贤侄名下为业，当三面议定时值价洋银叁拾陆元正，其洋当即是身收领足讫，其
田自今卖后，悉听受人前去收租耕种管业无阻，未卖之先，与内外人等并无重张
交易
如有不明等情，是身自理，不干买人之事，恐口无凭，立此情愿断骨出卖田皮契为据。
再批：加主交易三字 讫
民国十三年岁在甲子三月初八日 立自情愿断骨出卖田皮契人汪旺时
仝侄男 若保 接富
中见侄孙 裕金
依笔房侄 汉卿 讫
上项契价当日两相交付亲手收领足讫 再批讫
契

大鄣山乡江村 212 · 民国十三年 · 断骨出卖田皮契 ·
汪旺时等卖与本房新田贤侄

大鄣山乡江村 33-1 · 民国十四年 · 謄清正册 · 汪务本堂记

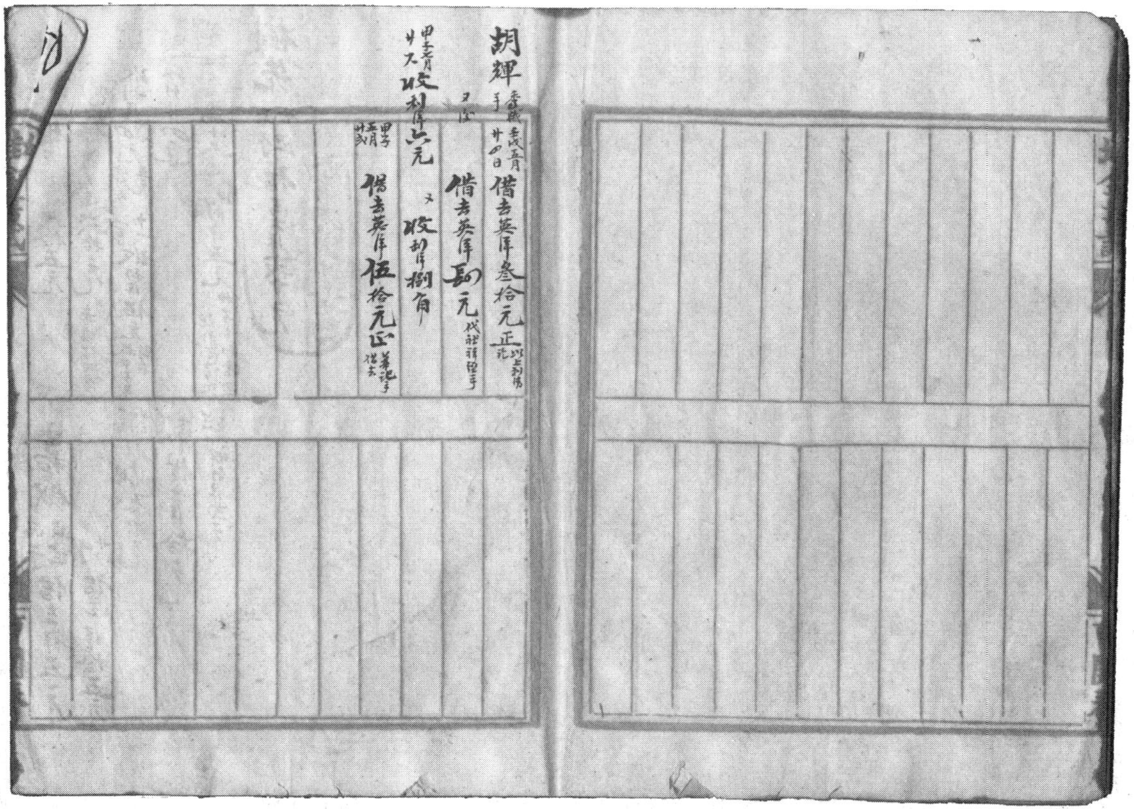
胡輝
壬戌五月廿四日 借去英洋叁拾元正
又 借去英洋贰元
甲子五月廿六 收利洋六元
又 收利洋捌角
甲子五月 借去英洋伍拾元正

大鄣山乡江村 33-2 · 民国十四年 · 腾清正册 · 汪务本堂记

大鄣山乡江村 33-3 · 民国十四年 · 腾清正册 · 汪务本堂记

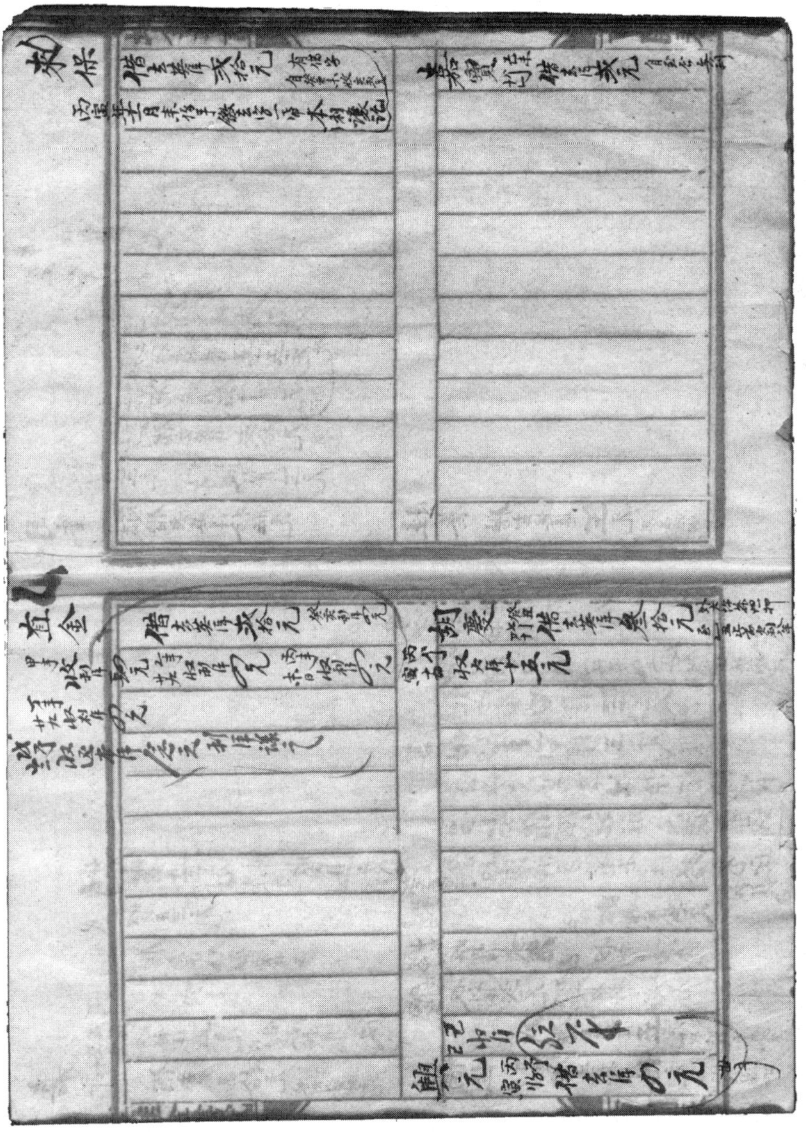

大鄣山乡江村 033-4 · 民国十四年 · 腾清正册 · 汪务本堂记

大鄣山乡江村 33-5 · 民国十四年 · 腾清正册 · 汪务本堂记

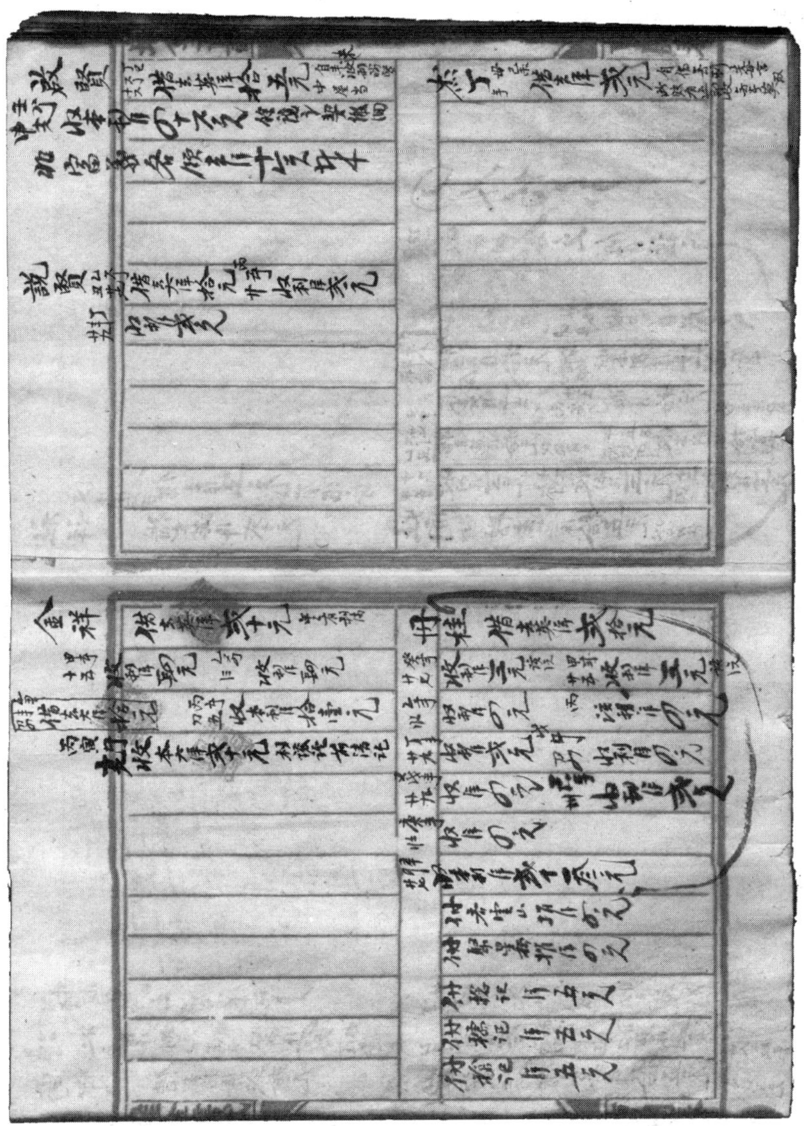

大鄣山乡江村 33-6 · 民国十四年 · 腾清正册 · 汪务本堂记

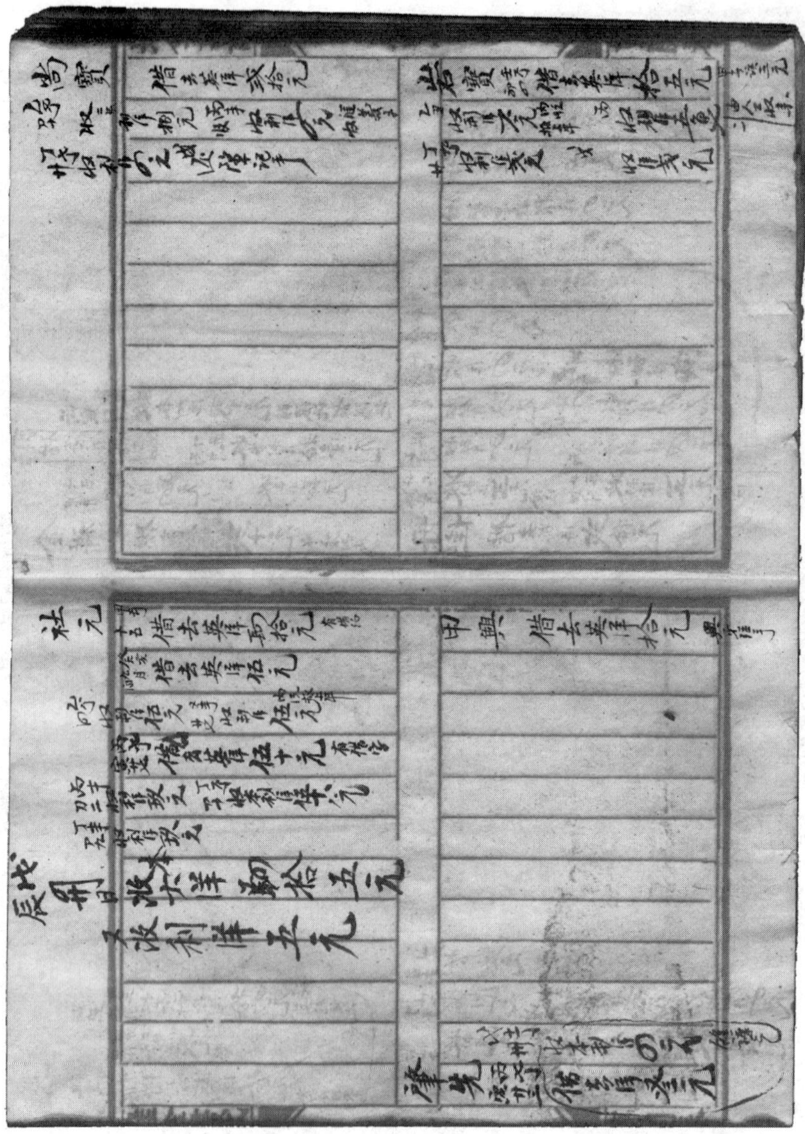

大鄣山乡江村 33-7 · 民国十四年 · 腾清正册 · 汪务本堂记

裕賢 借去英洋拾元

元計 借去英洋拾元

岩金 借去英洋貳拾元

根林 借去英洋伍元

大鄣山乡江村 33-8 · 民国十四年 · 腾清正册 · 汪务本堂记

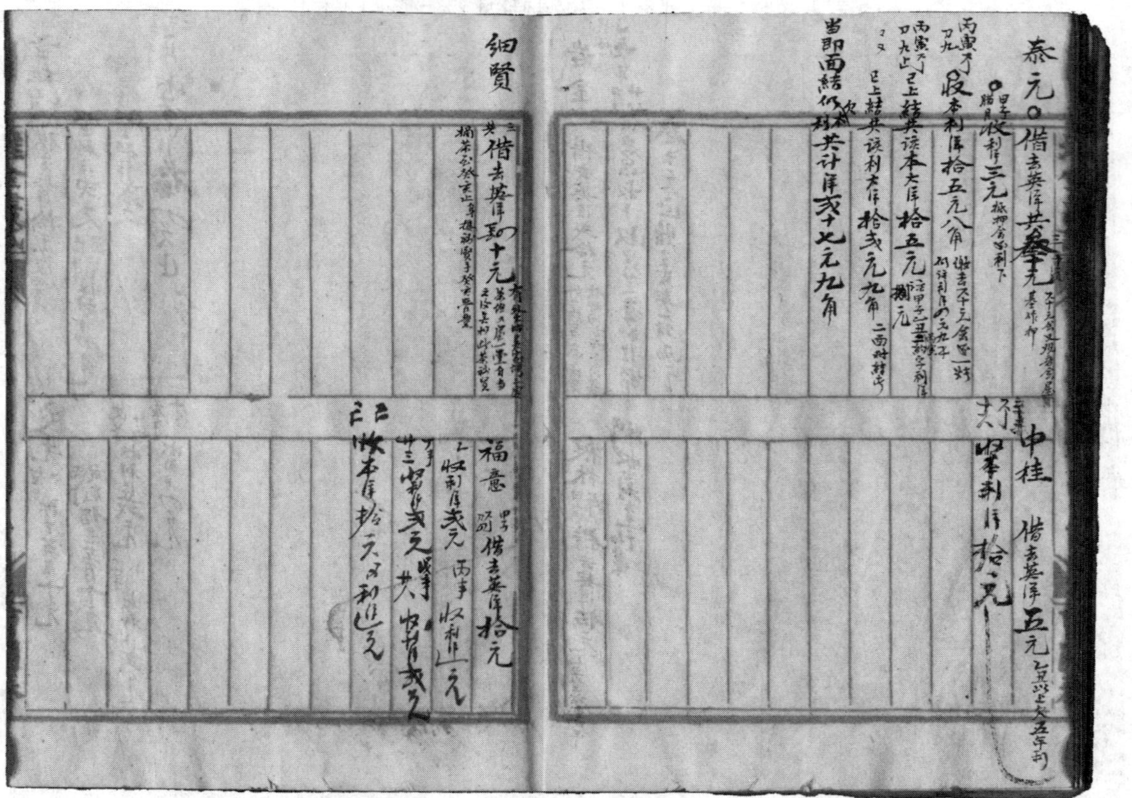

大鄣山乡江村 33-9 · 民国十四年 · 腾清正册 · 汪务本堂记

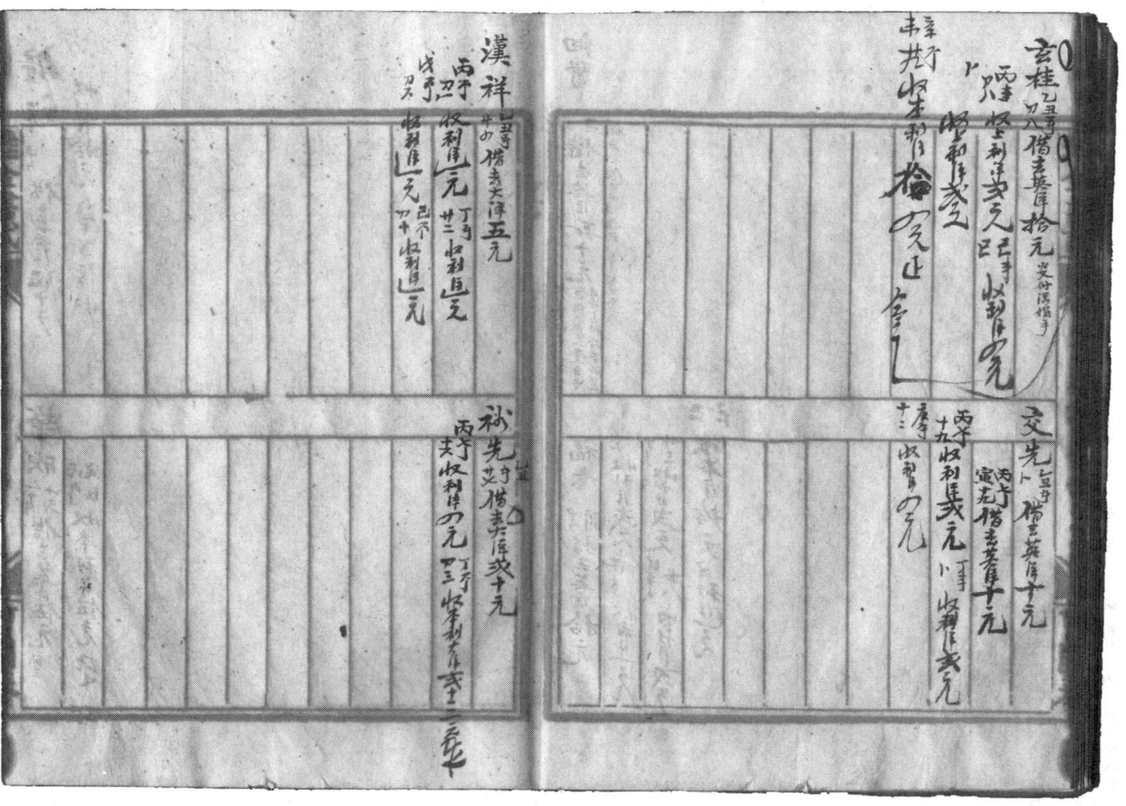

大鄣山乡江村 33-10 · 民国十四年 · 腾清正册 · 汪务本堂记

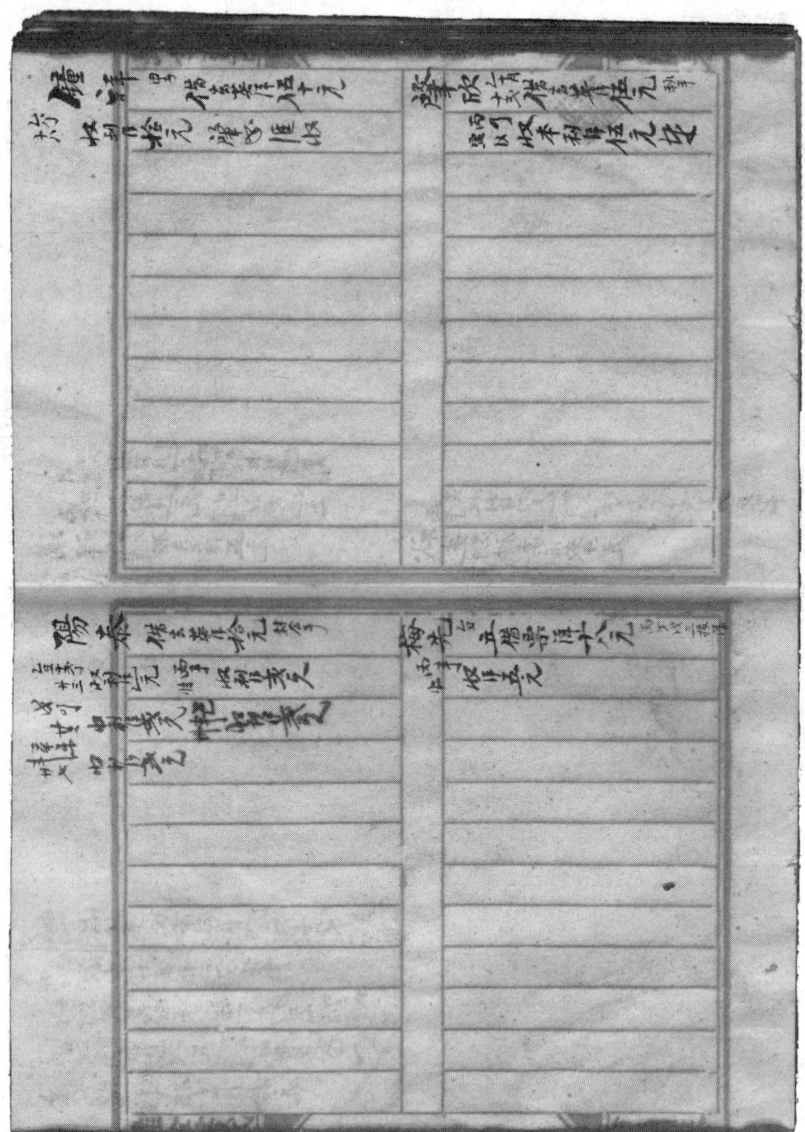

大鄣山乡江村 33-11 · 民国十四年 · 腾清正册 · 汪务本堂记

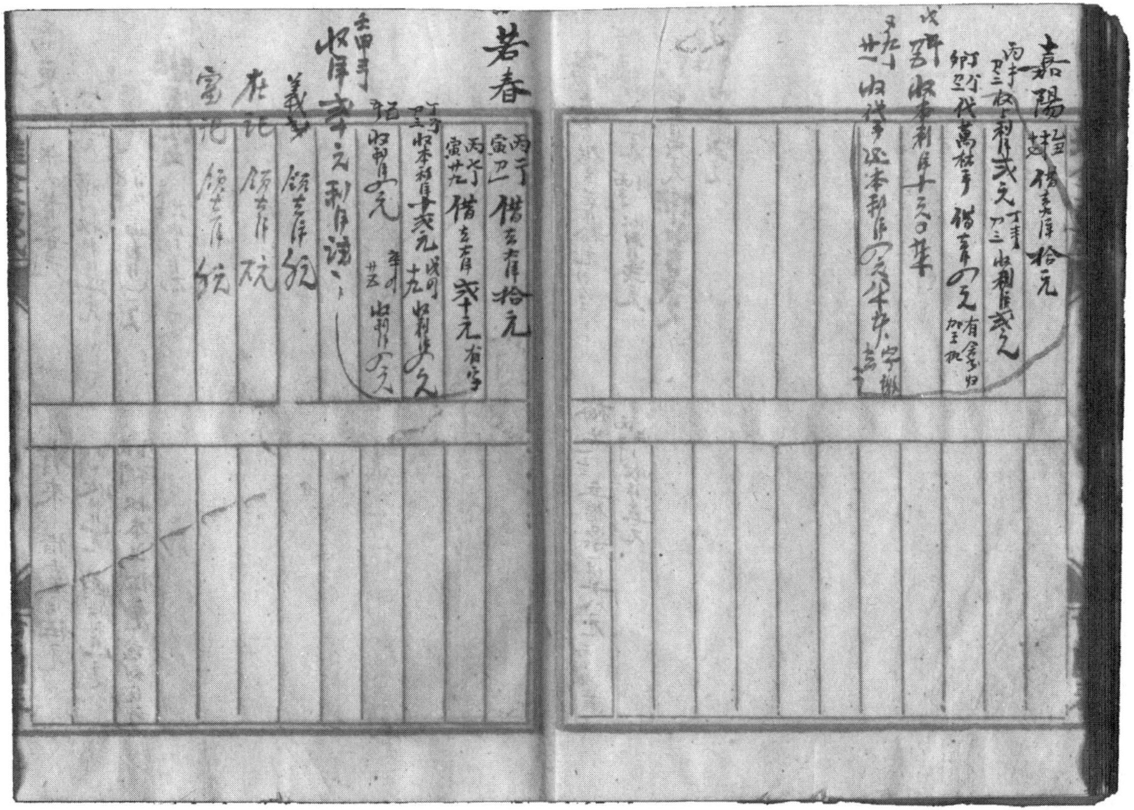

嘉陽

[illegible] 趙 借去洋拾元

丙子 收利洋弍元　丁丑 收利洋弍元

[illegible] 代萬林手 借去洋[illegible]元 有金[illegible]

戊 許 收本利洋十[illegible]年

[illegible] 收洋手 ... 本利洋[illegible]元[illegible] 字據[illegible]

若春

丙子 借去洋拾元

丙子 借去洋[illegible]十元 有字

[illegible] 收本利洋十[illegible]元　[illegible] 收利洋[illegible]元

[illegible] 收利洋[illegible]元　收利洋[illegible]元

壬申 收洋[illegible]元 利洋讓

義 領去洋[illegible]元

在[illegible] 領去洋[illegible]元

富元 領去洋[illegible]元

大鄣山乡江村 33-12 · 民国十四年 · 腾清正册 · 汪务本堂记

大鄣山乡江村 33-13 · 民国十四年 · 腾清正册 · 汪务本堂记

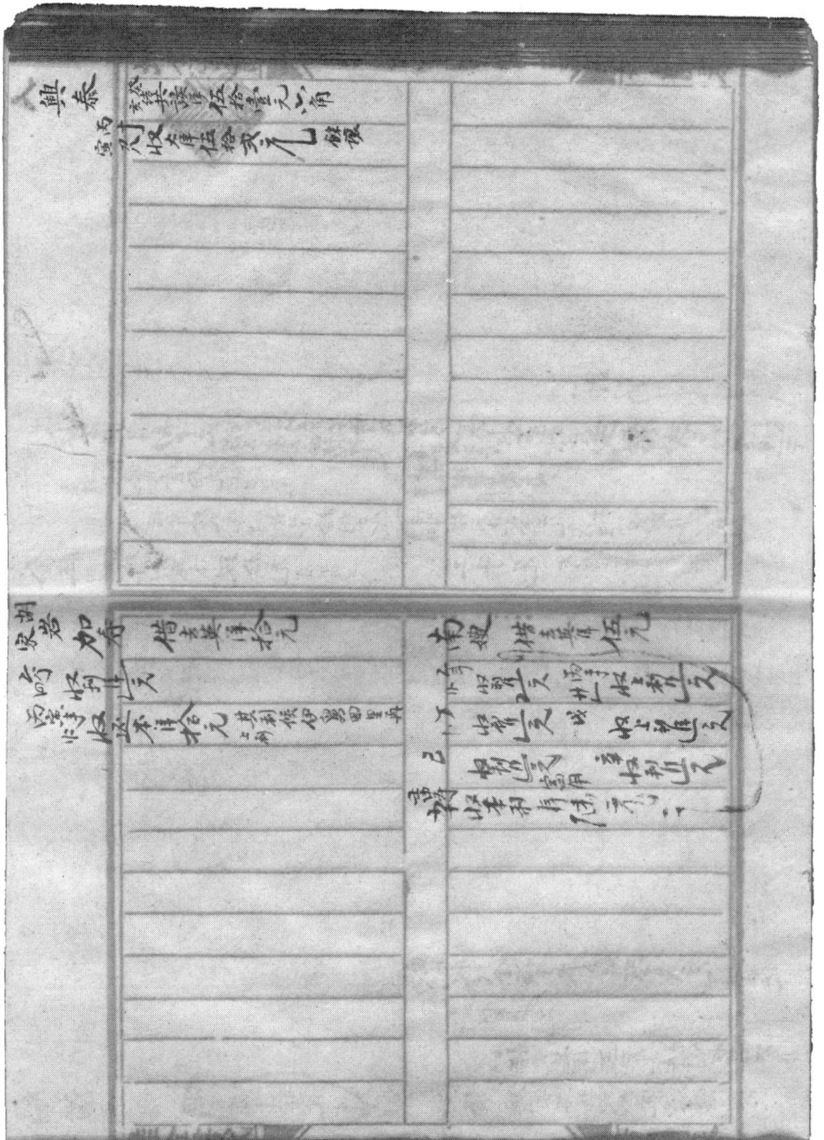

大鄣山乡江村 33-14 · 民国十四年 · 腾清正册 · 汪务本堂记

葉村 滿德 子三福

借去英洋柒元 有字

金發 借去英洋贰拾元 代金海經手

借去英洋三元 [illegible]手 收利洋[illegible]

[illegible] 收利洋[illegible]元 金海手

丙寅 收代金海手本利洋叁拾贰元 讓收訖

時來 借去英洋拾伍元

癸亥 收利洋三元 甲子 收利洋三元 [illegible] 共收利洋贰元

丙寅 收利洋贰元 丁卯 收利洋贰元

戊辰 收利洋贰元 己巳 收利洋贰元

政來 借去英洋拾元

癸亥 收利洋贰元 甲子 收利洋贰元 [illegible] 收利洋贰元

丙寅 收利洋贰元 戊辰 收利洋八元

大鄣山乡江村 33-15 · 民国十四年 · 腾清正册 · 汪务本堂记

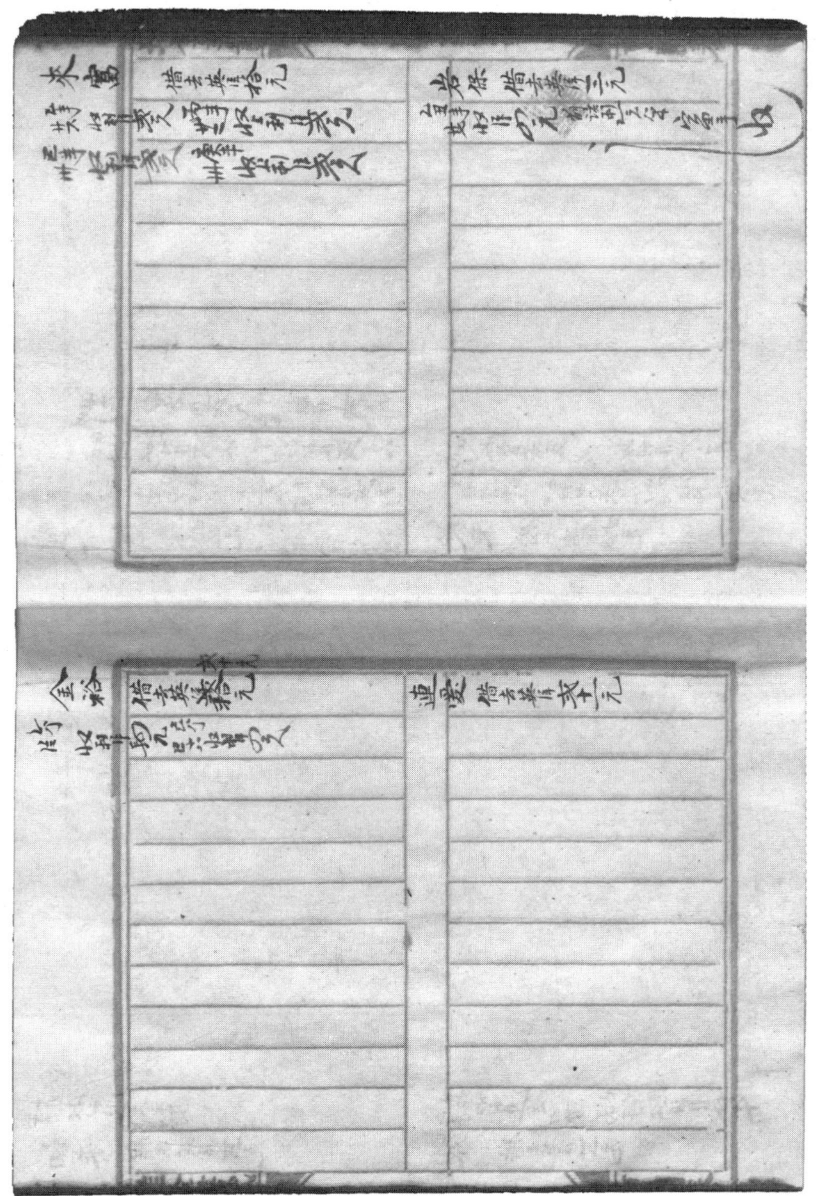

來富 借去英洋拾元

乙丑年 收利洋贰元 丙寅年 收利洋贰元

己巳年 收利洋贰元 庚午年 收利洋贰元

岩保 借去英洋二元

乙丑年 收洋四元 前該利二元今 富手收

金裕 借去英洋[illegible]元 贰十元

乙亥 收利洋[illegible]元 [illegible] 收洋[illegible]元

連愛 借去英洋贰十一元

大鄣山乡江村 33-16 · 民国十四年 · 腾清正册 · 汪务本堂记

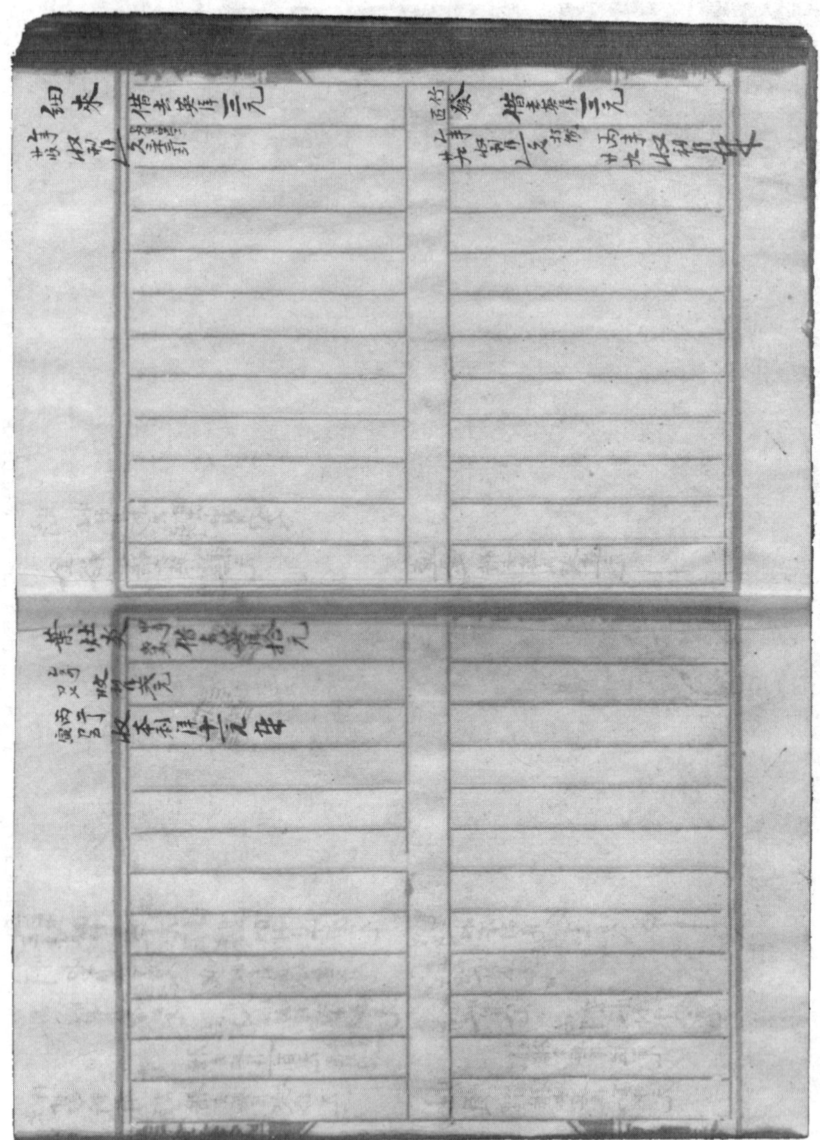

大鄣山乡江村 33-17 · 民国十四年 · 腾清正册 · 汪务本堂记

大坑 葛新有
二月廿八 借去英洋贰拾元
甲子 借去英洋一百元 有借字 土名参坪
丙寅廿八 收利洋叁拾肆元
丁卯 收利洋拾壹元
己巳 收利洋四十四元

灶顺
甲子十月 借去英洋肆十元
丙寅 收利洋八元

考源 百暄
借去英洋贰十五元
借去英洋捌元 有借字

家 岩保
借去英洋拾元

大鄣山乡江村 33-18 · 民国十四年 · 腾清正册 · 汪务本堂记

紫□ 根發 借去英洋叁拾元
丙□ 收本利洋叁十□元

福慶 借去英洋拾元
義輝

水路 江灶福 借去英洋拾五元
李枝有 借去英洋□元
丙□ 收本利洋□元

大鄣山乡江村 33-19 · 民国十四年 · 腾清正册 · 汪务本堂记

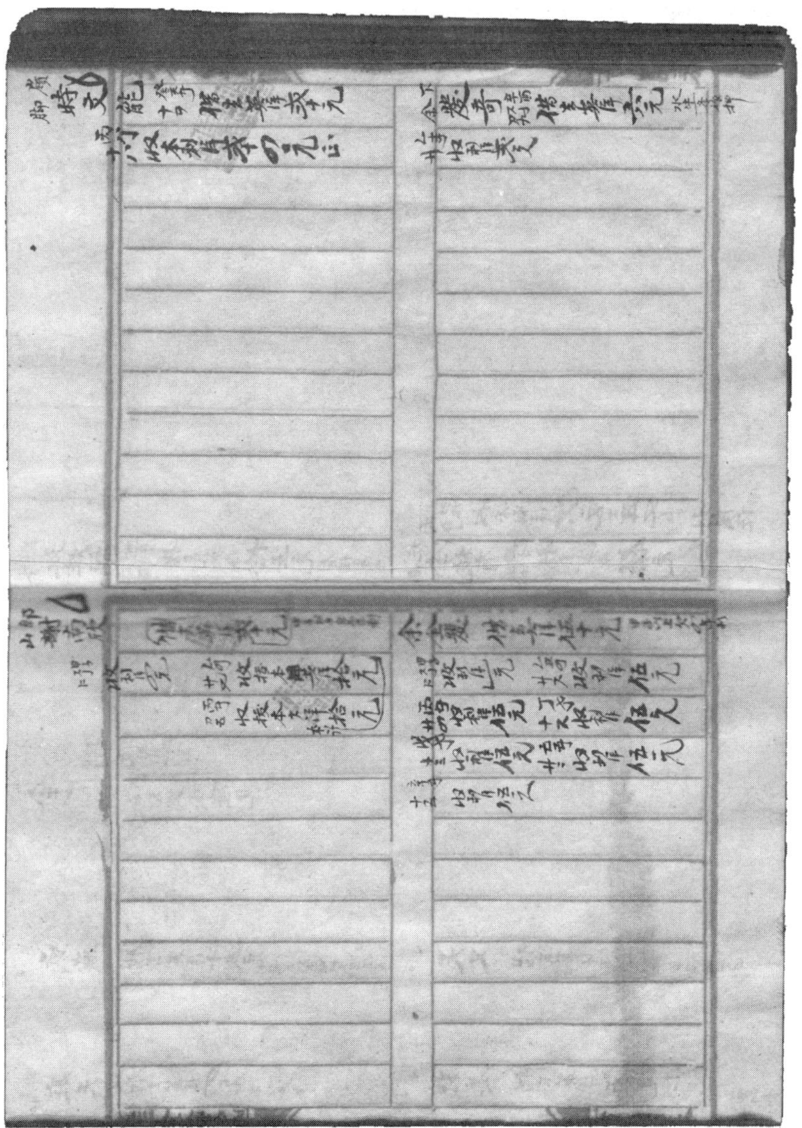

大鄣山乡江村 33-20 · 民国十四年 · 腾清正册 · 汪务本堂记

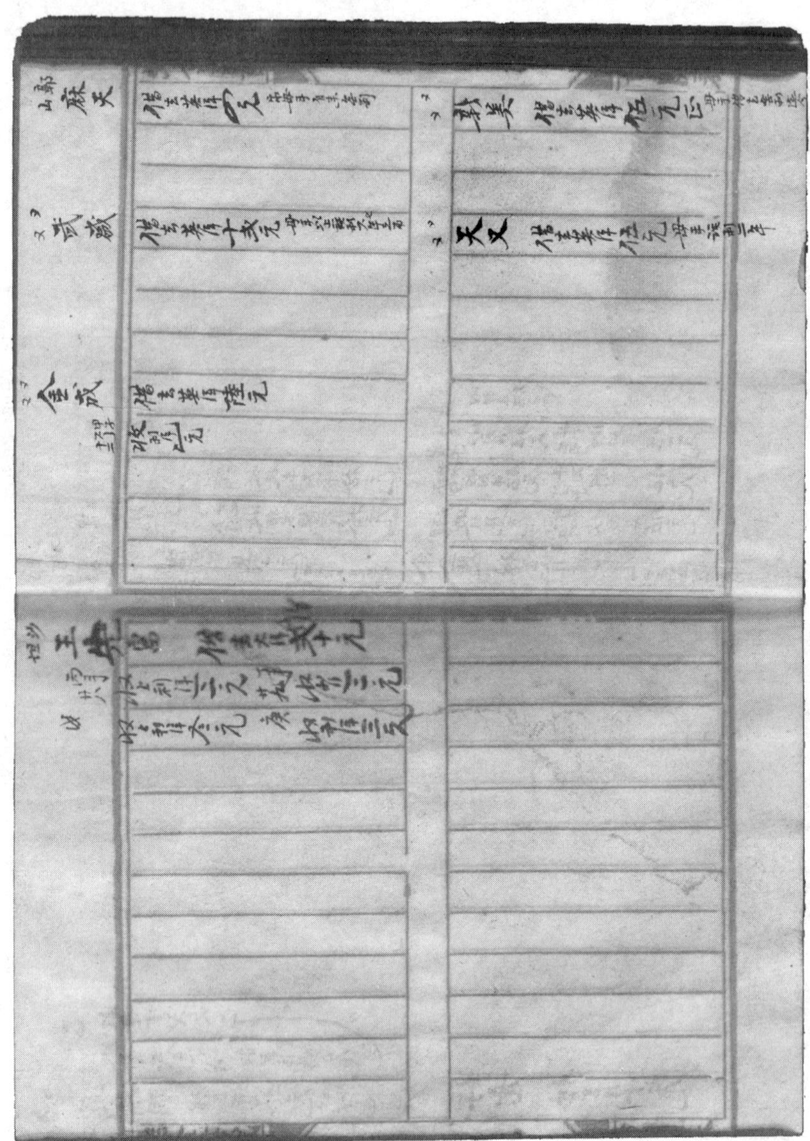

大鄣山乡江村 33-21 · 民国十四年 · 腾清正册 · 汪务本堂记

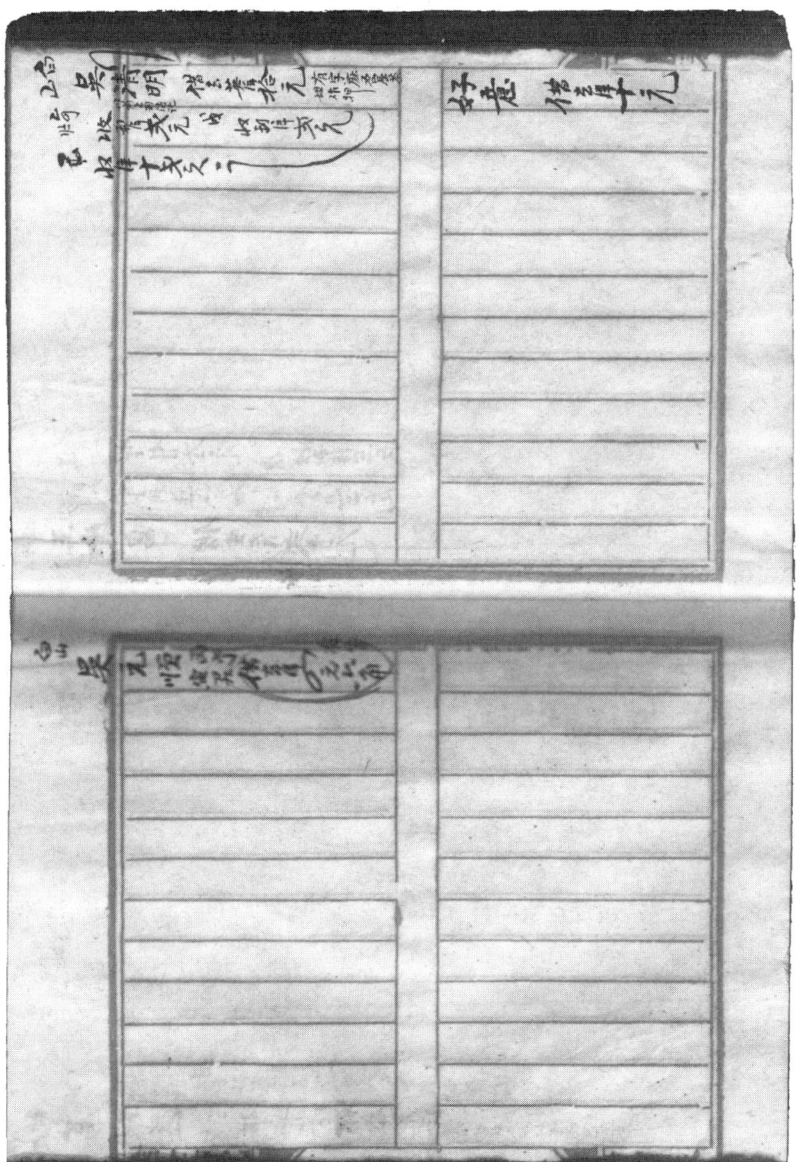

大鄣山乡江村 33-22 · 民国十四年 · 腾清正册 · 汪务本堂记

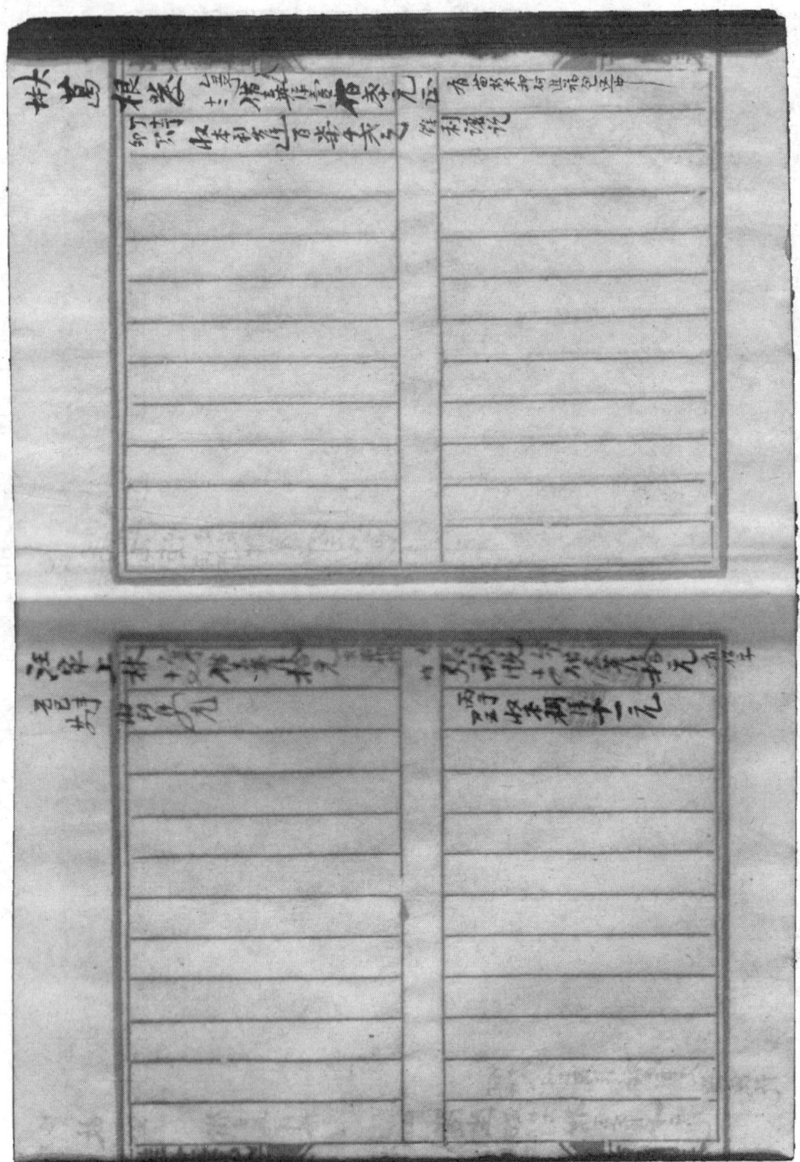

大鄣山乡江村 33-23 · 民国十四年 · 腾清正册 · 汪务本堂记

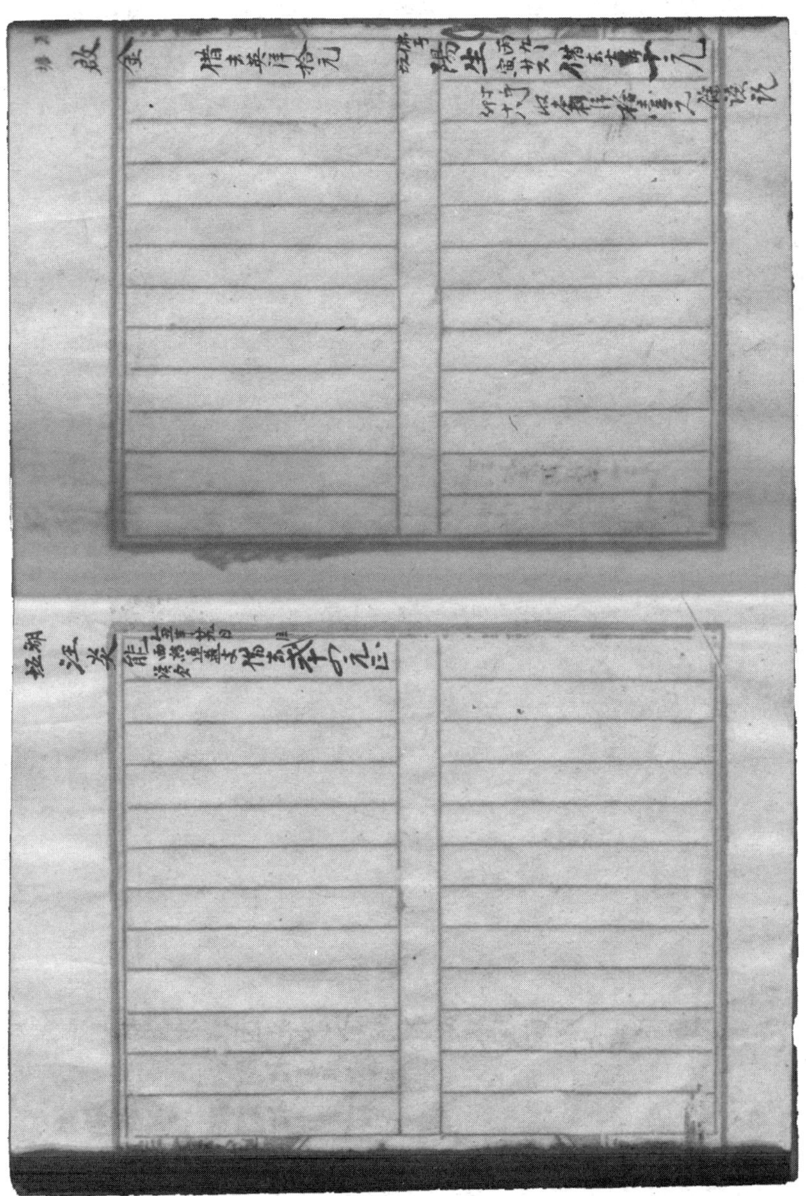

大鄣山乡江村 33-24 · 民国十四年 · 腾清正册 · 汪务本堂记

下參洪涧新姻兄
丙寅冬月付借去大洋伯元
又冬月付借去洋叁十元
丙寅年时当族面兄弟言明，将两次项贴银女妹下云将争竞

大鄣山乡江村 33-25 · 民国十四年 · 腾清正册 · 汪务本堂记

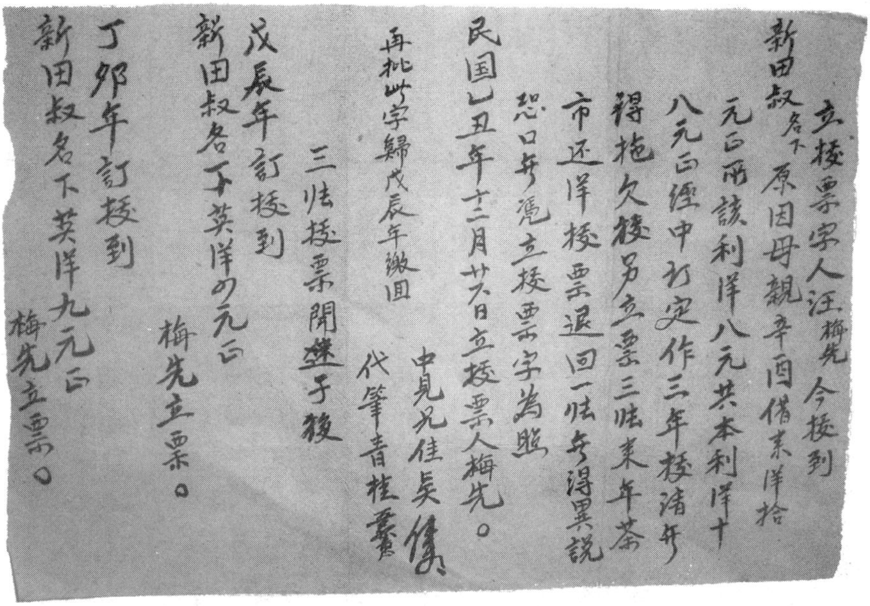

立接票字人汪梅先 今接到
新田叔名下 原因母親辛酉借去洋拾
元正兩該利洋八元共本利洋十
八元正經中言定作三年接清并
得拖欠接另立票三帖来年茶
市还洋接票退回一帖并得異說
恐口無憑立接票字為照
民国乙丑年十二月廿六日立接票人梅先〇
中見兄佳昊集
代筆青桂書
再批此字歸戊辰年繳回
三帖接票開塗于後
戊辰年訂接到
新田叔名下英洋四元正
梅先立票〇
丁卯年訂接到
新田叔名下英洋九元正
梅先立票〇

大鄣山乡江村 97 · 民国十四年 · 接票 · 汪梅先接到新田

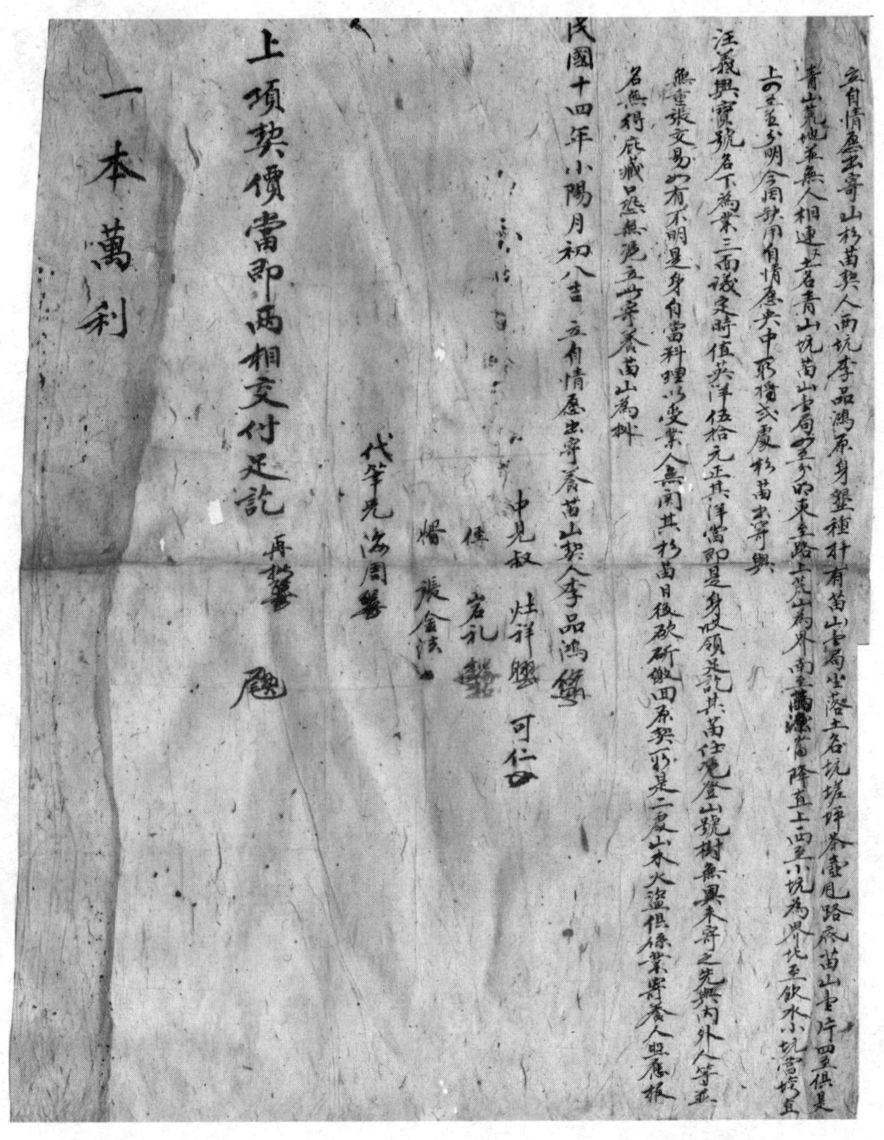
立自情愿出寄山杉苗契人西坑李品鴻，原身墾種杉有苗山壹局，坐落土名坑塝坪茶壹凡路底苗山壹片，四至俱是
青山荒地，并無人相連。又土名青山坑苗山壹局，四至分明：東至路上荒山為界，南至嶺當降直上，西至小坑為界，北至飲水小坑當坊直
上，四至分明。今因缺用，自情愿央中將貳處杉苗出寄與
汪義興寶號名下為業，三面議定時值英洋伍拾元正，其洋當即是身收領足訖。其苗任憑登山號樹，無異。未寄之先，與內外人等並
無重張交易，如有不明，是身自當料理，不涉受業人無関。其杉苗日後砍斫，繳回原契，杉是二股，山木大盜俱係業寄養人照應根
名，無得底藏。口恐無憑，立此寄養苗山為據。

民國十四年小陽月初八吉 立自情愿出寄養苗山契人李品鴻

中見叔 灶祥 可仁

侄 岩礼

婿 張金法

代筆 充海周

上項契價當即兩相交付足訖 再批

一本萬利

大鄣山乡江村 128 · 民国十四年 · 出寄养苗山契 · 李品鸿寄养与汪义兴

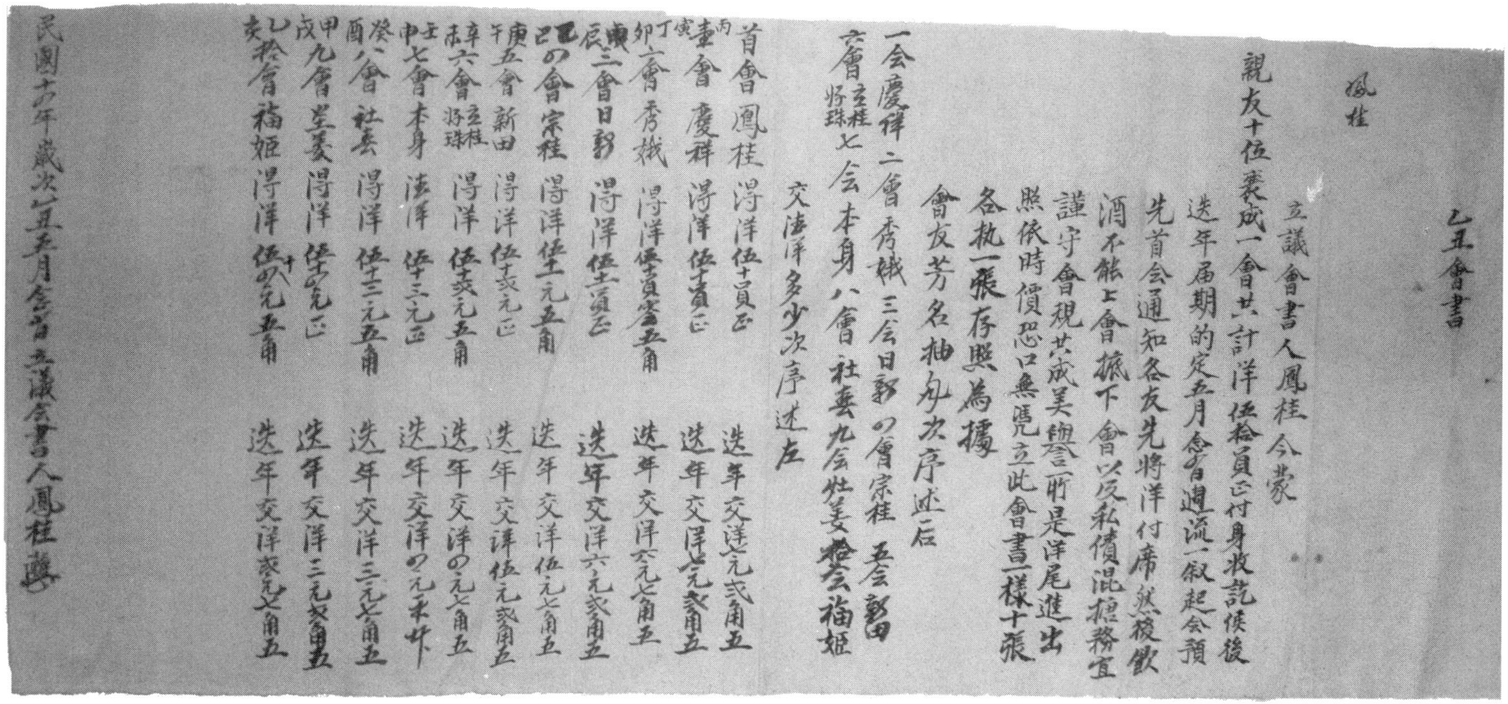

乙丑會書

鳳桂

立議會書人鳳桂，今蒙
親友十位襄成一會，共計洋伍拾員正，付身收訖。俟後
迭年屆期，的定五月念四日週流一叙，起会預
先首会通知各友，先將洋付席，然後飲
酒。不能上會撬下會，以及私債混摽，務宜
謹守會規，共成美舉。所是洋尾進出，
照依時價。恐口無憑，立此會書一樣十張，
各執一張存照為據。

會友芳名拈阄次序述后

一会慶祥　二會秀娥　三会日新　四會宗桂　五会新田
六會立桂、將珠　七会本身　八會社妻　九会灶姜　拾会福姬

交法洋多少次序述左

首會鳳桂　得洋伍十員正　迭年交洋七元弍角五
丙寅壹會慶祥　得洋伍十員正　迭年交洋七元叁角五
丁卯二會秀娥　得洋伍十員零五角　迭年交洋六元七角五
戊辰三會日新　得洋伍十一員正　迭年交洋六元叁角五
己巳四會宗桂　得洋伍十一元五角　迭年交洋伍元七角五
庚午五會新田　得洋伍十弍元正　迭年交洋伍元叁角五
辛未六會立桂、將珠　得洋伍十弍元五角　迭年交洋四元七角五
壬申七會本身　得洋伍十三元正　迭年交洋四元本年
癸酉八會社妻　得洋伍十三元五角　迭年交洋三元七角五
甲戌九會灶姜　得洋伍十四元正　迭年交洋三元叁角五
乙亥拾會福姬　得洋伍十四元五角　迭年交洋叁元七角五

民國十四年歲次乙丑五月念四日立議會書人鳳桂押

大鄣山乡江村 146 · 民国十四年 · 会书 · 凤桂

會書

岩保

立會書人汪岩保今蒙

族友襄成一會共計銀洋壹百員付身領訖逐年訂定於六月

初弍日一敘預先首會通知衆友赴會仍要先將洋

上棹付楚然後飲酒不能以上會抵下會及私債

混搪務宜謹守會規共成美舉所進洋尾出入

照依時價計筭今欲有憑立此會書一樣十張各

執一張存據

會友芳名述後

首會汪岩保 得洋壹百員正 每年交洋拾四員五角

丙寅年一會润術 得洋壹百員正 每年交洋拾四員五角

丁卯年二會啟東 得洋壹百〇一員 每年交洋拾三員五角

戊辰年三會尚保 得洋壹百零弍員 每年交洋拾弍員五角

己巳年四會培芝 得洋壹百零三員 每年交洋拾壹員五角

庚午年五會福意 得洋壹百零四員 每年交洋拾員五角

辛未年六會迴先 得洋壹百零五員 每年交洋九員五角

壬申年七會新田 得洋壹百零六員 每年交洋八員五角

癸酉年八會天養 得洋壹百零七員 每年交洋七員五角

甲戌年九會森計 得洋壹百零八員 每年交洋六員五角

乙亥年十會嘉盛 得洋壹百零九員 每年交洋五員五角

民國乙丑年之於六月初弍日立會書人汪岩保

大鄣山乡江村 155 · 民国十四年 · 会书 · 汪岩保

乙丑年會書

加良

立議會書人汪加良，今蒙

親友十位襄成一會，廿計洋陸拾元正，照會

書數出洋付身領訖，俟後屆期迭年六

月初四日週輪一叙，起會不得延悮，臨期

首會預先通知各友，先交會洋而後散

席，儀不能上會抵下會，以及私債抵搪，

務宜謹守會規，以始全終而成美舉，所是

洋尾照時價出入，恐口難憑，立此會一樣十

紙，各執一紙為據。

再者當即抽身，如定摇點，得會交會

會友另各先後次序于后

首會 加良 得洋陸拾元正　每年交洋八元七角

一會 銀保 得洋陸拾元正　每年交洋八元七角

二會 兴先 得洋陸拾元零六角　每年交洋八元乙角

三會 文先 得洋陸拾壹元叁角　每年交洋七元五角

四會 观保 得洋陸拾乙元八角　每年交洋六元九角

大鄣山乡江村 156-i · 民国十四年 · 会书 · 汪加良（第一面）

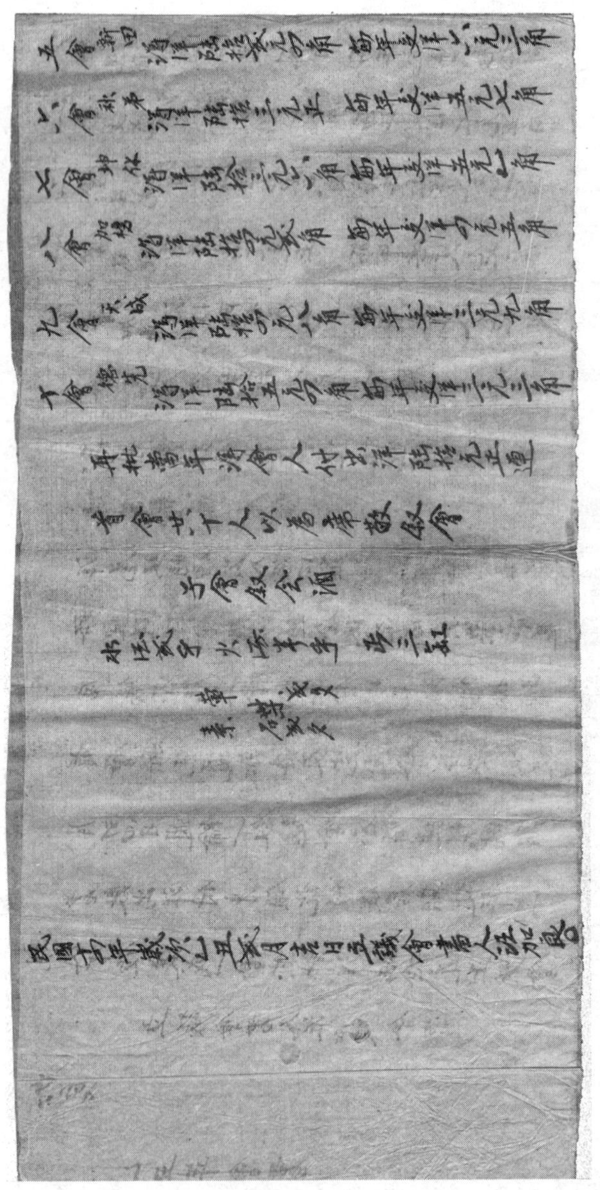

大鄣山乡江村 156-ii · 民国十四年 · 会书 · 汪加良（第二面）

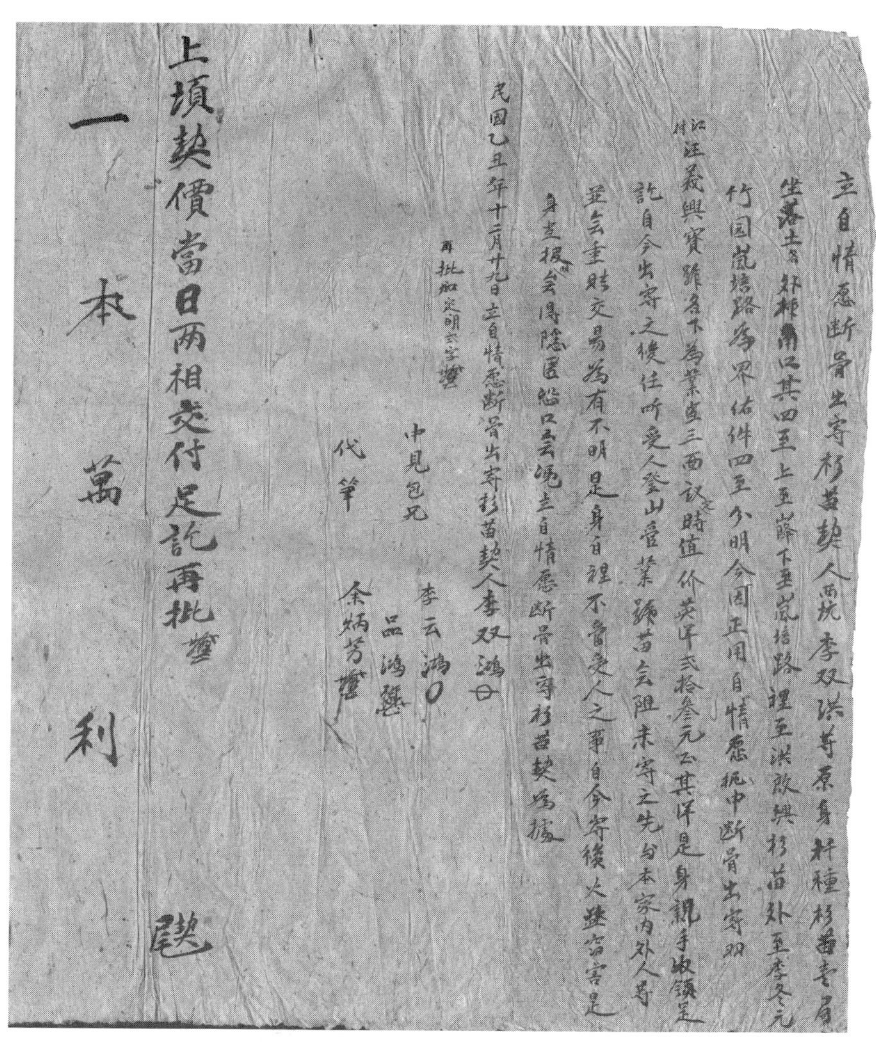

立自情愿断骨出寄杉苗契人西抗李双洪等，原身耕种杉苗壹屑（?），坐落土名外柿南江，其四至：上至岭，下至岚塘路，里至洪啟兴杉苗，外至李冬元竹园岚塘路为界，佑（?）件四至分明。今因正用，自情愿托中断骨出寄与江村汪義興寶號名下为業。当三面议定，时值价英洋贰拾叁元正，其洋是身亲手收领足讫。自今出寄之后，任听受人登山管業蓄苗，无阻。未寄之先，与本家内外人等并无重贴交易。如有不明，是身自理，不管受人之事。自今寄後，火烛盗害，是身支扱（?）。无得隐匿，恐口无凭，立自情愿断骨出寄杉苗契为据。

再批：加定明一字。押

民国乙丑年十二月十九日　立自情愿断骨出寄杉苗契人李双鸿（押）

中見包兄　李云鸿（押）　品鸿（押）

代筆　余炳芳（押）

上項契價當日两相交付足訖。再批。押

一本萬利

契

大鄣山乡江村 207 · 民国十四年 · 断骨出寄杉苗契 · 李双洪寄与汪义兴

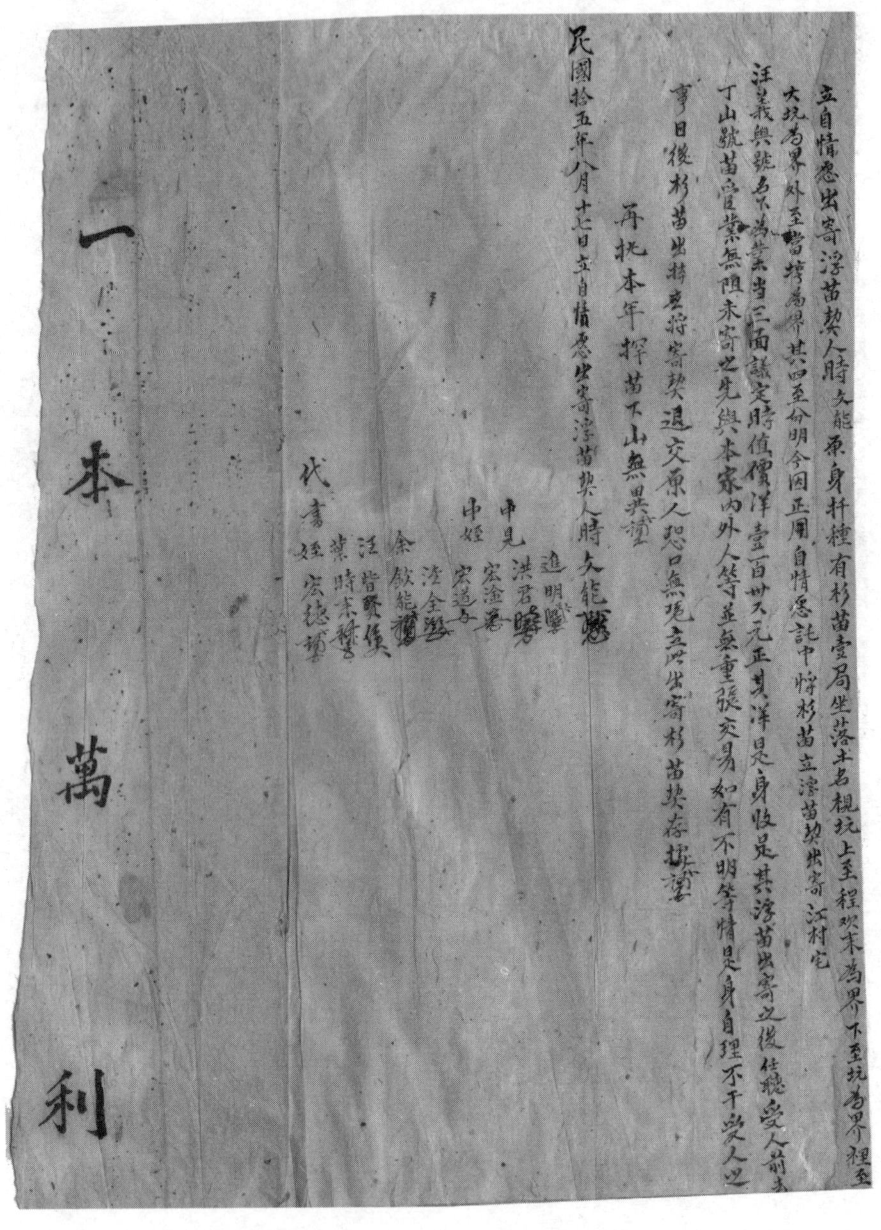

立自情愿出寄浮苗契人時文能，原身扦種有杉苗壹局，坐落土名梘坑，上至程攸末為界，下至坑為界，裡至大坑為界，外至當塝為界，其四至分明。今因正用，自情愿託中将杉苗立浮苗契出寄江村宅汪義興號名下為業。当三面議定時值價洋壹百卅六元正，其洋是身收足，其浮苗出寄之後，任聽受人前去丁山號苗管業無阻。未寄之先，與本家內外人等並無重張交易，如有不明等情，是身自理，不干受人之事。日後杉苗出拚，要将寄契退交原人。恐口無憑，立此出寄杉苗契存據。

再批：本年拚苗下山無異。據

民國拾五年八月十七日立自情愿出寄浮苗契人時文能

中見 洪君進 明

中姪 宏淦 宏道

余欽能 汪全

汪皆賢 葉時本

代書姪 宏穗

一本萬利

大鄣山乡江村 124 · 民国十五年 · 出寄浮苗契 · 时文能寄出与汪义兴号

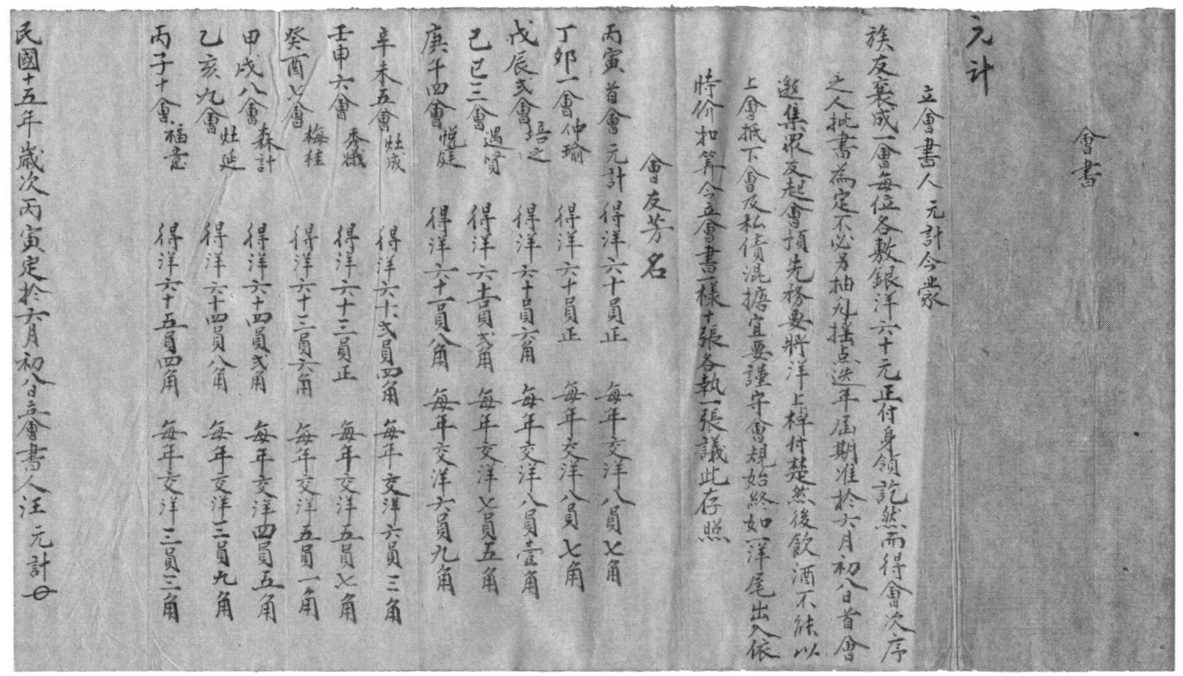
會書

元計

立會書人元計今蒙
族友襄成一會每位各數銀洋六十元正付身領訖然而得會次序
之人批書爲定不必另拈丸搖点迭年屆期准於六月初八日首會
邀集衆友起會須先務要將洋上桌付楚然後飲酒不誤以
上會抵下會友私債混搪宜要謹守會規始終如一洋尾出入依
時价扣算今立會書十樣十張各執一張議此存照

會友芳名

丙寅首會元計 得洋六十員正 每年交洋八員七角
丁卯一會仲瑜 得洋六十員正 每年交洋八員七角
戊辰二會培之 得洋六十員六角 每年交洋八員壹角
己巳三會遇賢 得洋六十一員弍角 每年交洋七員五角
庚午四會愷庭 得洋六十一員八角 每年交洋六員九角
辛未五會灶成 得洋六十弍員四角 每年交洋六員三角
壬申六會秀娥 得洋六十三員正 每年交洋五員七角
癸酉七會梅桂 得洋六十三員六角 每年交洋五員一角
甲戌八會森計 得洋六十四員弍角 每年交洋四員五角
乙亥九會灶延 得洋六十四員八角 每年交洋三員九角
丙子十會福意 得洋六十五員四角 每年交洋三員三角

民國十五年歲次丙寅定於六月初八日立會書人汪元計

大鄣山乡江村 152 · 民国十五年 · 会书 · 汪元计

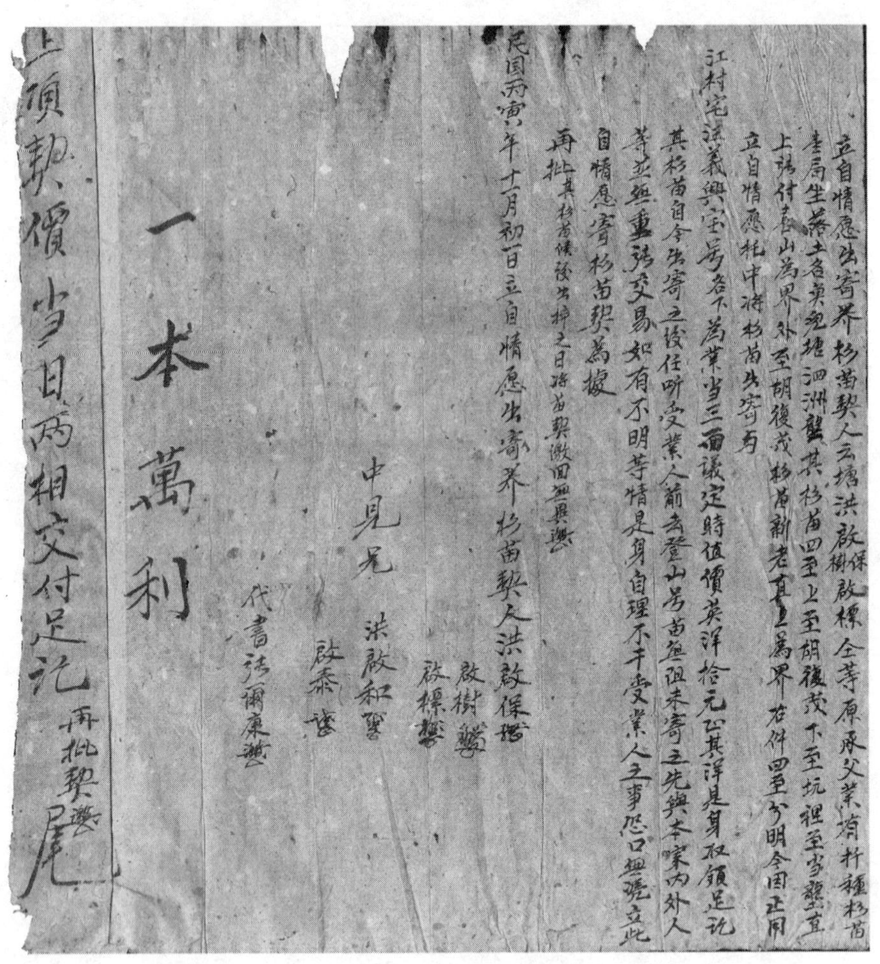

立自情愿出寄养杉苗契人云塘洪啟保、啟樹、啟標全等，原承父業，摘扦種杉苗
坐落土名吳兜塘洄洲盤，其杉苗四至：上至胡復茂，下至坑，裡至當盤直
上嶺付春山為界，外至胡復茂杉苗新老直上為界，右件四至分明。今因正用，
立自情愿托中將杉苗出寄与
江村宅汪義興名下為業，當三面議定時值價英洋拾元正，其洋是身收領足訖。
其杉苗自今出寄之後，任听受業人前去登山看苗，無阻。未寄之先，與本家內外人
等並無重張交易。如有不明等情，是身自理，不干受業人之事。恐口無憑，立此
自情愿寄杉苗契為據。
再批：其杉苗俟後出拚之日，將苗契繳回無異。照
民国丙寅年十月初十日立自情愿出寄养杉苗契人洪啟保（押）
啟樹（押）
啟標（押）
中見兄　洪啟和（押）
啟泰（押）
代書　汪爾康（押）
一本萬利
上項契價當日兩相交付足訖。再批契照
尾

大鄣山乡江村 173 · 民国十五年 · 出寄养杉苗契 ·
洪启保、洪启树等寄与汪义兴

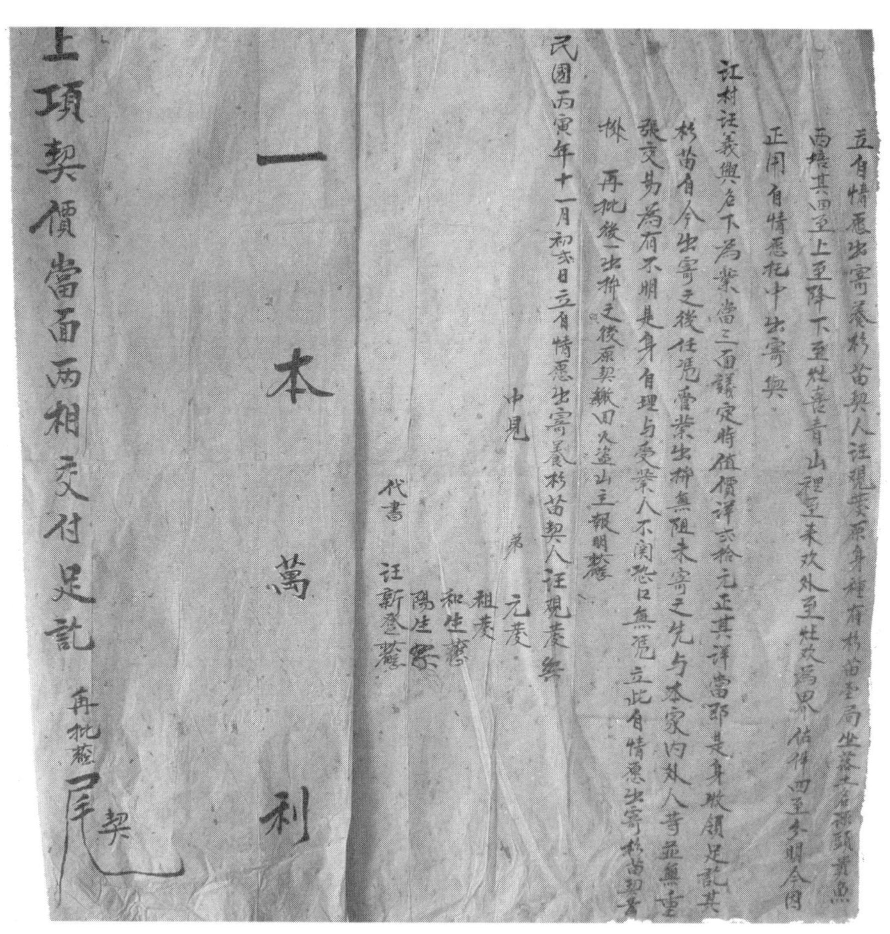

大鄣山乡江村 214 · 民国十五年 · 出寄养杉苗 · 汪观发寄与汪义兴

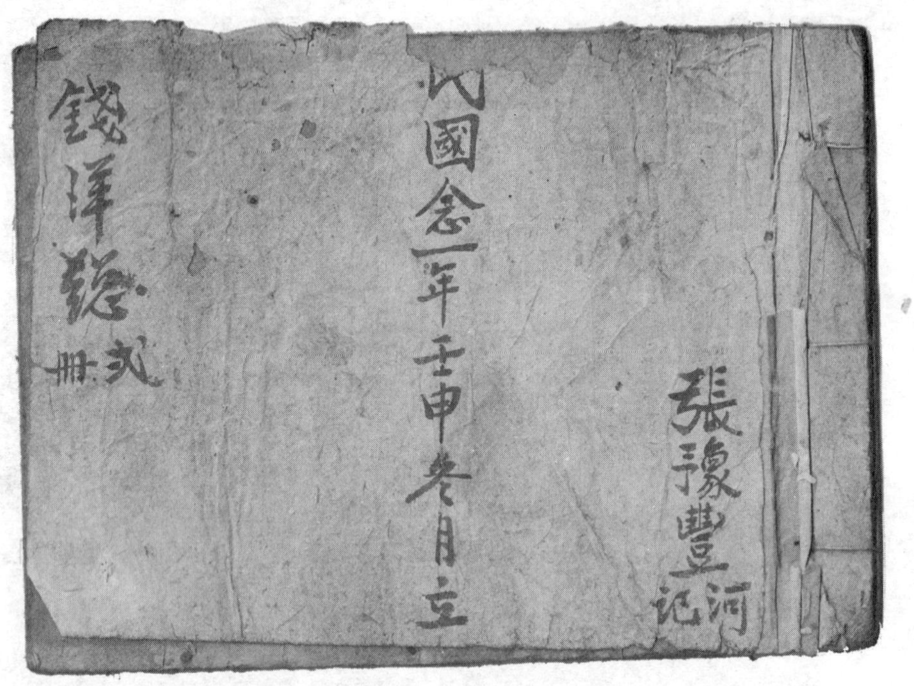
錢洋總冊 貳
民國念一年壬申冬月立
張豫豐河
记

大鄣山乡江村 17-1 · 民国二十一年 · 钱洋流水账本 · 张豫丰河记

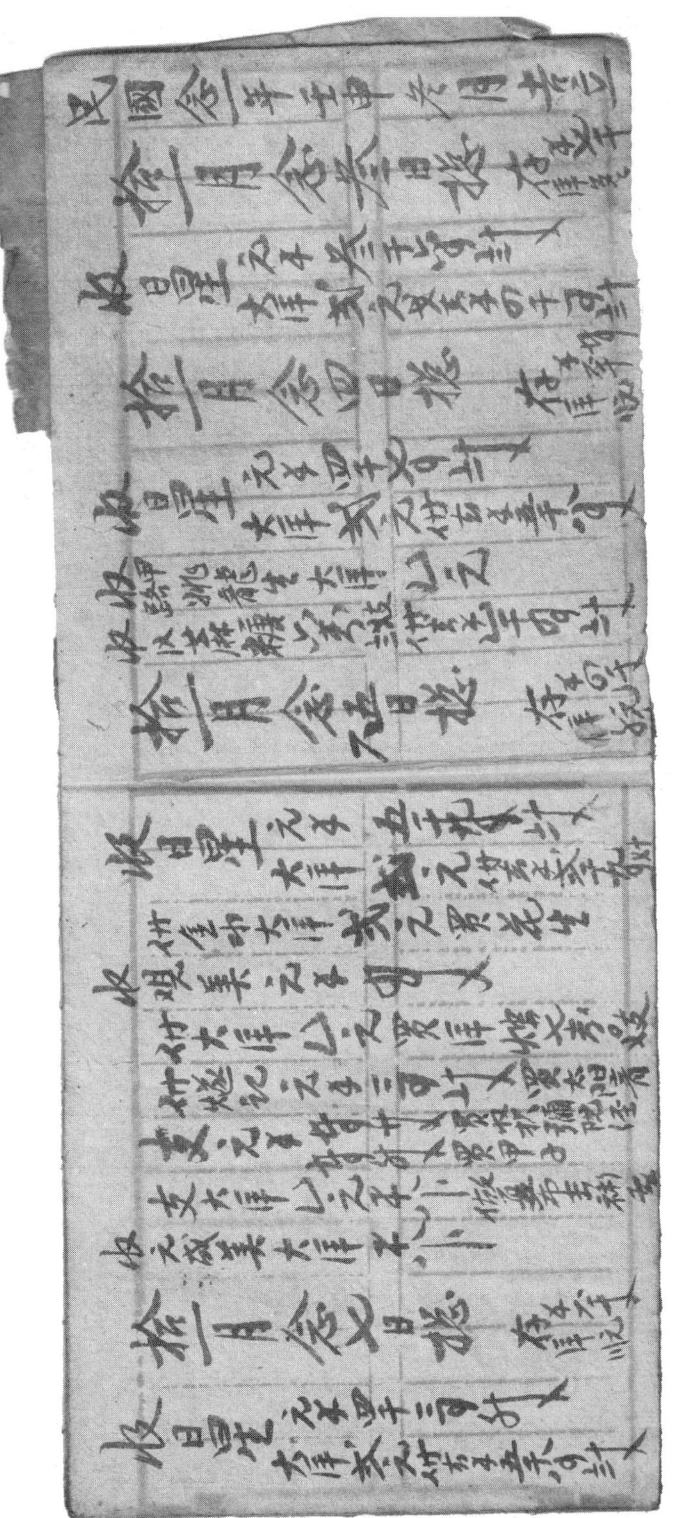

大郭山乡江村 17-2 · 民国二十一年 · 钱洋流水账本 · 张豫丰河记

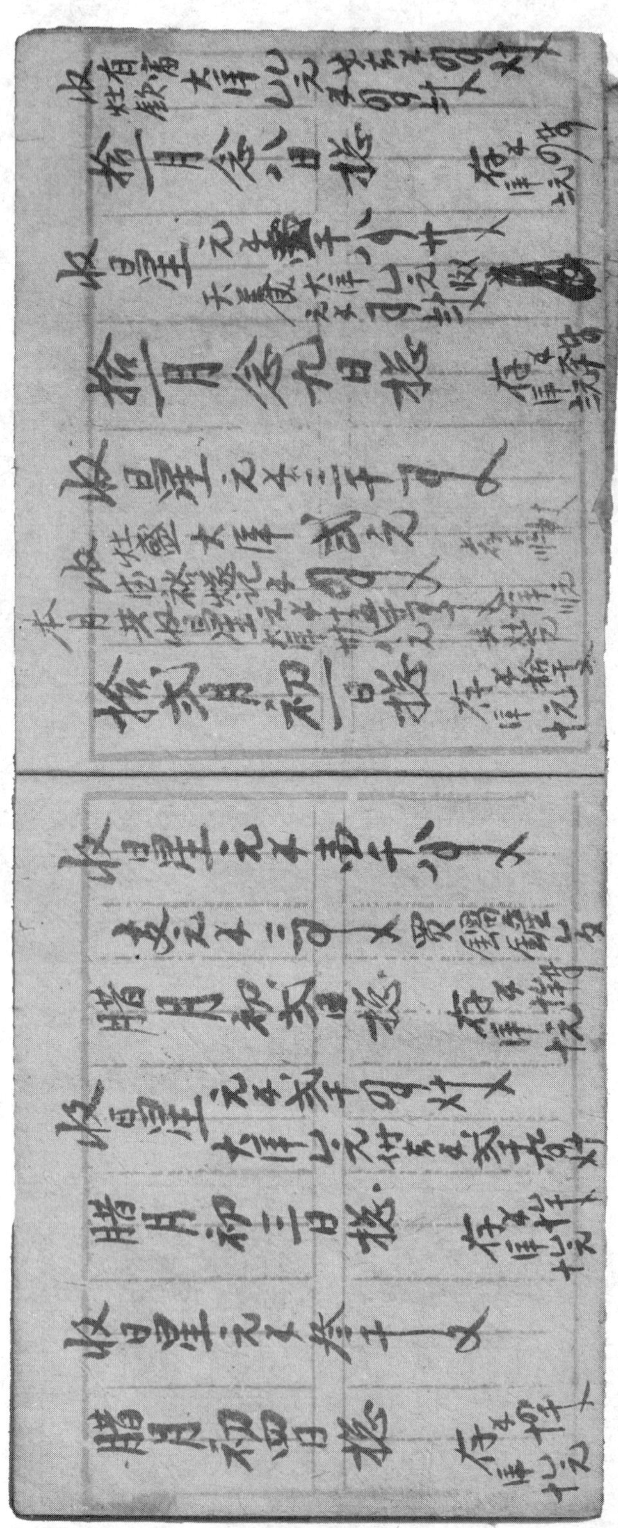

大鄣山乡江村 17-3 · 民国二十一年 · 钱洋流水账本 · 张豫丰河记

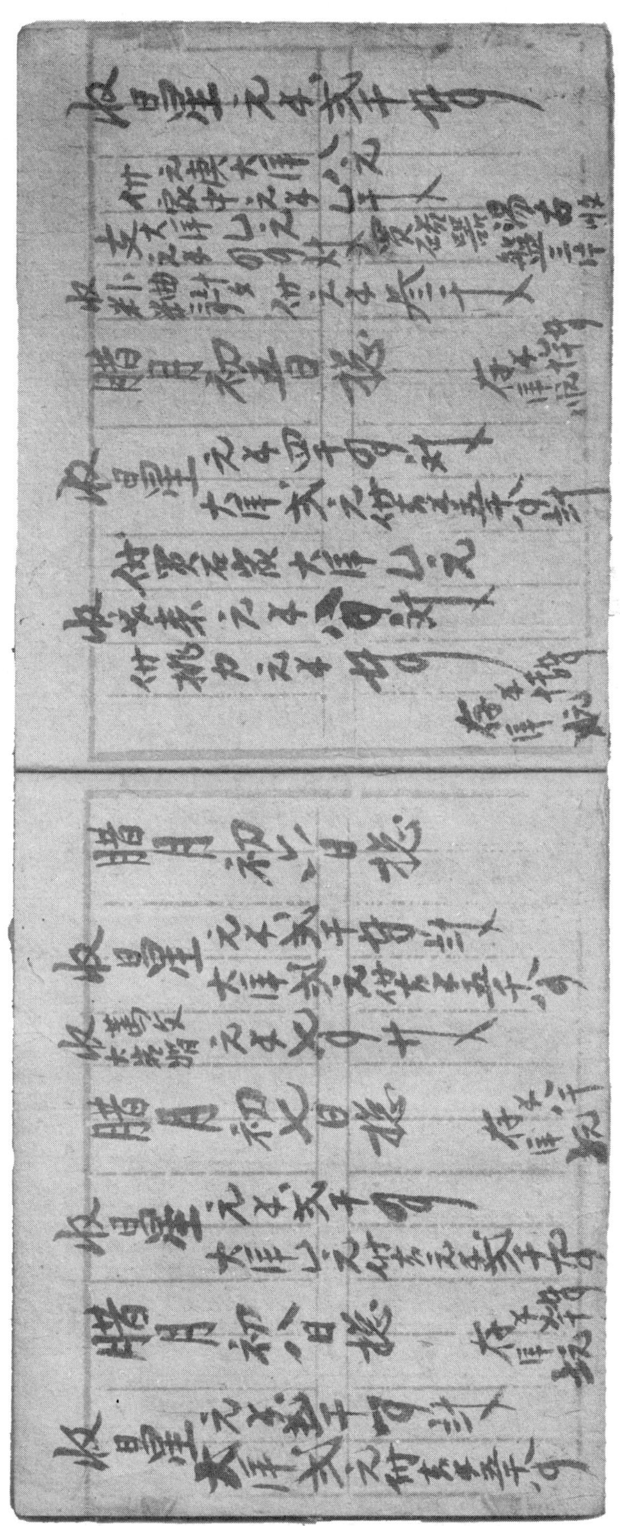

大鄣山乡江村 17-4 · 民国二十一年 · 钱洋流水账本 · 张豫丰河记

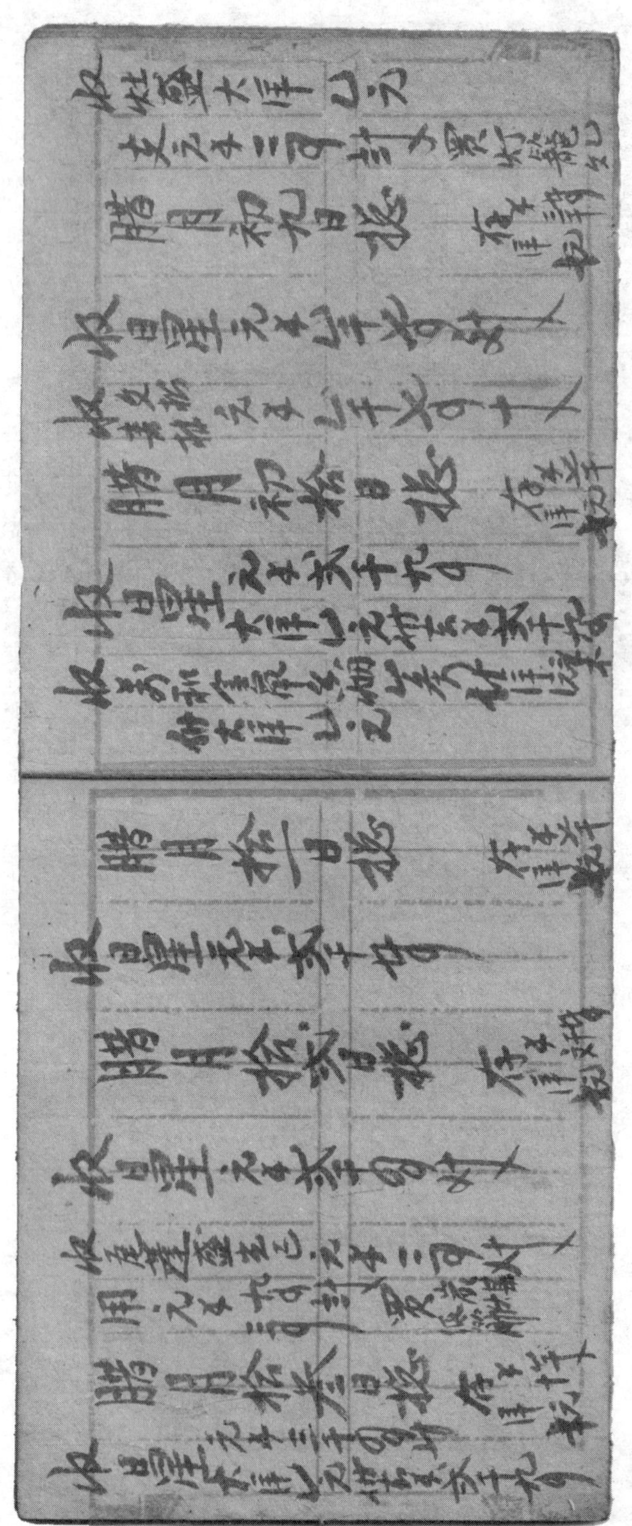

大鄣山乡江村 17-5・民国二十一年・钱洋流水账本・张豫丰河记

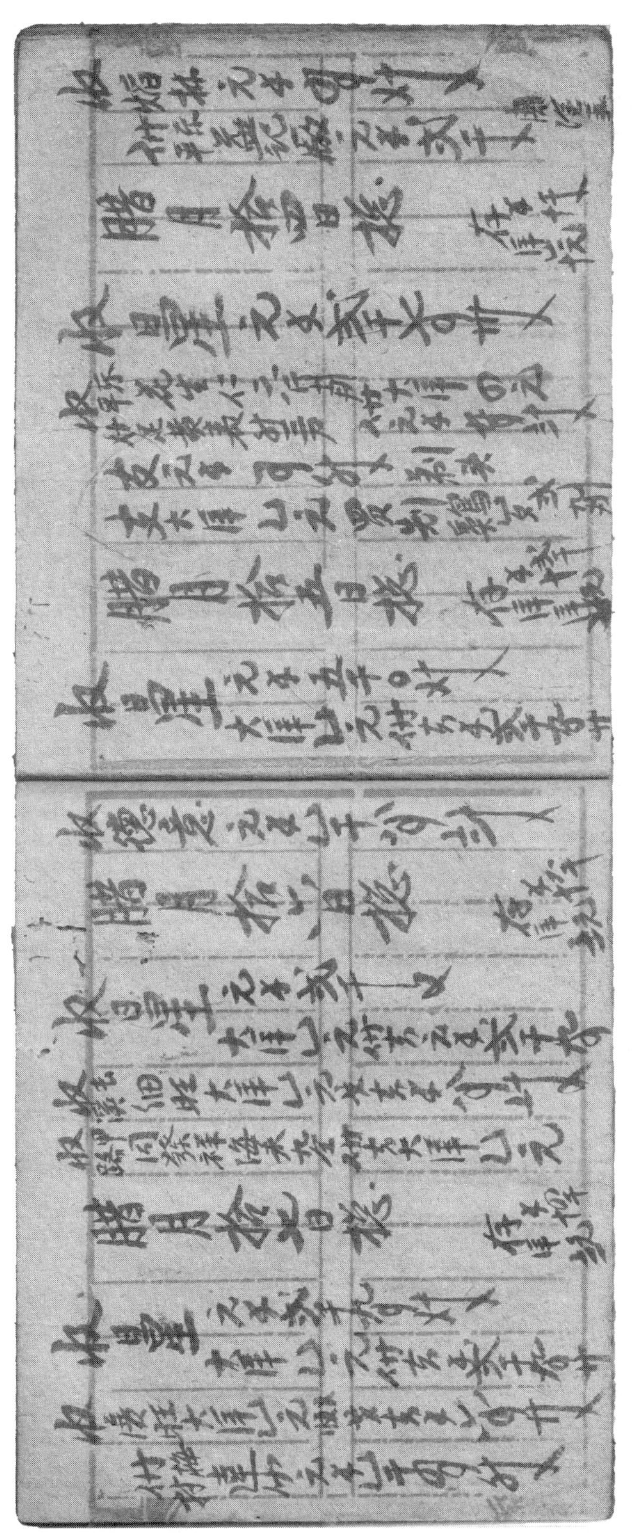

大鄣山乡江村 17-6 · 民国二十一年 · 钱洋流水账本 · 张豫丰河记

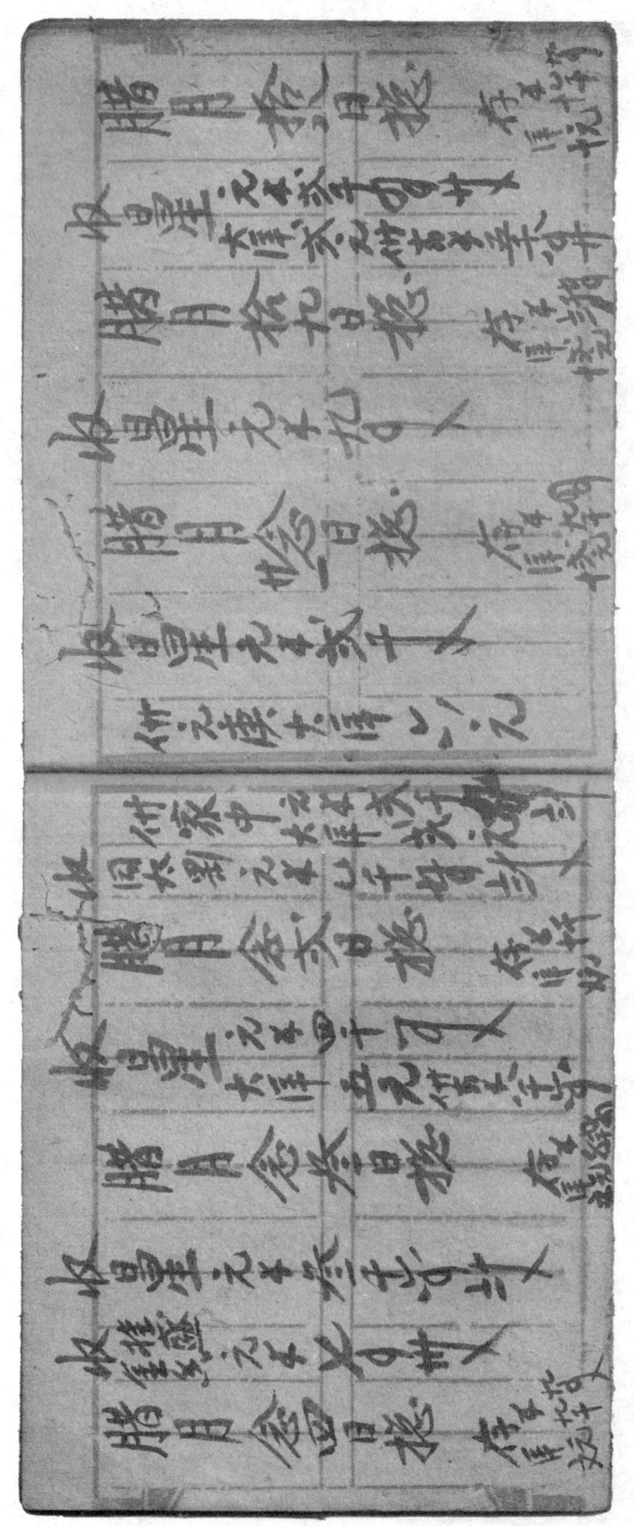

大鄣山乡江村 17-7 · 民国二十一年 · 钱洋流水账本 · 张豫丰河记

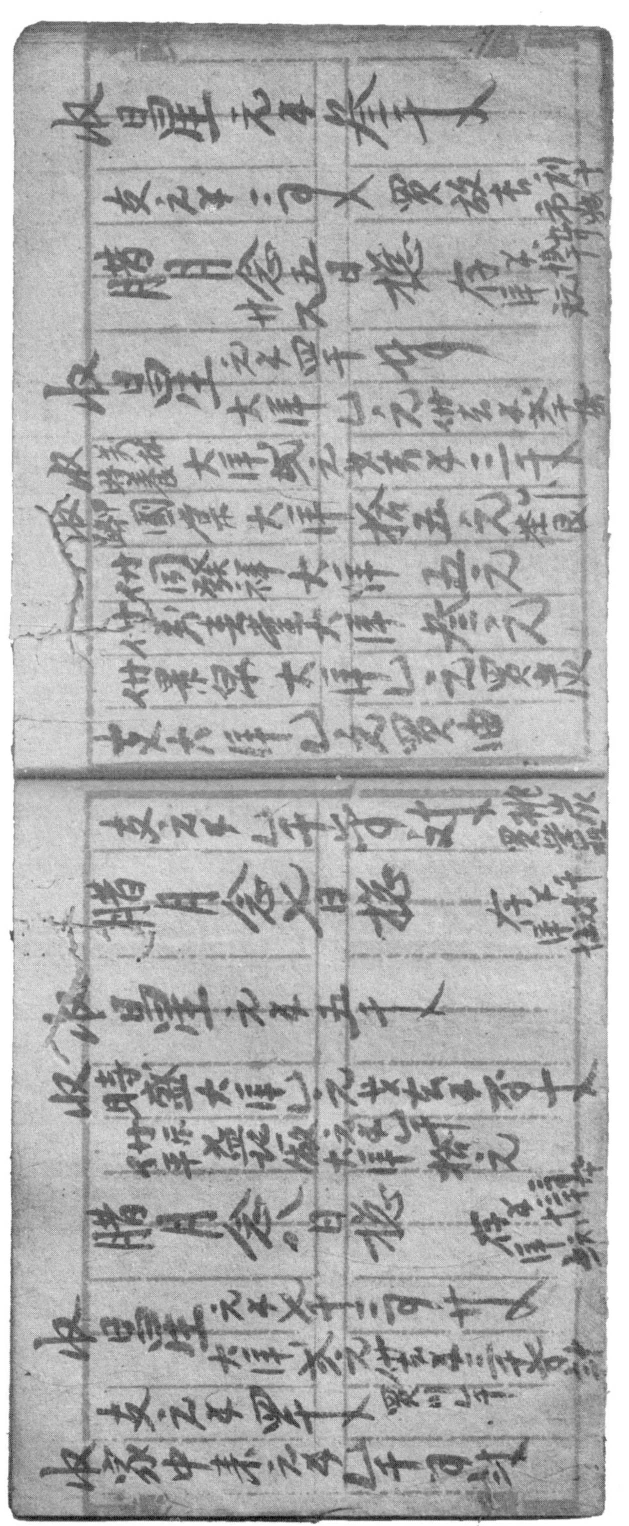

大鄣山乡江村 17-8 · 民国二十一年 · 钱洋流水账本 · 张豫丰河记

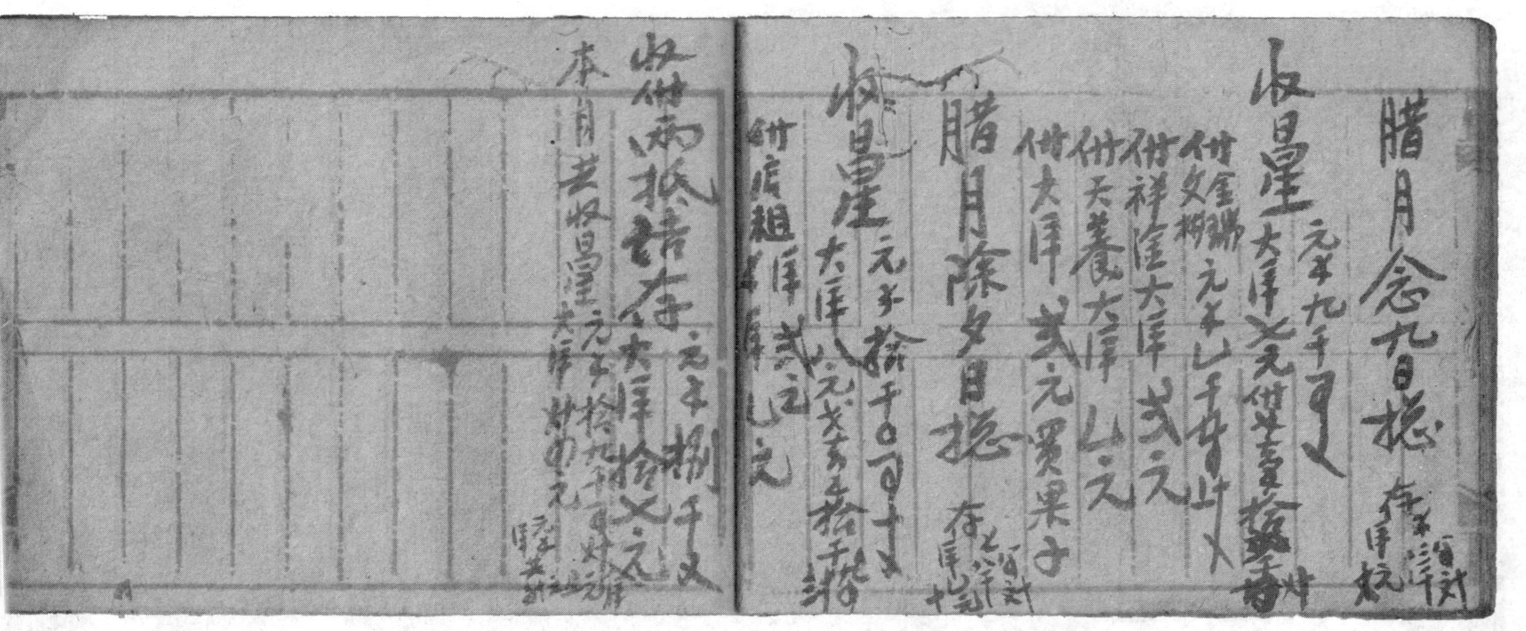

大鄣山乡江村 17-9 · 民国二十一年 · 钱洋流水账本 · 张豫丰河记

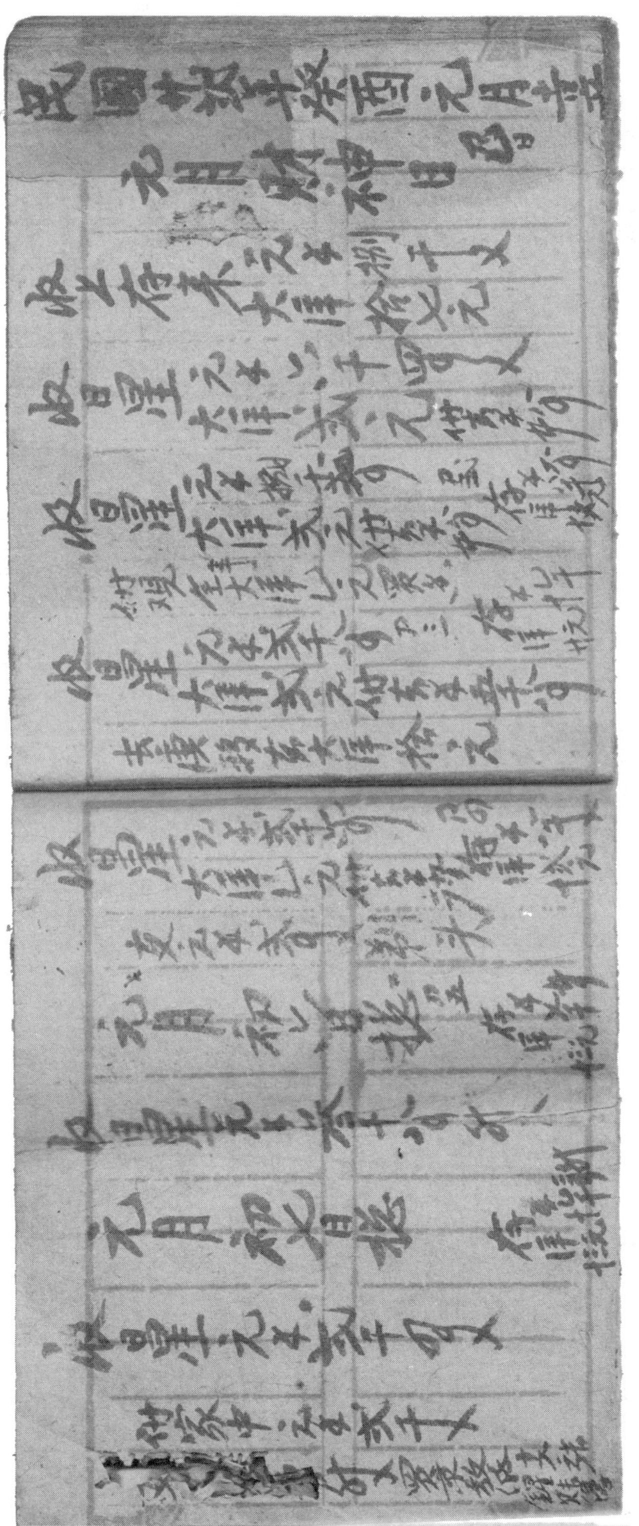

大鄣山乡江村 17-10 · 民国二十一年 · 钱洋流水账本 · 张豫丰河记

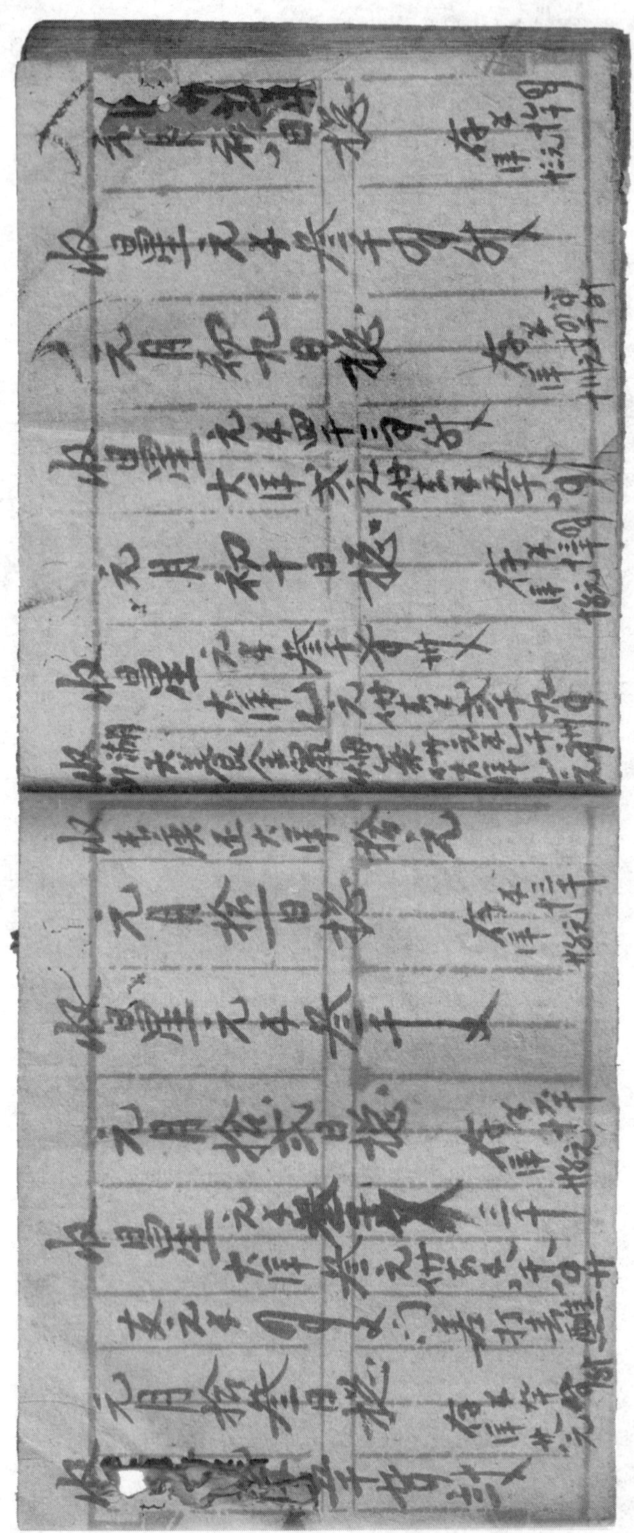

大鄣山乡江村 17-11 · 民国二十一年 · 钱洋流水账本 · 张豫丰河记

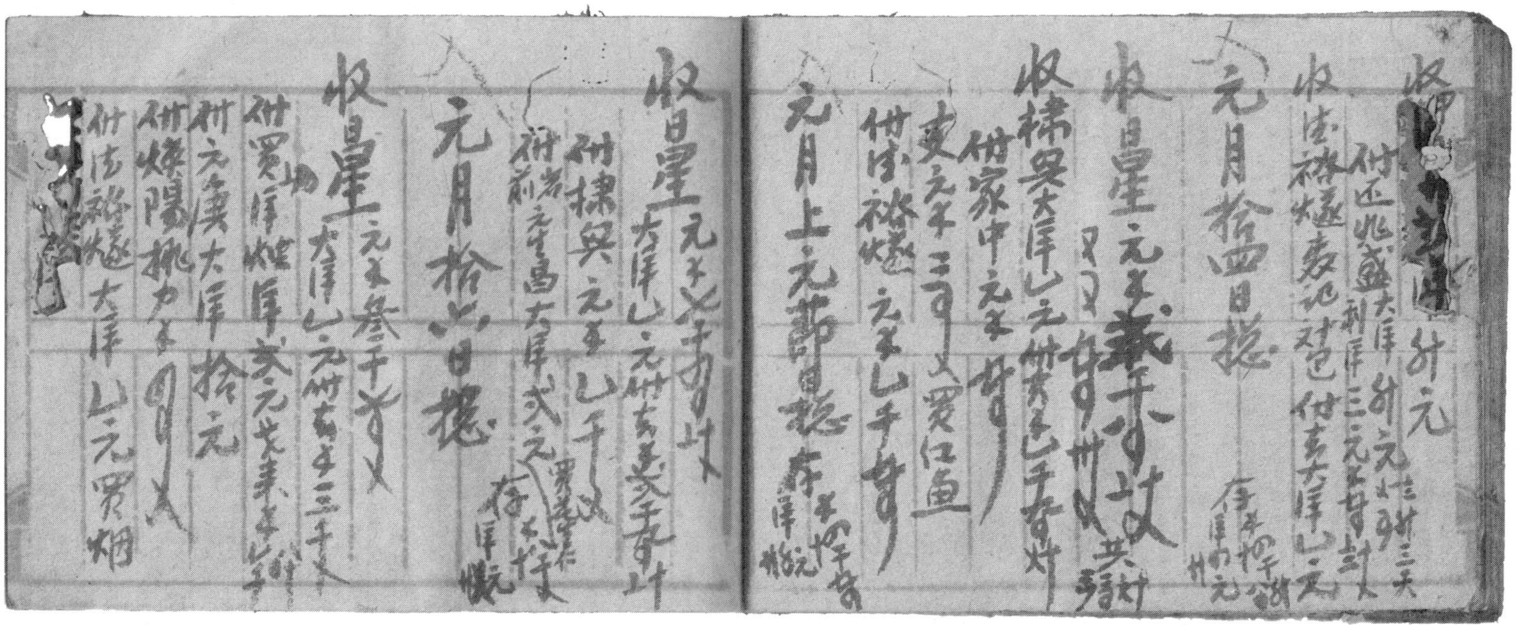

大郭山乡江村 17-12 · 民国二十一年 · 钱洋流水账本 · 张豫丰河记

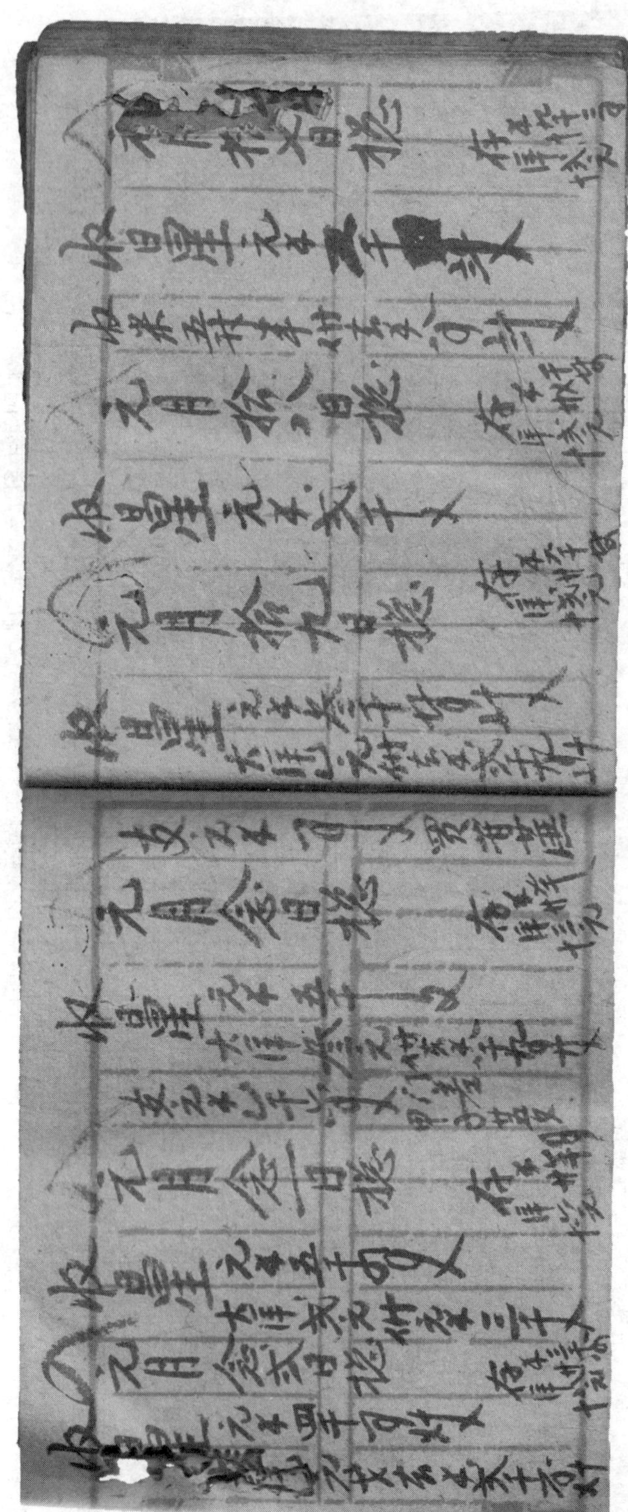

大鄣山乡江村 17-13 · 民国二十一年 · 钱洋流水账本 · 张豫丰河记

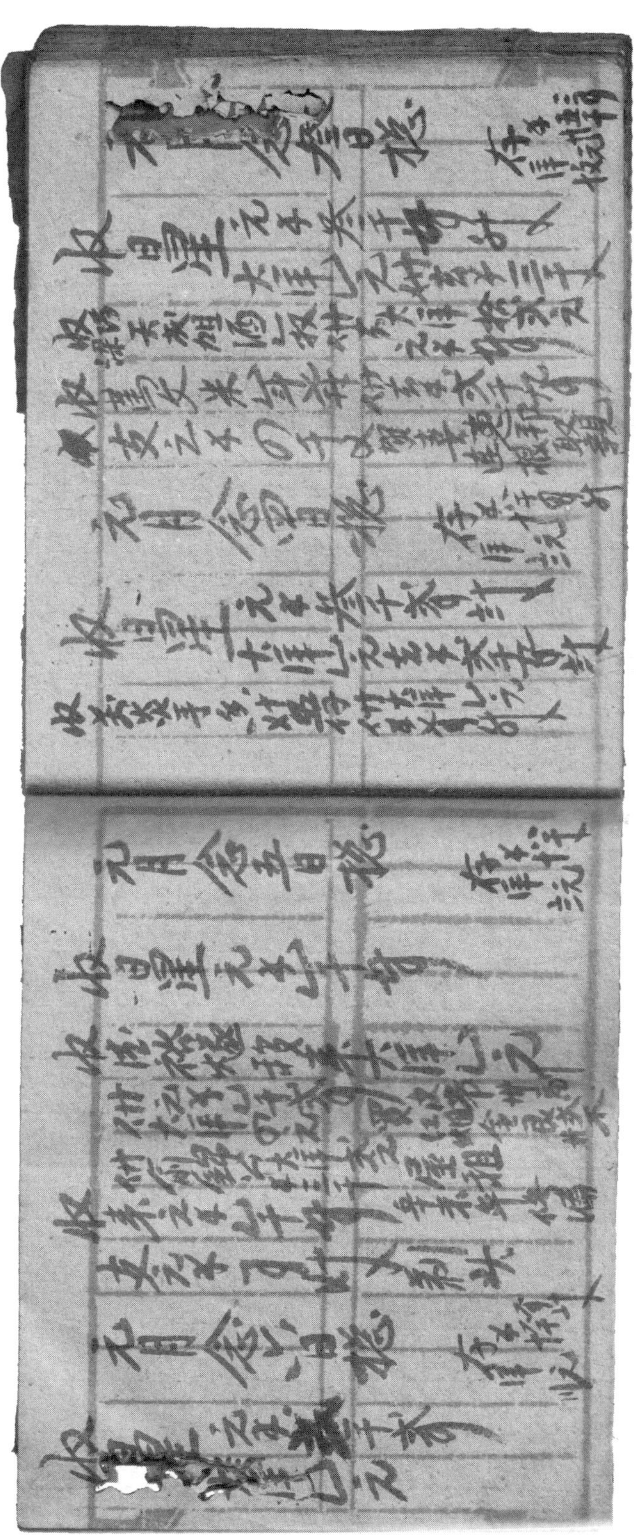

大鄣山乡江村 17-14 · 民国二十一年 · 钱洋流水账本 · 张豫丰河记

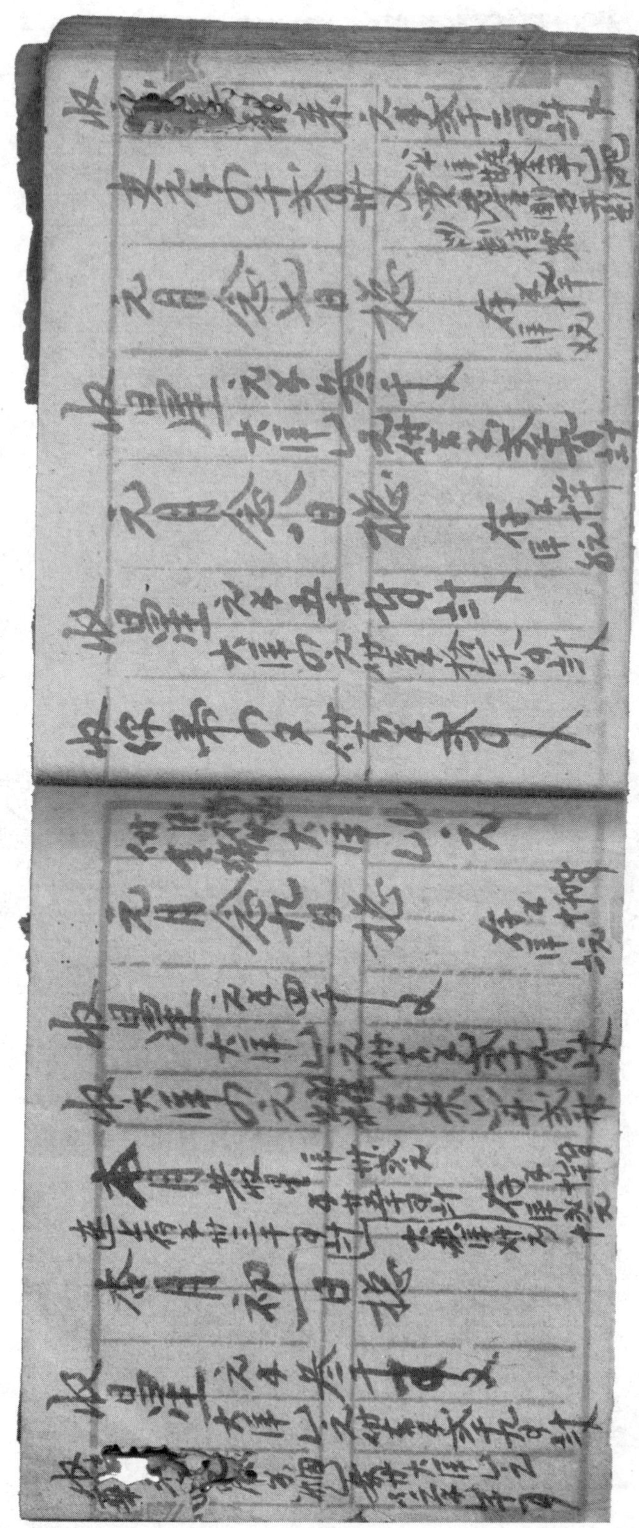

大鄣山乡江村 17-15 · 民国二十一年 · 钱洋流水账本 · 张豫丰河记

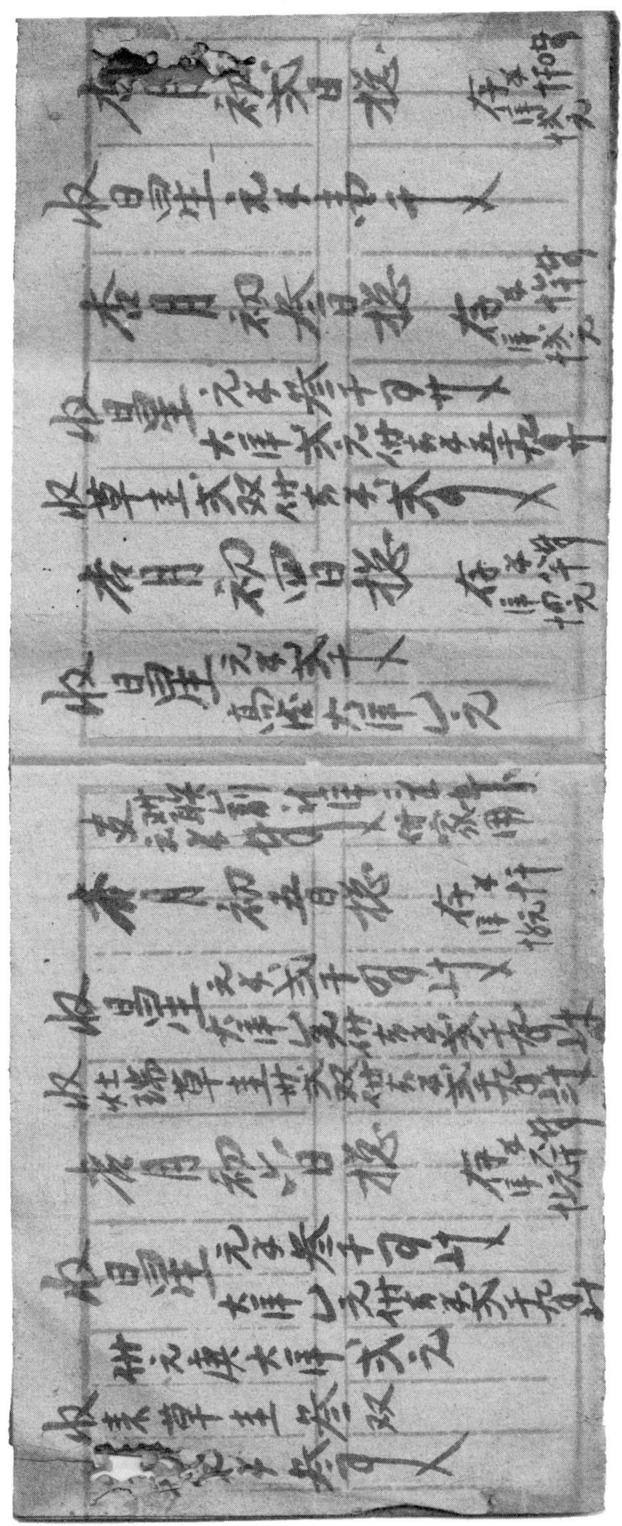

大鄣山乡江村 17-16 · 民国二十一年 · 钱洋流水账本 · 张豫丰河记

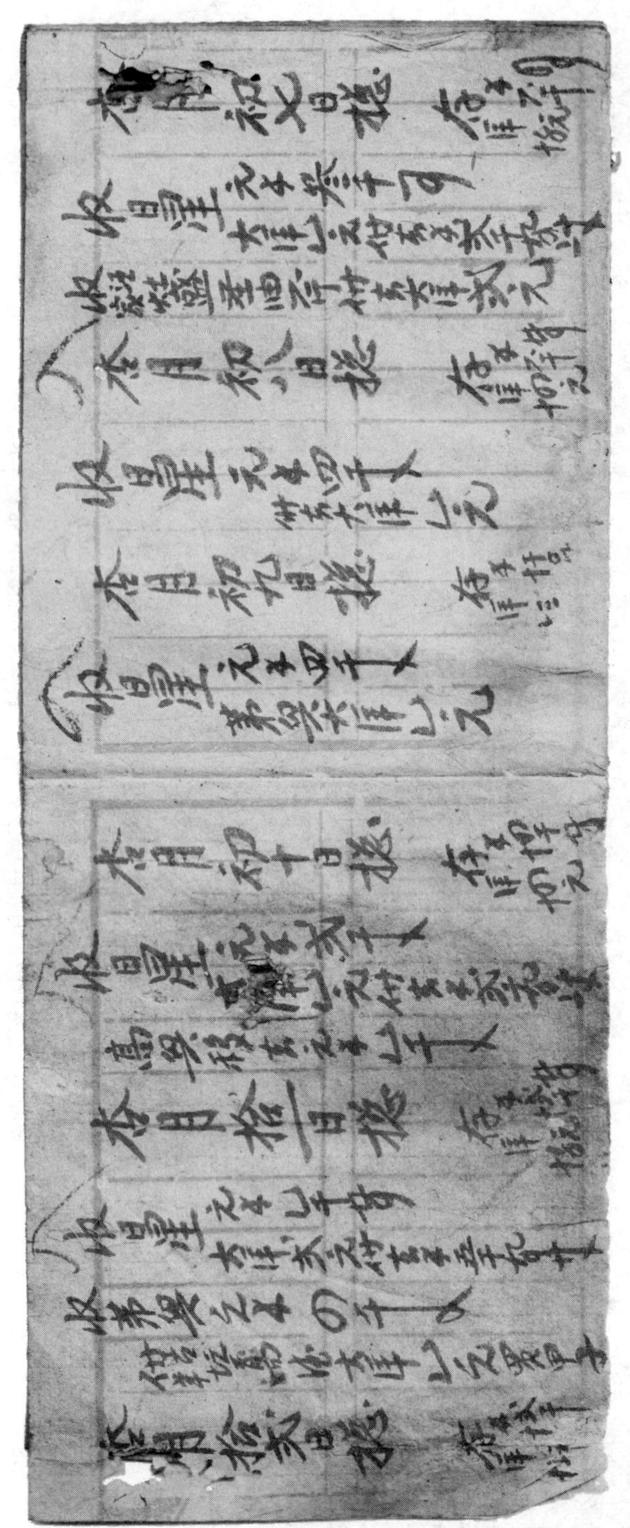

大鄣山乡江村 17-17 · 民国二十一年 · 钱洋流水账本 · 张豫丰河记

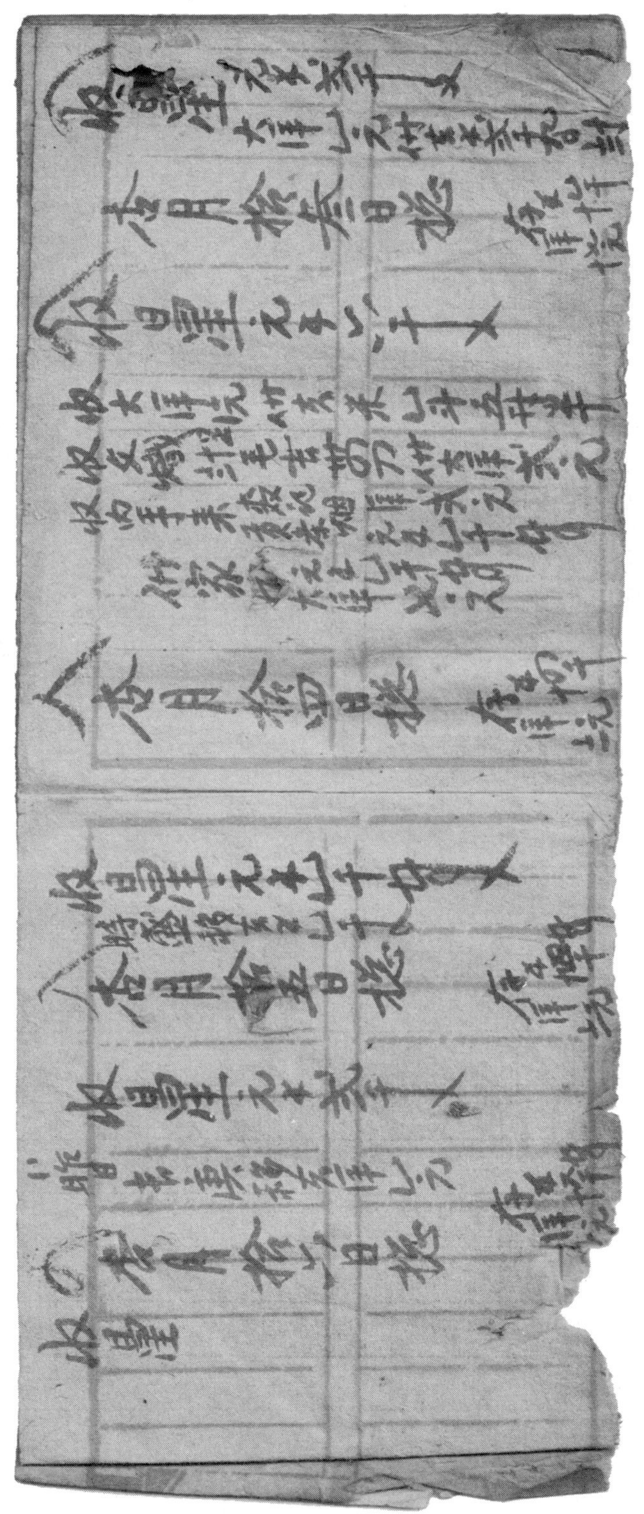

大鄣山乡江村 17-18 · 民国二十一年 · 钱洋流水账本 · 张豫丰河记

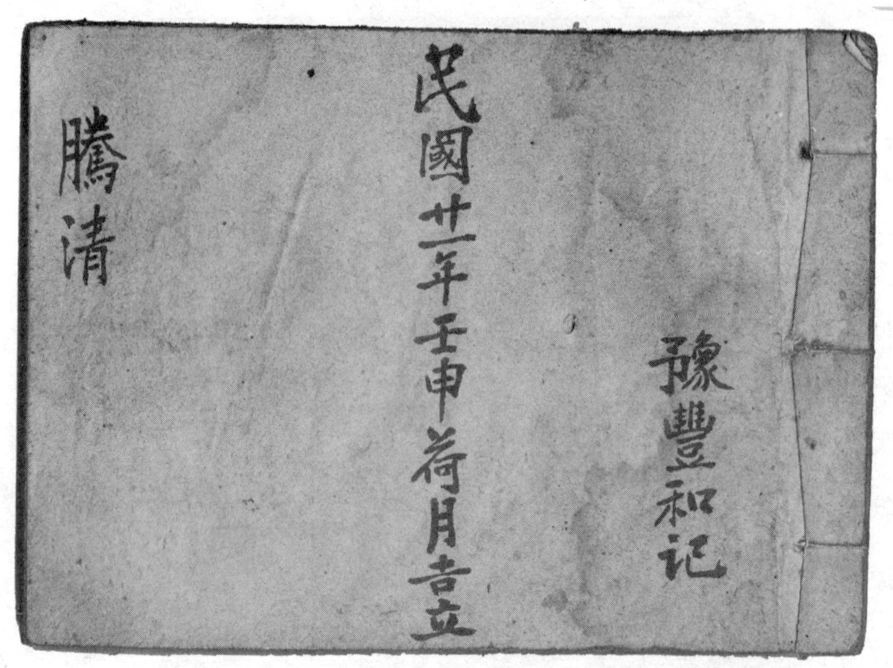

民國廿一年壬申荷月吉立
騰清
豫豐和記

大鄣山乡江村 20-1 · 民国二十一年 · 腾清流水账本 · 豫丰和记

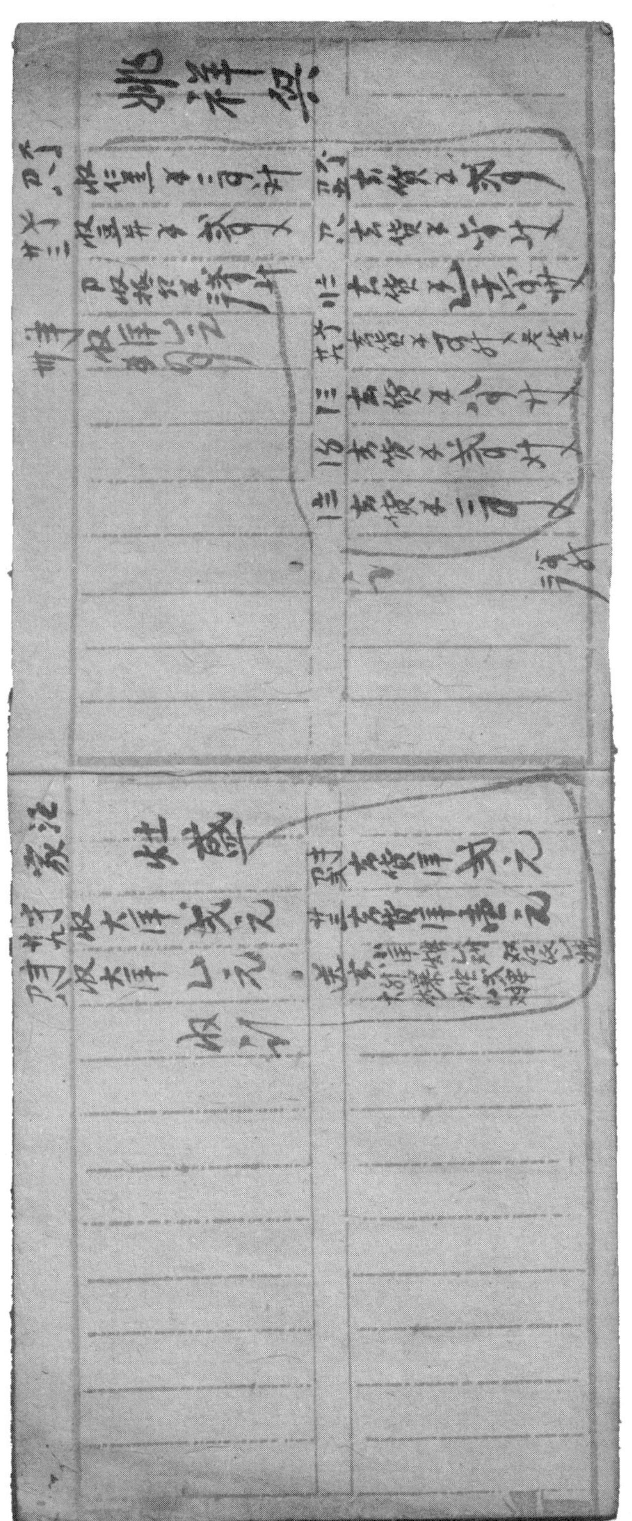

大鄣山乡江村 20-2 · 民国二十一年 · 腾清流水账本 · 豫丰和记

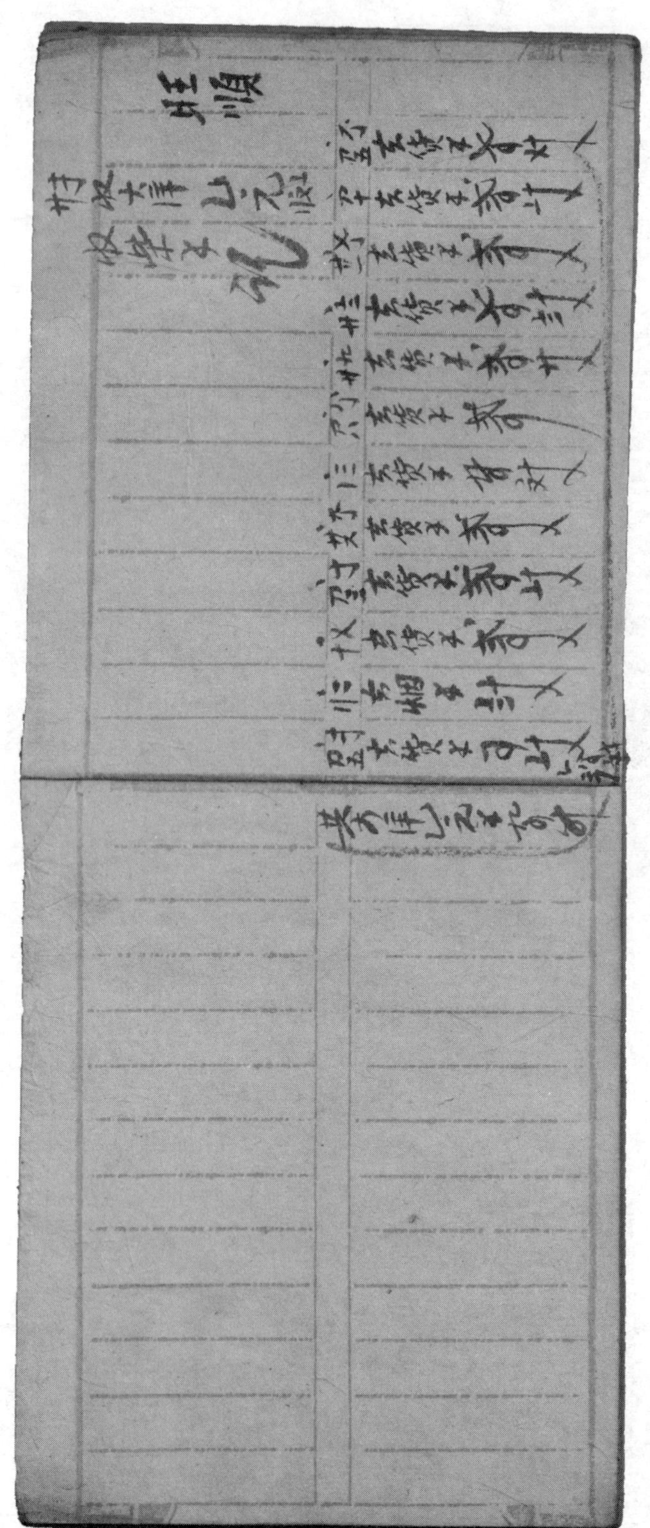

大鄣山乡江村 20-3 · 民国二十一年 · 腾清流水账本 · 豫丰和记